서울대학교 아시아태평양법 총서 2

Indonesian law

인도네시아법

장순필

박영사

감사의 말씀

본서는 두 분의 인도네시아법 거장에게 빚을 지고 있습니다.

한 분은 Erman Rajagukguk 교수님입니다.* 교수님은 인도네시아 법무부 국장, Universitas Indonesia 법대학장, Universitas Al Azhar 법대학장을 지냈고 본서에서 서술한 투자법 및 회사법을 포함하여 인도네시아 주요 법률들의 입법에 관여하신 분입니다. Universitas Indonesia가 Erman 교수님 70년 교직 기념을 기념하여 법대 로비 별실에 박물관을 둘 정도로 당신은 인도네시아 법학계의 거목으로 계셨습니다. 교수님께서는 제게 Universitas Indonesia 법과대학에서 수업을 가르칠 영광을 주셨고 법조계의 훌륭한 인사들을 소개시켜 주시는 한편, 당신이 몸 담그신 수많은 입법 자료와 저서들을 아낌없이 주셨습니다.

다른 한 분은 최초의 한인 인도네시아 변호사(Advokat) 이승민 변호사님입니다.** 인도네시아 코린도 그룹의 현지법인 창립멤버였던 이승민 변호사님은 제게도 많은 중대한 건들의 법률자문을 해주셨는데, 수십여 년의 누적된 실무경험에서만 나올 수 있는 말씀들을 해주셨고 당신의 후배에 대한 각별한 조언을 아끼지 않으셨습니다. 저의 인도네시아 법률 실무에 대한 통찰력은 물론, 제가 본서와 졸작 Indonesia Company Law(2018) Rouledge을 펴냄에도 이승민 변호사님의 경험에 빚을 졌습니다.

본서를 펴냄에 두 분께 누가 되지 않도록 최선을 다했습니다.

*) 인도네시아에서 "교수(Profesor)"는 외국의 교수(Professor)와는 다른 개념이다. 인도네시아에서 "Profesor" 또는 "Guru Besar"는 단순한 직함이 아니라 "최상의 교육기관에서 가르치는 교직자에 대한 가장 높은 역할의 직책"(대학 교직자에 관한 2005년 제14호 법 제1조 3목; 대학 교직자의 기능적 직책과 점수에 관한 2013년 제17호 행정부령 및 그 수정안 2013년 제46호 행정부령)으로서 정부의 평점관리기관의 절차를 걸쳐 문화교육부에서 수여하는 직위(Jabatan)다(동 행정부령 제15조 이하). 외국에서의 교수에 해당하는 직위는 "Dosen"이라 한다. 법률에서뿐 아니라 대학에서의 일반적인 호칭 또한 이와 같이 구분한다.

**) 과거에는 인도네시아 전역에서 법률실무를 하도록 사법부가 임명한 자를 아드보캇(Advokat)이라 칭하고, 각 항소법원장이 해당 항소법원에서 항소를 할 수 있게 허락한 자를 뼁아짜라(Pengacara)라고 칭하는 방식으로 변호사가 구분되어 있었다(대법원 회람문서 No.8/1987 및 1987년 대법원 및 사법부 공동령 KMA/005/SKB/VII/1987, No.03-PR.08.05). 현재에는 일반적으로 양자를 구분하지 않고 사용하고 있다(2003년 제18호 변호사법 제32조 제1항).

머리말

본서는 인도네시아에서 약 6년 동안 필자가 "맨땅에 헤딩"하면서 그때 그때 작성했던 내용들을 하나로 묶고 편집한 것입니다. 본서에서 다루지 않은 회사법에 대한 내용은 Routledge(New York and London)에서 발행한 Indonesia Company Law(2018)을 참조해주십시오.

본서에서 다룬 내용들은 제가 지금까지 대리, 조언, 담당했던 사건 내지 고객과 무관하며, 본서에서 밝힌 의견은 개인적인 판단과 견해일 뿐 법무법인(유한) 태평양의 의견이 아님을 밝힙니다. 또, 인도네시아의 입법·사법·행정의 임의성과 변덕성을 감안할 때 모든 유사한 경우에서 본서와 동일한 결론에 도달하지 않을 수 있습니다. 독자의 경험과 지식이 본서의 내용과 다르면 soonpeel.chang@gmail.com으로 말씀 부탁드립니다. 본서의 부족한 부분은 계속하여 보완하겠습니다.

저에게 인도네시아라는 무대를 준 코린도 그룹 분들과 법무법인(유한) 태평양 분들께 이 자리를 빌려 가슴 깊이 진심으로 감사의 말씀 올립니다.

Makarim & Taira.S.의 Frederick Simanjuntak 변호사, Dentons HPRP의 Sartono 변호사, Squire Patton Boggs의 Ignatius Hwang 변호사, 우리은행의 권형근 뉴욕 변호사, 방치영 인니 회계사, 임민택 워싱턴 변호사, Andrey Mario, Jonathan Gultom, Masri Gunardi, Dauri Lukman, Efraim Asa Nainggolan 인니 변호사, Okhome 최진석 김대현 대표님,

한국금융위원회 정책전문관 노태석 박사, 산업은행 이우주, 한국예탁결제원 석지웅, 한국거래소 김춘성, 성균관 대학교 고동원 교수님 모두에게 심심한 감사의 말씀드립니다.

　저의 부족한 역량에도 불구하고 제게 동남아시아 법학에 대한 학문적 외연을 넓힐 수 있게 해주신 서울대학교 강광문 교수님과 본서의 출판을 도와준 최호동·김은수 조교님, 아시아태평양법 연구소 및 도서출판 박영사분들 모두에게 깊은 감사의 말씀드립니다.

　마지막으로 부모님과 절친 유민욱, 사랑하는 나의 가족, 박은지 그리고 아들 장도준에게 본서를 바칩니다.

2020년 8월
장순필

차 례

인도네시아법

제1장 개관

제 1 장 개 관

제1절 서 설

인도네시아는 약 2억 6천만 인구(2018 통계청 기준)와 1만 7천여 도서 (島嶼) 위에 펼쳐진 350여 토착사회와 600여 개의 서로 다른 언어가 공존하는 다민족 국가이다.

"인도네시아"라는 이름은 인도를 뜻하는 라틴어 "Indus"와 섬을 뜻하는 그리스어 "nesos"에서 온 것이다. 스코틀랜드 출신의 변호사 James Richadson Logan이 1850년에 인도네시아라는 이름을 처음 제안하였고,[1] 1862년 영국 Robyn J. Maxwell의 저서 "the Island of Indonesia"와 1884년 독일 민족학자 Adolf Bastian의 연구에서 그 이름을 사용한 이후 인도네시아라는 이름이 널리 사용되었다.[2] [3] 자국민이 종종 인도

---

1) James Richadson Logan는 19세기 중반 삐낭에 거주하며 유럽, 말레이, 인도인, 중국인 등의 다양한 거주민들을 위한 변호사로 활동하였다. R.E. Elson, the Idea of Indonesia: a History, 2008, Cambridge University. 삐낭의 고등법원 맞은편 George Town 중앙에 그의 동상이 서있으며 그의 이름을 딴 거리(Jalan Logan)도 있다.

네시아를 대신하여 쓰는 "누산타라(Nusantara)"라는 이름 역시 고대 자바어로 섬(Nusa)의 복수형으로 "군도(群島)"라는 뜻이다. 한국에서는 인도네시아를 한자로 '印度尼西亞'(인도니서아) 또는 줄여서 인니(印尼)라고 쓴다.4)

이처럼 군도에 흩어진 다민족 사회를 하나로 통합하는 민족정신이자 국가이념인 "빤짜실라(Pancasila)"가 인도네시아 독립일의 익일(翌日)인 1945년 8월 18일 법정되어 오늘날에 이르기까지 강조되고 있다. 그러나 빤짜실라 아래 하나의 통일국가로써 통합과 화합이 강조되는 한편으로는 수백 년 동안 만들어진 다양한 지역별 토착관습법과 법률실무관행·율법 등이 국법과 끊임없이 마찰을 일으켜왔다.

또, 인도네시아는 천연자원의 보고이자 무역노선의 중심에 위치한 생태학적·지리적 특징으로 말미암아 중세시대부터 다양한 식민국가로부터 자원을 수탈당한 나라이기도 하다. 근현대에 들어서도 누군가는 천연자원을 채취·정제·거래·수출하여 수익을 창출하는 반면 지역주민들은 다양한 문명의 혜택과 폐해를 동시에 겪어왔다. 그 결과 현대 인도네시아 법률은 외국과 구별되는 독특한 성격을 갖고 있다. 예컨대 오늘날 인도네시아 부동산법, 회사에게 사회적 책임을 강제하는 회사법·투자법·천연자원 관련 법률·지방정부규정,5) 순수국내자본회사와 외자회사의 이분

---

2) Aloysius R. Entah, Plularisme Private Law/Civil Law in Indonesia, Public Policy and Administration Research, Vol.6, No.9, 2016, pp.94－102.

3) 인도네시아 및 주변군도는 대항해시대에는 유럽 탐험가들에게 동인도 또는 인도군도라는 뜻의 "Indische Archipel", "Indian Archipelago", "East Indies"로 불렸고, 네덜란드 강점기(1816－1942)들어 "Nerdelanseh Indie" 또는 "Hinida Netherlands"라 불렸으며, 일본강점기(1942－1945)에는 동인도(東印度)라 불렸다. Aloysius R. Entah, 위의 논문.

4) 신문기사의 표제에서 종종 '印'으로 줄여서 보도 시, 문맥이 없으면 인도(印度)인지 인니(印尼)인지 단번에 알기가 어렵다.

5) 자세한 내용은 Soonpeel Edgar Chang, Has Indonesia's Unique Progressivism in Mandating Corporate Social Responsibility Achieved Its Ends?, Sriwijaya Law Review, Vol.2 Issue 2, July (2018).

법적 규율[6] 등은 이러한 역사의 산물이다.

경제적으로는 상장기업 시가총액의 73%를 전체인구의 3.5%에 불과한 인도네시아 화교가 보유하고 있을 만큼 화교자본의 영향력이 크다.[7] 이러한 화교들은 인도네시아 원주민(부미뿌트라와 쁘리부미)들이 인종적으로 사업에 맞지 않고 무능하다는 문화결정론을 주장한다.[8] 이에 반대하는 입장에서는 인도네시아 화교가 경제를 장악한 것은 독립 이전에는 통치계급인 백인의 편의를 위한 서비스에 종사하는 등 이른바 '매판(買辦)'으로 돈을 벌었을 뿐, 인도네시아 독립 이후에도 정치자금만 제공하여 나라의 경제전반에는 거의 기여한 바가 없고 심각한 부정부패문화에 일조했을 뿐이었다고 한다.[9]

인도네시아는 최소 13세기 이전에 이슬람이 정착한 세계최대의 무슬림국가이기도 하다.[10] [11] 오늘날 이슬람은 정치·생활·문화 등 전 영역에서 강한 영향력을 행사하고 있다. 이러한 영향력은 공법과 사법을 불문하고 인도네시아 각종 규정과 법률실무에 깊이 뿌리내리고 있다.

---

6) 한국도 외자회사 또는 합작회사는 외국인투자촉진법에 의하여 규율되고 있으나 인도네시아의 이분법은 한국 및 기타 선진국과 차이가 있다. 자세한 내용은 Soonpeel Edgar Chang, Indonesian Company Law, 2018, Rouledge, pp.1-6.

7) 매일경제, '印尼경제 꽉 잡은 화교, 차별·탄압의 역사도', 2016.05.09 기사.

8) 자세한 내용은 성승제, 변경과 국제경제법 - 인도네시아 외국인투자 법제도 -, 한국경영법률학회, 2018년 하계국제학술대회 발표자료 pp.53-78.

9) 위의 연구.

10) 인도네시아 이슬람교도에 대한 최초의 물증은 인도네시아 최초의 이슬람왕국 사무드라(Samudra)의 초대 이슬람 통치자인 술판 말리크 앗 살레(Malik As-Saleh)의 무덤이다. 이 무덤은 말레이 반도와 인도네시아 제역에 이슬람 왕국이 존재하였다는 가장 오래된 물증이다. 양승윤, 인도네시아사 제4판, 2012, 한국외국어대학교 출판사, p.48.

11) 총 인구의 87.2%가 자신을 무슬림으로 밝혔고 이 중 99%는 수니파라는 2010년 조사결과가 있다. Penduduk Menurut Wilayah dan Agama yang Dianut". Sensus Penduduk 2010. Jakarta, Indonesia: Badan Pusat Statistik. 15 May 2010.

이처럼 인도네시아는 복잡한 요인들이 서로 공존하는 국가로, 독특한 법률과 시스템을 갖고 있다. 이러한 난해한 요인들에 대한 근본적인 이해가 없는 상태에서는 인도네시아 법률의 이해는 물론 법률실무를 수행하는 것이 어렵다.

본서는 먼저 총론으로 인도네시아 주요법률들의 역사와 내용을 간략히 소개한다. 이어서 인도네시아 법률실무에서 빈번하게 마주하고 사용되는 법인·비법인 단체들을 분석한다. 이들은 인도네시아 상사실무에서 계약 상대방으로 마주하는 만큼, 이들에 대한 법률적 분석이 인도네시아 상사행위에 도움이 될 것으로 기대된다. 다음 단원에서는 주식회사법과 관련한 내용을 회사법을 중심으로 자세히 살펴본다. 투자법상 외국인의 투자는 주식회사를 통해서만 가능하므로, 현지 내 투자를 하거나 사업을 영위하는 한인들에게 도움이 될 수 있기를 희망한다. 이어서 인도네시아 담보제도를 조사하고 이와 관련하여 실무상 빈번하게 지적되는 문제들을 소개한다. 마지막으로 인도네시아 사업자들로부터 자주 언급되는 법률실무와 관련한 내용들을 정리한다.

제2절 인도네시아의 통치구조

현재(2020) 인도네시아의 헌법상 통치구조는 다음과 같다.

도표 1-1 45년 헌법 개정 후 체제

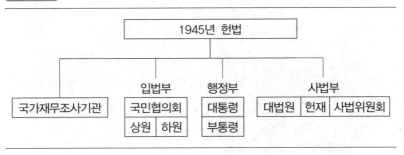

본 단원에서는 행정부, 입법부, 사법부에 대해 간략히 설명한다.

2.1. 행정부

인도네시아는 대통령 중심제 공화국이다. 대통령은 행정부의 수반이자 국가 원수로서, 국민직접투표에 의해 선출된다. 임기는 5년이며 재임가 능하다.

인도네시아는 한 명의 대통령 후보가 여당 외에도 여러 정당의 지지를 동시에 받는다. 조건에 맞는 정당(총선득표율 25% 이상 또는 원내 의석점유 율 20% 이상인 정당)만이 대통령 후보를 낼 수 있는 까닭에,[12] 조건에 맞 지 않은 정당은 대통령 후보를 낸 정당과 연합을 해야 하기 때문이다. 이 같은 연합은 대통령 당선 후 내각구성에도 강한 영향을 준다. 예를 들어 조코위도도 대통령의 소속은 투쟁민주당(PDI-P)이지만, 2018년 4월 대

---

12) 2008년 제42호 대통령 및 부통령 선거에 관한 법.

선을 앞두고 인도네시아연대정당(PSI), 골카르당(Golkar)당, NasDem당 등 다수 소수정당들의 지지를 받았다.[13]

그림 1-1 2019.04 대통령 선거를 앞둔 PSI, NasDem, Golkar당의 2019.03 웹페이지 대문

---

13) 2019년 선거(Pemilihan umum 또는 줄여서 Pemilu)에서는 특이하게 대선, 총선, 지방선거가 모두 한날한시에 이행되었다. 하루에 다 치른 이유 중 하나는 이번 대통령 선거는 총선과 지방의회 선거를 2014년도와 같이 먼저 하게 되면 국회의원석이나 지방의원석을 많이 차지한 각 당내의 원내교섭에 대한 정치적 입지를 보다 약하게 하는 것은 물론이고, 다른 한편으로는 대총령으로서의 권한을 보다 넓고 확고하게 하고, 국회 또는 지방의회에 쉽게 정치적으로 리드당하지 않겠다는 이유에서였다. 안선근 인도네시아 국립이슬람대학교수, 세계를 만나는 시간, YTN 라디오(FM 94.5) 2019.04.18.

2.1.1. 행정단위와 장

인니 행정단위를 면적으로 보나 주거인구로 보나 지리적 특성으로 보나 한국의 행정구역인 도, 시, 군, 구, 읍, 면, 동 등으로 정확히 번역하기는 사실상 불가능하다. 그러나 각 단위의 장들은 지역에서 부동산 매입과 각종 분쟁 등에 있어서 도와줄 직책의 사람들로, 법률실무에서도 각 지역별의 계층과 권한을 알아둘 필요는 있다.

인니 지방정부의 계층은 34개 주(Provinsi), 416개 군(Kabupaten), 98개 시(Kota), 7,160개 읍면/구(Kecamatan)로 구분된다. 이 중 수도 자카르타와 족자카르타는 특별행정주, 아쩨와 빠뿌아 및 서부빠뿌아는 특별자치주이다. 행정구역 계층을 두 단계로 나누면, 1단계인 주(Provinsi) 아래에 2단계인 군(Kabupaten/농어촌지역)과 시(Kota/도시지역)로 구분된다. 군과시 아래에는 우리나라의 읍·면 또는 구과 유사한 끄짜마딴(Kecamatan)이 있고, 그 아래에 마을(Desa or Keluarhan)이 존재한다.

다음은 각 기관 및 장의 계층으로, 국문번역에는 인도네시아어 사전 및 대한민국 외교부가 사용한 호칭을 사용하였다.[14]

---

14) 외교부, 인도네시아 개황, 2017.10. p.50.

계 층	기 관	장	비 고
1	Propinsi (주)	Gubenur (주지사)	선출직. 대통령의 하위기관.
2	Kota madya (시)	Walikota (시장)	선출직. 주로 도시지역.
2	Kabupaten (군)	Bupati (군수)	선출직. 주로 농어촌지역. 군마다 군의 수도인 Kota Kabupaten이 있음.
3	Kecamatan (읍 · 면)	Camat (읍장 또는 면장)	주지사가 임명. Bupati/Walikota의 하위기관.
4	Kelurahan (소구역)	Lurah (소구역장 또는 이장)	주지사가 임명. Camat의 하위기관.
5	Desa (마을)	촌장 또는 마을대표 (Kepala Desa)	준 정부조직. 공무원이 아니며 마을 주민들의 합의로 선출.

　지역에서의 부동산 관련 수속 시 이장(Lurah), 면장(Camat), 군수(Bupati) 등으로부터의 협조를 받는 것이 중요하며, 주민반대가 예상될 경우 촌장 (Kepala Desa)으로부터 협조를 받는 것이 중요하다. 지역토지분쟁에 있어서 이장(Lurah)의 협조는 특히 중요하다.

　지역사업을 반대하는 주민이 접근로를 폐쇄하거나, 지역허가 담당자들이 사업허가, 건축허가 등 행정수속을 어렵게 할 수 있는데, 이를 사법적으로 해결하는 것은 긴 시간이 걸리고 비용이 든다. 본인에게 책임이 돌아오는 것을 회피하고 타인으로부터 책망받는 것을 극히 싫어하는 인도네시아 정서에서는, 조금이라도 애매한 경우에 판단자체를 회피하여 지자체 단체장 간 서로 넘기는 경우도 있다.

　따라서 지역에서 사업을 영위하는 회사의 담당자들은 사전에 지역유지와 좋은 관계를 다져둘 필요가 있다.

그림 1-2 인도네시아 주(Propinsi) 지도

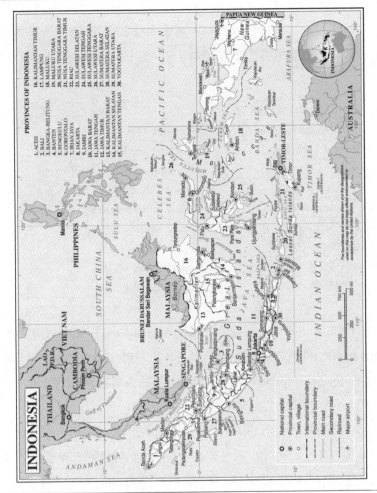

(Public Domain) United Nation. Maps of Indonesia, 24 October 2007.

2.1.2. 행정부 내 위계와 계서

인도네시아 행정부 조직의 위계와 계서를 정확하게 한국말로 옮기는 데는 어려움이 있다. 조직의 특성, 직책의 구조와 기능에 따라 다양한 호

칭이 있을 뿐 아니라, 직책에 관한 행정부령(PP no. 29 tahun 1997; PP no. 47 tahun 2005; PP no. 30 tahun 1980; PP no.53 tahun 2010 등)과 실무상 직책 간에 상호 호환이 잘 안 되고 해당 부령내의 예외조항들이 많아서 단순 비교가 어렵기 때문이다. 편의상 각 직위를 작성하면 아래와 같다.

행정부 계서	장
Ministri/Departemen (중앙부처)	Menteri (장관)
Sekretariat (사무총국)	Sekretaris Jenderal (사무총국장)
Inspektorat (감사국)	Inspektur Jendral (감사국장)
Direktorat (행정국)	Direktur Jenderal (국장)
Sub Direktorat/Deputi	Kepala Sub Direktorat/Direktur Deputi
Seksi* (Section에서 온 말이다)	Kepala Seksi
Badan/Divisi (행정과)	Kepala Badan (과장)
Pusat (행정실)	Kepala Pusat (실장)
Biro (행정계)	Kepala Bureau (계장)

이외에도 Kelurahan 아래의 Rukan Warga(RW)와 그 아래의 Rukan Tetangga(RT)라는, 마을 공동자치제로서의 단위가 있다. 현재 공식적인 행정구역은 아니며, 인도네시아에 우편번호가 도입된 이후 주소에서 RW 와 RT는 큰 의미가 없어졌다.

인도네시아는 상부의 지시와 의지가 최하단까지 효율적으로 하달되지 않고, 일반적으로 리더의 지시를 일사분란하게 따르는 조직성을 기대하는 것은 바람직하지 않다. 따라서 행정부처와의 갈등이 있거나 허가 등의 조율이 필요할 때 윗선과 이야기를 잘 해두었다고 결코 안심해서는 안 된다. 조율을 담당하는 실무진이 해당 행정부처의 실무담당자와 직접 지속적으로 논의를 하는 것이 바람직하다.

2.2. 입법부

입법부이자 국민대표기구로 국민협의회(Majelis Permusyawaratan Rakyat: MPR)가 있다. MPR은 국문으로 국민평의회 또는 의회로 번역되기도 한다.[15] 국민협의회는 직접선거를 통해 선출되는 지역대표협의회(Dewan Perwakilan Daerah)와 국민대표협의회(Dewan Perwakilan Rakyat)의 양원으로 구성되어 있는데, 한국에서는 전자를 상원으로 후자를 하원으로 부르기도 한다.[16] 의회의 고유권한인 입법권과 행정부 견제 기능은 하원인 국민대표협의회에만 주어져 있고, 지역대표협의회와 국민협의회의 기능은 상대적으로 제한되어 있다는 점에서 실질적으로 하원의 단원제 국가로 보기도 한다.[17] 이러한 하원을 구성하는 주요 정당으로는 민주당(Demokrat), 골카르당(Golkar), 투쟁민주당(PDI-P), 복지정의당(PKS), 국민수권당(PAN), 통일개발당(PPP), 그린그라당(Gerindra) 등이 있다.

인도네시아의 입법은 법률체계의 혼잡성과 절차의 비효율 등의 문제로 전면적인 정비 작업이 진행 중에 있다.[18] 현재 대한민국의 법제처가 이러한 인도네시아 법제 정비작업을 위하여 인도네시아 내각 사무처에 협력하고 있다.

2.3. 사법부

인도네시아의 사법부는 3심제로서 대법원, 고등법원, 지방법원 및 분원으로 구성되어 있으며 대법원은 하급법원을 지도 감독한다. 대법원장은 헌법상 대통령 및 국회의장과 동등한 지위에 선다.

---

15) 예컨대 외교부, 인도네시아 개황, 2017, p.25.
16) 앞의 외교부 자료.
17) 앞의 외교부 자료.
18) 인도네시아 법체계와 입법절차에 관한 국문자료로는 법제처, "인도네시아 법체계와 입법절차"(2017).

인도네시아의 법원은 보통법원(일반 민형사사건 관할), 종교법원(이슬람교도 관련 분쟁관할), 군사법원(법률기준이 아닌 피고인이 군인인 사건 관할) 및 행정법원(국가가 피고가 되는 분쟁 관할)으로 구성되어 있다.

공식적으로는 3심제를 택하고 있으나, 재심의 남용과 그로 인해 대법원 판례가 번복되는 사례가 적지 않아 실무에서는 '사실상 4심제'라고 하는 목소리도 있다. 인도네시아 사법부 내 심각한 판사 부족에서 비롯된 열악한 상황 또한 잘 알려져 있다.[19] [20] 부패도 만연하다.[21] 아래에서 이에 대해 간략히 살펴본다.

2.3.1. 인도네시아는 4심제인가? - 인도네시아의 재심

재심(Peninjauan kembali: PK)은 대법원의 확정판결에 대하여 그 효력을 인정할 수 없는 중대한 흠이 있는 경우에 대법원에 그 확정판결의 취소를 구하는 예외적 비상구제수단이다.

한국에서도 민사소송법 제451조의 재심사유가 있으면 확정된 종국판결에 대하여 재심의 소를 제기할 수 있으나, 일반적으로 확정판결이 난

---

19) Tony Budidjaja, 'The future of Indonesia's legal profession: A lawyer's perspective', The Jakarta Post, 11 April 2013.

20) 2015년 2월 조사에 따르면 전국 1심 지방법원들의 운영이 특히 열악한데, 매년 250명의 신규 법관이 필요하나 조사시점 기준으로 근 4년동안 신규법관이 단 한명도 임관되지 않았다. 당시 인도네시아는 총 8,300명의 판사를 두고 있었으나 사법부 공백을 메우기 위해 적어도 1000명의 법관이 필요한 상황이었다. Fedina S. Sundaryani, "Judiciary facing 'severe' shortage of judges", The Jakarta Post, 26 February 2015.

21) Soonpeel Edgar Chang, Indonesian Company Law, 2018, Rouledge, pp. 152-155; Josua Gantan, 'Rule of Law Seen as Indonesia's Achilles Heel', The Jakarta Globe, 17 April 2014 기사. 물론 부정부패는 지방이 더 심각하나, 오늘날 자카르타도 자유롭지는 못하다. 대기업의 본사들과 대형법무법인이 몰려있는 남부 자카르타에서도 2018년 PN 법관 2명, 서기관 1명, 관련 변호사 1명이 뇌물수수혐의로 체포되었다. Tribunnews, Menilik Rumah Dinas Hakim Irawan, Hakim Pegadilan Negeri Jakarta Selatan yang Ditangkap KPK, 3 Desember 2018 기사.

사건을 다시 재판받는 것은 쉽지 않은 일이고 나아가 판결이 뒤집히는 것은 더욱 그러하다. 전두환을 비롯한 신군부가 1980년 5월 17일 선포한 계엄포고에 대해 위헌·위법하여 무효라 선언(대판 2018.12.13, 2016도1397)하고 유죄판결에 대한 재심의 길이 열리는 데 자그마치 40년에 가까운 시간이 걸렸다.

또, 재심사건들의 피고가 대개 열악한 환경에 처한 사회적 약자인 반면, 변호인은 정의를 위하여 법적안정성을 희생시키는 예외적 수단을 인정받기 위하여 다른 영리활동과 병행하기 어려울 정도의 노력과 준비가 필요하다.[22] 2017년 「재심」이라는 영화로도 만들어져, 재심전문 고졸 변호사로 유명해진 박준영 변호사조차 2016년 8월에 파산을 선언한 바 있다.

이처럼 한국에서 재심은 영화로 만들어질 정도로 쉽지 않은 일이고, 실제로는 집배원의 실수로 소송기록접수 통지서의 송달일자를 잘못 기재한 탓에 법원이 상고이유서 제출기간을 도과했다고 본 경우에나[23] 고려할 수 있는 것이다.

한편 인도네시아에서는 재심이 민사·형사·행정소송을 불문하고 빈번하며, 실제로 재심 청구인이 재심에서 대법원의 판결을 뒤집는 경우가 왕왕 있다. 예를 들어, 사업경쟁감독위원회(Komisi Pengawas Persaingan Usaha: "KPPU")의 2014~2017년 연간보고서에는 아래와 같은 통계자료가 있다.

- 2014년 24 PK건 중 KPPU 패소 2건.
- 2015년 58 PK건 중 KPPU 패소 1건.
- 2016년 PK건에서 KPPU 승소율 73%(PK건).
- 2017년 PK건에서 KPPU 승소 5건 패소 0건.

---

22) 한겨레, "하나도 거룩하지 않은, 그러나 소금 같은 변호사 박준영", 2015. 12.18. <http://www.hani.co.kr/arti/society/society_general/722574.html>
23) 대판 1998.3.13, 98재다53. 오늘날에는 대부분의 업무들이 전자화 되어서 이러한 사건이 다시 발생하기도 쉽지 않다.

KPPU가 당사자인 사건만으로도 2017년 한 해를 제외하고 매년 재심으로 판결이 뒤집힌 것이다. KPPU심결의 불복신청률과 대법원에 의해 뒤집히는 사안의 내용을 검토한 한 연구에서는 "인도네시아는 … 교육 시스템이 부족하여 종래 사회적 구조에서 완전히 탈피하기에는 시간이 필요할 것 … KPPU의 이론적 실무적 해결능력의 배양, 그리고 법원의 전문성도 병행되어야 할 것"이라고 결론짓는다.[24]

피고회사가 대법원에서 파산결정을 받은 경우에도 "채권자의 파산신청의 근거자료가 단순/간결하지 않다"는 취지로 재심을 청구하여 대법원 결정이 뒤집힌 사례들이 있다(125 PK/Pdt.Sus-Pailit/2015 및 No 013 PK/Pdt.Sus/2007). 이러다보니, 파산실무에서는 일반적으로 재심청구까지 고려하는 것으로 파악된다.[25] 물론 인도네시아의 재심승소비율은 한국의 재심승소비율에 비해 상대적으로 높을 뿐, 절대적인 통계수치상 재심승소율이 재심패소율보다 높은 것은 아니다.

형사재판의 재심은 여러 번 청구할 수 있다.[26] 과거에는 대법원이 판

---

24) 이동원, "인도네시아의 독점금지법의 쟁점과 시사점", 한국경영법률학회 2018년 하계국제학술대회 발표자료, p.159.

25) 인니 대법원에 따르면, "파산법 제1조 제1항의 파산청구 조건은 파산법 제6조 제3항의 "증거는 간결하고 단순(sederhana/sumir)해야 한다"는 절차상 조건을 준수해야 한다."(Yurisprudensi Mahkamah Agung Republik Indonesia No.03K/N/200, 24 Januari 2000 antara Bernard Ibnu Hardjojo melawan Hashim Djojohadikusumo 판결) 이에 따라 파산신청을 받은 채무자는 "증거는 단순/간결해야 한다"는 지극히 주관적이고 불분명한 조항에 터잡아 "채권자의 파산신청의 근거자료가 단순/간결하지 않다"고 항변하는데, 이 때 대법원이 이를 기각하는 경우도 있고 그렇지 않은 경우가 있다. 대법원의 파산결정 이후에 당사자가 재심(peninjauan kembali)을 신청하여, 대법원이 "파산을 위한 증거는 간결해야 한다는 파산법의 원칙을 어겼다"면서 결정을 파기하기도 한다(125 PK/Pdt.Sus-Pailit/2015 및 No 013 PK/Pdt.Sus/2007).

26) 민사소송의 경우, 원칙적으로 재심은 한 회만 청구할 수 있으나 최근 이러한 원칙이 변경된 것 같은 목소리가 있다. Item 2, MK회람서면 No.10/2009.; No.4/2016의 두 대법원 서면이 법원의 확정판결과 그에 대한 재심결정이 서

결을 내린 형사사건을 한 번 이상 재심할 수 없었다(형사소송법 제268조 제3항). 그러나 살인죄로 18년형을 선고받은 Antasari Azhar의 재심청구에 대하여 대법원이 충분한 노력을 기울이지 않았다는 근거로 Antasari Azhar가 헌법재판소에 2013년에 헌법소원을 청구한 사건에서, 인니 헌법재판소는 2014년 3월 6일 "중대한 정의를 구하기 위해서는 수회 재심할 수 있다"는 결정을 내렸다(본 결정은 2008–2013년 헌법재판소장이었던 Mahfud MD로부터 거센 비판을 샀다[27]). 단, 재심을 청구하더라도 형의 집행을 정지 또는 연기할 수는 없다(2004년 제21호 대법원 법 제23조 제1항 및 제67조). 또, 형사상 피고에게 불리한 재심은 인정되지 않으므로, 검찰의 재심청구는 인정되지 않는다(형법 제263조 제1항, 헌재 결정 33/PUU–XIV /2016).

재심결정 자체가 문제를 사는 경우들도 있다. 약 3,690억 루피아의 뇌물공여죄로 15년 형을 받은 주식회사 이사가 도주한 뒤에, 법률상 재심청구권자가 아닌 배우자가 2013년 대법원에 재심을 청구하여 무죄를 받은 사건이 유명하다.[28]

인도네시아 상황이 이렇다보니 승소확률은 낮아도 일단 재심청구를 하는 경우가 적지 않다. 설사 재심청구가 받아들여지지 않아도 (변호사 비용 외에는) 약 200원 정도(Rp.2.500)만 지불하는 것으로 마무리되기도 하니,[29] "우선 재심청구하고 안 되면 본전"이라고 여기는 구석도 있는 것

로 모순되는 경우, 재재심을 하는 길을 열어두었다. 그러나 이러한 재재심은 정의관념에 배치되는 사건에서 드물게 인정되는 것이고, 실질적으로 이를 기초로 인도네시아는 5심제라고 말하기는 어려울 것이라고 본다.

27) Bambang Noroyono, "Mahfud MD: MK Decision Dangerous", Republika, 7 March 2014 <https://www.republika.co.id/berita/nasional/hukum/14 /03/07/n2289n–mahfud–md–putusan–mk–berbahaya>
28) Ahmad Baiquni, "Putusan bebas Sudjono Timan melecehkan hakim," 27 Aug 2013, Merdeka.com <https://www.merdeka.com/peristiwa/putusan– bebas–sudjono–timanmelecehkan–hakim.html>
29) 예컨대 의료소송 재심청구 패소사건 No.113 PK/Pid/2012.

같다. 이러한 경향 때문에 인도네시아 현업에 종사하는 한국인들 가운데에는 "인도네시아는 4심제다"라고 하는 분들도 있다.[30]

인도네시아에서 재심청구의 사유는 아래와 같다(UU 14/1985 제67조).

    a. 판결이 확정된 이후 상대 당사자의 사기 또는 허위에 의하여 판결이 선고되었다는 점이 밝혀졌거나 또는 형사법원에 의하여 증거가 허위인 것으로 밝혀진 경우

    b. 사건에 대한 판단이 있은 후 기존에 현출되지 않았던 새롭고 결정적인 서면 증거가 발견된 경우

    c. 당사자에 의하여 청구된 범위를 넘어서 청구되지 아니한 범위에 대한 판단이 내려진 경우

    d. 별다른 이유없이 소송상 주장의 일부에 대한 판단이 없었던 경우

    e. 동일한 당사자, 동일한 문제, 동일한 쟁점인 사건에 관하여 동일한 법원 또는 같은 심급의 법원에서 결론을 달리하여 판단한 경우

    f. 어떠한 판결 내에 판사의 부주의 또는 명백한 잘못이 있는 경우

위의 사유로 재심청구 시 청구기간은 다음과 같다(UU 14/1985 제69조).

    i. 제69조 a목의 경우, 사기나 허위가 밝혀진 날로부터 180일 내 또는 형사법원의 종국판결일 또는 당사자에게 통지된 일로부터 180일 내

    ii. 제69조 b목의 경우, 증거가 발견된 일로부터 180일 내(단, 해당 증거 발견일에 대하여 선서 및 legalisasi 절차를 받아야 함)

    iii. 제69조 c, d, f 목의 경우, 종국판결이 당사자에게 통지된 일로부터 180일 내

    iv. 제69조 e목의 경우, 판사의 부주의 또는 명백한 잘못이 있다는 종국 판결이 당사자에게 통지된 일로부터 180일 내

재심은 반드시 대법원에 청구하여야 한다(동법 제70조).

2.3.2. 부정부패

인도네시아의 부정부패는 사법기관뿐만 아니라 전 영역에 걸쳐 시급한 문제이다. 인도네시아 부정부패 관련 NGO인 Indonesia Corruption

---

30) 최근에는 변경된 재심청구 방침에 따라 5심제라고도 불린다.

Watch(ICW)에 따르면, 2018년 법원 기준 총 1,053건의 부정부패 사건이 발견되었고 이는 전년도 1,249건보다는 적은 것으로 평가된다.[31] 이 중 2.32%는 각하되었으며, 평균 금고/징역 기간도 1심에서 2년 3개월, 2심에서 2년 8개월, 대법원에서 5년 9개월로 전년도 대비 증가했다.

부정부패수사국(Komisi Pemberantasan Korupsi: "KPK")의 자체통계에 따르면, KPK의 예비수사, 수사, 기소 및 처벌 사례가 2015년 이래 증가하였다.[32] 이 중 주요사건으로는 국회위원, 시장, 부시장 검거[33] 및 말랑(Malang)의 45명의 지역의회위원 중 41명이 지역예산 편취 및 지역 공무원으로부터 뇌물을 받은 혐의 수사가 있다.[34]

인도네시아에서 아직은 공무원들의 뇌물수수 문제는 심각해서, "안 되는 것을 되게 하려고 주는" 뇌물보다 "되는 것도 안 되게 만든 뒤에 받으려는" 뇌물의 비중이 더 큰 것으로 보고된다.[35]

---

31) 2019년 상반기 기준 120건, 2018년 총 454건(사법부가 다룬 사건이 235건, 경찰이 다룬 건 162건, KPK가 다룬 건 57건), 2017년 576건(사법부가 다룬 사건 315건, 경찰이 다룬 건 216건, KPK가 다룬 건 44건), 2016년 총 482건(사법부가 다룬 건 307건, 경찰이 다룬 건 140건, KPK가 다룬 건 35건)으로 집계되었다. 자세한 내용은 다음을 참조. https://antikorupsi.org/sites/default/files/narasi_tren_vonis_2018.pdf. 그러나, 단순 숫자의 증감은 유의미하지 않다고 생각된다. 적발률이 낮을 수도 있고, 신규발생 수는 낮을 수도 있는 등의 요인들이 있어 잘못된 인상을 줄 수 있기 때문이다.

32) KPK 자료 <https://acch.kpk.go.id/id/statistik/tindak−pidana−korupsi>

33) KPK 자료 <https://acch.kpk.go.id/id/statistik/tindak−pidana−korupsi/tpk−berdasarkan−profesi−jabatan>

34) Kompas, 41 dari 45 Anggota DPRD Kota Malang Tersangka Suap, 2018.09.03 기사. <https://nasional.kompas.com/read/2018/09/03/21503011/41−dari−45−anggota−dprd−kota−malang−tersangka−suap>

35) "Extensive bribery in Indonesia's public service is a reason for foreign investors: [⋯] public officials often exploit ambiguous legislation to extort informal payments and bribes from companies in the process of registering a business, filing tax reports, or obtaining permits and licenses. [⋯] The anti−corruption legal framework is deficient and does not address facilitation payments."—Indonesia Corruption Report,

다음으로 사법기관에서의 부정부패를 살펴보면, 면이나 읍단위 지역소재 지방법원은 물론, 적지 않은 대기업들의 본사가 위치한 남부 자카르타 역시 부정부패에서 완전히 벗어났다고 하기는 어려운 형국이다.36) 뇌

July 2015, GAN Business Anti—Corruption; "One international company interviewed said it had spent months searching for an official schedule of tariffs or fees for permit applications - without success. Another extractive industry company told Control Risks it faces persistent problems with requests for per diems from government officials carrying out site inspections. While Ministry of Finance Regulation number 113/PMK.05/2012 stipulates that officials carrying out government duties on company sites are entitled to per diems, there is no guidance under the law regarding whether the government or the company is responsible for paying. [···] At Indonesia's ports, corruption is often hidden under the guise of processing hold ups for discrepancies in customs documentation—particularly for imported goods." Corene Crossin et al., Martin Brown, & Steve Norris, Anti— Corruption in Indonesia, 2013, Control Risks, p.5.; "With 70% of entrepreneurs believing that corruption increased recently in Indonesia [···] Foreign companies need local business partners for joint ventures. But they risk prose cution at home, under laws such as the United States' Foreign Corrupt Practices Act and the United Kingdom's Bribery Act, when their local partners engage in corruption. They also risk debarment by multilateral financial institutions such as the Asian Development Bank. Foreign companies are increasingly obliged to conduct costly third—party due diligence to assess local partners' anti—corruption compliance measures" —OECD, Indonesia Policy Brief, October 2016; "General Cable Corpor ation, the Kentucky—based wire and cable manufacturer, paid more than $75 million to resolve SEC and Justice Department cases related to improper payment to win business in Indonesia"—SEC Enforcement Actions: Foreign Corrupt Practice Act Cases, U.S. Securities and Exchange Commission, Dec 29, 2016.

36) 2018년 11월 남부 자카르타 지방법원 법관 2명, 서기관 1명, 관련 변호사 1명이 뇌물수수혐의로 체포되어 KPK의 조사가 개시되었다. Adi Suhendi, "Dinas Hakim Irawan, Hakim Pegadilan Negeri Jakarta Selatan yang Ditangkap KPK", Tribunnews, 3 December 2018. <http://www.tribunnews.com/nasional/2018/12/03/menilik—rumah—d

물뿐 아니라 법원 내외의 정치적 영향력도 문제가 된다.

뇌물을 주고받는 것은 당연히 불법이고 발각시 엄벌의 대상이다.[37) 형법 및 특별범죄행위법(형사특별법 또는 특정범죄 가중처벌 등에 관한 법률과는 다르다)인 1980년 제11호 반(反)뇌물죄, 1999년 제31호 및 2001년 제20호 부패척결법의 수뢰죄 및 증뢰죄 등에 해당하며,[38) 뇌물지급시 거짓으로 작성한 서류와 관련하여 서류위조죄 및 자금을 세탁하여 현금화 한 뒤에 이를 뇌물로써 제공하였다고 보고 2011년 제3호 자금세탁 형사처

---

inas – hakim – irawan – hakim – pegadilan – negeri – jakarta – selatan – yang – ditangkap – kpk >

37) 인도네시아는 OECD 가입국이 아니다. 그러나 인도네시아에 직접 투자하는 해외투자자의 대부분은 OECD의 반뇌물협약 감시프로그램의 대상국이다. "1999년 2월 15일 발효한 국제비즈니스 거래시 외국공무원에 대한 뇌물제공 방지를 위한 협약(the Convention on Combating Bribery of Foreign Public Officials), 2009년 국제비즈니스 거래시 외국공무원에 대한 뇌물제공 방지를 위한 권고(2009 Recommendation for Further Combating Bribery of Foreign Public Officials in International Business Transactions), 2009년 국제비즈니스 거래시 외국 공무원에 대한 뇌물제공 방지에 관한 과세조치 권고(2009 Recommendation on Tax Measures for Further Combating Bribery of Foreign Public Officials in International Business Transactions), 2006년 뇌물제공과 공적 지원 수출 신용 권고(2006 Recommendation on Bribery and Officially Supported Export Credits) 등이 OECD문서로 있다. OECD차원에서 이행을 촉진하기 위해서 가입국의 반뇌물 협약이행에 대한 엄격하고 체계적인 감시 프로그램이 수립되어 있다. 반뇌물협약에 대한 해설(9항)에 따르면 "소액의 급행료"(공무수행을 신속히 처리하도록 지급하는 소액으로, 1항의 "비즈니스를 획득 또는 유지하거나 기타 부당한 이익을 취득 또는 유지하기 위한 지급"에 해당하지 않는 금액)는 범죄행위가 아니라고 보는 점이다. 이는 물론, 반뇌물협약이 아니라 인도네시아 국내 형법에 저촉된다.

38) 보다 구체적으로는, 개인이익착복을 위하여 부정한 권한 행사로써 국가의 이익에 손해를 끼친 죄(199년 제31호 부패척결법 - 2001년 제20호 일부 개정 - 제2조 및 제3조), 수뢰죄와 증뢰죄(동법 제5조 제1항 a 및 b목, 제6조 제1항 a목 및 b목, 제6조 제2항, 제11조, 제12조 a목 내지 d목, 제13조, 제15조 제2항), 횡령(동법 제8조, 제9조, 제10조 제a항 내지 c항), 공무원 권한남용(동법 제12조 e - g목), 사기(동법 제7조 제1항 a 내지 d목, 제7조 제2항 및 제12조 h목), 배반이익 수령(동법 제12조 i목), Gratification(동법 제12B조 및 제12C조).

벌 및 자금 이체법의 자금세탁죄를 경합하여 적용하는 경우도 적지 않은 것으로 보인다.

인도네시아에서 KPK가 부패척결을 위해 수사와 기소를 담당하고 있으며, 2019년 KPK에 대한 법률이 개정(2019년 제30호 법)되어 부패사건의 수사와 기소보다 부패의 예방으로 초점이 옮겨졌다. 동법에서는 KPK가 내부 상위 감독기구의 허가를 득하여 부패 수사를 위한 도청을 할 수도 있는 등 적극적인 권한이 담긴 반면, 일정한 경우 수사를 정지할 수 있고 경찰청이 KPK의 운영을 감독할 수 있다고 정함에 따라 KPK의 권한 약화 및 침해를 우려하는 목소리가 있다.

제3절 법령의 체계와 개정

3.1. 법령의 체계

인도네시아의 고유한 법률체계를 다루는 학문을 법제학(Ilmu perundang-undangan)이라 한다. 법제학에서 다루는 인도네시아 법령 체계의 자세한 이론적인 내용은 생략하고, 본서에서는 성문법상 법정한 위계를 중심으로 설명한다.

인도네시아는 헌법을 개정한 후, 법률의 체계를 정비하기 위해 여러 차례 신규 법률을 도입하고 증보개정·전문개정을 거쳐[39] 2011년 제12

---

39) Uu No.1/1950 tentang Jenis Dan Bentuk Peraturan; Ketetapan Majelis Permusyawaratan Rakyat Sementara Republik Indonesia No. Xx/Mprs/ 1966 tentang Memorandum Dpr−Gr Mengenai Sumber Tertib Hukum Republik Indonesia Dan Tata Urutan Peraturan Perundangan Republik Indonesia; Ketetapan Majelis Permusyawaratan Rakyat Republik Indonesia Nomor Iii/Mpr/2000 tentang Sumber Hukum Dan Tata Urutan Peraturan Perundang−Undangan; Uu No.10/2004 (UU No.12/2011로 전문개정)

호 법령 체계에 관한 법("UU 12/2011")을 시행하였다.[40] UU 12/2011에 따른 인도네시아 법률의 위계는 다음과 같다(UU 12/2011 제7조 제1항).

그림 1-3 인도네시아 법령의 체계

이외에도 국민협의회, 국회, 지역대표협의회, 대법원, 헌법재판소, 사법위원회, 중앙은행, 장관, 기타 정부나 법령이 정하는 기관 내지 위원회에서 정한 각종 법령 및 규칙 등은 법적으로 유효한 효력을 갖는다(UU 12/2011 제8조 제1항 내지 제2항). 대통령지침(Instruksi Presiden: Inpres), 부처 규정(Peraturan Menteri: Permen), 부처장 결정(Keputusan Menteri: Kepmen) 및 회람서면(Surat Edaran)등이 그 예이다. 인도네시아의 법의 수는 한국과 유사하지만, 이와 같은 각종 명령/시행세칙 등 성문화된 규범이 3만건이 넘어 성문화된 규범의 숫자만으로는 한국의 6배가 넘고, 아닷법과

---

tentang Pembentukan Peraturan Perundang — Undangan.

40) Undang Undang Republik Indonesia Nomor 12 Tahun 2011 Tentang Pembentukan Peraturan Perundang — Undangan

종교규범 등까지 감안하면 인도네시아의 실정법은 어디까지인지 가늠하기조차 어렵다.[41]

　이러한 각종 법령과 규칙은 그 위계질서가 모호하고, 상위법과 하위법의 경계를 구분하기 어렵게 혼재되어 있다. 헌법 및 UU 12/2011외의 법령을 들어 UU 12/2011과 다른 법률의 위계를 주장하는 설(예컨대 1945년 헌법 제24A조 제1항을 근거로 대법원에서 정한 규칙이 다른 법령 및 규칙보다 상위 법령이라는 설),[42] [43] 시기별로 법령의 위계를 달리 보는 설,[44] 이슬람율법과 1945년 헌법을 동일한 위계의 법으로 보는 설[45] 등이 있다.[46] [47] 나아가 상위기관이나 법률이 위임하지 않은 법률을 만드는 경우도 적지 않다.[48]

---

41) 김소웅, "이방인 법정", 한인뉴스, 재인도네시아 한인회, 2019.03, p.40.
42) Pasal 24 A ayat (1) UUD 1945: Mahkamah Agung berwenang mengadili pada tingkat kasasi, menguji perturan perundang−undangan di bawah undang−undang terhadap Undang−Undant, dan mempunyai wewenang lainnya yang deberikan oleh undang−undang.
43) Prof. Dr. H. Oyo Sunaryo Mukhlas M.Si, Ilmu Perundang−Undangan, 2017, Pustaka Setia, pp.47−63.
44) 위의 책.
45) Al Quran, As Sunnah 등이 그것이다. 빤짜실라 제1원칙이 유일신에 대한 믿음이자 종교이며, 신앙을 가진 자에게 알라에 대한 믿음과 원칙이 으뜸으로 자리해야 하기 때문이라고 설명한다. 위의 책, pp.29−31. 실제로 통상 인도네시아 법과대학에서도 수강생의 종교와는 무관하게 이슬람법을 헌법과 같은 필수전공과목으로 삼는 것으로 보인다.
46) Instruksi Presiden Republik Indonesia Nomor 15 Tahun 1970 Tentang Tata−Tjara Mempersiapkan Rantjangan Undang−Undang Dan Rantjangan Peraturan Pemerintah Republik Indonesia.
47) 이론을 떠나 실제로도 신질서 정부의 대통령 지침이 사실상 상위의 법령 및 지침보다 높은 위력을 형성하는 경우도 있다.
48) 예를 들어 상위 법률인 2007년 회사법에서 자원사업을 영위하는 회사에만 CSR을 요구하도록 제한하였으나, 하위 법률인 행정부령 군/시 자치법규에서는 업종에 무관하게 모든 회사에게 사회적 책임을 요구하여 학계의 비난을 샀다 Soonpeel Edgar Chang, Has Indonesia's Unique Progressivism in Mandating Corporate Social Responsibility Achieved its Ends?, Sriwijaya Law Review, Vol. 2, Issue 2, July (2018).

3.2. 법령의 개정

인도네시아에서는 일반적으로 전문개정방식이 널리 쓰인다. 한국에서와 같은 흡수개정방식(기존법령의 일부를 추가·수정·삭제하는 개정법령이 성립·시행되자마자 그 개정내용이 기존법령의 내용에 흡수되는 방식)은 거의 사용되지 않는다. 일부만 수정이 필요한 경우에는 개정법령이 독립적으로 존재하는 증보방식(기존법령의 일부를 추가·수정·삭제하는 개정법령이 성립·시행된 후에도 기존법령 중에 흡수되지 아니하고 형식상 그 자체 독립적으로 존재하며 기존법령을 내용적으로 수정하는 방식)이 통상 사용된다.

그러나 상위법률을 하위법률에서 일부 개정하는 경우도 많아 일반사용자 입장에서는 적절한 법률을 찾지 못해 혼란이 종종 발생한다.[49]

제4절 빤짜실라[50]

인도네시아의 헌법 위 건국이념으로 "빤짜실라(Pancasila)"가 있다. 신크리스트어로 다섯을 뜻하는 "빤짜(Panca)"와 원칙을 뜻하는 "실라(Sila)"의 합성어이다. 빤짜실라는 인도네시아에서 최상위 법원칙이자 국민철학으로 자리매김하고 있다.

1945년 5월 28일부터 6월 1일 사이에 독립준비조사위원회(Badan Peny−elidikan Usaha Persiapan Kemerdekaan)가 인도네시아 독립의 정당성과 신

---

49) 예컨대 2007년 회사법의 수권자본 조항에 대한 개정안 「주식회사의 수권자본 개정에 관한 2016년 제29호 행정부령」. 이 같은 개정방식에 대한 비판적인 논의를 찾아보기 힘들다.
50) 다음 연구들을 참조하였다. 양승윤, 인도네시아(한국외대 출판부 2003) 및 양승윤, 인도네시아 정치사회적 변동과 빤짜실라, 남아연구, 제12호, 한국외대동남아 연구소, 2003.09.

생정부의 기본 골격을 준비하고 있었다. 네덜란드 식민지 정부시대에 국회의사당으로 사용되던 건물에서 회의를 개최하였는데, 회의 마지막 날인 1945년 6월 1일 아크멧 수카르노가 연설 중 다음의 다섯 가지 이념을 제기하였다.

(i) 유일신에 대한 믿음
(ii) 공정하고 문명화된 인본주의
(iii) 인도네시아의 통합
(iv) 합의제와 대의제를 통한 민주주의 실현
(v) 인도네시아 국민에 대한 사회 정의

독립준비조사위원회 9인 위원은 이를 묶어 '빤짜실라'라고 부르고 건국이념으로 제정했다.

1945년 8월 17일 인도네시아의 독립 즉후,[51] 8월 18일 빤짜실라가 공식적으로 법정되었고 1945년 헌법 서론에 기록되었다. 같은 날 빤짜실라의 산파역할을 한 수카르노는 초대 대통령으로 취임하였다. 빤짜실라는 이후 국민의 동질성을 유지하고 통일국가를 유지하는 데 사용된 반면, 인도네시아 정치 지도자들의 권력집중과 독재체제의 정당성을 유지하는 수단으로 활용되어 반대세력을 견제하고 탄압하는 데에도 적극 사용되었다.[52]

---

51) 이후 다시 네덜란드의 점령시도가 있었고 유엔의 중재로 1949년 12월 27일 네덜란드로부터 완전히 독립하였기 때문에, 네덜란드와 유엔에서는 인도네시아의 독립이 1949년이라고 여긴다. The United Nations and Decolonization, Trust and Non-Self-Governing Territories (1945-1999).
<http://www.un.org/en/decolonization/nonselfgov.shtml#n>
52) 수하르토 통치하의 32년동안 매 5년마다 신질서체제로 명명하면서 빤짜실라 민주주의라는 이름으로 통치하였다(양은윤, 인도네시아사, 598쪽). 이슬람을 세속종교 중 하나로 치부하려는 신질서 정부를 상대로 이슬람 세력이 결집력을 높이고자 빤짜실라 이데올로기를 사용하기도 하였고, 수하르토 군사정부에서는 1982년 대통령을 총재로 하는 빤짜실라무슬림재단을 결성하였다(양은윤, 인도네시아사, 591-594쪽).

1997-1998년 경제위기에 따른 32년간 장기군사독재체제의 종결 및 신질서 정부의 몰락으로 말미암아 근본적으로 헌법을 개정하였음에도, 빤짜실라의 지위는 더욱 강력해졌다. 나아가 2016년 조코 위도도 대통령은 6월 1일을 빤짜실라의 날을 지정하고 공휴일로 선포했다. 대한민국인에게는 헌법 제1조 제1항 및 제2항이 상식이듯, 인도네시아 국민들 간에는 빤짜실라 다섯 원칙이 상식으로 자리하고 있다.

다섯 가지 이념은 비록 간단하고 명확하지만, 철학적으로 확대해석되어 인도네시아의 국가와 국민적 상징으로 건재하고 있다. 각 인도네시아 각 법학대학에서는 일반적으로 "헌법"이 아닌 "빤짜실라" 수업을 필수전공으로 하고 빤짜실라 철학에 대한 심화 과정을 필수 또는 선택으로 가르치고 있다. 또, 개별법의 권원을 헌법에 앞서 빤짜실라에서 찾는 법학상의 전통도 확립되어 있다.

제5절 헌 법

5.1. 헌법의 역사

자바 및 각 도서에도 토착법들은 존재하였으나, 1847년 네덜란드 왕령에 의하여 도입한 법률이 있기 전까지 인도네시아 영토 내에 근대적 의미의 법률은 없었던 것으로 보인다. 1848년 네덜란드가 헌법(Regeringsreglement)을 도입하였으나[53] 이는 어디까지나 일부 지역에서만 제한적으로 식민

---

53) 이 시기 네덜란드 Leiden대학의 법학박사 학위논문으로 해당 헌법과 관련한 연구들이 나왔다. 1848년 헌법 소개 전후의 식민행정, 강점기 헌법도입 후 식민행정의 역사, 토착지도자가 갖는 형사고발 면책특권 등, 네덜란드 식민지 행정 및 각 도서별 토착민에 대한 연구의 일환으로 이행된 것으로 보인다. 자세한 내용은 S.Pompe, A Short Review of Doctoral Theses on the Netherlands-Indies Accepted at the Faculty of Law of Leiden University

통치의 일환으로 적용되었고 효율적인 식민정부를 구현하기 위한 동기에서 가져온 것이었다.54) 20세기 초까지 오늘날의 인도네시아가 하나의 통일된 국가로 성립할 수 있을지를 예견하기 어려웠을 뿐만 아니라, 350여년 간 이 나라를 식민통치한 네덜란드가 인도네시아 전역에 통치력을 구사하게 된 시기도 1910년경이었다.55)

따라서 인도네시아라는 국가가 태동하기 전에 네덜란드가 일방적으로 가져온 위의 헌법을 인도네시아 헌법이라고 하기는 어렵다. 오늘날 진정한 의미에서 인도네시아 최초의 현대적 헌법은 1945년 제정헌법이라고 본다. 1945년 인도네시아 헌법은 "45년 헌법(UUD 45)"이라 널리 부르며, 전문과 총 37조의 본문으로 구성되어 있다. 1950년 8월 공화국잠정헌법 (UUDS 50)을 시행하였으나 1959년 7월 5일 대통령 수카르노에 의해서 45년 헌법으로 복귀하였다.

45년 헌법은, 식민시대 네덜란드 Leiden대학의 Cornelis van Vollenhoven 등의 법학자가 세워둔 기반 위에서 수뽀모(Dr. Raden Soepomo)등의 법률가가 만들면서 독일의 자연법 철학을 계수한 것으로 평가받는다.56) 인도네시아 헌법에 대한 기원은 (본서의 목적상) 프랑스 헌법까지 거슬러 올라간다. 프랑스 헌법의 기원은 1789년 프랑스 인권선언이다. 프랑스는 1791년 입헌군주제와 제한선거를 골자로 하는 첫 헌법을 제정하였다. 그러나 네덜란드(당시 바타비아 공화국)에서는 18세기 말 프랑스 로베스피에르의 공포정치와 쿠데타에 의한 처형, 19세기 초 나폴레옹을 상대로 한 패배 등에 의해 프랑스에 대한 반감이 깊게 자리하고 있었다. 프랑스의

---

in the Period 1850 – 1940, Indonesia, No. 56 (Oct., 1993), Cornell Univ., pp.67 – 98.
54) S. Pompe. 위의 연구, p.77.
55) 양승윤, 인도네시아(한국외대 출판부 2003), p.263.
56) David Bourchier, Positivism and romanticism in Indonesian legal throught, Indonesia: Law and Society – 2nd edition, 2008, the Federation Press, p.95.

법철학은, 국가의 권력은 국민으로부터 나오고 이러한 권력을 가진 국가의 권한 있는 기관이 만든 법률은 국민이 따라야 한다는 실정법에 기반하고 있었다. 오늘날에는 너무도 당연하게 받아들이는 상식이지만, 당시에는 이 같은 실정법에 반대하여 입법자의 의사를 초월하는 절대적 불변의 가치기준(즉 자연법)이 더 우월한 법규범을 갖는다는 자연법사상과 격돌하였다. 이러한 자연법사상과 실정법사상의 대립 및 로마법 계수여부를 둘러싼 격렬한 논쟁은 1840년경 독일에서 먼저 펼쳐졌다.[57]

자연스럽게 이 논쟁은 네덜란드에도 들어왔다. 당시 네덜란드 Leiden대학의 법학장 자퀘즈 오픈하임(Jacques Oppenheim)이 자연법을 옹호하였다. 그리고 그의 제자였던 Cornelis van Vollenhoven은 이후 1901년부터 Leiden대학에서 인도네시아 공법, 행정법, 관습법 등을 강의했으며, 그는 오늘날 인도네시아 관습법의 아버지이자 인도네시아 법학의 대부로 평가받을 정도로 영향력 있는 법률가가 된다. Cornelis van Vollenhoven는 '법률가가 제정한 법률(Juristenrecht)'이 아닌 '대중으로부터 나온 법률(Volksrecht)'을 옹호했는데, 유럽스타일의 사유재산권에 기반한 실정법(즉 네덜란드 식민정부가 시행한 실정법)에 반대했다. 그는 오랜 시간동안 만들어진 자연법(즉 토착관습법)을 짓밟는 식민정부가 스스로의 윤리정신을 배반한다며 식민정부의 실정법 주의에 항거하였다. 이러한 그의 견해는 1904년에서 1920년대에 그의 Leiden교육과정을 통해 전파되었고, 마침내 식민정부로 하여금 유럽인은 유럽법으로 통치하고 원주민들은 지역법원에서 지역관습법으로 판단하는 이중체계를 보존하도록 만들었다.

45년 헌법의 주요 입법자인 수뽀모(Dr. Raden Soepomo)는 Leiden대학에서 수학한 뒤 1941년부터 Universitas Indonesia에서 강의를 하는데, 그 내용은 Cornelis van Vollenhoven 및 다른 네덜란드 학계 권위자들이 주장하던 내용-개인주의를 위시한 서구열강의 법률이 아닌 인도네시

---

57) Friedrich Karl von Savigny와 그의 제자 Georg Puchta가 1815년에 설립한 독일의 역사학교에서 시작되었다. David Bourchier, p.95.

아 고유의 공동사회에 기반한 자연법-을 거의 그대로 가져온 것으로 평가받는다.[58] 그는 이후 일본이 제헌을 위해 선정한 62명의 저명한 인도네시아 학자 중 최고선임자가 된다. 수뽀모는 후 자신의 회고록에서 일본인 사령부 고문으로부터 다른 정부체계를 단순히 따라가지 말고 국가의 고유한 성격에 적용해야 한다는 자문을 들었다고 회고한다.[59]

수뽀모 외에도 제헌위원회의 구성원의 주요인사들은 위 네덜란드 학풍의 강한 영향을 받았다. 초대 외교부장관 수바르요(Ahmad Subardjo)는 Leiden 대학에서 교육을 받았으며 제헌시기에 독일 자연법 철학에서 기초한 네덜란드의 사상에 기초하고 있었음을 회고한다.[60] 초대 부통령(1945-1956)을 지낸 모하마드 하따는 네덜란드 에라스무스 대학을, 초대 슬라웨시 주지사(1945-1949)를 지낸 샘 라뚜랑이는 암스테르담에서 수학한 인물이었다.

1945년 헌법의 제헌과정에서도 수뽀모는 인도네시아의 전통적 관계에서 통치자와 대중은 가족적 신뢰와 상호 의무를 기반으로 하고 있었으며 헌법상 정치적 권력을 나눌 수 없다면서, 이른바 '통합주의' 철학을 헌법에 도입할 것을 주장한다. 이는 서구의 공산주의가 아니라 Adat내 공동체주의 개념이었다.[61] 그러한 그의 제안 중 상당한 부분이 현재의 조항들에 담기게 되었다.

---

58) David Bourchier, pp.96-98.
59) Muhammad Yamin. 1959. Naskah Persiapan Undang-Undang Dasar 1945 Jilid 1. Jakarta. Yayasan Prapanca, p.111
60) 그는 Leiden 대학에서 교육을 받았으며 Savingly의 유명한 문구 'Das Recht ist und wird mit dem Volke(법은 사람의 것이며, 사람 안에 있는 것이다)' 라는 자연법 철학에 강한 인상을 받았다고 고백한다. Ahmad Subardjo, Kesadaran nasional: otobiografi Ahmad Subardjo Djoyoadisuryo, Gunung Agung, 1978, p.135. Savingly가 실제 한 말은 "Das Recht wird nicht gemacht, es ist und wird mit dem Volke(법은 만들어 지는 것이 아니고, 사람들과 함께 있고 함께 있을 것이다.)"
61) 위의 책, pp.110-111.

1945년 헌법은 국가의 최고 권력기관을 국민협의회(MPR)로 하고, 가족중심주의의 경제 및 협동조합을 강조하며, 천연자원의 국유화를 통해 국민적 생산성을 제고한다는 것을 내용으로 하고 있다.[62] 그러나, 1945년 헌법은 (i) 헌법규정흠결로 인해 국가권력구조를 불명확하게 하고 국민주권의 원리를 왜곡했으며, (ii) 국회의원의 임기와 선출방법에 대해 일체의 언급이 없고 국회의 권한에 대해서도 제한적인 등, 대통령 중심의 조문체계에 불과하고, (iii) 대통령에의 권력이 집중되어있으며, (iv) 기본권보장이 불명확하다고 평가받는다.[63][64]

수카르노 대통령이 1950년 8월 공화국잠정헌법(UUDS 50)을 폐지하고 45년 헌법을 복권시킬 때, 그는 서구열강이 만들어낸 시스템을 인도네시아에 가져오는 것에 반대한다고 선언하면서 '상부상조'로 번역되는 인도네시아 고유의 "고똥 로용(Gotong royong)"정신을 강조하였다. 이는 1945년 헌법이 자연법 철학을 지니고 있다는 증거로도 언급되는 반면, 개혁적 정의가 아닌 과거의 답습에 불과하다는 평가의 근거로도 사용된다.[65]

수하르토 대통령 집권동안 헌법에 대한 담론은 모순과 불합리에 시달려야 했다.[66] 그는 인도네시아는 법률에 의한 국가(Rechtsstaat)로 조화와 합의를 강조하는 인도네시아 전통문화와 배치된다면서 권력분립에 반대했고, 빤짜실라 민주주의를 제창했다. 그는 국가의 역할은 단순히 사회를

---

62) 구체적인 내용은 양승윤, 인도네시아 정치사회적 변동과 빤짜실라, 남아연구, 제12호, 한국외대동남아 연구소, 2003.09.

63) 변해철, 인도네시아헌법 개관, 아시아법제연구, 제2호, 2004, pp.29−49.

64) 1950년대 중반에 들어 Universitas Indonesia 법대학장인 Djokosutono는 유럽의 추상적인 개념을 성급하게 들여왔고, 헌법은 이 같은 추상적 이상이 아니라 사회의 지배적으로 자연적이고 문화적인 조건들을 반영해야 한다고 주장하였다(Djokosutono, Kuliah Hukum Tata Negara, Ilmu Negara, Ghalia Indonesia, 1982, p.11). 그는 다수정당 민주주의의 대안을 찾고 있던 대통령과 군부세력에게 중요한 정치적 인사가 된다.

65) David Bourchier, p.101.

66) David Bourchier, p.94.

규율하는 것이 아니라, 가족 모두를 위해 사회전체로서의 안녕을 책임진
다고 하였다. 이러한 독트린에 따라 가장 높은 위계질서는 법률이 아닌,
"현명하고 자애로운 아버님이 결정하는 공익"이 차지하게 되었다.[67]

  1997년 및 1998년 국가경제에 떨어진 역사적 재앙은 인도네시아 헌법
에도 중대한 영향을 끼쳤다. 이 시기 경제위기는 국가의 생존을 위협하는
수준이었다. 인도네시아는 ASEAN지역 투자유치 5위에서 1997 – 1998년
경제위기 이후 가장 투자를 적게 받는 나라이자,[68] ASEAN국가 중에서
유일하게 순 유출이 발생한 나라로 전락하였다.[69] 퇴직금을 받지 못한
노동자들이 폭력적인 시위를 벌였고, 해외에서 투자자들이 프로젝트를
중단시키자 인니회사에 일거리가 줄어들면서 인니 노동자들의 시위는 더
욱 거세어졌다. "1998년 비극"으로도 알려진 악명높은 1998년의 폭동은
32년간 장기군사독재체제를 구축했던 수하르토 대통령의 퇴임을 가져왔
고 신질서 정부의 몰락을 초래했다.[70]

---

67) 위의 자료.
68) 인도네시아는 1991년에서 1996년 동안 연평균 2,985백만달러의 유입을,
    1998년에서 2002년동안 1,296백만달러의 유출을 기록했다. 후자는 ASEAN
    국가 중에서 국내투자 유입 금액을 초과하는 유출로써 유일한 기록이었다.
    United Nations Conference on Trade and Development, World Investment
    Report, 2003, p.251.
69) 아시아 경제위기에서 가장 극심한 충격을 받은 인도네시아와 대한민국/태국
    의 차이는 뚜렷하다. 후자의 두 나라는 위기 뒤로 단 한번도 외국인직접투자
    순유출을 기록하지 않았다. 따라서 인도네시아는 아시아 경제위기 후의 역사에
    서 동아시아의 주목할 만한 큰 나라 중 가장 혹독한 경험을 한 나라가 되었다.
    Thee Kian Wie, Policies for Private Sector Development in Indonesia,
    ADB Institute Discussion Paper No. 46, March 2006, p.2.
70) 이러한 시대적 변혁은 헌법 개정뿐 아니라, 인도네시아를 사회적 기업책임을
    회사법상 명문으로 강제하는 최초의 국가로 만들도록 했다. Soonpeel Edgar
    Chang, Has Indonesia's Unique Progressivism in Mandating Corporate
    Social Responsibility Achieved Its Ends?, Sriwijaya Law Review Vo.2
    Issue 2, July (2018) pp.131 – 151; Soonpeel Edgar Chang, Indonesian
    Company Law, 2018, Routledge, pp.132 – 150.

이에 1998년 5월부터 2002년까지 인도네시아 국민협의회는 민주적인 절차를 통해 총 4차에 걸쳐 헌법을 개정하였다.[71] 1999년 제1차 헌법 개정에서는 권위주의 정권을 정당화시킨 비대한 대통령 및 행정부의 권한을 제한시켰다. 국회(DPR) 등의 정치기구가 대통령을 견제할 수 있는 권한을 강화하였고, 권력의 일부를 입법부로 이전하였다. 2000년 제2차 헌법 개정에서는 지방자치의 기본원칙과 인권에 대한 보편적 선언을 반영하여 국민의 기본권을 신장하고, 대통령제라는 점을 분명히 새겼다. 2001년 제3차 헌법개정에서는 헌법재판소를 분리하여 신설함으로써 올바른 국가 권력의 행사를 담보토록 하였다. 또, 국민협의회(Majelis Permusyawaratan Rakyat: MPR)에 의해 선출되는 대통령제에서 국민의 직접선거를 통해 선출되는 대통령제로 바꾸었다. 이어 2002년 제4차 헌법개정에서는 국가주요시책 확정기능을 폐지시키는 등 국가권력구조의 중추에 서있던 국민협의회(MPR)의 지위를 현격하게 약화시켰다. 단, 상징적으로 인도네시아의 최고권력기관으로서의 지위를 보유하게 하였다. 또, 국회와 대법원의 권한을 명시함으로써 대통령, 국회 및 대법원이 상호 견제와 균형을 이룰 수 있도록 하였다.[72] 인도네시아 군부는 '국방치안과 정치'라는 이중 기능이 있었으나 이 중 정치적 역할을 폐지한 것 역시 중요한 특징이다.[73] 입법부·사법부·행정부의 견제와 균형을 위한 3권분립 체제가 비로소 구축된 것이다.

---

71) 1999년 1월 19일 제1차 헌법 개정부터 2002년의 제4차 개정에 이르기까지의 과정 및 주요개정 내용에 대해서는, 변해철, "인도네시아헌법개관", 아시아법제연구 제2호, 2004, pp.29－49.
72) 변해철, 앞의 자료.
73) 양승윤, 인도네시아 정치사회적 변동과 빤짜실라, 남아연구, 제12호, 한국외대동남아 연구소, 2003.09.

제6절 민 법

6.1 역 사

인도네시아는 오늘날까지 네덜란드 식민통치 기간 중에 만들어진 민법 "Burgerlijik Wetboek"(1847년 4월 30일 공포, 1848년 5월 1일 시행)을 그대로 사용하고 있다. 공식 명칭은 "Peraturan Kolonial Nomor STB 23 Tahun 1847 tentang Kitab Undang－Undang Hukum Perdata"이며, 흔히 "KUHP" 또는 "KUHPerdata"라고 불린다. 본 법은 로마법적 편별법을 따르고 있고 총 4권 1,993개의 조항으로 이루어져 있으며 제1권은 사람, 제2권은 물건, 제3권은 계약, 그리고 마지막 제4권은 입증과 시효에 관하여 규정하고 있다.

이른바 나폴레옹 법전이라 불리는 프랑스 민법을 계수하여 네덜란드 국왕이 1838년 네덜란드 본토에서 형법 및 상법과 함께 시행한 민법에 그 기원을 두고 있다.[74] 네덜란드 본토와 식민지의 법률을 일치시켜야 한다는 원칙(Concordance Principle)에 따라 1847년 인도네시아에 들여온 것이다.[75] 당시에 인도네시아는 수많은 부족과 군도로 이루어져 있었을 뿐 하나의 국가로 통일되어 있지 않았던 시기였다.[76]

---

74) 1804년 제정된 프랑스 민법전이 로마법적 성문법을 따랐기 때문에, 네덜란드 민법과 인도네시아 민법도 총칙이 없이 대상에 따라 관련 조항을 배치하는 인스티투치오넨 체계를 따르고 있다. 자세한 내용은 Dr. Irawan Soerodjo, the Development of Indonesian Civil Law, Scientific Research Journal, Vol. IV, Issue IX, Sep 2016.

75) Dr. Irawan Soerodjo. 위의 연구.

76) 20세기 초까지만 해도 오늘날의 인도네시아가 하나의 통일된 국가로 성립할 수 있을지를 예견하기 어려웠다. 350여 년간 이 나라를 식민통치한 네덜란드가 인도네시아 전역에 통치력을 구사하게 된 시기는 1910년경이었다. 그 후 1920년대에 들어서야 비로소 인도네시아라는 국가출현의 첫 번째 징후라고 볼 수 있는 사회단체가 나타나기 시작했다. 양승윤, 인도네시아, 2012, 한국외국어대학교 출판부, p.263.

인도네시아에 살고 있는 주민을 원주민, 유럽계 주민, 중화계 주민, 기타 아시아계 주민으로 구분하여 민법을 적용하였다. 이러한 이중주의 또는 다중주의는 앞서 설명하였듯 자연법주의 및 실정법주의의 차이가 빚어낸 결과물로, 원주민들에게는 이미 존재하던 고유의 아닷법(즉 자연법)을 적용했고 유럽계 주민에게는 네덜란드법(즉 실정법)을 적용하였다. 특히 네덜란드 식민정부 입장에서는 토착원주민들의 토지가 정부의 토지(staatsdomein)인지, 주민들이 토지에 대해 갖는 권리의 성질이 무엇인지, 식민통치 법률 하에도 이러한 권리를 인정해야 하는지 등이 주요한 문제가 되었다.[77] 이러한 문제들은 오늘날에 이르기까지 충분히 풀리지 않고 있다.

인도네시아가 독립한 후 "모든 국가기관과 법률은 1945년 헌법에 배치되지 않는 한 유효하다"는 1945년 헌법 전환규정에 따라 민법을 포함하여 식민지 기간에 만들어진 법령이 사실상 모두 유효한 것으로 남았다. Prof. Subekti가 인니어로 번역할 때까지 네덜란드 이름으로 불리며 네덜란드어로 사용되었다.

네덜란드 강점기 시대에 민법의 공백을 보완하기 위해 제정되었던 법률들 또한 현재까지 일부는 사문화되고 일부는 민법과 함께 유효하게 적용되고 있다. 예컨대, 개인사이의 금전소비대차와 관련하여 민법 제3장 제13절의 금전소비대차 조항들 외에도 「고리대금방지에 관한 1938년 제524호 규정」의 불공정한 법률행위 내지 폭리행위가 적용된다.[78] 반면 「금전소비대차에 관한 1938년 제523호 규정」은 오늘날 사문화되어서 사용되지 않는다.[79] 또, 민법 제1767조에의 적용에 따라 1848년 규정인

---

77) S. Pompe.
78) Woekerordonnantie 1938, Stb. 1938 No. 524.
79) Geldeschieters Ordonantie. S.1938−523(Undang−undang Pelepas Uang). 2016년 No.71/Pdt.BTH/2016/PN.Sby사건에서 원고가 해당 규정을 위반하였다고 주장하였으나, 대법원이 이 주장에 대하여 아예 답변을 하지 않고 무시하였다.

Staatsblaad 1848 No.22에 따라 6%를 법정이자로 하고 있다. 이외에도 식민지 시절 네덜란드 법령인 Staatsblaad 1884 No.20이 인도네시아어로 번역되지 않은 채 법정이자에 대한 법원(法源)으로 판결주문에서 쓰이고 있다.

6.2. 한계점

독립 이후에도 식민통치를 위해서 들여온 민법을 그대로 적용하는 것에 대해 학계나 대중 사이에 큰 문제로 인식되지 않고 있으며, 오늘날 인도네시아 학계와 실무계에는 네덜란드 유학파가 적지 않다. 의용민법을 통해 이미 판례가 확립된 상황에서 독자적인 법체계를 만드는 일은 상상할 수 없었기 때문에 적어도 네덜란드 법률을 사용했다는 사실 하나만으로는 민법 자체를 깎아내릴 필요는 없을 것이다.[80] 심각한 문제는 다른 데 있다. 18세기 민법 조문의 한계와 문제들을 학설과 판례가 보완해주어야 하지만, 인도네시아 학계와 사법제도의 문제점이 심각하여 이를 보완하지 못하는 점이다.[81]

---

80) 한국 또한 물권법을 제외한 민법의 체계와 문언, 용어와 판례 모두 일본의 만주민법전을 자의반타의반으로 차용하였다. 일례로 권리남용 규정이나 공서양속에 위반하는 행위 등의 규정은 문언이 정확히 같다. 반면, 인도네시아는 "차용"의 수준이 아니라, 네덜란드가 식민기간동안 시행한 법률을 독립 후 오늘날에 이르기까지 그대로 사용하고 있다는 점에서 차이가 있다. 민법 자체를 폄하할 필요는 없으나, 인도네시아 사람이 인도네시아인의 전문식견으로 만들지 않았고, 다시 반세기가 넘도록 인도네시아 사람이 충분히 발전시키지 못했다는 점은 분명히 한계라고 생각한다.

81) 한국 민법전은 일본 민법전을 차용하여 실무가인 초대 대법원장 김병로에 의해 만들어진 것으로, 김증한, 현승종 등이 제출한 의견서가 민법학의 첫 씨앗을 뿌렸다. 이후 곽윤직이라는 걸출한 학자가 "한국 사람이 한국인의 시각으로 쓴 최초의 민법교과서"를 발간하였고, 독일 유학파인 김형배, 이은영, 조규창 등의 민법학자들과 실무가 출신인 양창수, 윤진수, 지원림 등의 등장으로 성숙한 단계에 접어들었다. 반면 인도네시아에서는 이러한 훌륭한 학자

사회전반의 구조적 문제에 뿌리를 두고 있는 인도네시아 민법의 취약함은 오늘날 여러 문제를 야기하고 있다. 가장 큰 문제는 불합리하거나 애매한 조항들에 수범자가 그대로 노출되는 점이다. 예를 들어 인도네시아에는 "지명채권을 양도받은 자가 채무자에게 자신이 채권자라는 사실을 주장하기 위해 구비해야 하는 요건(이른바 지명채권양도의 대항요건)"이 불확실하고 법원마다 결론도 상이하다. 이 결과 지명채권양도와 관련된 사건에서 법원의 판단이 상이하고 혼란을 야기하는 불합리한 문제가 가중되고 있다(「채권양도」 단원에서 후술). 담보물권의 수반성이 실무에서 인정받기 어려운 점도(「담보」 단원에서 후술), 기초적인 법리가 실무에서 잘 통용되지 않고 있음을 보여주는 예시이다.

결국 일반 당사자가 직접 불합리한 조항의 적용을 배제해야 한다. 예컨대 민법 제1266조는 계약해지를 위해 법원의 결정이 필요하다고 규정하고 있다. 이에 따라 인도네시아에서는 "계약해지에 대한 민법 제1266조의 적용을 배제한다"는 조항이 널리 사용된다. 때로는 당사자가 인도네시아 법률 전체를 거부하기도 한다. 대규모 계약에서 아예 싱가포르나 홍콩 등 주변국의 법률을 준거법으로 하는 것 역시, 민법을 포함한 인도네시아 법률에 대한 불신이 저변에 깔려있기 때문이다.[82] 물론, 인도네시아 법원의 신뢰도 또한 낮아서, 기업간 거래에서는 당사자가 종종 분쟁조정의 관할을 외국기관으로 하고 해당국의 법률을 준거법으로 둔다.[83]

들의 서적·연구들로 장기간 구축된 체계적인 흐름이 전무하다.

82) 그러나 이 경우에도 목적물이 부동산인 경우나 직원들이 인도네시아인인 경우 등 반드시 인도네시아 법률을 따라야 하는 경우가 많아, 수범자는 결국 불합리하고 불명확한 법률의 위험에 노출된다.

83) "분쟁해결방식을 선택하는데 있어서 현지 법원보다는 중재기관을 선택하며 중재기관은 검증된 기관 즉 KCAB, ICC, SIAC, HKIAC, LCIA 중에서 선택할 것을 추천함." KOTRA 법무부, 자카르타 해외진출기업 법률지원 현지설명회, 2017.05.17 발표자료.

또, 법률가의 역량이 필연적으로 제한되는 것도 큰 문제이다. 민법은 사인과 사법인 등 사적 법률주체 사이의 법률관계에서 발생하는 권리의 무를 규율하는 사법의 일반법으로, 대륙법 체계에서 법률가의 기본을 다지는 핵심이다. 재판의 다수가 민사소송이 차지하는데, 민법학이 충분히 성숙하지 못하여 실력 있는 법률가를 양성하는 데 심각한 제한이 따른다. 이는 변호사뿐만 아니라 법관의 역량에도 필연적으로 악영향을 줄 수밖에 없다. 이 같은 법률에 대한 체계적인 이해의 부족은 국제 법률실무 중 외국변호사들에게 빈번하게 지적되는 문제이기도 하다.

제7절 부동산법

7.1. 서 설

1960년 제5호 농지기본법 시행 이전에는 네덜란드 식민통치 시대에 만든 성문법과 인도네시아 아닷법이 이원적으로 시행되었다. 성문법으로는, 로마법적 편별식을 따르는 민법(제2편에서 제7장과 제8장 용익물권, 제9장 임차권, 제10장 사용권과 거주권 등)과 네덜란드 식민 규정들(Staatsblad)이 있었고 인도네시아 아닷법으로는 뒤의 「아닷(ADAT)법」 단원에서 설명하는 전통들이 법원(法源)으로 적용되었다.

인도네시아가 식민통치로부터 독립하고 하나의 자주적인 군도(群島) 국가로 탄생하는 배경 속에서 1945년 헌법이 도입되었다. 이후 수회의 개정을 거친 현재의 헌법에서도 "토지, 물 및 자연자원은 국가의 지배하에 있으며 민중의 번영을 위하여 사용되어야 한다(제33조 제3항)"는 원칙을 존속시키고 있다.

1960년 농지기본법의 도입과 함께 기존의 네덜란드 통치하에 적용된 각종 성문규정들이 폐지되었고,[84] 이후 이를 구체적으로 시행하는 각종 법령(경작권·건축권·사용권에 관한 행정부령 1996년 제40호, 토지등저당권에 관한 1996년 제4호 법 등)들이 제정되었다. 농지기본법 제16조 제1항에서 토지상의 권리를 소유권, 경작권, 건축권, 사용권, 임대권, 개간권, 임산물채취권, 기타 권리 등으로 분류하여 각각을 규율하였고, 토지등저당권법에서 이에 더하여 소유권, 경작권, 건축권, 사용권에 대한 담보권을 규율하였다.

이에 따라 현대의 인도네시아 부동산법의 기초는 1960년 제5호 농지기본법이 되었고, 부동산에 관하여 헌법 다음으로 최우선하는 법원이 되었다.[85] 인도네시아 법률에서는 반드시 서문에서 제정 법률의 근거 내지 법원을 명시하는데, 부동산 관련 법률에서는 첫 조문 a에 헌법을 명시하고 그 다음 조문에 민법이 아닌 1960년 농지기본법을 명시하고 있다.[86]

---

84) Sttatsblad 1870 No.55, Stattsblad 1925 No.447, Staatsblad 1872 No.117 등
85) 사견으로, 독일법계를 따르는 한국인 입장에서는 이론적으로 민법과 민사특별법과의 관계 등을 감안할 때 과연 민법이 아닌 농지기본법이 부동산법의 최우선적인 기초이자 법원이라고 할 수 있는지 의문을 가질 수 있다고 생각한다. 사족으로, 인도네시아는 한국과 같은 편별이나 법원을 사용하지 않는다.
86) 예컨대 토지등저당권에 관한 1996년 법 서문은 다음과 같다.
   a. bahwa dengan bertambah meningkatnyapembangunan nasional yang bertitik berat pada bidang ekonomi, dibutuhkan penyediaan dana yang cukup besar, sehingga memerlukan lembaga hak jaminan yangkuat dan mampu memberi kepastian hukum bagi pihak — pihak yang berkepentingan yang dapat mendorong peningkatan partisipasi masyarakat dalam pembangunan untuk mewujudkan masyarakat yang sejahtera, adil, dan makmur berdasarkan Pancasiladan Undang — Undang Dasar 1945;
   b. bahwa sejak bertakunya Undang — Undang Nomor 5 Tahun 1960 tentang Peraturan Dasar Pokok — Pokok Agraria sampai dengansaat ini, ketentuan — ketentuan yang lengkap mengenai Hak Tanggungan sebagai lembaga hak jaminan yang dapat dibebankan atas tanah berikut atau tidak berikut benda — benda yang berkaitan dengan

7.2. 대항요건주의와 성립요건주의의 혼재

부동산 물권변동에 관해서는 대항요건주의(의사주의)와 성립요건주의 (형식주의)의 두 가지 입법례가 있다.[87] 한국과 독일은 후자이다. 의사표시에 의한 물권행위만으로는 물권변동의 효력이 발생하지 않으며, 등기나 인도라는 공시의 형식을 거쳐야 효력이 발생한다는 입법주의이다. 즉, 한국에서는 원칙적으로 부동산에 대한 법률행위로 인한 물권의 득실변경은 등기하여야 효력이 생긴다. 반면, 일본민법, 프랑스는 전자를 택하고 있다. 즉, 대항요건주의로써 물권변동에 있어서 당사자의 의사표시에 의한 물권행위만 있으면 등기를 갖추지 않더라도 물권변동의 효력이 발생한다. 공시방법은 물권변동의 대항요건에 지나지 않는다고 한다.

인도네시아의 부동산 물권변동에는 대항요건주의와 성립요건주의가 혼재한다. 한편으로는 네덜란드를 경유하여 프랑스 민법을 의용하면서 의사주의(민법 제538조)를 채용했다. 다른 한편으로는 이슬람법의 영향을 받아 공시방법으로써 1960년 제5호 농지기본법 제19조 제2항 제c호 및 1961년 행정부령에 증서제도가 도입되고,[88] 이후 토지 등록에 대한 1997년 제19조 행정부령 제32조 제1항[89] 및 기타 현행 토지관련 각종 법률 기타에 승계되었다.[90] 그러나 토지사용과 관련한 정부령 등이 난립하면서 상호 배치되거나 모순되는 내용들이 나타나게 되고, 현재는 인도네시아 부동산법의 물권변동이나 주요 원칙들을 일률적으로 설명하는 것

---

tanah, belum terbentuk.

87) 곽윤직, 물권법, 박영사, 1999, p.147.

88) Pasal 11 ayat (3) Peraturan Pemerintah Nomor 10 Tahun 1961 tentang Pendaftaran Tanah (LN Tahun 1961 Nomor 28). 토지증서(Sertifikat)를 요구한 Zaman Kekhalifahan Turki Utsmani Versi Mazhab Hanafi 시대의 이슬람 민법 제1737조 등의 영향을 받았다는 설이 있는데, 구체적인 증거를 확인하지 못하였다.

89) "토지상의 권리는 본조에서 정한 증거서류를 통해서만 효력이 발생한다."

90) Adrian Sutedi, Sertifikat Hak Atas Tanah, 2014, Sinar Grafika, Bab 1.

이 어렵게 되었다.

7.3. 부동산 법률실무의 문제

외국인에게 인도네시아 부동산 실무는 생경하다. 부동산법 발달과정도 다르고 인도네시아 고유의 지리 및 역사의 특징이 반영되었기 때문이기도 하며, 법률 자체의 불합리한 점과 졸속한 입법 때문이기도 하다.

토지에 대한 권리를 명백히 밝히고 실행해야 하는 각 정부기관의 극심한 번문욕례와 관치주의도 큰 몫을 하였고, 인도네시아 고유의 아닷법이 적용되는 것 또한 인도네시아 부동산법의 복잡함을 가중시켰다(「아닷법」 단원에서 후술). 이에 따라 지역으로 갈수록 인도네시아 부동산 실무에 자신하는 전문가들의 조언마저 서로 배치되는 경우가 적지 않다.

부동산 담보에 대해서는 단원을 달리하여 후술한다.

제8절 가족법

대한민국에서는 민법전 가운데 제4편 친족과 제5편 상속을 한 묶음으로 해서 강학상 '가족법'이라 일컫는다. 한국과 달리 인도네시아에서의 가족법은 민법에 전부 포섭되지 않는다. 인도네시아에서 가족법이라 함은, (i) 민법 제1편 사람 가운데에 친족 및 상속에 관한 조항들, (ii) 1974년 제1번 혼인에 관한 법률 기타 성문법, (iii) 이슬람법 중 친족상속법, (iv) 아닷법 중 친족상속법을 모두 합친 것이다. 다수의 인도네시아 법학대학교에서도 민법상 친족상속법, 아닷법상의 친족상속법, 이슬람법으로 각각 과목을 나누어 가르치고 있다.

먼저, 인도네시아의 민법상 가족법은 현대 선진국의 가족법과는 적지 않은 차이가 있다. 예컨대 혼인 전 부부재산분할약정을 하지 않은 부동산의 경우, 부부 일방이 혼인 중에 상속으로 취득한 재산은 물론(민법 제120조. 단, 유언으로 달리 정한 경우에는 예외), 심지어 혼인 전에 취득한 재산 및 혼인 전에 발생한 부채까지도 공동재산이 된다(민법 제120조 및 제121조). 또, 남편만이 그 재산을 관리·운용할 수 있으나, 혼인 계속 중에 부부 중 일방이 재산을 임의로 처분하지 못한다(민법 제140조 3번째 문단). 이에 따라 각종 개인의 동산, 부동산, 증권 등의 매매시에 배우자의 동의서를 받는 실무도 정착되어 있다.

상속권에 대한 강학상의 내용도 한국과는 적지 않은 차이가 있다. 예컨대 피상속인을 (i) 정당한 자식(anak sah), (ii) 출산 후에도 결혼을 하지 않고 부모가 각각 타인과 결혼했거나, 각각 혼인한 가정이 있는 남녀 사이에서 불륜으로 출산한 자식(anak luar kawin), (iii) 불륜으로 출생한 사생아이면서 혈족임을 주장할 수 없는 자식(anak zinah), (iv) 근친상간으로 출산한 자식(anak sumbang) 등으로 나눈다.

이처럼 민법상의 난해한 문제는 이슬람법과 결합하여 한층 더 어려워진다. 원칙적으로는 상속 및 유언과 관련하여 사망인의 종교를 기준으로 무슬림의 경우에는 이슬람법을, 그 외 종교의 경우에는 민법(또는 아닷법)을 따른다. 각각은 아래와 같다.

-	상 속		유 언	
	민 법	이슬람법	민 법	이슬람법
조 항	제830조 내지 제873조	제171조 내지 제193조	제874조 내지 제1022조	제194조 내지 제209조
내 용	사망시점 기준 (제830조)	유산이라 함은 혼인 전 취득한 재산 및 상속인이 사망에 이를	증서에 의한 유언은 그 유언자의 사망 뒤에 무엇이 일어날	상속인으로부터 타인 또는 세상을 떠날 때 유효한 기관에게

	때까지 아픈 동안 일정 목적으로 사용한 공동재산의 일부, 유해정리 비용, 채무. 친척에게의 지불을 말한다(제171조 제e항). (주: 결국 사망 시 재산에서 채무 및 비용을 정산한 금액을 말하며, 채무초과상태일 때는 그 채무까지를 포함하는 것으로 생각됨.)	것임을 원하는지에 대해 명확하게 작성한 증서로 직접 철회 가능하다(제875조). 18세 미만의 자는 유언을 남길 수 없다(제896조).	어떠한 물건을 증여하는 행위(제171조 제f조)	
목적물	법률의 적용에 따라 상속인은 사망인의 모든 물건, 재산 및 계정에 재산권을 갖는다(제833조).	상속은 상속인이 남긴 재산으로써 그의 재산인 물건 및 권리들을 말한다(제171조 제d항).	물건에 대한 유언증서의 조항들은 일반적으로 작성되어도 되며, 일반 권리와 함께 새겨도 되며, 특정한 권리와 함께 새겨도 된다(제876조). 유언에 따른 상속인 선정이란, 유언자가 사망	(1) 건강하고 외압을 받지 않는 21세 이상의 자는 그의 재산의 일부를 타인이나 기관에 유증할 수 있다. (2) 유증의 목적물인 물건은 유증자의 권리에 기하여야 한다. (3) 제1항의 물건의 소유권은

		시에 남기는 소 유물의 전부나 1/2 또는 1/3 같이 일부를 한 명 이상의 자에 게 주는 것을 말 한다(제954조).	유증자가 사망 하면 개시된다 (제194조).
피상속자 수증자	법률에 따라 상 속인이 될 권리 를 갖는 자는 혈족, 법률에 따 른 정당한 자, 혼외자 및 배우 자 중 가장 연장 자, 관련 규정 에서 정한자를 말한다(제832 자).	a. 혈족: • 아버지, 아들, 남자형제, 삼촌 및 할아버지로 구성된 남성들 • 어머니, 딸, 여 자형제, 할머니 로 구성된 여성들 b. 혼인관계: 과부 c. 모든 자손이 생존해 있을 경 우에는 자식, 아 버지, 어머니, 과 부(제174조)	• 자필증서에 의 한 유언 유언자가 공증 인 앞에서 직접 자필로 유언장 을 작성하는 것 으로, 최소 2명 의 증인을 필요 로 함(제932－ 937조). • 일반 유언증서 공증인 및 회소 2명의 증인 앞 에서 만드는 일 반 유언증서(제 938조 내지 제 939조) • 비밀증서유언 유언자가 직접 작성을 하든 타 인으로 하여금 작성케 하든 유 언자는 그 유언	• 구두 또는 서 면 유언은 유증 의 목적물인 물 건을 받을 것이 라고 지정한 개 인 또는 어떤 기관을 반드시 명백하고 분명 히 정하여야 한 다(제196조). • 유언의 목적 물은 모든 수증 자가 동의하는 경우를 제외하 고 상속 재산의 1/3만 허락된다 (제195조 제2항). 단, 그 예외로 a. 유언은 사람 을 돌보는 용역 을 제공한 자, 사망에 이르도 록 아픈 와중에

		증서를 위양시 에 반드시 서명 을 해야 하며 최 소 4명의 증인 을 필요로 함 (제940조).	정신적인 보조 를 한 자에게 할 수 없다. 단, 용역제공을 위 해 분명하고 확 실하게 정한 때 는 예외로 한다 (제207조). b. 유언은 공증 인이나 유언증 서의 증인을 상 대로 할 수 없 다(제208조).

여기에 나아가 아닷법이 더욱 난해한 층을 쌓아올린다. 아닷법에 대해서는, 네덜란드 식민지 시대인 19세기부터 Leiden대학의 학자들을 중심으로 초기 연구가 이루어졌다. 특히 아닷법을 지역별로 편별하고 현대의 인도네시아에 자연법사상이 지속되는 데 기여한 Cornelis van Vollenhoven 교수가 아닷법의 아버지라 불린다.[91] 오늘날 아닷법 친족상속법이 이 분류법을 정확하게 따르지는 않으나, 이처럼 다양한 민족들의 개별 전통들을 아닷법으로 인정하여 각각의 태양을 분석하고 있다.

아닷가족법은 우선 민족들을 부계·모계·양(兩)계로 우선 편별하고 그 예외와 변형된 방식들로 다시 나눈다. 예컨대 부계사회는 바딱족으로 대표되는 순수부계(Patrinieal Murni)와, 발리·람뿡·세멘도·르장 등 변형된 부계사회(Patrineal beralih alih)로 나뉜다. 모계사회는 세멘도와, 원칙적으

---

91) Cornelis van Vollenhoven, Van Vollenhoven on Indonesian Adat Law (Verhandelingen van het Koninklijk Instituut voor Taal−, Land−en Volkenkunde), 1981, Springer Science business Media.

로 양계인 순다 지역에서의 예외 등으로 나뉜다.

순수 부계사회인 바딱족의 경우, 혼인 시에 신부가 신랑측 가족(Klen 또는 Marga)이 된다. 그리고 남자를 중심으로 유산상속인이 결정된다. 즉, 딸이 결혼해서 남의 가족이 되어버리면 친부모로부터의 상속권조차 없어진다. 따라서 딸을 시집보낼 때에 그 부모는 형용하기 어려운 무언가(이른바 "마법의 가치 – Nilai Magis")를 상실하게 되기 때문에, 신랑은 반드시 혼인 전에 처가댁에 상실감을 대체할 재산(이른바 "정직한 재료 – Barang Jujur")을 주어야 한다. 대체할 재산은 처가댁의 사회적 지위나 희망에 따라 달라지며, 신랑이 이를 만족시키지 못하면 혼인은 무효가 된다. "혼인 전 재물의 제공"은 바딱 아닷법으로 굳어진 것이다.92) (나이많은 노처녀 신부에 대해서는 예외를 두는 곳도 있다.)

흥미롭게도, 조카간의 혼인이 가능한지를 따질 때, 각각의 부모들이 서로 형제냐, 남매냐에 따라 결론이 다르다. 두 형제가 각기 결혼하여 낳은 자식간의 혼인은 동족혼(endogami)이 되어 허용되지 아니하나, 두 남매가 각기 결혼하여 낳은 자식의 경우에는 동족혼이 아니라서(exogami) 혼인이 허용된다. 여자형제가 결혼해서 신랑측 가족(Klen)이 되어 더 이상 동족이 아니기 때문이다.

반면 부계사회의 변형된 형태는 민족들마다 다르다. 예컨대 발리에서는 데릴사위제가 있다. 발리에서의 그것은 한국에서의 데릴사위제 또는 예서제(豫壻制)와 흡사하다. 딸만 있는 집안에서 혼인한 딸을 시집으로 보내지 않고, 처가에서 사위를 데리고 있는 것이다. 데릴사위제에서는 혼인 전 또는 혼인 후에 남자가 여자의 집에서 일정 기간 또는 죽을 때까지 살게 된다. 한국에서 남자가 처가에서 사는 유형에 따라 데릴사위의 종류를 나누듯이, 인도네시아에서도 유형을 분류한다. 곳에 따라서 남자가 여자의 집에 들어가서 그쪽 성을 이어주는 곳(서양자)도 있다는 점까

---

92) 필자와 같이 근무 중에 결혼한 바딱 출신 변호사에 따르면, 다른 종족과 결혼하면 이러한 아닷법의 예외가 적용된다고 한다.

지 유사하다.

반면 모계사회인 미낭까바우에서는 부부 각각의 지위는 가정마다 다르다. 부부 지위의 문제는 같을 수도 있고 다를 수도 있는 문제로, 법률로 잴 수 없는 것으로 본다.

이 같은 원칙의 예외도 적지 않다. 원래는 부처(夫妻) 양(兩)계를 따르는 순다지역에서도 예외적으로 모계를 따르는 경우가 있다. 부자인 과부와 가난한 젊은 총각이 혼인하는 경우가 그것이다. 이러한 결혼을 "올림머리 안으로 대피하는 결혼(인니어로 berlindung dalam sanggul, 순다어로는 Ngalindung Kadelung)"이라 부른다. 이미 결혼을 하여 올림머리를 한 여성에게 가난으로부터 대피하는 식으로 결혼을 했다는 뜻이다. 이러한 가정에는 모계 방식의 아닷법을 적용한다.

이 같은 아닷친족상속법의 구체적인 체계와 지역마다 다른 내용들은 그 양이 방대하므로 본서의 목적상 생략한다. 사견으로, 시간이 지날수록 어디까지가 구속력을 인정해야 하는 아닷법인지, 법과 문화의 경계를 어디에 둘 것인지 어려워질 것이라고 생각한다.

제9절 형 법

9.1. 역 사

오늘날 인도네시아 형법의 기원은 네덜란드 식민 통치의 산물이다. 동인도회사가 바타비아(현재의 자카르타) 통치를 위해 1642년에 선언한 식민 법령 Bataciasche Statuten과, 바타비아 외의 인도네시아인에게 적용되는 관습법이 혼재하고 있었다. 자바 토착법이 민법과 형법을 구분하지 않았으나, 자바 내 Nawolo Pradoto, Angger Sedoso, Angger Agung,

Angger Gunung등의 토착법에서 형법에 해당하는 법은 있었던 것으로 보인다.[93] 1819년 네덜란드 행정부는 바따비아를 포함한 전(全) 토착인에게 관습법을 적용한다고 결정하였으나, 군도와 종족의 다양함과 복잡함에 따라 이러한 이중 법률체계는 실제로 사회에 혼란을 야기하였다.[94]

네덜란드는 그럼에도 형법을 일원화하는 것을 꺼려했고, 1867년 유럽인에게만 적용되는 형법(Wetboek van Straafrecht)을 도입하였다. 이후, 인도네시아 원주민들(Strafwet voor Inlanders)에게만 적용하는 1872년 형법 "Wetboek van Straafrecht(S.1872-85)"과 형사소송법 "Politiereglement voor Inlanders(S.1872-111)"을 도입하였다.[95] 본 형법은 유럽인들에게만 적용되던 기존의 형법을 차용한 것으로써 원주민들에게는 추가 형벌이 더해진 것이었다. 원주민들의 형사 문제는 landraden이라는 지역법원이 관할을 갖고, 유럽인들과 관련된 사건은 별도의 지방법원(Residentiegerechten), 6개의 항소법원, 사법위원회(Raden van Justitie) 및 대법원(Hoogerechtshof)이 관할을 갖도록 했다. 그리고 1914년 네덜란드는 유럽인과 원주민의 경범죄를 담당하는 전담법원(landgerechten)을 설치하였다. 본 법원에서도 유럽인은 항상 유럽인 판사가 재판하도록 했다.

---

93) S.Pompe의 연구 및 Jonker, J.Chr.G. Javaansch strafrecht, 1882, Leiden University.
94) Simon Butt and Tim Lindsey, Indonesian Law, 2018, Oxford.
95) 자연스레 19세기 말에 네덜란드 학계에서 인도네시아 지역 내의 형사관련 연구가 많이 나왔는데, 그 내용이 사뭇 방대하다. 중요 형사사건 분석 외에도, Penghulu라 불렸던 이슬람 종교고문들이 landraad법원 내 무슬림과 관계된 형사사건에서의 역할에 대한 연구(H.P. Grobbee, 1884), 식민지역 내 피고인을 사형에 처하게 할 경우 준수해야 할 법적 안전장치(H.J. Matthes, 1887), 인도네시아 군도 사람들에게 가져올 새로운 형법의 긍정정 영향에 대한 고찰(N.Dirkzwager, 1892)등등 주제도 훌륭할 뿐만 아니라, 자바 내 Nawolo Pradoto, Angger Sedoso, Angger Agung, Angger Gunung등의 인니법 내 형사조항들을 분석하고 자바 토착지역을 몸소 들어가 연구하는 등(J.C.G. Jonker, 1882) 그 연구의 방법과 내용도 훌륭하다. 자세히는 S.Pompe.

그러다가 네덜란드 식민정부는 1915년 형법 "Wetboek van Straafrecht voor Nederlandsch-Indie(S.1917-497 jo. S.1917-645)"를 승인하여, 1918년 1월 1일부터 시행하였다. 본 법은 군도에 주거하는 모든 인종에게 적용되는 법률이었다. 인도네시아는 1945년 독립 후 이 형법은 "새로운 법령이 마련되기 전까지 기존의 법령은 계속 유효하다"는 45년 헌법의 경과규정에 따라 계속 적용되었다. 그리고 1946년 2월 26일 「형법규정에 관한 법률 1946년 제1호」를 제정하였다. 본 형법은, 네덜란드어인 Wetboek van Strafrecht를 인도네시아어인 Kitab Undang-Undang Hukum Pidana(줄여서 KUHP)으로 바꾸었고(KUHP 제6조), Dutch East Indies라는 이름을 Indonesia로 바꿨다(KUHP 제1조)는 점이 특징이다. 이 법률은 초기에는 자바지역과 마두라 지역에서만 시행되었으나, 1958년 9월 20일 법률 제73호의 발효로 전국적으로 시행되었다.

인도네시아 형법인 KUHP는 총 3권으로 구성되어 있으며, 제1권에서는 총칙, 제2권에서는 죄의 종류와 위반시의 처벌 규정, 제3권은 위반(경범죄) 관련 규정을 다루고 있다

오늘날 KUHP는 실체법으로서의 인도네시아 형법으로써 가장 중요한 법원이 되고 있으며, 형사소송절차에 대해서는 KUHAP이 다루고 있다. KUHP는 부분적으로만 몇 차례 개정되었을 뿐,[96] 현재 시점(2020)까지 전면적인 개정법이 시행되지 않았다. 2019년 KUHP 전부 개정안에 정부 모욕죄, 사후피임 및 낙태 관련 죄와 절차, 거짓 뉴스죄, 혼전 동거죄, 혼외 성교죄 등이 논란을 불러일으켰고 시위가 격화되어 개정 작업은 2020년으로 미루어졌다.[97]

---

96) 연도별 각 개정 내용에 대해서는 Tim Lindsey and Simon Butt. pp.199-204.
97) Mae Yen Yap, Here's the rundown on what's really going on with the protests in Indonesia, Mashable SE Asia, Sep 24, 2019
   <https://sea.mashable.com/social-good/6419/heres-the-rundown-on-whats-really-going-on-with-the-protests-in-indonesia>

9.2. 특별범죄행위법

특별범죄행위법(Hukum tindak pidana khusus)이란 형법(KUHP)에서 직접 정하지 않은 특수범죄들 가운데 형사피고인에게 일반 범죄보다 과중한 기소절차와 거증책임(舉證責任)이 요구되는 개별 형법 등을 총칭한 강학상의 용어이다. 구체적으로는 경제범죄(UU No.7/1995), 뇌물죄(UU No.31/1999; UU No.20/2001), 마약(UU No.35/2009), 전복죄(UU No.26/1999), 자금세탁 (UU No.8/2010), 테러에 대한 자금지원(UU No.9/2013) 등의 범죄행위가 여기에 해당된다.

"자금세탁 및 테러범죄에 대한 자금지원 방지와 근절을 위한 기업소유자 파악 원칙에 대한 2018년 제13호 대통령령"등 각종 대통령령과 행정부령에서도 유사한 범죄들을 규율하고 있으나, 현재까지 특별범죄행위법에 대한 학계에서의 논의는 이들을 제외하는 것으로 보인다.[98]

9.3. 지방형법 및 아닷(ADAT)형법

지역단위로 별도의 지방법령이 있고, 지역에서만 인정되는 성문화되지 않은 율법과 관습법을 갖고 있다. 이론적으로는 국가가 법정하지 않은 죄를 관습법에 따라 처벌하는 것은 죄형법정주의에 위반된다. 또, 상위 법령인 형법(KUHP)과 특별범죄행위법이 지방법령에 우선해야 한다.[99]

---

98) Prof. Dr. H. Nandang Alamsah Deliarnoor, S.H, M. Hum. and Dr. Sigid Suseno, H., M.Hum., Tindak Pidana Khusus, 2017, Universitas Terbuka, pp.1－69.

99) "KUHP가 모든 지역관습법에 우선한다. […] 지역 관습과 형법 조항간에 차이가 있다고 해서, 이를 들어 법률을 넘어서는 행위를 정당화할 수 없다"는 2007년 헌법재판소 결정(No 14－17/PUU－V/2007). 이와 유사한 대법원 판례로 2281/K/PIS/2007. 일부 판사는 인도네시아법상 관습을 법원으로 삼아서는 안 된다고도 한다, Andi Saputra, 'Masih Ada 10 Gugatan, KLHK Dimana Teliti dan Jangan Sampai Lolos Lagi' Detik News (8 January

그럼에도 인도네시아 법률실무의 실제는 이 같은 원리 원칙과는 괴리되어 있다. 예컨대 아쩨지역에서는 이슬람 보수세력이 깊게 자리하고 있어 "Qanun Jinayat"이라는 이슬람식 형법이 적용되고 있으며, 대법원 및 법률집행자들도 법률원칙대로 판단 및 집행하기를 꺼리고 있다.[100] 아닷 형법에 대해서는 「아닷(ADAT)법」 단원에서 상술한다.

9.4. 비교법적 특징

「2016년 제13호 회사에 의한 범죄행위를 다루는 절차에 관한 대법원 규정」[101]에 따르면, 주식회사에게도 범죄능력 및 형벌능력이 인정되며 주식회사도 형사범으로써 벌금(제28조), 허가취소, 재산 몰수 및 해산(제1조 제7항) 등의 처벌을 받을 수 있다. 본 대법원 규정에 따라 기업범죄의 대부분은 회사와 행위자의 양벌규정(兩罰規定)으로 보아야 한다는 견해도 있다.[102] 단, 회사는 처벌받으면서 이사는 처벌받지 않은 예가 있다.[103]

2016).

100) Tim Lindsey and Simon Butt, p.208

101) Peraturan Mahkamah Agung Republik Indonesia Nomor 13 Tahun 2016 Tentang Tata Cara Penanganan Perkara Tindak Pidana Oleh Korporasi.

102) 현행 기업범죄와 관련된 규정들이 본 대법원 규정에 따라 양벌 규정이라는 해석이 인니변호사들 가운데에서는 유력한데, 법인의 형사처벌과 관련한 해석과 적용에 혼란이 있다. 행위자 처벌과 법인처벌은 어떤 관계에 있는지, 법인이 범죄를 범할 수 있는 주체로서 범죄능력이 있는지 범죄 유형별 구체적인 검토를 찾기가 어렵다. 사견으로는 법인의 형사책임과 양벌규정을 적용하여 법인의 존재가 멸실될 시에 사회경제적 파급효과와 구성원의 피해가 막중하므로 범죄행위의 중함과 더불어 법인의 존속이 사회적으로 해가 큰 경우에 한정적으로 선고되어야 한다고 본다. 적어도 한국에서는 이 같은 의견이 다수인 것으로 보인다. 노명선, 기업범죄에 대한 제재 및 검찰의 대응방안 연구, 2010. pp.109 – 110. 조국, 법인의 형사책임과 양벌규정의 법적성격, 2007, 서울대학교법학 제48권 제3호, 서울대학교 법학연구소.

103) PT Cakrawala Nusadimensi는 반부패법 Article 2 (1) jo. Article 18 jo. Article 20에 따라 IDR 700,000,000의 벌금을 냈으나, 해당 회사의 이사는

또, 배임죄가 없고(「이사의 책임」 단원에서 후술)[104] 과실에 따른 부도수
표가 형사처벌 대상이 아니라는 점도 특기할 만하다.[105] 전자의 경우, 주
요입법례를 찾아도 인도네시아와 같이 배임죄를 처벌하지 않는 것은 흔
치 않다.[106] 배임죄의 형사처벌에 대해 반대하는 입장에서는 이 같은 입
법이 반가울 것이다.[107] 반면 후자의 경우, 과실범까지 처벌하며 중죄로
규정하는 한국이 오히려 소수에 해당한다.[108]

아무도 민형사상 책임을 지지 않고 다만 연루된 감사(commissioner) 1인만
이 도주하여 현상광고가 난 사건으로 No. 65/Pid.Sus/TPK/2016/PN.Bdg.
104) 인니 형법 제398조는, "인도네시아 회사의 이사 감사가 (i) 정관에 위배되
는 행동으로써 또는 그러한 행동을 허가함으로써 회사에 손해를 끼친 경우,
(ii) 회사의 파산 또는 재판상 합의를 피할 수 없음을 알면서 고의로 그러한
파산 또는 재판상 합의를 지연시키고 (외관상) 좋은 조건으로 돈을 대여하
도록 허가를 한 경우, (iii) 상법 제6조 및 제27조의 의무를 위반한 경우 최
대 1년 4개월의 형을 적용한다." 그 성격은 배임죄와 유사하나, "정관위배"
내지 "파산" 조건을 명시하여 한국이나 주요 선진국의 배임죄와는 현저하
게 다르다.
105) 부도수표 발급금지에 관한 1964년 법률 제17호에서는 수표부도를 범죄로
규정하였으나, 1964년 법률 제19호 폐기에 관한 정부령 1971년 제1호에
따라 수표부도는 범죄가 아닌 단순 계약위반으로 바뀌었다. 그럼에도 부도
수표를 형법 제378조상의 사기로 보고 형사처벌한 대법원 판례들이 있다
(No. 1036/K/Pid/1989, No. 133 K/Kr/1973). 이 같은 판례는 드문 판례
로 오늘날 같은 판결을 얻기는 어려울 것으로 보인다.
106) 주요 선진국의 대부분이 배임죄를 형사처벌하고 있다. 최준선 · 황인학, 배
임죄의 성립여부와 경영판단의 원칙, 기업소송연구, Vol.12, 2014. 다만, 배
임죄를 형사처벌보다는 민사적으로 해결해야 한다고 보는 의견으로 최준
선, 상법상 특별배임죄규정의 개정방향, 경제법 연구, Vol.11. No.2, 2012,
최준선, 경영판단에 대한 배임죄 규정의 적용제한, 기업법 연구, Vol.11
No.2, 2012.
107) 배임죄를 형사처벌보다는 민사적으로 해결해야 한다고 보는 의견으로 최준
선, 상법상 특별배임죄규정의 개정방향, 경제법 연구, Vol.11. No.2, 2012,
최준선, 경영판단에 대한 배임죄 규정의 적용제한, 기업법 연구, Vol.11
No.2, 2012.
108) 한국에서는 수표를 매개로 하는 거래질서 및 경제질서가 붕괴될 가능성을
해결하기 위해 한국은 1966년 부정수표단속법(법률 제1747호) 제2조 제3
항에 과실범의 처벌근거규정을 마련하였다. 외국의 입법례는 부도수표의

제10절 상 법

10.1. 역 사

1673년 프랑스 루이 16세 정권에서 오늘날의 재무장관, 왕실 비서실장, 해양국무장관직 등을 겸했던 Jean Baptiste Colbert은 Ordonnance Du Commerce 상법과 1681년 Ordonnace de la marine 해양법을 도입하였다. 이 법들은 이후 프랑스가 1807년 상법 Code de Commerce (나폴레옹법 재산인수의 다른 형태에 관한 제3장)를 도입하는 데 선구자적인 역할을 한다. 네덜란드는 이를 계수하여 1838년 상법 Wetboek van Koophandel을 시행하였고, 1847년 인도네시아에 Wetboek van Koophandel Staatsblad 1847:23 (WvK)를 도입하여 1848년부터 시행한다. 그러나 인종별로 준거법을 달리한 네덜란드의 식민법상 본 상법이 인도네시아 토착민들에게 적용되지는 않았다. 토착민들에게는 관습(adat)법이 우선적으로 적용되었다.

해당 상법의 빈약한 21개 조항(제36조 내지 제56조)에서 주주가 유한책임을 가진 회사를 처음 도입하면서 이 단체에 Naamloze Vennotschap 혹은 줄여서 NV라는 이름을 사용하였다.[109] 네덜란드가 프랑스법을 계수하였기 때문에 불어로 "이름없는 모임"이라는 뜻의 "Societe Anonyme"를 직역한 "Naamloze Vennotschap"를 가져온 것이었다. 소유와 경영을 분리한 초기의 회사 모델은 역사적인 관점에서는 개혁적이었지만, 오늘날 널리 이용되는 주식회사와는 다른 것이었다. 이사는 책임을 지지 않는다는 등 내용들과 (i) 100주 이하 발행 회사면 주주는 주주총회에서

발행을 고의범으로 한정하고 경죄로 취급하고 있으나, 한국은 과실범까지 처벌하며 중죄로 규정하고 있다는 점에서 비판을 받고 있다. 김대근·안성조, 부도수표의 형사처벌 현황과 개선방향, 2015, 한국형사정책연구원.

109) Wetboek van Koophandel Staatsblad 1847:23.

의결권을 3표 넘게 가질 수 없고 100주 이상 발행한 회사면 주주는 6표 이상을 행사할 수 없다거나, (ii) 주주가 투자한 자본의 50%를 손해보면 보고서를 작성하고 75%를 손해보면 즉시 해산해야 한다고 하는 등의 투박한 내용들이 작성되어 있었다.[110]

이와 더불어 1896년에 네덜란드 상법의 파산에 관한 제3권이 인도네시아에 도입 및 시행된다. 인도네시아의 독립 즉후 동 1848년 상법과 1896년 파산법은 45년 헌법의 전환규정에 따라 유효하게 남았다. 그러나 회사법과 파산법이 독립해서 제정되고 상사특별법에 해당하는 각종 법령들이 도입된 오늘날에는 1848년 시행 상법은 실무에서 거의 사용되지 않는다.

10.2. 현대 인도네시아 상법의 개념

오늘날 인도네시아에서 "상법"으로 직역되는 "Hukum Dagang"이라 함은, 독립한 하나의 법이 아니라 상사행위에 관한 법률의 총체, 즉 상사법을 말한다. 현대에 들어 인도네시아에서 1848년 시행 상법은 회사법의 역사 또는 인도네시아 법률의 역사를 이해하는 데에만 언급될 뿐이었고,[111] 인도네시아 법대에서 널리 쓰이는 Purwosucipto의 상법 교과서에서는 상법을 "회사 활동 중 법적인 계약으로부터 발생하는 특별한 법"이라고 정의하였다.[112] 그러다 4명의 학자가 상법개론(Pengantar Hukum

---

110) 더 자세한 내용은, Mahy, Petra (2013) 'The Evolution of Company Law in Indonesia: An Exploration of Legal Innovation and Stagnation.' American Journal of Comparative Law, 61 (2). pp.384–389.
111) 예를 들어 Zen Umar Purba, the Current Status of Company Law in Indonesia, Hukum dan Pembangunan Nomor 6 Dec 1994, pp.515–534.
112) HMN. Purwosucipto, Pengertian Pokok Hukum Dagang Indonesian, 2000, Djambatan.

Dagang)이라는 서적에서 이러한 정의는 지나치게 상법의 범위를 좁힌다고 비판하면서 상법을 상사와 관련된 민사법의 총칭이라 정의하였고,[113] Universitas Indonesia 법학리뷰에서 이를 인정하였다.[114] 나아가 시드니 대학의 Simon Butt 연구원 및 멜버른 대학의 Tim Lindsey 교수의 2018년 공동저서 "인도네시아법(Indonesian Law)"에서 민법, 계약법, 회사법, 노동법, 외국인 투자법, 세법, 파산법, 은행법, 경쟁법, 미디어법 등을 총 아울러 상법이라고 하면서,[115] 오늘날 인도네시아 상법(Hukum Dagang)이란 상사법, 즉 상사활동과 관련된 법률의 총체로써 정립되었다.

제11절 아닷(ADAT)법

11.1. 의 의

"Adat"은 전통·관습이라는 뜻의 "âda(عادة)"의 복수형인 아랍어에서 온 말로,[116] 인니−말레이어에서는 "Adat−istiadat" 또는 "Adat−Kebiasaan"이라 불린다. Adat의 의미는 지역과 국가에 따라 차이가 있다. 예컨대 말레이시아에서는 "Adat−istiadat"을 모든 인적제도를 의미하고 미낭까바우 사투리로는 다른 제도와 구분되는 특정한 제도를 의미한다.[117] 학자

---

113) Prof. Dr. Agus Sardjono, SH. MH., Dr. Yetty Komalasari Dewi, SH., MLI., Rosewitha Irawaty, SH., MLI., Togi Pangaribuan, SH., LLM., Pengantar Hukum Dagang, 2014, RajaGrafindo Persada.
114) Catur Wulandari, Pengantar Hukum Dagang (Introduction to Commercial Law), Indonesia Law Review, Vol. 4, No 1 (2014),
115) 예긴대 Simon Butt and Tim Lindsey, Indonesian Law, 2018, Oxford 307쪽 Part IV: Commercial Law을 보라.
116) Koesnoe Mohammad, Dasar−Dasar Formal Ilmu Hukum Adat [The Formal Fundamental of Adat Law] in Hukum Adat and Modernisasi Hukum [Adat Law and Modernisation], 1998, UII Press, pp.1−6.

마다 정의를 달리 하기도 하고 "Adat", "Adat – istiadat", "tjara" 등의 유사단어들을 구분하기도 한다.[118] 그러나 인도네시아에서는 일반적으로 일부 지역에 알려진 관습과 전통을 의미한다.

인도네시아의 아닷(Adat)법은 한국에서 흔히 관습법으로 번역된다.[119] 그러나 아닷법은 한국의 관습법과 현저하게 다르며, 그 어떤 나라의 관습법과도 다르다.[120] 예컨대 아닷법은 관습헌법과 같은 국가 전체를 아우르는 공법이 아니라[121] 인도네시아 특정한 지역들에서 특정한 구성원들에게만 인정되는 민형사상 전통법이며 자연법이다. 인도네시아가 1만 7천여 도서와 550개 이상의 부족들로 구성되어 있음을 상기해야 한다. 지역과 부족마다 관습이 현저하게 다르고 별다른 기록조차 없이 기억에 의존하여 내려오는 곳이 많아, 사회의 거듭된 관행이자 사회생활규범으로서의 관습이 어떤 것들이 있는지 전부 파악하기도 쉽지 않다. 일정한 관습이 해당사회의 보편적 규범으로서 타당성이 있는지 또는 주민들에게 법적 확신이 있는지 검토는 더더욱 어려운 실정이다. 요컨대 한국의 관

---

117) 위의 자료.
118) 위의 자료.
119) "아다트[adat], 인도네시아에서 이슬람법 이전부터 전해지는 관습 또는 관습법" 두산백과; 비법률연구에서도 관습법이라 하고(전재경 황은주, 자연자원 관리에서 관습법의 지위와 기능, 2006, 역사민속학, 23권, pp.377 – 400), 법률연구에서도 관습법이라 한다. 변해철, "인도네시아헌법개관", 아시아법제연구 제2호, 2004, pp.29 – 49.
120) 한국에서의 관습법이란 "사회의 거듭된 관행으로 사회생활규범이 사회의 법적 확신과 인식에 의하여 법적 규범으로 승인 강행되기에 이르른 것"을 말하고, 사실인 관습은 "사회의 관행에 의하여 발생한 사회생활규범인 점에서 관습법과 같으나 사회의 법적 확신이나 인식에 의하여 법적 규범으로서 승인된 정도에 이르지 않는 것"을 말하는 바, 관습법은 바로 법원으로서 법령과 같은 효력을 갖는 관습으로서 법령(강행법규)에 저촉되지 않는 한 법칙으로서의 효력이 있는 것이며, 이에 반하여 사실인 관습은 법령으로서의 효력이 없는 단순한 관행으로서 법률행위의 당사자의 의사를 보충함에 그치는 것이다(대판 1983.6.14, 80다3231).
121) 관습헌법의 예로 대한민국의 수도가 서울이라는 관습헌법(2004헌마554).

습법과는 다르다.[122]

19세기 Leiden대학 학자들의 연구 이후 국제 법률연구들에서는 적절한 용어가 없어서 "Adat"이라는 단어를 그대로 사용하는 것이 보편화되었다.[123] 미국의 한 연구에서는 해당하는 단어가 없어서 Adat이라는 단어가 영어에 받아들여졌다고도 한다.[124] "전통법" "토착관습법" 등도 가능하겠지만, 국제법률연구에서 고유명사인 Adat을 존중하듯이 한국에서도 "아닷법"으로 부르는 것이 타당하다고 사료된다.

아닷법은 현대에 이르기까지 일반적인 정의를 내리기가 어려운 것으로 보인다. "아닷법의 아버지"라 불리는 Leiden대학의 Cornelis van Vollenhoven 교수 이래 다수의 학자들이 정의를 시도하였으나 널리 받아들여지는 하나의 정의가 없다.[125]

---

122) 한국에서 판례상 인정되는 민사상 관습법이 이처럼 지역과 지역구성원에 따라 인정되거나 부정되는 것은 아니다. 예컨대 한국에서 판례에 의해 인정되는 관습법은 명인방법(부동산 물권의 공시방법), 분묘기지권(타인소유 토지에 자신이 관리하는 무덤에 대해 가지는 지상권 유사의 권리), 관습법상의 법정지상권(원래 동일인 소유에 속하던 토지와 건물이 경매 등의 이유로 소유자가 달라진 경우 건물소유자가 토지에 대해 갖는 권리) 등이 있다.

123) S.Pompe.

124) "[T]he title of the book introduces the Arabic word "Adat" which, according to the introduction, was adopted in the English language because no equivalent has yet been found. It represents the living resultant of legal rules and popular practices brought over by civilized heritage and mixed with influence from the two main religions, Hinduism and Islam." Herman J.A.C.Arens, 'Adat Law in Indonesia. By B.ter Haar. New York:Institute of Pacific 1R elations. 1948', 1949 University of Miami Law Review. p.657.

125) "What is Adat Law? Since the time of van Vollenhoven until now the answer to this question is in a state of continuous flux ⋯ According to Ter Haar, only Adat which is expressed in the decisions of Adat legal functionaries can be accepted as "Law". Kusumadi Pudjosewojo made a distinction between Adat law in the Dutch law system ("Adatrecht") and Adat law as it occurs in the law system of Independent Indonesia since 1945 ("Hukum Adat"). For Supomo the

11.2. 역 사

먼저 네덜란드 식민지 시대인 19세기부터 Leiden대학의 학자들을 중심으로 아닷법에 대한 연구가 이루어졌다. Cornelis van Vollenhoven교수는 법적 환경 및 전통관습에 따라 19세기 인도네시아를 아래와 같이 분리했다.126)

(1) 아쩨
(2) 가요, 바딱 알라느 및 니아스
(3) 미낭까바우 및 믄따와이
(4) 남부 수마트라
(5) 말루꾸
(6) 방까 및 블리뚱
(7) 깔리만딴 및 다약지역
(8) 미나하사
(9) 고론딸로
(10) 또라자
(11) 남부 슬라웨시
(12) 떠르나떼 섬
(13) 암본 말루꾸
(14) 이리안
(15) 티모르 섬(오늘날의 동티모르)
(16) 발리와 롬복, 숨바와 바랏
(17) 중부 및 동부 자바, 마두라 지역
(18) 이름 없는 지역, 수라까르따 및 족자
(19) 서부 자바

---

decision … depends upon the traditional feeling of law and as such it is a living law that has become manifest for the people. Djojodigoeno states that defining Adat law one should distinguish a formal and a material definision" Koesnoe Mohammad, pp.5－6.

126) Cornelis van Vollenhoven, Van Vollenhoven on Indonesian Adat Law (Verhandelingen van het Koninklijk Instituut voor Taal－, Land－en Volkenkunde), 1981, Springer Science business Media.

그는 지역별로 각각의 언어, 문화, 규율, 관습 등 깊이 있는 분석을 했는데, 이러한 연구에 터잡아 인도네시아인들에게 유럽스타일의 사유재산권에 기반한 실정법(즉 네덜란드 식민정부가 시행한 실정법)을 적용하는 데 반대하고, 식민정부는 인도네시아인들에겐 그들의 자연법(즉 전통법)을 적용해야 한다고 주장했다.

인도네시아인들에게 '법률가가 제정한 법률(Juristenrecht)'이 아닌 '대중으로부터 나온 법률(Volksrecht)'을 옹호한 그의 견해는 그의 스승이자 자연법철학주의자인 자퀘즈 오픈하임(당시 Leiden대학 학장)에게서 기원한 것이기도 했다. 그는 1901년부터 모교에서 "인도네시아의 관습법(the Adat-law of the Netherlands-Indies)"을 강의했고 이후 B.ter Haar교수 및 Snouck Hurgronje 등의 걸출한 차세대 인도네시아 아닷법 전문가들을 양성하였다. 이러한 흐름 속에서 인도네시아에서는 유럽인은 유럽법으로 통치하고 원주민들은 지역법원에서 지역관습법으로 판단하는 이중체계가 계속되었다.

하지만 이런 이중체계는 근현대의 인도네시아에 큰 혼란을 불러일으켰다. 인도네시아 독립 즉후 하나의 국가에서 통일된 법률을 제정하려는 움직임은 "인도네시아 법률의 발전과 인도네시아의 법률적 사고를 절망적일 정도로 혼란스럽고 뒤섞인 교착상태로 몰아넣었다."[127] 국법과 지방관습법·아닷법의 마찰은 오늘날까지도 여전히 풀리지 않는 거대한 숙제로 남아있다. 현대에도 자연법 철학이 살아 숨쉬는 인도네시아에서 수백년 동안 만들어진 토착관습법과 법률실무관행이 현대의 실정법과 부딪히는 문제를 해결하기 위해서는 오랜 시간이 필요할 것으로 보인다.

---

127) Sutan Takdir Alisjahbana 'Confusion in Legat Thinking', 1975, p.74.

11.3. 아닷 부동산법

네덜란드 식민지 시대에도 정부의 입장에서는 토착원주민들의 토지가 정부의 토지(staatsdomein)인지, 주민들이 토지에 대해 갖는 권리의 성질이 무엇인지, 식민통치 법률 하에도 이러한 권리를 인정해야 하는지 등이 주요한 문제였다.[128]

인니 헌법 제33조 제33항은 국가가 토지, 물, 자연물을 관리 및 제어한다고 정하고 있다. 1960년 농지기본법 제3조 역시 "아닷(Adat)사회의 지역토지 또는 아닷사회의 그와 유사한 권리는 존재하는 한, 그 지역의 통합에 기초하여 국가 및 지역의 관습에 맞도록 조정해야 한다"고 정하고 있다. 또, 1967년 산림법 및 1970년 개정안이 관습적 권리보다 국가의 이익이 우선한다고 정하고 있다. 그럼에도 불구하고 「특정지역 내에서 Adat 사회와 법률에 따라 토지에 대한 지역사회의 권리를 결정하는 절차에 대한 2016년 규정」은 지역문제에 있어서는 중앙정부가 관여하거나 정할 수 없게 하였다. 헌법과 상위법률에서 정한 내용과 상이한 것이다. 그다지 놀랍지 않은 사실이지만, 이 모든 법률과 규정들에서 어느 정도 선에서 유효하고 고유한 아닷법으로 인정해줄 것인지 수인한도에 대한 아무런 정함이 없다.

문명의 정도가 현저하게 다른 지역에서 현대의 실정법과 지역의 아닷법 중 무엇을 우선 적용할 것이냐는 어려운 문제이다. 현대적인 회사들이 열대밀림에 들어가 천연자원을 채취, 정제, 거래, 수출하여 수익을 창출하는 반면, 인근지역의 토착주민들 일부는 피해를 보아야 했던 역사를 돌이켜보면 더욱 그러하다.[129] 이 같은 현대문명과 토착사회의 문제를 어떻게

---

128) S.Pompe.
129) 효과적 규제없이 어떻게 정치적 이해와 외국투자가 외부효과를 가져왔는지에 대한 세부적인 역사에 대해서는 O. P. Dwivedi, Environmental Policies in The Third World: A Comparative Analysis, 1995, Greenwood Press,

조화롭게 해결할 것인가라는 근본적인 질문이 자연스럽게 제기된다.

중앙정부가 지방문제에 관여하지 못하게 한 2016년 규정처럼, 지역주민들의 아닷법을 존중하고 원주민 지역을 있는 그대로 보존하기 위하여 정부가 함부로 지역분쟁에 관여하지 않는 정책을 채택했다고 가정해보자. 그리고 원주민 지역에서 불과 1킬로 근방에는 현대적인 회사가 들어와 산업화를 시작한다고 보자. 정부는 어떻게 근방의 원주민 지역을 현대문명의 부작용으로부터 지키면서 동시에 회사로 하여금 지역경제를 개발하도록 유인할 수 있는가? 이것은 인도네시아가 현재 부딪히고 있는 실제 딜레마이다.130)

현대의 법률을 토착사회에 적용하는 것은 올바른 것일까? 정부가 사유라는 개념조차 없는 정글 속 원주민 지역에 들어가 토지소유권을 나누는 것이 과연 올바른 것일까? 이런 문제 때문에 인도네시아는 토착민을 위하여 아닷삼림이라는 법적개념을 만들었다. 그러나 어느 삼림이 아닷삼림이고 어느 삼림이 아닌지 획정하는 것은 어려운 일이었고, 누가 아닷삼림의 법적인 주인이냐는 질문은 더욱 어려운 질문이었다. 인도네시아 헌법재판소는 "아닷삼림이란 토착주민들의 지역에 위치한 국가의 삼림이다"고 정한 1999년 제41호 삼림법 제6조가 위헌이라고 결정하고, '국가의'라는 단어를 삭제하도록 명령하였다(No.35/PUU−X/2012).

반면 현대인들에게 아닷법의 내용은 합리적이지 않고 도리어 소수에 대한 탄압과 잘못된 종교적 아집으로 비추어지는 경우도 적지 않다.131)

---

pp.91−104; 및 Ronnie D. Lipschutz & Judith Mayer, Global Civil Society and Global Environmental Governance, 1996, SUNY Press, pp.179−181.

130) (필자 번역) "아닷 사회 구성원이 U.N.에서 한 연설: 플랜테이션이 들어오기 전, 우리의 삶은 풍요로웠습니다. 과일이나 약이 필요하면 숲에 가면 되었습니다. 회사가 들어와서 화전(火田)을 한 뒤, 모두 사라졌어요. 우리의 삶이 힘들어졌습니다. 화전은 우리에게 재앙이었습니다." Ahsan Ullah, Globalization and the Health of Indigenous Peoples, Routledge, 2016, p.7.

본서의 목적에 비추어 개별 아닷법 각각의 내용에 대해서는 생략한다.

11.4. 아닷 형법

Cornelis van Vollenhoven교수는 "인도네시아 아닷법의 아버지"라 불린다.[132] 그는 인도네시아 아닷법을 "한편으로는 (일정한 행위가 위반이라는 이유로) 제재를 하고 다른 한편으로는 성문화되지 않은 상태의 관습을 지닌 행동규범"으로 정의한다.

사견으로 이 같은 정의는 법정하지도 않은 죄에 대해 형사제재를 할 수 있다고도 해석될 수 있어, 관습법을 용인하지 않는 죄형법정주의에 위반된다고 생각한다.[133] 죄형법정주의는 인도네시아에서도 동일하나, 과거부터 오늘날에 이르기까지 토착지역들에서 지역관습법에 따라 형벌을 처하는 등 법률실무관행은 이론 내지 원칙과 괴리가 있다.

특히 이슬람 근본주의 율법을 따르는 세력이 강한 영향력을 행사하는 수마트라의 아쩨에서는 이러한 문제가 오랫동안 빈번하게 지속되고 있다. 일례로 간통을 했다는 이유로 2014년 4월 30일 아쩨의 한 여성이 8명의 남성으로부터 집단강간을 당한 사건에서, 사건즉후 해당 피해여성을 이슬람 율법에 따라 간통죄 처벌로 공개태형을 처한 것이 문제로 지적되기도 하였다.[134] 이성친구가 공공장소에서 애정행각을 했다는 행위

---

131) 이러한 Adat법의 비합리성을 구체적으로 고발하는 연구가 축적되어 있다. 독일 Leipzig University의 Martin Ramstedt교수가 이 분야에서 특히 적지 않은 논문을 냈다. <https://www.multiple−secularities.de/team/pd−dr− martin−ramstedt/>
132) 위키피디아 <https://id.wikipedia.org/wiki/Cornelis_vanVollenhoven>
133) 국정을 농단한 자를 형법에 규정되어 있지 않은 "국정농단죄"로 기소할 수는 없는 것과 같은 이치이다.
134) 샤리프 히다야툴라 국립이슬람대학의 이스마일 하사니 교수는 "아쩨 주의 법은 불분명한 세 가지 서로 다른 시스템이 혼재돼있다. 관습법에 따르면 이 여성은 피해자임에도 불구하고 처벌을 감수해야 하지만, 국법에 따르면

로 종교경찰에 의하여 공개태형을 받기도 하는데,[135] 성문형법에 법정하지 않은 죄이므로 원칙적으로는 있어서는 안 될 일이다. 이러한 문제는 하나하나의 개별 사건에 앞서 인도네시아가 장기간 풀어내야 할 문제로, 당분간은 해소되기 어려울 것으로 사료된다.

제12절 투자법

12.1. 서 설

「2007년 제25호 투자법」("투자법")은[136] 외국인·외국법인·외국정부·외자회사의 투자를 규율하던 「1967년 제1호 외자회사에 관한 법」과 내국인·내국법인·인도네시아정부의 투자를 규율하던 「1968년 제6호 내자회사에 관한 법」을 통합한 법이다.

한국에서 외국인 투자촉진법이 외자회사 및 합작회사를 규율하듯, 인도네시아에서도 투자법 및 투자조정청(Badan Koordinasi Penanaman Modal: "BKPM") 발행규정이 외국인의 지분투자와 관련된 사항을 규율하고 있다. 다만, 인도네시아의 투자법은 외자회사는 물론 회사의 구성자본금이 전부 내국자본금으로 되어있는 내자회사에 관해서도 본 법에서 규율하고 있으므로(제2조), 본 투자법과 관련한 대통령령 및 BKPM규정 모두 회사법 실무에서 빈번히 사용된다. 내자회사와 외자회사간의 구체적 차이는 제3장 「회사법」에서 후술하고 본 단원에서는 투자법에 대한 대강의 내용만 설명한다.

이 여성은 보호가 필요한 피해자"라고 지적했다. 허핑턴포스트, "인도네시아, 성폭행 피해여성 '불륜'으로 공개 태형" 2014년 5월 7일자 기사.

135) 중앙일보, "인니 10대커플, 공공장소서 애정행각해 공개 태형", 2019년 2월 2일자 기사.

136) Undang-Undang No.25 Tahun 2007 tentang Penanaman Modal

동 투자법 제1조는 인도네시아 내 이루어지는 투자를 '내국인의 투자 (Penenaman modal dalam negeri: PMDN)' 및 '해외로부터의 직접투자 (Penanaman modal asing: PMA)'로 정의하는데, 이 때문에137) 일반적으로 주식회사를 부를 때 외국인 자본이 투입된 외자회사를 PMA 또는 PMA회사라 부르고, 순수한 인도네시아 내자회사는 PMDN 또는 PMDN회사라고 흔히 부른다. 본서에서는 편의상 각각을 PMA 및 PMDN이라 부른다.

12.2. 외국인 투자담당 기관

인도네시아 내 외국인의 직접 투자에 관한 각종 사무를 담당하는 투자조달청(BKPM)의 모체는 1967년 설립된 외국자본투자심사기구(Badan Pertimbangan Penanaman Modal Asing)이다. 해당 기구는 몇 차례 명칭과 소속이 변경되다가, 2002년 대통령에게 직접 보고하는 독립적인 조직이 되었다. 이는, 국가의 생존을 위협한 1997－1998년 경제위기 이후138) 단기성 재무투자보다 안정적인 외국자본의 투자유치 대한 절박감 및 외국인의 민간부문에 대한 직접 투자를 강조하는 정치적 분위기가 형성되었기 때문이었다.139) 2007년 투자법의 도입된 후 BKPM은 외국투자자의 원활한 투자를 지원하는 동시에, 국내 산업의 보호를 위해 분야별 투자금지 및 제한하는 역할을 담당하는 기구로 자리잡았다.

BKPM은 국가 경기, 업종별 민감도, 국제 흐름, 국내 산업계의 요청

---

137) 보다 정확히는, 투자법이 승계한 과거 내자회사 및 외자회사 법에서부터 그렇게 불러왔기 때문이다.
138) 인도네시아는 1998년에서 2002년 동안 ASEAN국가 중에서 국내투자 유입 금액을 초과하는 순유출이 발생한 유일한 국가였고, 이 같은 경제 위기가 32년간 장기군사독재체제를 구축했던 수하르토 대통령의 퇴임과 신질서 정부의 몰락, 4차에 걸친 헌법 개정의 씨앗이 되었다.
139) 인도네시아 정부는 2003년을 인도네시아 투자의 해로 지정하여 외국인 직접투자를 부흥하고 투자자신뢰를 높이기 위한 정책들을 실시하기 시작하였다.

등을 종합적으로 감안하여 업종별로 외국인의 최대 지분율을 정한 제한
분야목록("Negative List")을 만들어 시행해오고 있다.[140] 인도네시아 최초
의 Negative List는 1987년 제정되었으며, 본서 집필시점(2020) 기준 마
지막 Negative List는 2016년에 제정되었다.[141]

　현 시점(2020)에도 외국인 투자와 관련한 옴니버스법 및 Positive list
도입 준비가 진행 중이다.[142]

12.3. 외국인 투자 제도, 요건 및 행정 시스템과 관련한 경향

　조코 위도도 대통령의 외국인 투자 유치에 대한 강력한 의지와 정책
기조 하에 인도네시아 내 외국인 직접 투자와 관련한 절차, 요건, 행정
시스템들은 최근 몇 년간 급격하게 발전을 거듭하고 있다.

　과거 2017년 이전에는 주식회사를 설립하거나 PMDN에서 PMA로 전
환할 때 BKPM Reg. 14/2015에 따라 요구되는 BKPM 투자허가서(Izin
prinsip)라는 것이 있어, 투자자는 해당 허가를 받은 기간 내에 허가된 지
분투자만을 이행하여야 했다.[143] 그러나 BKPM Reg. No.13/2017이 도
입된 후로는 Izin Prinsip은 요구되지 않고 대신 업종에 따라 '자본투자
등록(Registration of Capital Investment)'이 요구되었다.[144]

---

140) 이 때 외국인의 최대 지분율이란 주식의 액면 가격 기준이다. BKPMP
　　 No.13/2017규정 제12조 제3항 d목.
141) Presidential Regulation No. 44 of 2016 regarding the List of Business
　　 Fields that Are Closed and Business Fields that Are Conditionally
　　 Open for Investment.
142) 같은 선상에서 2019년 11월 Presidential Instruction No. 7 of 2019 on
　　 the Acceleration of Ease of Doing Business 시행.
143) 회사법에서 법정하고 있지는 않으나, 2007년 투자법의 위임을 받은 규정인
　　 BKPM Reg. 14/2015가 요구하는 절차로써 인도네시아 내 주식회사 설립
　　 시 요건이었다.
144) 해당 자본투자등록이 필요한 업은 (i) 건설업; (ii) 시설투자가 적격인 사업;
　　 (iii) 환경오염을 일으킬 수 있는 사업; (iv) 방산업; 또는 (v) 천연자원, 에

그러나 2018년 행정부령[145] 도입과 함께 마련한 온라인 통합 시스템 Online Single Submission("OSS")의 시행 후에는 이러한 자본투자등록도 필요하지 않고, 다만 BKPM 및 관계 부처와의 긴밀한 협의가 필요하게 되었다.[146] OSS의 도입 후에도, 관련 규정과 시스템의 업데이트를 거듭하여 투자자가 온라인으로 신청 및 진행 가능한 행정업무가 점차 다양해져왔다. 본서 최종 편집시점(2020) 기준으로 OSS v.1.1이 가장 최근 버전인데, 기존 OSS v.1.0에 비해 대표사무소에 대한 허가(Izin KPPA) 발행, 청산 이외의 이유에 따른 인허가의 취소, 토지 외에도 수목에 관한 허가수속 등 다양한 인허가 관련 업무들이 가능해졌다.

이처럼 외국인 투자허가와 관련, 인도네시아는 빈번하게 관련 규정을 수정 및 도입해왔다.[147] 이를 통해 인도네시아는 외국인 투자담당 체계 및 인허가 체제를 일원화하고, 신속한 외국인 직접투자 절차를 마련하는 동시에 산업별 외국인 지분제한 또한 전반적으로 낮추어 왔다. 현 시점(2020)에도, 조코 위도도 대통령은 외국인 최대 지분율 제한에 관한 체계를 전면적으로 수정하고자 대통령령 차원에서 Positive list 도입을 예고한 바 있다.[148] 나아가 2020년 초, 인도네시아 정부는 규제 간소화를 통한 외국인 투자 유치를 확대하기 위한 '옴니버스 법(Omnibus Law)' 도입을 선언하고 이와 관련한 주요 내용들을 예고하였다.

너지 및 인프라 관련 사업이다(BKPM Reg. No.13/2017 제10조 제4항). 구체적으로 적용할 때는 애매한 점이 많아 BKPM 및 사업관련 부처 등 관계 당국과의 확인이 필요했다.

145) OSS 도입 근거규정은 Government Regulation No. 24 of 2018.

146) BKPM Reg. 6/2018 제4(2)조에서 관계 업종들을 나열하였으나, 통상 대부분의 업종에서 BKPM과의 사전 협의를 거치고 있다.

147) BKPM Reg.5/2013, BKPM Reg.14/2015, BKPM Reg. 6/2016, BKPM Reg. 13/2017, BKPM Reg. 6/2018, Presidential Instruction No. 7 of 2019 on the Acceleration of Ease of Doing Business 등.

148) The Jakarta Post, Government to issue 'positive investment list' says BKPM boss, 2020.02.05 기사.

12.4. 투자법의 주요 내용

투자법은 선언적인 내용들을 주로 다루고 있다. 투자법에서 선언적인 내용 외 실효성 있는 조항들을 요약하면 다음과 같다.

i) 외국인이 인도네시아에 직접 투자시에는 주식회사(PT) 형태를 통해서만 회사를 설립할 수 있다는 점(제5조 제2항)

ii) 외국인의 직접 투자는 산업별로 지분율 제한을 받는다는 점(제12조 제3항 및 제4항에서 대통령령에 위임하여 시행된 투자분야의 개방과 제한에 관한 대통령령)

iii) 위 두 사항을 우회하려는 지분명의신탁은 절대적 무효(제33조 제2항)라는 점

iv) 외국 투자자의 토지사용은 HGB, HGU, Hak Pakai를 근거로 한다는 점(제22조 제1항)*

* 단, 광산업이나 조림업 등 자연물을 수취하는 주식회사의 경우에는, 토지사용의 허가가 아니라 국유지 위의 자연물을 수취하는 별개의 허가를 근거로 함.

외국 투자자가 주식회사가 아닌 다른 법인의 형태를 사용할 경우에는 행정처벌(제34조 제1항)을 받을 수 있고, 관련 법인은 그 외의 행정벌도 추가로 받을 수 있다(제34조 제3항).

현지인 우선 채용의무(제10조 제1항), 합의에 의한 노동분쟁해결 원칙(제11조), 세제상의 혜택(제18조 제4항), 주식회사의 토지상의 권리(제22조), 외자투자자에 대한 서비스 편의(제23조 제3항), 분쟁해결(제32조) 등에 대한 조항들이 있지만, 일반적인 선언적 조문에 불과하여 실무에서 직접 적용·인용하는 경우는 드물다.

투자법은 "대기업 중소기업 협력·국가이익·보건·도덕·환경·문화·국가안보 등을 위해서 분야를 개방 및 제한한다"는 취지의 추상적인 도덕론이 대부분이다. 상호협력해야 한다거나, 책임 및 균형을 갖고 임해야 한다거나, 법률에 따라야 한다거나, 선량한 경영원칙을 준수해야 한다거

나, 문화를 존중해야 한다는 등 개괄적인 원칙들을 나열하고 있다. 실제로 의미있는 구체적인 내용은 투자조정청 규정과 대통령령에서 정하고 있으며 정치적 조류나 경제적 상황에 따라서 빈번하게 개정된다.

12.5. 투자에 대한 일반원칙

투자법 제3조가 설시하는 투자에 대한 일반원칙은 아래와 같다.

(a) 법적확실성: Kepastian hukum

Penjelasan 제3조 제1항 제a호에 따르면, 법적확실성이란 자본투자 관련 정책과 규제가 분명하고 확실해야 한다는 것을 의미한다.

투자법의 법적확실성 침해를 근거로 지자체장의 결정서를 무효로 본 인도네시아 대법원 No.347K/TUN/2013 판결

요약

외국인 투자허가를 받고 팜오일 플랜테이션을 하던 PT. Fairco Agro Mandiri("FAM")가 Izin Lokasi 허가연장이 거절되자, 팜오일 플렌테이션을 운영하기 위해 필요한 다른 허가들을 득하였음에도 허가연장이 되지 아니하여 "법적확실성"이 침해되었다면서 원고가 제기한 본 사건에서, 법원은 당 허가연장거절은 외국자본투자에 대한 법적확실성을 침해하였다고 판단하여 원심을 파기하고 환송한 결정.

사실관계 및 결정

FAM은 2005년 Kutai Timur 지자체장(Bupati)으로부터 14,830 헥타르에 대한 토지사용 허가서(Izin lokasi)를, 2007년 6월에는 13,903 헥타르의 팜오일 농장을 위한 토지사용허가서 연장에 대한 지자체장 결정문(Keputusan Bupati)을, 같은 해 플랜테이션 사업허가서(Izin Usaha Perkebunan)를, 2008년에는 나아가 플랜테이션 요구조건인 환경보고서 AMDAL 및 그에 대한 허가를 지자체장으로부터 발급받았으며, 이외에도 FAM은 HGU, 플라스마 플랜테이션, 각종 보고서 기타 필요한 요건들을 모두 지켰다. 또, IMB라 불리는 건설허가를 득하여 팜오일 밀을 지어 팜오일 사업을 위한 요건을 대부분 문제없이 준수하였다.

2011년 FAM이 유효기간이 종료하기 전에 토지사용허가서(Izin Lokasi) 연장을 신청하였고 전문가로 구성된 팀이 해당 토지조사를 실시하여 검사보고서도 2012년 발행되었으나, 지자체장(Bupati)은 "FAM이 아직 플랜테이션 개발을 시작하지 않았으며 지역주민사회로부터의 지원이 없다"는 이유로 토지사용연장 신청을 거절하는 결정서를 발급하였다.

FAM이 아직 플랜테이션 개발을 시작하지 않은 것은 IPL이라는 허가를 발급받지 못했기 때문이었고 항변하였다. 나아가, 3개의 지역허가가 이미 있고, 지역주민사회로부터의 별다른 반대가 없으며, 지역주민사회로부터의 지원을 서류로 받아야하는 필수문서가 요구되는 것도 아니고, 상기 허가서들 및 검사보고서에서도 이 같은 문제가 언급되지도 않았다고 항변하였다.

이에 대법원은 지자체장(Bupati)의 결정서가 2007년 제25호 투자법의 법적확실성을 침해하였다면서, 지자체장의 결정서를 유효로 본 항소법원의 결정을 파기하고 FAM에게 요청한 허가서를 발급하라고 결정하였다.

판결분석

일반적으로 법적확실성이란, 사람들의 자기의 행위가 어떤 법률 효과를 가져올 것인가를 예측할 수 있도록 하고 거래의 안전에 도움이 되어야 한다는 법적안정성을 의미한다. 광의(廣義)에서의 법적확실성은 행정부의 권력남용을 포함한다. 이는, 법원 또는 행정부가 무분별하게 판단할 경우, 일반 시민에게는 법률이 있어도 행위의 결과를 법률상 예측할 수가 없어 법적확실성이 떨어진다는 뜻이다. 그러나 이 같은 일반원칙은 "백지조항" 또는 "황제조항(Royal provision)"이므로, 입법의 미비 등으로 구체적인 법률이 충분히 당사자를 보호해주기 어려운 사건에서만 제한적으로 사용되어야 한다. 인도네시아에는 일반 민사·행정소송에서도 법적확실성이라는 추상적 원칙을 주된 논거로 남용하는 경향이 짙은데, 이처럼 개별 사건들에 대해 모두 일반원칙을 적용하게 되면 오히려 법적확실성을 침해하게 된다. 따라서 광의의 법적확실성은 만국공통의 법원칙을 적용해야 하는 국제사건에서 주장된다.[149]

---

149) 이러한 논지로 법적확실성을 근거로 판단한 국제사건의 예. 110/75 Giuffrida v. Commission (1976) ECR.1395.

본 건과 같은 지자체장(Bupati)의 권력남용은 「지역 허가에 관한 농업부장관령」 제4조 제1항 및 제9조 제1항 위반 및 「2014년 제23호 지역정부에 대한 법」상 Bupati 의무에 대한 조항 위반으로 제소하면 된다. 사업허가연장에 대한 법률자체가 이미 확실하고 담당기관이 정당한 이유없이 임의로 이행을 거절한 국내 일반 행정사건에서, 해당 법령위반, 허가연장 부당거절, 재량남용과 관련한 구체적 법률이 아니라 "법적확실성"이라는 백지조항으로 달려드는 인도네시아의 법률실무 경향은 고쳐져야 한다고 생각한다.

(b) 투명성 및 비차별주의

Penjelasan에 따르면 투명성이란 공중은 투자활동에 대하여 비차별적이며 진실된 정보접근권을 가져야 한다는 원칙을 말하며, 비차별주의란 외국인 투자자의 국가를 근거로 차별을 두어서는 안 된다는 원칙을 말한다.

PTSP(Pelayanan Terpadu Satu Pintu)라 불리는 BKPM의 원스탑 통합서비스는 필요한 정보, 가이드, 절차, 법률 및 지원 등을 인도네시아 내 잠재적 투자자에게 비차별적으로 제공해야 한다는 것이 위 원칙의 예시로 언급된다.[150]

(c) 책임성(akuntabilitas)

영어의 책임성(accountability)에 기원을 둔 말로, 본 조에서의 Akuntabilitas는 회계책임 외에도 일반책임을 의미한다.

자본투자자는 LKPM(Laporan Kegiatan Penanaman Modal)이라고 하는 보고서를 BKPM에 제출할 책임을 지며, 인접 공중/문화/환경과 친근하고 조화로운 관계를 유지할 책임을 진다.

---

150) 원스탑 통합서비스가 도입되면서 환영을 받던 시기에 법과대학 투자법 수업들에서 언급되던 내용이나, OSS에 따른 온라인 행정업무가 안정화된 최근에는 당연시되는 것으로 보인다.

(d) 기 타

그 외에도 합동, 효율,[151] 지속가능성, 환경건전성, 독립성, 균형발전 및 경제적 통합 등의 원칙이 있다. 각각의 원칙을 근거로 하여 행정처분을 무효로 한 중요 판결은 보이지 않으며 각각의 원칙은 선언적인 조항일 뿐 실용적인 의미는 적다고 생각한다.

12.6. 투자법상 부동산에 관한 권리

투자법 제22조 제1항은 주식회사(PMA 및 PMDN)가 가질 수 있는 '토지상의 권리(Hak akatas tanah)' 세 가지를 열거하고 있는데, 이 '토지상의 권리'가 한국어로 '토지소유권'이라고 종종 오역되어 사용되고 있다. 본법의 영문본이 'Land title'으로 되어있어 불러일으킨 오해가 아닐까 짐작된다.[152] 우선, 'Hak atas tanah'는 문자 그대로 해석해도 토지'소유'권이 아니라 '토지상의 권리'라는 표현에 불과하다. 소유권이라 함은 물건을 직접적·배타적·전면적으로 지배하여 사용·수익·처분할 수 있는 완전 물권이다. 인도네시아 주식회사에게 허락된 것은 이 같은 소유권이 아니라 허가받은 부동산을 일정기간 사용할 수 있는 임차권 유사의 권리이다. 네덜란드와 일본의 침략의 역사 및 자원보유국으로써 선진국에 수탈되어서는 안 된다는 생각 등이 민족정서에 반영되어 있어 외국인에게는 소유권을 허락하지 않는다. 이는 산업용지뿐만 아니라 주택에 있어도 마찬가지다.

---

151) 2016.01.11 BKPM은 3시간 내 자본투자허가 서비스를 런칭하면서 "1000명 이상의 종업원을 두거나 1천억 루피아 투자자는 여권 또는 회사정관 및 투자계획서류를 가져오면, 하나의 예약서면(Surak booking tanah)만으로 8개의 생산품에 대한 허가를 받을 수 있다"고 자신했다. 외국투자자에게 보다 신속한 서비스를 제공하기 위해 2017년에는 투자허가서(Izin Prinsip)를 폐지했다.

152) 각각의 사용권이 이미 몇십 년이고, 원칙적으로는 투자자의 재산을 강제수용할 수도 없으므로 소유권처럼 생각하는 것도 일면 이해는 된다.

참고로, 건물사용기간에 제한이 없는 'Hak Milik'도 '소유권'으로 직역하여 사용되고 있다. 이 경우에는 Hak Milik을 소유권으로 직역해도 괜찮다고 본다. 다만 외국인에게는 사무실이든 사택이든 임대용건물이든 소유권은 인정되지 않는다는 점에 주의하여야 한다.[153] 본인이 국적을 바꿔서 그 명의로 하거나, 재산분할약정서를 만든 뒤 혼인한 인도네시아 처(妻)의 명의로 등기하면 소유권도 인정받을 수는 있을 것이다. 단, 후자는 어디까지나 이론적으로나 가능한 방법에 불과하다고 생각된다. 한국 문화에서는 결혼할 상대방에게 재산분할약정서를 만들기를 요구하는 것이 쉽지 않기 때문이다. 심지어 재산분할약정서는 혼인 후 작성하면 재산분할약정서는 효력이 없다.[154]

토지상의 권리(hak atas tanah)는 (i) hak guna usaha(HGU), (ii) hak guna bangunan(HGB), 그리고 (iii) hak pakai로 나뉘며(제22조 제1항), 주식회사는 이를 근거로 해서만 부동산을 사용할 수 있다. 각각은 직역

---

153) 인도네시아 내 거주 외국인의 주택소유에 관한 2015년 제103호 정부 시행령이 도입되면서 "KITAS나 KITAP만 가지고 있으면 이전과 달리 외국인도 주택을 자유로이 소유할 수 있다"는 내용이 한인신문들에 잘못 보도되고 한인사회에도 오해가 퍼졌다. 이는 해당 시행령 제2조에서 "법률과 규정에 따라 인도네시아 내 주거허가를 취득한 외국인은 주택을 소유할 수 있다"고 졸속하게 작성한 입법 때문으로 보인다. 본 조에도 불구하고 주택건물에 대한 Hak Milik을 인정받기 위해서는 그 건물이 세워진 토지에도 Hak Milik을 인정받아야 하는데, 외국인에게는 토지에 대한 Hak Milik이 인정되지 않기 때문에 결국 외국인에게는 소유권이 인정되지 않는 것이다. 이후 2016년 제29호 국토부 규정이 새로 도입되었으나 위 문제는 아직 근본적으로 해결되지 않은 것으로 보인다.
154) 인도네시아에서는 1848년 발효된 민법에 따라 혼인 전 부부재산분할약정을 하지 않은 부동산의 경우, 부부 일방이 혼인 중에 상속으로 취득한 재산은 물론(인도네시아 민법 제120조. 단, 유언으로 달리 정한 경우에는 예외), 심지어 혼인 전에 취득한 재산 및 혼인 전에 발생한 부채까지도 공동재산이 되며(인도네시아 민법 제120조 및 제121조), 남편만이 그 재산을 관리·운용할 수 있으되, 혼인 계속 중에 부부 중 일방이 재산을 임의로 처분하지 못한다(민법 제140조 3번째 문단).

하면 경작사용권, 건물사용권, 사용권이지만, 용어만 보면 오히려 혼란만 가중될 수 있으므로, 단순히 부동산 사용허가 A, B, C와 같이 생각하는 것이 편의상 좋을 것이라 생각한다.[155] 관련 내용은 「토지등저당권(Hak Tanggungan)」, 「부동산」 단원에서 별도로 설명한다.

단, 주식회사가 삼림이나 광산 등을 운영할 경우에는 그 사용에 있어서 '토지상의 권리'에 근거할 것이 아니라 삼림청 등의 기관에서 별도의 라이선스인 IUPHHK 등을 받아서 이를 근거로 사용하여야 한다. 이때에는 헌법 제33조에 따라 국가가 해당 토지를 소유하고 주식회사는 국유지 위의 자연물을 수취한다고 보기 때문이다.

토지사용권이므로 국가가 언제든 사용을 중단시킬 수 있는지를 우려할 수 있다. 원칙적으로 정부는 별도 법률에서 정함이 없는 한 투자자의 재산을 강제수용할 수 없다. 예외적으로는 특별법을 제정하면 무차별 원칙(투자법 제6조 제1항 내지 제2항) 및 보상원칙(독립한 평가기관이 채택하고 국제적으로 인정받는 방법으로 측정한 시장가격이 기준이다. 투자법 제7조 제2항)의 요건을 만족하여 강제로 토지사용권을 몰수할 수 있다. 수용에 반대할 시에는 중재절차를 따른다.

제13절 은행법

13.1. 배 경

정상적인 사회생활을 영위할 수 있도록 해주는 제도권 금융기관의 서

---

155) 보다 자세한 사항은 시행령 Peraturan Menteri Negara Agrarian/Kepala Badan Pertanahan Nasional No.40/1996 Tentang Hak Guna Usaha, Hak Guna Bangunan Dan Hak Pakai Atas Tanah 및 Peraturan Meteri Negara Agararia/Kepala Badan Pertanahan Nasional을 참조하라.

비스 및 상품을 이용할 수 없는 것을 금융소외(financial exclusion)라 하고 이를 해결하거나 최소화하는 것을 금융포용(financial inclusion)이라 한다.[156] 인도네시아의 금융업은 2010년대 들어 연 5%대의 GDP성장 및 중산층의 성장세에 힘입어 이 금융포용 차원에서 빠른 성장을 보여주었다. 제도권 금융기관과 공식적으로 거래하는 개인이 (2015년 기준) 전체인구의 22% 정도에 불과하고,[157] 금융서비스가 채워나가야 할 기본적인 공백 자체가 매우 큰 것이 이유가 되어 주었다. 실제로 인도네시아 전체 인구 중 은행계좌를 지닌 15세 이상의 인구 기준 2011년 기준 20%, 2014년 기준 36%, 2017년 기준 49%, 2019년 65%으로,[158] 인도네시아는 2010년대 들어 빠른 금융포용을 보여주었다.

저성장 국면에 출산율 및 취업률감소로 금융소비자인 경제활동인구까지 줄어들면서, 외국은행 및 증권사들이 수익성을 보전하기 위해 미개척 시장인 동남아시아로 진출하게 된 외부요인도 컸다.[159] 특히 인도네시아 제1금융권은 다른 동남아시아 국가보다도 연평균 2.5% 높은 총자산이익률(ROA)을 자랑하면서,[160] 저금리 시대 신성장 동력으로 동남아시아에 진출하는 아시아계 대형은행들의 각축장이 되어 왔다.[161] 한국의 신한은

---

156) European Commission, Financial Services Provision and Prevention of Financial Exclusion, March 2008, p.9.

157) Samudra Hutabarat, "the Challenges for Development of Peer to Peer Lending Business in Indonesia's Financial World," Tilburg University, 2016, p.1.

158) Chaikal Nuryakin, How inclusive is financial inclusion in Indonesia?, the Jakarta Post, 2019.09.02. 기사.

159) 이준호, "은행들, 인도네시아로 가는 이유," 경향비즈. 2010.04.14. 기사; 노정동 "자카르타 한복판 랜드마크에서 움트는 금융 한류" 한국경제, 2015. 08.06. 기사.

160) Ridhi Khaltan, "these 6 Foreign Companies are the Biggest Shareholders in Indonesia's Banks," Frontera News, 2017.12.03. 기사.

161) 2017년 6월 기준 외국은행의 자회사는 9행이며, 31개의 서로 다른 외국계 은행 지사들이 운영 중이다. IMF에 따르면, 이 같은 강력한 외국계 기업들과 얕은 순수 국내자본의 불균형으로 인도네시아 자본시장은 국제시장의

행, 우리은행, 기업은행 등도 근년에 현지은행 지분을 인수하여 활발하게 사업을 확장하고 있다. 다음은 2014~2018년 주요 인도네시아 은행 인수합병 건들이다.

연	대상 은행	합병 또는 인수 은행	인수 지분
2018	Bank Agris	Industrial Bank of Korea	82.59%
2018	Bank Bukopin	KB Kookmin Bank	22%
2018	Bank Nationalnobu	Tokyo Century Corp.	5%
2018	Bank Resona Perdania	Investor group	49.9%
2018	Bank Tabungan Pensiun Nasional Tbk	Sumimoto Mitsui Financial Broup Inc. and Sumitomo Corp.	77.5%
2017	Bank Danamon	Mitsubishi UFJ Bank	73.8%
2017	Bank Andara	Apro Financial Co	40%
2017	Bank Dinar Indoneseia	Apro Financial Co	77.38%
2016	Bank Windu Kentjana International	China Construction Bank Corporation	>40%
2016	Bank Pundi Indonesia	Banten Province Government	>50%
2016	Bank Mayapada Internasional Tbk	Cathay Financial Holding Co. Ltd	15%
2016	Bank Antardaerah	Bank Windu Kentjana International	100%
2016	Bank Andara	APRO Financial Co. Ltd.	40%
2015	Bank CNB(Centratama Nasional Bank)	Shinhan Bank	75%
2015	Bank Bukopin	Bosowa Corporindo	30%
2015	Bank Metro Express	Shinhan Bank	98%

여파에 여실히 노출되어있는 상황이다. International Monetary Fund, "IMF Country Report No.17/152, Indonesia" 2017.06, p.11.

2015	Bank Tabungan Pensiunan Nasional(BTPN)	Sumitomo Mitsui Financial Group	17.5%
2014	Bank Tabungan Pensiunan Nasional(BTPN)	Sumitomo Mitsui Banking Corporation	40%
2014	Bank Butiara	J Trust	100%
2014	Bank Index Selindo	Creador Capital	20%

인터넷 은행을 제외하고 전통적인 의미에서 전국의 가계와 기업을 상대로 하는 주요 시중은행의 경우, 한국은 현재 4행(KEB하나, 우리, 국민, 신한)체제, 일본은 이른바 3대 메가뱅크(미쓰비시 UFJ, 미쓰이스미토모, 미즈호)체제에 있다. 반면, 인도네시아에서는 2018년 기준 무려 117행의 상업은행이 있다.[162] 여기에는 금산분리가 시행되지 않은 까닭도 적지 않다.[163]

본서의 목적상 인도네시아 은행의 감독규제기관과 분류, 설립 및 인수 방식의 기초적인 내용에 대해서만 간단하게 설명한다.

13.2. 은행 감독 규제 기관

2013년까지는 BI가 은행의 감독과 규제 기능을 단독으로 담당하고 있었으나, 「금융감독청(Otoritas Jasa Keuangan: "OJK")에 관한 2011년 제21호 법」[164]("OJK 법")의 도입으로 통화 정책 및 거시건전성 감독 기능을 제외한 시중은행의 감독 및 규제 권한은 2013년 12월 31일 OJK에게 이

---

162) https://en.wikipedia.org/wiki/List_of_banks_in_Indonesia
163) 최근(2017.05)에는 인도네시아 최대 그룹사인 Salim Group이 2017년 Bank Ina Perdana의 51% 지분을 인수하면서 1998년 금융위기 때 철수했던 은행 산업에 다시 진출했다. 전통적으로 화교계 인도네시아 기업집단이 은행을 산하에 두고 유리한 조건으로 부실 계열사에게 자금을 융통시키기도 하는 등 다양하게 사용하나, 금산분리에 대한 목소리는 높지 않은 것으로 보인다.
164) Undang-undang Nomor 21 Tahun 2011 tentang Otoritas Jasa Keuangan.

전되었다. 이에 따라 외화 차입 및 환전 모니터링, 여신 고객 정보시스템의 운영 등 일부 업무165)를 제외한 대부분의 주요 관리 감독 기능은 현재 OJK가 수행하고 있다. OJK법상 OJK의 은행 규제 및 감독 권한은 다음과 같다.

기 준	근거 규정	규제 및 감독 내용
은행 기관	OJK법 제7조 제a항	• 은행 및 지점의 설립과 개소 관련 인허가 발급 및 취소, 은행 주주 및 임원의 적격성 심사, 은행 정관, 소유권, 적격성 심사, 인수합병, 파산 청산 • 자금 출처, 하이브리드형 상품 등 검사
은행 건전성	OJK법 제7조 제b항	• 유동성, 수익성, 최소 자본 비율, 여신한도, 예대마진 비율, 보유금, 부채비율 등 • 각 은행의 건전성 보고서 검토 • 고객 정보 시스템, credit test, 은행회계기준 감독
주의 의무	OJK법 제7조 제c항	• 리스크 관리, Governance, Know Your Customer 원칙 및 자금세탁방지 원칙, 은행범죄 및 테러 자금 방지
은행 시험	OJK법 제7조 제d항	• 현장 실사 및 금융연수시험, 컴플라이언스 감시, 정기 보고제출 요구 등166)

13.3. 은행의 분류

인도네시아는 은행은 크게 중앙은행(BI), 시중은행, 지방은행 세 가지로 분류되며, 2018년 한국의 인터넷전문은행과 유사한 무(無)점포은행이

---

165) OJK법 제39조 및 제40조의 BI 및 OJK 상호 협력 의무에 따라 BI과 OJK의 공동 규제(Joint Decree) No. 15/1/KEP. GBI/2013와 No. PRJ－11/D.01/2013 등을 도입하여 일부 기능은 두 기관이 공동으로 수행하고 있다.
166) OJK법 제7조에 은행 시험에 대해서는 열거 또는 예시조항을 두고 있지 않으나, OJK의 은행감독 Booklet Vol.4, 2017에서 위와 같은 시험 관련 구체적 업무들을 명시하고 있다.

도입되었다.

은 행	근거규정
중앙은행	Pasal 23D UUD(헌법), UU No.23/1999 tentang BI(중앙은행법)
시중은행	UU No.7/1992(UU No.10/1998 일부수정) tentang Perbankan (은행법)
지방은행	UU No.6/22/PBI/2004 tentang Bank Perkreditan Rakyat(지방은행법)
무점포은행	Surat Edaran Otoritas Jasa Keuangan Nomor 6/SEOJK .03/2015 tentang Layanan Keuangan Tanpa Kantor dalam Rangka Keuangan Inklusif oleh Bank

13.3.1. 시중은행

시중은행 은행은 다시 핵심 자본 규모에 따라 영위할 수 있는 네 영역의 은행(Bank Umum Kegiatan Usaha: "BUKU")으로 나뉜다.[167] 여기서 핵심 자본이란, (i) 납입자본, (ii) 공개 유보금 및 (iii) 혁신자본요소로 각각은 「시중은행에 대한 최소 자본 적절성 요건에 관한 규정 POJK NO. 11-POJK.03-2016」[168]에 의한다.

OJK는 2020년부터 핵심 자본의 규모를 단계적으로 증가시키고 이 같은 규모를 일정 기간 내에 만족시키지 못할 경우 지방은행으로 강등시키는 계획을 발표했다.[169] 현재(2020) BUKU별 규모와 주요 업무는 다음과 같다.

---

167) 은행의 핵심자본에 기초한 업무활동 및 지점 네트워크에 관한 OJK 규정 No. 6/ POJK.03/ 2016("OJK 시중은행 업무규정").
168) POJK NO. 11-POJK.03-2016 Minimum Capital Adequacy Requirement for Commercial Banks.
169) Reuters, Indonesia to raise banks' core capital requirement, 2020.01.16 기사.

분 류	규모(IDR)[170]	주요 업무
BUKU 1[171]	핵심자본<1조	• 기초활동 및 금융상품용 자금조달 및 수익 배분 • 무역 금융 • 협력 및 대리 업무(제한 있음) • electronic banking 및 지불 시스템 관련 업무(제한 있음) • 여신용 임시적인 자본 참가 • 환전 업무 • 통상의 은행업
BUKU 2[172]	1조≤핵심자본<5조	• BUKU 1의 업무(단, 협력 및 대리 업무, electronic banking 및 지불 시스템 관련 업무는 BUKU 1과 달리 별도 제한을 받지 아니함) • 국가 금융기관에 대한 자본투자 활동 • 제한적인 treasury 업무 • 외환 업무
BUKU 3[173]	5조≤핵심자본<30조	• BUKU 1과 BUKU2의 업무 • 다른 아시아 국가에 지점 설립 및 영업 활동 가능
BUKU 4[174]	30조≤핵심자본	• BUKU 1과 BUKU2의 업무 • 외국 전역(아시아 제한 없음)에 지점 설립 및 영업 활동 가능

---

170) OJK 시중은행 업무규정 제3조.
171) OJK 시중은행 업무규정 제5조 제a항 제1호 내지 제3호.
172) OJK 시중은행 업무규정 제5조 제b항 제1호 내지 제5호.
173) OJK 시중은행 업무규정 제5조 제c항.
174) OJK 시중은행 업무규정 제5조 제d항.

13.3.2. 지방은행

지방은행(Bank Perkreditan Rakyat)은 송금 서비스를 제공하지 않는 샤리아 원칙 또는 전통적인 은행업을 영위하는 은행기관(은행법 제1조 제4항)이다. 지방은행은 인도네시아 정부가 1992년 지방의 금융지원을 목적으로 과거의 마을은행, 시장은행, 마을협동신용본부 등 다양한 형태로 존재했던 소액대출 및 소액예금 기관들을 통합하여 지방 은행 설치 정책에 따라 도입한 금융기관이다.

OJK의 2020년 이후 시중은행 기준 규모의 단계적 증액 정책에 따라, 향후 일정 기간 내 규모를 만족시키지 못하는 시중은행은 지방은행으로 강등될 전망이다.

13.3.3. 무점포은행

인도네시아 정부는 2018년 지역사회의 금융포용 정책의 일환으로 인터넷 전문은행과 유사한 무점포은행을 국가적 우선 과제로 선정하고,[175] 이에 따라 OJK는 「금융 포용을 위한 무점포은행에 관한 OJK 회람문서 No.6/SEOJK.03/2015」[176]를 도입하였다.[177]

무점포은행은 기본 예금계좌만을 취급할 수 있다. 기본 예금계좌의 조건은 다음과 같다.[178]

- 인도네시아 국민 개인 명의일 것
- 루피아 통화를 사용할 것
- 최소 예치 잔액 조건이 없을 것

---

175) 인도네시아 산업통상부의 Making Indonesia 4.0 로드맵.
176) Surat Edaran Otoritas Jasa Keuangan Nomor 6/SEOJK.03/2015 tentang Layanan Keuangan Tanpa Kantor dalam Rangka Keuangan Inklusif oleh Bank.
177) PT Bank Tabungan Pensiunan Nasional Tbk의 Jenius, DBS은행의 Digibank 등 무점포은행이 설립 및 운영 중에 있으며, 이들은 Digital Bank, Virtual Bank 등 사실상 인터넷 전문은행으로 영업을 홍보하고 있다.
178) 자세한 내용은 「무점포은행 지침 II. A. 기본 예금계좌의 특징」 참조.

- 최대 예치 잔액이 2천만 루피아를 초과하지 않을 것
- 은행 계좌 거래 1개월 누계가 5백만 루피아를 초과하지 않을 것

13.4. 외국 은행의 진출 방법

외국 은행은 인도네시아에 진출하기 위해 (i) 인도네시아 내 시중은행의 지분을 인수하는 방법, (ii) 해외 지점 영업소(branch), (iii) 대표사무소(representative office)를 설립하는 방법을 고려할 수 있다.[179] 다만, 2015년 이래, BI 및 OJK는 외국 은행들이 단독으로 인도네시아 내에 신규 은행 법인 설립하는 것을 허용하지 않으며, 현지 은행 인수를 통한 시장 진출을 장려하고 있다. 이에 따라 2020년 현재 신규 지점 영업소의 설립은 다소 어려운 상황이며, 영리 활동이 금지된 대표사무소의 신규 설립은 여전히 허용되는 것으로 보인다.

진출방법	업 무
현지 은행 인수	일반 은행 업무
외국 은행의 지점 영업소	도매금융(whole sale), (소매금융 불가)
대표사무소	본사만을 위한 예비적·보조적 활동(영리활동 불가)

13.4.1. 현지 은행 인수

시중은행의 경우, 외국인은 총 납입·발행 자본의 99%까지 소유 가능하나, 주주가 영위하는 업종에 따라 다음의 제한을 받는다.[180]

---

179) 샤리아 은행에 관한 별도 요건에 대해서는 본서에서 생략한다.
180) 은행 지분율 규정 제2조 제2항. 은행의 각 주주에 대한 최대 지분율이다.

주 주	제 한
은행 또는 비은행 금융기관	은행 자본의 최대 40%[181]
비금융 기관 법인	은행 자본의 최대 30%
개인	은행 자본의 최대 20%

단, 은행 지분율 규정 도입 이전에 위 지분 제한을 초과해서 주식을 소유하고 있던 주주의 경우, 그 주주가 해당 주식을 동일하게 유지하고 당해 은행이 건전성 Level 1 또는 2를 유지하는 한, 해당 주식을 계속해서 보유할 수 있다.[182]

은행 단일 소유 규정에 따라 원칙적으로 동일 당사자는 단일한 인도네시아 시중은행의 지배주주만이 될 수 있다. 단, (i) 동일 당사자가 일반 시중은행 및 샤리아 은행 각각의 지배주주이거나, (ii) 동일 당사자가 지분을 보유한 두 시중은행 중 하나가 합작 은행인 경우에는 예외로 한다. 후자의 경우, 은행 단일 소유 규정에서 정한 후행 절차를 이행하고 소정의 요건을 지켜야 한다.

13.4.2. 외국 은행의 지점 영업소 설립

외국 은행의 지점 영업소는 기업을 상대로 한 도매금융(whole sale)만 영위할 수 있고, 소매 영업(retail sale)은 금지된다. 앞서 설명한 바와 같이, 2015년 이래 현지 은행 인수를 장려하는 정책에 따라 신규 지점 영업소의 설립은 당분간 다소 어려운 상황이다.

---

181) 단, 실제로는 예외조항이 적극적으로 적용되어 적지 않은 외국은행이 인도네시아 은행의 40%를 초과하여 보유하고 있다. 2018년 기업은행IBK의 Bank Agris 지분 82.59%인수, Sumimoto Mitsui Fiancial Group 및 Sumitomo Corp.의 Bank Tabungan Pensiun Nasional 지분 총 77.5%인수, 2019년 MUFG는 Bank Danamon에 대한 지분을 40%에서 94%로 증액 등이 그러한 예이다. 적극적인 예외조항의 적용이 국내 은행 산업에도 바람직하다는 이해가 있는 것으로 보인다.
182) 은행 지분율 규정 제2조 제4항.

13.4.3. 대표사무소

외국 은행의 대표사무소는 연락 사무소로 영리 활동을 하지 않고 본사만을 위한 예비적·보조적 활동을 수행한다. 대표사무소 설립을 하기 위해서는 국제 평가기관의 총자산 기준 은행 순위에서 전 세계 300위 내에 들어야 하는 등, 엄격한 심사기준과 소정의 절차를 통과해야 한다.

OJK가 외국 금융사의 진출 관련 사업허가 발급 심사 시, 허가 신청자의 본국이 인도네시아 회사의 진출 허용여부를 검토하는 상호주의 원칙을 따른다. 한국의 시중은행은 이 같은 상호주의에 따라 사업 허가 발급이 허용된다.

13.5. 은행 인수 합병

OJK는 기존 은행 인수 합병 관련 규정들을 폐기하고 2019년 12월 인도네시아 은행 인수 합병 규정을 도입하였다.[183) 해당 규정의 주요 내용은 다음과 같다.

13.5.1. 은행의 지배주주

실제 영향력 행사와 무관하게 은행의 최대 주주 변경 시 경영권 변동(Change of control)이 발생했다고 본다. 또, 경영권 변동 발생여부와 무관하게 은행 발행 주식의 25% 이상을 취득하는 당사자는 반드시 OJK의 적격성 심사를 거쳐야 한다.

은행의 주주, 이사, 감사, 샤리아 감사, 주주 등의 후보는 관계 규정에 따라 OJK의 적격성 심사를 반드시 통과하여야 한다. 적격성 심사를 통과하지 못할 경우 해당 지위에서의 법률 행위가 금지된다.

---

183) 기존 「은행 지분 매입 절차 및 요건에 관한 인도네시아 BI 규정 No. 32/50/KEP/DIR」 및 「은행 인수 합병의 절차 및 요건에 관한 인도네시아 BI 규정 No. 32/51/KEP/DIR」은 폐기.

13.5.2. 은행의 인수합병 절차

OJK는 은행의 인수·합병·통합 계획의 준비 단계에서부터 최종 종결 업무에 이르기 까지 해당 은행의 계획 수립에 대한 진행 보고서 검토, 인수 자금의 출처 검사, 주주 및 임원에 대한 적격성 심사, 인수·합병·통합 계획 발표 후 법정 기일 내 반대 채권자 및 소수주주의 반대의사 제출 및 협의 과정 등 전체 과정에 걸쳐 적극 관여한다.

13.5.3. 외국 은행 지점 및 인도네시아 시중은행의 통합

외국 은행의 지점 영업소의 자산 및 부채를 인도네시아 은행에 이전하고 해당 지점 영업소의 영업 허가를 취소하는 방법이 가능하다. 통합을 하고자 하는 외국 은행의 지점 및 시중은행은 이러한 통합의 계획 및 적격성 심사 서류 등을 OJK에 제출하여 승인을 받아야 하며, 외국 은행 지점 영업소의 임직원에게 통합 진행사실을 고지하고 일반 공중이 볼 수 있도록 공시하여야 한다.

13.5.4. 외국 은행의 지점영업소에서 일반 시중은행으로의 전환

외국 은행의 지점 영업소는 일반 시중은행의 영업허가 절차에 준하는 소정의 요건과 절차를 걸쳐 일반 은행 영업 허가로 전환하여 영업을 영위할 수 있다. 이 때의 요건과 절차는 일반 은행의 영업허가 절차에 준하며, 해당 영업허가 발급과 함께 기존 외국 은행의 지점 영업소에 대한 영업 허가는 취소된다.

인도네시아법

제2장 단 체

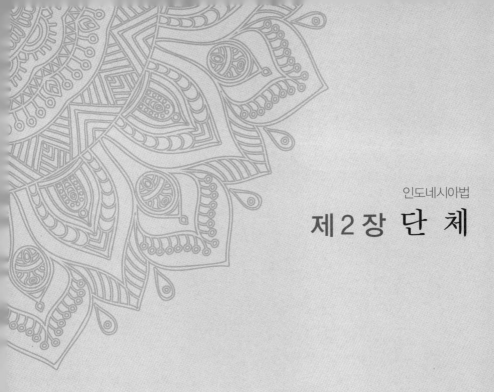

제2장 단 체

제1절 서 설

인도네시아에서는 다음의 단체들이 널리 이용되고 있다.

1. Perseroan Terbatas   (주식회사)
2. Persekutuan Perdata 또는 *Maatschap*   (조합)
3. Firma, Persekutuan firma 또는 *Venootschaponder firma*
                                                 (합명회사)
4. Persekutuan komanditer 또는 *Commanditarie Vennotschap*
                                                 (익명조합)
5. Koperasi   (협동조합)
6. Kantor Perwakilan Perusahaan Asing   (대표사무소)
7. Kerja Sama Operasi 또는 Joint Operation   (공동운영)
8. Usaha Dagang   (개인사업자 또는 상업상 비법인사단)
9. Badan Usaha Milik Negara   (국영기업)

외국인은 인도네시아 국내 지분 투자 시 주식회사의 형태에만 직접 투자가 가능하기 때문에(투자법 제5조 제2항),[1] 다른 상사법상의 단체에 대해서는 한인사회에 잘 알려져 있지도 않고 정확하게 설명하고 있는 국문서적도 없는 것으로 보인다.

인도네시아 사업이나 비즈니스 실무에서는 주식회사 외의 다른 단체에 대해 알아야 할 일이 상당히 있다. 예컨대 거래상대방이 다른 종류의 형태의 조직인 경우도 많고, 소송·분쟁·채권추심 등의 문제가 있을 때에는 이를 담당하는 인도네시아 기관, 법인격 및 책임여부 등이 각각 상이하므로 어려움이 있다.

인도네시아 국적취득자 또는 인도네시아 국적의 배우자는 조합(Persekutuan Perdata), 합명회사(Firma), 익명조합(CV) 또는 협동조합(Koperasi)을 설립할 수 있다. 협동조합을 설립한 뒤 비영리적인 명목과 활동을 유지하면 영리활동을 하면서도 복잡한 주식회사에 대한 규제를 피할 수 있을 뿐만 아니라 폐쇄성도 유지할 수 있는 장점이 있다.

반면, Usaha Dagang은 회사 내지 비법인사단과 같은 법률적 지위를 뜻하는 용어는 아니다. 법인을 설립하지 아니하고 중소형 사업을 영위하는 개인사업자 내지 단체를 말할 뿐이다. 다만, 상행위를 하므로 관련 허가와 납세번호를 받아야 하며 선택적 사항으로 사업자고유번호(Nomor Induk Berusaha: "NIB")를 취득할 수 있을 뿐이다. 결국 그 법적 성격은 조합이나 1인 사업가에 해당하는 경우가 적지 않다.

Persekutuan Perdata은 한국의 조합에 해당하는 기본적인 파트너십의 형태로, 개개의 구성원의 계약에 의해 형성될 뿐 사단법인과 같은 법인 격이 주어져 있지 않다. 따라서 단체성 및 권리능력이 없다. 후술하듯이 인도네시아 실무에서 건설회사들이 일시적인 프로젝트를 위하여 만드는 Kerja Sama Operasi 또는 Joint Operaetion 상당수를 조합으로 보는 견

---

1) Perseroan Terbatas는 주식회사이다. 주식회사는 유한회사나 유한책임회사와 는 완전히 다른 실체이다. 단어의 의미에만 구애되어 PT를 유한회사나 유한 책임회사라고 부를 것이 아니라, 그 실체에 가장 가까운 주식회사로 부르는 것이 오해를 방지하는 길이라고 생각한다. 본서에서는 PT를 주식회사로 부르 며, 단원을 달리하여 설명한다.

해가 있다.

Firma는 한국의 영리사단법인인 합명회사에 해당한다. 법인으로서 법률상 권리·의무의 주체가 된다는 점에서 Persekutuan Perdata와 구별된다.

CV는 한국의 상법상 익명조합에 해당하며 Koperasi는 한국의 협동조합에 해당한다. 인니현지인의 사업에 단순히 투자만 하고 사업의 운영 등에 대해서는 관여하고 싶지 않은 인도네시아 국적자라면, 예컨대 해당 사업가와 익명조합(CV)을 설립하고 본인은 유한책임사원으로 투자할 수도 있다. 물론, 인니배우자를 둔 분이라면 배우자를 통해 투자할 수도 있을 것이다. 무한책임을 지면서 영업을 하는 1인 이상과 그 영업을 위하여 자본을 대고 이익을 분배 받는 유한책임사원으로 구성하는 계약을 체결하는 것만으로 설립되기 때문이다.

Kantor Perwakilan Perusahaan Asing은 외국의 대기업이 한국에 주로 설치하는 대표사무소로, 법인격이 인정되는 것도 아니고 극히 제한된 사무 외에 영업활동을 할 수 있지도 않다. 따라서 한국에서 영업활동을 할 수 없는 해외법인의 연락사무소와 유사한 기능을 갖고 있다. 인도네시아 내 Joint Operation을 영위하는 해외 건설사들의 국내 사업소가 여기에 해당되며, BUJKA에만 적용되는 고유한 예외 사항들이 있다.

Kerja Sama Operasi는 한국계 건설사들 사이에서 Joint operation 또는 JO로 알려진 단체이다. JO는 한국계 회사들이 적지 않게 사용하는 단체이므로 별도로 상술한다.

Persekutuan Perdata는 민법에서 규정하는 반면 Firma 및 CV는 상법 제2장 3절에서 규정하고 있다. Koperasi와 Kantor Perwakilan Perusahaan Asing는 별도 법률 및 행정부령이 직접 규율한다.

국영기업인 Perusahaan Negara(또는 국유사업단체 Badan Usaha Milik Negara: BUMN)에 대해서는 자세한 설명을 생략한다.[2]

제2절 PERSEKUTUAN PERDATA(조합)

2.1. 정의 및 성립

Persekutuan Perdata(또는 Maatschap)은 "2인 이상이 상호출자하여 공동사업을 할 목적으로 결합한 단체"이다(인도네시아 민법 제1618조). Persekutuan Perdata는 당사자 간 구두나 서면에 의하여, 혹은 묵시적으로도 성립될 수 있다. 단, "금전 기타 재산 또는 특별한 기술이나 노무의 출자"와 "공동소유자로써 이익을 공동으로 향유할 의도"의 두 요건을 만족하는 합의를 필요로 한다. 꼭 공증인 앞에서 만들어야 할 필요가 없다.[3]

Persekutuan Perdata를 한국어로 번역할 시에는 조합이 가장 적절하다고 사료된다.

대한민국 민법상 조합	인도네시아 법률상 Persekutuan Perdata
제703조 (조합의 의의)	제1618조
① 조합은 2인 이상이 상호출자하여 공동사업을 경영할 것을 약정함으로써 그 효력이 생긴다.	Persekutuan Perdata란 2인 이상이 공동사업으로 얻은 이익을 분배할 것을 목적으로 하여 상호출자하는 계약이다.
② 전항의 출자는 금전 기타 재산 또는 노무로 할 수 있다.	제1619조
	모든 Persekutuan Perdata는 합법적인 사항을 약정하여야 하며 구성원들의 공동의 이익을 위하여야 한다. 구성원 각각은 금전 기타 재산 또는 노무로 출자할 수 있다.

---

2) BUMN에 대해서는 Simon Butt and Tim Lindsey, Indonesian Law, 2018, Oxford, pp. 340 – 341.

3) Irma Devita Purnamasari, SH, M.Kn., Kiat – Kiat Cerdas, Mudah, Dan Bijak Mendirikan Badan Usaha, 2013 Kaifa, p.5

Usaha Dagang("UD")의 적지 않은 경우가 바로 조합에 해당한다. UD
는 법인이라거나 비법인사단 같은 법률적 지위를 말하는 것은 아니고,
법인을 설립하지 아니하고 중소형 사업을 영위하는 개인사업자 내지 단
체를 말할 뿐이다. UD는 공증인 앞에서 만들 필요는 없고, 다만 일반적
으로 (i) 해당 지역관청에서 원하는 상사활동을 위한 허가를 받고, (ii)
납세자 번호(Nomor Pokok Wajib Pajak: NPWP)를 등록하고, (iii) 중소형
사업이라면(개인사업자는 불필요) Surat Izin Usaha Perdagangan("SIUP")
을 취득하고4) 사업자고유번호인 NIB를 발급받아야 한다.5) 이러한 이유
로 인도네시아에서는 UD를 별도의 법인격 있는 단체로 오해를 받는 경
우가 적지 않다.

뒤에서 설명하듯, 해외건설사와 국내건설사 간의 공동운영(JO) 또한
조합에 해당되는 경우가 상당한 것으로 보인다.

2.2. Persekutuan Perdata 구성원의 책임

2.2.1. 대내적 책임

업무집행자를 뽑거나 별도의 특약이 없는 한, Persekutuan Perdata의 구
성원은 평등하게 조합업무를 집행할 권리 의무를 진다. 경영과 관련한 별도
의 특약이 없는 한, 구성원 각각은 다른 구성원으로 하여금 Persekutuan
Perdata의 이름으로 업무를 행할 수 있도록 승인하였다고 본다(민법 제

---

4) Article 4 paragraph (1) letter c number 1 Regulation of the Minister of
   Trade Number 46 / M−DAG / PER / 9/2009 Year 2009 concerning
   Amendment to Regulation of the Minister of Trade of the Republic of
   Indonesia Number 36 / M−DAG / PER / 9/2007 concerning the Issuance
   of Trading Business Permits.
5) Kilinik Hukum Online, "Perbandingan Badan Usaha Berbentuk UD dan
   PT", 28 November 2017. <https://www.hukumonline.com/klinik/detail/cl3894/
   perbandingan−badan−usaha−berbentuk−ud−dan−pt/>

1639조). 따라서 내부관계에서는 조합계약에서 별도로 제한하고 있지 않는 이상, 각각의 구성원은 Persekutuan Perdata를 대리하여 행위할 수 있다. 또, Persekutuan Perdata가 거래하는 상대방이 개개의 구성원에게 일일이 문의하지 않아도 그 거래의 법률적 효과가 Persekutuan Perdata를 통하여 각 구성원에게 귀속하게끔 내부적으로 유효한 합의를 할 수 있다. 단, 거래가 있기 전 다른 구성원로 하여금 해당 거래를 특정하여 대리권 수여에 반대한 경우, 반대한 구성원은 그 거래에 대하여는 책임이 없다(민법 제1963조).

Persekutuan Perdata의 구성원은 그 일원이나 제3자를 업무집행자로 선임할 수 있고, 선임된 업무집행자는 그 구성원 중 일부나 전부의 반대가 있더라도 선량한 관리자의 주의로 경영에 필요한 모든 행위를 할 수 있다(민법 제1637조). 물론, Persekutuan Perdata 구성원은 업무집행자를 제명할 수 있다. 일단 업무집행자가 선임되면 다른 구성원은 대외적으로 Persekutuan Perdata의 이름으로 업무를 행할 수 없고 제3자와의 계약으로 다른 구성원을 구속할 수 없다.[6]

2.2.2. 대외적 책임

원칙적으로 Persekutuan Perdata 구성원이 제3자와 한 거래에서 그 거래의 상대방은 그 조합 전체나 다른 구성원을 구속하기 위해 권리외관이론(Apparent authority)을 주장할 수 없다. 권리외관이론이란, 거래의 상대방이 외관을 믿고 거래하였을 때에는 그를 보호하여야 거래의 안정을 확보할 수 있으므로, 설사 외관이 진실과 어긋나더라도 그 외관을 신뢰한 자를 보호해야 한다는 이론이다. 인도네시아에서는 권리외관이론이 받아들여지지 않는다. 따라서 대리권 수여의 특약이나 추인이 없는 한,

---

6) 업무집행자를 두는 경우 그 자가 대리권을 가지고 있다고 보는 한국민법 제709조 및 우연히 대리권을 가지지 아니한 경우에도 표현대리에 의하여 선의의 상대방에 대하여 그 조합대리로 인정되는 한국의 법리와 동일하다.

제3자는 거래한 구성원을 상대로 계약책임을 주장할 수 있을 뿐이다(민법 제1642조).

그러나 그 예외로 그 구성원의 계약이 Persekutuan Perdata 전체로서 다른 구성원들에게도 이익이 되는 경우에는, 제3자는 조합 구성원들을 상대로 만족을 얻을 수 있다(민법 제1644조). 그러므로 조합의 사업을 경영하다가 부담한 조합채무에 대해서는 조합의 채권자는 바로 각 조합원에 대하여 청구할 수 있고 조합원은 그 채무를 변제하지 않으면 아니된다.[7]

거래 상대방과 출자액에 비례하여 채무를 상환한다는 특약이 없는 한 채무는 구성원 간 균분한다.[8]

Persekutuan Perdata는 법인격은 없으나 그 이익을 위하여 소송할 수 있는 능력은 있다. 그 결과, Persekutuan Perdata은 제3채무자를 상대로 소송을 할 수 있으나, 제3채권자는 Persekutuan Perdata를 상대로 소송할 수 없고 오직 Perseroan의 구성원을 상대로 소송을 할 수 있다. 물론 조합채무를 변제한 조합원은 다른 조합원에게 구상할 수 있다(민법 제1645조 3(a)항).

2.3. 손익분배

Persekutuan Perdata가 사업을 경영하여 얻은 이익과 손실은 특약이 없으면 각 구성원의 출자가액에 따라 정한다. 출자는 금전 이외에도 물건·물권·무체재산권 채권은 물론이고, 노무·상호·신용 등도 출자의 목적물이 되므로, 해당 출자의 가치에 비례하여 분배한다. 손익분배에 대해 의견이 일치하지 않는 경우, Persekutuan Perdata 내 다른 구성원 혹은 제3자에게 분배 업무를 위임하여야 한다(민법 제1634조). Persekutuan

---

7) 한국민법 제712조와 유사하다.
8) 한국민법 제712조와 유사하다.

Perdata의 이익 전부를 1인에게 주는 것을 금지하되, 손해의 전부를 1인이 부담하는 것은 가능하다(민법 제1635조).

2.4. 청산과 해산

다음의 경우 Persekutuan Perdata은 자동적으로 종료된다(민법 제1646조 제1항 내지 제4항).

  i . Persekutuan Perdata 계약서에 정한 해산사유의 발생
  ii . Persekutuan Perdata의 목적인 사업이 불가능하게 된 때
  iii. 1인 이상 구성원의 취소(전원의 합의가 아님에 주의)
  iv. 1인 이상 구성원의 사망, 파산, 피후견(被後見)개시

iii과 관련하여, Persekutuan Perdata가 정해진 기간에만 존속하도록 설립된 경우, 구성원 전원이 동의하거나 법원의 명령이 없는 한 정해진 기간 전에는 취소할 수 없다(민법 제1647조). 이 때 법원의 명령은 구성원 중 1인이 심각한 병에 걸리거나 Persekutuan Perdata가 사실상 업무가 없는 경우 등을 근거로 주어져야 하며, 취소는 적절한 기간 내에 신의성실로 이루어져야 한다.

채무를 청산한 뒤의 잔여재산은 특약이 없으면, 각 구성원에게 각자의 출자비율에 따라 분배한다. Persekutuan Perdata가 해산되면 구성원이 공동으로 선임한 청산인이 잔무를 처리하고, 채권의 추심과 채무의 변제를 한다. 청산인 선임에 대한 합의가 이루어지지 않는 경우 청산인들이 공동으로 수행한다.

제3절 FIRMA(합명회사)

3.1. 성 립

인도네시아 상법상 Firma(Persekutuan firma 또는 Venootschaponder firma 라고도 한다)는 법인격이 인정되므로 자기의 이름을 사용하여 상행위를 할 수 있다.[9]

구두계약으로도 설립할 수는 있으나, 공동 설립자가 이를 부정하는 경우 설립되었음을 주장하는 자가 입증책임을 진다(인도네시아 상법 제22조). 인도네시아는 행정관청의 사전의 허가나 사후의 감독 기타 법적 규제를 받아야 하는 허가설립주의를 택하고 있다. 따라서 Firma가 설립된 후 법인격을 갖기 위해서는 아래의 절차를 밟아야 한다.

발기인이 유효한 증서에 의해 Firma를 설립하면, 해당 증서를 첨부하여 지방법원(Pengadilan Negeri)에 설립등기를 해야 한다. 그리고 이 증서를 Berita Negara R.I.를 통해 공시해야 한다(상법 제22조 내지 제24조, 제28조).

등기나 공시를 하지 않으면 발기인이 Firma의 상행위에 대하여 직접 책임을 지게 될 수 있다. 등기하지 않은 Firma는 그 구성원이 무한책임을 지며 존속기간에 제한이 없다고 보기 때문이다(상법 제29조). 이는 Firma와 신의성실로 거래한 제3자를 보호하기 위함이다.

---

9) 한국에서의 사단법인이라 함은, 학술·종교·자선·사교·기타 비영리 사업을 목적으로 하는 것에 한정된 민법상의 비영리 사단법인(제32조)과 상법상 영리활동을 하는 사단법인인 상사회사, 기타 특별법상의 사단법인을 말한다. 인도네시아의 Firma는 일반적으로 영리활동을 하는 사단법인으로서 상법상 합명회사로 볼 수 있을 것으로 사료된다.

3.2. 재 산

각각의 구성원이 Firma 채무의 전부에 대하여 책임을 진다(동법 제18조). 타인에게 재산 또는 현금을 빌려서 설립하는 경우에도 각각의 구성원이 채권자 전부를 위하여 연대책임을 진다(동법 제19조). 따라서 재산이 분리되어 있지 않은 점을 들어 Firma는 법인이 아니라는 견해도 있다.10)

3.3. Firma 구성원의 책임

3.3.1. 대내적 책임

대내적인 구성원 간의 법률관계는 인도네시아 상법에 정함이 없으므로 Perseroan에 대한 규정 민법 제1624조 내지 제1641조를 준용한다.

3.3.2. 대외적 책임

Persekutuan Perdata에서는 Persekutuan Perdata 전체가 이익을 향유하는 거래 혹은 다른 구성원으로부터 위임을 받은 경우가 아닌 한 제3자와의 계약으로 다른 구성원을 구속할 수 없는 반면에, Firma에서는 각각의 구성원이 Firma의 이름으로 제3자와 거래행위를 하고 Firma를 구속할 수 있다(상법 제17조). 제3자와의 관계에서 각각의 구성원이 Firma의 채무 전부에 대하여 책임을 진다(상법 제18조). 이는 Firma와의 거래를 보다 안전하게 만들기 위함이다.

---

10) "상법에서 규정한 Firma와 Persekutuan Komanditur(CV)는 법인이라는 학설과 비법인이라는 학설로 나뉘어 있으며, 필자는 Firma와 CV는 재산이 분리되어 있지 않아서 비법인이라는 견해를 가지고 있다." 이승민, 인도네시아 법률해설, 한인뉴스 2016.01. p.67.

3.4. 신규 구성원

구성원 중 1인이 사망하거나 다른 이유로 그 구성원이 변경될 시에는
(i) 기존 Firma를 해산하고 새로운 Firma를 설립하는 방법과 (ii) 구성원
을 변경하고 기존 Firma를 존속시키는 방법 두 가지가 있다. 어느 쪽이
든 기존에 발생한 채무에 대한 구성원의 책임은 변화가 없다. 그러나 새
로운 Firma를 설립하는 경우, 새로운 Firma는 기존 Firma의 채무에 대
하여 책임이 없음에 주의하여야 한다. 반면 구성원을 변경하고 기존
Firma를 존속시키는 경우, 새로운 구성원이 기존의 채무에 대하여도 책
임을 지는지에 대해서는 확실하지 않다.

3.5. 청산과 해산

Firma의 해산사유는 Persekutuan Perdata과 동일하다. Firma의 채무
를 청산할 시에는, Firma 재산에서 우선 상환하고 부족한 분은 각 구성
원이 출자비율에 비례하여 책임을 진다. 채무를 청산한 뒤의 잔여재산이
있으면, 각 구성원의 Firma 계약에 따라 분배한다(상법 제32조).

제4절 COMMANDITARIE VENNOTSCHAP/PERSE KUTUAN KOMANDITER(익명조합)

Persekutuan komanditer(Commanditarie Vennotschap: "CV")은 현재까
지 합자회사로 오역(誤譯)되는 경우가 대부분이다. 이는 인도네시아법이
네덜란드법을 계수하면서 가져온 CV가 오늘날 유럽에서 합자회사로 운
영되고 있고, 이와 유사한 미국의 Limited Partnership 역시 법인격이 인

정되어 합자회사로 번역되기 때문으로 보인다. 외국인이 인도네시아에 회사를 설립했다 하면 외국인 투자법에 의해 PT만 설립하고 사실상 CV 는 사용되지 않다 보니 다른 나라의 CV와의 차이를 굳이 이해할 필요가 크지 않았던 것도 사실이다.

인도네시아의 CV는 한국의 익명조합에 해당한다. CV에게는 독립된 법인격이 없다. 무한책임을 지면서 영업을 하는 1인 이상의 영업자와 그 영업을 위하여 자본을 대고 이익을 분배 받는 유한책임사원으로 구성하는 계약을 체결하는 것만으로 설립된다(인도네시아 상법 제19조). 실질적으로는 영업자와 출자자로 구성되나, 출자자는 영업에 관한 권한도 없고 경업피지의무도 없다.[11] 그러므로 영업자가 영업을 하는 동안 출자자는 동종의 영업을 하는 다른 회사에 출자해도 되고, 직접 동종의 영업을 해도 된다. 나아가, 영업자는 익명조합의 채무 전부에 대하여 무한책임을 지나, 익명의 출자자는 출자액에 따른 유한책임만을 질뿐이고 영업에 대한 권한이 없기 때문에 원칙적으로 영업과 관련하여 제3자의 소송으로부터도 자유롭다. 또, PT와 다르게 정관을 법무인권부가 아닌 법원에서 승인받아야 한다.

한국의 합자회사와 달리 설립 시 등기를 반드시 할 필요도 없으며, 따라서 법인격도 인정되지 않는다. 즉, 한국의 합자회사 및 익명조합과 아래와 같은 차이가 있다.

---

11) 이런 까닭에 출자자를 잠자는 파트너(Dormant partner) 또는 침묵하고 있는 파트너(Silent partner)라고 한다.

	한국의 익명조합	한국의 합자회사	인도네시아 CV
무한책임 영업자와 유한책임 출자자로 구성되어 있는가?	O	O	O
법인격이 있는가?	X	O	X
설립 시 등기를 반드시 해야 하는가?	X	O	X

한국 상법 역시 "익명조합은 당사자의 일방이 상대방의 영업을 위하여 출자하고 상대방은 그 영업으로 인한 이익을 분배할 것을 약정함으로써 그 효력이 생긴다"고 하면서 제78조에서 제82조에서 이를 규정하고 있다. 합자조합 역시 업무집행을 맡는 무한책임조합원과 이익분배를 향유하는 유한책임조합원으로 구성되나, 합자조합은 상호 출자하여 공동이 사업을 경영한다는 점에서 익명조합과 구별된다. 또, 합자조합의 재산소유형태가 민법상의 조합과 같이 합유인 반면, CV는 대외적으로 영업자의 단독기업이며 그 재산에 대해서 민법상 합유조항이 적용되지 않는다는 점에서 구분된다. 따라서 CV를 합자조합이라 번역하는 것은 잘못된 예이다.

다만, 한국 상법은 익명출자자에 대한 유한책임의 예외로 "자기의 성명을 영업자의 상호 중에 사용하게 하거나 자기의 상호를 영업자의 사용할 것을 허락한 때에는 그 사용 이후의 채무에 대하여 영업자와 연대하여 변제할 책임이 있다"(한국 상법 제81조)고 규정하는 반면, 인도네시아에서는 성명이 대외적으로 사용된 경우만이 아니라, 내부적으로 경영에 참여한 경우에도 유한책임의 예외가 적용된다(인도네시아 상법 제20조).

특정한 CV의 실체를 파악하고자 하는 경우에는, 해당 CV의 정관을 보관하는 특정지역의 법원을 찾아가 설립정관(Akta Pendirian CV), 개정정관(Akta Perubahan CV), 해산정관(Akta Pembubaran) 등을 찾아서 존재여부를 확인하고 무한책임사원인 영업자의 주소를 조사할 수 있으며. CV에 대한 정보는 상무국(Dinas Perdagangan) 및 세무서(Kantor pajak)에서도 얻을 수 있다. 단, 자카르타에서는 세무서에서 제3자가 CV의 정보를 제공하는 것이 허용되지 않고 최근 엄격해졌다고 한다. 다만 지역에 따라 큰 어려움 없이 구두로 정보를 제공해주는 경우도 적지 않은 것으로 보인다.

CV를 대상으로 한 채권추심 실무에서는, 민형사소송 외에 파산으로 진행하는 것도 효과적이다. 무한책임사원인 영업자를 개인파산으로 진행할 수 있기 때문이다.

제5절 KOPERASI(협동조합)

5.1. 서 설

2008년 국제금융위기 이후 협동조합은 전세계적으로 대안적 경제모델로 주목받았다. 이는 협동조합이 이용자 소유기업으로서 단기적인 이윤추구보다는 장기적인 이익을 추구하고, 자본이 아닌 인적자원을 중심으로 운영되기 때문이었다. 이에 따라 UN은 2009년 UN 136호 결의문(Resolution 64/136, Cooperatives in Social Development)을 채택하였고 우리나라는 2012.1.26 협동조합기본법을 제정하였으며 이 법은 2012.12.1부터 시행되었다.[12] 물론 종래에도 농업협동조합(농협), 수산업협동조합(수협), 신용협동조합(신협), 소비자생활협동조합(생협), 새마을금고 등의 협동조합들이 있었으나, 이러한 협동조합들은 각 개별특별법에 의하여 엄격한 요건을 갖춘 경우에만 설립될 수 있었다. 이에 비하여 2012년 협동조합기본법에 의한 협동조합이라 함은, 설립 목적에 동의하고 의무를 다하고자

---

12) 기획재정부, 『아름다운 협동조합 만들기』(2013), p.56.

하는 5인 이상의 조합원만 있으면 쉽게 설립할 수 있는 것으로 기존의 협동조합과는 구별된다.[13)

반면 인도네시아는 1992년 일찍이 협동조합법을 계수하여 1992년 제25호 협동조합법("Koperasi법")을 시행하였으며, 2012년 새로운 협동조합법이 제정되었으나 Gotong-royong 원칙에 위배된다는 2013년 인니 헌법재판소 판결(No.28/PUU-XI2013)에 따라 파기되어, 현재까지 Koperasi법이 유효하게 시행되고 있다. Koperasi법은 "조합원의 이익, 사회 및 경제의 발전을 도모"하며 "자발적이고 공정한 이익 분배"한다는 취지의 공자님 말씀으로 메워져 있는데, 이는 한국의 협동조합기본법도 유사하다. 실제로 Koperasi와 관련한 인니표현 중 "조합원으로부터, 조합원에 의해, 조합원을 위한(dari anggota, oleh anggota, untuk anggota)"이라는 말이 널리 쓰이는 만큼, 법률과는 별도로 사회적으로 공동체적인 정신을 발휘할 것이 기대되는 것으로 보인다. 예컨대 무담보소액대출(Microcredit), 농장운영, 폐품재활용 등 지역사회의 뒷받침 역할을 해주는 업무와 관련되어도 Koperasi가 널리 운영하고 있는 것으로 알려져 있다.

이 같은 사회적 협동조합들만 있는 것은 아니고, 영리활동도 충분히 향유할 수 있다. 세계적인 음료회사 썬키스트와 웰치스, 세계3대 통신사의 하나인 AP통신, 스페인의 명문 축구단 FC 바르셀로나, 그리고 세계적인 보험회사인 알리안츠, 우리나라의 대표적인 우유브랜드인 서울우유는 모두 협동조합이다.[14)

협동조합의 정의는 국가마다 다른데, 예컨대 미국 농무부(United States Department of Agriculture)는 1987년 미국의회 제출보고서에서 "이용자가 소유하고 통제하며 이용규모를 기준으로 이익을 배분하는 사업체라고 정의하고 있으며, 국제협동조합연맹(International Co-operative Alliance)이 1995년 채택한 협동조합의 정체성에 관한 선언에서는 협동조합을 "공동

---

13) 강희철, 새로운 공동기업 형태의 활용, 법무법인 율촌, p.25.
14) 위의 논문, p.25.

으로 소유하고 민주적으로 운영되는 사업체를 통하여 공통의 경제적, 사회적 필요와 욕구를 충족시키고자 하는 사람들이 자발적으로 결성한 자율적인 조직"으로 정의하였다. 한국에서는 협동조합기본법 제2조 제1호에서 "조합원의 권익을 향상하고 지역사회에 공헌하고자 하는 사업조직"이라 하고 있다.

종합하면 인도네시아의 Koperasi란 결국 "출자가액을 한도로 하여 유한책임을 지는 조합원들이 상호출자하여 공동사업을 경영하되, 이른바 "Gotong－royong(사원간 상부상조 및 공동후생 함양)"을 목표로 하는 법인격이 있는 단체로써 Koperasi법에 따라 규율되는 단체"라고 할 수 있다.

5.2. KOPERASI의 의의

인도네시아 Koperasi의 정의는, "협력을 기반으로 한 활동이자 가족의 원칙에 입각한 사회경제 활동을 근거로 두는 Koperasi 법인 또는 그러한 개개인을 구성원으로 하는 사업조직"(Koperasi법 제1조 제1항)이다. "1945년 헌법과 Pancasila에 기초하여 공정하고 올바른 사회를 형성하는 틀 내에서, 공중을 대상으로 한 사회 및 그 구성원의 안전과 안녕을 향할 뿐 아니라 국가경제질서를 설립에 이바지하는 것을 목적으로 한다"(Koperasi법 제3조).

기본적으로 비영리적인 성격을 가지나 영리성을 갖는 것을 배제하지 않는다. 따라서 영리를 목적으로 할 수도 있는데, 그렇다고 해도 Koperasi는 구성원의 복리증진과 상호부조가 주목적이며 영리는 부차적인 목적이라고 보아야 한다.

주식회사와 같이 회사에 대해 그 출자금액을 한도로 하는 간접적 유한책임을 지는 조합원만으로 조직되며, 분화된 기관을 가지고 있는 점에서 주식회사와 비슷하다. 그러나 복잡하고 엄격한 규정이 완화되고 지분의 양도가 자유롭지 못한 점, 1주1의결권이 아닌 1인1의결권이 적용되는 점, 인적회사와 비슷한 폐쇄적·비공개적인 성격을 가지고 있다는 점에서 주식회사와 구분된다.

5.3. 조합원

조합원은 Koperasi 또는 인도네시아 국적소지자로 제한되며, 정관에서 조합원자격을 제한할 수 있다. 제한범위는 포괄적이어도 좋다. 예컨대, "인도네시아 공군 A부서의 구성원 및 가족" 또는 "영세사업을 하고자 자금을 대여하고자 하는 자" 등과 같이 정할 수 있다.

사원의 지위는 자의로든 타의로든 이전할 수 없다. 따라서 상속 또는 매매의 대상이 되지 아니한다.

Koperasi의 가장 큰 특징이자 PT와의 구별실익은 지분율과 무관하게 1인1의결권이 적용되는 점이다. 따라서 각 조합원은 조합원총회를 통하여 각각 동일하게 중요사항에 관하여 결의할 권한을 갖는다.

5.4. 물적구성

Koperasi의 자본은 법률상 (i) 초기자본(simpanan pokok), (ii) 의무적 출자금(simpanan wajib), (iii) 자발적 출자금(simpanan sukarela), (iv) 타인자본(pinjaman)으로 구성된다. 즉, 각 구성원이 Koperasi을 설립하고 운영하면서 대여금이든 증여금이든 투입한 모든 자본이 Koperasi의 자본이 된다.

5.5. 운 영

별도의 법인격이 인정되므로 이사회에 의하여 회계장부가 작성되어야 하고(Koperasi법 제30조 제e항 및 제35항 내지 제37항), Koperasi법에서 정한 설립절차에 따라 설립 및 기관을 둘 것이 요구된다. Koperasi의 기구는 조합원총회(Rapat Anggota)와 조합원총회에서 선임한 경영진(Dewan pengurus) 및 감사기구(Dewan pengawas)로 구성된다.

Koperasi법 제5조 제2항에서는 협동조합내 협력방안 및 교육의 원칙을 세울 것을 요구한다. 실제로 Koperasi 내부적으로 운영원칙, 상호이익 향유 등에 대한 회의를 하는 것으로 알려져 있으나, 정당한 이익배분의 기준이 모호하기 때문에 이와 같은 조합원간 상호이해를 도모하는 내부 프로세스가 중요하다.

이익배분은 출자금과는 무관하게 각 조합원이 제공한 용역에 비례하여 공정하게 배분하도록 하고 있다(Koperasi법 제5조 제c항). 해당 용역에 정확한 공정가치를 매기기 힘든 경우가 대부분이므로, 이익발생 이전에 가능한 상세하게 이익분배 원칙을 정관에 두는 것이 좋다. 이러한 정관을 두었더라도 어느 정도 이해(利害)의 차이는 서로 이해(理解)해주는 자체적인 문화의 조성과 유지가 중요할 것으로 보인다.

5.6. 참 고

Koperasi가 은행계좌를 개설할 때나, 농장회사가 해당 지역주민을 위하여 농장(Plasma Plantation)을 제공하는 의무를 이행할 때 등 Koperasi와 계약을 맺어야 하는 경우가 있다. 후자의 경우 사업의 성격 및 부동산 거래의 성질상 보통 수십 년의 장기계약이 되는데, 기간이 길어질수록 예상치못한 상황이 발생할 우려는 커진다. 굳이 계약기간이 길지 않아도 소규모 Koperasi를 상대로 한 계약이행 가능성이 낮은 것은 마찬가지다. 이는 아래와 같은 이유 때문이다.

Koperasi에서 "조합원간 상부상조 및 공동후생 함양"와 같은 추상적이고 주관적인 개념을 배제하면 결국 어렵고 복잡한 제재에서 벗어나 사업을 할 수 있다는 점에서 유한회사와 다를 바가 없어지는데, 이는 인도네시아에서 Koperasi를 유한회사와 같이 사용하면서 이익을 좇아도 별다른 제재방법이 없기 때문이다. 이미 선진국에서는 유한회사에 대한 경영컨설팅을 할 때 영리추구를 당연하게 상정하여 어떻게 영리활동을 하고 어떤 비즈니스 모델을 설립할지를 조언하고 있다.[15]

Koperasi는 일반회사라면 적용되었을 규제가 적은 만큼, 역으로 악용될 소지도 적지 않다. 실제로 인도네시아 Koperasi들이 운영하는 무담보 소액대출은 대개 사회적 취약계층이나 영세민의 자활기금과 사업기회를 마련하는 좋은 취지를 두고 있으나, 마이크로크레디트에 대한 환상에 경고하는 목소리도 적지 않다. 수익 사업의 일종으로 변질된 Koperasi 단체들이 난립하고, 비영리목적을 유지하는 경우에도 공적금융에 의지하는 비율이 높아서 이 같은 지원이 끊기면 조합원간 갈등이 심화되거나 영리목적의 이자율과 다름없게 되는 것이 냉엄한 현실이다.

실제로 지역에서 사업을 하는 기업이 Koperasi에게 일정한 지원을 해야하는 제도가 일부 지역 주민들에게 악용되는 건들이 알려져 있다. 예컨대 Koperasi라는 형식을 빌려 자본을 대출받은 뒤, 조합원간 이른바 "상부상조를 위해" 해당 자본을 각 개개인이 받은 뒤 그 조합을 없애거나 도망가 버리는 사례가 그러하다. 따라서 Plasma plantation과 같은 수십 년의 장기계약일 때는 물론 일반 계약조건의 하나로 Koperasi의 조합원에 대한 개인책임도 요구하는 것을 고려할 필요가 있다고 생각한다.

---

15) 예컨대, 김현하 "협동조합, 인내자본이 필요하다", 프레시안 2016.06.24 기사, < http://www.pressian.com/news/article.html?no = 138153&ref = nav_search >

제6절 KANTOR PERWAKILAN PERUSAHAAN ASING(외국회사의 대표사무소)

외국회사의 대표사무소는, 2018년 제6호 투자조달청 규정 제1조 제25항에서 정의하고 제10조 제2항에서 규율하고 있다.[16]

대표사무소는 아래와 같은 행위의 제약을 받는다(동 규정 제10조 제2항).

    a. 회사 또는 관련사의 이해를 돌보거나 조정, 연락, 감독

    b. 인도네시아 또는 외국에 위치한 외자회사의 설립 및 사업개발준비

    c. 수도 내 오피스 건물에 위치할 것

    d. 인도네시아 내에 개인 또는 회사와 상업적 물건 또는 용역의 매매, 거래, 관련 행위를 할 수 없으며 인도네시아 내에 어떤 수익을 구하는 행위도 할 수 없음.

    e. 인도네시아 내 회사, 자회사, 지사의 경영에 어떠한 형태로도 참여할 수 없음.

대표사무소는 주소를 등록하고, 위 투자조달청 규정 제10조 제4항을 준수하여 내국인을 채용하고, 납세자 번호(NPWP)를 받아 세금을 납부하지만, 법인격이 인정되는 것은 아니다.

대표사무소장은 인도네시아 내에 주거하며 대표사무소 운영의 책임을 지고 대표사무소 활동 외에 어떠한 활동도 할 수 없고 다른 회사 또는 다른 대표사무소의 대표자격을 가질 수 없다.

특히 JO에 참가하는 해외건설사의 경우에는 외국건설용역회사 대표사무소 허가발행 조건에 대한 공공사업부 장관령의[17] 조건들을 준수하여 외국건설용역회사 대표사무소 허가(Izin Perwakilan Badan Usaha Jasa Konstruksi Asing)를 취득하여야 한다. 이 같은 건설업종의 대표사무소를 Badan Usaha Jasa Konstruksi Asing("BUJKA")라 부른다.[18] 자세한 내

---

16) 관련 규정은 자주 개정되나, 일반적으로 큰 틀에서는 차이가 없는 것으로 보인다.

17) No.05/PRT/M/2011에서 No.09/PRT/M/2019로 전면개정.

용은 다음 단원에서 상술한다.

제7절 JOINT OPERATION/KERJA SAMA OPERASI(공동운영)

7.1. 의 의

공동운영(Kerja Sama Operasi, Joint Operation: "JO")이라 함은, 인도네시아 내 하나 이상의 건설서비스를 담당하는 하나 이상의 외국건설사와 하나 이상의 국내건설회사 간의 공동사업이다.[19]

별도의 인도네시아 법인을 두지 않은 외국건설법인이 인도네시아에서 건설 서비스 사업을 영위하기 위해서는, 대표사무소를 인도네시아에 설립하고[20] 그 대표사무소는 현지파트너와 함께 JO의 형태로 건설업을 영위해야 한다.[21] 그래서 JO는 인도네시아 건설업 실무자들 사이에서도 잘 알려져 있다.

인도네시아에 JO가 처음 도입된 것은, 외국건설회사가 인도네시아 국내건설회사와 공동으로 건설업을 하여 기술전수 등을 통해 인도네시아 국내건설회사들의 역량을 개선시키도록 1991년 공공사업부 장관령 No.50/

---

18) 외국건설 대표사무소 허가에 관한 2019년 제9호 공공사업부 장관령(Peraturan Menteri Pekerjaan Umumdan Perumahan Rakyatrepublik Indonesia Nomor 09/Prt/M/2019 Tentang Pedoman Pelayanan Perizinan Badan Usaha Jasa Konstruksi Asing) 제1조 9목. 본서 집필시점 기준 해당 장관령은 폐지되었으나 입법의 미비로 실무에서 참조용으로 사용되고 있다. 여담으로, BUJKA설립 시 권한 내지 이권을 갖고 있는 인도네시아 건설협회의 관행으로 인해 제3 컨설팅 업체를 통하는 실무가 자리하고 있는 것으로 파악된다.
19) 공공사업부 장관령 제1조 제23항.
20) 2017년 제2호 건설법(Undang Undang No.2 Tahun 2017 Tentang Jasa Konstruksi) 제32조.
21) 공공사업부 장관령 제29조 d목.

PRT/1991이 제정되면서부터이다.[22] 이후 JO는 해당 장관령의 개정안인 No.28/PRT/M/2006, No.05/PRT/M/2011, No.10/PRT/M/2014 등을 거쳐 No.09/PRT/M/2019에 의해 규율되다가 마지막 장관령인 2019년 장관령이 폐지된 상태이다(집필시점 기준). 본서 작성 시점 기준 입법미비 상태로, 마지막 장관령이 참조용으로 사용되고 있다.

통상 인도네시아에서 널리 사용되는 공동운영의 관계는 아래와 같다.[23]

도표 2-1 인도네시아 공동운영(JO) 관계

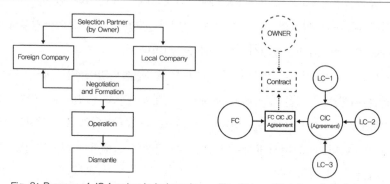

Fig. 3: Process of JO forming in Indonesia   Fig. 4: Legal Relation of JO Scheme

(CIC: national contractors; LC: Local contractors; FC: Foreign contractos; JO: Joint Operation)

---

22) Arman Jayady 외 3인, "A Study of Joint Operation Scheme in Indonesia", August 2013, Conference: The 6th Civil Engineering Conference in Asia Regions(CECAR) at Jakarta - Indonesia, Volume 6. Page 1.
23) 출처: Arman Jayady 외 3인, "A Study of Joint Operation Scheme in Indonesia", August 2013, Conference: The 6th Civil Engineering Conference in Asia Regions(CECAR) at Jakarta - Indonesia, Volume 6. Page 5.

7.2. 성 격

JO는 법인격이 없다.[24] JO의 이름으로 주소를 두고 별도의 회계처리를 하며 납세자 번호(NPWP)를 받다보니 실무에서는 종종 JO를 독립법인으로 오인하기도 한다.

공공사업부 장관령에서 '민법의 조합에 관한 규정을 준용한다'고 명시하지는 않았고, 학계에서도 "JO의 법적형태는 JO계약의 내용에 따라 달렸다"고 보는 설이 우세하나,[25] 인도네시아 실무 변호사들 가운데는 JO의 성격을 민법상 조합(Persekutuan Perdata 혹은 Maatschap)으로 보는 이들도 있다.

사견으로는 JO가 조합인지 여부를 일률적으로 정하기는 어려우나, (i) 민법상 조합 역시 "2인 이상이 상호출자하여 공동사업을 할 목적으로 결합한 단체"로[26] 별개의 인격이 주어지지 않는다는 점, (ii) 조합이라는 명칭을 안 쓴다고 민법상 조합이 안 되는 것도 아니라는 점에 비추어볼 때, 별도의 특약이 없는 한 JO가 조합이 아니라고 단정하긴 어려울 것으로 생각한다.

조합도 JO도 결국 개개인 조합원 인격의 집합에 불과하다. 조합의 사업을 경영하다가 부담한 조합채무에 대해서는 조합의 채권자는 바로 각 조합원에 대하여 청구할 수 있고 조합원은 그 채무를 변제하지 않으면 안 된다.[27] 따라서, 예컨대 JO에게 공사를 위탁했다가 손해가 발생한 인도네시아 정부기관, 하도급자, 임금채권자 등에도 관련 민법조항(예컨대 제1644조)이 적용될 수 있으리라고 생각한다. 반면, 하도급자 입장에서는 원청사에게 JO계약을 달라고 할 수도 없고 조합 여부의 판단도 어려우므

---

24) 공공사업부 장관령 제1조 제23항(개정 전에는 No.05/PRT/M/2011 제1조 제6항).

25) "legal form used is based on agreement(contract)" 앞의 Arman Jayady 외 3인 논문. p.7.

26) 인도네시아 민법 제3장 제8절 제1618조.

27) "조합 구성원의 계약이 조합전체로서 다른 구성원들에게도 이익이 되는 경우에는, 제3자는 조합 구성원들을 상대로 만족을 얻을 수 있다" 인니 민법 제1644조.

로,[28] 하청계약 체결시에는 당사자 모두에게서 서명을 받는 것이 바람직하다고 생각한다.

7.3. JO 설립의 이점과 위험

외국사업자 입장에서 JO는 구태여 시간과 비용을 들여 국내 주식회사를 설립하지 않고도 사업에 참여할 수 있다는 장점이 있다. JO 사용시 외국건설회사는 공공사업부 장관령의 조건들을 준수하여 BUJKA 허가(Izin Perwakilan Badan Usaha Jasa Konstruksi Asing)를 취득하고 소수의 인력과 대표사무소 유지를 위한 최소한의 자산을 둘뿐이다.

따라서 일반적으로는 일회성 프로젝트라면 JO형태가 법인설립보다 유리하고, 장기간 다수의 프로젝트를 진행하고자 하면 법인설립이 보다 유리하다. 구체적인 이유는 다음과 같다.

	J O	법 인
장 점	• 설립절차가 법인설립에 비해 간편(설립자본납입, 외국인 투자지분 제한, 기술 책임자 등에 대한 요건이 없음) • BUJKA도 건설용역 사업허가(Izin Usaha Jasa Konstruksi: "IUJK")를 취득하여야 하나 법인보다는 취득이 수월함	• 존재기간에 제한이 없음 • 취득한 인허가에 부합하는 모든 사업을 진행 가능 • 발주처와 단독으로 건설계약을 체결할 수 있음

---

28) 조합이라는 명칭을 쓴다고 즉시 조합이 되는 것도 아니고, 조합이라는 명칭을 안 쓴다고 민법상 조합이 안 되는 것도 아니다.
29) 2007년 전에는 건설업이 외국인에게 100% 열려 있었으나, 현재 Negative List는 현지 주주가 33%를 소유할 것을 요구하고 있음.
30) BUJKA설립 시 권한 내지 이권을 갖고 있는 인도네시아 건설협회의 관행으로 인해 제3 컨설팅 업체를 통하는 실무가 자리하고 있는 것으로 파악된다.

| 단 점 | • 발주처와 단독으로 건설계약을 체결할 수 없음
• 믿을 수 있는 현지파트너와 경제적 공동체를 형성해야 하며, 수주 금액 중 일부를 현지 파트너에게 분배해야 함
• 프로젝트 별로 설립해야 함
• 업무할당 적용 | • 설립절차와 비용이 JO에 비해 복잡하고 부담스러움(외국투자자 지분제한, 최소설립자본, 기술 책임자 등)
• 믿을 수 있는 현지파트너가 여전히 필요(최소 33% 인니지분 필요.)[29]
• 건설용역사업허가(IUJK) 취득이 대표사무소에 비해 번거로움[30] |

주식회사는 배당을 할 수 있으므로 배당세는 차이가 있으나, 그 외 소득세 관련 법규(1983년 제7호 소득세법,[31] 2008년 제51호 건설 서비스 소득세에 관한 규정,[32] 재무부 규정 No.34/PMK/010/2017[33] 등)의 적용에 있어서는 큰 차이가 없는 것으로 보인다.

7.4. 업무할당 요건

공공산업부 장관령 제33조 제1항[34]에 따르면 JO의 당사자는 일정한 업무할당을 준수하여야 한다. 본 업무할당요건은 건설법 제12조에 따른 건설용역의 분류가 업무할당규정에 반영된 것으로, 개정 전(2014년 제10호 장관령)의 업무할당요건과 큰 차이가 없다. 구체적인 내용은 다음과 같다.

---

31) Undang Undang Nomor 6 Tahun 1983 Tentang Pajak Penghasilan.
32) Undang Undang Nomor 51 Tahun 2008 Tentang Penghasilan Atas Penghasilan Dari Usaha Jasa *Konstruksi*.
33) Keuangan. Republlk Indonesia. Peraturan Menteri Keuangan Republik Indonesia. *Nomor 34/Pmk. 010/2017*.
34) 2019년 말 시점 기준 장관령이 폐지되었으나, 입법 미비인 상태에서 과거 마지막 공공산업부 장관령이 실무에서 참고로 적용되고 있다.

(a) JO가 건설시공 혹은 통합건설시공을 수행하는 경우:
　ⅰ) JO가 수행하는 건설업무 관련해서, 적어도 총 건설 업무가치의 50%에 해당하는 업무를 인도네시아 내에서 수행하여야 함.
　ⅱ) JO가 수행하는 건설업무 관련해서, 적어도 총 건설 업무가치의 30%에 해당하는 업무는 JO의 현지 파트너가 수행하여야 함.
(b) JO가 건설자문을 수행하는 경우:
　ⅰ) JO의 건설자문업은 인도네시아에서 수행하여야 함.
　ⅱ) JO의 건설자문업의 총 가치 중 최소 50%는 JO의 현지 파트너가 수행하여야 함.

앞서 설명하였듯이, 위 업무할당 규정은 JO에만 적용되며 법인에는 적용되지 않는다. 따라서 JO와 법인 설립을 고려할 때 이 같은 점을 고려해야 할 것으로 생각한다.

7.5. 허 가

2018년 이후 시행된 OSS에 따라 건설사는 BKPM에 직접 가지 않고 온라인으로 건설허가를 요청할 수 있다. 과거에는 이같은 건설업허가를 받으려면 국립건설개발협회(LPJK)에서 Sertifikat Badan Usaha("SBU")라 불리는 법인확인증을 받고 건설협회 가입을 했어야 했는데, OSS 도입에 따라 간편화되었다.[35] 인도네시아에서 건설업을 영위하고자 하는 사업자는, 먼저 OSS를 통하여 NIB를 받은 후에 임시 건설업허가를 받고 30일 내에 일정한 요건을 만족하면 3년간 유효한 건설업허가(IUJK)가 발급된다(해당 허가는 3년마다 갱신하여야 한다). 30일 동안 해당 조건을 만족하려면 사전에 충분히 알아보고 준비할 필요가 있을 것으로 보인다.

---

35) 단, OSS 도입 후에도 건설협회의 오랜 관행에 따라 여전히 제3자 컨설턴트를 써서 허가를 받아야 불필요한 시간지체 없이 허가를 취득할 수 있다는 업계 실무진 의견이 있다.

도표 2-2 건설업허가(IUJK) 절차

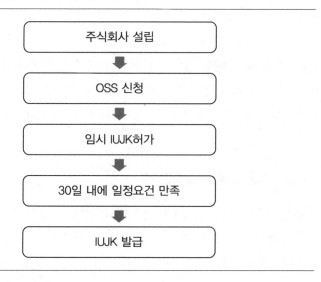

IUJK를 얻기 위해 30일 내에 만족해야 하는 일정요건이란 다음과 같다.

○ 대표사무소를 만들어 JO를 하는 경우

- 공공사업부 건설국 국장에게 송부하는 요청서면
- NIB 및 임시 건설업 허가
- LPJK로부터 SBU 발급
- 겸직금지 서약
- PJBU 선임 및 비자발급 등

○ PMA의 경우

- 공공사업부 건설국 국장에게 송부하는 요청서면
- NIB 및 임시 건설업 허가
- LPJK로부터 SBU 발급
- 겸직금지 서약
- PMA 설립정관
- PMA 외국 및 인도네시아 주주 관련 증빙 각각
- 외국 계약자 관련 증빙 등

공공사업부 장관령 No.09/PRT/M/2019에 따르면, 건설업 허가를 득한 회사는 3년 동안의 건설업 허가기간 중에 최소 하나 이상의 건설 프로젝트를 수행하여야 한다. 건설회사가 이 조건을 만족시키지 못할 시, 해당 허가는 취소되고 해당 회사는 취소 후 5년 내에 신규허가를 발급받을 수 있게 된다(단, 해당 장관령은 폐지되었고, 본서 집필시점(2020) 기준 입법 미비로 위 장관령이 실무에서 주요 참고법령으로 사용되고 있다).

7.6. 기타 실무상 고려할 점

JO가 현지 하도급업체에게 인도네시아법상 체결이 어려운 계약서 양식에 서명하라고 요구하는 경우가 종종 목격된다. 인니어가 병행되지 않은 영문 계약서에 서명을 요구하거나, 법인이 아닌 JO의 이름으로 체결하는 계약서에 서명을 요구하는 것이 그러한 예이다. 인도네시아에서 그 효력을 인정받기 위해서는 인니어를 병행한 계약서를 체결하는 것이 바람직하고, JO는 법인격이 없으므로 계약당사자는 특별한 사정이 없으면 JO의 이름이 아니라 구성회사의 이름으로 체결하는 것이 권고된다.

JO의 외국 건설사는, 준거법을 인도네시아 법률로 하고 관할을 인도네시아 법원으로 하도록 하도급자에게 요구하는 경우도 적지 않다. 만약 외국 건설사와 인도네시아 하도급자 사이에 분쟁이 발생하여 하도급자가 외국 건설사를 상대로 인도네시아 법원에서 승소하더라도, 외국 건설사를 상대로 승소 판결의 집행을 확보하기는 쉽지 않다. 이 때 인도네시아 하도급자는 외국 건설사를 대신하여 JO내 인도네시아 건설사를 상대로 조합원의 책임을 물을 수는 있다. 다만, 해당 인도네시아 건설사 조합원에게 변제자력이 없다면 이 같은 방법도 여의치 않을 것이다.

경제적으로나 협상력으로나 낮은 지위의 하도급자가 이 같은 문제점을 완벽하게 방지하기는 쉽지 않을 것으로 보인다. 인도네시아 하도급자들에게는 외국상사중재원의 중재절차나 외국법원에서의 소송을 진행할 경제적인 여력이 없는 경우가 더 많고, 외국건설사 또한 인도네시아 상사중재원을 채택해주는 등 하도급자의 조건을 일일이 맞춰주기도 어렵기 때문이다. 인도네시아에는 현재까지 한국의 「하도급거래 공정화에 관한 법률」과 유사한 법률도 없다.

결국 인도네시아 국내건설회사 입장에서는 건설 프로젝트에 문제가 발생한 경우 홀로 책임을 떠안는 사태를 미연에 방지하여야 한다. 그러나 막상 JO계약을 체결하는 조건 협상시에 대형외국건설사에 비해 협상력이 낮은 경우가 많아서, 모든 위험을 미연에 방지하는 것이 쉬운 일은 아니다.

외국건설사 입장에서는 공사를 위탁하는 인도네시아 정부 또는 정부투자기관의 우려를 불식시키기 위해 통상 일정 금액의 보증금을 예치하거나, 연대보증인을 세우거나, 보증기관으로부터 보증서를 발급받아 제출하는 방식 등을 고려한다. 실제로는 대부분 입찰시에 은행으로부터 이행보증금(Performance bond) 또는 이행보증서(Performance Guarantee)를 만들어 제출한다.[36] 외국건설사가 계약을 불이행한 경우 은행이 보상금을 지급하거나 채무자를 대신하여 계약을 이행하게 하는 것이다. 그러나 이러한 이행보증서는 어디까지나 일을 수주하려는 자가 위탁하는 자에게 제공하는 것이지, 하도급자나 JO국내조합원을 보호해주지는 못한다.[37] 또, 종종 발주사나 수급인이 실제로는 적은 역할로 업무가 한정되어 있는 현지 하도급자에게 연대보증을 설 것을 요구하는 예도 있으니 주의를 요한다.

---

36) 연대보증인을 세울 실익이 상대적으로 낮다. 국내 건설보증사가 JO의 조합원으로 있고, 연대보증인을 세운다 해도 당사자 사이에 별도의 특약으로 연대보증인의 책임범위에 관하여 달리 약정하는 경우가 많고, 국내 건설사는 외국건설사에 비해 변제자력이 낮은 경우가 더 많기 때문이다.

37) 나아가 이행보증을 받는다 해도 손해를 보전하기 어려운 경우가 적지 않다. A Hassan, H adnan, the Problems and abuse of performance bond in the contruction industry, IOP Conf. Series: Earth and Environmental Science 117 (2018) 012044.

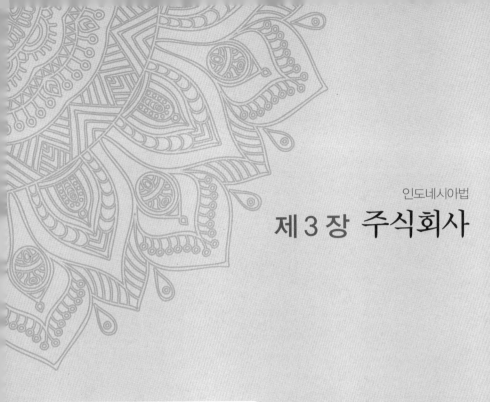

인도네시아법

제 3 장 주식회사

제 3 장 주식회사

제1절 서 설

1.1. 인도네시아 회사법의 역사

주식회사의 기원에 관하여는 견해가 다양하나, 1602년 네덜란드의 동인도 회사에서 기원을 찾는 것이 일반적이다.[1] 동인도 회사는 사원의 유한책임과 주식체계를 가지고 있었다. 그러나 회사들은 국왕이나 의회의 특허장에 의하여 설립되었고 식민지에 관하여 공법적인 권력을 가졌으므로, 오늘날의 순수한 영리법인으로서의 주식회사와는 그 성질이 다르다.

한편 인도네시아 회사법은 1807년 프랑스 상법전 제1편 제3장에서 회사법에 관한 규정을 두었는데, 네덜란드 동인도 상법이라고도 불리는 1847년 구(舊) 상법이 이를 계수한 것에서 기원한다. 1847년 네덜란드 구(舊) 상법의 빈약한 21개 조항(제36조 내지 제56조)이 주주가 유한책임을 가진 회사를 처음 도입하면서 Naamloze Vennotschap 혹은 줄여서 NV

---

1) 최준선, 회사법 제13판, 삼영사, 2018, p.55.

라는 이름을 사용하였다.[2] 네덜란드어로 Naamloze Vennotschap는 불어로 "Societe Anonyme", 즉 "이름 없는 모임"이라는 단어에서 기원한 이름이다. 소유와 경영을 분리한 초기의 회사 모델은 역사적인 관점에서는 개혁적이었겠지만, 오늘날 널리 이용되는 주식회사와는 성격이 달랐다.

구 상법전은, 이사는 책임을 지지 않는다는 등 내용에 더불어 (i) 100 주 이하 발행 회사면 주주는 주주총회에서 의결권을 3표 넘게 가질 수 없고 100주 이상 발행한 회사면 주주는 6표 이상을 행사할 수 없다거나, (ii) 주주가 투자한 자본의 50%를 손해 보면 보고서를 작성하고 75%를 손해 보면 즉시 해산해야 한다고 하는 등 투박한 내용들을 갖고 있었다.[3]

1939년에는 주식회사 법령이 도입되면서 주식회사라는 뜻의 "Maskapai Andil"이라는 이름이 사용되었다.[4] 이 주식회사법에서 정한 주식회사는 수명도 짧고 부동산소유도 금지되었으며 초기에는 Java와 Maudura에서만 허락되었는데, 실제로 이 형태는 거의 사용되지 않았다.[5] 이러한 구 상법과 주식회사법의 이중체제는 1995년 회사법의 등장까지 계속 이어졌다.

인도네시아의 1945년 독립 후에도 상법의 회사에 관한 규정은 종종 개정되었으나, 사실상 네덜란드 상법을 서투르게 복사해서 붙여 넣는 식일 뿐이었다. 인수합병·청산·소수주주 보호·경영책임 등도 누락되어 있었고 이 시기 명문 규정들은 실제 현실에서 운영되고 있던 현대식 주식회사와도 상당한 괴리가 있었다. 이에 인도네시아는 그 서문에서 "구 상법은 국제적으로나 전국적으로 빠르게 발전하는 비즈니스 및 경제발전

---

2) Wetboek van Koophandel Staatsblad 1847:23.
3) 자세한 내용은, Mahy, Petra (2013) 'The Evolution of Company Law in Indonesia: An Exploration of Legal Innovation and Stagnation.' American Journal of Comparative Law, 61 (2). pp.384−389.
4) Ordonnantie op de Indonesische Maatschappij op Aandeelen, Staatsblad 1939:569 jo. 717, 인니어로는 Ordonansi Maskapai Andil Indonesia.
5) Mahy, Petra. p.198.

으로나 더 이상 적합하지 않다"고 선언하는 새로운 1995년 제1호 회사법을 제정하고, 회사에 PT라는 이름을 붙여 사용하기 시작했다. 이 새 법률은 증자·감자·소수주주보호와 같은 근대 회사법을 도입하였으며, 인수합병·법인격부인론·이사의 책임·경영판단의 원칙 등 미국법의 영향을 받았다.[6]

1990년대 말 경제 대위기를 겪은 이후 인도네시아는 헌법을 개정하고 투자법을 개정하는 등, 근본적인 국가경제 원칙들을 수정하기 시작했다. 이러한 배경 속에서 인도네시아는 마침내 1995년 회사법을 폐기하고 2007년 제40호 회사법을 도입하였다. 2007년 회사법은 특별주주총회, 인수합병에 대한 채권자의 반대, 이사책임 추가, 감사위원회의 임시적 이사해임 등 필수적인 근대 회사법의 조항들을 보충하였다. 이에 더하여 2007년 회사법은 특히 천연자원의 채굴을 본업으로 하는 회사에게는 CSR을 강제한다거나, 이슬람의 샤리아 원칙을 따르는 회사는 별도의 독립 샤리아 감사위원회(Dewan Pengawas Syariah) 설치를 의무로 하는 등 다른 선진국에서는 없는 특유한 사항들도 도입하였다. 결론적으로 인도네시아는 1995년 법률 및 2007년 법률을 통해 기초적인 근대식 회사법의 기틀을 마련한 것으로 평가받는다.

인도네시아는 네덜란드 식민시대에 자의반 타의반 프랑스 회사법계를 따르다가 스스로 미국식 주식회사법 모델을 받아들였고, 한국은 1962년 회사법(당시 제정상법의 제3편)을 제정시에 자의반 타의반 일본의 회사법을 모방하면서 1933년 미국 일리노이주 주식회사법(1933 Illinois Business Corporation Act)을 간접적으로 수용하게 되었다. 두 나라 외에도 대부분의 현대국가에서는 미국식 모델을 전면적 또는 점차적으로 도입하였기 때문에, 학계에서나 실무계에서나 미국 회사법을 현대식 주식회사법의 모델이라고 보는 의견이 중론으로 보인다.[7]

---

6) Mahy, Petra. p.412.
7) 미국은 각 주마다 서로 회사를 모셔오기 위해 입법경쟁을 하면서 자연스럽게

한편, 인도네시아의 PT와 한국의 유한책임회사는 모두 영문번역시 Limited Liability Company라고 빈번히 번역하다 보니, 이를 직역하여 유한책임회사라 잘못 사용되는 경우가 적지 않다. 베트남에서 같은 이름의 Limited liability company가 50인 이하의 사원총회를 둔 유한책임회사로 운영되다보니, 유독 베트남에서 동남아 실무를 먼저 해보신 분들이 이와 같이 오판하는 경우가 적지 않은 것으로 보인다. 또, Perseroan Terbatas를 문자 그대로 직역하면 유한(Terbatas)회사(Perseroan)이므로 유한회사라는 오해를 사는 경우도 있다.

오늘날 인도네시아 PT는 유한회사도 아니고 유한책임회사도 아니다.[8] 주식회사일 뿐이다.

먼저, 유한회사(Private Company)는 각 사원이 출자금액을 한도로 책임을 진다는 점과 이사·감사·사원총회 등의 의사결정기관이 있다는 점에서는 일견 주식회사와 동일해보일지 모른다. 그러나 유한회사에 관해서는 엄격하고 복잡한 규정이 완화되어 설립·증자 등이 용이하며 공개의무도 없고 기업의 지배구조가 간단하다 보니 경영이 훨씬 자유롭다. 주식회사가 아니므로 외부감사 대상이 아니고 재무제표를 공시 혹은 공고할 의무도 없고 결산법인의 감사 보고서 및 사업 보고서 제출 의무도 없다. 따라서 외부감사 비용을 줄일 수 있고 외부에 정보가 노출될 가능성

더 좋은 법률이 법률시장에서 이겼다고 보며, EU에서는 중소기업을 위한 회사법이 서로 경쟁을 하였으나 종국적으로 대표적 주자였던 독일이 영국의 유한회사 모델을 선택하였기 때문에 영미법이 승리했다는 의견이 다수설인 것으로 보인다. Steef M. Bartman, European Company Law in Accelerated Progress, Kluwer Law International. 2006; Harwell Wells, the Modernization of Corporation Law 1920−1940, 11 J. Bus. L. 573 (2009); and Kent Greenfield, Democracy and the Dominance of Delaware in Corporate Law, 67 Law and Contemporary Problems, pp.135−146 (Fall 2004).

8) PT·유한책임회사·Limited Liability Company는 이름은 직역하면 의미가 모두 같은 것 같지만 과세책임, 기관 및 운영방식 및 기타 규정의 적용이 완전히 다른 실체들이다. 따라서 직역 시 오해의 소지가 있다고 생각한다.

이 적어 외부 시선에 신경을 덜 써도 된다.[9] 다만, 공모에 의한 투자유치
가 금지되어 있고 증권시장에 상장을 할 수 없다.

반면, 한국이 2012년 개정상법에 의하여 도입한 유한책임회사란, 각
사원이 출자금액을 한도로 책임을 진다는 점에서는 주식회사나 유한회사
와 동일하나, 이사와 감사를 두지 않아도 되며 출자자가 직접 경영에 참
여할 수 있다는 점에서 주식회사 및 유한회사와 구별된다. 유한책임회사
는 일반 사원들 간의 합의만으로 회사를 자유롭게 설립·운영·구성할 수
있는 형태로 게임개발사나 사모투자펀드업을 영위하는 회사들에게 인기
가 있는 유형이다.

한국인에게 있어서 PT는 그 명칭에 구애되어 유한회사나 유한책임회
사라고 부를 것이 아니라, 주식회사로 보는 것이 합리적이며 오해를 방
지하는 길이라고 생각한다. 본서에서는 PT를 주식회사로 보며, 본 단원
에서는 편의상 PT를 **"회사"**라고 부른다. 또, 본 단원에서 2007년 제40호
회사법 각 조항을 언급 시 법명은 편의상 생략한다.

1.2. 내자회사 및 외자회사의 이분법

「투자법」 단원에서 설명하였듯 회사의 구성자본금이 전부 내국자본금
으로 되어있는 내자회사에 관해서도 본 투자법에서 규율하고 있으며, 이
와 관련한 BKPM 규정 및 대통령령이 지분투자, 현물출자, 시설투자, 사
업가능분야 등 회사의 설립과 운영에 관해 구체적으로 규율하고 있으므
로, 통상 실무에서는 회사법과 BKPM 규정을 같이 봐야 하는 경우가 적
지 않다.

---

9) 이러한 이유로 독일의 경우는 유한회사의 비율이 전체 회사의 90%에 해당하
   고(주 독일 대한민국 대사관, 우리 기업의 독일 투자 진출안내, 2018.09.26),
   한국에서도 2012년 상법 개정에서 회사의 설립과 경영을 위해 유한회사에 대
   한 규제를 대폭 완화한 뒤 유한회사의 설립 또는 유한회사로의 변경이 늘었다.

인도네시아에서 투자분야의 개방과 제한을 어떻게 또는 어느 정도 수준에서 조정하느냐는 국가경제정책 기조와 맞닿는 중요한 화제이다. 인도네시아 회사실무에서도 빈번하게 적용되는 만큼, 인도네시아 기업법 실무자에게 BKPM규제는 자주 업데이트하고 주요한 사항을 숙지하는 사항이기도 하다.10)

동 투자법 제1조에서 인도네시아 내 이루어지는 투자를 '내국인의 투자(Penenaman modal dalam negeri: PMDN)' 및 '해외로부터의 직접투자(Penanaman modal asing: PMA)'로 정의하는데, 이 때문에 일반적으로 주식회사를 부를 때 외국인 자본이 투입된 회사는 'PMA' 또는 'PMA회사'라 부르고, 순수 로컬 회사는 'PMDN' 또는 'PMDN회사'라고 부르는 문화가 정착되어 있다. 본서에서는 편의상 각각을 PMA 및 PMDN이라 부른다. 인도네시아 PMA와 PMDN의 이분법에 대한 상세한 역사에 대해서는 졸작 Indonesian Company Law을 참조하라.11)

참고로 현지 실무자 사이에서는 BKPM의 허가 및 행정수속조차 필요로 하지 않는 순수 내자회사를 "PMA도 아니고 PMDN도 아닌 법인(NON−PMA·NON−PMDN)"이라 부르는 경우가 있으나, 이러한 표현은 투자법 제1조상 올바른 표현이 아니다. 순수 내자회사는 BKPM의 수속이 필요한지 여부와 무관하게 PMDN일 뿐이다.

---

10) 다만 사업을 운영하는 사람 입장에서는 중요한 규제가 충분한 예고없이 갑자기 변경되거나 지나치게 자주 변경되는 측면이 있어 곤란한 경우가 적지 않다.
11) Soonpeel Edgar Chang, Indonesian Company Law, 2018, Rouledge, pp. 1−4.

그림 3-1 인도네시아의 외국인 투자자 규제는 결코 부당한 것이 아니다

다음은 2018년 기준 OECD 외국인 직접투자 규제지수(FDI regulatory restrictiveness index)이다. 인도네시아는 조사국 가운데 직접투자 규제지수가 제일 높은 3개국 중 하나이다.

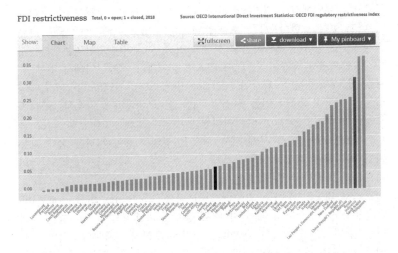

FDI restrictiveness Total, 0 = open; 1 = closed, 2018   Source: OECD International Direct Investment Statistics: OECD FDI regulatory restrictiveness index

인도네시아 시장에 진출하고자 하는 사업가나 실무진 입장에서는 직접투자 규제의 비효율 내지 불경제에 대하여 볼멘소리가 있는 것이 사실이다. 특히 미국식 신자유주의에 오랫동안 익숙해져 있었던 미국인이나 한국인이 보기에 이 같은 규제는 비효율적이며 국가경제성장의 발목을 잡는다고 보일 수도 있다. 외국인 투자를 많이 유치하면 일자리를 창출하고 선순환해서 경제를 살릴 수 있고 단기적으로도 시장이 확대되는 효과가 있기 때문이다.

그러나 인도네시아의 발전이 더딘 것은 결코 외국인 투자제도의 비효율성에서 기인하는 것은 아니다. 한국 역시 외국인투자촉진법 제4조 및 그 시행령에 따라 외국인 직접투자 제외업종이 우편업, 개인공제업, 교육기관, 환경운동단체 등 총 60여개, 외국인 직접투자 제한업종이 식량작물 재배업, 정기간행물 발행업, 비철금속 제조업, 프로그램 공급업 등 총 수십 업종의 분야가 정해져 있다. 그 결과, 한국의 2018년 기준 외국인 직접투자 규제지수는 0.135로, OECD 평균(0.065), 독일(0.023), 미국(0.089), 영국(0.040)보다 높은 수준이다. 한편 일본의 경우, 식량공급 안보차원

에서 1차산업 시장진입규제가 높고 전자제품 산업 또한 제한업종 중 하나이다. 일본에서는 오히려 이 같은 제한을 더 엄격하게 시행하자는 목소리가 크다.[12]

그 이유는 간단하다. 한국과 일본도 자국의 산업을 보호하기 위해서이다. 한국과 일본의 경우 첨단산업을 키우는 것이 중요한 과제고, 특히 한국은 대일무역에서 정밀기계라거나 고부가치산업이 약해서 자꾸 적자가 나고 있다고 한다. 물론 오늘날 한국은 우리도 이제 어느 정도 자유경쟁 할 수 있다는 대외적인 자신감도 있고, 미국이나 일본과는 달리 내수시장만으로는 해결이 안 되니 FTA체결 때마다 국제무역에서 일부 양보를 할 수밖에 없는 입장이 드러날 수밖에 없다. 그러나 60~70년대에 한국이 미국의 자본유입을 산업별 제한 없이 허락하고 자유무역했으면 오늘날의 대기업들이 있기는 어려웠을 것이다. 한때는 身土不二라고 국민들에게 자국 물건을 사게 하고, 90% 이상의 자동차 시장을 국내 자동차가 차지하게 하고, 스크린 쿼터제를 동원했던 나라가, 개발도상국의 보호무역을 비판할 수 있겠는가?

캠브리지 대학의 장하준 교수는 그의 저서 "23 things they don't tell you about capitalism"에서 자유시장경제에 대한 환상의 공허함을 지적하면서, 반대로 급성장한 나라들의 성장은 오히려 보호무역주의의 수단인 규제·인허가·보조금·관세·기타 정책들에서 비롯되었음을 프랑스·핀란드·노르웨이·호주·미국·한국의 예를 들어 설명한다. 그는 나아가 오늘날의 많은 선진국들이 그러하다고 지적한다.[13]

인도네시아의 Negative List역시 마냥 비판할 정책이 아니다. 인도네시아의 천연자원이 풍부한 지리문화적 성격 및 산업별 균형적 성장 등을 감안할 때 진입 규제는 필연적이다. 오히려 대부분의 동남아시아가 Negative List를 사용하고 있고 산업별로 보면 인도네시아가 다른 동남아시아 국가에 비해 외국인 대상 규제가 덜 삼엄한 부분들도 적지 않다. 인도네시아의 경제발전을 발목잡거나 현 시점의 불경제 내지 비효율의 원인은 다른 부분에 있다. 교통·상하수도·위생·부정부패·교육 등 인도네시아에서 주요 문제라고 지적되는 것들은 대개 사회간접자본의 문제이다. 사회간접자본은 돈이 남아야 하는 것이 아니므로, 인도네시아 재정이 부족하다고 뒤로 미룰 것은 아니다.

"규제를 완화해주면 투자를 더 많이 할 것이다"라는 직관적인 전제는 사실이 아니다. 규제가 완화되어봐야 완화된 규제가 명확성이 떨어지고 당국이 이를 입맛에 맞게 해석하면 규제 완화는 큰 도움이 되지 않는다. 또, 현재 인도네시아에서 더 중요한 것은 사회간접자본투자나 교육과 같이 사회 전반적인 기본 인프라의 구축이다. "하고싶은 것이 있으면 맘대로 해봐라"하면 누구든 쉬운 것부터 하게되고, 단기적으로는 투자자가 돈을 벌지언정 거시적으로 사회간접비용이 더 나가게 된다.

결국 인도네시아에서 필요한 것은 급격한 시장의 개방 내지 급진적인 개혁보다는, 조금 시간이 걸리더라도 구조적 문제의 확실한 개선, 이를 실현하기 위한 사회 저반에 깊숙이 깔려야 하는 합리성, 이를 실현하는 사회간접자본의 구축이라고 생각한다.

---

12) "[…] We have to guard against any unwarranted designation of issuers and we must seek to have this spectial restriction discarded as soon as possible. At the same time, I hope that foreign investorts will conduct adequate investigations before entering the Japanese market. It is unfortunate and unfiar if they regard some of our business practices as discriminatory just because they are unfamiliar with them. […] Employees regard their jobs as life-long positions and feel as though they belong to a family. They are likely to be resentful of an invasion from outside the company; and customers and suppliers have similar feelings. These facts cannot be altered by legislation or government policy." Misao Tatsuta, Restrictions on Foreign Investment: Developments in Japanese Law, 3 J. Int'l L. 357 (2014), pp.163－164.

13) "In the seconf half of the twentieth century, the governments of countries such as France, Finland, Norway and Austria shaped and directed industrial development with great success through protection, subsidies and investments by SOEs. […] All of today's rich countries used tariffs, subsidies, licensing, regulation and other policy measures to promote particular industries over others, with considerable degress of success." Ha－joon Chang, 23 things they don't tell you about capitalism, Thing 12 Governments can pick winners, Penguin Books.

2.1. 서 론

회사법이 인도네시아를 구할 수 있는가? 돈을 많이 버는 회사에게 빈부격차, 지역사회 발전, 불충분한 복지, 노동문제 및 환경문제를 모두 해결하게 하면 인도네시아를 구할 수 있을 것인가?

이 같은 질문이 일찍이 있어온 미국의 회사법 학계에서는 이에 대한 대답이 크게 두 가지로 나뉘어 왔다.15) 첫 번째 그룹은 회사의 경제학적인 분석의 영향을 받아 전통적인 주주중심주의를 주장하는 반면, 두 번째 그룹은 경제적 정의실현을 위하여 이해관계자 중심의 회사경영으로 반박한다. 인도네시아가 기업의 사회적 책임(Corporate Social Responsibility: "CSR")을 법문에 명시적으로 도입한 2007년, 두 그룹을 각각 대표하는 Kent Greenfield와 D. Gordon Smith교수는 "회사법은 세상을 구할 수 있는가?"라는 자극적인 질문을 두고 논쟁을 펼치고 있었다.16)

전통적인 주주중심주의를 대표하는 Smith교수는 회사법을 바꾼다고 해서 가난을 종식하고 물과 공기를 깨끗이 하며 노동 문제가 해결되는 것이 아니라고 한다. 나아가 이러한 문제들을 해결하겠다고 회사법을 바꾸는 것은 오히려 문제만 악화시킬 뿐이라 주장한다.

반면 진보적 이해관계자 중심주의의 지지자인 Greenfield교수는 회사법은 인권, 환경, 노동문제 등 사회적 이슈와 깊은 관계가 있다고 본다.

---

14) 본 단원은 다음 법학지에 출판한 내용을 국문으로 번역, 편집한 것이다. Soonpeel Edgar Chang, Has Indonesia's Unique Progressivism in Mandating Corporate Social Responsibility Achieved Its Ends?, Sriwijaya Law Review, Vol.2 Issue 2, 2018, pp.131－151.

15) Kent Greenfield and D. Gordon Smith. "Debate: Saving the World with Corporate Law?." Emory Law Journal 57, 2007, pp.947－984.

16) 위의 연구.

따라서 회사법은 회사가 부를 창출하는 능력을 이용하여 이해관계자와 사회에 대한 값비싼 외부효과를 방지하도록 회사법의 역할이 확장되어야 한다고 본다.

인도네시아 회사법과 학계의 주류 의견은 미국과는 대조적이다. 위와 같은 논쟁이 있기도 전 부터 이미 후자의 입장을 확고히 채택하고 있었다. 이 같은 차이는 천연자원과 관련한 업종의 회사에게 CSR을 명문으로 강제하는 2007 회사법을 보면 분명하게 드러난다. 미국 주립 회사법 또는 모델 회사법의 압도적 다수와는 달리 인도네시아 2007 회사법은 천연자원 산업에 종사하는 회사에게 CSR실행을 위한 펀드를 배분하고 소비할 것을 강제하고 있으며 이 같은 의무를 수행하지 않으면 제재한다고도 정하고 있다. 뿐만 아니라, 2007 투자법은 산업군을 불문하고 주주는 회사로 하여금 CSR을 실시하게 할 의무를 가진다고 규정하고 있다.

인도네시아는 이 두 법률 위로 적지 않은 CSR 규정들을 쌓아두고 있다. 중앙정부 및 관련부처가 CSR 규정을 두고 있으며, 적지 않은 지방정부들이 산업군과는 관련없이 모든 종류의 회사가 CSR을 실행하도록 자체 CSR 규정들을 내놓았다. 이외에도 각 분야의 법률과 규정들이 CSR이라는 용어를 사용하지 않으면서도 사실상 CSR을 강제하는 규제들을 만들었다.

즉, 인도네시아는 미국과 달리 회사가 주주의 이익을 위한 집단이라고 보지도 않고, 수많은 계약의 연쇄일 뿐이라고 보지도 않는다.[17) 인도 회

---

17) 계약의 연쇄 또는 계약주의자 이론이란 1937년 탄생하고 R. H. Coase, the Nature of the Firm, Economica, Vol. 4, No. 16. (1937), 1990년 Frank Easterbrook & Dean Daniel Fischel, The Economic Structure of Corporate Law (1991); and Oliver Williamson & Sidney Winter eds., The Nature of the Firm (1991) 등의 몇몇 학자들이 다시 가져온 이론이다. 이 이론은 회사란 주주, 채권자, 노동자 및 경영진들 간에 만들어진 계약의 총체라고 본다. 계약주의자들은 회사란 별도의 인격이 있는 것이 아니라 이해관계자들 간 계약의 누적일 뿐이라고 보기 때문에, 별도의 기업이라는 인격체가 사회를 위해 책임을 지라는 CSR의 개념과는 맞지 않는다.

사법이 요구하듯이 회사가 적어도 일단은 돈을 번 후에 이익잉여금의 일부를 회사에 기여하는 단체로 보지도 않는다.[18] 인도네시아에서 회사란, 경영난을 겪고 있든 그렇지 않든, 조그만 동네상점이든 거대한 손실을 본 대기업이든 신생기업이든 사회적 역할을 수행해야 하는 단체인 것이다.

인도네시아가 비교법적 관점에서는 상당한 급진적인 진보주의를 갖고 최초의 CSR강제요건을 실시한지도 이제 10년이 넘었다. 이 같은 도입이 사회에 긍정적인 역할을 했는지에 대하여 담론을 할 만한 시간이 충분히 익었다. 인도네시아는 과연 회사들이 사회문제들에 직접 책임지게 함으로써 스스로를 구해냈다고 자신있게 말할 수 있는가? 급진적 진보주의를 계속 강제하면 사회적 경제적 정의를 성공적으로 가져올 수 있을 것인가?

2.2. 인도네시아가 CSR을 법적의무로 강화시킨 배경

추후 살펴보듯 인도 등 최근 일부 국가들도 CSR 의무를 실시하기 시작했지만, 인도네시아는 몇 가지 이유로 독특하게 CSR 요건을 다수의 법률과 규정을 통해 적용하고 있다. 왜 인도네시아가 CSR을 그토록 강하게 요구하는지는 역사적, 지리적, 철학적 그리고 경제적 문맥에서 이해해야 한다.

첫 번째 이유는 지리적 그리고 인류사회학적인 환경이다. 인도네시아와 다른 현대국가와의 주된 차이점 중 하나는 18,000여 도서(島嶼) 위에 펼쳐진 다양한 토착사회이다. 인도네시아는 오래된 무역노선의 중심에 지리적으로 위치하고 있으며 서로 다른 토착사회와 문화가 복잡하게 뒤섞여있다. 현대적인 회사들이 열대밀림에 들어가 천연자원을 채취, 정제, 거래, 수출하여 수익을 창출하는 반면, 동일한 지역에서 거주하는 토착주민들은 문명의 혜택을 보기도 하고 피해를 보기도 했다. 국가는 이 같은 현대문명과 토착사회의 문제를 어떻게 조화롭게 해결할 것인가라는 근본

---

18) 인도의 2013 회사법은 최근 3년간 회사의 평균 순이익의 최소 2푼을 CSR을 위해 사용토록 이사회 내 위원회에게 요구하고 있다.

적인 질문이 자연스럽게 제기되었다.

예를 들어, 현대의 법률을 토착사회에 적용하는 것은 올바른 것일까? 정부가 사유라는 개념조차 없는 정글 속 원주민 지역에 들어가 토지소유권을 나누는 것이 과연 올바른 것일까?[19]

지역주민들의 관습법을 존중하고 원주민 지역을 있는 그대로 보존하기 위하여 정부가 함부로 지역분쟁에 관여하지 않는 정책을 채택했다고 가정해보자. 원주민 지역에서 불과 1킬로 근방에는 현대적인 회사가 들어와 산업화를 시작한다. 정부는 어떻게 근방의 원주민 지역을 현대문화로부터 지키면서 동시에 회사로 하여금 지역경제를 개발하도록 유인할 수 있는가? 이것은 단순한 가정이 아니다. 인도네시아가 현재 부딪히고 있는 실제 딜레마이다.[20]

이러한 환경에서 정부는 책임을 회사에게 전가하기가 쉽고 지역문제를 해결할 재정이 부족할 수록 이 같은 문제는 더욱 악화되기 마련이다. 이러한 책임전가의 예는 지역토지분쟁이다. 지역정부가 국유지에 사업을 할 수 있도록 회사에게 허가 내지 확인증을 발행하면, 적어도 해당 토지의 적법한 사용에 있어서는 해당 회사는 보호되어야 한다. 국유지란 다른 누군가의 권리로 인해 방해되지 않는 국가 소유의 토지라 정의되어 있기도 하고(1999년 제41번 산림법 제1조 제1항), 무엇보다 허가를 득하는

---

19) 이런 문제 때문에 인도네시아는 토착민을 위하여 관습삼림이라는 법적개념을 만들었다. 그러나 어느 삼림이 관습삼림이고 어느 삼림이 아닌지 획정하는 것은 어려운 일이었다. 누가 관습삼림의 법적인 주인이냐는 질문은 더욱 어려운 질문이었다. 인도네시아 헌법재판소는 1999년 41번 삼림법 제6조 '관습삼림이란 토착주민들의 지역에 위치한 국가의 삼림이다'는 위헌이며, '국가의'라는 단어를 삭제하도록 명령하였다(No.35/PUU-X/2012).

20) "Adat사회 구성원이 U.N.에서 한 연설 플랜테이션이 들어오기 전, 우리의 삶은 풍요로웠습니다. 과일이나 약이 필요하면 숲에 가면 되었습니다. 회사가 들어와서 화전(火田)을 한 뒤, 모두 사라졌어요. 우리의 삶이 힘들어졌습니다. 화전은 우리에게 재앙이었습니다." Ahsan Ullah, Globalization and the Health of Indigenous Peoples, Routledge, 2016, p.7.

사람의 관점에서 허가를 득하는 근본적인 이유가 보호를 받기 위함이기 때문이다. 회사경영 및 투자와 관련하여 인도네시아 학계와 헌법재판소도 같은 이해를 갖고 있다.[21] 그럼에도 불구하고, 이 토지허가서에는 마지막 장에 명시적으로 해당 토지가 사유지임이 발견되거나 제3자가 그 토지에 권리를 갖고 있음이 드러날 경우에 발행국은 책임을 지지 아니한다고 하고 있다. 결국, 국가가 허가나 확인증을 잘못 발행하여 누군가가 손해를 본다 할지라도 그 손해는 허가와 확인증을 발급받은 자가 책임져야 하는 것이다.[22] 이를 토지를 사용하고 수익하는 회사가 결국 그 책임을 져야 한다는 수익자 책임주의로 정당화하거나 국가의 이해를 우선으로 두는 헌법으로 정당화하는 의견이 있다.[23]

---

21) "정부로부터의 보증이 약하다면 이런 권리는 아무런 가치가 없습니다. Aaron Barzel 역시 토지권리 보증은 규정의 형식으로 담기고 재판이나 중재의 장치이자 꾸준한 실행용 도구가 되어야 한다고 말한 바 있습니다. (Hak—hak ini tidak banyak artinya kalau kurang adanya jaminan dari Permerintah. Aaron Barzel mengatakan jaminan atas hak—hak atas tanah ini dalam bentuk peraturan, aparatur pelaksana yang konsisten dan penyelesaian senketa yang adil di pengadilan atau arbitrase.)" Mahkamah Konstitusi RI, Risah Sidang Perkara Nomor 21/PUU—V/2007 Peihal Pengujian UU RI No.25 Tahun 2007 tentang Penanaman Modal Terhadap UUD 1945, Acara Mengengar Keterangan Ahli Dari Pemohon dan Pemerintah (IV), p.68; See Suparji, Penanaman Modal Asing Di Indonesia Insentif v. Pembatasan, 2008, Universitas Al Azhar Indonesia, p.265.
22) "제 논문에서도 인도네시아 내 토지관련 권리는 법률에 써져 있는 것보다 실제로 보호되지 않는다고 논한 바 있다고 말씀드리고 싶습니다. (saya ingin menyampaikan, saya menulis dalam disertasi saya bahwah hak atas tanah di Indonesia kurang dijamin di dalam undang—undang yang mengatur menenai hak atas tanah.)" 위 자료와 동일. Mahkamah Konstitusi RI.
23) 이 같은 책임전가는 회사에게만 발생하는 것이 아니다. 해결이 어려운 분쟁과 관련하여, 중앙/지방/지역 정부가 책임과 비난을 서로에게 전가하는 경향이 있다. 인니 헌법 제33조 제33항은 국가가 토지, 물, 자연물을 관리 및 제어한다고 정하고 있다. 1960년 농지법 제3조 역시 "관습(Adat)사회의 지역토지 또는 Adat사회의 그와 유사한 권리는 존재하는 한, 그 지역의 통합에

결론적으로, 이 경우에 회사가 지역 주민에게 손해를 배상해주지 아니하면 2007년 투자법 제15조에서 지역사회의 선린, 가치, 개념 및 문화에 부합하고 균형 및 조화 속에서 관계를 계속해서 만들어 나가야 할 모든 회사의 책임으로 정의된 CSR 책임에 위배되게 된다.

둘째, 자연생태계의 보고로서 인도네시아는 회사를 비효율적으로 규제하여 토착민에 대한 부정적인 영향, 오염, 과도한 환경개발 등 심각한 외부효과를 가져온 역사가 깊다.[24]

인도네시아의 지리적 지형적 환경으로 말미암아 환경보전의 중요성 및 회사들로부터의 손해는 사회적으로 중요한 이슈가 되었다.

이에 2007 투자법은 환경적으로 건전한 투자의 원칙(제3조 제1항 제h목)을 설시하였다. 2007 회사법도 제74조에 천연자원과 관련하여 사업하는 회사들이 반드시 사회 및 환경책임 정책을 구비하도록 정하였다.

마지막으로, 1997년 및 1998년 국가경제에 떨어진 역사적 재앙은 인도네시아 CSR 발전에 중대한 영향을 끼쳤다. 이 시기 금융 및 경제위기는 국가의 생존을 위협하는 수준이었다. 인도네시아는 ASEAN지역 투자유치 5위에서 1997 – 1998 경제위기 이후에는 가장 투자를 적게 받는 나라로 전락했다.[25] 나아가 인도네시아는 ASEAN국가 중에서 유일하게 순

기초하여 국가 및 지역의 관습에 맞도록 조정해야 한다."고 정하고 있다. 또, 1967년 산림법 및 1970년 개정안이 관습적 권리보다 국가의 이익이 우선한다고 정하고 있다. 그럼에도 불구하고 '특정지역 내에서 Adat 사회와 법률에 따라 토지에 대한 지역사회의 권리를 결정하는 절차에 대한 2016 규정'에서 다시 공식적으로 지역문제에 있어서는 중앙정부가 관여하거나 정할 수 없게 함으로써 헌법과 상위법률에서 정한 중앙정부의 제어 및 관리 기능과 대조되고 있다. 놀랍지 않은 사실이지만, 이 모든 법률과 규정들에서 어느 정도 선에서 고유한 관습법을 인정해줄 것인지 수인한도에 대한 아무런 정함이 없다.

24) 효과적 규제없이 어떻게 정치적 이해와 외국투자가 외부효과를 가져왔는지에 대한 세부적인 역사에 대해서는 O. P. Dwivedi, Environmental Policies in The Third World: A Comparative Analysis, 1995, Greenwood Press, pp.91104; 및 Ronnie D. Lipschutz & Judith Mayer, Global Civil Society and Global Environmental Governance, 1996, SUNY Press, pp.179 – 181.

유출이 발생한 나라가 되었다.[26] 퇴직금을 받지 못한 노동자들이 폭력적인 시위를 벌였고, 해외에서 투자자들이 프로젝트를 중단시키자 인니회사에 일거리가 줄어들면서 인니 노동자들의 시위는 더욱 거세어졌다. "1998 비극"으로도 알려진 악명 높은 1998 폭동은 수하르토 대통령의 퇴임을 가져왔고 신질서 정부의 몰락을 초래했다. 대중은 국가적 실패에 대해 반성하기보다 다국적 기업들과 외국 투자자들을 거세게 비난했다. 2000년대 초반에는 토착주민들의 글로벌기업을 상대로 한 시위도 등장했다. 그들은 다국적 기업을 격렬하게 비난하면서 인도네시아 내에서 책임을 지라고 요구했다.[27]

인도네시아의 이 같은 현상은 서구의 진보적 회사법 이론의 추세와 시기적으로 맞물렸다. 2002년 Enron의 붕괴, 2008년 Lehman Brothers의 파산 및 그 뒤 경제침체에 따라 신자유주의는 심각하게 힘을 잃었고 전 세계 회사법계는 사회 내 회사의 역할은 무엇인가에 대하여 깊이 반추하

---

25) 인도네시아는 1991년에서 1996년 동안 연평균 2,985백만달러의 유입을, 1998년에서 2002년 동안 1,296백만달러의 유출을 기록했다. 후자는 ASEAN 국가 중에서 국내투자 유입 금액을 초과하는 유출로써 유일한 기록이었다. United Nations Conference on Trade and Development, World Investment Report, 2003, p.251.

26) 아시아 경제위기에서 가장 극심한 충격을 받은 인도네시아와 대한민국/태국의 차이는 뚜렷하다. 후자의 두 나라는 위기 뒤로 단 한번도 외국인직접투자 순유출을 기록하지 않았다. 따라서 인도네시아는 아시아 경제위기 후의 역사에서 동아시아의 주목할 만한 큰 나라 중 가장 혹독한 경험을 한 나라가 되었다. Thee Kian Wie, Policies for Private Sector Development in Indonesia, ADB Institute Discussion Paper No. 46, March 2006, p.21.

27) 인도네시아는 다국적 기업들을 겨냥한 토착민들의 운동을 갖고 있었다. 예컨대, The Urban Christian Mission은 노동, 교육 그리고 외국 네트워킹 등의 문제에 초점을 맞추었다. 이는 인도네시아에서 기업의 책임과 관련하여 많은 외국인들이 눈감고 있던 문제였다. Melody Kemp, Corporate Social Responsibility in Indonesia: Quixotic Dream or Confident Expectation?, Technology, Business and Society Programme Paper Number 6 December 2001, United Nations Research Institute for Social Development, p.33.

였다. 이와 동시에 CSR이라는 아이디어가 급물살을 타기 시작했다. 이 CSR의 폭발적인 인기를 두고 The Economist는 '정직원, 소식지, 전문가 연합, 컨설턴트의 어마어마한 무기까지 갖춘 그야말로 그 자체로 산업이 되었다'고 묘사할 정도였다.[28] 이 시기의 한 연구는 '기업이 환영하고, 학계가 극찬하고, NGO와 정부가 경제발전과 사회정책을 모두 거둘 메커니즘으로 발전시킨 결과 CSR은 뉴 밀레니엄의 희망이자 유행이 되었다'고 묘사한다.[29] 영국은 이러한 사회적 분위기 속에서 2006 회사법 개정을 통해 이사들이 회사의 성공을 도모할 때는 반드시 사회와 환경 문제들을 함께 고려하고 Business Review에 이를 공개토록 하였다.

서구사회가 이끈 세계적 CSR의 담론과 자발적 주도는 인도네시아가 CSR을 도입하는데 큰 자극을 주었다. 경영학자들은 CSR을 통해 회사가 재정적 이익을 얻을 수 있는 지에 집중한 반면, 법조계에서 논란이 된 문제는 'CSR을 어떻게 규율할 것인가' 였다. CSR은 법적인 개념인가, 윤리적 개념인가 아니면 다른 어떤 것인가? 인도네시아에서 이 질문은 '회사들이 CSR을 자발적으로 하도록 인도할 것인가 회사들에게 CSR의무를 지울 것인가'의 형태로 다듬어졌다.

CSR의 개념에 대하여 딱히 주목할 만한 사회적 합의에 달하지도 못했음에도 불구하고, 인도네시아 대중과 사회의 요구는 어떤 형태로든 CSR을 도입하도록 압력을 행사하였다. 이러한 분위기 속에서 U.N.은 인도네시아의 CSR 도입에 대한 수준 높은 연구를 발행했다.[30] Melody Kemp가 작성한 이 통찰력 있는 연구는 다음과 같이 결론짓는다.

CSR 만큼이나 추상적인 걸 생각하긴 참으로 힘든 일이다. [중략] 인도네시아 역사의 현 시점에서, CSR이란 그저 아무런 깊이 없는 아웃라인에

---

28) The Economist (2004) 'Two-faced capitalism', January 24th, 2004, p. 53.
29) Paddy Irel and Renginee G. Pillay, Corporate Social Responsibility in a Neoliberal Age, Corporate Social Responsibility and Regulatory Governance, UNRISD, 2010, p.77.
30) Melody Kemp.

불과하며 스크린에다 투영한 이미지로 그칠 수밖에 없다. CSR이나 기업 지배구조와 같은 개념이 전문가 팀도 구성하고 새로운 용어들도 만들어 내니 대단히 멋있어 보이겠지만, 인도네시아가 당면한 난제는 보다 더 근본적인 것이며 국가의 생존과 관계된 것이다. [중략] CSR의 도입이 차이를 가져오는 대상은 극히 일부이다. 즉, 일반 소비자를 대상으로 하는 몇몇 기업 내지 윤리적으로 생각하고 책임있게 행동하는 아주 일부의 기업들에게나 해당되는 일이다. [중략] 인도네시아는 아마도 CSR의 혜택을 받을 수는 있겠지만 환경문제, 자연고갈문제, 열악한 노동기준의 문제를 해결하는 데 CSR에만 기댈 수가 없다. [중략] 현 발전시점에서 보기에 인도네시아는 인권이라는 교리를 이미 수용했듯이 물론 서구의 CSR 교리도 수용할 수는 있을 것이다. 그러나 CSR이라는 개념이 근본적으로 가진 문제와 무엇보다 정치적 문화로 인해 인도네시아 내 CSR의 도입은 현실적으로는 겉치레 수준에 그치고 말 것이다. 인도네시아의 최근 역사는 실체없이 환상에 불과한 변화에 환호하면서 최신 트랜드를 좇는 몇몇 사례들로 난잡해져 버렸다. '보다 근본적인 구조적 개혁이 무엇을 가져올 수 있느냐'에 대한 질문보다 '이 시점에서 CSR이 인도네시아에게 뭘 해줄 수 있는가'만을 계속해서 묻고 있는 상황이다. [중략] CSR이 효과적으로 실행되기를 바란다면, 나는 반드시 성숙한 시민사회와 민주정부를 위한 효과적 시스템이 선행되어야 된다고 생각한다.

위 연구에서는 CSR이 차이를 가져오는 것은 일반 소비자를 대상으로 하는 몇몇 기업이나 윤리적으로 생각하고 책임있게 행동하는 아주 일부의 기업들에게나 해당되는 일이라고 예견했지만, 그렇지는 아닌 것으로 나타났다. 2003년~2007년 50대 상장기업의 CSR활동에 대한 한 연구는, CSR 관련 법제 도입 이전에도 인도네시아 회사들이 이미 충분히 CSR에 대한 수요를 인지하고 있었으며 신흥경제 속 이해관계자들에게 CSR을 제공했음을 보여준다.31)

---

31) 자세한 사항은 Juanita Oeyono, Martin Samy and Roberta Bampton, An examination of Corporate Social Responsibility and Financial Performance: A Study of the Top 50 Indonesian Listed Corporations, 2010, Journal of Global Responsibility, Emerald Group Publishing Limited. 이 연구는 Global Reporting Initiative (GRI)지수 기준, 45회사 중 5사(11%)가 최고

그러나 여전히 인도네시아가 국가적 생존을 위해서 CSR에만 의존할 수 없는 것은 명백했다. 당면한 난제가 보다 근본적인 문제였던 만큼, 국가적 차원의 전반적인 구조적 개혁과 성숙한 시민사회로의 발전이 필요했다. 인도네시아는 절박하게 경제의 재활을 필요로 하고 있었고 단기성 재무투자보다 안정적인 외국자본의 투자를 유치해야 할 필요성을 통렬하게 깨달았다.[32] 이 혹독한 역사적 교훈으로 말미암아 자연스레 민간부문에의 외국인 직접 투자를 강조하는 정치적 분위기가 만들어졌다. 이 같은 국가생존이 달린 전반적인 구조개혁의 일환이자 사회적 분위기의 빠른 변화를 받아들이기 위해 2007 투자법 법안이 국회에 제안되었다.[33] 그리고 물론, 그 안에 CSR 조항(제15조)을 담아두는 것을 잊지 않았다. 이와 동시에 인도네시아 정부는 제5장 기업의 사회적 환경적 책임을 담아 2007 회사법 개정안을 국회에 2005년 10월 12일 제출하였다.

당시 CSR을 그 크기와 상관없이 비상장 회사에게까지 의무적으로 요구하는 것은 세계적으로도 드문 일이었다. 인도가 종종 스스로 2013 회사법을 통해서 CSR을 회사에게 강제한 첫 번째 사례라고 자신 있게 이야기한다.[34] 인도의 그것이 인도네시아의 CSR 규정보다 구체적이고 세

6GRI 등급을, 10사(22%)가 5GRI 등급을, 16사(36%)가 4등급을 만족하였음을 보여준다.

32) 이 통렬한 역사적 교훈 이후, 인도네시아는 2003년을 인도네시아 투자의 해로 지정하여 외국인 직접투자를 부흥하고 투자자신뢰를 높이기 위한 정책들을 실시하기 시작하였다. 자세히는 다음의 연구들 참조. UNCTD, 2003, p.48.; Je Seong Jeon, The Changing Relation between Indonesian State and Foreign Capital: Focusing on the Formation of the International Business Chamber after Democratization, Korean Association of Southeast Asian Studies, the Southeast Asian Review, Vol. 20 No.1, p.267; Thee Kian Wie, pp.22 – 26.

33) 2007 투자법은 그 법적인 연원과 권한을, 바로 이 사건의 결과 1998년에 만들어진 the Decree of the People's Consultative Assembly concerning Economic Policy in the Context of Economic Democracy, which was legislated in 1998에서 찾고 있다.

34) 인도는 2013년에 회사법을 새로이 개정하여 CSR을 상세하게 담았다. 이에

련되게 만들어져 있기는 하지만, 세계 첫 번째 CSR입법은 아니다. 어쨌든, 2007 회사법과 2007 투자법으로 말미암아 인도네시아는 이해관계자 모델이라는 개혁적 회사법 모델을 공식 채택하게 되었고, 전통적 주주중심주의에 항거하는 진보적 회사법의 예시가 되었다.

그렇다면, 이 같은 진보주의의 승리가 과연 법률적으로도 의미 있는 결과를 가져왔을까? 다른 말로 하면, 인도네시아 역사의 현 시점에서, CSR이란 그 자체가 그저 아무런 깊이 없는 아웃라인에 불과하며 스크린에다 투영한 이미지로 그칠 수밖에 없다고 한 Melody의 예언을 뛰어넘는 CSR의 도입을 가져왔는가?

2.3. 인도네시아 내 CSR의 현 법제 및 그 문제점

2.3.1. 2007 회사법 및 2007 투자법

2007 투자법은 다음과 같이 모든 회사들이 CSR 정책을 두도록 의무화하였다.

2007 투자법 제15조

모든 투자자들은 기업의 사회적 책임을 설립할 책임[중략]을 갖는다.

제15조 제b목 해설

기업의 사회적 책임이라 함은 지역사회의 선린, 가치, 개념 및 문화에 정합하고 균형 및 조화 속에서 관계를 계속해서 만들어 나가야 할 모든 회사의 책임을 말한다.

따르면 회사 이사회의 1/3은 독립이사를 두도록 하고 적어도 한 명은 여자로 두며 이사의 연봉을 직원의 연봉과 %로 공개하도록 요구하였다. 나아가 퍼센트(%)요건을 정하여, 회사의 최근 3년 평균 순익의 2%를 CSR활동으로 사용할 것을 법정하였다.

위 조항은 선언문에 그칠 뿐, 아무런 구체적인 의무 내지 제재 없이 공허하다. 그리 놀랍지도 않은 것이, 2007 투자법 전체가 이처럼 추상적이기 그지없는 도덕론들을 선언하고 있다. 2007 투자법의 대부분의 조항은 각각의 도전적이고 어려운 주제들로부터 어떠한 유용성이나 실용성을 끄집어내는 데 실패하고 있으며, 그저 추상적인 공자왈 맹자왈에 그치고 있다.

2007 투자법과는 달리, 2007 회사법의 채택은 다양한 당사자들로부터의 반응을 샀다. 악명 높은 2007 회사법 CSR 규정은 다음과 같다.

2007 회사법 제1조

사회 및 환경책임이라 함은, 회사가 자기 자신뿐만 아니라 일반 사회 및 지역사회에게도 가치있는 생명과 환경의 질을 함양하기 위해 지속가능한 경제발전에 참여해야 할 회사의 의무를 말한다.

2007 회사법 제74조

(1) 천연자원업 또는 관계업에 종사하는 회사는 사회 및 환경책임을 수행하여야 한다.
(2) 제1항의 사회 및 환경책임에 따라, 회사는 자신의 비용으로 계산하고 배정하여야 한다. 사회 및 환경책임은 공정하고 적절하게 실시되어야 한다.
(3) 회사는 제1항의 의무를 수행하지 아니 하였을 경우 관련규정의 조항에 따라 제재를 받는다.
(4) 사회 및 환경책임은 정부규정에서 구체적으로 규정한다.

위 조항이 애매모호하다고 비판하든,[35] 위 조항이 과하지도 부적절하지도 않다고 생각하든,[36] 다수의 학자들이 본 CSR 조항을 환영했다. 반면,

---

35) Patricia Rinwigati Waagstein, The Mandatory Corporate Social Responsibility in Indonesia: Problems and Implications, Journal of Business Ethics Vol. 98, No. 3, 2011, pp.455–466.
36) Yu Un Oppusunggu, Mandatory Corporate Social and Environmental Responsibilities in the New Indonesian Limited Liability Law, Vol. 1, 2013, Indonesia Law Review.

상공위원회(KADIN)와 몇몇 회사들은 위헌법률 심판제청 신청을 하였다.

신청인은 2007 회사법 제74조가 위헌이라면서 (i) CSR의 자발적 성격을 무시하고 법률적인 의무로 정한 것은 제28D(1)조의 법적 확실성 원칙을 침해하고; (ii) 천연자원 업종의 회사에게만 CSR을 부담시킨 것은 제28I(2)조의 비차별원칙을 침해하며; (iii) 제33(4)조의 경제적 정의의 효율성을 침해하였다 주장하였다.[37]

헌법재판소는 회사법 제74조가 올바르고, 비차별적이며, 정당하므로 위헌이 아니라 결정하였다. 헌법재판소는 CSR이란 국가에 따라 유동적인 개념이라면서 제74조의 의무적인 성격이 현재 인도네시아의 사회적, 경제적, 법적 상황을 감안컨대 적절하고 인도네시아의 약한 법률집행을 감안할 때 법적 확실성을 준다고 보았다. 또, 제74조는 회사가 특히 천연자원에 주는 위험을 감안할 때 특정회사에게만 차별적이라고 볼 수도 없다고 보았다.

이 같은 결정에도 불구하고, 여전히 CSR 규정은 CSR 본연의 성격에서 벗어났다는 비난을 면치 못하였다.[38] 이러한 비난은 강제적인 CSR조항이 헌법상 유효하다고는 물론 말할 수 있겠지만, CSR의 자발적인 성격으로부터 지나치게 벗어났으며 본 조항은 결국 부작용을 낳을 뿐이라는 견해를 토대로 했다.

의무적인 CSR 부담은 반대로 자발적인 CSR활동을 줄인다는 것은 분명히 논리적이다. 만약 회사가 침체기에 영 내키지 않는 비용까지 부담

---

37) 인도네시아 헌재결정 No.53/PUU－Ⅵ/2008. (Mahkamah Konstitusi, Putusan No. 53/PUU－Ⅵ/2008, Perkara Permohonan Pengujian UU No. 40 Tahun 2007 tentang Perseroan Terbatas, terhadap UUD 1945. Tanggal 15 April 2009)

38) Made Arjaya, Moch Bakri Sihabudin and Bambang Winarno, Deviation Concept of CSR Regulation in Indonesia (Article 74 of Law 40 of 2007 on Limited Liability Company), Journal of Law, Policy and Globalization, Vol. 23, 2014.

해야 한다면, 회복기에는 이를 보상받으려고 할 수도 있다. 즉, CSR을 의무적으로 강제하는 것은 기업윤리를 악화시킬 수도 있고 CSR을 강제하는 의도자체를 역행하는 결과를 낳을 수도 있다. CSR 법제가 애매할수록, CSR활동은 다음과 같이 더욱 형해(形骸)화 된다.[39]

(a) 위장(Camouflage): 회사는 비윤리적 활동을 감추기 위해 CSR을 할 수 있다.
(b) 지나치게 포괄적(Generic): 타인에 의해 강제되는 것이므로 회사의 CSR 프로그램이 지나치게 개념적이고 일반화될 수 있고, 이에 따라 CSR로써 필요한 최소한의 고되고 엄준함이 없을 수 있다.
(c) 명령(Directive): CSR 정책이 회사나 주주의 이해에 기반하여 수직적으로만 구성될 수 있다.
(d) 입에 발린 말(Lip services): CSR이 회사의 정책이나 전략과는 별개로 놀 수 있다.
(e) 입 맞추고 도망가기(Kiss and run): CSR 프로그램이 지속 가능하지도 않고 임시적으로만 잠깐 행사되고 말 수 있다.

이러한 반대의견은 찬성의견과 날 선 대립 중에 있다.[40] 적어도, 본 조항에서 정한 것처럼 CSR을 의무화해야 하는지는 여전히 논란이 있다.

비록 헌법재판소에서 법적확실성이 있다고 결정하기는 했으나, 본 조는 사용자 입장에서는 딱 보기에도 실용성과 구체성이 없는 불친절한 조항이다. 예컨대, 본 조항만으로는 다양한 실질적인 질문에 대답할 수가 없다. 회사에 CSR 비용으로 얼마를 편성하고 계산해야 하는가? 영세한 자본으로 두 대학생이 시작한 스마트폰 앱개발 스타트업 회사라면 어떤가? 그래도 대기업이 하듯이 CSR예산을 편성해야 하는가? 대기업이기는 한데, 당장 심각한 경영난을 겪고 있고 CSR예산을 편성할 만한 현금이 충분히 없다면 어떠한가? 자금난을 겪고 있는 구멍가게라면?

---

39) Victor Imanuel Nalle, the Corporate Constitutionalism Approach in the Formulation of CSR, Indonesia Law Review, Vol. 5 No. 1, 2015, p.6.
40) Umar Hasan, Kewajiban Corporate social Responsibility Dilihat Dari Perspektif Hukum, Forum Akademika Vol. 25, No. 1, 2014.

불명확하고 실질적 유용성도 없는 이 조항은 학계뿐 아니라 보도매체 들로부터도 거센 비판을 샀다.[41] 이 같은 비판은 "CSR의 정확한 개념은 무엇이고, 누가 그 의무를 지고, 누가 그 혜택을 보아야 하는가에 대한 것으로 끝나는 것이 아니다. 효과적인 실행 메커니즘과 그 효과를 가늠 할 수 있는 방법도 요구한다. 이 같은 선행 조건을 만족함이 없이 막연한 CSR의 도입은 실무에 있어서 그 강제적인 성격이 역으로 문제를 일으킬 수 있다"고 지적하였다. 이 비판은 의무조항의 실효성을 확보하기 위해 서라도 제74조는 보다 구체적인 심사숙고를 요구한다 경고하였다.

현재까지, Melody의 "인도네시아 역사의 현 시점에서, CSR이란 그저 아무런 깊이 없는 아웃라인에 불과하며 스크린에다 투영한 이미지로 그 칠 수밖에 없다"는 예견은 현실화된 것으로 보인다.

이 "그저 아무런 깊이 없는 아웃라인"은 두 가지 방식으로 구체화되었 다. 하나는 중앙정부와 지방정부의 직접적인 CSR규제이고 다른 하나는 굳이 CSR이라 언급하지는 않더라도 회사에게 사회적 역할을 하도록 강 제하는 다양한 법률 및 규정이다.

2.3.2. 중앙정부와 지방정부의 직접적인 CSR규제

2007 회사법 제74조 제4항이 정부규제에 CSR을 구체화할 권한을 위 임함에 따라 인도네시아 정부는 기업의 사회 및 환경책임에 관한 2012년 47번 정부규정(2012 CSER 규정)을 내놓았다. 2012 CSER규정의 핵심은 놀랍도록 간단하고 직설적이다. 천연자원을 사용하고 영향을 주는 회사 의 이사회는 반드시 예산편성과 계획을 할 때 합리적이고 적절하게 생각

---

41) B. Sujayadi and F. Kurniawan, Mapping on Indonesian Company Law, mapping paper Sustainable Companies Project, 2011. Armand Maris, Compulsory CSR: Indonesia takes a tough stance but clarity on definitions is lacking, 22.05.2014, The International Public Relations Association.

해야 한다는 것으로, 이 의무를 위반하면 벌을 받고 잘 지키면 상을 줄 수도 있다는 것이다.

이 2012 CSER 규정은 무엇이 적절하고 합리적인지 기준을 정하는지 실패하면서 이사에게 부담만 주게 되었다. 이른바 CSR의 구체화라는 작업이 기존의 애매한 2007년 회사법 제74조가 던진 질문들에 답변을 주는데 실패하였기 때문이다.

2012 CSER 규정은 CSR의 개념을 구체화하는 데도 실패했다. 회사가 보호해야 하는 이해관계자란 누구를 말하는 것인가? 회사가 공헌해야 하는 이해관계자의 이익이라 함은 무엇인가? 어떤 이는 이러한 구체적인 조항의 부재로 인해 2012 CSER 규정이 '기업의 패러다임과 동기화되지 않았다'고 표현한다.[42] 그는 2012 CSER 규정이 기업으로 하여금 앞서 설명한 '위장(Camouflage)', '포괄(Generic)', '명령(Directive)', '입 바른 말(Lip services)', '입 맞추고 도망가기(Kiss and run)'를 하도록 조장할 수도 있다고 경고했다.

지역정부들은 자체 CSR 규정들을 앞다투어 내놓았다. 2014년 한 연구는 CSR에 대한 2011년 제4번 동 자바 지역규정,[43] 동 자바 시장령, 말랑의 지역규정 등을 포함하여 총 13개의 지역 규정들을 묘사하였다.[44]

이러한 규정들은 공통적으로 적용회사의 규모와 분야 등에 따른 차등을 두지 않고 있다. 예컨대, 2012년 제5번 Tulungagung의 CSR 규정은 물건과 생산활동 용역에 관한 활동을 하면서 이익을 향유할 것을 목적으

---

42) Victor.
43) Peraturan Daerah Provinsi Jawa Timur tentang Tanggungjawab Sosial Perusahaan. Perda Jawa Timur No. 4 Tahun 2011, Ld No.4 Tahun 2011 Seri D.
44) Riana Susmayanti, Kosep Tanggung Jawab Sosial Dalam Peraturan Perundang—undangan di Indonesia, Arena Hukum, Vol. 7, No. 3 (2014), pp.363－387. This study seems to miss 2012 No. 5 Local Regulation of Tulungagung concerning Corporate Social Responsibility.

로 하는 모든 회사들에게 적용된다.[45] 즉, 전통적인 회사는 모두 CSR 의 무이행 주체에 포섭된다.

Kota Malang의 지역규정은 2007 회사법 제74조 제4항에서 언급한 CSR에 알맞다고 주장하는 의견도 있는 반면,[46] Kota Malang의 지역규정은 2007 회사법 제74조 제4항에서 언급한 CSR에 알맞다고 주장하는 의견도 있는 반면, 이 같은 지역 자체규정과 명령들이 아예 CSR 법제를 파괴한다고 주장하는 의견이 있다.[47] 이 견해에 따르면 2007 회사법 제74조 제4항은 중앙정부에만 입법 권한을 위임하였고, 지방정부는 한번도 CSR에 대하여 자체규정을 둘 권한을 위임받은 적이 없다고 한다. 이 의견은, 본 규정들이 지역 내 이해관계자들의 이익참여를 강제요건이 아니라 옵션으로 전락시켰음을 지적한다. 따라서 이해관계자들의 이익을 성공적으로 보호하지도 않고 CSR의 목적자체를 몰각한 규정이라 거세게

---

45) Pemerintah Kabupaten Tulungagung. Peraturan Daerah Kabupaten Tulungagung No.5 Th.2012 tentang Tangungjawab Sosial Perusahaan. Pasal 1. Ayat (5) Tanggung Jawab Sosial Perusahaan yang selanjutnya disingkat TSP adalah tanggung jawab yang melekat pada setiap perusahaan untuk tetap menciptakan hubungan yang serasi, seimbang dan sesuai dengan lingkungan, nilai, norma dan budaya masyarakat setempat. Pasal 1. Ayat (6) pelaku usaha yang selanjutnya disebut Perusahaan adalah organisasi atau perorangan bauk yang berbadan hukum atau tidak berbadan hukum yang melakukan kegiatan usaha dengan menghimpun modal, bergerak dalam kegiatan produksi barang dan/atau jasa serta bertujuan memperoleh keuntungan.)

46) 일부는 Kota Malang 규정이 적어도 2007년 회사법에서 설시한 CSR원칙을 잘 따른다고 주장한다. Riana Susmayanti.

47) Regulating CSR in Provincial Regulations and Governor Regulation actually destroys the systematics of regulating CSR. Based on the Limited Liability Company Law, the delegation of regulating CSR intended only in Government Regulation. While the Government Regulation on Environmental and Social Responsibility of Limited Liability Company does not further delegate the regulating of CSR into the Provincial Regulation. Victor, p.11.

비판한다.

마지막으로, 환경부도 '환경 관련 CSR에 대한 가이드라인'을 내놓았다.[48] 이 가이드라인은 환경과 관련한 CSR을 어떻게 만들 것인지에 대하여 아래와 같은 가이드라인을 설시한다.

a. 영업운영계획의 환경에 대한 부정적인 영향 파악
b. 영업운영지역 주변 사회의 환경에 대한 잠재적 영향 평가
c. 영업운영에 대한 사회의 수요와 바람 조사
d. 기업의 환경 및 사회활동 계획의 수립

위 절차는 법적인 강제력이 없다. 나아가 본 절차를 통해 지켜야 하는 '환경 관련 CSR'이 무엇인지는 정부규정이 밝혀야 하는 문제이다. Victor 교수는 이 같은 규정의 부재를 두고 '정부가 이해관계자를 위한 CSR을 규제할 의지조차 없다는 것을 보여준다'고 비판한다.[49]

2.3.3. CSR에 대한 다른 법률 및 규제

CSR 법제에는 다른 업종과 분야의 별도 법령들이 추가로 두께를 더하고 있다. 예시는 다음과 같다.

- 2007년 제6호 행정부령 제45조에 따르면 목재생산 회사가 목재생산용 산림에서 경지작업으로 발생한 천연목을 사용하기 위해서는, 지역주민용 공공시설(최대 50㎡) 및 개별 주거민들을 위한 별도의 개발(20㎡)을 해야 한다.[50]
- 플랜테이션에 관한 2014년 제39번 법 제58조 제1항 및 2항은 플랜테이션 회사가 자기 플랜테이션의 최소 20%만큼 주변지역을 개발할 것을 의무화하고 있다.
- 2013년 제98번 장관령 제15조 제1항은 250헥타르 이상 플랜테이션 하

---

48) Tim Penyusun Pedoman CSR Bidang Lingkungan, Pedoman CSR Bidang Lingkungan, Jakarta: Kementerian Lingkungan Hidup, 2011.

49) Victor, p.11.

50) Peraturan Pemerintah Republik Indonesia Nomor 6 Tahun 2007 Tentang Tata Hutan Dan Penyusunan Rencana Pengelolaan Hutan, Serta Pemanfaatan Hutan.

는 회사는 그 20%만큼 지역사회발전을 도모하라고 정하고 있다.
- 2007년 제26번 장관령 제15조는 플랜테이션 허가신청자는 지역사회의 플랜테이션을 개발하고 좋은 관계 개발에 대한 내부 지침이 있을 것을 증빙할 것을 요구한다.
- 2009년 제4번 광산법은 CSR을 요구하고 나아가 회사이익의 일정 비율을 지역사회 복지를 위해 소비할 것을 요구한다. 해당 비율은 정하고 있지 않다.
- 2003년 제19번 공기업 법 제88조는 공기업이 순이익의 일부를 중소기업, 협동조합, 및 지역환경 개발 및 발전에 쓸 것을 요구한다.
- 2003년 공기업의 파트너십 및 발전 프로그램에 관한 장관령도 동일하게 요구하고 있다.

나아가 지역주민에게 우호적인 지역 관습법들은 설사 성문화되지 않았을지라도 회사에 대한 CSR 무게를 더 한다. 본 법률과 규정들은 CSR을 직접 명시하고 있지 않더라도 그 성격이 회사로 하여금 일정한 사회적 행동과 공적인 역할을 하도록 의무 지운다는 점에서 CSR법제의 일환이라 생각된다.

나아가, 앞서 논의하였듯 정부의 책임전가 차원에서도 회사의 공적인 책임과 의무는 더욱 무거워진다. 설사 해당 토지를 타인이 소유하고 있거나 그 토지의 권리를 타인이 갖고 있는 경우라도, 발행인은 책임지지 아니한다고 명시한 정부의 토지허가 및 확인서가 그 예시이다. 설사 정부의 잘못으로 회사에게 허가 및 확인서를 발행하여 누군가에게 손해가 발생하더라도, 그 손해를 배상할 책임은 회사에게 돌아간다.

서로 전국, 시, 도별 다른 권한과 다른 장관령이 각기 다른 내용을 갖고 있는 CSR규제들은 실무의 혼란을 가중한다.

이 같은 무분별한 CSR규제가 난립하게 된 배경으로, 4개의 서로 다른 CSR 부처에 더하여 추가로 복수의 부처들이 각기 CSR 예산과 규제를 담당하고 있음을 지적하면서 인도네시아의 체계적이지 못한 시스템이 지적된다.[51] 이에 따르면, 부서별 권한이 다르듯이 CSR 예산도 부서별로 다르고 시스템의 비효율이 CSR의 일반정책을 만든다는 데 큰 장애가 된다고 한다. 또, 이 같은 규제들이 정부가 주도하는 CSR fund를 모으는 데 사용되기 때문에, CSR fund를 정치적 재원으로 사용하려는 개별 입법 행정부처들의 정치적 목적 또한 문제로 지적된다.[52]

2.4. CSR 법제는 인도네시아를 구하였는가?

이 많은 법령들을 동원해 CSR을 규율한 결과, 인도네시아가 새로운 번영의 시대를 깔았다고 자신있게 말할 수 있을까? 그렇지는 않다고 보인다.

인도네시아가 CSR이라는 용어를 사용하기 시작한 것은 1990년대이고 그 법제는 2000년대에 도입되었으나, 실제 인도네시아 내 CSR활동은 1970년대부터 인도네시아 사람들에 의하여 실행되고, 교육되고 또 발전했다고 보는 것이 중론으로 보인다.[53]

최초의 활동들은 이 회사들이 위치한 곳의 지역사회개발이나 지역주민 또는 소규모 사업에 대한 자선활동이 대부분이었던 것으로 파악된다.[54]

---

51) MVO Nederland, Country Scan CSR in Indonesia, CSR Netherlands, 12 July 2016, p.14.
52) 위의 자료 p.9.
53) Konsep CSR di Indonesia sebenarnya bukan hal yang baru karena CSR sudah dikenal dan dipraktekan di Indonesia sekitar tahun 1970an. Dalam pengertiannya yang klasik CSR masih dipersepsikan sebagai ideology yang bersifat amal (charity) dari pihak pengusaha kepada masyarakat di sekitar tempat beroperasinya perusahaan. Disamping itu masih banyak pihak yang mengidentikkan CSR dengan Community Development † Dani Amran Hakim, Urgency of Implementation of Corporate Social Responsibility as an Effort to Ensure the Rights of Labor, FIAT JUSTISIA, Lampung University, Vol. 10 Issue 4, 2016.
54) 예를 들어, Unilever Indonesia는 지역사회발전에 대한 사회적 기여정책을 1970－1980년대에 전략적 계획으로 심었다. 자세한 내용은 Sri Urip, CSR Strategies Corporate Social Responsibility for a Competitive Edge in Emerging Markets, John Wiley & Sons, 2010, pp.30－40. 반면 정부소유

강제적인 규정도 없이 이러한 CSR활동이 자발적으로 생성된 것은, 상부
상조, 합일, 지속가능성, 사회적 기능처럼 함께 사는 삶의 도덕적 가치를
강조하는 사회문화적 특징에 그 뿌리를 두고 있다.[55] 반면, 회사경영진
의 관점에서는 지역사회의 환대를 얻지 않으면 토착밀림에 들어가서 사
업을 하는 것 자체가 사실상 불가능했기 때문이기도 하다.[56]

　　CSR을 의무화하기 전 2000년대 50대 상장사의 CSR활동을 보면 이미
활동적이고 CSR에 대한 깊은 이해도가 있었음을 파악할 수 있다.[57] 비
상장사들도 이러한 강제규정 없이 이미 일찍이 사회공헌 활동을 시작했
다.[58] 2005년 자카르타 375회사를 상대로 한 조사를 보면 이 중 209회

　　기업의 경우 (PT Krakatau Steel, PT Pertamina, PT Telekomunikasi
　　Indonesia 등)은 반대로 전략적 자선활동보다는 기부활동으로 시작했던 것
　　으로 보인다. 자세한 내용은 Nursahid, Fajar. Praktik Kedermawaan Sosial
　　BUMN: Analisis Terhadap Kedermaan PT. Krakatau Steel, PT. Pertamina
　　dan PT. Telekomunikasi Indonesia. Jurnal Galang, 1(2): 5, 2006.

55) Lambooy, CSR in Indonesia: legislative development and case studies,
　　constitute press, pp.14－20.
56) 인도네시아 내 회사 관리자들을 인터뷰한 실증적 연구에서 이 같은 결론을
　　내리고 있다. Hendeberg, Simon and Lindgren Fredrik, CSR in Indonesia:
　　a Qualitative Study from a Managerial Perspective regarding Views and
　　Other Important Aspects of CSR in Indonesia, BA thesis, Gotland
　　University, 2009, p.40. 지역사회의 신뢰를 얻어야만 지역에서 사업을 할
　　수 있으므로 지역사회에서 CSR을 한다는 의견: "Trust is the main thing. If
　　there is no trust between the company and local people, nothing good
　　will come out. In the practice, CSR should make a resource measurably
　　in trust †based on the impact of CSR program, and conduct a
　　procedural fairness in CSR program. Actually, the impact of CSR
　　programs positively is the most important to get "trust" from the local
　　community." Andi Erwin Syarif and Tsuyoshi Hatori, Corporate Social
　　Responsibility for Regional Sustainability After Mine Closure: A Case
　　Study of Mining Company in Indonesia, IOP Conf. Ser.: Earth Envion.
　　Sci. 2017. p.11;
57) Martin Samy.
58) Hendeberg, pp.40－41.; Korindo Group가 공개한 CSR활동은 다음 웹페
　　이지에서 확인 가능하다. <https://www.korindo.co.id/sustainability/?lang

사(55.75%)가 CSR활동을 하고 있었으며, 구체적으로는 친목활동기여(116사), 종교기관에 대한 기부 (50사), 사회기관에 대한 기부 (39사) 및 지역사회발전(4사)으로 나타난다.[59]

이와 같이 강제규정이 없을 때에도 인도네시아 회사들은 다양한 형태로 사회에 기여를 해오고 있었다. 그렇다면 CSR 법제 도입은 회사들이 전보다 사회에 더욱 기여하는 데 공헌하였는가? 이는 의심스럽다.

앞서 논의하였듯, 천연자원 산업에 종사하는 지역의 회사들은 2007회사법, 2007 투자법, 2012 CSER 규정, 지역규정, 각 부처의 규제, 해당 산업군 관련 규제 및 관습법 등의 다양한 층의 CSR 관련 법률과 규정을 준수하여야 한다. 그럼에도, 이러한 두꺼운 규제 층이 기존에 회사들이 자발적으로 해오던 그 이상으로 지역사회의 발전에 도움을 준다는 뚜렷한 증거가 없다. 반대로, 이 같은 규제들이 모호하고, 상호배치 또는 모순되고, CSR fund를 사용하려는 잘못된 동기로 제정이 되고, CSR실무에 혼란을 주고, 자발적인 CSR활동에 대한 동기를 빼앗고, 효율적인 강제수단이 없으며 회사가 실천토록 모니터링하는 효과적인 수단이 없다는 지적과 증거는 충분한 것으로 보인다.

2007년 회사법과 2012 CSER 규정은 "깊이 없는 아웃라인"이자 "스크린에 투영된 이미지"에 불과하다. 회사의 크기나 수익과 무관하게 비용을 강제하는데 정당화하지도 못 할뿐더러 적절하고 합리적인 수준을 정의하는 데도 실패하였다. 서로 다른 층에 산재되어있으며 그 내용도 다른 CSR 조항들은 상호 조화롭지 못한 가운데 특별한 실용성과 유용성을 가져오지 못하고 있으며 겉치레에 그친다. 서로 다른 권력을 지닌 여러 부처들 간의 비효율적인 시스템은 문제를 더욱 복잡하게 하고 있다. 열악한 모니터링 능력과 법적 강제수단은 더 어려운 난제이다. 이 난제는

=id. >

59) Suprapto and Siti Adipringadi Adiwoso, 2006, Pola Tanggung Jawab Sosial Perusahaan Lokal di Jakarta, Majalah Galang Volume 1 No 2.

인도네시아의 오랜 숙제이기도 하다.[60]

이러한 사정은 CSR조항을 채택하기 전에 이미 예견되어 있었다. Melody 는 인도네시아가 시민사회의 도구들이 구조적으로 그리고 입법적으로 미 진한 가운데 CSR을 논의하는 것은 시기상조라고 하였다. 물론 2001년에 비하여 현재의 시민사회 도구들은 구조적으로 훨씬 나아져있겠지만, 결 코 만족할 만한 수준이라고 할 수 없다.

다음은 2013년 환경산림부, 2015년 BKPM CSR상, 2015년 및 2016년 파푸아 지역으로부터 각 최고 CSR상을 받은 코린도 그룹이 공개한 CSR 활동에서 발췌한 내용이다. 코린도 그룹은 인도네시아 비상장 그룹이며 필자가 약 5년간 근무한 회사이다.[61]

- 인도네시아 지역에 총 208 선생님을 둔 28개 학교 건설을 지원하고 36 대의 스쿨버스를 운영
- 초중고 8,115명의 학생과 677명의 대학생에게 장학금 수여
- 10개의 직업학교, 실습시설 지원 및 운영 및 고교졸업생 채용
- 지역사회를 위한 19개 무료 보건소 및 약국 건립
- 파푸아 지역에 총 115침대와 85명의 의사 및 의료보조원 수용가능한 종합진료소 설립 중
- 매년 파푸아 지역과 칼리만딴 중부 지역의 1,800여명의 지역주민을 위 한 외진 서비스 운영
- 72 아동의료센터를 통해 5세 이하의 아동 4,680명에 대한 건강보조
- 자카르타 홍수 피해자를 위한 1,000 약 패키지 제공
- 중부자바 Wonogiri 과일농장, 300 농가 지원
- 지역사회에 닭 7,000, 소 100, 돼지 50, 생선 10,000마리 수용 운영시 설 설립 및 운영

---

60) 페루 경제학자 De Soto는 다음과 같이 말한다. "뉴욕에서 자카르타 행 비행 기를 타고 이륙한다면, 당신이 남겨두고 떠나는 것은 팩스나 텔레비전이나 빙수기계 같은 최첨단 과학이 아니다. 제3세계에서도 그런 건 얼마든지 있 다. 당신이 남겨두고 떠나는 것은 효과적인 법률의 집행이다." "Why Capitalism Works in the West but Not Elsewhere," International Herald Tribune, 5 January 2001.
61) Korindo Group 웹페이지. <http://www.korindo.co.id>

- 파푸아, 보고르, 서부자바, 보고르 등지에 221,600 생산목 식재
- 주변지역의 12톤 쓰레기 처리
- 파푸아, 말루꾸, 동부 및 중부 깔리만딴에 80개 다리 및 총 551km 도로 건설
- 부족장과 주민들을 위한 200여 가구의 주택 건설
- 중부 깔리만딴 및 빠뿌아 지역 13,350 주민을 위한 전기 및 용수 제공
- 모스크, 교회 등 종교건물 66대 건설 및 지원
- 85명의 의료원 및 보조의료원을 둔 클리닉 20개소 건설 및 운영
- 30 마을회관과 회의소 설립 및 지원
- 지역사회를 위한 시장 10 및 200 창고 설립
- 스포츠 센터 셋, 축구장 서른구장, 배드민턴장 및 볼링장 설립과 각 스포츠 팀 운영

코린도 그룹은 CSR 시스템과 활동을 조직적으로 계획, 관리하기 위해 본사에 별도의 사무실을 운영해오고 있다. 상기 활동 중 어떤 활동도 법률이나 규정이 직접 요구하는 것이 아니며, 순수하게 자발적인 활동이다. 즉, 인도네시아의 어떤 규정도 시장, 학교, 병원, 의료센터, 축구장을 지으라거나 전기, 용수, 교통, 교육기관 등을 제공하라고 강제하고 있지 않다. 우수한 CSR 회사는 단순히 법령과 규제로 만들어진 것은 아니라는 것이다.

다른 일반 회사의 사정도 다르지 않다. 다음은 PT. Blora Patra Energi와 PT. Banyubang Blora Energi의 CSR활동을 발췌한 것이다.[62]

- 2013: 고아원 기부 (Rp.1,000,000); Deso Kedinding의 동물 매입 (Rp. 2,000,000); Deso Kedinding 우물 설치 (Rp.30,000,000)
- 2014: 모스크 설립 (Rp. 20,000,000); 전봇대 설치 (Rp.100,000,000); 전기 및 용수공급 (Rp:1,700,000); 정수시설 (Rp. 10,000,000)
- 2015: 장애인, 포럼, 회의 등 CSR (Rp. 2,645,000)

---

62) Monica Puspa Dewi, FX Adji Samekto and Yusriyadi, Testing the Implementation of Corporate Responsibility in Realizing Social Justice (A Case Study in Central Java, Indonesia), International Journal of Business, Economics and Law, Vol. 13, 2017, pp.116-117.

• 2016: 장학금 등 CSR (Rp. 1,350,000)

이 모든 활동도 코린도 그룹과 마찬가지로 법률과 규정의 직접적인 산물이 아니다. 상기활동 및 기타 자료들을 근거로 들며 한 연구는 "중부자바의 유전산업 주요 회사들은 CSR의 의미를 파악하지도 못하며 실제 CSR활동은 그저 관대한 기부에 그칠 뿐"이라고 지적한다.63) 다수의 법률과 규정을 두는 것 자체가 위 회사들이 CSR을 실시하는 데 중대한 인센티브가 되지 않는 것으로 파악된다.

그렇다면, 왜 위 회사들은 규제와 무관하게 CSR활동을 하는가? Melody Kemp가 예견했듯이 이 회사들이 일반소비자가 겨냥하는 회사들이거나 윤리적이며 책임지는 회사들이기 때문인가? 일부는 그렇다고 할 것이다.64)

일부는 앞서 논의하였듯이 인도네시아의 사회적 기능, 공중의 이익, 주변 사회를 강조하는 사회문화적 전통 때문이라 할 것이다. 확실히, 문화적인 요소가 CSR실시에 영향을 준다 주장하는 학자들은 많다.65)

---

63) 앞의 논문.

64) CSR in Indonesia also represents the consumers' needs to provide properly and accurately information about its products to its customers; respecting consumer rights beyond the legal requirements; focusing on Ethical consumerism, namely to raise consumers' concern on environment and ethical issues. †Rachmat Kriyantono, Public relations and corporate social responsibility in mandatory approach era in Indonesia, Procedia—Social and Behavioral Science, Elsevier and Global Conference on Business & Social Sciences, 17−18 September, Denpasar, Bali. p.324.

65) Morrow, S.A. Guanxi and legitimacy: Understanding corporate social responsibility and public relations in China and the U.S., the University of Alabama Tuscaloosa, Alabama, 2014; Muthuri, J. & Gilbert, V. An institutional analysis of Corporate Social Responsibility in Kenya, Journal of Business Ethics, 98, 2011, pp.467−483; Prajarto, N. CSR Indonesia: Sinergi pemerintah, perusahaan, dan publik (CSR: Indonesia:

지역사회에서 반감을 사거나 정서적으로 환대를 받지 못할 경우, 사업을 운영·관리하는 것 자체가 극도로 어려워지는 것이 보다 결정적인 이유일 수도 있다.[66] 인도네시아의 18,000여 도서에 펼쳐진 토착사회와 그 지리적, 문화인류학적인 환경이 이를 설명한다. 인도네시아 CSR활동가 87인을 상대로 한 어느 조사에서는 인도네시아의 CSR은 지역사회에서 좋은 평판을 얻고 좋은 관계를 유지하기 위한 것이 목적이라고 결론짓고 있다.[67]

일부는 CSR이 회사의 재무성과, 즉, 주가에 강한 영향을 주기 때문이라고 주장한다.[68] 하지만, 모든 회사가 반드시 그런 것은 아니다. 인도네시아 2008~2010년 상장된 40개 제조회사를 상대로 한 조사에서는, 순이익이 많은 회사의 경우 사회공헌활동이 많더라도 이를 공개적으로 드러내는 것에 반감을 갖는 것으로 나타난다. 경영자 입장에서는 경영성과가 더 좋은 것으로 보이기 위해 비용으로 계산되는 CSR활동을 공개하지 않을 수 있고, 각종 비효율적인 규제로 인해 도리어 문제될 수도 있는 정

Synergy of Government, Company and Public), Yogyakarta: Fakultas Ilmu Sosial dan Ilmu Politik Unitersitas Gadjah Mada, 2012; and Wong, L. Corporate Social Responsibility in China: Between the Market and the Search for a Sustainable Growth Development. Asian Business & Management, 2(8), 2009, pp.129－148.

66) Erwin 외, Hendeberg 외.

67) This research proved that the majority of companies assume that CSR is public relations concern. Therefore, CSR is seen as a part of communication management between organization and its public to create goodwill, to serve public interest, and to maintain good morals and manners (Cutlip, Center, & Brown, 2006; Grunig & Hunt, 1984; L'Etang, 1994; Lattimore, Baskin, Heiman, & Toth, 2007). "It is not surprising because based on these functions, it can be said that public relations practitioners have proper knowledge to plan and direct CSR programs to be appropriate action to ensure mutually beneficial relationships and to gain social legitimacy." Rachmat.

68) Saffana Afiff and Samuel PD Anantadjaya, CSR & Performance: Any Evidence from Indonesian LQ45?, Rev. Intefr. Bus. Econ. Res. Vol. 2 (1), 2013.

보인데 구태여 공개할 필요성을 느끼지 못한다고 한다.[69] 즉, 공중과의 관계를 위하여 CSR활동을 공개적으로 알리는 것이 때로는 썩 현명하지 않을 수도 있는 것이다.

사회문화적 전통이든, 경영적 유용성 때문이든, 좋은 평판을 얻기 위해서든, 재무성과를 위해서든, 이 중 몇 가지 이유를 함께 고려해서든, 혹은 기타 어떤 설득력 있는 이유가 되었든, 적어도 효과적인 법제가 답이라고 하기에는 쉽지 않은 상황으로 판단된다.

2.5. 소 결

회사법은 세상을 구할 수 있다고 Greendield는 이야기했다.[70] 나 역시 이 문장은 과장된 말이긴 하지만 적어도 거짓보다는 진실에 가깝다고 믿는다.

진보적 회사법의 관점에서는 CSR은 분명 중요한 주제이다. 이는 다수의 인도네시아 학자와 실무진들에게도 그렇다. 다수의 전문가들이 크기나 수익성에 관계없이 모든 회사에게 CSR을 강제하는 것은 불합리하다고 보는 것이 사실이나,[71] 최소한 CSR을 강제하는 트렌드 그 자체는 이미 인도네시아에서 돌이킬 수 없는 것으로 보인다. 역사적, 지리적, 사회인류학적 배경, 사회문화적 전통, 인도네시아 헌법재판소의 결정, 인도네시아 학계 다수의 의견과 전 세계적 추세를 감안할 때 인도네시아가 다음 회사법 개정을 통해서 CSR을 배제할 것 같지는 않다.

그럼에도 불구하고, 현재의 불규칙하고 체계적이지 못하며 명료하지도

---

69) Istianingsih, Impact of Firm Characteristics on CSR Disclosure: Evidence from Indonesia Stock Exchange, IJABEL, Vol. 13, No.6, 2015.

70) Kent Greenfield, et al., p.2.

71) Choi June－Sun, Corporate Social Responsibility, SungKyunKwan Law Review, the Institute for Comparative Legal Studies, Vol. 17 No.2 December 2005, p.500.

못한 CSR 규제는 회사법이 어떻게 인도네시아를 구할 것인가라는 담대한 질문에 좋은 대답이 될 수가 없다. 인도네시아가 스스로를 구하기 위해 필요한 것은, 깊이 없는 단편적 CSR 조항을 또 하나 새로 내는 것이 아니다. 효과적인 관리 시스템과 합리적이고 구체적인 내용을 위한 개선이다.

먼저, 어떠한 CSR이 합리적이고 적절한지 세밀하게 다듬어져야 한다. 예컨대, 회사의 규모는 CSR fund의 적절성을 측정하는 좋은 기준이 될 수 있다. 회사수익의 거대한 부분이 가계로 흐르지 않고 극히 일부의 연봉과 주머니로만 채워진다면, 정부는 회사로 하여금 이익의 일부를 지역 및 국가경제에 새로이 투자를 하고 임금을 높이는데 쓸 수 있도록 장려해야만 한다. 그렇다고 만약 법률이 소규모 농장 하나만을 운영하는 작은 회사를 상대로 사회 인프라를 건설하라고 강요한다면 이는 정의롭지 못할 것이다.

따라서 이윤이 대체적인 기준이 될 수 있다. 재정난이 하도 심각하여 자기네 종업원 월급주기도 어려운 회사에게 막대한 CSR funds를 강요하는 것은 정의 측면에서 보나 경제적 측면에서 보나 받아들이기 어려운 일이다. 이쯤 되면 Milton이 언급한 사업의 기본성격, 즉 the business of business is business을 되돌아볼 필요가 있다.[72]

인도의 2013 회사법의 2퍼센트 룰이 이 문제를 해결하기 위한 좋은 예시가 될 것이다. 이 법률은 회사의 이사회가 최소한 그 회사의 최근 3년간 평균 이익의 2퍼센트를 CSR에 쓰도록 요구하고 있다.

수익에 비례하여 지역사회에 소비하지 않은 지역회사의 현금 유보금에 대하여 과세하는 방안도 고려는 해볼 수 있을 것이다. 2014년, 대한민국은 회사가 돈을 너무 많이 갖고 있다는 이유로 회사에게 현금유보과세를 과징하는 법안을 제출했다.[73] 국가경제는 역사적 침체기에 달한 동안에

---

72) Friedman, Milton, "The Social Responsibility of business is to increase its profit" in The New York Times Magazine, September 13, 1970.
73) Can Korea's economy tax itself to prosperity?, Korea Herald, Aug 27,

도 거대이윤을 남기는 회사들이 저조한 국내투자를 보이는 시점에, 과도한 현금보유에 세금을 부과하면 회사가 이윤을 임금, 배당, 투자 등에 쓰게 되어 성장의 모멘텀을 마련한다는 계획이었다. 이에 찬성하는 이들은 임금상승이 가계심리를 회복시키고 일반소비자의 소비심리를 증진시킬 것이라고 보았다.74)

이 같은 예시들이 인도네시아에 맞든 아니든, 본 주장의 핵심은 기왕에 인도네시아 내 CSR법제 유지가 필연적이라면 그 법은 명료해야 하며 다수 법률이 중첩되어서는 안 된다는 것이다. Patricia는 현재의 강제적인 CSR 규정이 충분하게 다듬지 않으면 효율성이 반대로 심각하게 위험해질 수 있다고 경고하였고,75) Victor는 현재의 형식적일 뿐인 CSR 실시모델은 회사들로 하여금 위장, 입 바른 말, 입 맞추고 도망가기 등의 행동만 하게 만들 수 있다고 경고했다.76)

현 발전단계에서 인도네시아가 보다 필요한 것은, "CSR의 구체적인 개념이 무엇인가, 누가 CSR을 책임지고 누가 CSR의 혜택을 보느냐"는 이론적인 논리보다는 효과적인 법률입법과 실행 체계이다. 이를 달성하기 위해서는 인도네시아는 근본적인 요소들에 대한 점진적 개혁이 필요하다. 예컨대, 부패 없는 건강한 법규범의 실현, 교육개혁, 정치윤리, 봉건주의적 구조의 교체 등이 그것이다. 예컨대, 형법이나 환경법과 같이 이미 현존하는 기본법이 효과적으로 강제되지 않는다면, 새로운 법을 만

2014.

74) 그러나, 이 같은 방법은 논란의 대상이다. 비즈니스 업계에서는 현금보유량을 줄이는 어떠한 구체적인 약속도 할 수 없다는 입장을 보였다. 현금보유에 대한 과세는 이익잉여금, 즉, 세후 이익에 대한 과세를 하겠다는 것인데, 이는 당연히 한 번의 소득에 두 번 과세를 하겠다는 뜻이므로 이중과세가 되는 것이다. 반대 입장에서는 이러한 법안이 세계금융위기에서 회복하는 회사들 입장에서는 침체기에 미루어둔 이익에 과세를 과세하는 것과 같아 과도한 처사라고 지탄했다.

75) Patricia.

76) Victor.

드는 것이 무슨 의미를 갖겠는가?

국가 메커니즘을 개선하는 장기적 관점에서의 구조적 개혁으로 초점을 옮길 필요가 있다. 회사에게 사회적 정의를 강제하는 주체 스스로가 먼저 좋은 선례가 되어야 한다. CSR의 개념은 공적 역할을 사적 주체인 회사에게 떠넘기는 것이 아니며, 회사에게만 사회적 책임이 전속적으로 있다는 뜻도 아니다. Walker와 Kolodner가 정부 스스로가 법을 준수하고 그 입법에 공중의 참여가 깃드는 것이라고 정의한 법규범을 다시 한 번 강조할 필요가 있다.[77]

제3절 주식회사의 설립

3.1. 발기인

주식회사의 설립에 필요한 모든 행위를 하는 사람을 발기인(pendiri)[78]이라고 한다. 회사 설립 시 최소 2인 이상의 발기인을 필요로 하며 반드시 지분을 인수하여 주주가 되어야 한다(제7조 제7항).[79] 지분 인수대금

---

77) Walker, M. and E. Kolodner, Building the Legal and Regulatory Framework: A Discussion, (no date). <www.bos.frb.org/economics/conf44 .cg44.5.pdf>

78) 발기인은 영어로 Incorporator 또는 Promoter로 주로 번역이 된다. 미국법상 전자는 설립등기 등 직접 필요행위를 하는 자를 말하고, 후자는 발기인의 권한범위에 대해 법률상 및 경제상 필요한 주변행위를 하는 자로서 설립을 보조하는 투자은행이나 법무법인 등이 대표적인 예이다. 인도네시아는 설립행위를 하고 동시에 지분도 인수하는 자를 Pendiri(설립인; founder)라 하므로 주변적인 업무만 해준 사람은 포함하지 않는다. 한국의 경우에는 판례가 법률상 및 경제상 필요한 모든 행위를 발기인의 권한 범위로 보고 있으며, 발기인이 꼭 지분은 인수해야 할 필요는 없다.

79) 1인회사 설립이 가능한 한국과는 다른 점에 유의할 것. 한국에서는 2001년 개정상법(제288조 및 제543조 제1항) 이후 주식회사와 유한회사가 1인의 사

은 회사 설립정관 서명일로부터 60일내에 납입되어야 한다(회사의 자본변경에 대한 2016년 제29호 행정부령: "2016/29 회사 자본 규제").[80] 단, 그 예외는 아래와 같다.

    i. 국가소유회사(Badan Usaha Milik Negara: "BUMN") (제7조 제7항 제a호, BUMN에 관한 법률 UU No.19/2003 제7조 제7항 제a호 및 BUMN 및 BUMN설립·운영에 관한 정부령 및 장관령)[81]

    ii. 1995년 제8호 자본시장법상의 거래소·예탁결제원 기타 기구(회사법 제7조 제7항 제b호)

    iii. 두 회사가 합병하여 새로운 회사를 설립하는 신설합병의 경우(회사법 제1조 제10항)

원칙적으로 발기인은 자연인인지 법인인지, 내국인인지 외국인인지 불문하고 반드시 회사의 주식을 인수하여야 한다(제7조 제2항). 따라서 단순히 회사설립을 도와줄 뿐인 컨설팅펌이나 법무법인 등은 발기인이라 불릴 수 없다.

회사 설립 뒤 주주가 1인이 된 때에는 6월 내 새로운 주주를 모색해야 한다. 6월이 경과한 뒤에도 1인의 주주만이 있을 때에는 그 1인이 회사의 모든 권리의무를 인수하며 법원이 그 회사를 청산한다.[82]

원만으로도 설립이 가능하고, 2011년 상법 제169조에서 아예 사단성이라는 표현을 삭제함으로써 1인회사의 설립이 문제되지 않게 되었다.

80) Peraturan Pemerintah Nomor 29 Tahun 2016 tentang Perubahan Modal Dasar Perseroan Terbatas. 반면, 2018년 제6호 BKPM 규정 제6조에서는 BKPM에 신고한 투자계획대로 Izin Usaha 발급일로부터 1년 내에 인수 납입할 것을 요구하고 있다.

81) BUMN에는 주식회사 형태의 BUMN과 Persahaan Umum(Perum)의 BUMN이 있다. 전자는 지분의 형태로 국가가 50% 초과 소유하는 경우를 말한다(seluruh atau sebagian besar modalnya dimiliki oleh Negara). 후자는 국가에게 지분이 없이 BUMN 경영에 대한 지도 감독은 해당 BUMN 업종관할부처 장관에게 있고 대표권은 재무부 장관에게 있다. 이사는 주총에서 선해임하며 이사겸직금지조항이 있다. Perum은 장관에게 선·해임권이 있다.

82) 법률에서 요구하든 요구하지 아니하든, 회사라는 의미 자체가 모 일회(會) 모일 사(社)가 결합한 단어이며, 영어로도 Company는 빵(pane)을 같이

발기인은 형식적으로 파악하여야 하므로 실제로 설립사무에 종사하였더라도 정관에 발기인으로 작성하지 아니한 자는 발기인이 아니다. 발기인이 자연인인 경우에는 성명, 출생지, 출생년월일, 직업, 현주소 및 국적을, 발기인이 법인인 경우에는 법인의 상호, 본점 소재지, 현주소, 법무부 장관의 법인설립승인서 번호 및 일자를 설립정관에 작성하여야 한다(제8조 제2항).

3.2. 주식회사설립에 관한 발기인의 책임

제7조 제2항

발기인 각각은 회사의 성립 시점에 지분인수책임이 있다.

제9조 제1항

제7조 제4항에서 정한 법무인권부로부터의 법인격을 승인하는 결정문을 득하기 위하여, 발기인은 정보기술시스템 행정기관을 통하여 법무인권부에 전자적인 방법으로 다음의 사항을 작성하여 신청서를 제출해야 한다. [후략]

제10조 제9항

제1항에서 정한 기한 내(주: 설립정관서명일로부터 60일 이내)에 법무인권부에 결정문을 득하기 위한 신청서를 제출하지 아니한 경우, 설립정관은 무효이며 법인격을 득하지 아니한 회사는 법률에 의하여 청산하여야 하며 발기인이 관련 업무를 담당하여야 한다.

제12조 제1항

회사 설립 전 발기인이 지분인수 및 납입과 관련하여 한 법률행위는 설립정관에 기재되어야 한다.

(co) 먹은 사이라는 뜻이므로 여전히 사단이다. 인도네시아 이외의 각국 현대상법이 사단성을 회사의 요소로 규정하지 아니한 것은 근래에 1인회사가 널리 인정되는 현실을 반영하기 위한 편의적 조치일 뿐이다.

제13조

제1항 설립 전 회사의 이익을 위하여 한 발기인 또는 그 대리인(Proxy)의 법률행위는, 회사의 첫 번째 주주총회에서 그 법률행위에서 발생한 모든 권리의무를 인수할 것을 명시적으로 정한 때에 한하여, 설립 뒤 회사를 구속한다.

제2항 전 1항의 첫 번째 주주총회는 회사가 법인격을 득하고 60일을 초과하여 개최될 수 없다.

제3항 전 2항의 주주총회에서의 결의는 의결권주의 주주 전원이 참석하고 전원일치로 승인할 경우에 한하여 유효하다.

제4항 전 2항의 기간 내에 주주총회가 개최되지 아니하거나 전 3항의 결의로 채택되지 않은 경우, 법률행위를 한 발기인이 그 법률행위에 대하여 개인적인 책임을 진다.

제5항 회사가 설립되기 이전에 발기인 전원이 서면으로 승인하거나 이행한 법률행위라면, 전 2항에서 정한 주주총회의 허가는 필요하지 아니하다.

제14조

제1항 법인격을 아직 득하지 않은 회사를 대신한 법률행위는 발기인, 이사 및 감사 전원에 의하여만 할 수 있고, 발기인, 이사 및 감사 전원이 그 법률행위에 대하여 연대책임을 진다.

제2항 발기인이 법인격을 취득하지 않은 회사를 대신하여 전 1항의 법률행위를 할 경우, 그 발기인은 그 법률행위에 대하여 책임을 지고 그 법률행위는 회사를 구속하지 아니한다.

제3항 회사가 법인격을 취득하면 그 회사는 법률에 따라 전 1항의 행위에 대하여 책임을 져야만 한다.

제4항 전 2항의 행위는 회사의 주주전원이 주주총회에서 승인을 받을 경우에만 회사를 구속하며 회사의 책임이 된다.

제5항 전 4항의 주주총회는 회사가 법인격을 취득한 후 60일 내에 개최된 첫 번째 주주총회를 말한다.

제94조 제2항

회사의 첫 이사회 구성원은 제8조 제2항 제b호의 설립정관에 작성된 발기인이 선임하여야 한다.

회사의 첫 감사위원회 구성원은 제8조 제2항 제b호의 설립정관에 작성된 발기인이 선임하여야 한다.

설립관여자 중 특히 발기인은 회사설립에 있어서 중심인물로서 엄격한 책임을 진다. 발기인의 책임은 회사가 성립한 경우와 성립하지 못한 경우로 나뉘어지며, 회사가 성립한 경우 발기인의 책임은 다시 (a) 행정상의 책임, (b) 회사에 대한 책임과 (c) 제3자에 대한 책임으로 나뉘어진다. 행정상의 책임은 관계 규정상 제재이고, 회사에 대한 책임은 자본충실책임과 손해배상책임이고, 자본충실책임은 인수납입담보책임을 의미한다.

3.2.1. 회사 성립의 경우

회사 성립일은 회사가 PMA · PMDN인지 여부와 무관하게 회사의 법인격을 승인하는 법무인권부 증서의 발급일이다. 증서에 "법무인권부는 다음과 같이 결정한다: 첫째, 발기인 [이름]이 만든 주식회사 [이름 및 주소]의 법인설립을 공식적으로 재가한다. (…) 다섯째, 본 결정은 아래 일부터 유효하다."고 기재된다.

다음은 법무인권부가 발행하는 회사설립 증서의 예시이다.

그림 3-2 회사설립 증서 예시

KEPUTUSAN MENTERI HUKUM DAN HAK ASASI MANUSIA REPUBLIK INDONESIA
NOMOR ▓▓▓▓▓▓▓▓▓▓▓.TAHUN 2018
TENTANG
PENGESAHAN PENDIRIAN BADAN HUKUM PERSEROAN TERBATAS
PT ▓▓▓▓▓▓▓▓▓▓

Menimbang   : a Bahwa berdasarkan Permohonan Notaris ▓▓▓▓▓▓▓▓▓▓▓▓ S.H., M.KN , sesuai salinan Akta Nomor ▓▓▓▓▓▓▓▓▓▓ 2018 yang dibuat oleh ▓▓▓▓▓▓▓▓▓▓, S.H., M.KN tentang Pendirian Badan Hukum PT ▓▓▓▓▓▓▓ tanggal 28 Desember 2018 dengan Nomor Pendaftaran ▓▓▓▓▓▓ telah sesuai dengan persyaratan pengesahan Pendirian Badan Hukum Perseroan;

                   b Bahwa berdasarkan pertimbangan sebagaimana dimaksud dalam huruf a, perlu menetapkan keputusan Menteri Hukum dan Hak Asasi Manusia tentang Pengesahan Pendirian Badan Hukum PT ▓▓▓▓▓▓▓

M E M U T U S K A N :

Menetapkan   :

KESATU   : Mengesahkan pendirian badan hukum - PT ▓▓▓▓▓▓ - yang berkedudukan di JAKARTA SELATAN karena telah sesuai dengan Data Format Isian Pendirian yang disimpan di dalam database Sistem Administrasi Badan Hukum sebagaimana salinan Akta Nomor ▓▓▓▓▓▓▓▓ yang dibuat oleh ▓▓▓▓▓▓▓, S.H., M.KN , yang berkedudukan di KABUPATEN BOGOR.

KEDUA   : Modal dasar, modal yang ditempatkan dan modal disetor sebagaimana yang tercantum dalam akta yang disebut pada poin PERTAMA.

KETIGA   : Jenis Perseroan SWASTA NASIONAL.

KEEMPAT   : Susunan Pemegang Saham, Dewan Komisaris dan Direksi *Terlampir*.

KELIMA   : Keputusan ini berlaku sejak tanggal ditetapkan.
Apabila ternyata dikemudian hari terdapat kekeliruan maka akan diperbaiki sebagaimana mestinya dan/atau apabila terjadi kesalahan, keputusan ini akan dibatalkan atau dicabut.

Ditetapkan di Jakarta, Tanggal 28 Desember 2018.

a.n. MENTERI HUKUM DAN HAK ASASI MANUSIA
REPUBLIK INDONESIA
DIREKTUR JENDERAL ADMINISTRASI HUKUM UMUM,

Cahyo Rahadian Muzhar, S.H., LLM.
19690918 199403 1 001

DICETAK PADA TANGGAL 28 Desember 2018
DAFTAR PERSEROAN NOMOR ▓▓▓▓▓▓▓▓▓.TAHUN 2018 TANGGAL 28 Desember 2018

그림 3-3 회사설립 증서 예시

LAMPIRAN KEPUTUSAN MENTERI HUKUM DAN HAK ASASI MANUSIA REPUBLIK INDONESIA
NOMOR ....TAHUN 2018
TENTANG
PENGESAHAN PENDIRIAN BADAN HUKUM PERSEROAN TERBATAS
PT ....

1. Modal Dasar : Rp. 51.000.000
2. Modal Ditempatkan : Rp. 51.000.000
3. Susunan Pemegang Saham, Dewan Komisaris dan Direksi

Nama	Jabatan	Klasifikasi Saham	Jumlah Lembar Saham	Total
	DIREKTUR	-	173.400	Rp. 17.340.000
	KOMISARIS UTAMA	-	168.300	Rp. 16.830.000
	KOMISARIS	-	168.300	Rp. 16.830.000

Ditetapkan di Jakarta, Tanggal 28 Desember 2018.

a.n. MENTERI HUKUM DAN HAK ASASI MANUSIA
REPUBLIK INDONESIA
DIREKTUR JENDERAL ADMINISTRASI HUKUM UMUM,

Cahyo Rahadian Muzhar, S.H., LLM.
19690918 199403 1 001

DICETAK PADA TANGGAL 28 Desember 2018
DAFTAR PERSEROAN NOMOR ....,TAHUN 2018 TANGGAL 28 Desember 2018

3.2.1.1. 행정상의 책임

회사법상 자본납입 책임을 다하지 못한 발기인에 대한 제재 조항은 없다. 2016/29 회사 자본 규제에서도 발기인이 회사설립 정관 서명일로부터 60일 내에 지분인수대금을 납입할 것을 요구하고 있으나, 이 같은 책임을 이행하지 못한 데 대한 별다른 제재에 대해서는 침묵하고 있다. 2018년 제6호 BKPM 규정 제6조에서는 BKPM에 신고한 투자계획대로 Izin Usaha 발급일로부터 1년 내에 인수 납입할 것을 요구하고 있으나, 본 규정에서도 별다른 제재가 없고 BKPM 담당자도 본 규정이 단속규정이기는 하나 엄격하게 제재하지는 않는다고 밝혔다.

투자이행 관리 절차 및 가이드라인에 관한 2018년 제7호 BKPM규정 제31조에서는 충분한 자본 확충능력(동 규정 제8조), 선량한 회사의 거버넌스에 대한 의무(동 규정 제7조) 등의 위반은 BKPM의 서면 경고, 투자 및 영업활동 중단 또는 제한, 관련 허가 취소 등의 제재 대상이 된다고 정하고 있다. 그러나 실제로 회사의 설립자본 미납에 따라 인도네시아 주무관청이 발기인 및 회사에게 즉시 이러한 제재를 한 경우가 발견되지는 않는다.

외국인 투자자가 BKPM에 제출하는 투자활동보고서(Laporan Kegiatan Penanaman Modal)와 실제 납입한 자본 간의 차이가 문제될 경우, 통상 외국인 투자자는 BKPM에 이에 대해 설명하고 이 같은 문제를 치유할 기회를 요청하는 절차가 진행되는 것으로 보인다.

3.2.1.2. 회사에 대한 책임

발기인은 자본인수 및 납입담보책임을 진다. 발기인 각각은 회사의 성립 시점에 인수되지 않은 지분에 대하여 인수 및 납입책임이 있다.

> **설립정관에 정한 자본을 납입하지 못한 발기인의 책임에 대한 자카르타 남부 지방법원 판결(No. 900/Pdt.G/2018/PN.Jkt.Sel)**
>
> 발기인 Van Cuson Sianturi("자본 미납 발기인")가 PT Banggai Citra

Lestari ("BCL")의 설립정관에서 정한 자본을 납입하지 아니한 사건에서, 자카르타 남부 지방법원은 자본 미납 발기인에 대한 BCL의 자본납입 청구권을 인정하였다. 또, 법원은 BCL의 다른 주주들은 주주총회를 개최하여 자본 미납 발기인이 인수하지 않은 자본에 대해 우선적으로 인수할 수 있는지 정할 수 있으며, BCL의 이사회는 회사를 대신하여 자본 미납 발기인에 대하여 자본 납입을 독촉하는 서면(surat teguran)을 발송할 수 있다고 하였다.

회사법 제7조 제2항은 "발기인 각각은 회사의 성립 시점에 지분인수책임이 있다"고 하고 있다. 즉, 본 조항은 발기인의 공동인수 의제조항이 아니다.[83] 따라서, 회사성립시점에 미인수된 주식은 누구의 소유로 볼 것인가 하는 문제가 남는다.

먼저, 발기인의 과실로 주식이 인수되지 아니한 경우에는, 법률이 인수되지 않은 주식을 회사나 제3 인수인의 소유로 볼 회사법상의 근거가 없다. 따라서 적어도 이론적으로는 제13조 제4항 및 제14조 제2항에 따라 발기인 전원이 주식을 공유하고 있는 상태로 보아야 할 것이고, 납입담보책임이 남는다고 보아야 할 것이다. 그러나 이러한 당연한 이론적 귀결에도 불구하고, 인수인이 법무법인이 발행한 Sertifikat 및 특정당사자가 지분을 인수한다고 명기하는 형식적인 법률서류 없이는 소유상태를 인정하지 않는 극심한 관료주의와 형식주의 하에서는 Sertifikat 등의 형식을 갖추지 않은 자가 공공기관 또는 법원에서 주주로 인정되기는 쉽지 않다. Sertifikat은 효력요건이 아니라 입증자료에 불과하므로 이 같은 실무상의 결론은 법리에 어긋나는 불합리한 귀결이나, 오랜 관행으로 굳은 문제이기도 하다.

결국, 이론적으로는 발기인 전원이 해당 주식을 공유하고 있는 상태로 보아야 할 것이나, 실무적으로는 자본이 납입되지 않은 주식의 소유는

---

83) 한국에는 발기인의 공동인수 의제조항을 두고 있다. 회사법 제321조 제1항 "미인수주식·청약이 취소된 주식은 발기인이 공동으로 인수한 것으로 본다."

'이도저도 아닌 상태'가 된다. 위 자카르타 남부 지방법원 판결(No. 900/Pdt.G/2018/PN.Jkt.Sel)에서 다른 주주들이 미인수 주식을 누가 인수해야 할지 주주총회에서 정할 수 있다고 한 것은, 이처럼 자본이 납입되지 않은 주식이 누구의 소유인지 불분명하기 때문인 것으로 보인다.

주식 인수인의 허위표시 또는 무권대리 등에 의하여 주식인수가 무효로 된 경우 또한 문제된다. 인도네시아 회사법상 진의가 아니었다거나 주식청약서의 요건이 흠결되었다는 이유로 주식인수의 무효를 주장할 근거 규정이 없기 때문이다. 이 때에도 이론적으로 발기인의 인수 책임이 발생하나 실무상 인수주식이 누구에게 귀속되는지는 불분명하게 남을 것으로 보인다.

또, 주식인수인의 법률행위 무능력이나 사해행위를 이유로 주식인수인 또는 그의 채권자가 주식인수를 취소한 경우가 문제된다. 전술한 바와 같이 인도네시아에서는 주식인수인은 착오, 사기, 강박, 행위 무능력을 이유로 하여 주식인수를 취소할 수 있으므로 이 경우에도 발기인의 인수 책임이 발생한다고 사료된다.

마지막으로 현물출자가 무효로 된 경우 설립무효로 볼 것인지, 납입담보 책임을 져야 하는지의 문제가 있다. 사견으로는 현물출자의 목적이 회사사업에 필수불가결한 것이 아니면 금전으로 환산하여 납입하게 하는 것이 기업유지상 타당하다고 생각한다. 그러나 현재 법률실무의 극심한 형식주의 하에서는, 당해 현물출자가 회사사업에 필수불가결한 것인지를 경우에 따라 검토하고 이에 따라 개별적으로 회사의 설립유무효를 판단하기는 어려울 것이라 사료된다.

인수납입 흠결이 경미하면 발기인의 자본충실책임으로 해결할 수 있고, 흠결이 중대하여 회사설립이 무효가 될 경우에는 회사설립무효판결은 장래효(법률관계청산 필요)이므로 인수납입담보책임이 소멸하지는 않는다.[84]

---

84) 이처럼 발기인에게 인수 및 납입담보책임을 물리는 접근은 한국이나 독일 등에서도 찾아볼 수 있는 대륙법적 접근이며, 미국법과는 구분된다. 미국의 많은 주들은 인수 및 납입이 안 된 것은 단순 채무불이행과 다름없이 발기인이

단, 인수납입 흠결이 중대하여도 즉각 당국이 제재를 하거나 회사설립이 즉시무효가 되지는 않고 통상 자본충실 책임을 이행할 시간이 주어진다.

3.2.1.3. 제3자에 대한 책임

제13조 및 제14조에서 정한 주주총회의 승인을 득하지 못하여 그 계약이 무효가 되어 제3자가 손해를 입었다면 발기인은 제3자에 대하여 직접 연대하여 손해배상책임을 진다. 발기인의 이 책임은 이사의 제3자에 대한 손해배상책임(제97조)과 같은 취지로서, 제3자를 보호하기 위한 것이다.

본 조항은 해석상 제3자를 충분히 보호하기 위하여 인니 회사법이 인정한 법정책임으로써, 발기인의 행위가 동시에 민법상 불법행위의 요건을 충족하면 당연히 청구권의 경합이 생긴다고 보아야 할 것이다. 그렇다면 이론적으로는 불법행위책임 시효와 법정책임 시효가 각각 달리 적용되어야 할 것인데, 인도네시아에서는 법률에서 각각의 시효를 달리 정하지 않는 것으로 파악된다.

한국 회사법 제332조 제2항은 "발기인이 악의 또는 중대한 과실로 인하여 그 임무를 해태한 때" 직접 연대하여 손해배상책임을 지는 반면에, 인도네시아 회사법 제13조 제4항 "기간 내에 주주총회가 개최되지 아니하거나 […] 주주총회 결의로 채택되지 않은 경우"라고 하고 제14조 제2항 역시 "발기인이 (단독으로) 법인격을 취득하지 않은 회사를 대신하여 전 1항의 법률행위를 할 경우"라고 하고 있다. 즉, 한국 회사법 제332조 제2항은 발기인의 악의 또는 중과실 책임을 정하고 있는 반면, 인도네시

___

아니라 지분인수 계약자에게 책임이 있다고 본다. 따라서 설립 뒤 회사가 해당 계약자에게 직접 청구할 수 있도록 하고 있다. 예컨대, New York Business Corporation Law §503. Subscription for share; time of payment, forfeiture for default (d) "In the event of default in the payment of any installment or call when due, the corporation may proceed to collect the amount due in the same manner as any debt due the corporation or the board may declare a forfeiture of the subscriptions […]"

아 제13조 제4항 및 제14조 제2항은 무과실 법정 책임이다. 즉, 발기인이 경과실이더라도 책임이 경감되지 않는다.

따라서 한국에서는 제3자에 대한 손해배상책임의 법적 성질에 관하여 불법행위책임설과 상법이 인정하는 특수한 손해배상책임이라고 보는 법정책임설로 견해가 갈리지만, 인도네시아에서는 한국과 같이 일반 불법행위책임으로 볼 여지가 없다고 보인다. 이는 뒤에서 설명하는 이사의 책임과도 동일하다.

한편, 여기서 제3자란 설립 전의 회사와 거래한 상대방·주식인수인·주주 등 회사 이외의 모든 자를 가리킨다. 다만 인도네시아에서는 "설립 중의 회사"라는 강학상의 실체가 별도로 인정되지 않으므로, "설립 전의 회사"라 함은 회사를 설립하기 위한 발기인 조합이라 보는 게 옳다고 생각한다. 한편, 회사가 손해를 입고 그 결과 주가의 하락 등으로 인하여 간접적인 손해를 입은 주주는 손해배상청구권자에 포함되지 않을 것이라 사료된다.

3.2.2. 회사 불성립의 경우

회사의 불성립이라 함은 설립정관의 작성 등 설립절차에는 착수하였으나 회사의 법인격을 승인하는 법무인권부 증서를 발행받지 못하거나 일정한 이유로 법인격 승인이 취소되는 경우를 말한다. 정관작성조차 이르지 못한 경우에는 구태여 회사법상 책임을 언급할 것이 아니라 발기인과 제3자 간의 사적인 관계에서의 책임문제라고 생각한다. 따라서 회사가 성립하지 못한 경우의 발기인 책임 조항은 적어도 설립정관이 작성된 경우에 해당된다고 보아야 할 것으로 사료된다.

회사법상 주주 간 다른 정함이 없는 한 회사의 수권자본 중 최소 25%가 인수 납입되어야 하나(제33조), 그렇지 못한 경우라도 회사설립이 무효가 된다고 정하고 있지는 않다.[85] 2016/29 회사 자본 규제에서도 발기인이 회사설립 정관 서명일로부터 60일 내에 주금을 납입할 것을 요구하나, 60일이 경과된다고 하여 회사 설립이 무효가 된다고 정하고 있지는 않다. 회사는 다수의 이해관계자에게 영향을 줄 수 있고 경제적인 효과도 크기 때문에, 일정한 결함이 있다 하여 일률적으로 회사의 설립을 무효로 볼 수 없기 때문이다. 이를 기업 유지의 원칙이라고 한다.

설립정관에 정한 자본을 납입하지 못한 발기인의 책임에 대한 자카르타 남부 지방법원 판결(No. 900/Pdt.G/2018/PN.Jkt.Sel)에서도 설립자본의 미납이 즉시 회사의 불성립으로 이어지는 것은 아니고, 회사가 설립자본을 미납한 주주를 상대로 채권이 발생하는 것으로 법리를 구성하였다.

자본의 결실이 중대하고 그 결과 회사의 성립조차 되었다고 보기 어려운 경우에 발기인은 이와 관련한 책임을 진다. 이는 발기인의 경솔한 회사설립 행위를 막고, 회사불성립의 경우 발기인 이외에 다른 책임귀속의 주체가 없으므로 주식인수인 및 설립 중의 회사와 거래관계를 가진 채권자를 보호하기 위하여 발기인에게 특별히 인정한 책임이다. 따라서 발기인의 책임은 발기인의 과실유무를 묻지 아니하고 인정되는 무과실 법정책임이다. 회사법이 직접 언급하고 있지는 않으나 다수 발기인 간의 연대책임이라고 사료된다.

발기인은 주식인수인에 대하여 청약증거금, 납입금 또는 현물출자의 목적물을 반환하여야 하며, 제3자에 대하여는 회사의 설립을 위하여 한 설립사무소의 임차나 직원고용 등 각종 거래행위에서 발생한 채무를 이행하거나 원상회복할 의무를 부담한다.

3.3. 최소투자요건과 최소설립자본금

최소투자요건 및 최소설립자본금과 관련한 BKPM No.13/2017 규정은

---

85) 원칙적으로는 25%납입 내역을 공증인에게 제시하여야 해당 공증인이 설립정관(공정증서)을 만들고 법무인권부 수속을 마친다.

다음과 같다.

제12조 제3항

다른 법령에서 이와 다른 정함이 없는 한, PMA는 제10조 제1항의 상사
활동을 개시하기 위해서[86] 다음의 조항을 준수하여 투자 및 자본요건을
만족하여야 한다.

a. 토지 및 건물을 제외한 총 투자가치가 Rp.10.000.000.000(100억 루피
아)를 초과할 것
b. 총 발행자본이 납입자본과 동일하며 최소 Rp.2.500.000.000(25억 루
피아) 이상일 것.
c. 각각의 주주는 최소한 Rp.10.000.000(천만 루피아) 이상의 지분 투자
를 할 것
d. 주주 비율은 주식의 액면 가격을 기준으로 계산할 것

여기서 투자(penanaman)란 해당 PMA가 인도네시아 내에 사업을 하기
위해 재산을 현실적으로 출연(出捐)하는 것을 의미한다(BKPM Reg.13/2017
제1조 제1항). PMA 설립시점 또는 PMDN이 PMA으로 전환하는 시점에
PMA는 100억 루피아의 투자가치를 갖고 있어야 한다. 그 PMA의 주주
가 되는 발기인들은[87] 해당 PMA에 최소 25억 루피아를 주금(equity)으
로 납입해야 한다.[88] PMA는 나머지 75억 루피아를 주식이나 소비대차
형식으로 투자받을 수 있다. 반면, PMDN 설립에는 최소 5억 루피아의
주금납입이 필요하다. 은행·보험·운송업 등 회사의 업종에 따라 행정부
령 및 장관령 등에서 회사 설립 시 최소 투자액에 관한 규제를 두고 있
다.[89]

---

86) 제10조 제1항의 상사활동이란, 모든 신규 상사활동을 포함한다.
87) 최소 2인 이상의 발기인이 반드시 지분을 인수하여 주주가 되어야 한다(제7
조 제7항). 단, 국유회사, 거래소·예탁결제원 기타 기구, 신설합병의 경우는
제외된다. 또, 주식회사 설립 시점에는 1인회사의 설립이 허용되지 않는다
(제7조 제2항).
88) 한국은 법정최저자본금제도를 폐지하였으므로 구별해야 한다.
89) 예컨대 운송업의 경우 최소 수권자본 Rp.1.200.000.000, 최소 25% 납입해야

통상 인수·납입 증명은 회사명의의 은행계좌, 회계감사가 완료된 재무제표, 또는 이사회 및 감사위원회가 서명한 대차대조표로 한다.

지분인수인은 금전이 아닌 현물로 출자할 수 있는데(회사법 제34조 제1항), 과대평가 시에 회사의 자본충실을 저해할 뿐만 아니라 회사 채권자 및 금전출자자의 이익을 침해할 수 있는 사항이므로 (i) 출자하려는 현물의 대체가 가능하지 않은 경우 회사와 이해관계 없는 검사인의 평가를 받아야 하고 (ii) 설립증서에 기재하여야 한다. 현물출자는 「현물출자」 단원에서 별도로 설명한다.

• 기형적인 시행규정과 실무관행

PMA 설립시점에 발기인이 PMA에 대한 100억 루피아의 투자기준 (BKPM No.13/2017 규정 제12조 제3항 a목)을 만족할 수 없는 경우의 실무상 관습이 굳어져있다.[90]

회사설립자가 소자본으로 영세한 회사를 창립하고자 할 시 종종 가장납입이 사용되는 것으로 보인다. 가장납입은 (a) 컨설팅펌 등 타인에게 일시적으로 돈을 빌려 은행에 납입하고 회사 설립 등기를 마친 후, 주식납입금 전액을 인출하여 변제하는 방식(소위 견금)과 (b) 계좌에 소액입금과 출금을 반복하여 25억 루피아의 입금기록만 사용하여 해결하는 방법이 사용되는 것으로 보인다.

이를 요약하면 다음과 같다.

함. 교통부 장관령 2017년 제49호 (Peraturan Menteri Perhubungan Republik Indonesia Nomor PM 49 Tahun 2017 tentang Penyelenggaraan dan Pengusahaan Jasa Pengurusan Transportasi) 제6조 제4항 d목.

90) 이같은 관습은 (a) 25억 루피아 지분투자요건(BKPM 규정 No.13/2017 제12조 제3항 b목)과 수권자본 중 25% 납입증빙(수권자본에 관한 2016년 제7호 및 제29호 행정부령)의 개념이 혼동되는 점, (b) 지분납입금이든 대출금이든 중소형 회사설립 시 100억 루피아의 투자는 지나친 부담인 점에 기인하는 것으로 보인다.

	가장납입	25억 루피아만 선납
방식	(i) 타인에게 일시적으로 돈을 빌려 은행에 납입하고 회사 설립 등기를 마친 후, 주식납입금 전액을 인출하여 변제하는 방식(소위 견금), 또는 (ii) 입금과 출금을 반복한 뒤 은행에서 입금 기록만 뽑아서 공증인에게 보여주어 설립정관을 만드는 방식	(i) 회사설립시에 100억 루피아를 설립자본이자 수권자본으로 정하고, (ii) 이중 25%납입 내역을 공증인에게 보여주어 설립정관(공정증서)을 만들고 법무인권부수속을 마쳐 회사를 설립하고,[91] (iii) 부족한 75%를 천천히 채워가는 방식
BKPM No.13/ 2017 규정 제12조 제3항 a목 위반여부	위반 PMA 설립 시에 토지 및 건물을 제외한 PMA의 총 투자가치가 Rp.10.000.000.000(100억 루피아)를 초과하지 않음.	위반 PMA 설립 시에 토지 및 건물을 제외한 PMA의 총 투자가치가 Rp.10.000.000.000(100억 루피아)를 초과하지 않음.
규정위반 임에도 해당 관행이 계속되는 현실적인 이유	• 특별한 일이 없으면 제3자의 은행계좌기록조회가 불가능함. • 공증인은 성실하게 직무를 수행하는 것으로 족하며, 은행 출금기록까지 요구하여 확인할 구체적인 의무가 있는 것은 아님. • 현재까지 인도네시아에서 견금을 이유로 회사설립이 즉시 무효가 된 사례가 없음.[92] • 통상 납입은행과 발기인이 공모하여 이루어지는 통모가장납입은 잘 사용되지 않음. • 오른쪽과 동일	• 공증인이 회사설립정관을 만들기 위해 납입증빙을 확인할 시, 통상 25억 루피아의 주금 납입만 확인하는 실무상의 관습 • 이 같은 관습은 25억 루피아 지분투자요건(BKPM No.13/2017규정 제12조 제3항 b목)과 수권자본 중 25% 납입증빙(수권자본에 관한 2016년 제7호 및 제29호 행정부령)의 개념이 혼동되는 데서 기인한 것으로 생각됨. • 과거에는 공증인이 회사설립증서를 만드는 시점에 주금이

단 한 푼도 납입되지 않는 경우도 있었던 것으로 보임. 이는, PMA를 설립하려는 외국회사가 PMA설립이 완성되기 전에 PMA명의의 은행계좌를 개설할 수 없다는 문제 때문임. 이 때에는 PMA의 은행계좌 개설을 위해서 발기인이 "회사설립 뒤에 위 금액을 송금하겠다"는 공증 진술서를 대신에 은행에 제출했던 것으로 보임.

이러한 기형적인 시행규정과 실무관행이 발생한 배경은 다음과 같다.

종래 인도네시아는 회사법에서 PMA와 PMDN의 구분을 두지 않고 모든 주식회사의 최소설립자본금을 5천만 루피아로 정하고 있었다(제32조 제1항). 회사법 도입 즉후 중소기업에 관한 2008년 제20호 법("중소기업법")이 도입되었는데, 영세사업의 순자산이 토지와 건물을 제외하고 최대 5천만 루피아일 것을 요구하는 기준(중소기업법 제6조 제1항 및 제2항)도 회사법의 최소설립자본금과 일치시켰다.[93] [94]

---

91) 특별한 일이 없으면 제3자의 은행계좌기록조회가 불가능하다. 따라서 소자본으로 영세한 회사를 창립하고자 할 시, 계좌에 소액입금과 출금을 반복하여 25억 루피아의 입금기록만 사용하여 해결하는 방법이 적지 않게 사용되었다.

92) 한국의 경우에도 견금에 의한 회사설립을 무효로 하지 않는다. 일시적인 차입금으로 주금납입의 외형을 갖추고 회사설립이나 증자 후 곧바로 그 납입금을 인출하여 차입금을 변제하는 주금의 가장납입 소위 견금의 경우에도 금원의 이동에 따른 현실의 불입이 있는 것이고 설령 그것이 주금납입의 가장수단으로 이용된 것이라 할지라도 이는 납입을 하는 발기인, 이사들의 주관적 의도에 불과하고 이러한 내심적 사정은 회사의 설립이나 증자와 같은 집단적 절차의 일환을 이루는 주금납입의 효력을 좌우할 수 없다. (82누522)

93) 보다 정확하게는 중소기업법에서는 기업이 아닌 사업(Usaha)이라는 단어를

이후, 중소기업과 대기업의 최소설립자본금을 일치시키는 것은 옳지 않다는 의견이 반영되면서 최소설립자본금 및 최소투자금액에 대한 BKPM규정들이 도입되었다.[95] 이와 관련하여 국회가 정한 법을 행정부 산하의 투자조달청 규정이 개정하는 것이 옳은지에 대한 논의는 활발하지 않았던 것으로 보인다. BKPM 규정이 시행되자 실무에서는 이를 극복하고자 전술한 실무관행이 등장하였다.

그러다가 2016년에 주식회사 수권자본 개정에 대한 2016년 제7호 행정부령("수권자본 첫 번째 개정령")과[96] 주식회사의 수권자본금에 대한 2016년 제29호 행정부령("수권자본금 두 번째 개정령")이[97] 도입되면서 실무에서는 100억 루피아 요건이 폐지될 것을 기대하는 목소리가 높아졌다.[98] 그러나 이 같은 기대에도 불구하고 두 수권자본금 개정령은 100억 루피아 기준을 폐지하기는커녕 "주식회사의 수권자본금은 최소한 25%

썼으나, 사업은 주식회사를 포함하여 사업을 하는 모든 경제주체를 의미하므로(중소기업법 제1조 제1항 내지 제4항) 영세사업을 위해 주식회사를 설립하는 사람의 입장에서는 회사법과 중소기업법을 모두 만족시켜야 되었다. 따라서 당시에는 만족시켜야 하는 두 법규가 상호 모순이라는 점이 혼란을 일으켰다가, 영세기업의 경우 Usaha dagang이라는 비법인 단체 내지 개인사업자로 분리되었다.

94) 순자산이란 회계상 총 자산에서 부채를 제외한 자산이기 때문에 결국 자본을 의미한다. 물론 자본계정 아래의 다양한 계정을 들어 주식회사법상 요구하는 최저자본과 다르다고 주장할 수 있는 여지는 있으나 중소형 기업에게 이 같은 주장은 거의 의미가 없다.

95) BKPM 규정 No.5/2013 제22조, BKPM 규정 No.14/2015 제31조 제4항 및 BKPM 규정 No.13/2017 제12조 제3항.

96) Peraturan Pemerintah 7/2016 tentang Perubahan Modal Dasar Perseroan Terbatas

97) Peraturan Pemerintah 29/2016 tentang Perubahan Modal Dasar Perseroan Terbatas

98) Hukum Online, Establishment of PT Legal Entit for UMKN Simplified, April 12, 2016. https://www.hukumonline.com/berita/baca/lt57a205bfb 73c9/pp−29−2016−simpangi−besaran−modal−dasar−pendirian−p erseroan−terbatas/

납입 및 인수되어야 하고 증빙되어야 한다"(수권자본금 두 번째 개정령 제2조)는 점을 다시 언급하는데 그칠 뿐,[99] 회사설립의 실무에 아무런 의미 있는 변화를 가져오지 못했다. 수권자본은 BKPM No.13/2017의 100억 루피아 최소출자액과는 전혀 다른 개념이기도 하다.

2018년 중후반에는 달라당 환율이 15,000 루피아를 돌파하는 등 인도네시아 루피아가 급격이 약화되자, 법무인권부는 일부의 해외투자자들에게 최소 투자 미이행을 일시적으로 문제삼기도 했다.[100] 그러나 2018년 후반에 다시 달러당 루피아 환율이 14,000선에서 안정화되면서 법무인권부는 최소 투자 미이행을 다시 문제삼지 않게 되었다.[101] 현재는 다시 중소형기업 설립 시에 100억 루피아의 최소투자기준을 마치 수권자본처럼 적용하는 실무관행이 지속되고 있다.

간단히 말하면, PMA는 토지와 건물을 제외하고 100억 루피아를 초과하는 투자가 요구되나 통상 25억 루피아의 납입만 확인하는 관행이 계속되고 있다. 가장 좋은 것은 인도네시아가 부당한 최소설립자본금을 폐지하는 것이나,[102] 현재까지는 이를 기대하기는 어려울 것으로 보인다.

• Passive company 또는 SPC설립과 관련한 문제
기형적인 최소설립자본의 법령과 관행은 영업활동을 하지 않는 회사, 이른바 passive company 또는 Special Purpose Company("SPC")의 설립을 어렵게 하는 문제로 이어진다.

---

99) 그 외에도 "최저설립자본금에 관해서는 법령을 준수해야 한다"(제3조) 등 아무런 실익이 없는 조항들만 있다.
100) 대한상공회의소·법무부·대한상사중재원·인도네시아 코참 주최, 해외진출 기업 법률지원 현지설명회, 2018.10.18, 김민수 현지변호사 발표내용.
101) 본서 저작 중 코로나바이러스에 따른 환율 변동으로 1달러 당 16,000 루피아 환율을 돌파했으나, 국가기관들이 2주간 임시 휴무에 돌입한 현재 (2020)까지 위와 같은 전례는 아직 재발하지 않은 것으로 보인다.
102) 한국은 2009년에 법정최소설립자본금을 폐지했다.

인도네시아에서도 SPC는 사용되기는 하나,103) 다른 나라에 비교해 SPC설립이 보편적이거나 인기있는 방식은 아니다. SPC 설립에 필요한 최저자본납입 및 최저투자조건이 과중한 부담이며, 회사의 설립과 운영에 상당한 시간과 노력, 비용이 소요되기 때문이다. 구체적으로는, 소규모 회사에 대한 투자에도 30일 기간을 지켜 공시를 해야 한다거나, 계약 시 일일이 인도네시아어로 번역 및 공증을 받아야 한다거나, 투자액에 비례하여 공증비를 지급해야 한다거나, 계약 시 일일이 인도네시아어로 번역을 해야 한다거나, 투자청으로부터 투자허가를 얻어야 한다거나, 회사관련 변화를 일일이 법무인권부에 등록 내지 통지해야 한다거나, 공인 (legalisasi) 과정을 통해 관계 서류를 공식화104) 하는 등의 행정비용과 시간소요가 막심하다.

이와 같은 이유로 사업이나 프로젝트의 규모에 따라 SPC설립에 따른 불경제를 극복하는 것이 쉽지는 않은 것으로 보인다.105)

3.4. 설립증서(Akta Pendirian) 기재사항

발기인 또는 발기인의 위임을 받은 자는 설립증서를 기재할 수 있다 (제8조 제3항). 설립증서에는 (i) "정관"을 첨부하고 (ii) "회사설립에 관한

---

103) 인도네시아에서는 창고, 공장, 사무실 등의 부동산 소유만을 위한 SPC가 종종 사용되는 것으로 보인다. 창고 내지 post-project 후에 비어있는 공장 등을 제3자에게 임대 주는 일 외에 별다른 활동이 없는 SPC나, 외국에 증권(asset-based securities)을 발행하기 위해 부동산 소유권을 갖고만 있는 SPC가 그러한 예이다.

104) legalisasi 절차와 관련해서는 Peraturan Menteri Luar Negeri Nomor 13 Tahun 2019 tentang Tata Cara Legalisasi Dokumen pada Kementerian Luar Negeri

105) 예컨대 SPC 설립의 비효율에 따른 증권형 크라우드펀딩업 도입 실패가 그 예이다. 장순필, 인도네시아의 크라우드펀딩 규제, 상사판례연구 31권 2호; 2018년 06월, pp.309-345.

사항"을 기재해야 한다. "회사가 설립되기 전 발기인이 지분 인수와 관련해 한 행위"는 기재하지 않아도 회사설립은 유효하나, 해당 행위에 대한 효과가 회사에게 귀속되지 않는다.

3.4.1. 정관(Anggaran Dasar: Articles of Association)

회사정관의 절대적 기재사항은 다음과 같다(제15조 제1항 및 조항해설서).106)

① 상호
② 인도네시아에 위치한 본점 소재지
③ 존립기간(무제한일 경우, 무제한이라고 명기해야 한다.)
④ 목적
⑤ 유한책임 또는 무한책임의 여부
⑥ 주된 상사활동 분야
⑦ 자본총액, 발행 자본금 및 납입자본금
⑧ 수종의 주식발행 시 각 종류주식의 수와 각 1주의 금액
⑨ 주주총회의 소집절차와 장소
⑩ 이사회 및 감사위원회 인원수와 명칭
⑪ 이사회 및 감사위원회 구성원의 선·해임 및 교체
⑫ 회사의 이익분배 및 주주배당절차

상기 기재사항은 절대적 기재사항이기 때문에 이 가운데 하나만 누락되거나 잘못 기재되어도 정관 전체가 무효가 될 수 있다. 특히 ⑪과 관련하여 제107조는 다음 사항을 정관에 기재할 것을 요구한다.

① 이사회 구성원의 해임절차
② 이사회 공석을 채우는 절차
③ 이사회 구성원 전원이 경영권 및 대표권 행사가 금지되거나 유보될 경우에 경영권 및 회사의 대표권을 가지는 자

강행법규에 반하지 않는 한, 위 절대적 기재사항 외에도 다른 상대적

---

106) 한국에서 정관의 절대적 기재사항과는 차이가 있으므로 주의를 요한다.

기재사항을 작성할 수 있으나 다음 두 가지 사항을 기재할 수 없도록 하고 있다.

① 주주가 자신이 소유한 주식에 대하여 정해진 이자를 받는 내용
② 발기인이나 제3자에게 개인적 이익을 제공하는 내용[107]

법률에 규정은 없으나 그 외에도 회사의 본질에 위배되거나 사원의 고유한 권리를 침해하는 사항은 당연히 기재할 수 없을 것이다. "자신이 소유한 주식에 대하여 정해진 이자를 받는 내용"을 정관에 적지 못하게 한 것은, 주식회사의 본질에 위배되는 사항이므로 회사가 이 같은 계약에 구속되지 않게 하려는 예시적 조항이라고 생각한다.

3.4.2. 회사설립에 관한 사항

제8조 제2항은 회사설립에 관한 사항에 다음을 필수적으로 기재할 것을 요구한다.

① 발기인이 자연인인 경우, 발기인의 성명, 출생지, 출생연월일, 직업, 현주소 및 국적
② 발기인이 법인인 경우, 법인의 상호, 본점 소재지, 현주소, 법무부 장관의 법인설립승인서 번호 및 일자
③ 최초 이사회 및 감사위원회 구성원의 성명, 출생지, 출생연월일, 직업, 현주소 및 국적
④ 주주의 성명, 총 발생주식의 수, 발행 및 납입된 주식의 액면가액

3.4.3. 회사가 설립되기 전 발기인이 지분 인수와 관련해 한 행위

「변태설립사항」 단원에서 후술한다.

---

107) 인도네시아 회사법 제15조 제3항. 이에 따라 특별이익·설립비용·재산인수를 정관에 기재하지 않도록 했음에 주의해야 한다. 한국은 반드시 정관에 기재하여야만 그 효력이 발생한다.

3.4.4. 상장회사의 경우

상장회사의 정관작성 시에는 상기 사항 외에도 아래의 금융감독청(Otoritas Jasa Keuangan: "OJK") 규정을 준수하여야 한다.

- OJK Regulation No. IX.J.1.
- 공개회사 및 상장회사 주주총회 시행과 계획에 관한 OJK Regulation No. 32/POJK.04/2014
- 공개회사 및 상장회사의 이사회와 감사위원회에 관한 OJK Regulation No. 33/POJK.04/2014
- 공개회사 및 상장회사의 선임 및 보수협의회에 관한 OJK Regulation No. 34/POJK.04/2014

3.5. 회사설립 시의 현물출자

3.5.1. 의 의

현물출자란 금전 이외의 재산으로 하는 출자이다. 현물출자 재산이 과대평가되는 경우 "발기인 또는 제3자가 개인적 이익(pemberian manfaat pribadi)"을 취할 수 있다고 보아 출자 재산이 올바르게 평가되었는지를 검사인이 평가하도록 규제함(제34조 제2항)으로써 현물출자의 공정을 기하고 있다.

본 단원에서는 회사설립 시의 현물출자와 관련된 사항을 논의하고, 증자 및 PMA 설립에 있어서의 현물출자와 관련한 사항은 각 단원을 달리하여 후술한다.

3.5.2. 회사설립 시 현물출자의 목적

현물출자의 목적인 "금전 이외의 재산(bentuk lainnya)"은 금전적 가치가 계상될 수 있으면 현물출자의 목적이 될 수 있다(제34조 제1항). 따라서 본 항의 해석상 현물출자자의 목적은 동산·부동산, 채권(債權)과 어음·채권(債券) 등 유가증권은 물론이고 상장회사의 경우 외상 매출금도 전년도 회계감사에서 공개되었다면 현물출자의 목적이 될 수 있다.

그러나 통상 실무에서 특허권, 실용신안권, 의장권 등 무체재산권, 영업권, 상호권, 계약상의 권리, 회사를 위하여 제공된 노무, 미래에 제공하기로 한 노무 등은 통상 가치평가가 어렵고 재산적 가치가 불분명하다고 보아 제34조 제2항에 따라 현물출자로 인정되지 않는 경우가 적지 않은 것으로 보인다.

회사설립 시 토지와 건물은 100억 루피아 초과의 최저투자자본금에서 제외되므로(BKPM규정 2017년 제13호), 설사 회사설립 시 토지와 건물이 필요하더라도 현금을 출자한 뒤 투자회사로 하여금 토지와 건물을 매수하게 하는 방법이 종종 사용된다.

3.5.3. 회사설립 시 현물출자의 요건

회사가 설립되기 전 발기인이 지분 인수와 관련해 한 행위는 설립증서에 기재하여야 한다(제12조 제1항). 따라서 지분을 반드시 인수해야 하는 발기인이 금전 대신 현물을 출자하면 이를 설립증서에 기재하여야 한다. 이를 기재하지 않는다고 회사설립자체가 무효가 되는 것은 아니지만, 설립 중의 회사에 귀속되지 못하는 것은 물론, 성립 후 회사에 대하여도 그 효과를 주장할 수 없다(제12조 제4항). 인도네시아는 "설립 중의 회사"라는 강학상의 실체를 별도로 인정하지 않는다.

이러한 사항들을 기재하지 않고 변태설립사항의 효과를 설립한 뒤의 회사에 귀속시키기 위해서는, 설립 후 첫 주주총회의 추인을 얻어야 한다. 이를 위해서, 회사가 법인격을 취득한 날(법무인권부의 설립 승인 결정일)로부터 60일 이내에 첫 주주총회를 열어야 한다(제13조 제2항). 그리고 의결권이 있는 주주 전원이 참석하여 추인을 한다는 결정에 동의를 하여야 한다(제13조 제3항). 60일 이내에 주주총회가 열리지 않거나, 주주총회 정족수가 부족하거나, 주주전원의 동의를 얻는 데 실패한 경우 발기인이 위 행위에 대하여 직접 책임져야 한다(제13조 제4항).

3.5.4. 회사설립 관련 현물출자의 불이행

지분을 인수하는 자가 현물출자의 합의대로 이행하지 않으려는 경우 문제가 된다.

회사 성립 전(즉, 회사의 법인격 승인에 대한 법무인권부의 확인서 발급 전)이라면, 현물출자자가 그 이행을 지체할 시에는 회사가 현물출자자를 상대로 계약 내용대로 이행을 강제하면 되고, 이행이 불능이 된 경우에는 계약을 해제하고 정관변경 및 설립절차를 속행하면 된다.

문제는 회사가 이미 성립된 경우이다. 계약을 해제하면 출자 환급의 결과가 되기 때문에 해제할 수가 없게 된다. 계약 내용대로 강제이행이 되는 경우라면 강제이행하면 되지만,[108] 불가능한 경우에는 발기인의 책임이 되어버릴 수 있다. 예컨대 출자하려는 현물이 금전으로 환산하는 것이 무의미한 경우나, 주주가 문제의 현물뿐 아니라 금전으로 환산한 납입담보책임조차 부담할 수 없는 경우라면, 발기인의 책임이 된다.

3.5.5. 부당평가

발기인들끼리 설립하든(발기설립), 지분을 인수할 주주들을 모집하여 설립하든(모집설립), 설립등기 이전에는 설립경과 조사를 통해 시정이 가능하므로 부당평가가 되지 않는다. 한국은 발기설립 시에는 이사의 청구로 검사를 선임하여 법원에 보고하며, 모집설립 시에는 발기인의 청구로 선임된 검사가 창립총회에 그 조사 결과를 제출하도록 각기 달리 규정하고 있다.[109] 인도네시아 회사법은 양자를 구별해서 규율하지도 않으며,

---

108) 설립정관에 정한 자본을 납입하지 아니한 자에 대해 설립된 회사의 자본납입 청구권을 인정하고 그 회사의 이사회는 자본을 납입하지 아니한 자에 대해 독촉장을 발송할 수 있다고 한 판례로 No. 900/Pdt.G/2018/PN.Jkt.Sel.
109) 제299조, 제299조의2, 제310조.

발기인 또는 이사의 청구로 검사를 선임하여 창립총회나 법원에 보고하는 절차가 규정되어 있지도 않다.

대신, 현물출자에 대해서 주주명부에 작성토록 하고(제50조 제1항), 전문검사인이 회사와 이해관계가 없도록 규정을 두고 있다. 회사와 이해관계가 없는 전문검사인은 아래의 조건을 충족해야 한다(penjelasan 제34조 제2항).

i. 회사의 직원, 이사, 감사, 혹은 주주 중 누구와도 2촌 이하의 직계 존속 또는 비속 관계에 있지 아니할 것

ii. 이사나 감사와 관계가 없을 것

iii. 회사에 대하여 영향력을 이용하여 업무집행을 할 수 있는 자가 아닐 것110)

iv. 20% 이상의 지분소유자가 아닐 것

현물가치에 대한 객관적 검사 및 평가를 전문적으로 담당하는 인도네시아 회사들이 있다.111)

특히 부동산을 현물출자하는 경우, 회사 설립증서의 서명일 또는 해당 현물출자에 대한 주주총회 결정일의 14일 이내에 1개 이상의 신문을 통하여 공고하여야 한다(제34조 제3항).

부당평가는 변태설립으로 관련된 발기인, 이사 및 감사 전원이 연대책임을 질 수 있는 변태설립사항이다.

---

110) 한국에서는 이처럼 회사의 경영을 사실상 맡고 있으나 이사의 지위에 있지 아니하는 자를 사실상의 이사라고 한다. 구체적으로는 회사에 대해 자신의 영향력을 이용하여 이사에게 업무집행을 지시한 자로써 법률상의 이사가 아닌 자, 본인이 직접 명목상의 명의로 업무집행을 하는 자, 이사가 아니면서 회사의 업무를 집행할 권한이 있는 것으로 인정될 만한 명칭을 사용하여 회사의 업무를 집행하는 자 등을 말한다. 인도네시아에서도 법문의 해석상 이를 모두 포함하는 것으로 보는 것이 타당하다.

111) 인도네시아에서는 SGS 및 SUCOFINDO 등이 상기와 같은 객관적인 가치평가로 유명한것으로 파악된다. SUCOFINDO의 웹페이지 <http://www.sucofindo.co.id/> SGS의 웹페이지 <http://www.sgs.co.id/>

3.6. 변태설립사항(현물출자 · 특별이익 · 설립비용 · 재산인수 · 기타 발기인 또는 제3자에게 경제적 이익을 주는 행위)

제14조

제1항 법인격을 아직 득하지 않은 회사를 대신한 법률행위는 발기인, 이사 및 감사 전원에 의하여만 할 수 있고, 발기인, 이사 및 감사 전원이 그 법률행위에 대하여 연대책임을 진다.

제2항 발기인이 법인격을 취득하지 않은 회사를 대신하여 전 1항의 법률행위를 할 경우, 그 발기인은 그 법률행위에 대하여 책임을 지고 그 법률행위는 회사를 구속하지 아니한다.

제3항 회사가 법인격을 취득하면 그 회사는 법률에 따라 전 1항의 행위에 대하여 책임을 져야만 한다.

제4항 전 2항의 행위는 회사의 주주전원이 주주총회에서 승인을 받을 경우에만 회사를 구속하며 회사의 책임이 된다.

제5항 전 4항의 주주총회는 회사가 법인격을 취득한 후 60일 내에 개최된 첫 번째 주주총회를 말한다.

제15조 제3항

설립정관은 a. 지분에 대한 고정이자 및 b. 발기인 또는 제3자에 대한 개인적 이익 수여에 대하여 작성할 수 없다.

변태설립사항이란, 회사설립과 관련된 사항들 가운데 회사의 자본적 기초를 약화시킬 우려가 있는 것을 말한다. 한국은 상법 제290조에서 변태설립사항을 각각 나누어 정하고 있는 반면, 인도네시아 회사법은 오직 "회사가 설립되기 전 발기인이 지분 인수와 관련해 한 행위"를 설립증서의 기재사항으로 정하고 있을 뿐(제12조 제1항), 재산인수 · 사후설립 등을 별도로 구분하여 규율하고 있지 않고 단순히 "발기인 또는 제3자가 받을 개인적 이익(pemberian manfaat pribadi)과 이를 받을 자의 성명을 설립증서에 기재하지 말라"고 하고 있다.

인도네시아 변태설립사항실무를 한국인이 한국어로 이해하기 위해서는 한국 회사법상의 개념을 먼저 살펴볼 필요가 있다.

3.6.1. 한국 회사법에서의 변태설립사항

한국에서는 (i) 발기인이 회사설립의 실패에 따른 위험을 부담하고 설립사무를 관장한 데 대한 공로로서 주어지는 특별한 이익(특별이익), (ii) 금전 이외에 현물로 한 출자(현물 또는 노무출자), (iii) 발기인이 설립 중 회사를 대표하여 거래의 상대방으로부터 성립 후 회사가 사용할 재산을 성립 후에 매입하기로 하는 약정(재산인수), (iv) 발기인이 회사설립을 위하여 지출한 비용(설립비용)을 반드시 정관에 기재하여야만 그 효력이 발생한다고 정하고 있다. 설립과정에서 발기인이 권한을 남용함으로써 성립 후 회사의 자본충실을 저해할 수 있는 사항들이기 때문이다.

(i) 특별이익은 발기인이 회사설립의 실패에 따르는 위험을 부담하고 설립사무를 관장한 데 대한 공로로서 주어지는 이익이다. 자본충실에 반하는 이익(발기인이 보유하는 주식에 대한 납입의무 면제), 주주평등에 반하는 이익(의결권에 대한 특혜 등), 단체법의 원칙에 반하는 이익(이사 지위의 당연보장 등)을 특별이익으로 수여할 수 없음은 당연하다. 이 같은 문제를 막기 위하여 변태설립사항의 일종으로 규제하는 것이다(다만 인도네시아에서는 "단체법"이라는 개념이 널리 인정되지 않는 것으로 보인다).

(ii) 설립비용은 발기인이 회사설립을 위하여 지출한 비용이다. 예컨대 설립 사무소의 임차료, 주식청약서 인쇄비, 설립사무원 보수, 주주모집 광고비 등이 그러하다. 이런 비용들을 과다계상하면 회사가 과중한 부담을 지고 설립에 관여한 자가 이익을 과대하게 누릴 수 있기 때문에 한국, 독일 등에서는 정관에 변태설립 사항으로 작성해야 한다.

(iii) 현물출자 역시 출자하는 현물의 가치를 과대계상하면 다른 주주나 채권자의 권리를 침해하고 설립에 관여한 자가 이익을 과대하게 누릴 수 있다. 인도네시아 회사법은 현물출자는 일부 규정을 두고 있으므로 자세한 사항은 다음 단원을 달리하여 설명한다.

(iv) 재산인수란, 현물출자에 따른 번잡함을 피하기 위하여 발기인이 설립 중 회사를 대표하여 거래의 상대방(다른 발기인이나 주식인수인

또는 제3자)으로부터 성립 후 회사가 사용할 재산을 성립 후에 매입하기로 하는 약정이다. 단순비품과 같이 대차대조표의 자산의 부에 기재되는 자산의 구입계약을 체결하는 것이 그러하다. 종국적으로 현물출자나 다름없기 때문에 현물출자와 같이 변태설립사항으로 규정하는 것이다.

[한국에서의 현물출자, 재산인수, 사후설립의 구분]

	현물출자	재산인수	사후설립
계약당사자	설립 중의 회사	설립 중의 회사	설립 후의 회사
재산권 이전시기	설립 전	설립 후	설립 후
재산권 이전대가	주식취득	금전취득	금전취득

독일에서는 이 외에도 설립과 관련하여 감사를 할 때 독립적인 제3자여야 하는 감사인이 알고 보니 발기인이었다거나(§34 AktG 1965), 발기인이 이사나 감독이사가 되면서 지분도 인수하는 경우(§ 33 AktG 1965) 등도 변태설립사항이라고 보고 있다.

3.6.2. 인도네시아에서의 pemberian manfaat pribadi 개념

인도네시아 회사법 제15조 제3항 제b호는 "발기인이 회사설립으로 괜한 사적이익을 취하려고 하면 회사는 이를 인정할 수 없다"라고 상당히 포괄적으로 정한 셈인데, 이는 각종 변태설립사항의 핵심을 압축적으로 말한 것이다. 이 문장 하나로 위에서 열거한 한국의 변태설립사항 및 기타 독일법에서 정한 변태설립사항들은 물론, 모든 잠재적 변태설립 사항까지 포섭시켰다. 물론, 발기인이나 회사설립에 관여한 자들에게 지나치게 포괄적이고 분명하지 않다는 지적을 받을 수 있다. 따라서 한국이나 독일처럼 우선 상황에 따른 세부 조항을 두고, 포섭하지 못하는 부분까지 커버하기 위해서 이 같은 조항을 두는 것이 좋았다고 생각한다.

결국 제15조 제3항 제b호의 핵심은 "발기인이나 제3자에게 특별이익을 제공한다는 특약이나, 과다계상 된 설립비용이나 재산인수는 설립증서에 기재해서는 안 되는 사항으로, 회사가 추후에 인수하라고 강요할 수 없다" 정도로 요약할 수 있을 것이다. 변태설립사항에 해당되는 특약들은 제14조 요건을 모두 충족시켜야 설립 뒤 회사가 전액부담 할 수 있으므로, 포괄적 조항이 실무상 큰 문제가 되지는 않을 것으로 생각한다.

회사가 설립되기 전에 계약당사자 혹은 제3자의 이익을 위하여 계약을 맺을 때는, 제14조 제1항에 따라 발기인·이사회·감사위원회 전원의 동의를 얻어야 하며, 동의한 자 모두 연대책임을 지도록 하고 있다. 제14조 제1항 및 제3항을 조화롭게 해석하면, 이 때 설립 중 회사명의로 취득한 권리의무는 발기인·이사·감사 조합(Persekutuan Perdata or Maatschap)에 잠정적으로 귀속되었다가, 성립 후 회사에 별도의 이전행위 없이 귀속된다고 생각된다. 그러나 이러한 이론적 설명은 현재까지 인도네시아에서 거의 사용되지 않는다.

반면 발기인이 회사설립 전 회사를 대리하여 한 계약을 맺은 경우, 그 회사가 설립된 후 60일 내 주주총회에서 주주전원의 동의를 얻어 회사에게 계약상 권리의무를 이전하여야 한다.112) 그렇지 못한 경우 그 계약은 발기인 개인 또는 발기인 조합의 행위로 귀속되어 발기인들이 전액 부담하게 된다. 정관에 기재할 수 없으므로 회사에 대하여 구상할 수도 없다.

첫번째 주주총회에서 주주전원의 동의를 얻지 못한 경우, 별개의 계약 인수절차(채권양도·채무인수) 혹은 무권대리의 추인등을 통해 회사가 여전히 자발적으로 계약을 승계할 수 있는지 여부는 규정되어 있지 않다.

---

112) 제14조 제2항, 제4항과 제5항. 명시적으로든 묵시적으로든 회사를 공동으로 설립하기로 한 발기인들간의 조합(perseroan)에 합유의 형태로 귀속된다. 적어도 이론적으로는 이 후 회사의 실체가 형성되어 법인격만 부여받지 않은 때라면 설립 중의 회사에 총유 또는 준총유의 형식으로 귀속된다고 보아야 하겠지만, 이 같은 이론은 인도네시아에 정착되어 있지 않다. "설립 중의 회사"라는 강학상의 실체를 별도로 인정하고 있지도 않고, 총유에 대한 이론도 널리 인정받지 못하고 있는 것으로 보인다.

3.7. 설립정관의 제출

회사의 법인격 승인신청 시에는, 발기인이 설립정관에 서명한 날로부터 60일 이내 법무인권부에 공증인이 발기인을 대리하여 설립정관을 제출하여야 한다.[113] 회사가 제출하는 것이 아니라 공증인이 발기인을 대리하여 제출해야 함에 주의하자. 법무인권부가 상호사용을 승인하고 모든 관련 서류가 완성되면, 공증인은 Format Isian Akta Notaris(FIAN) 모델 양식 포맷 I을 법인격행정시스템(Sisminbakum)에[114] 제출해야 한다. 해당 신청 결과는 위 시스템을 통해 통지된다. 설립정관 서명일로부터 60일을 경과하여 제출 시 해당 회사설립은 무효이며 그에 따라 관련 회사는 법인격을 취득할 수 없음에 유의하여야 한다.[115] 제출된 서류 상의 누락이나 이상 여부를 발기인에게 전자적 방식으로 통지하는데, 이 통지를 받으면 공증인은 그로부터 30일 이내에 발기인을 대리하여 신청서와 첨부서류 원본을 직접 제출하여야 한다.[116]

회사설립을 승인한다는 결정 및 증서를 제공하려면, 법무인권부는 설립승인 결정일로부터 14일 이내에 인도네시아 주(州) 관보 TBN RI[117]에 관련 공고(Pengumuman)를 띄워야 한다.[118] 본 공고는 법무인권부의 의

---

113) 주식회사 데이터 변경 및 정관변경 통지 및 법인격 인정과 정관변경의 신청 세부절차에 관한 법무인권부 2014년 제4호 규정(Peraturan Menteri Hukum Dan Hak Asasi Manusia Republik Indonesia Nomor 4 Tahun 2014 Tentang Tata Cara Pengajuan Permohonan Pengesahan Badan Hukum Dan Persetujuan Perubahan Anggaran Dasar Serta Penyampaian Pemberitahuan Perubahan Anggaran Dasar Dan Perubahan Data Perseroan Terbatas: "법무인권부 04/2014 규정") 참조.
114) 인도네시아 법인 행정시스템 정보기술서비스(jasa teknologi informasi sistem administrasi badan hokum) 홈페이지: http://eprints.undip.ac.id/16450/
115) 법무인권부 04/2014 규정.
116) 이 때 제출할 원본 서류는 법무인권부 04/2014 규정을 참조.
117) Tambahan Berita Negara Republik Indonesia
118) 2014년 기준, 비용은 총 1,580,000 IDR(회사가치평가비용 IDR 1,000,000,

무이므로 설립하는 회사가 반드시 해당 공고의 사본을 보관해야 할 의무는 없다. 그러나 나중에 회사를 매각하거나 투자를 받거나 신설합병을 하는 등의 이유로 법무실사를 하게 되면, TBN RI 공고의 사본은 체크리스트에 전형적으로 포함되는 서류이며 적지 않은 현지 회사들이 유효한 설립요건을 충족했다는 증빙서류로써 보관하는 서류인 것으로 파악된다.

3.8. 설립의 효력발생

회사설립의 효력발생일, 즉 회사의 법인격 취득일은 법무인권부로터 설립 결정서[119]를 취득하는 날이다(제7조 제4항).

3.9. 기타 고려사항

3.9.1. 이사의 국적

순수 인도네시아 주식회사인 PMDN이라고 해서 이사까지 내국인으로 고용해야 한다는 제한이 있는 것은 아니다.[120] 외국인인력에 관한 2018년 제20호 대통령령[121]도 외국인을 고용할 수 있는 자 중 하나로 주식회사를 정하고 있으며 PMDN과 PMA를 구별하지는 않는다.[122] 다만, PMA·

State Gazette 개재비용- IDR30,000 State Gazette, 부속자료 개재비용 IDR 550,000)이 소요된다. 본 공고와 관련한 사항 및 규제에 대한 자세한 사항은 Peraturan Menteri Nomor M.02.HT.01.10 Tahun 2007 또는 그 개정안을 참고하라.

119) Keputusan Menteri Hukum dan Hak Asasi Manusia untuk Pendirian Perseroan Terbatas. 통상 단순히 확인서(SK)라는 표현이 더 많이 쓰인다.

120) 단, 이민국이 PMDN에서 외국인 이사직 Kitas를 발급하는데 있어 unwritten policy로 몇 억 루피아의 자본을 요구한다.

121) Perpres Nomor 20 Tahun 2018 Tentang Penggunaan Tenaga Kerja Asing.

122) 따라서 인도네시아 내 외국인 사업자 중 외국인지분율 제한을 우회하면서 외국인인 본인을 임원으로 선임하는 경우가 적지 않다고 한다. 자세한 사항

PMDN을 불문하고, 외국인은 인사를 담당하는 이사 직책을 맡을 수 없다.[123]

실무상 외국인 이사를 두는 것은 상당한 번거로움이 따른다. 출입국 관리법 및 대통령령 2018년 제20호 상의 요건(예컨대 사회보장보험(BPJS) 가입, 노동부 회사등록(WLK)의무, 외국인고용계획서(RPTKA)승인, 기한부 거주허가 비자취득 등) 외에도, 소득신고 및 과세신고 상의 문제가 있기 때문이다. 외국인 이사의 경우 양국에서 소득신고의 대상인데, 납세신고 (SPT)가 불완전하거나 오류가 있을 경우 최장 6년의 구금 및 미지불과세 소득의 4배에 해당하는 벌금에 처하게 된다(2009년 제16호 세법 제39조). 실제로도 잘못된 소득신고로 2010년 인도네시아 회사의 외국인 이사에게 징역 3년 및 180억 루피아의 벌금을 과징한 예가 있다.[124]

이사의 국적과 관련된 보다 상세한 사항은 「이사」 단원에서 상술한다.

3.9.2. BKPM 수속 및 허가

인도네시아 내 외국인 직접 투자와 관련한 절차, 요건, 행정 시스템들은 최근 급격하게 발전을 거듭하고 있다.

과거 2017년 이전에는 주식회사를 설립하거나 PMDN에서 PMA로 전환하고자 할 때 BKPM Reg. 14/2015에 따라 요구되는 BKPM 투자허가

은 이하 「3.10.2. 외국인 최대지분율 우회 방법의 법적 리스크」 단원을 참고하라.

123) 외국인 선임이 금지되는 직책에 관한 2012년 제40호 노동이주 장관령 (Keputusan Menteri Tenaga Kerja Dan Transmigrasi Republik Indonesia Nomor 40 Tahun 2012 Tentang Jabatan—Jabatan Tertentu Yang Dilarang Diduduki Tenaga Kerja Asing).

124) Erlangga Djumena, "Pajak Orang Asing Rp. 93,4 Triliun," Kompas, 13 September 2010, <https://ekonomi.kompas.com/read/2010/09/18/125 10122/pajak.orang.asing.rp.934.triliun>; 및 Achmad Aris, "Penyidikan Kasus Pajak Bumi Masih Berlangsung," 18 September 2010. <http://www. ikpi.or.id/content/penyidikan—kasus—pajak—bumi—masih—berlangs ung>

서(Izin prinsip)라는 것이 있어, 투자자는 해당 허가를 받은 기간 내에 허가된 지분투자만을 이행하여야 했다.[125] BKPM Reg. No.13/2017이 도입된 후로는 Izin Prinsip은 요구되지 않고 대신 업종에 따라 '자본투자등록(Registration of Capital Investment)'이 요구되었다.[126]

그러나 온라인 통합 시스템인 Online Single Submission("OSS")의 도입 후에는 이러한 자본투자등록도 필요하지 않고, 다만 BKPM 및 관계 부처와의 긴밀한 협의가 필요하게 되었다. OSS의 도입 후에도, 관련 규정과 시스템의 업데이트를 거듭하여 온라인으로 가능한 행정업무가 점차 다양해져왔다. 본서 최종 편집시점(2020) 기준으로 OSS v.1.1이 가장 최근 버전인데, 기존 OSS v.1.0에 비해 대표사무소에 대한 허가(Izin KPPA) 발행, 청산 이외의 이유에 따른 인허가의 취소, 토지 외에도 수목에 관한 허가수속 등 다양한 인허가 관련 업무들이 가능해졌다.

BKPM 외국인 투자허가와 관련, 인도네시아는 빈번하게 관련 규정을 수정하거나 새로 도입해왔다.[127] 이로써, 인도네시아는 외국인 투자담당 체계 및 인허가 체제를 일원화하고, 신속한 외국인 직접 투자 절차를 마련하면서, 동시에 산업별 외국인 지분 제한 또한 전반적으로 낮추어 왔다. 본서 편집을 마무리하는 2020년 2월에도, 조코 위도도 대통령은 외국인 최대 지분율 제한에 관한 체계를 전면적으로 수정하고자 대통령령

---

125) 회사법에서 법정하고 있지는 않으나, 2007년 투자법의 위임을 받은 규정인 BKPM Reg. 14/2015가 요구하는 절차로써 인도네시아 내 주식회사 설립 시 요건이었다.

126) 해당 자본투자등록이 필요한 업은 (i) 건설업; (ii) 시설투자가 적격인 사업; (iii) 환경오염을 일으킬 수 있는 사업; (iv) 방산업; 또는 (v) 천연자원, 에너지 및 인프라 관련 사업이다(BKPM Reg. No.13/2017 제10조 제4항). 구체적으로 적용할 때는 애매한 점이 많아 BKPM 및 사업관련 부처 등 관계 당국과의 확인이 필요했다.

127) BKPM Reg.5/2013, BKPM Reg.14/2015, BKPM Reg. 6/2016, BKPM Reg. 13/2017, Presidential Instruction No. 7 of 2019 on the Acceleration of Ease of Doing Business.

차원에서 Positive list 도입을 예고한 바 있다.[128] 나아가 2020년 초, 인도네시아 정부는 각종 규제 간소화를 통한 외국인 투자 유치를 확대하여 국가 경제성장을 위한 통합법인 옴니버스 법(Omnibus Law) 도입을 선언하고 이와 관련한 주요 내용들을 발표하였다.

따라서 본서에서는 자세한 내용은 생략하되, 투자자가 투자시점에 유효한 BKPM 규정을 참조해야하고 관련 부처와의 사전회의를 할 것을 당부한다.

3.9.3. 회사의 주소

BKPM 투자승인신청단계에서 회사의 주소는 반드시 사업소로써 적합한 건물인 Wisma, Gedung, Menara, Tower, Center, Building 등에 소재해야 하며, 주택단지 내에 위치해 있을 경우 허가가 나오지 않는다. 특히, 주상복합인 Ruko(Rumah Toko)의 경우에는 PMA 허가가 나오지 않고, Rukan(Rumah Kantor)에 위치할 경우에는 허가가 나오므로 주의하여야 한다. 실례로, (i) PMA를 설립하고자 인도네시아 현지임대인과 상가임대차계약을 체결했는데, 그 임대인조차 모르는 사이에 해당 단지의 구분이 변경된 경우, (ii) 상가임대차 계약을 체결하고나서 알고보니 임대인이 세금회피 목적 등으로 사무소를 상업단지라고 거짓말을 했던 경우, (iii) 정상적으로 운영하던 회사의 회사등록증을 연장하고자했더니 상기의 이유로 허가연장이 안 되는 경우 등 다양한 사례들이 보고된다.

3.9.4. 회사의 실질적 소유자 신고

「자금세탁 및 테러자금지원 방지와 근절 관련 회사의 실질적 소유자 파악원칙 시행에 대한 대통령령 2018년 제13호에」 따르면 인도네시아 회사는 적어도 한 명의 실질적 소유자를 정하고, 최소한 한 명의 종업원

---

128) The Jakarta Post, Government to issue 'positive investment list' says BKPM boss, 2020.02.05 기사.

으로 하여금 실질적 소유주 파악원칙을 수행케 하며, 정부기관에 이를 신고하여야 한다. 본 대통령령은 신고의무를 이행하지 않는 회사는 제재 대상이라 하고 있다. 본 대통령령의 실질적 소유주에 대한 기준이 모호하다. 또, 회사가 실질적 소유자를 신고해야 하는 기관인 Sistem Pelayanan Administrasi Korporasi이 어느 기관 또는 어느 부처소속인지, 언제 어떻게 신고해야 하는지, 본 신고의무를 위반할 시에 구체적인 제재가 무엇인지 대통령령은 침묵하고 있었다. 따라서 본 대통령령 도입 후에도 거의 이 같은 신고가 이루어지지 않았다. 그러나 2019년 본 대통령령에 대한 시행령(법무인권부 2019년 제15호 규정)이 도입되었다. 그럼에도 여전히 실질적 소유자의 개념이 불분명하므로 곤란한 점이 있다. 적어도 차명으로 주주에게 지분을 맡긴 자와 관련 회사에 대해서는 본조의 도입만으로도 다소 관련 리스크가 높아진 것으로 보인다.

3.9.5. 경쟁법 또는 불공정거래법

신규 회사나 합작회사의 설립과 관련하여 직접 규율하는 별도의 경쟁법이나 불공정거래법 시행령은 없다.[129] 설립된 회사가 불공정 거래행위 및 독점적 행위 등으로 영업을 하는 것이 금지될 뿐이다.

3.9.6. 은행계좌개설

현대의 회사설립실무에 있어 주금을 납입하려면 필연적으로 회사명의의 은행계좌를 개설해야 하므로, 회사명의의 은행계좌개설을 전제하고

---

129) No specific competition law approval is currently required for the formation of a joint venture company in Indonesia (competition law filing is only required in the context of the merger or a control acquisition of an existing joint venture company that satisfies prescribed asset or sales thresholds). Hiswara Bunjamin & Tandjung, "Setting up and operating a joint venture in Indonesia," Lexology, August 8, 2019.

회사법상 설립자의 주금납입책임을 새겼다고 생각된다.

한국의 경우 회사가 설립등기를 마치고 세무서로부터 사업자등록증을 받으면, 통상 해당 회사는 거래할 은행을 정해서 법인설립등기 시 주금 납입 은행에 납입한 자본금을 인출하여 신규 개설 법인통장에 이체해 놓는다. 회사가 법인명의 통장을 개설할 때에는, 통상 회사의 담당자가 사용인감도장, 법인인감도장 및 법인인감증명서를 사업자등록증 사본과 함께 은행 측에 제출한다.

인도네시아의 경우에도 이와 비슷하다. 일반적으로 발기인이 회사설립 전에 주금납입 은행을 방문하여 회사설립 후 회사명의로 사용할 통장 개설을 요청한다. 통상 법무인권부로부터 회사 설립정관 및 설립결정문(Surat Keputusan)를 받은 뒤, OSS 시스템에서 사업자고유번호(NIB)를 발급받고 세무서에서 납세자 번호(NPWP)을 발급받아 은행에 제출해야 한다. 인도네시아는 법인인감이 필수조건이 아니므로 은행에 인감도장이나 증명서를 제출할 필요는 없다. 서류가 전부 준비되었다면 자카르타 영업일 기준 7~10일이면 은행계좌개설이 완료된다.

3.9.7. 사업 및 각종 인허가

인도네시아에서 신규 사업을 영위하기 위해서는 영업군에 따라 사전에 사업 인허가를 담당발행기관에서 얻어야 한다. 예컨대 건설회사는 건설업 인허가를, 제조업 관련 회사는 산업 비즈니스 인허가를 받아야 한다.

특히 수입인허가는 물품에 따라 구체적인 요건과 제한이 상이하므로 상당한 시간이 들고, 사업인허가는 업종별로 예상 이상의 비용이 요구될 수도 있으므로 면밀한 준비가 필요하다. 인도네시아 내 사업 시 산업에 불문하고 가장 큰 비효율이 수속 또는 대관업무에서 발생하며, 사전에 준비가 철저해도 수속은 항상 어려우므로, 통상 사업초기에는 수속 전문가가 필요하다.

어느 나라나 산업별 사업허가, 수입인허가 기타 각종 산업별 규제를 받는 것은 당연할 것이나, 적지 않은 사업가들이 인도네시아 내 사업준비가 유독 혹독하다는 의견을 갖고 있다. 시장진입이 혹독하기 때문에 일단 진입하면 상대적으로 시장경쟁은 덜 혹독하다는 의견도 있고, 대신 다른 어려움이 산재하기 때문에 반드시 그렇지만은 않다는 의견도 있다.

3.9.8. 상표 및 특허

상표의 사용은 2001년 제15호 상표법130)에 의해 규제되며 상표를 인정받기 위해서는 반드시 등록해야 한다.131) 특허는 2001년 제28호 특허법의 보호를 받는다.132)

인도네시아에서의 상표와 특허에 대해서는 특허청 및 한국지식재산보호협회에서 발간한 "해외지식재산권 보호 가이드북 인도네시아편"이 절차·비용·판례 등을 자세하게 소개하고 있으므로 이를 참조할 것을 권한다.

---

130) UU RI No. 15 Th. 2001 tentang Merek.
131) 미등록 상표의 사전 사용은 보호되지 않는다. 회사의 상표권은 그 회사가 사업을 영위하는 특정한 사업분야에서만 보호받는다. 이러한 상표권 보호 범위를 정한 각각의 사업분야를 "클라스"라고 한다. 동종 클라스에서 영업을 하는 타인이 등록된 상표를 도용할 경우 민형사상 조치가 가능하다. 신청을 위해서는 공식검사, 특수성 및 변별성 검사, 사전 상표와의 유사성 검사 등의 절차가 필요하다. 상표법 제7조 이하 절차를 따르면 이론적으로는 신청에서 Sertifikat발급까지 13개월 10일이 걸려야겠지만, 실제로는 수년이 걸린다고 한다. 위 절차가 완료되면, 혹시 있을 수 있는 본 상표등록에 대한 반대자의 의견을 청취하기 위해 공식적인 상표잡지에 3개월간 개재하여야 한다. 인도네시아 내 상표등록은 10년간 유효하며 갱신할 수 있다.
132) UU RI No. 14 Th. 2001 tentang Paten. 인도네시아 특허법상 특허권은 등록일로부터 20년, 실용신안은 10년간 보호되며 연장이 불가능하다. 신청료는 특허권은 575,000루피아, 실용신안은 125,000루피아이다. 특허권 신청은 Direktor Jenderal HAKI에서 하고, 부당하게 거절된 경우에는 특허권 항소법원(Komosi banding Patent)에 항소가능하며, 재차 부당거절당하면 상사법원(Pengadilan Niaga)에 제소가능하다. 자세한 사항은 2001년 제28호 특허법 및 2001년 제50호 대통령령을 참조하라.

Patent Cooperation Treaty("PCT") 출원은 적어도 현재까지의 인도네시아 실무에서는 강력히 추천할 만한 것은 아닌 것으로 보인다.[133] PCT 란, 외국에서의 특허권을 자국에서 신청해서 보호할 수 있는 방법에 대한 특허협력다자조약이다. 이를 국제출원이라 하는데, 어디에서든 국제적으로 통용되는 특허를 출원한다는 뜻은 아니고 지정한 외국에서의 특허등록결정에 도움을 주는 국제적으로 통용된 절차를 말하는 것이다. 그러나 실무상 인도네시아 관료주의 탓에 특허등록이 완료되기까지 최소 3~5년 이상의 시간이 소요되는 것으로 보인다. 특허등록이 완료된다고 하더라도 인도네시아에서 특허권 침해는 친고죄로써 경찰에 직접 수사료를 지급하면서 보호해야 하기 때문에,[134] 시간과 비용을 더 들여서 PCT로 국제특허를 출원해봐야 보호받기 어렵다. 때문에 한국에서 PCT를 신청하기보다 인도네시아에서 특허를 신청하는 것이 인도네시아 내 특허권을 보호받는 가장 좋은 방법이다.

3.9.9. 기타 참조할 세부법령들

투자법 외에도 인도네시아 사업에 직접 투자하는 외국인들에게 빈번하

---

133) 특허청 산업재산보호팀 및 한국지식재산보호협회 기반정보팀, "(다) PCT 국제출원 (인도네시아 국내절차에의 이행)", 해외지식재산권 보호 가이드북 인도네시아편, 2012, p.51.

134) "피해신고서 제출부터 입건에 이르기까지의 증거 수집에는 피해자 측의 적극적인 참여가 요구된다. 흔히 수사는 경찰의 일이므로 피해 신고서를 내고 조서만 작성되면 그 뒤는 경찰이 독자적으로 수사를 진행할 것이라고 생각하기 쉬운데, 인도네시아에서는 그 생각이 통용되지 않는다. [⋯] '대가'가 없으면 마치 돌처럼 움직이지 않는 것이 인도네시아의 법집행자들로, 경찰관도 예외가 아니다. 또한 실제로 그들의 예산이 한정되어 있으므로, 피해자 측이 자동차를 준비하지 않으면 현장에 갈 교통수단도 없다. 그 외에도 비용, 인원, 정보 등 모든 면에서 피해자 측이 스스로 적극적으로 지원하지 않으면 수사가 잘 진행되지 않는다." 특허청 산업재산보호팀 및 한국지식재산보호협회 기반정보팀, 해외지식재산권 보호 가이드북 인도네시아편, 2012, p.170.

게 적용되는 법령들은 아래와 같다. 자주 업데이트 되고 있으므로 연도
와 법률의 번호는 생략한다.

- 인도네시아 내 루피아 사용의무에 대한 중앙은행 규정
- 투자 허가 및 비허가 절차 및 가이드라인에 관한 BKPM규정
- 서비스시설 투자 절차 및 가이드라인에 관한 BKPM규정
- 투자시행 운영절차 및 가이드라인에 관한 BKPM규정
- 회사 소득세 및 면세기간의 세제혜택의 적용 절차에 관한 BKPM규정
- Negative List에 관한 인도네시아 통계청장령
- 외국인인력사용에 관한 노동부 장관령
- 수입자 ID 번호에 관한 통상부 장관령
- 인도네시아에 주거하는 외국인의 거주지 소유에 관한 정부령(*본 법령
  에 관해서는 단원을 달리하여 후술한다.)

3.10. 투자법상 외자회사(PMA) 설립 관련 사항

3.10.1. 서 설

외국인의 인니 내 자본투자는 PMA를 통해서만 이루어져야 한다(2007
년 투자법 제5조 제2항). 거의 매년 변경되는 PMA 및 PMDN에 대한 상세
투자요건은 본 2007년 투자법에서 위임받은 내에서 만들어지는 것이다.
외국인은 대통령령에서 규정하는 "조건부 투자허가 영업 및 투자 금지영
업 리스트"135)의 외국인 최대 지분 소유율에서 정하는 바에 따라 업종별
로 0에서 100%까지 소유가 가능하다.

영업방식이 기존에 없던 새로운 사업이라거나, 사업방안이 구체적인
수익모델을 확정 짓지 않았다거나, 그 외 다양한 이유로 목적하는 사업
이 리스트의 업종 중 어디에 해당하는지 판단이 어려울 수 있다. 경험자
들에 따르면, 두 가지 이상의 업종에 해당될 수 있다면, BKPM 부서 간

---

135) Peraturan Presiden Republik Indonesia tentang daftar bidang usaha
yang tertutup dan bidang usaha yang terbuka dengan persyaratan di
bidang penanaman modal(집필 시점에는 2017년이 최신으로, 2020년 신
규 대통령령 예정).

다른 해석으로 업종 확정에만 상당한 시간이 소요되거나 추후에 문제를 빚는 경우도 있다고 한다. 설립하려는 회사가 전통적인 산업군이 아닌 경우 이를 염두에 두어야 할 것이다.[136]

참고로 인니증권거래소를 통해서 인도네시아 회사의 지분을 매입할 때에는 외국인 지분투자제한이 적용되지 않는다. BKPM Reg. No.13/2017는 증권거래소를 통한 포트폴리오 투자 또는 간접투자는 외국인 투자에 열려있다고 정하고 있다. 또, 외국인지분투자제한은 벤처캐피탈 회사에게도 적용되지 않는다. 즉, 외국인이 투자한 벤처캐피탈 회사가 인도네시아 회사에 투자하여도 해당 지분투자에는 외국인 지분투자제한이 적용되지 않는다.[137]

3.10.2. 외국인 최대지분율 우회 방법의 법적 리스크

3.10.2.1. 서 설

Negative List가 여러 차례 개정을 통해 점차 외국인 투자를 늘리고 있으나, 여전히 여러 중요한 산업군에서 투자장벽이 남아 있다. 이러한 장벽이 외국인 투자를 실제로 차단할까? 인도네시아에 투자한 다수의 미국·일본회사를 상대로 조사한 2015년 Techinasia의 기사는[138] 반드시 그렇지는 않다고 한다. 위 기사는 "2015년 10월에도 Softbank와 Sequoia는 Tokopedia에 1억 달러를 투자했다. 이러한 투자는 일반적인 인수합

---

136) 중소기업진흥공단이 2015년 인도네시아 투자조정청과 MOU를 체결하고 코리아데스크를 설치·운영 중에 있다. 어떤 업종에 해당하는지, 설립하려는 회사에 따라 구체적인 설립 절차가 어떻게 이루어지는지는 중소기업진흥공단을 이용하면 보다 편리한 상담을 받을 수 있다. 인도네시아 투자조정청 한국지사의 번호는 070-4740-7430이다.

137) 단, 외국인이 인도네시아 벤처캐피탈 회사에 투자할 때에는 85% 최대 지분 제한이 있다.

138) 본 단원을 작성한 2015년 경의 기사인데, 마지막 편집을 하는 2020년에도 시중에 널리 사용되는 방식이라 수정하지 않았다. "How foreign VCs are sneaking past Indonesia's ecommerce laws", 11 Sep 2015, Techinasia.

병 전략을 사용하지 않는다"면서 세 가지 전략을 소개한다.

그러나 결과적으로 이야기하면 이러한 전략들은 법률적인 시각에서는 완벽한 방법이 아니다. 본서에서는 해당 기사에서 설명한 세 가지 방법을 중심으로 외국인 최대지분율 우회 방법에 대해 검토한다.

3.10.2.2. Convertible Note 사용법

외국투자자는 아래 그림과 같이 역외회사를 설립하고, 그 역외회사로 하여금 인니 타깃회사에게 투자금을 빌려주어 그 대가로 전환사채와 유사한 Convertible Note를 발행 받을 수 있다. Convertible Note란, 전환사채(Convertible Bond)처럼 지분으로 전환할 수 있으되 전환가를 정해놓지 않고 비교적 간소한 계약서로 빠르게 투자할 수 있는 권리이다. 즉, 투자자가 채무형으로 투자하되, 대상회사로부터 출구전략을 쓸 때는 Convertible Note를 제3자에게 매각하는 방법이다.

도표 3-1 Convertible Note를 사용한 투자 방법

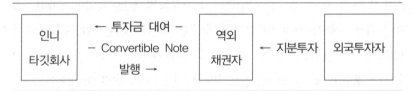

2015년 Techinasia의 기사는 본 Convertible Note전략의 경우 의결권에 대해서는 별도의 계약으로 해결한다고 설명한다. 그러나 이 같은 별도 의결권 구속계약은 완벽한 방법과는 거리가 멀다.

먼저, 의결권 구속계약이란, (i) 의결권을 특정방향으로 행사하거나 (ii) 일정한 경우에는 의결권을 행사하지 아니한다거나 또는 (iii) 특정 제3자의 지시에 따라 의결권을 행사하는 것(stock pooling agreement)을 내용으로 하는 계약이다. 이러한 의결권 행사계약의 효력에 대해서는 채권적 효력만 있기 때문에 회사에 대한 효력은 인정되지 아니하고, 그에 위반

하여 의결권을 행사하였어도 그 결의는 유효하고 다만 계약 상대방에 대하여 손해배상책임이 발생할 수 있을 뿐이라고 보는 것이 통설적인 견해이다.139)

또, 만에 하나 분쟁이 발생하여 법원에서 다투게 경우, 법원은 이러한 의결권 구속계약이 투자법을 우회하려는 수단으로 사용되었다고 볼 수 있으며, 이러한 의결권 구속계약의 효력을 인정할 시 투자법의 목적과 취지를 훼손한다고 판단할 수 있다.

이 때, 외국 투자자에게 의결권이 없는 문제를 해결하기 위해 의결권 대리행사 위임장이 사용되는 경우도 적지 않다. 단, 외국 투자자가 의결권 위임장(Proxy)을 사용 시, 인니 실무와 판례에 따라 주주권 행사는 포괄적으로 위임할 수 없고 상이한 수개의 의안에 대해 의결권을 각각 위임하여야 하는 점을 주의하여야 한다.140) 그러나 의결권 대리행사 위임장 역시 근본적으로 경영권 문제를 해소할 수는 없다. 위임은 철회하면 그만이다.141) 처음부터 무의결권주식을 발행한 것이 아닌 한, 의결권은

---

139) Hiswara Bunjamin & Tandjung, "Setting up and operating a joint venture in Indonesia," Lexology, August 8, 2019. 한국법상으로도 계약의 채권적 권리는 유효하지만, 회사를 상대로 주장할 수 없으며 가처분 여부도 불분명하다. 한국은 합작투자계약에 따라 자신의 이사선임권 범위 내에서 지명한 후보를 이사로 선임하는 안건에 있어서 상대방 주주가 찬성의 의결권 행사를 할 것을 구하는 의결권행사가처분 사건에 있어서 "의결권행사계약은 그 합의의 내용이 다른 주주의 권리를 해하거나 기타 불공정한 내용이 아니라면 당사자 사이에 유효하다"(서울중앙지방법원 2013.7.8자 2012카합1487결정)고 판시하여 계약자체의 채권적 효력은 인정하고 있다. 단, 의결권을 행사하도록 하는 가처분을 인용할 것인지는 아직 확립되어 있지 않은 것으로 파악되며, 인도네시아는 이 같은 의결권행사 가처분이 원천적으로 봉쇄되어 있다.

140) 한국에서는 주식회사의 주주권 행사는 1개의 총회에서 상이한 수개의 의안에 대해 포괄적으로도 위임할 수 있다(대판 1969.7.8, 69다688).

141) 기술적인 법률장치만으로 완전히 해소할 없을 때에는 신뢰를 토대로 계약을 하더라도, 신뢰를 주는 자는 자신이 신뢰를 준 상대방 측 임직원이 교체될 가능성도 감안하는 것이 장기적으로 바람직할 것이다.

주주고유의 권리이므로 정관으로도 제한할 수 없다.

3.10.2.3. 기능별로 별도 회사 설립

회사의 기능별로 각각 회사를 나누어 설립하는 방법이 있다. 예컨대 물건을 판매하는 E-commerce의 경우, E-commerce 업종에 대한 외국인 투자장벽을 해소하기 위해 (i) 물건을 소비자에게 배달하는 회사와 (ii) 웹 포탈 및 IP를 관리하는 서비스 회사로 각각 나누어 설립하는 방법이다. 이처럼 기능별로 회사를 나누어 설립하는 것은 가능하며 법률적으로도 유효하다. 물론, 두 회사 간 전속적인 계약을 맺음으로써 실체는 둘이지만 사실상 하나의 회사처럼 작동하게 해야 한다. 쉽게 말하면, 한 회사의 서로 다른 업무를 담당하는 부서들을 각각 별개의 회사로 만들고 상호 계약을 작성하여 현금흐름을 만드는 방법이다.

실제로 인도네시아 현지 스타트업 회사가 외국회사로부터 투자를 받기 위해 기능을 분담하여 (a) 복수의 인니회사 또는 (b) 인니회사 및 역외 지주회사를 설립하는 경우도 적지 않은 것으로 보인다.

본 방법의 경우에는 적지 않은 시간과 자금, 투자자·변호사·스타트업 회사 간의 긴밀한 협력이 필요하다. 서로 다른 회사로 만들어 상호 거래를 시키게 되면 없던 이익이 잡히므로 부가가치세 등이 추가로 발생할 뿐만 아니라, 기존에는 서로 net하여 taxable income을 줄일 수 있었던 소득과 지출이 회사가 나뉘면서 net할 수가 없어 과세 금액이 커질 수도 있다.

결론적으로, 업종별 외국인 지분제한에 문제가 되지 않도록 기능별로 회사를 별도 설립하는 방법은 법률적으로도 큰 문제가 없고 실무에서도 적지 않게 사용되는 방법이나, 상당한 비용이 발생할 수 있는 전략이다.

3.10.2.4. 지분 명의신탁

Techinasia 기사는 지분명의신탁 방법을 소개한다. 원칙적으로 지분 소유권을 명의신탁하여 차명으로 지분을 소유하는 방법은 허용되지 않는다. 따라서 이를 극복하기 위한 방법으로 신탁한 지분에 질권을 설정하고 지분매각 위임장, 사실관계확인서 등을 받아놓는 방법 등이 거론된다. 이사까지 내국인이어야 한다는 제한은 없으므로 지분명의를 신탁하고 외국인 자신을 이사로 선임하는 방식도 빈번하게 사용된다.

　　Techinasia 기사는, 이 같은 방법 역시 상당한 리스크를 내포하므로 이를 극복하기 위해 명의신탁을 하면서 동시에 기능별로 회사를 나누는 방법이 같이 사용된다고 설명한다. 사업의 핵심 업종이 PMDN에게만 허락되는 경우, (ㄱ) 외국인 투자자는 인니 현지인을 통해 PMDN을 운영하고 (ㄴ) 이와는 별도로 PMA를 설립한 뒤 PMDN와 고객관리 서비스공급계약, 재무관리 서비스 위탁계약 등을 체결함으로써 고객으로부터의 수입이 직접 PMA로 들어오게 하는 전략이 그것이다. 이는, 추후 PMDN과 관련한 명의수탁자와 문제가 발생하면, 신탁했던 지분은 질권실행 또는 지분 매각권한 위임장으로 서둘러 다른 현지인 파트너에게 이전시키고, 수입은 위 계약서에 의거하여 PMDN이 계속 유지하는 방식이다.

　　2014년 사실상 지분명의 신탁의 효력을 인정한 인도네시아 대법원 판례가 나왔으나,[142] 본 판례는 2007년 투자법이 없던 1990년대 초반에 지분을 신탁했던 사건에 대한 판례로써 오늘날 같은 판결을 기대하기는 어려울 것으로 보인다. 원칙적으로 차명지분은 민법 제1320조 및 2007년 투자법 제33조에 따라 절대적 무효로써 실질주주는 명의신탁한 주식의 반환 및 주주로서의 권리행사를 주장할 수 없다. 투자법 제33조 제1항은 지분명의신탁을 금지하고 있으며 제2항에서 내국인 투자자와 외국인 투자자 간 이 같은 차명을 약정하는 계약이 절대적 무효라는 점을 다시 강조하고 있다. 또, BKPM Reg. 6 of 2016, BKPM Reg. 13/2017 등의 BKPM 규정들이 네거티브리스트 준수를 더욱 엄격하게 요구하고 있으며, 이를 위해 Beneficial owner 신고제 등이 도입되었다.

---

142) 집필 시점 기준 비공개 판례.

3.10.2.5. 소 결

인도네시아 내 외국인 투자의 실제에 있어서 위와 같은 우회 방법 또는 그 변종이 적지 않게 사용되어 왔으나, 이 같은 방법을 사용하거나 유지하는 것이 갈수록 어려워지는 경향이 있다. 차명에 의한 회사 운영이 문제가 될 경우 투자금 환수 불가능 및 차명인과의 분쟁 리스크 등이 산재하게 되므로, 이를 염두에 두어야 한다.

3.10.3. 차명주주 또는 인도네시아 파트너 주주 관련 문제
• **명의모용자에게 주식인수인으로서의 지위가 인정되지 않는 문제**

인도네시아에서는 지분명의신탁약정이 절대적으로 무효라는 점을 법률이 분명히 하고 있으며, 명의모용자에게 주식인수인으로서의 지위를 인정하지 않는다.[143]

과거에는 상세한 사실관계를 고백하고 인정하는 확인서 등을 기초로 실질주주가 승소하는 경도 있었던 것으로 보인다. 그러나 2007년 제25호 투자법이 시행된 후에 만들어진 명의신탁 약정의 효력은 인정받기 쉽지 않을 것으로 보인다.[144] 원칙적으로 명의모용인은 주주권 확인을 구할 수 없음은 물론, 회사를 상대로 명의개서 청구를 하거나 회사의 명의개서 부당거부를 주장할 수도 없다.

인니한인사회에서는 종종 인도네시아로 국적을 바꾼 한국계 인도네시

---

143) 2007년 제25호 투자법 제33조 제2항 및 2016년 제6호 투자조달청 규정 제25조. 자세한 내용은 졸작 Indonesia Company Law, 2018, Rouledge를 참조하라.

144) 한국과 다르다는 점에 주의하여야 한다. 한국에서는 판례는 일관되게 제332조 제2항은 명의대여자의 연대책임을 규정한 것일 뿐이므로 실질적인 주식인수인을 주주로 보아야 한다는 실질설을 취하고 있다(대판 2004.3.26, 2002다29138). 나아가 제3자를 실질상의 주주로 인정할 수 있고 이를 위해서는 이를 주장하는 자가 위 납입행위가 주주명부상 주주와 제3자 사이의 명의신탁약정에 의한 것임을 증명하여야 한다고 본다(대판 2016.8.29, 2014다53745).

아인의 협조를 구하는 경우가 있다. 그러나 한국계라해서 현지 인도네시아인보다 더 믿을 수 있다는 기대는 그저 환상에 불과하다.

• 회사의 실질적 소유자 파악원칙

「자금세탁 및 테러자금지원 방지와 근절 관련 회사의 실질적 소유자 파악원칙 시행에 대한 대통령령 2018년 제13호에」[145] 따르면 인도네시아 회사는 적어도 한 명의 실질적 소유자를 정하고, 최소한 한 명의 종업원으로 하여금 실질적 소유주 파악원칙을 수행케하며, 정부기관에 이를 신고하여야 한다. 본 대통령령은 신고의무를 이행하지 않는 회사는 제재를 받을 수 있다. 또, 2019년 본 대통령령의 시행을 위해 법무인권부 2019년 제15호 규정이 도입되었다.

• 명의대여인이 비명횡사하거나 행위무능력자가 되거나 신뢰를 배신할 위험을 명의모용인이 사전에 원천적으로 차단하기 어려운 문제

인니 명의대여인이 비명횡사하거나 행위무능력자가 되거나 신뢰를 배신할 경우에,[146] 명의 모용인이나 회사에게는 "무슨 사태가 어떻게 벌어지고 그것을 누가 어떻게 해결해야 할 지 알기가 어렵다"는 문제가 발생한다.

명의모용인이 현지 명의대여인과 명의를 신탁하고자 약정할 때, 약정서에 통상 "신탁한 지분은 상속이나 증여의 대상이 되지 아니하며, 명의

---

145) Peraturan Presiden Republik Indonesia Nomor 13 Tahun 2018 tentang Penerapan Prinsip Mengenali Pemilik Manfaat dari Korporasi Dalam Rangka Pencegahan dan Pemberantasan Tindak Pidana Pencucian Uang dan Tindak Pidana Pendanaan Terorisme.

146) 필자가 목격한 사건으로는, 명의대여인이 명의모용인의 신뢰를 배신하는 경우, 명의모용인이 명의대여인을 무시하고 임의로 한 결정 탓에 분쟁이 발생한 경우, 명의모용인과 명의대여인 간의 이해(理解) 또는 이해(利害)가 달라지게 된 경우, 명의대여인이 사망 후 그 상속인이 명의모용인 또는 회사에게 일정한 요구를 하는 경우 등이 있다. 명의모용인 입장에서는 명의대여인이 명의만 대여해줬을 뿐이라고 믿기가 쉬워서, 명의모용인이 제3자에게 지분을 파는 등 중요한 지분거래를 하면서 현지의 명의대여인에게 아무런 통지를 하지 않는 경우에도 문제가 발생할 수 있다.

대여인이 사망 시 해당 신탁지분은 명의모용인 또는 명의모용인이 지정하는 자에게 즉시 이전한다"는 취지의 조항이 들어가는 것으로 보인다. 하지만, 앞서 설명했듯이 이 같은 명의신탁 약정 자체가 무효가 될 소지가 있고, 인니 명의 대여인의 상속자들이 해당 약정의 무효와 지분 소유권을 주장할 가능성이 있다.

물론 명의신탁을 할 때에도 직접적인 명의신탁 약정서가 사용되는 것은 아니고, 통상 금전사용대차계약서, 질권설정계약서, 의결권 위임 약정, 지분매매위임장 등 명의신탁을 직접 명시하지 않는 방식의 계약서들이 하나의 세트로 사용된다. 그러나 아무리 계약서 세트를 변칙적으로 만든다고 한들, 당사자 간에 실제로 명의신탁을 의도하고 수행한 거래를 유효라고 확신하기 쉽지 않은 문제가 있다.

특히 명의대여인이 사망 시 상속이나 유증과 관련된 분쟁과 해결방법을 정형화하거나 예단하기는 더욱 어렵다. 명의대여인이 어떤 유언을 남길 지 알 수가 없고, 이를 두고 자녀들 간에 어떤 내용의 분쟁이 있을지, 유언을 남기지 않을 경우 민법대로 분배할지 이슬람법 내지 아닷법대로 분배할지, 지분은 공동으로 상속하려고 할 지 아니면 1/n할 지, 그것도 아니면 한 명이 지분을 전부 상속하고 그 가치만큼 다른 형제는 다른 재산을 상속하려고 할 지, 혼외자 등 알려진 것과는 다른 혼외관계나 자식관계는 없는지 등 그 경우의 수를 셀 수가 없다.147)148)

---

147) "이게 정당한 상속이다"고 정해진 법률도 없다. 예컨대, "우리 형제는 싸우면 안 되고 당장에 살 사람도 없으니까 그냥 상속지분 전부를 공동으로 갖자"고 할 수도 있고(회사법 제52조 제5항에 따라 피상속인들은 주권을 공동으로 소유하기로 정하면서 주주권을 행사할 대리인을 선임하는 방법), "간단하게 1/n씩 갖자"고 할 수도 있고(지분을 피상속인들 간 안분하는 방법), "맏형이 회사 지분을 갖고 나머지 형제는 저 회사지분과 부동산을 각각 갖자"고 할 수도 있다. 회사법 제57조에 따라 정관에서 상속에 의한 지분이전절차를 별도로 정하고 있지 않는한, 그저 일반 지분양도에 따른 절차에 의할 뿐이다. 즉, 법률보다도 상속받을 자들의 의지에 달려있다는 뜻이며, 그만큼 분쟁발생의 소지와 해결이 어려울 수 있음을 의미한다.

이 같은 문제는 지분명의대여 외 부동산 명의대여에도 동일하게 적용된다.

3.10.4. 인도네시아 국민에게 일부 지분을 매각해야 하는 DIVESTMENT 요건

과거 행정부령 1994년 제20호와 이를 개정한 2001년 제83호에서,[149] 외국인 주주가 총 발행주식 전부를 소유한 PMA의 경우 그 지분의 일부가 PMA 운영개시일로부터 15년 내에 인도네시아 내국인에게 이전될 것이 요구되었다("Divestment요건").

2007년 투자법이 Divestment요건에 대한 별다른 언급이 없이 도입되자, 현업에서는 Divestment요건을 폐지했다는 의견이 우세했다.[150] 그러나, 이후 도입된 BKPM규정은 이러한 의견과 정 반대였다. 먼저, BKPM은

---

148) 혼인 전 부부재산분할약정을 하지 않은 재산의 경우, 부부 일방이 혼인 중에 상속으로 취득한 재산은 물론(제120조. 단, 유언으로 달리 정한 경우에는 예외), 심지어 혼인 전에 취득한 재산 및 혼인 전에 발생한 부채까지도 공동재산이 되며(제120조 및 제121조), 남편만이 그 재산을 관리·운용할 수 있으나, 혼인 계속 중에 부부 중 일방이 재산을 임의로 처분하지 못한다(제140조 3번째 문단).
위의 법률 외에도 부족이나 지역에 따라 관습법을 따르기도 하나 대도시에서는 아닷법은 사용되는 일은 드물다. 순탄하게 민법상의 법정상속대로 이루어지는 것은 어렵고, 첨예한 분쟁이 발생되면 장기화되는 일이 적지 않은 것으로 파악된다. 따라서 유족 또는 당사자 모두에게 서면 동의를 얻는 방식이 가장 보수적으로 보인다. 이를 위하여 유족 대표가 관련자 모두에게 서명권을 위임(Kuasa)을 받아 진행하는 경우가 적지 않은데, 추후에 유족의 일부가 위임권을 주지 않았다거나 동의하지 않았다며 무효를 주장하는 사건의 유형이 있으니 주의하여야 한다.
149) Peraturan Pemerintah Nomor 20 Tahun 1994 Tentang. Pemilikan Saham Dalam Perusahaan Yang Didirikan.
150) "it was the intention of the drafters … to eliminate all preexisting divestment requirements, except those contractually agreed by parties, which by virtue of freedom of contract principles will be deemed as the law governing the parties." Hadiputranto, Hadinoto & Partners, Indonesia's New Capital Investment Law, 2011, p.4.

행정부령 1994년 제20호가 계속 유효한 것으로 인정하였다. Divestment 요건을 강제하는 BKPM Reg. 5/2013이 시행되자, 법률실무가들은 이에 깊은 우려를 표시했다.[151] 이러한 전문가들의 우려에도 불구하고 BKPM은 BKPM Reg.14/2015에서 최소 10,000,000 루피아가치의 주식을 인도네시아인에게 직접 매각하거나 인도네시아 자본시장을 통해 매각하도록 요구하였다. 본 Divestment요건은 BKPM Reg. 13/2017 제16조를 통해 살아남았다.

요약하면, Divestment요건은 2007년 투자법, BKPM규정, 기타 신규 산업규정의 도입 속에서도 살아남았으며 BKPM이 2017년까지 발행했던 투자허가서(Izin Prinsip)에 명문으로 설시했을 정도로 분명한 요건이 되었다. BKPM은 Divestment요건을 지키도록 최장 2년의 연장을 해줄 수 있다.

산업에 따라 Divestment요건은 차이가 있다. 예를 들어 광물자원 생산 및 운영사업허가(Izin Usaha Pertambangan Operasi Produksi: IUPOP)를 가진 회사에 대해서는 2017년 DIivestment절차에 대한 2017년 제9호 광물자원부 장관령, 광물 및 석탄사업에 대한 2018년 제25호 광물자원부 장관령[152] 그 일부 개정안인 2018년 제50호 장관령이 구체적으로 규정하고 있다.

Divestment요건을 지키지 못할 경우 해당 PMA는 일시영업정지, 시설 투자허가의 전부나 일부 취소, 투자허가 취소의 제재 대상이다. 이 같은 악명 높은 요건을 만족시키기 위해 일시적으로 지분을 현지인에게 되팔았다가 되사오는 방법도 사용되고 있다.

---

151) "It might jeopardize the interests of Indonesian public companies and their public shareholders because information on divestment can be very sensitive, and publicity announcing that a public company's shares will be (mandatorily) divested may significantly affect the price at which the divestment can be conducted." Hadiputranto, Hadinoto & Partners, Indonesia's New Capital Investment Law, 2013, p.2.

152) Peraturan Menteri Energi dan Sumber Daya Mineral No.25 Tahun 2018 tentang Pengusahaan Pertambangan Mineral dan Batubara.

3.10.5. 설립절차 및 요건

PMA 설립은 통상 다음과 같은 절차를 따른다.

도표 3-2 PMA 설립절차

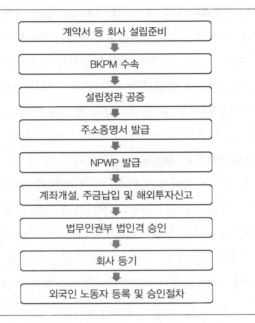

계약서 등 회사 설립준비
↓
BKPM 수속
↓
설립정관 공증
↓
주소증명서 발급
↓
NPWP 발급
↓
계좌개설, 주금납입 및 해외투자신고
↓
법무인권부 법인격 승인
↓
회사 등기
↓
외국인 노동자 등록 및 승인절차

해외주주의 주금납입을 BKPM 투자승인의 조건으로 규정하고 있지는 않지만, 주금납입을 먼저 할 수도 있다. 그러나 BKPM 승인이 지연/연기되어 납입금이 불필요하게 묶여있게 될 가능성, BKPM 투자승인서를 해외에서 주금송금 시 해외투자관련 입증서류의 일환으로 제출할 경우 등을 고려하면, BKPM의 투자승인 뒤에 투자를 하는 것이 안전한 것으로 생각된다.153)

---

153) 한편 PMA설립과 관련한 쾌속 절차가 BKPM Reg. 14/2015, BKPM Reg. 91/2017 제12조 제2항 및 제3항, 제7조, Presidential Instruction No. 7 of 2019 on the Acceleration of Ease of Doing Business 등으로 변경되어

PMA회사설립의 효력발생일 역시 PMDN과 동일하게 법무인권부로터 설립증서를[154] 취득하는 날이다. 회사의 효력발생은 회사 등기의무와는 무관하다.

인도네시아 내에 우선 회사 설립을 서둘러야 하는 외국인이라면, 인도네시아 파트너에게 BKPM의 심사·영업허가·최소투자자본요건 등이 해당되지 않는 PMDN의 설립을 일단 진행 해달라고 부탁하는 방안도 생각할 수 있다. 이후에 업종을 추가하고 외국회사에 신주를 발행하거나 사채를 지분으로 전환하여 PMA로 전환하면 되기 때문이다. 그러나 업종을 추가로 하거나 변경할 수 없는 경우들도 있으니 이때는 주의를 요한다.

3.10.6. PMA 설립 시 현물출자 관련 이슈

외국인이 해외에서 기계설비를 제공하여 PMA가 현실적으로 이를 인도 받기까지는 각종 수속에 따른 긴 시간과 절차가 소요된다. 설립정관에 작성한 자본은 60일 내에 납입되어야 하므로,[155] 관련 수속과 현물 납입이 예외적으로 신속하게 되거나 기타 특별한 사정이 있는 것이 아니라면 현물출자는 PMA설립 자본 보다는 증자의 형태로 진행하는 것이 바람직하다.

외국인이 현물을 출자해 지분참여를 하는 데 업종과 현물에 따라 수개월에서 수년까지 경과되는 경우도 있다. 처음 인도네시아 내 현물을 출자하여 신설법인을 설립하는 외국인 투자자들에게는 실무상의 비효율에 대한 불만이 적지 않은 것으로 보인다. 구체적으로는 외국인 투자자가 (i) 인도네시아에 PMA를 설립하고, (ii) 설립된 PMA가 수입인허가를 비롯한 각종 영업용 허가를 신청하는 동안에, (iii) PMA 설립 단계에서

왔다. 2020년 추가 도입이 예정된 바, 상세 사항은 생략한다.

154) Keputusan Menteri Hukum dan Hak Asasi Manusia untuk Pendirian Perseroan Terbatas.

155) 2016/29 회사 자본 규제.

BKPM의 승인을 받고 수입하려는 현물 목록(이른바 masterlist)이 관세청에 제출되고, (iii) 외국투자자는 출자하려는 현물에 대한 가치평가를 선적 전에 진행하며, (iv) 수출국이 영어권 국가가 아닐 경우 해외에서 출자하는 현물의 가치평가 보고서를 영문번역 및 공증받아야 하고, (v) 수입된 물건이 인도네시아에 들어오는 동안 관세 및 법인세 선급 등 각종 과세책임에 대한 공제 또는 면세조건 합치여부를 확인하다 보면 각종 수속에서 적지 않은 시간이 경과된다. 나아가 합작법인의 경우라면 가치평가와 세금문제에 따라 지분조정을 다시 할 수도 있다. 이 모든 과정을 문제없게 진행하는 데에 상당한 시간과 인력이 필요하다.

3.10.7. BKPM 승인을 위한 제출서류 및 프레젠테이션

PMA를 설립하는 경우, 통상 해외 모기업에서 BKPM의 인가를 득하기 위해 준비해야 하는 서류는 아래와 같다.

① 해외 모회사 정관
② 이사회 구성원 증빙서류
③ 인도네시아 내 대리인을 위한 POA
④ POA에 서명한 자의 ID

상기 서류는 한국 공증업체에서 영문으로 공증번역을 받아 한국 외교부 영사관 인지를 득한 뒤 주한 인도네시아 대사관 영사관 공증을 받아야 한다. 주주 간 PMA설립 계약서는 본 단계에서 요구되는 제출서류가 아니므로, 특별한 일이 없으면 본 BKPM 승인절차와 동시에 작성 및 검토해도 무방하다.

PMA를 설립하는 발기인은 상기서류를 제출한 뒤 BKPM에서 프레젠테이션을 하여야 한다. 프레젠테이션 내용은 회사마다 다르지만 일반적으로 프레젠테이션에서 설명하는 사항은 아래와 같다.

① 회사 프로필
② 주주 상세

③ 비즈니스 활동
④ 부가가치 및 특이사항
⑤ 투자금 세부사항
⑥ 타깃 소비자
⑦ 인력 활용
⑧ 사업에 활용할 설비 및 인프라

이에 더하여 영위하고자 하는 사업에 따라 관련자의 이력서와 관련 경력 등이 요구된다.

회사가 설립된 이후 통상 BKPM이 프레젠테이션대로 사업을 하고 있는지 실사를 하지는 않으나, 공장 등의 시설을 투자하는 경우에는 BKPM에 신고한 대로 이행하는지 여부를 실사할 수 있다. 비교적 최근 BKPM 실사와 관련한 실무상 변경사항으로, OSS 시스템의 도입 이후 정관에 작성된 업종의 실행 여부도 확인할 수 있게 되었다. 다만, 회사는 설립 뒤에 정관을 변경하여 업종을 추가 또는 변경할 수 있고, 회사 목적에 작성한 업종을 즉각 이행하지 않는 것을 큰 문제 삼지는 않으므로 통상 큰 문제가 되지는 않는 것으로 보인다. 또, 이민국 및 세무당국에서도 회사를 상대로 실사를 할 수 있다.

3.10.8. 한국에서의 해외투자신고

외국환거래규정에 따라 해외에서 지분을 취득하고 해외로 자본이 이동하므로 아래의 신고서류들을 외국환은행에 제출하여야 한다.

① 해외직접투자 신고서 및 사업계획서
② 투자계약서
③ 투자사유서 및 위임장(특정한 양식 없음)
④ 법인인감증명서, 사업자등록증 사본
⑤ 금융정보 제공 동의서(법인 및 대표이사: 대표이사의 신분증 사본포함)
⑥ 법인 납세증명서 및 재무제표

상기 투자계약서는 반드시 서명본이어야 할 필요는 없다. 통계청 한국 표준산업분류표상 세세분류코드 및 업종명을 기재해야 하는 등 작성 시 까다로운 부분이 있어서 기재에 오류 또는 미비된 부분이 있을 수 있고, 추가서류 요청이 있을 수도 있으므로 송금일 3일 전에는 완료해놓는 것을 권장한다.

외국인 투자자가 인도네시아 법인과 합작회사를 설립한다면, 파트너사와 투자를 받는 JV에 대한 실체 증명서류도 외국환은행에 제출하여야 한다. 또, 지분을 취득한 뒤에는 아래와 같은 보고서를 추가로 외국환은행에 제출하여야 한다.

① 외화증권(채권)취득보고서(현지법인 및 개인기업 설립보고서 포함): 투자금액 납입 또는 대여자금 제공 후 6월 이내
② 연간 사업실적보고서: 회계기간 종료 후 5월 이내· 투자금액이 미화 100만불 이하인 경우 연간 사업실적보고서는 현지법인 투자현황표로 대신할 수 있다.

결산 후 배당금은 전액 현금으로 국내로 회수하거나 인정된 자본거래로 전환할 수 있으며 다른 법령에 의하여 허가 등을 요하는 경우에는 그 허가 등을 받아야 한다.

상기 해외투자신고 후 「신용정보의 이용 및 보호에 관한 법률」에 의한 금융거래 등 상거래에 있어서 약정한 기일 내에 채무를 변제하지 아니한 자로서 종합신용정보집중기관에 등록된 자로 규제될 경우 또는 조세체납의 경우 신고금액 중 미송금액은 그 효력을 상실한다.

3.10.9. 비거주자인 인도네시아 국민이 한국의 주식회사 지분을 취득하는 경우

인도네시아 내 회사설립 및 지분인수 과정에서, 간혹 인도네시아인이 한국회사의 지분을 인수해야 하는 경우가 있다. 이때에는 한국에서 비거주자의 증권취득 문제가 발생한다. 증권을 취득하는 해당 비거주자는 한

국은행에 하기의 서류를 제출하여야 한다.

- 신고서 2부
- 사유서: 특별한 양식은 없으며 A4용지 1매정도 분량으로 정확하고 상세히 기재
- 신고인 및 거래 상대방의 실체확인 서류
  ① 개인: 신분증 사본, 인감증명서(인감 날인 시)
  ② 개인사업자: 사업자등록증, 대표자 신분증사본, 인감증명서(인감 날인 시)
  ③ 법인: 법인등기부등본, 대표자의 인감증명서(해외법인: Certificate of Incorporation)
- 증권취득계약서(청약서)초안
- 위임장: 대리인이 신청할 경우에는 당해신고행위에 대한 권한을 위임하는 내용의 위임장 원본(비거주자는 영사고나 발행 또는 현지에서 공증받은 위임장 원본)을 추가제출. 위임장 작성 시 위임인 및 수임인의 주민등록번호 대신 생년월일 기재.
- 서약서
- 기타 신고기관의 장이 필요하다고 인정하는 서류
- 보유증권을 대가로 하여 증권을 취득하는 경우:
  ① 교환대상증권의 가격적정성 입증서류: 회계법인이나 공인회계사 등 공인기관의 가격평가서(평가주체의 서명 또는 날인필요) 등
  ② 평가방법은 자본시장법에 의한 평가를 원칙으로 하되, 자본시장법에 의한 평가가 곤란한 경우 그 사유를 소명하는 것을 전제로 상속세, 증여세법상 평가도 인정하며 동일한 평가주체가 교환대상 주식을 같은 기준에 의하여 평가하여야 함.

사 설

주식회사는 최선의 선택인가?

외국계 컨설팅펌의 안내서를 보면 유한책임 및 소유지분보장 등 주식회사 설립의 장점들을 부각하고 있다. "해외투자자에게 있어서 PMA 설립의 가장 큰 장점은 외국인이 최대 100% 소유가 가능한 점이다" 라는 식이다. 이런 설명은 어차피 인도네시아에 회사를 설립하려는 외국인에게 선택지가 주식회사 밖에 없기 때문에 어쩔 수 없이 좋게 해주는 말이라고 생각된다. 선택지가 다양하다면 투자자 또는 사업을 영위하고자 하는 사람에게 항상 주식회사가 가장 최선이라고 단정지을 수가 없기 때문이다.

예컨대 한국을 보자. 한국 마이크로소프트(MS), 한국 휴렛패커드(HP), 애플코리아, 페이스북 코리아, 구글코리아, 한국오라클 모두 유한회사로 운영 중이다. 2012년 개정상법 시행으로 유한회사 설립과 운용이 수월해져 유한회사는 더욱 늘었다. 이처럼 한국 내 다국적 기업의 한국법인은 유한회사로 전환하는 추세인데, 이는 기업의 지배구조가 간단하다보니 경영이 자유롭고, 외부감사 비용을 줄일 수 있고 외부에 정보가 노출될 가능성도 적기 때문이다.156)

이 같은 장점들은 꼭 외국인 소유 회사에 국한된 것은 아니다. 내국인이라도 주식회사 설립 시 중소기업만 졸업하면 높은 대출 문턱, 정책 금융과 조세지원 등 혜택의 축소와 시장진입 규제, 세무 회계감사 등 각종 규제와 부담 증가 등 각종 애로에 부딪쳐야 한다. 회사의 규모가 큰 경우에도 규제부담은 커질 따름이다. 모든 상장회사가 일률적으로 이사회 총수의 반을 경영전문성이 없는 사외이사로 채워야 한다는 내용이 기업지배구조 모범규준157)에 버젓이 들어있는 등, 난데없는 간섭을 받아야 한다. 경영과 소유를 구분하는 주식회사는 오히려 아담스미스가 맹렬히 비판하고158) 마르크스가 찬양했던159) 근대주의의 발명품인데, 2008년 금융위기 이후 주식회사에 대한 구조적인 성찰이 100년 만에 일어섰다. 금년 경영평가를 잘 받아야 수명을 연장받으므로 장기실적에 해가 되더라도 단기

---

156) 유한회사에서는 이사를 한 명만 두어도 되고, 이사회제도 자체가 없고 사외이사도 필요없으며 감사는 두지 않아도 좋다. 주식회사의 외부감사에 관한 법률의 적용도 받지 않고 재무제표 공시 혹은 공고의무도 없고 결산법인의 감사보고서 및 사업보고서 제출의무도 없다. 따라서 외부감사 비용을 줄일 수 있고 외부에 정보가 노출될 가능성도 적다.

157) 기업지배구조 모범규준 개정안 2016. 04. 18. 한국거래소 및 기업지배구조원. 인도네시아에도 기업지배구조모범규준(the National Committee on Governance issues a Code on Good Corporate Governance) 및 금융사를 대상으로 OJK에서 발간하는 "the Indonesia Corporate Governance Manual"이 있다. 반드시 지킬 필요는 없다.

158) "Directors of companies⋯ being the managers rather of other people's money than of their own, it cannot well be expected that they would watch over it with the same anxious vigilance with which the partners in a private copartnery frequently watch over their own." A. Smith, An Inquiry into the Nature and Cuases of the Wealth of Nations (Clarendon Press, Oxford, 1976), p.741.

159) "Capitalist production in its highest development" Karl Marx, Capital volume 3 (Harmondsworth, 1981) p.568.

실적에 집중해야하는 대리인 비용, 주주이익을 위해 다른 이해관계자(하도급업자, 정규직 또는 계약직)를 짜내야 하는 구조, 단기 투자자가 많은 오늘날 주주를 회사의 진정한 소유주라고 하기 어려운 점 등이 과연 옳은 것인지 각종 문제들이 2008년 이후 double deep으로 이어지는 경제 침체 중에 계속 제기되었다.

이 같은 주식회사에 대한 고민은 인도네시아에서도 大同小異하다. 외국인 투자 회사 설립 시 100억 루피아(약 8억원)의 투자가 필요하다거나, 각종 번잡한 주식회사 관련 규제 및 행정은 사업을 하는 자에게 적지 않은 부담이다.

인도네시아에서 사업을 하려는 외국인에게는 사업주체를 고를 때 별다른 선택지가 없기 때문에 주식회사(PT)를 선택해야겠지만, 인도네시아 국적 취득자에게는 옵션이 있다면 PT 설립이전에 다른 법인이나 단체들도 생각해볼 수 있을 것으로 보인다.

제4절 주식과 주주

4.1. 주 식

4.1.1. 주식의 의의

주식(Andil, Saham)은 주주권을 표창하는 부기 또는 가치의 단위이다.[160] 즉, 출자의 기본단위이므로 주식은 더 이상 세분할 수는 없다. 따라서 예컨대 주주가 하나의 주식을 둘로 나누어 반을 타인에게 양도하거나 이익배당청구권이나 의결권만을 타인에게 양도하지는 못한다. 단주 자체의 존속(예컨대 0.5주)을 인정하지 않는다.

인도네시아는 특이하게도 주식을 유가증권이 아닌 동산(benda bergerak)으로 보고 있다(민법 제511조 제4항 및 회사법 제60조 제1항). 이에 따라 동산담보(Gadai)에 대한 민법 제1150조 내지 제1153조가 주식에도 적용되

---

160) Darmadji, Tjiptono; Hendy, M, Fakhruddin. Capital Market in Indonesia. 2001. Indonesia. Salemba Empat. p.8.

고, 동산양도담보(Fidusia)의 목적물로써 1999년 양도담보에 관한 법률이 주식에도 적용된다. 이러한 점은 외국과 다른 인도네시아 법의 독특한 점이다.

주권(Sertifikat Saham)은 주주권을 표창한다. 주식이 나타내는 권리의 본질이 무엇인지, 주식에 대한 소유권이 무엇을 의미하는지는 주식회사에 대한 가장 기초적 이론의 토대이나, 인도네시아에서는 이에 대한 학설이나 학파 간의 논의가 종합되지 않은 것으로 파악된다. 회사법에서는 "주식의 소유권은 입법된 규제조항에 따라 권한기관이 결정한 요건을 준수하여 정관에서 결정할 수 있다"(제48조 제2항)고 정하고 있을 뿐이다. 이러한 미진한 이론적 바탕이 실무에서 혼란을 야기하고 있다. "법률에 쓰여 있지 않은 종류주식의 발행도 허용되는지 여부"와 같은 간단한 질문의 답변이 어려운 것이 그러한 예시이다.

주권의 액면가액은 루피아로 표기하여야 한다(제49조 제1항). 주식인수계약 또는 합작계약에서 주식납입금을 달러화로 표기하는 경우에도 주식은 루피아로 발행되므로 환율변동에 따른 문제에 유의하여야 한다.

주권에 액면가가 기재되어 있지 않은 주식을 무액면주식이라 한다(제49조 제1항). 무액면주식의 발행은 원칙적으로 금지되나(제49조 제2항), 자본시장법에서 허락하는 경우에는 가능하다(제49조 제3항). 이론적으로 무액면주식은 권면액을 기준으로 한 할인발행의 문제가 없어 자본금조달이 쉽고 액면초과금에 대한 문제가 없다는 장점이 있겠으나, 인도네시아에서는 현실적으로 무액면주식이나 다름없는, 액면을 1000루피아로 하는 주식도 발행할 수 있으므로 무액면주식제도를 구태여 도입할 실익이 크지는 않다고 생각한다.

4.1.2. 종류주식

인도네시아의 종류주식에 대해서는 기초적인 이론이 잘 다듬어져 있지 않은 것으로 보인다. "회사법이 인정하지 않은 종류의 주식은 발행할 수 없는 것인가?"라는 질문에 "유가증권법정주의에 따라 특정한 종류의 주식만 발행가능하다"고 답하는 경우는 아직 본 적이 없다.161) "회사는 다양한 내용을 담은 주식을 설계할 수 있고 법률이 명문으로 금지하지 않고 정관에서 정하면 유효하다. 다만 주무관청에서 금지하거나 제한할 경우에는 그렇지 않다"는 취지의 답변이 대부분이다.

회사는 인도네시아 회사법상 정관이 정하는 바에 의하여 수종의 주식을 발행할 수 있다. 인도네시아 회사법이 법정하는 종류주식은 아래와 같다(제53조 제4항).

① 일반주
② 무의결권주
③ 배당우선주
④ 잔여재산분배우선주
⑤ 상환주식
⑥ 전환주식
⑦ 이사·감사 선임권주

2개 이상의 종류를 혼합한 주식을 발행할 수 있으므로, 이론적으로는 전환우선주, 상환우선주, 전환상환우선주 등의 발행도 가능하다. 그러나 실무에서는 상장사나 금융회사에서 2개 이상의 종류를 혼합한 주식 발행이 가능한지에 대해 일률적으로 대답하기가 쉽지 않다. 특히 전환상환우선주는 한국에서도 투자를 유치하기 위해 빈번하게 발행되는데, 상장사나 금융회사의 이 같은 혼합주 발행을 OJK가 임의 반려할 가능성을 배제하기가 어려운 것으로 보인다.

이론적으로는 특정한 종류의 주식을 다른 종류의 주식으로 전환할 수는 있지만, 실무에서는 기존 지분을 무효화하고 새로운 주식을 발행하는

---

161) 이는 법률상 회사의 주식을 유가증권이 아니라 동산으로 보기 때문일 것이다(민법 제511조 제4항 및 회사법 제60조 제1항).

방식이 보다 널리 사용되고 있다. 이는 주주결의를 득한 뒤 정관을 변경하고, 기존의 주권을 회사에 반납하여 폐기시키고 새로운 종류의 주권을 발급하며, 주주명부를 변경하여야 하기 때문이다.

상환주식 및 전환주식의 경우 법률상 발행·상환·전환 요건과 절차는 아래와 같다.

4.1.3. 상환주식

① 발행요건

- 정관에 상환에 관한 사항(가액, 청구기간, 상환방법 등)을 기재할 것 (제15조 제1항):
- 설립 시 발기인 전원의 동의, 설립 뒤에는 이사회의 결의

② 상환요건

- 상환기간의 도래, 주주평등원칙 준수
- 회사가 상환주식 취득 시 발행주식의 10% 초과하지 않을 것
- 회사는 상환주식 취득 후 주식실효 및 발행주식총수 감소 절차를 거칠 것

③ 상환절차

- 발행주식총수 감소에 따라 주주총회 결의(발행주식 총수의 2/3 이상, 참석주주의 2/3 이상 찬성)에 의하여 정관변경
- 발행주식자본금 감소에 따른 주주총회 결의(발행주식 총수의 2/3 이상, 참석주주의 2/3 이상 찬성)
- 법무인권부의 승인(제46조)

④ 상환효과

- 이익으로 소각하므로 자본은 불변
- 발행주식 총수의 감소
- 주식의 발행 권한은 이미 행사되었으므로 무한수권의 폐단을 막기 위하여 신주발행권한회복은 허용되지 않음

4.1.4. 전환주식

① 발행요건

- 정관에 전환에 관한 사항을 기재할 것(제15조 제1항)

- 설립 시 발기인 전원의 동의, 설립 뒤에는 이사회의 결의
② 전환요건
  - 전환기간 중 주주의 전환권 행사
  - 주주명부 폐쇄기간 중에는 의결권 행사 제한됨
  - 종류주식 수 변경에 따른 정관변경절차
③ 전환효과
  - 상향전환 시에는 자본감소, 하향전환 시에는 자본증가

이 같은 의결권과 권리에 차등을 둔 종류주식의 발행이 필요하다고 여겨지는 경우에는, 종류주식의 등록 및 활용이 흔한 역외(특히 영미법계 관할)에 지주회사를 설립하는 것이 유리할 수 있다. 인도네시아에서 복잡한 종류주식을 발행할 경우 BKPM, 법무인권부, 인도네시아 법원 등이 종류주식에 대해서 익숙하지 않기 때문에 추후 상당한 비효율 내지 리스크가 있을 수 있다.

4.2. 주 주

4.2.1. 주주의 권리

4.2.1.1. 의 의

주주의 권리란 주식이 표창하는 권리로써 주주의 회사에 대한 권리의무관계를 생기게 하는 법률상의 지위 또는 자격인 사원권을 내용으로 한다.

주주의 권리는 공익권과 자익권으로 나뉜다. 전자는 적절한 회사활동을 위하여 인정되는 권리로써 의결권·회계장부열람권·소수주주권·소제기권 등이 이에 포함된다. 후자는 주주의 경제적 이익을 위한 권리로써 이익배당·주식배당·잔여재산분배·유상신주·무상신주·주식분할 등에 대한 권리 등이 이에 해당된다.

주주권은 주식의 내용이므로 주권과 떨어져서 양도나 압류의 대상이 될 수 없다.

4.2.1.2. 자익권

자익권은 투자자인 주주개인의 재산적 이익을 확보하기 위하여 인정되는 권리로써, 출자금에 대한 수익을 향유할 권리와 출자금의 회수를 위한 권리로 나뉜다.

출자금에 대한 수익을 위한 권리로써는 이익배당청구권(제71조 제2항) 및 신주인수권(제43조 제2항) 등이 있고, 출자금의 회수를 위한 권리로서 일반주주명부와 특별주주명부 명의개서청구권(제50조 제1항 및 제2항), 잔여재산분배청구권(제150조) 등이 인정된다.

인도네시아에서는 전부(轉付)명령이 사문화 되었으므로, 이익배당금 지급청구권과 같은 자익권은 전부명령의 대상이 되는 것은 원천적으로 불가능한 것으로 보인다.

4.2.1.3. 소수주주권과 단독주주권

소정의 비율 이상의 주식소유를 필요로 하는 소수주주권과 1주의 주주라도 행사할 수 있는 단독주주권이 있다.

비상장회사의 소수주주권은 10%가 기준이다. 회사에게 손해를 끼친 이사에 대한 주주소송 제기권(제97조 제6항: 10%), 특별주주총회 소집청구권(제79조 제2항: 10%), 회사조사청구권(제138조 제1항: 10%) 등이 있다. 각각은 단독주주가 행사할 수도 있지만, 지분의 총합이 10%가 넘는 주주들이 공동으로 행사할 수도 있다.[162]

단독주주권으로는, 회사에 대한 주주의 손해배상청구권(제61조 제1항), 회계장부열람권(제67조 제1항), 지분매수청구권 (제62조) 등이 있다. 단 한 주로 절대적인 의결권을 행사할 수 있는 이른바 황금주 같은 것은 없다.

---

162) 인도네시아 내 해당 사업을 영위하는 데 필요한 최소지분율을 위하여 인도네시아 국적자 또는 PMDN을 소수주주로 참여시켰다가 발생하는 문제로, 변심한 소수주주 또는 상속인이 소수주주권을 악용 내지 남용하면서 일정한 보상을 요구하는 경우가 있다. 설사 해당 소수주주에게 승소가능성이 현저히 낮아도, 회사 및 대주주입장에서는 일일이 대응해야 하므로 상당한 시간과 비용은 물론 정신적인 낭비가 크다.

대주주가 소수주주에 대한 신인의무를 진다고 보지도 않고,163) 소수주주의 자본투자금 회수 자유를 보장하지 않는다. 지분매각희망 시 다른 주주로부터 사전허가를 받도록 하는 계약의 효력을 인정하는 점이 대표적이다.

소수주주는 (대주주의 의지에 따른) 회사의 행위로 자신이 손해를 입었다고 판단 시, 회사로 하여금 자신의 지분을 합리적인 가격에 매입할 것을 청구할 수 있다. 이때의 행위라 함은 어디까지나 다음의 행위만으로 국한된다.164)

- 정관개정
- 인수합병 또는 분할
- 회사의 전체 순 자산의 50%를 초과하는 자산을 양도하거나 담보로 제공하는 행위

소수주주의 권리를 위하여 사용되는 경우도 있으나, 어떠한 대가를 요구하면서 대주주나 회사를 상대로 한 협박성으로 회사조사청구권(제138조 이하) 등이 사용되는 용례도 적지는 않은 것으로 보인다.165) 회사조사청구권은 10% 이상의 지분을 소유 중인 소수주주가 법원을 통하여 회사조사를 청구하는 권리이다(「회사에 대한 조사청구」 단원에서 후술).

제138조 이하 요건상 법원은 청구인이 불법행위를 입증할 확증이 없어도 조사를 허락할 수 있다. 정직하고 성실하게 사업을 하는 회사라도

---

163) 한국에서도 대주주에게 이와 같은 의무가 있다고 보지 않는다(임재연, 회사법 I, 2014, 박영사, pp.349-350). 반면 미국의 많은 주에서는 대주주가 소수주주에게 신인의무(Fiduciary duty)까지 진다(앞의 책). 뉴욕에서는 비상장회사의 대주주가 소수주주에게 차별적인 억압을 하면 신뢰위반(bad faith) 또는 정직하지 못한 목적(Dishonest purpose)이라고 주장해서 승소할 수 있다. 소수주주에 대한 차별적 행위를 법원이 냉엄하게 판단하는 것으로 보인다.

164) Ira A Eddymurthy and Tengku Almira Adlinisa, Shareholders' rights in private and public companies in Indonesia: overview, Q.16, Practical Law, A Thomson Reuters Legal Solution, 1 May 2015.

165) 인도네시아에서 35년 회사생활을 하신 기업 임원 분의 설명이다. 특히 현지명의 수탁자와 관련해서 이러한 이슈가 적지 않은 것으로 보인다.

예상하지 못한 사소한 일들이 큰 문제가 될 수 있으므로, 조사에 응하는 것이 자칫 corporate suicidal로 이어질 수도 있다. 이때 얻은 조사 자료들을 근거로 하여 소수주주가 대주주로부터 차별적인 압박을 받는다고 주장할 위험도 있고, 회사 입장에서는 불법행위가 있는지 법원으로부터 조사를 받는다는 사실 자체가 회사의 대외적인 이미지에 손상을 주는 등 부담스러울 수 있다.

아래에서는 각각의 소수주주권에 대한 회사법 조항을 간단히 언급하고 자세한 사항은 각각의 단원을 달리하여 상술한다.

- **이사에 대한 주주소송 제기권**

  인니 회사법 제97조

  제3항 이사는 회사에 대한 의무에 있어서 고의과실로 손해를 끼쳤다면 직접 책임을 져야 한다.

  제4항 이사회가 2인 이상으로 구성된 경우, 제3항의 책임은 구성원 간 연대하여 진다.

  제6항 회사를 대신하여 총 의결권 주식의 1/10 이상 소유하는 주주는 고의 또는 과실에 기한 손해를 끼친 감사를 상대로 지방법원에 소를 제기할 수 있다.

- **회사조사청구권**

  인니 회사법 제138조

  제1항 "회사 또는 회사의 주주에게 손해를 끼치는 불법행위가 있거나 의심이 있을 경우, 그 회사의 정보와 자료를 얻을 목적으로 조사를 할 수 있다."

  제2항 "제1항의 조사는 회사가 위치한 관할법원에 서면으로 청구하여야 한다."

  제3항 "제2항의 조사 청구는 1/10 이상의 지분주주 [중략] 등이 제기할 수 있다.

  제4항 "제3항의 청구는 반드시 주주가 회사를 상대로 해당 정보 및 자료 제공을 요청한 뒤 거절당했을 때만 이행할 수 있다."제5항 "전 항의 청구

는 반드시 선의로 정당한 이유를 근거로만 이행하여야 한다."

- 회사를 상대로 한 손해배상청구

  인니 회사법 제61조

  "이사회/감사위원회/주주총회로 말미암아 회사가 불합리하거나 불공정한 행위를 하여 주주가 손해를 입었다면, 그 주주는 회사를 상대로 하여 지방관할법원에 소를 제기할 권리를 갖는다."

  조문 해설: "상기 소송을 제기 시에는, 주주가 회사를 상대로 해로운 행위를 멈추고 손해발생을 저지할 특정한 조치를 취하라는 요청을 첨부한다."

- 지분매수청구권

  인니 회사법 제62조

  "회사정관의 개정, 회사 순자산의 50%를 초과하는 가치의 자산을 담보로 제공, 또는 다른 회사의 인수·합병에 있어서 회사 또는 주주에게 손해가 발생하는 회사의 행위를 주주가 반대할 경우, 그 주주는 회사로 하여금 자신의 지분을 매입할 것을 청구할 수 있다."

손해가 당장에 발생하지 않았더라도 이처럼 회사의 명운을 좌우하는 판단에 있어서 결정권이 무시되었다면 그 주주는 적어도 지분을 팔고 나올 출구전략이라고 허락되어야 할 것이다. 따라서 "회사나 주주에게 손해를 일으키는 회사의 행위(tindakan Perseroan yang merugikan pemegang saham atau Perseroan)"에만 반대할 수 있게 한 것은 입법상의 과실이라고 사료된다. 본 조항은 회사나 주주에게 손해를 일으킬 "염려가 있는" 회사의 행위(tindakan Perseroan yang "dapat" merugikan pemegang saham atau Perseroan)로 고쳐야 한다고 본다.

합병 시 소멸회사의 주주에게 존속회사의 신주를 발행하여야 하므로, 존속회사의 발행예정주식총수 또는 수권자본에 여분이 없으면 미리 적정하게 늘려주어야 한다. 이때 소멸회사 주주가 합병을 반대하거나 지분매수청구권을 행사할 경우에 소멸회사 주주에게 신주를 배정할 필요가 없다.

따라서 관련 소수주주가 지분매수청구권 행사할 지 여부를 미리 알 수 있으면 수권자본 증액필요여부를 알 수 있어서 실무적으로 큰 도움이 된다.

미국의 비상장회사에서 대주주의 소수주주에 대한 차별적인 압박(oppression)이 발생한 경우, 소수주주는 신뢰의 법칙 위반(bad faith) 또는 정직하지 못한 목적(Dishonest purpose)을 주장할 수 있다. 이는, '투자자의 권리 보장이 곧 경제발전의 원동력'이라는 신념이 깊게 자리하고 있어서, 판례로 보나 법률로 보나 역사로 보나 어느 나라보다도 소수주주에 대한 차별적 행위를 냉엄하게 판단하기 때문이다. 예를 들어, 미국에서는 대주주에게 소수주주를 위한 신인의무(Fiduciary duty)까지도 지우고 있다.

그러나 인도네시아는 이처럼 대주주가 소수주주에 대한 신인의무를 진다고 보지도 않거니와, 법률 실무에서도 "대주주의 소수주주에 대한 차별적인 압박" 내지 그와 유사한 법리가 널리 통용되지는 않는다. 법률과 판례상 소수주주의 투자원금 회수도 보호되지 않는다. 대표적인 예가 지분매도제한(다른 주주에게 사전허가를 받아야만 지분을 팔 수 있는 제한 등)이다. 인도네시아에서 주주가 지분 매각을 희망 시 다른 주주로부터 사전허가를 받도록 하는 계약의 효력을 인정한다.

이는 많은 선진국의 추세와 대조적이다. 뉴욕에서는 이 같은 지분매도제한약정은 사실상 다른 주주가 임의로 소수주주의 투자금회수를 막을 수 있다("arbitrarily withholding its consent")는 점을 들어 무효로 판단하며,[166] 한국 또한 "회사의 설립일로부터 5년동안 주식의 전부 또는 일부를 다른 당사자 또는 제3자에게 매각 양도할 수 없다는 내용의 약정"을 무효로 본다(대판 2000.9.26, 99다48429).

4.2.2. 주주의 의무

주주의 의무란 주주가 사원의 자격에서 회사에 대하여 부담하는 출자

---

166) Celauro v 4C Foods Corp. 2010 NY Slip Op 52264(U) [30 Misc 3d 1204(A)] Decided on December 13, 2010 Supreme Court, Nassau County Driscoll, J. Published by New York State Law Reporting Bureau pursuant to Judiciary Law § 431.

의무를 말하는 것이다. 이는 주식의 인수가액을 한도로 하는 출자의무로써 그 외에는 아무런 의무도 없는 것이 원칙이며, 이 같은 주주유한책임의 원칙은 주식회사의 본질적인 요소이므로 회사는 이를 가중할 수 없다. 그러나 주주 스스로가 유한책임의 원칙을 포기하고 회사채무를 부담하거나 추가출자를 하는 것을 회사법이 막는 것은 아니다.

주주가 의결권을 행사하거나 회사의 기관으로서 회사를 위하여 일정한 행위를 하는 때에 회사 및 다른 주주에 대한 충실의무를 인정해야 할지 문제될 수 있다. 미국의 판례에서 이사에게 인정되는 fiduciary duties를 지배주주에게도 인정하여 지배주식을 양도할 경우 다른 주주의 이익도 고려할 의무를 부여하고 있고, 다른 나라에서도 이를 법정하거나 인정하는 판례가 있기 때문이다.167) 그러나 인도네시아 회사법에서는 이에 관한 일반규정도 없고 충실의무의 내용(요건과 효과)도 불분명하므로, 이러한 의무를 인정하기는 쉽지 않다.

4.2.2.1. 출자의무

회사채권자는 주주총회의 동의 없이 자신의 채권으로 납입해야 하는 주금액과 상계할 수 없다.168) 즉, 인수주식에 대한 납입채무와 주식회사에 대한 채권을 퉁칠 수 없다. 다만, 회사의 실질적인 자본충실을 해하지 않는 경우로서 회사가 하고자 하는 상계 또는 상호합의에 의한 상계까지 허용되지 않을지는 불분명하다.

4.2.2.2. 주주의 책임

원칙적으로 주주가 기업지배구조나 회사의 행위에 대하여 투자한 자본

---

167) 예컨대 독일, RG 132, 149, 162; BGH 103, 194: Lutter, "Die Treupflicht des Aktionars", ZHR 153 (1989), S. 447.

168) 회사법 제35조 제1항. 한국도 2011년 개정상법을 통해 주금의 상계금지제도를 폐지하여 회생절차에만 인정되던 출자전환(Debt-Equity Swap)을 일반적으로 허용하였고 채권자에게 주식을 발행해주고 부채를 탕감할 수 있게 하였다. 이로써 채권자인 금융기관 입장에서도 채권부실화를 방지할 수 있게 되었다.

이상의 무한책임 내지 직접책임을 지지 않는다. 단, 통상 인도네시아 국세청은 실무상 회사의 미납세금을 주주에게 청구하며, 납세가 완료될 때까지 회사청산에 대한 허가가 발급되지 않는다.

업종별로 주주는 특별한 책임을 추가로 질 수 있다. 예컨대 보험업의 경우, 지배력을 행사하는 최종주주가 보험회사의 책임에 대해 직접 그 책임을 질 수 있으며,[169] 은행의 주주는 은행지배 관련 지분구조에 대한 책임을 진다.[170]

4.2.2.3. 법인격부인론

주식회사에서 "주주의 유한책임"이라는 대원칙은 예외적인 경우에 무한책임으로 변경될 수 있다. 그 대표적인 경우가 그 회사의 법인격이 영구적 혹은 일시적으로 부인되거나 박탈되는 경우이다.

이를 구체적으로 설명하기 위하여 등장한 것이 법인격부인론이다. 법인격부인론이란, 회사의 법인격을 완전히 부인하거나 박탈한다는 뜻이 아니라, 그 법인격이 남용된 특정한 사안에 한하여 회사의 법인격을 일시적·잠정적으로 부인함으로써, 법인격 뒤의 배후자에게 책임을 인정하는 이론을 말한다. 이른바 "회사의 베일을 들어올린다(Piercing the corporate veil)" 혹은 "회사의 베일을 뚫는다(Lifting the corporate veil)"는 이론으로 불리며, 미국에서 발달하여 현대의 대부분의 나라에서 적용되고 있다.

한국도 법인격부인론을 수용하여 주주가 무한책임을 지는 경우를 인정하고 있다. 아래의 판례가 한국인에게는 위 이론을 이해하는 데 가장 유용할 것으로 생각된다.

> "회사가 외형상으로는 법인의 형식을 갖추고 있으나 이는 법인의 형태를 빌리고 있는 것에 지나지 않고 그 실질에 있어서는 완전히 그 법인격의

---

169) UU 40/2014 tentang Perasuransian; PP 73/1992 tentang Penyelenggaraan Usaha Perasuransian 및 개정 행정부령.

170) UU 10/1998 tentang Perbankan, PP 29/1999 tentang Pemblian Saham Bank Umum; PerOJK 56/POJK.03/2016 tentang Kepemilikan Saham Bank Umum.

배후에 있는 타인의 개인기업에 불과하거나 그것이 배후자에 대한 법률적용을 회피하기 위한 수단으로 함부로 쓰여지는 경우에는, 비록 외견상으로는 회사의 행위라 할지라도 회사와 그 배후자가 별개의 인격체임을 내세워 회사에게만 그로 인한 법적 효과가 귀속됨을 주장하면서 배후자의 책임을 부정하는 것은 신의성실의 원칙에 위반되는 법인격의 남용으로서 심히 정의와 형평에 반하여 허용될 수 없고, 따라서 회사는 물론 그 배후자인 타인에 대하여도 회사의 행위에 관한 책임을 물을 수 있다고 보아야 한다."171)

이러한 예외는 인도네시아 회사법에도 그대로 수용되어 다음과 같이 주주가 무한책임을 지는 경우를 법정하고 있다.

주식회사의 주주는 원칙적으로 주식 액면가액 내에서 유한책임을 지나, 다음과 같은 예외의 경우에는 무한책임을 진다(제3조 제2항).
① 회사가 법인격을 취득하지 못한 경우
② 직접 또는 간접적인 방법으로 주주가 개인의 이익을 위하여 회사를 부당하게 이용한 경우
③ 주주가 회사의 불법행위에 관여한 경우
④ 주주가 불법적인 방법으로 회사의 자산을 직·간접적으로 이용하고 그 결과 회사의 자산이 채무상환에 부족하게 된 경우

그러나 위 조항을 통하여 법인격부인론을 적용하기 위해서는, 주주 유한책임의 대원칙에 수정을 가해야 하기 때문에 상당한 입증책임을 져야 한다. 단순히 회사가 채무상환능력이 없다거나 회사의 대주주 또는 이사에게 상환의지가 없다는 사실만으로는 부족하다. 법문상에는 요구되지 않으나, 다음의 요건이 이론과 판례에서 받아들여진다.
① 회사가 주주개인에게 지배되어 개인기업처럼 운영될 것(형태요건)
② 주주 개인의 행위로 인정되지 않게 되면 구체적인 형평에 어긋날 것 (공정요건)
③ 법률적용을 회피하기 위한 수단으로 사용되거나 채무면탈이라는 위법한 목적달성을 위하여 회사제도를 남용하는 등의 주관적 의도 또는

---

171) 대판 2001.1.19, 97다21602, 또 주주와 회사의 관계로 연결되지 않은 두 개의 회사를 대상으로 그 실질이 같다며 동일성을 인정한 판례로 대판 2004. 11.12, 2002다66892.

목적172)

"제반 사정을 종합적으로 고려하여 판단(totality of circumstances)"하므
로 상당한 입증자료를 준비하여야 한다. 이와 같은 회사의 형해화(形骸化)
를 입증하기 위해서는 아래와 같은 자료들을 최대한 준비할 필요가 있다.

① 회사의 설립증서나 정관 등의 부실기재
② 과소자본
③ 이사 및 사원을 은폐한 사실
④ 피고용인 및 사무실의 부재
⑤ 배당사실의 부재
⑥ 실적이나 사업 또는 영업활동의 부재
⑦ 지배주주의 자산과 회사자산이 혼용된 사실
⑧ 지배주주 개인이 회사자산을 유용한 사실
⑨ 다른 회사로 유용된 자산의 유무와 정도
⑩ 이전된 자산이 있는 경우 정당한 대가가 지급되었는지 여부
⑪ 회사 자산이 개인의 자산인 것처럼 또는 단순한 자산이동경로로 취급·
사용된 사실

이외에도 기타 지배주주의 개인적 거래를 위하여 회사의 형식이나 법
인격이 이용된 사실들을 최대한 입증하여야 한다.

4.2.3. 주주명부와 명의개서

주주명부란 주주 및 주권에 관한 사항을 명백히 하기 위하여 회사법의
규정에 의하여 작성되는 장부를 말한다.173) 주주명부에는 제50조 제1항

---

172) "Itikad buruk yang menimbulkan kerugian kepada pihak lain" PT.
Bank Perkembangan Asia v. PT. Djaja Tunggal cs, No. 1916 K/
Pdt/1991 (1996). 본 판례는 법인격 부인론의 역적용을 인정하였다.
173) 인도네시아 중앙은행이 배포하는 은행 및 기타 금융회사에서 사용가능한
주주명부의 예시는 다음을 참조하라.
<http://www.bi.go.id/id/peraturan/perbankan/Documents/Lampiran_s
e_154914.PDF>

의 일반주주명부와 제2항의 특별주주명부가 있으며, 각각을 회사에 비치하여 주주가 볼 수 있게 하여야 한다.

주주명부를 작성·비치시키는 까닭은, 세법상 배당소득에 대한 과세뿐만 아니라 주식의 이동에 대한 과세문제가 생기기 때문에, 주주 및 회사의 보호 외에도 주식의 이동을 정확히 파악할 필요성이 있기 때문이다. 따라서 한국에서는 법인세법 상 주주명부 등의 작성 비치 의무는 내국법인에 한하므로 외국법인은 제외하며 내국법인의 경우에도 비영리 법인은 주주 등이 존재하지 아니하므로 이에서 제외된다는 취지의 예외규정이 있다. 그러나 인도네시아에는 이 같은 별도의 예외조항이 없다.

4.2.3.1. 일반주주명부

일반주주명부의 기재사항은 다음과 같다

① 주주의 성명과 주소
② 인수주식의 수량, 번호, 취득일자, 및 주식의 종류
③ 주당 납입금액(액면가 이상이어야 한다.)
④ 주식을 입질한 경우 질권자의 성명과 주소, 질권설정일
⑤ 주식을 신탁한 경우 수탁자의 성명과 주소, 수탁일
⑥ 현물출자의 경우 그에 대한 정보

일반주주명부상의 기재사항 가운데 기명주식을 양도·양수하고자 주식 양수인의 성명과 주소를 변경하는 것을 명의개서라 한다. 빈번하고 대량으로 이루어지는 주식의 양도를 획일적으로 처리할 수 있게 하여 회사를 보호하는 제도이다.

기명주식을 취득한 자는 명의개서를 하여야만 회사에 대하여 주주권 행사가 가능하다.[174] 즉, 주주명부에 명의개서를 하면 주주로 추정되므로 실질적 권리의 입증 없이 권리행사가 가능하다.[175] 회사는 명의주주가 실질주주가 아니라는 것을 증명하여 권리행사를 거절할 수 있다. 또,

---

174) 제52조 제1항 및 제2항. 주주는 이로써 회사를 상대로 대항력을 취득한다.
175) 이를 주주명부의 추정력 또는 자격수여적 효력이라 한다.

회사가 주주명부의 기재대로 권리행사를 인정 또는 권리행사의 내용을 정하는 경우(예컨대 신주인수권, 배당청구권, 의결권 등), 그것이 실제에 부합하지 않더라도 회사는 원칙적으로 면책된다.

다만 주식회사가 주주명부상의 주주가 형식주주에 불과하다는 것을 알았거나 알 수 있었던 경우, 또한 이를 용이하게 증명하여 의결권 행사를 거절할 수 있었음에도 의결권 행사를 용인하거나 의결권을 행사하게 한 경우에는 그 의결권 행사는 위법하게 된다. 예컨대, 주주 A가 B에게 지분을 매각하고자 체결한 지분매매계약서상 지분이전 조건이 발생하지도 않았는데, 회사가 이에 대한 면밀한 검토없이 이미 주주명부에 B로 등재한 경우, 회사는 B에게 의결권 행사를 용인하면 안 된다.

4.2.3.2. 특별주주명부

이사회는 일반주주명부와는 별도로 회사의 자기주식, 이사 및 감사가 소유한 주식, 또는 이사와 감사의 가족(배우자 및 직계존속)이 소유한 다른 회사의 주식과 그 주식의 취득일까지 특별명부에 작성해야 한다.

이는 이사 및 감사의 회사에 대한 충실의무를 강제함으로써 이른바 대리인 비용[176]을 낮추기 위한 것으로 생각되나, 이사, 감사 및 그 배우자 및 직계존속이 소유하고 있는 다른 회사의 주식까지 작성하도록 요구한 것은 졸속한 입법이라고 생각한다.

단기매매증권(Trading securities)이나 매도가능증권(Available-for-sale securities)의 경우에는 지배목적보다는 투자수익목적으로 소유하고 있을 뿐이며, 그 기간 또한 일시적이라는 점을 생각하면 더욱 그렇다. 나아가 다른 폐쇄회사의 지분소유현황은 그 회사의 Confidentiality 영역이며, 가족구성원이 해당 회사와 관계없는 지분을 소유 중일 때는 완전한 사적자치의 영

---

176) 개인 또는 집단이 의사 결정 과정을 다른 사람에게 위임할 때 대리인 관계가 성립된다. 그런데 이들 간에는 정보의 불균형, 감시의 불완전성 등으로 인해 도덕적 해이, 역선택 등의 문제가 발생할 수 있다. 이 문제를 해결하기 위해서 드는 비용을 대리인 비용이라 한다.

역이자 프라이버시이기 때문에 이처럼 공공연하게 공개할 대상도 아니다.

공개회사와 폐쇄회사를 불문하고 많은 회사의 실무에서 특별주주명부를 사실 그대로 면밀하게 업데이트 및 비치하는 경우는 흔치 않은 것으로 보인다. 앞서 언급하였듯 실무적으로 이를 이행하기에는 불경제가 크고, 특별주주명부 미비에 따른 별도의 제재조항도 없으며, 설사 제52조에 따라 이사회가 책임을 져야한다고 하더라도 특별주주명부의 불완전한 기재로 인해 직접손해를 구성하기는 어렵기 때문인 것으로 생각된다.

4.2.4. 주주권의 변동

4.2.4.1. 주식의 양도

인도네시아 회사법상 주식의 양도는 주요 선진국들에 비해 장기간의 시간, 절차 및 인내를 필요로 한다. 아무리 적은 지분의 매매라도 주주에 관한 사항은 정관기재사항이므로 주식양수도 시 정관을 변경해야 한다. 나아가 단순히 주권("Sertifikat Saham")을 교부하는 것이 아니라 별도의 양도증서를 만들어 서명도 해야 한다. 번거롭게도 회사법에 따라 주식의 양도는 주권의 교부가 아니라 이른바 권리양도증서의 교부에 의하기 때문이다(제56조 제1항). 또, 당사자 중 일방이 자기가 서명한 것이 아니라고 주장하는 등 만약의 사태에 대비하여 공인(legalisasi) 절차를 추가로 거치는 경우도 적지 않다. 또, 주식양도에 대한 사실은 회사에게 해당 주식양도증서 또는 그 사본을 제출함으로써 통지해야 한다(제56조 제2항). 지분양수인은 제51조에 따라 지분소유증명서를 반드시 발급받아야 하므로, 주식양도에 대한 사실을 알게 된 회사는 주주에게 Sertifikat Saham을 발급하여야 한다. 이 때 기존주주, 즉 지분양도인의 Sertifikat Saham이 무효라고 외관상 알 수가 없으므로 파쇄하는 것이 좋다.

결론적으로 주식의 양수인은 양도인으로부터 주식과 주식양도증서를, 회사로부터 Sertifikat을 받아야 하며, 선택적으로 공인(legalisasi) 작업을 거칠 수 있다.

이사회는 제50조에 따라 주주의 성명과 주소, 인수일, 종류주식인 경우 그 종류, 인수가격, 질권 설정 시 질권목적물 소유자 성명과 주소, 지불에 대한 사실 등을 주주명부 또는 특별주주명부에 기록해야 한다. 지분담보설정을 위하여 질권이 아니라 동산양도담보(fidusia)를 설정하는 경우라면 추가로 양도담보기관(lembaga fidusia)[177]에 등기을 해야 한다.[178]

주주 변경은 해당 회사가 법무인권부 수속을 해야 하는 사항이다. 정관변경에 대한 법무인권부 통지 및 승인절차와 관련한 2014년 제4호 법무인권부 규정[179]에 따르면, 회사의 자본변경과 관련해서 법무인권부에 승인 및 통지사항은 다음과 같다.

- 승인사항: 수권자본, 발행납입자본의 감소
- 통지사항: 주주의 이름 및 구성, 일정한 회사합병, 인수 및 분할

회사 Registry에 등록하기 위해 지분양도를 명부에 기록한 날로부터 30일 내에 이를 법무인권부 수속을 해야 한다. 30일 이내에 이행하지 않은 경우, 법무인권부는 해당 주주 및 지분구성에 대한 수속을 거절할 수 있다.

인도네시아에서 주식의 양수·양도에 있어 주의할 것이 있다. 인도네시아 현지인이 혼인 이후 취득한 주식을 매수하는 경우, 현지 지분 매도인 배우자의 동의서가 필요하다는 점이다. 이는 한국의 부부별산제와 달리, 인도네시아에서는 혼인 이후 취득한 재산은 부부의 공동소유가 되기 때문이다(민법 제120조). 따라서 배우자의 동의를 받지 않고 주식을 취득

---

177) 공식 명칭은 Kantor Pendaftaran Fidusia.
178) 1999년 제42호 양도담보법 (Undang−Undang No.42 Tahun 1999 tentang Jaminan Fidusia) 제13조.
179) Peraturan Menteri Hukum Dan Hak Asasi Manusia Republik Indonesia Nomor 4 Tahun 2014 Tentang Tata Cara Pengajuan Permohonan Pengesahan Bdan Hukum Dan Persetujuan Perubahan Anggaran Dasar Serta Penyampaian Pemberitahuan Perubahan Anggaran Dasar Dan Perubahan Data Perseroan Terbatas.

시 그 주식취득은 무효가 될 수 있으므로 주의하여야 한다. 이뿐만 아니라, 주주가 사망하여 그의 재산이 상속되는 경우 그 주식은 가장 연장자인 배우자 및 직계존속간의 공동소유가 된다. 이러한 주식을 양수하는 경우에는 배우자 및 직계존속 전부의 동의를 얻어야 한다. 간혹 직계존속이 많다 보니 그 중 일부는 직접 서명을 받지 않고 위임장을 받은 사람이 서명하기도 하는데 이때는 주의하여야 한다. 추후 그 위임장이 거짓이었음이 발견되는 경우 소유권도 인정받지 못하고 당사자에게 거액의 합의금을 지급하게 될 위험이 있다.

상장된 주식의 양도는 자본시장법에 따른다.

4.2.4.2. 주식 양수도의 순서

주식 양수도의 순서는 다음의 도표와 같다.

도표 3-3 주식 양수도의 순서

조건부 지분매매 계약서 서명

특정 사업의 지분을 인수 시 당국의 인허가가 필요한 경우 해당 인허가,
주주동의 등 각종 필요사항을 지분매매 Closing 조건으로 한다.
인니주주 간 인도네시아 법률을 따르는 계약이면, 계약서 서명 시에
공증하여 제56조에서 요구하는 증서(Akta)를 만들어야 한다. 반면,
해외주주 간 외국법을 따르는 계약이면 해당 법률에 따라 공증증서
제작작업을 별도로 거치지 않아도 유효하다.

하기 작업을 동시에 준비하고 공증인의 공증을 받아야 한다.

(a) 주주총회 또는 주주동의서 준비

정관상 다른 정함이 없으면 정관변경에는 제88조의 정족수를 만족시킨
주주총회가 필요하다.
(출석주주 의결권의 2/3 이상 동의, 의결권 주식총수의 2/3 이상 출석)
주주 전원이 동의하면 주주동의서로 대체 가능하므로 Shareholder
Resolution 작성으로 충분하다.

(b) 정관 및 주주명부 변경

이사회는 제50조에 따라 주주의 성명과 주소, 인수일, 종류주식인 경우
그 종류, 인수가격, 질권 설정 시 질권목적물 소유자 성명과 주소, 지불에
대한 사실 등을 주주명부 또는 특별주주명부에 기록해야 한다.

(c) 지불 및 주권교부

지분매매대금 지불
기존 지분보유증명서(Sertifikat Saham)무효화
주권 주식양도증서 및 Saham 인수

법무인권부 수속, 확인서 발급 및 Registry 등록

회사 Registry에 등록하기 위해 지분양도를 명부에 기록한 날로부터
30일 내에 이를 법무인권부에 수속하여야 한다. 이때,
허가사항(수권자본, 감자 등)과 통지사항(주주이름과 구성, 지분인수
등)이 다르다. 30일 이내에 이행하지 않은 경우, 법무인권부는 동일
주주 및 지분구성에 대한 수속을 거절할 수 있다.

[인도네시아 주권의 예]

SURAT SAHAM KOLEKTIF
COLLECTIVE SHARE CERTIFICATE
No: 001
PT ABC
("Perseroan")
(the "Company")

Berkedudukan di Jakarta, didirkan dengan Akta Pendirian No.[***] tanggal [***] dibuat di hadapan [***] di [***], yang telah disahkan dengan Persetujuan Menteri Hukum dan Hak Asasi Manusia No. [***] tanggal [***] dan telah diubah terakhir kali dengan Akta Pernyataan Keputusan Pemegang Saham Perseroan No. [**] tanggal [***] dibuat di hadapan [***] di [***] yang telah disetujui oleh Menteri Hukum dan Hak Asasi Manusia berdasarkan Surat Keputusan No. [***] tinggal [**] dan Perbuahan Anggaran Dasarn ya telah diterima dan dicatat berda sarkan Surat No.[***] tanggal [***].	Domiciled in Jakarta, established by Deed of Establishment No. # dated [***] made before [***] Notary in [***], which has been legalized by Ministry of Law and Humand Rights No. [***] dated [***] and lastly amended by Deed of Resolution of Shareholders No.[***] dated [***] made before [***] Notary in [***] which has been approved by Ministry of Law and Human Rights under Decree No. [***] and the Change of Article of Association has been accepted and recorded based on Letter No. [***] dated [***].

MODAL DASAR PERSEROAN
AUTHORIZED CAPITAL OF THE COMPANY
Rp.[***]

MODAL DITEMPATKAN PERSEROAN
SUBSCRIBED CAPITAL OF THE COMPANY
Rp.[***]

MODAL DISETOR PERSEROAN
PAID UP CAPITAL OF THE COMPANY
Rp.[***]

Terbagi atas: [***] saham masing−masing dengan nilai nominal Rp. [***]	Dividend into: [***] shares each with a nominal value of Rp. [***]

SURAT KOLEKTIF BUKTI PEMILIKAN SAHAM
COLLECTIVE CERTIFICATE EVIDENCING SHARE OWNERSHIP
No. 000001
Sebagai bukti pemilikan
as evidence of ownership
Sampai dengan
Up to and including
No. *****
Tedaftar atas nama
Regisgered under the name of
[***]
Pemilik/ pemegang [***] saham
owner' holder of [***] shares
[Date]

Name:_____   Name:_____
Title:_____   Title:_____

4.2.4.3. 주주 간 약정 및 정관에 의한 주식양도 제한

4.2.4.3.1. 서 설

정관의 정함으로 주식의 양도를 제한할 수 있다(제57조 제1항).

정관에 의하여 주식양도를 제한하는 것은 통상 인적 구성상의 폐쇄성을 유지할 필요가 높으며 경영상 안전을 도모하기 위함이다.

주식양도자유의 원칙은 주주 간 계약에 의해서 제한될 수 있는데, 이와 같은 주식양도제한 약정의 효력과 관련하여 한국에서는 주식양도금지약정에 대해서 채권적 효력을 명확히 인정하고 있는 반면[180] 인도네시아에서 이와 같은 판결을 일관되게 얻어낼 수 있는지 여부에는 의문이 있다.

주식양도제한에 대한 계약서 작성 시 주의할 점으로, 다른 주주가 SPC를 통해 회사의 지분을 매수하는 경우, 지분양도제한의 대상에 해당 회사의 지분뿐 아니라 SPC의 지분도 함께 포함시키는 것이 바람직하다. 해당 회사의 지분만 양도제한의 대상으로 하는 경우, SPC를 통해 투자한 투자자는 SPC 지분을 양도하여 양도제한 규정을 피해 갈 수 있기 때문이다.

또, 주주 간 계약에 규정된 바에 따라 양도하는 경우에는 자신이 선임한 이사들로 하여금 동 양도를 승인하기로 한다는 약정을 함께 두는 것이 바람직하다. 이사회 특별결의 사항으로 규정한 경우 해당 이사들이 약정된 바에 따라 해당 양도를 승인하지 않을 경우에 대비하여 주주 간 계약 내용을 따르지 않는 이사를 해임할 의무를 부과하는 것도 필요할 수 있다.

이하에서 설명하는 주식양도제한과 관련해서 설명하는 내용들은 어디

---

180) 한국 대판 2008.7.10, 2007다14193. "주식의 양도를 제한하는 방법으로서 이사회의 승인을 요하도록 정관에 정할 수 있다는 상법 제335조 제1항 단서의 취지에 비추어 볼 때, 주주들 사이에서 주식의 양도를 일부 제한하는 내용의 약정을 한 경우, 그 약정은 주주의 투하자본회수의 가능성을 전면적으로 부정하는 것은 아니고, 공서양속에 반하지 않는다면 당사자 사이에서는 원칙적으로 유효하다."

까지나 계약서에서 인도네시아 법을 준거법으로 하고 관할을 인도네시아 법원이나 BANI로 할 경우 고려사항이다. 적어도 거래규모가 클 경우에는 인도네시아 법원을 관할로 하지 않을 것이 바람직할 수 있다.[181] 인도네시아 법원에서 어려운 법리를 이해하지 못할 위험 또는 부정부패의 위험은 아직은 무시하기 힘든 수준이고, 승소하더라도 집달관이 제대로 집행을 하지 않을 수 있으며,[182] 판례가 선진국에서의 그것과 상이하기 때문이다. 외국상사중재원을 관할로 하면 중재인을 꼭 인도네시아인으로 선임하지 않아도 되며 외국 중재판정이 인도네시아에서 성공적으로 집행된 사례들도 있다.[183] [184] 지분은 계약서에 작성된 직접재산이기 때문에 집행단계에서 채권추심과 같이 인니채무자의 계좌정보까지 알아야 할 필요가 없다.

---

181) 단, 질권설정계약에 대해서는 "주식회사의 지분에 질권을 설정한 경우에도 인도네시아법을 준거법으로 하고 인니어로 작성되어야 계약한 대로 집행할 수 있다"는 소수 의견이 있다. "Can such security validly be granted under a New York or English law governed document? [⋯] A pledge of Indonesian shares can be enforced provided the governing law is Indonesian law." Theodoor Bakker and Ayik Candrawulan Gunadi, Indonesia Lending & Secured Finance 2016, 2.3 Is lack of corporate power an issue?, ICLG, 18/04/2016.

182) 집행관이 임의로 집행을 연기하는 경우가 보고된다. 이 때는 실무적으로 법원을 통하여 집행관이 집행을 하도록 압박하여야 한다.

183) Official statistics as to enforcement of international awards in Indonesia are not available. Unofficial surveys indicate that only a limited number of enforcement attempts have been made (with one recent survey suggesting a total of 57 applications to enforce international awards between 2000 and 2012). Ashurst Singapore, Enforcement of foreign arbitral awards in Indonesia, September 2104. <https://www.ashurst. com/en/news-and-insights/legal-updates/enforcement-of-foreign-arbitral-awards-in-indonesia/>

184) 2019년 대법원은 1심법원의 집행에 대한 가이드라인(No 40/DJU/SK/HM.02.3./1/2019)을 도입하여 집행의 유형에 따라 세부절차를 두었다. 이 같은 가이드라인의 시행이 실제로 실무에서 일관된 집행을 이끌어 낼 수 있을지는 지켜볼 문제인 듯하다.

이에 대한 반대의견은 외국중재판정이 인도네시아에서 집행되지 않을 가능성을 제시한다. 실제로 인도네시아 대법원에서 외국중재판정의 집행을 거절한 사례들이 있다.[185]

4.2.4.3.2. 약정 및 정관에 의한 주식양도 제한의 종류

회사법 제57조에서 정하고 있는 정관상 양도제한의 종류는 다음과 같다.

① 신주인수권을 지닌 주주 또는 다른 주주들에게의 인수청약
② 회사기관으로부터의 사전승인[186]
③ 담당기관으로부터의 사전허가 획득

그러나 실무에서는 이는 예시조항에 불과하다고 해석하며 실제로 이외 다양한 주식양도제한이 사용되고 있다.

한국은 주식의 양도제한이 주식 거래에 중대한 이해 문제를 야기하므로 다수인에게 양도제한 사실을 공시하도록 하고, 정관에 규정을 두었더라도 등기하지 않는 경우 선의의 제3자에게 대항하지 못한다고 하고 있다는 점에서 구별된다. 인도네시아에서 회사 정관은, 통상 법률, 공서양속, 사회질서 등에 위반되는 것이 아니면 정관에서 정한 사항은 공시나 등기 여부와 무관하게 제3자에게 대항할 수 있다. 법률, 공서양속, 사회질서에 위반되는 사항은 공증인의 정관 내 기재가 허락되지 않는다.

아래에서는 위 제한을 포함하여 인도네시아에서 널리 사용되고 있는 주식양도제한 종류에 대하여 서술한다.

4.2.4.3.2.1. 처분 자체의 금지

인도네시아에서는 처분 자체를 원천적으로 차단하는 조항을 무효라고 본 판례를 아직 찾을 수 없다. 오히려 정관에서 정하면 주식처분 금지 약정까지도 유효하다고 보는 현지 변호사의 의견도 있다.

---

185) SIAC 사건번호 ARB 062/08/JL, 인도네시아 사건번호 01K/Pdt.Sus/2010, No.877/K/Pdt.Sus/ 2012.
186) 한국은 이사회의 승인 및 대표이사의 승낙을 요하며 주주총회의 결의로 대체할 수 없으므로 구별해야 한다.

한편, 지분매수인의 국적을 내국인만으로 제한한 약정은 정관에서 정하면 유효로 본다(인니 대판 No. 1529 K/Pdt/2005).[187]

4.2.4.3.2.2. 사전 서면 동의요건(Lock up)

회사기관의 사전 서면 동의를 얻어야만 보유주식을 처분할 수 있도록 하는 요건이다(제57조 제1항 제b호). 회사기관이란 주주총회, 이사회, 또는 감사위원회를 말한다(제1조 제2항). 실무에서는 일반적으로 매각뿐 아니라 담보제공 등도 함께 금지한다.

오늘날 주요 선진국들 가운데 사전 서면 동의 요건을 무제한으로 인정하는 경우는 드물다. 지분을 현금으로 바꿀 수 있는 주주의 권리가 다른 주주나 회사에 의하여 영원히 제한되어서는 안 되기 때문이다.[188][189]

반면 인도네시아 법원은 "다른 주주로부터의 사전서면 동의약정은 정관에만 작성하였다면 유효하며, 이 같은 사전서면 동의를 얻지 않은 지분매매는 무효"라고 일관된 입장을 취하고 있다(Central Jakarta District Cout. No.85/PDT.G/2018/PN.Jkt.Pst 및 No. 2507K/Pdt/2013).[190] 또, 정관에

---

187) 외국인 소유가 100%으로 변경된 업종의 경우에는 이를 들어 상기와 같은 제한을 무효라고 주장할 여지는 있다고 생각한다.

188) 뉴욕주법원은 회사가 이유없이 거절할 경우("arbitrarily withholding its consent")를 우려하여 사전서면 동의요건 자체를 아예 무효로 본다. Celauro v 4C Foods Corp. 2010 NY Slip Op 52264(U) [30 Misc 3d 1204(A)] Decided on December 13, 2010 Supreme Court, Nassau County Driscoll, J. Published by New York State Law Reporting Bureau pursuant to Judiciary Law § 431.

189) 한국 대법원 역시 "회사와 주주들 사이에서, 혹은 주주들 사이에서 회사의 설립일로부터 5년 동안 주식의 전부 또는 일부를 다른 당사자 또는 제3자에게 매각·양도할 수 없다는 내용의 약정을 한 경우," 그 약정을 무효로 보며 채권적 효력까지 인정하지 않는다(대판 2000.9.26, 99다48429).

190) 같은 논지에서 "if a joint venture party or a joint venture company takes an action that is consistent with the articles of association but is in breach of the relevant contractual agreement between the parties, then the non-defaulting party would be able to bring a breach-of-contract claim but would not be able to declare the relevant

서 회사기관 전부(이사회, 감사위원회, 주주총회)의 동의를 얻어야 한다고 정한 가운데 주주가 일부만의 동의를 얻고 선의의 제3자에게 매도한 사안(No. 2507 K/Pdt/2013)에서도 인니 대법원은 정관대로 기관전부의 동의를 얻지 아니하였음을 이유로 매매계약 자체가 무효라고 하였다.

무제한의 기간이었다는 점, 선의의 제3자 여부에 대한 판단이 없다는 점, 일단 이루어진 매각을 유효로 보고 매각한 대금의 전부로 손해를 배상하라고도 할 수 있었을 것인데 그와 같이 판단하지 아니하였다는 점에 주목할 만하다.

> **정관에 작성된 사전동의 요건을 무시하고 진행한 지분매매를 무효로 본 사례: 사건번호 No. 85/PDT.G/2013/PN.JKT.PST**
>
> 본 건에서 PT. Indotruba Tengah("IT")는 아래의 주주들을 두고 있었는데,
>   a. Yayasan Kartika Ekapaksi("YKE"): IT의 6.200주 주주
>   b. PT Minamas Gemilang: IT의 3.100주 주주
>   c. PT Anugerah Sumber Makmur: IT의 3.100주 주주
> YKE가 지닌 IT지분의 전부를 PT Mulia Agro Persada 에게 매각하고자, YKE가 일방적으로 주주의사록을 작성하여 동의를 얻었다는 서류를 만들었다. 법원은, 그 주주의사록은 인니 회사법 제91조 및 이를 그대로 차용한 IT의 정관에서 정한 주주의사록의 효력요건인 "주주전원의 동의"를 받지 아니하였음을 이유로 그러한 주주의사록 및 그에 따른 지분매매를 무효라고 판단하였다.
> 매수인이 선의의 매수인인지 여부를 판단하지 아니하였고, 손해배상이 아니라 지분매매자체를 무효로 돌린 판결임에 주목할 만하다.

통상 계약서 작성 시 계열회사 간 양도는 사전 서면 동의요건에 대한 예외로 한다. 즉, 제3자에게는 양도를 제한하더라도 계열회사에 대한 양도는 이러한 제한의 예외로 인정하는 것이다. 이는, 기업구조조정 등 경

---

legal action of the joint venture company as void from the outset"
Hiswara Bunjamin & Tandjung, "Setting up and operating a joint venture in Indonesia," Lexology, August 8, 2019.

영상의 필요에 따라 계열회사 간 주식 양도가 필요할 수 있고 굳이 동일한 지배 관계에 있는 계열회사 간의 거래를 막을 필요가 없기 때문이다. 물론, 양도하는 계열사가 양도 후에도 여전히 주주 간 계약상의 의무에 대해 연대책임을 부담하도록 하는 것이 안전하다. 양수인 계열사가 SPC거나 자력이 충분하지 않아 주주 간 계약상 의무를 이행할 수 없는 경우도 있으므로, 양도인이 연대하여 책임질 수 있도록 안전장치를 마련하는 것이 바람직하다.

또, 양도인과 양수인 간의 계열관계가 소멸하는 경우를 대비하여, 계열관계 소멸 시 양도인이 다시 재양도할 의무가 있다고 명시하는 것이 바람직하다.[191]

4.2.4.3.2.3. 환매(Buyback)

제37조 제1항에서 정한 다음의 사항을 준수하여야만 회사는 자신의 명의와 이익으로 지분을 유효하게 환매할 수 있다.

(i) 지분환매로 말미암아 회사의 발행자본과 법정준비금의 합이 순자산액을 초과하지 않을 것

(ii) 회사가 환매·질권 설정·신탁한 주식 또는 직간접적으로 소유하고 있으면서 다른 회사가 질권설정 또는 신탁한 주식의 액면가의 총액이 총 발행주식의 10%를 초과하지 않을 것. 단, 자본시장법에서 달리 정하는 경우는 예외.

상기 사항을 준수하지 않은 환매는 무효이며, 이로써 선의의 주주에게 발생한 손해에 대하여 이사회는 연대책임을 진다. 또, 상기 사항을 준수하여 회사가 환매한 지분은 3년을 초과하여 소유할 수 없다.

회사가 직접 환매하는 경우가 아닌 Buyback option으로써 주주 간 계약이 있는 경우, 주주가 이를 위반하여 선의의 제3자에게 지분을 매각

---

191) 집행가능성은 없겠지만 채권적 효력을 부과한다는 점에서 의미가 있다고 한다. 이동건 등, 주주 간 계약의 실무상 쟁점 - 작성 시 주의사항을 중심으로, 2014.9, BFL 제67호, p.95.

하더라도 선의의 제3자는 보호되지 않는다.

상장회사의 경우에는 OJK Regulation No.XI.B.2에서 정한 Buyback 규정을 추가로 따른다.

> **Buyback option이 부여된 지분은 그 Buyback option 행사기간 동안 제3자에게 이전할 수 없고, 이를 어길 경우 불법행위를 구성한다면서 매수인의 선·악의를 묻지 않고 계약이행을 강제한 2014년 인니 대법원 결정(No. 685K/Pdt/2014)**
>
> 본 사안에서 이미 파산선고를 받은 PT. Karabha Digdaya("KD")의 주주 및 회사의 채권자인 PT Bank International Indonesia Tbk("BII")와 PT Bank Lippo Tbk("Lippo")간 화의절차를 진행하였다. 그 결과, 채무상환연기와 함께, 주주가 채권자인 BII 및 Lippo로부터 KD의 지분을 6개월 뒤 환매할 수 있는 권리를 정하였다. 그러나 6개월이 지나 주주가 BII와 Lippo에 환매를 요청하였을 때는 이미 BII와 Lippo가 제3자에게 그 지분을 매각한 뒤였다. 인니 대법원은 이에 BII와 Lippo가 환매옵션에 대한 불법행위를 구성한다고 하면서 BII와 Lippo가 환매를 이행하라고 결정하였다. 본 건에서 법원이 제3자의 선·악의를 판단하지 않았으며, 손해배상책임이 아니라 환매를 이행하라고 한 점은 특기할만 하다.

4.2.4.3.2.4. 우선매수권(right of first refusal)

회사가치만 보고 지분에 참여하는 재무적 참가자가 아닌 한, 사업을 같이 운영하고자 하는 파트너 간에는 우선매수권 또는 우선청약권을 잊지 않고 계약서에 넣을 것을 강력하게 권고한다.

우선매수권이란, 주주가 제3자와 매매협의를 한 뒤, 그 조건을 우선매수권을 보유하는 주주나 회사에게 먼저 제시하고 거절된 경우에 한하여 제3자에게 매도할 수 있는 권리이다. 이는 주식이 낮은 가치로 처분되거나, 본인이 원하지 않는 제3자에게 처분되는 것이 우려되는 주주가 해당 주식을 직접 매수할 수 있게 하는 것이다.

그러나 주주가 제3자를 물색하고 실사 뒤 거래조건까지 협의한 상황에서 다른 주주가 우선매수권을 행사할 경우, 시간과 비용을 허비하고 거래관계가 악화될 수 있다. 따라서 법률자문 또는 계약서 작성시에 하기의 우선청약권을 앞서 고려하는 것이 좋을 것이다.

인니 회사법 제58조 제1항이 우선청약(penjual menawarkan terlebih dahulu)을 허락하고 있는데, 계약서작성을 어떻게 하느냐에 따라 우선청약권 뿐 아니라 우선매수권까지 유효하게 만들 수 있다.

본 법률에서 "(주식을 매각하고자 하는) 주주가 다른 주주나 다른 종류주식 소유주주에게 우선 청약을 권유하도록 정관에서 규정하는 경우, 그 청약권유한 날로부터 30일 내에 해당 주주가 그 지분을 매수하지 않았다면, (주식을 매각하고자 하는) 주주는 제3자에게 청약 및 매각할 수 있다 (Dalam hal anggaran dasar mengharuskan pemegang saham penjual menarawarkan terlebih dahulu sahamnya kepada pemegang saham klasifikasi tertentu atau pemegang saham lain, dan dalam jangka waktu 30 hari terhitung sejak tanggal penawaran dilakukan ternyata pemegang saham tersebut tidak membeli, pemegang saham penjual dapat menawarkan dan menjual sahamnya kepada pihak ketiga)"고 하고 있다. 정관에서 실제로 이런 규정을 정했다면, 제3자와 우선 협의자체가 불가능할까? 생각건대, 주주A가 제3자인 X와의 먼저 매매협의를 진행하고 그 협의문 등에서 "A는 (우선매수권을 지닌) 주주B에게 우선 청약권유를 하고, 청약권유가 있은 지 30일 내에 매수하지 않을 경우, X에게 매각하여야 한다(Dalam hal pemegang saham A penjual menarawarkan terlebih dahulu sahamnya kepada pemegang saham B, dan dalam jangka waktu 30 hari terhitung sejak tanggal penawaran dilakukan ternyata pemegang saham B tersebut tidak membeli, pemegang saham A harus menjual sahamnya kepada X)"고 작성할 경우, 본 법률을 위반하지 않을 것이다.

판례는 우선매수권을 정관에 기재하지 않았다면, 동일한 내용의 합의를 무시하고 매각한 거래를 유효하다고 보고 있다(No. 507/Pdt.G/2013/

PN.Jkt.Pst).

4.2.4.3.2.5. 우선청약/협상권(right of first offer/negotiation)

우선청약권 내지 우선협상권이라 함은, 청약권을 보유하는 주주나 회사가 가장 먼저 지분매매에 대한 청약을 받거나 협상을 할 수 있는 권리이다. 즉, 우선청약/협상권이란, 처음 지분을 팔고자 하는 주주가 그 지분매매를 청약할 때 회사나 일정한 주주에게만 청약하도록 제한하는 방법이다.

우선청약/협상권은 법률상 정의되어 있지 않으므로 변이가 적지 않다. 반드시 회사나 다른 주주가 매수하도록 하는 방법을 쓸 수도 있으며, 사전에 미리 가격 또는 매매시점의 가치평가의 공식을 정할 수도 있다. 이 때 매수가격이 지나치게 불합리한 수준이면 조항이 무효가 될 수 있다.

우선매수권과 우선청약권 모두 주의할 것은, 행사의 대상을 주식 외에도 전환사채, 신주인수권부사채 등 다른 지분증권도 우선매수권의 대상으로 포섭해야 하는 점이다. 그렇지 않으면 지분증권 보유주주가 해당 지분증권을 제3자에게 매각할 때 우선매수권의 적용을 받지 않게 된다. 이 경우 지분증권을 인수한 제3자가 전환권이나 신주인수권 등을 행사하여 주식을 보유하게 되고 결국 지분이 희석되어 버린다.192) 이러한 점을 감안하여 우선청약권 조항 및 우선매수권 조항을 간단하게 작성하면 다음과 같다.

---

192) 앞과 동일.

우선청약권 및 청약사실공개의무	Hak Menawarkan Saham Terlebih Dahulu dan Kewajiban untuk Menyampaikan Informasi Penawaran
(1) "지분매도인"과 계열관계 또는 특별관계에 있지 아니하는 제3자로부터 서면으로 "지분 및 권리"매매의 청약을 받은 "지분매도인"은 그러한 사실을 "다른 주주"에게 서면("매매통지서")으로 통지하여야 한다. "매매통지서"는 다음의 사항을 포함하여야 한다:	(1) Apabila Pemegang Saham Penjual menerima dan bermaksud menye tujui penawaran tertulis untuk membeli seluruh Saham dan Hak Pemegang Saham Penjual di dalam Perseroan yang dibuat dengan wajar, Pemegang Saham Penjual wajib memberitahukan secara tertulis kepada Pemegang Saham Tersisa sehubungan dengan maksud tersebut ("Pemberitahuan Penjualan"). Pemberitahuan Penjualan wajib memuat sebagai berikut:
1. 매수청약인의 이름 또는 상호 및 주소;	1. nama/alamat/ kantor resmi pembeli potensial;
2. 매수청약인에게 매각하고자 하는 주식의 수;	2. jumlah nominal saham yang dijual ke pembeli potensial;
3. 청약 또는 합의된 매매가격;	3. harga pembelian yang disetujui atau ditawarkan oleh pembeli potensial;
4. 매매금액의 지불기한;	4. tanggal jatuh tempo pembayaran atas harga pembelian;
5. 지분매매와 관련된 모든 중요 사항 및 조건; 및	5. seluruh persyaratan dan kondisi sehubungan dengan penjualan yang dimaksud;

6. 매수청약인으로부터 받은 청약서
   의 사본.

(2) "매매통지서"에는, "다른 주주"가
   "매매통지서"상의 "지분매도인"의
   지분을 그와 동일한 조건과 가격
   으로 매수할 수 있도록 철회 및
   양도할 수 없는 우선매수권이 포
   함되어야 한다(이하 "우선매수권").
   "우선매수권"은, "다른주주"가 "매
   매통지서"상에 기재된 "지분매도
   인"의 지분 전부를 매수하기 위
   해서만 행사할 수 있다.

(3) "매매통지서"를 수령한 뒤 [XX]
   주 내("승낙기간")에 "다른 주주"
   는 서면으로 "우선매수권" 또는
   제[YY] 조에서 정의한 "동반매도
   권"을 실행할 수 있다.

6. salinan penawaran tertulis yang
   diberikan oleh pembeli potensial.

(2) Pemberitahuan Penjualan akan
   menimbulkan hak yang tidak
   dapat ditarik kembali atau dialihkan
   mengenai penawaran pembelian
   saham terlebih dahulu oleh Pe
   megang Saham Tersisa sesuai
   dengan harga pembelian, persya
   ratan, serta ketentuan yang sama
   sebagaimana diatur dalam Pem
   beritahuan Penjualan ("Hak Mena
   warkan Saham"). Hak Menawarkan
   Saham hanya dapat dilaksanakan
   oleh Pemegang Saham Tersisa
   untuk seluruh saham Pemegang
   Saham Penjual sebagaimana yang
   terdapat pada Pemberitahuan
   Penjualan.

(3) Dalam (XX) minggu setelah me
   nerima Pemberitahuan Penjualan
   ("Jangka Waktu Persetujuan"),
   Pemegang Saham Tersisa, dengan
   pemberitahuan tertulis kepada
   Pemegang Saham Penjual, baik
   (i) melaksanakan Hak Menawarkan
   Saham, atau (ii) menyatakan
   bahwa Pemegang Saham Tersisa
   bermaksud untuk mempergunakan
   Tag Along Right (sebagaimana
   didefinisikan pada Pasal (Nomor)).

(4) "다른 주주"가 "승낙기간" 내에 "우선매수권"을 행사하였다면, 주주는 반드시 "매매통지서"상의 조건으로 지분을 매매하는 공증계약서를 체결하여야 한다. "다른 주주"가 "승낙기간" 내에 "우선매수권"을 행사하지 아니하였다면, "우선매수권"은 "승낙기간"의 도과와 함께 소멸한다.	(4) Apabila Pemegang Saham Tersisa melaksanakan Hak Menawarkan Saham sebelum berakhirnya Jangka Waktu Persetujuan, Pemegang Saham wajib menandatangani dengan segera perjanjian jual beli secara notarial untuk pelaksanaan persyaratan sebagaimana diatur pada Pemberitahuan Penjualan. Apabila Pemegang Saham Tersisa tidak melaksanakan Hak Menawarkan Saham sebelum berakhirnya Jangka Waktu Persetujuan, Hak Menawarkan Saham akan berakhir secara bersamaan dengan Jangka Waktu Persetujuan.
지분매매 우선협상권	Hak Negosiasi tentang Jual-Beli Saham Terlebih Dahulu
(1) 주주 (이하 "지분매도인")가 "지분 및 권리"를 매각하고자 할 시에는, 그 "지분매도인"은 반드시 다른 주주(이하 "다른 주주")에게 서면으로서 그 뜻을 통지해야 하며 "다른 주주"가 이를 수령한 날로부터 [XX] 주 내(이하 "협상기간")에 "다른 주주"와 지분매매를 위한 협상을 완료하여야 한	(1) Apabila Pemegang Saham ("Pemegang Saham Penjual") bermaksud untuk menjual Saham dan Haknya dalam Perseroan, Pemegang Saham Penjual wajib memberikan pemberitahuan tertulis atas maksudnya tersebut kepada pemegang saham lainnya ("Pemegang Saham Tersisa") dan wajib merundingkan s

다. "다른 주주"가 "지분매도인"과의 지분매수 협상을 거절하거나, "지분매도인"이 "다른 주주"에게 "지분 및 권리"을 매각하는 내용의 계약을 체결하고 공증받지 못한 채 "협상기간"이 도과한 경우, "지분 매도인"은 그 "지분"을 매도하기 위하여 제3자에게 청약을 권유할 수 있다.

ecara ekslusif dengan Pemegang Saham Tersisa mengenai penjualan sahamnya dalam Perseroan kepada Pemegang Saham Tersisa dalam jangka waktu (NOMOR) minggu sejak diterima pemberitahuan tersebut oleh Pemegang Saham Tersisa ("Periode Negosiasi"). Dalam hal Pemegang Saham Tersisa menolak untuk berunding mengenai pembelian saham Pemegang Saham Penjual atau Periode Negosiasi telah berakhir tanpa Pemegang Saham menandatangani perjanjian notarial mengenai penjualan Saham dan Hak Pemegang Saham Penjual dalam Perseroan kepada Pemegang Saham Tersisa, Pemegang Saham Penjual dapat menyampaikan penawaran mengenai penjualan sahamnya dalam Perseroan kepada pihak ketiga.

(2) 본 조 제1항 이하의 "지분 및 권리"란 아래의 모든 항목을 포함한다:

(2) Saham dan Hak dalam Perseroan pada Pasal ini berarti hal—hal di bawah ini:

(i) "회사"의 일반주 및 기타 주식;

(i) setiap saham dalam modal Perseroan, mencakup Saham Biasa;

(ii) 회사의 주식으로 전환 또는 교환 가능한 옵션, 워런트, 지분인수권 또는 지분증권;	(ii) setiap opsi, warrant, hak membeli saham, surat berharga atau instrumen lain yang dikonversi menjadi atau diganti atau dieksekusi menjadi Saham Biasa atau setiap saham lain dalam modal Perseroan;
(iii) 회사의 지분 또는 이익분배에 참가시키거나, 이사 또는 직원을 선·해임 또는 지시할 권리를 부여하거나, 의결권 행사에 영향을 끼치는 권한을 주는 등과 같이, 주주에게 회사의 주식을 발행 또는 양도하는 것과 유사한 효과를 가져오는 일체의 증서 또는 권리; 및	(iii) setiap hak atau instrumen yang memberikan hak kepada penerima hak untuk menerima atau melaksanakan setiap keuntungan dan hak yang sama dengan setiap hak yang dimanfaatkan oleh atau diperoleh pemegang Saham Biasa atau saham lain dalam modal Perseroan, termasuk setiap hak untuk ikut serta dalam ekuitas atau pendapatan Perseroan atau berpartisipasi secara langsung atau tidak langsung dalam pemilihan direktur atau pegawai Perseroan atau memberikan hak suara yang berdasarkan Saham Biasa atau saham lainnya dalam Perseroan; dan
(iv) 본 항에 해당하는 권리나 증서 등을 매수 또는 양수할 수 있는 일체의 권리.	(iv) setiap hak untuk membeli atau menerima setiap hal-hal yang disebutkan di atas.

4.2.4.3.2.6. 동반매도권(Tag along right/Co-sale right)

동반매도권이란, 다른 주주가 보유주식을 제3자에게 처분하고자 할 때, 본인의 보유주식 또한 같은 조건으로 제3자에게 매도해야 하는 것이다. 즉, 동반매도권은 제3자가 다른 주주의 주식뿐 아니라 본인의 주식까지 같이 매수할 때 비로소 다른 주주가 주식을 처분할 수 있는 것이다. 대주주가 지분처분이 용이하지 않은 소수주주를 주주로 남겨놓은 채 임의로 타에 주식을 처분하는 것을 방지할 수 있다. 나아가 대주주 지분은 경영권 프리미엄이 있으므로, 소수주주 입장에서는 본 권리를 통해 투자금 회수뿐 아니라 경영권 프리미엄까지 함께 향유할 수 있다.

대주주 입장에서는 동반매도권이 발생하는 조건을 경영권 수반매각 또는 특정 지분율 이상의 지분매매거래에 한정시킬 수 있다. 소수주주의 이익에 반하지 않는 한, 대주주 역시 지분매각을 통해 현금화할 수 있어야 하기 때문이다.

소수주주가 우선매수권 또는 우선청약권과 함께 동반매도권을 갖게한 뒤, 전자의 우선권을 행사하지 않을 경우 후자의 동반매도권을 행사할 수 있게 하는 경우가 많은 것으로 보인다. 물론 소수주주의 협상력에 따라 구체적인 내용은 달라질 수 있다.

4.2.4.3.2.7. 동반매각권(Drag-along right)

동반매각권은 다른 주주가 원하는 조건으로 본인에게 같이 주식을 처분할 것을 청구할 수 있는 권리이다.

지분가치의 차익을 목적으로 투자한 재무적 투자자 입장에서는 경영을 책임지는 주요주주가 변경되는 것은 원치 않는 리스크를 초래한다. 따라서 경영을 책임지는 주주가 지분을 팔 때 자신의 지분도 함께 같은 조건으로 팔아야 한다는 조건을 미리 정할 수 있다.

또, 사양산업에 들어섰다거나 장기적으로 수익전망이 밝지 않아서 참여 주주 모두가 해당 회사를 매각하기를 원할 수가 있다. 이런 경우에도 다른 주주가 먼저 매수인을 찾아내어 지분을 팔 경우에 자신의 지분도 같은 가격에 팔리도록 사전에 정할 수 있다.

그러나 이러한 권리를 부여할 경우 갑작스레 경영권을 상실하거나 원치않는 조건에 지분이 매도될 수 있는 등 상당한 위험을 부담하게 되므로 신중하게 생각하고 결정하여야 한다.

4.2.4.3.2.8. Put option/Call option

지분매매와 관련하여, 풋옵션(Put option)이란 장래의 일정한 기간 내 혹은 일정 기일에 일정한 주식을 일정한 가격으로 일정한 수량을 매각할 권리이다. 반대로, 콜옵션(Call option)은 만기가 되기 전에 미리 정한 행사가격으로 지분을 살 수 있는 권리를 말한다.

인도네시아에서 풋옵션과 콜옵션은 현지 파트너 또는 우호적인 현지 지분 매수인(이른바 백기사 white knight)과의 지분매매 약정과 관련하여 적지 않게 사용된다.193) 현지 파트너에게 지분을 매도하는 자는, 아무리 상대가 우호적인 파트너라 해도 어느 날 갑자기 (임의로 대출금을 상환하여 질권이 말소되도록 한 후) 주식을 타에 처분할 가능성도 우려할 수 있다. 반면, 현지 매수인 입장에서도 아무런 배당금도 받지 못한 상태에서 지분이 휴지조각이 된 채 대출금에 이자를 더하여 상환해야 할 가능성이 우려될 수 있다.194) 이런 가능성을 차단하기 위한 방안으로 Call option

---

193) 인도네시아에서 사업을 영위하는자가 백기사에게 이처럼 돈을 빌려주면서 까지 지분을 사달라고 할 때는, 해당 대여금을 담보하기 위하여 통상 매매 지분에 질권을 설정한다. 이와 별도로, 차명으로 지분을 유지시키는 계약은 민법 제1320조 및 2007년 투자법 제33조에 따라 무효가 되어 매도인은 명의신탁한 주식의 반환이나 주주로서 권리행사를 주장할 수 없다는 점에는 주의를 요한다.

194) 각국의 외환거래법상 무이자대출은 대부분 금지되기 때문에, 일단은 해당 국가에서 요구하는 최소 이자율을 산정하여 지분매매금을 대출해주어야 한다. 그 대신 추후 인도네시아 회사에서 배당금을 지급해서 매수인이 해당 배당금으로 받은 금액으로 이자를 지급하는 방법이 있다. 단, PMA는 이익 잉여금이 없으면 배당을 할 수 없다. 또, 이익잉여금이 있더라도 인도네시아 법원은 (공서양속에 반한다는 별도의 사정이 없다면) 당사자 사이에서

과 Put option이 사용된다.

계약서를 작성할 때는 단순히 옵션을 새겨두는 데서 나아가 옵션을 행사하였는데 상대가 이에 따른 지분매매 이행을 지연 또는 거절하는 경우도 감안하는 것이 안전하다. 예컨대 풋옵션 행사일로부터 받았어야 할 매매금액의 지연이자를 정하는 것도 한 가지 방법이다.

4.2.4.3.3. 주주 간 약정에 따른 주식양도제한의 효력

인도네시아 계약 실무상 인니 회사법 제57조 제1항에서 정하지 않은 방식의 주식양도제한도 빈번하게 사용된다. 그러나 본 조에서 정하지 않은 주식양도제한의 효력을 인도네시아 법원이 어디까지 구체적으로 인정하는지는 여전히 분명하지 않다.

이러한 점을 감안할 때, 계약서 작성자는 손해배상의 예정 조항을 고려할 수 있다. 즉, 주식양도제한 등을 약정하였음에도 불구하고 이러한 약정을 위반하여 제3자에게 처분해도 그러한 처분 자체의 법률적 효력은 부인되지 않는 경우가 있을 수 있으므로, 당사자들의 약정위반 시에 손해배상을 해야 하는 금액을 미리 약정함으로써 간접적으로 주식양도제한 효과를 가진 조항을 두는 것이다. 이때는, 위약벌 조항으로써 손해의 배상여부과는 무관하게 합작투자계약의 당사자들의 약정위반에 대한 제재로써 합작투자계약의 약정위반 시에 위반 당사자가 상대방 당사자에게 지급해야 하는 금원을 약정하는 것이 바람직하다.

즉, 양도제한조항이 인니 회사법 제57조 제1항[195])에 규정하는 상법의 취지에 반하여 사단법적으로는 무효라고 하더라도 그 내용이 인니민법 제1254조 공서양속(kesusilaan yang baik)[196])에 반하지 않는 한, 당사자들

의 무배당 약정도 원칙적으로 유효한 것으로 보는 견해가 확립되어 있지 않다는 점도 감안하여야 한다. 이 경우에는 이자를 지급하지 않으면 그만이므로 문제가 없다고 보는 의견도 있다. 매도인 입장에서는 포괄적으로 "본 거래와 관련하여 매수인에게 발생하는 모든 손해와 비용을 매도인이 지불한다"는 취지의 별도 특약을 하는 것이 바람직할 수 있다.

195) 한국은 상법 제335조 제1항 단서 및 제2항.

사이에서의 채권적 효력은 유효하여 위반 당사자인 주주에 대하여 나머지 계약당사자인 주주들은 그 위반에 따른 채무불이행책임(손해배상청구권)을 가진다.[197] 손해배상청구권을 행사하는 자로서는 손해발생사실이나 발생 손해액에 대한 주장 입증책임을 부담하므로 실무적으로는 채권자가 원하는 만큼의 손해액을 배상받기가 용이하지 않는 경우가 많아, 아예 처음부터 합작투자계약 위반 시에 배상해야 하는 금액을 손해배상의 예정이나 위약벌로 규정해야 한다.

주주간 계약을 작성하거나 검토함에 있어서 해지의 사유만 규정하고 해지의 효과에 대해서는 언급하지 않는 경우가 종종 있다. 이는 해지조항을 중립적인 조항으로 보기 때문에 발생하는 것으로 보인다. 그러나 해지의 효과를 넣는 것이 소수주주에게 바람직하다. 기본적으로 주주 간 계약은 소수주주를 위한 계약이고 대주주의 권한을 제약하는 계약이기 때문이다.

4.2.4.4. 법령에 의한 주식양도의 제한: 상호주 소유의 규제 및 자기주식취득제한

제36조 제1항

회사는 자기가 소유하기 위해 주식을 발행할 수 없고, 자기가 직간접적으로 지분을 소유하고 있는 다른 회사에게 주식을 발행할 수 없다.

제36조 제1항 전단은 회사의 자기주식취득을, 후자는 모자회사 간 상호주 취득(cross-holding)을 원칙적으로 금지하고 있다.

4.2.4.4.1 모자회사 간 상호주 취득

상호주 취득이란 "자기가 직·간접적으로 지분을 소유하고 있는 다른 회사에게 주식을 발행"하여 그 주식을 취득하는 것을 말한다.

---

196) 한국은 민법 제103조 사회질서.
197) Hiswara Bunjamin & Tandjung, "Setting up and operating a joint venture in Indonesia," Lexology, August 8, 2019.

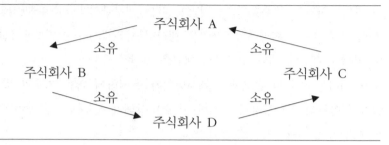

모자관계에서의 상호주 취득의 금지는 비모자 회사관계에서의 상호주 취득의 금지는 다르게 보는 것이 현대 회사법의 일반적인 경향이다. 일반적으로 모자회사 간 상호 주 취득은 회사지배가 왜곡되며 사단성을 파괴할 뿐만 아니라 자본을 공동화한다는 이유로 원칙적으로 금지된다. 자회사가 모회사의 주식을 취득하는 것은, 결국 모회사가 자기주식취득에 관한 법률상의 제약을 피해서 자기주식을 취득한 것이나 다름없다. 모든 의사결정에 있어 자기의 지시를 받는 자회사로 하여금 자기가 발행한 주식을 취득하게 할 수 있고, 실제로 자회사가 모회사의 주식을 취득하는 것은 모회사를 지배하려는 동기가 없는 한 모회사의 지시를 받아서 취득하는 것이기 때문이다. 반면 비모자관계에서의 그 동기가 다르다. 한국이나 미국에서의 상호주 취득은 M&A 방어 방법으로 사용되는 등의 실익이 있기 때문에 주식취득 자체를 원천적으로 차단하기 보다 의결권 행사에 제한을 두는 방식으로 취득에 제한을 두고 있을 다름이다. 그러나 인도네시아는 이와 달리 모자관계나 비모자관계를 구별하고 있지 않는다는 점에 주의하여야 할 것이다.

본 조에서 "발행해서는 안 된다"고 되어있지, "소유해서는 안 된다"고 쓰여있지 않다. 그러나 해설서(Penjelasan)에 따르면 본 금지는 발행뿐 아니라 직간접적으로 소유한 회사와의 상호"보유"를 포함한다고 쓰여있으므로, 발행 후 매매 등에 의한 경우를 포함한다고 보아야 할 것이다. 해설에 따르면, "직접 상호보유"란 "첫째 회사가 하나 이상의 중간 회사를 경유하지 아니하면서 둘째 회사의 지분을 소유하고 있고 둘째 회사 역시 첫째 회사의 지분을 소유하고 있는 것"이다. "간접 상호보유"란 "첫째 회사가 하나 이상의 중간회사를 경유하여 둘째 회사의 지분을 소유하고, 둘째 회사가 첫째 회사의 지분을 소유한 것"이라 한다. 따라서 직접 모자회사간 상호주 취득뿐 아니라 증손관계 이상의 회사관계에서의 순환출자 방식 역시 금지되고 있다고 보아야 할 것이다.

4.2.4.4.2. 자기주식 취득목적 발행 제한

4.2.4.4.2.1. 자기주식 취득목적 발행금지의 의의

회사는 원칙적으로 자기주식을 취득하고자 주식을 발행할 수 없다(제36조 제1항).

인도네시아에서는 본조를 두고 BKPM과 법무인권부에서 "발행할 때에만" 적용할 때도 있고 "발행 후 취득할 때에도" 이를 근거로 불허하는 경우가 있는 등 실무에서의 혼선이 있는 것으로 파악된다.

사견으로 정책적인 이유에서는 "주권을 발행 후 취득할 때에도" 불가능하다고 보는 것이 타당하다고 생각한다. 주권이 이미 발행된 경우에는 하나의 재산권의 객체인 동산(민법 제511조 제4항)이 되므로198) 자기주식의 취득이 이론상 불가능한 것은 아니다. 단, 원칙적으로 회사가 자기주식을 취득하지 못한다고 볼만한 정책적인 이유는 있다. 즉, 자본의 유지를 위협해서 (i) 자본충실의 원칙에 반하고 회사채권자와 주주의 이익을 해치는 결과가 된다. 주가가 하락하면 회사의 손해가 이중으로 확대되며, 유상취득의 경우에는 실질적으로 주금의 환급이 된다. (ii) 내부정보를 통한 부당이익 편취 및 투기위험이 있다. 자기주식을 취득함으로써 부당

---

198) 민법 제511조 제4항 "산업, 상업 또는 자본시장의 성격을 갖는 법인의 지분 또는 지분의 증거는 물건으로 본다. 단, 관련 약정의 부동산 자산은 해당 법인의 소유로 한다. 법인이 존속되는 한 각각의 주주에게 지분 또는 지분의 증거는 동산으로 본다."

한 투기나 주가를 조작하여 주주가 투자가의 이익을 해칠 우려가 있고, 일부의 주주에게만 유리한 투자회수의 기회를 부여하므로, 주주평등의 원칙에 반한다. (iii) 자기주식의 의결권을 이용해서 회사의 지배권을 유지하는 수단으로 이용할 우려가 있다. 과거에는 한국에서 자기가 자기의 구성원이 된다는 이론적 모순도 지적이 된 바 있는데, 사견으로는 실익은 없는 근거라 생각한다.

실무에서 자기주식 취득의 원인은 주가안정, 경영권 방어, 임직원 인센티브 지급, 회사분할, 유상감자 시 단주취득, 주주환원, 영업양도와 양수, 주식매수 청구권 행사 등으로 인한 것 등 다양하다. 그리고 처분의 목적은 자기주식 처분을 통한 자금조달, 주식매수선택권 행사에 대한 대응, 종업원 성과보상 등이다.[199)

4.2.4.4.2.2. 자기주식 취득목적 발행금지의 예외적 허용

4.2.4.4.2.2.1. 자본결손이 발생할 우려가 없는 경우 총 발생주식의 10% 이내 보유

회사법 제37조가 허락하는 자기주식 취득의 요건은 아래와 같다.

(i) 회사가 취득할 것(제37조 1항): 해석상 당연히 자기의 명의와 계산으로 취득하는 것으로 이해해야 할 것이다. 자기의 명의란 법률효과가 회사에 귀속됨을 의미하고, 자기의 계산이란 손익이 회사에 귀속됨을 의미한다.

(ii) 자본결손이 발생할 우려가 없을 것(제37조 제1항 제a호): 자본결손이란 주식회사의 순재산액(자산총액으로부터 부채총액을 공제한 잔액)이 자본액과 준비금(인도네시아는 회사법상 자본준비금과 이익준비금을 구별하지 않는다)과의 합계액보다 적은 상태를 말한다.[200)

(iii) 발행주식총수의 10% 이내일 것(제37조 제1항 제b호)

(iv) 주주총회의 결의나 이사회 결의로 그 취득에 관한 일정한 사항을 미리 정할 것. 단, 자본시장 규제에서 제공되는 경우는 제외(제38조

---

199) 최준선, 회사법 제13판, 삼영사, 2018, p.309. 인도네시아에서도 큰 차이는 없다.

200) 자본결손 우려만 없으면 이론상 발행주식 총수의 10% 전부를 취득할 수 있다는 것이 된다.

및 제39조)

따라서 위 요건을 지키는 한, 자기주식의 무상취득은 허용된다. 회사가 무상으로 자기주식을 취득하는 것은 회사자산을 감소시켜 회사의 채권자를 해하거나 부당한 투기적 수단으로 이용될 가능성이 거의 없기 때문이다.

또 적법하게 취득한 자기주식이라도 3년을 초과하여 소유할 수 없다. 적법하게 취득한 자기주식을 보유하고 있는 회사는 이를 제3자에게 양도·처분할 수 있고(제36조 제3항), 소각을 해서 절대적으로 소멸시킬 수도 있기 때문이다(제47조 제1항).

4.2.4.4.2.2.2. 승계취득

다른 법률에서 인정하거나 승계취득 등은 자기주식발행 제한의 예외로써 허용된다(제36조 제2항). 예컨대 출자의무와 무관하게 취득하는 경우로써 단주의 처리를 위하여 필요한 경우, 주주가 주식매수청구권을 행사한 경우가 그러한 것으로 생각된다. 승계취득의 경우 자기주식 보유기간은 1년을 초과할 수 없다(제36조 제3항).

문제는 본 승계취득이 합병에 따른 승계취득을 포함하는지 불분명한 점이다. 더욱이 한국의 법인세법 제16조 제1항 제5호 및 시행령 같은 법 제11조 제9호와 같은 별도 조항이 없으므로 더더욱 불분명하게 남았다.

사 설

존속회사가 기존에 갖고 있던 자회사의 지분만큼 합병 후 자기 자신에게 지분을 배정할 수 있는지. 즉, 자기주식취득금지 원칙의 예외로서 자기자신에게 합병신주를 교부할 수 있는지.

본 쟁점과 관련한 입법례는 자기주식을 전혀 무가치한 것으로 보면서 보관하는 것만을 인정하는 입법례("**제1입법례**")와 자기주식에 관해 자산가치를 인정함으로써 원칙적으로 그 처분을 일반자산의 처분과 마찬가지로 취급하는 입법례("**제2입법례**")로 나누어 볼 수 있다. 제1입법례의 경우 합병신주 교부를 허용할 여지가 있고, 제2입법례의 경우 합병신주 교부를 금지하여야 한다.

자기자신에게 합병신주 교부를 허용해야 한다는 긍정설에 따르면 제1입법례의 입장에서 존속회사가 종래부터 소멸회사 주식을 유효하게 갖고 있었던 점, 소멸회사의 자기주식 보유의 경우와 달리 존속회사는 합병 이후에도 존속하는 점, 만약 배정을 하지 않으면 존속회사가 합병 이전에 급하게 소멸회사의 주식을 처분할 필요성을 주장한다. 반면 부정설은 합병신주를 배정하면 자기주식이 다량으로 발생하며, 자회사를 흡수합병하는 경우 자기주식을 발생시킬 실익이 적다는 점을 강조한다. 일본의 경우는 배정가능설이 통설이었으나 회사법 제정시 배정을 허용하지 않는 것으로 정리되었다.[201]

한국의 경우, 존속회사에 대한 합병신주배정 및 해당신주의 제3자에 대한 처분까지도 허용한다. 예컨대, 내국법인이 출자지분의 100%를 보유하고 있는 완전자회사를 흡수합병하면서 합병신주인 자기주식을 교부받은 경우 취득가액은 법인세법 시행령 제72조 제1항 제5호에 따라 종전의 장부가액에 같은 법 제16조 제1항 제5호의 금액 및 같은 법 시행령 제11조 제9호의 금액을 가산한 가액으로 하며, 동 자기주식을 처분한 경우 매각차손익은 익금 또는 손금에 산입한다.

미국의 경우, 각 주의 법률이 아니라 미국연방회계원칙인 Accounting Standards Codification Topic 805에서 정하고 있다.

인도네시아의 경우, 원칙적으로 제36조 제1항에 따라 자기주식발행(dimiliki sendiri) 및 상호주취득(dimiliki oleh perseroan lain)이 금지되나 제36조 제2항에서 승계취득(kepemilikan saham habah wasiat)을 허용하고 있다. 문제는 본 승계취득이 합병에 따른 승계취득을 포함하는지 문언해석상 불분명한 점이다. 더욱이 한국의 법인세법 제16조 제1항 제5호 및 시행령 같은 법 제11조 제9호와 같은 별도 조항이 없으므로 더더욱 불분명하게 남았다. 단, 제36조 제3항에 따라 자기주식을 제3자에게 매각할 수 있으므로, 한국과 같은 제1입법례에서 합병신주교부를 허용하는 노선을 택한 것이 아닌가 생각한다.

인도네시아 M&A 실무자 중에는 합병 시 지분재매수(repurchase)를 허락한다는 근거로 자기주식취득이 가능하다고 보는 의견이 있는데, 이는 이론적으로는 잘못된 접근이라고 생각한다. 이미 있었던 지분을 매수할 수 있느냐의 문제가 아니라, 이를 근거로 해서 자신에게 합병 뒤 회사의 신주를 발행할 수 있는가의 문제이기 때문이다. 다만 실무에서는 이 정도의 설명만으로도 외부감사 등을 납득시키는 분들이 실력을 인정받고 있는

---

201) 노혁준, 자기주식과 기업의 합병 분할, 2009, 서울대학교.

것으로 파악된다.

정확한 판례나 신규입법 및 개정이 없는 한 불확실하다고 보는 것이 맞다고 생각하며, 그만큼 향후 이를 근거로 합병무효 및 취소의 소를 주장할 수 없도록 주주계약서를 작성하는 것이 중요할 것이다.

4.2.4.4.2.2.3. 자기주식의 지위

회사는 공익권, 즉 의결권을 가질 수 없다(제40조). 따라서 자기주식은 의결정족수의 계산상 발행주식 총수에 산입되지 않는다.

소수주주권이나 소제기권 등은 성질상 인정되지 않는다(통설).

회사가 자기주식을 통해 자익권(자기의 경제적 이익을 주장할 수 있는 권리)을 갖는지 여부와 관련하여도 제40조 제2항에서 명시적으로 이익배당 및 주식배당을 부정하고 있다. 해당 조항에 잔여재산분배, 유상신주, 무상신주에 대한 자익권에 대해서는 설명이 없으나 당연히 부정된다고 보아야 할 것이다.[202) 다만 주식분할에 대해서는 회사의 자기주식의 지위를 인정된다.

4.2.4.4.2.2.4. 자기주식 취득행위의 효력

위법하게 취득한 자기주식은 절대적으로 무효이다(제37조 제2항). 명문상 명백하게 효력규정이며 강행규정이다. 이는 지불한 금액만큼 자본이 외부로 유출되므로 출자금 환급의 결과, 즉 자본충실 원칙을 침해하게 되기 때문이다. 위법하게 자기주식을 취득한 경우 이사는 연대하여 회사 및 제3자가 입은 손해를 배상해야 한다(제97조).

회사가 취득한 주식은 반환할 수밖에 없다. 주식 매도인이 반환하여야 할 매매대금에 대해서도 "불법원인급여에 해당하여 회사에 반환하지 않는다"고 할 것은 아니라고 본다. 사회질서에 반하는 것은 아니기 때문이다.

---

202) 완전히 주주의 권리를 침해할 수는 없으므로, "전면적으로 휴지(休止)되었다"고 한다.

4.3. 주식의 입질 및 양도담보

4.3.1. 서 설

주식은 재산권이므로 회사의 정관에 다른 정함이 없는 한 담보의 목적으로 제공될 수 있는데, 주식에 대하여 담보권의 일종인 질권을 설정하는 것을 주식의 입질이라고 한다.

질권 외에, 인도네시아에서는 주식을 동산으로 보기 때문에(민법 제511조 제4항 및 회사법 제60조 제1항) 동산양도담보(Fidusia)로 제공할 수도 있다. 양도담보란 소유권을 채권자에게 이전하고 채무불이행 시에 담보권을 실행하여 채권자가 우선변제 받지만 채무이행 시에는 목적물을 반환하는 담보이다. 한국에서는 부동산의 경우 가등기담보법이, 동산에 대해서는 별도의 법률이 없이 판례에 의하여 인정받고 있는 반면에, 인도네시아에서는 동산 및 토지 등 저당권이 설정되지 않은 건물의 경우 1999년 양도담보법에 의하고[203] 부동산의 경우 1996년 제4호 법률에 의한다.[204]

(1) 민법 제511조 제4항 및 인니 회사법이 제60조 제1항에서 주식을 동산(Benda bergerak)으로 보기 때문에 동산담보(Gadai)에 대한 인니민법 제1150조 내지 제1153조가 적용되고, (2) 양도담보(Fidusia)에 대해서는 1999년 양도담보에 관한 법률이 적용되기 때문에, 2007년 회사법을 만들 때 양자를 모두 흡수하기 위하여 둘 중 하나를 택하도록 한 것으로 생각된다.

---

[203] Undang−undang Republik Indonesia Nomor 42 Tahun 1999 tentang Jaminan Fidusia.

[204] Undang−undang Republik Indonesia Nomor 4 Tahun 1996 tentang H ak Tanggungan atas tanah beserta benda−benda yang berkaitandeng an tanah.

입질과 주식양도담보는 투하한 자본을 보충적으로 회수하는 방법이다. 담보로써 양자는 아래와 같은 공통적인 특징을 갖는다.

- 어느 쪽이든 담보권자 입장에서는 질권설정 시에 주식처분에 대한 위임장을 미리 받아놓는 것이 좋다. 추후에 위임장만으로 법원명령없이 경매를 진행할 수 있기 때문이다. 물론 잘못하면, 괜히 팔리지도 않는 주식만 비싸게 사는 꼴이 될 수도 있다.
- 인도네시아서는 주권의 발행 시 반드시 법무인권부에 등록(daftar)하여야 하므로, 등록되지도 않은 주권을 담보로 제공하는 것은 미발행 주권을 담보잡는 것과 같이 회사법의 적용을 받지 않는다.
- 정관에 다른 정함이 없으면 주식담보설정은 기명주식의 입질(gadai) 또는 양도담보(jaminan fidusia)에 의하여야 하고 이 중 어느 것이든 주주명부에 기재되어야 한다.[205] 즉, 정관상 주식에 담보를 설정하지 못하도록 제한하거나 조건을 둘 수 있다.
- 원칙적으로 담보대출계약을 리볼빙(Revolving) 할 경우에는 매번 담보설정도 다시 해야 하지만,[206] 실무상 이와 다른 견해도 적지 않다. 따라서 리볼빙의 경우에도 담보설정 역시 자동으로 연장된다는 취지로 계약서를 명확하게 작성할 필요가 있다고 사료된다.

4.3.2. 입질(Pledge of shares: Gadai)

4.3.2.1. 질권설정 방법

인도네시아에서는 약식질(질권설정의 합의와 질권자에 대한 주권의 교부로써 성립)은 인정되지 않는다. 등록질만이 인정된다.

기명주식의 입질은, 민법상 동산질권설정의 방법, 즉 (i) 질권설정의 합의(즉, 계약/공증증서), (ii) 회사에 대한 통지 외에도, 회사법의 요건으로써 (iii) 질권자의 성명과 주소 및 질권의 취득일을 주주명부에 기재하여

---

205) 제60조 제3항.
206) "If it is a revolving credit facility and the initial loan has been repaid, the security needs to be re-created every time the facility is given." Theodoor Bakker and Ayik Candrawulan Gunadi, Indonesia Lending & Secured Finance 2016, 2.3 Is lack of corporate power an issue?, ICLG, 18/04/2016.

야207) 입질의 효력이 발생한다(제50조). 질권자가 반드시 해당 주권을 직접점유하고 있을 필요는 없다. 회사등기법상 질권설정은 등기(daftar)사항이라서, 이를 두고 간혹 등기하지 않은 질권이 무효라고 하는 인니인이 있다. 이는 잘못된 의견이다. 등기는 효력요건이 아니다.

4.3.2.2. 대항요건

주주명부에서의 기재를 질권설정의 효력요건으로 보는 설과 회사에 대한 대항요건으로 보는 설이 상호 대립한다. 전자는 회사법 제50조 제1항 d목 및 제60조 제3항에서의 주주명부 기재를 효력요건으로 보며(실무진에서는 다수설로 보인다), 후자는 회사에 대한 대항요건으로 본다.208)

정관이나 주주계약상 특별한 사정이 없으면, 등록질권자가 질권을 실행함으로써 주식을 취득한 제3취득자는 회사를 상대로 주주확인의 소를 제기할 수 있을 것으로 생각한다.

4.3.2.3. 질권의 효력

질권설정을 하더라도 의결권은 여전히 담보제공자에게 있다(제60조 제4항). 주식의 소각·병합·분할 또는 전환 시 물상대위가 적용되는지 인니 회사법은 침묵하고 있다.

인도네시아 회사법이 주식자체의 교환가치만을 담보의 목적으로 보는지, 아니면 이익배당청구권, 주식배당청구권 또는 신주인수권 등 까지도 기존주식의 변형물 또는 과실에 준하는 것으로 보는지는 분명치 않다.

당사자의 의사, 인도네시아 실무, 거래안전보호, 공시적 기능 불충분 등을 보건대, 전자가 옳을 것이라고 사료된다. 담보가치 희석화 문제는 별개의 담보요구로 해결하는 것이 바람직하다고 본다. 증자 시 모든 "주

---

207) 질권자의 성명과 주소, 질권의 취득일을 기재하는 것은 적어도 법문(회사법 제50조)의 해석상 입질의 효력요건이 아닌 이사회의 의무사항이나, 실무상 입질의 효력요건으로 보는 경우가 적지 않다. 사견으로는 부당하다고 본다. 특히 제60조 제3항의 특별주주명부 삽입까지 효력요건으로 보면 현실과의 괴리가 너무 크다고 사료된다.

208) 점유가 필요없다. < http://dlplawoffices.com/upload/files/news7.pdf >

주"에게 지분율만큼 처음으로 인수할 권리가 주어진다는 제43조 제1항과 제2항에 따라, 적어도 신주인수권에 대해서는 주식의 입질이 미치지 않다고 사료된다. 어느 쪽이든 사전에 명확하게 계약서를 작성하면 될 것이다.

상장회사의 경우 인니 자본시장 규정[209] 제2.2.5조가 그 유사규정으로, 다른 정함이 없는 한 이익배당청구권(dividen tunai), 주식배당청구권(dividen saham), 신주인수권 기타 권리 역시 질권의 효력이 미치지 않으며, 정함이 없이 질권의 효력을 주장하면 주주에게 추가담보를 강요하는 결과가 될 것이다.

4.3.2.4. 질권설정 계약서 작성 시 주의

질권설정 계약 시 의결권은 여전히 담보제공자에게 있다는 내용까지는 작성이 쉬운데, 배당청구권이나 신주인수권에 대해서는 명확하게 작성을 하지 않는 경우가 많은 것으로 보인다. 명확하게 주식자체의 교환가치만을 담보의 목적으로 한다는 조항이 필요하다고 사료된다.

인도네시아법을 준거법으로 하고 인니어로 작성되어야 계약을 집행할 수 있다는 의견이 있다.[210] SIAC에서는 인도네시아에서 집행에 성공한 최근의 예들을 어필하지만, 인도네시아 집행실무를 감안할 때 인니법원을 준거법으로 한 인니어 계약서를 준비하는 것이 안전할 수 있다.

앞서 설명하였듯, 담보대출을 리볼빙(revolving)할 가능성이 있다면, 담보대출 계약서를 작성 시 담보설정 역시 자동으로 연장된다는 취지로 계약서를 명확하게 작성해야 한다. 그렇지 않으면 대출을 리볼빙할 때마다

---

209) Kustodian Sentral Efek Indonesia (KSEI) No: KEP－0013/DIR/KSEI/06 12, June 2012.

210) "Can such security validly be granted under a New York or English law governed document? [⋯] A pledge of Indonesian shares can be enforced provided the governing law is Indonesian law." Theodoor Bakker and Ayik Candrawulan Gunadi, Indonesia Lending & Secured Finance 2016, 2.3 Is lack of corporate power an issue?, ICLG, 18/04/2016.

일일이 담보설정을 다시 해야 할 수도 있다.

4.3.2.5. 질권의 실행

채무자가 변제기에 이르러 채무이행을 하지 않을 경우, 질권자는 유치하고 있는 질물을 법정한 방법으로 처분하여 그 환가물을 채무의 원본, 이자 그리고 비용에 충당할 수 있다(민법 제1155조).

단, 변제기 이후 채무변제를 받기 위한 경매는 절차도 복잡하고 비용도 적지 않게 소요되므로, 법원에 간이변제충당을 요청할 수 있다(인도네시아 민법 제1156조 전문). 즉, 동산질권자는 정당한 사유가 있는 경우 감정인의 평가에 따라 질물로써 직접 변제에 충당할 것을 법원에 청구할 수 있다. 따라서 법원의 허가가 있으면 질권자는 평가액과 채권액과의 차이를 정산하고 질물의 소유자로 된다. 단, 어떤 경우에든 이 같은 처분과 처분에 대한 신청은 사전에 그 의사를 통지하여야 한다(제1156조 후문).

원칙적으로 질권을 집행 시에는 공경매에 의하여야 하며, 후술하는 판례상 임의경매 또는 사경매로 매각하기 위해서는 반드시 계약서 명문에 이를 작성하여야 한다. 인도네시아에서 질권실무상 질권자가 매각 및 처분에 대한 위임장을 미리 받아놓는 경우가 적지 않다. 처분권을 위임받아 놓았다면, 이 위임장만으로 법원명령없이 진행할 수 있다.

아래에서는 사경매로 매각하기 위한 조건을 명시한 판례들을 소개한다.

담보권자인 도이치 방크가 주식을 질물로 제공받은 질권설정계약서(Share Pledge Agreement) 상 해당 주식의 전부를 사경매 또는 공경매가 아닌(non-public) 매매로 팔 수 있는 권리가 있다고 명문으로 작성되었던 사안에서 법원은 사경매가 유효하다고 판결하였다(1심법원판결 No.334/Pdt.P/2001/PN.Jak.Sel에 대한 도이치 방크(Deutsche Bank Aktiengesellschaft)의 항소로 이루어진 2심법원의 결정 No. 332/Pdt.P/2001/PN Jak.Sel. 이와 유사한 판결로는 No.PTJ.KPT.01.2005 to setting No.PTJ.KPT.04. 2005 jo. Decision no. 33/ Pdt.P / 2002 /PN. Jaksel to setting No. 36/Pdt.P/2002.PN.Jaksel). 반

면, 당사자 간 임의경매 또는 사경매로 매각할 수 있다는 사실관계가 없었던 사안(사건번호 517/PDT.G/2003/PN JKT.PST에 대한 종국판결(MARI 115PK / PDT / 2007)에서 인니 대법원은 민법 제1155조의 "당사자가 달리 정하지 아니하였다면, 질물의 매각은 반드시 공경매 또는 법원이 구체적으로 명한 방법에 의하여야 한다"의 단서에 의하여 "이러한 계약이 없을 경우에는 사경매로 매각할 수 없다"고 정하였다. 본 판결을 두고 질권을 설정한 주식을 사경매 또는 임의경매로 매각하기 위해서는 반드시 주주결의서까지 작성해야 한다는 견해가 있다.[211]

주식에 대한 질권설정계약 집행은 회사 경영권의 이전과 관계되므로 2007년 회사법, 주식회사 인수합병에 관한 1998년 제27호 행정부령 및 OJK Rule No. IX. H.1.규정이 추가로 적용된다.

4.3.3. 양도담보(Fiducia)

양도담보는 담보물의 소유권을 채권자에게 이전하고 일정한 기간 내에 채무자가 변제하지 않으면 채권자는 그 목적물로부터 우선변제를 받게 되지만, 변제하면 그 소유권을 다시 채무자에게 반환하는 담보제도이다. 외부적으로만 양도담보권자에게 이전되는 것이지, 실제로는 담보권의 실행에 이르러 해당 목적물을 환가(換價) 및 정산(精算)하여 채권의 만족을 얻고 남은 금액이 있으면 양도담보 설정자에게 지급하는 것이다. 따라서 양도담보권자는 그 이전에 해당 목적물을 임의로 처분할 수 없다. (단, 인도네시아에서 양도담보권자가 양도담보증명서(sertifikat)에 근거하여 채무자의 채무불이행여부를 임의로 결정한 뒤 해당 담보물을 임의처분하는 방식이 적지 않게 사용되고 있다.)

---

211) Megarita, "Legal Protection for the Debtor and Credit or Pledge of Shares on Credit Banking in Indonesia," International Journal of Humanities and Social Science, Vol.4, No.12, October 2014. p.285.

양도담보로 보호받는 채권은 현존하는 채권, 미래에 확정적으로 발생할 채권, 계약서에서 정한 시점에 확정가능한 채권이다.

4.3.3.1. 양도담보에 관한 법률

1999년 양도담보에 관한 법률의 일부를 참조하면 아래와 같다.

Pasal 1	제1항
Dalam Undang−undang ini yang dimaksud dengan: 1. Fidusia adalah pengalihan hak k epemilikan suatu benda atas das ar kepercayaan dengan ketentua n bahwa benda yang hak kepe milikannya dilaihkan tersebut tet ap dalam penguasaan pemilik b enda. 2. Jaminan Fidusia adalah hak jami nan atas benda bergerak [⋯] se bagai agunan bagi pelunasan ut ang tertentu, yang memberikan kedudukan yang diutama kan k epada Penerima Fidusia terhada p kerditor lainnya	본 법률에서의 정의: 1. 양도담보라 함은, 소유권을 이미 양도한 특정목적물이 여전히 종전 소유권자의 지배하에 있다는 특약 을 하고 그 목적물의 소유권을 신 탁적으로 양도하는 것을 말한다. 2. 양도담보는 다른 채권자에 우선하 여 특정 채무의 상환받을 수 있는 담보로써 [⋯] 동산에 대하여 갖는 권리이다.
Pasal 15	제15항
(3) Apabila debitor cidera janji, Pe nerima Fidusia mempunyai hak untuk menjual Benda yang me njadi objek Faminan Fidusia at as kekuasaannya sendiri	(3) 채무자가 계약을 위반하는 경우, 양도담보권자는 자신을 위하여 양 도담보 목적물을 매각할 수 있는 권리를 갖는다.

Pasal 17	제17조
Pemberi Fidusia dilarang melakukan fidusia ulang terhadap Benda yang menjadi objek Jaminan Fidusia yang sudah terdaftar *Penjelasan: [···] karena hak kepemilikan atas Benda tersebut telah beralih kepada Penerima Fidusia.*	양도담보설정자는 이미 (양도담보로써) 등기한 목적물을 다시 양도담보로 제공할 수 없다. 조문해설: 이미 목적물의 소유권이 양도담보권자에게 이전되었기 때문에 [후략]
Pasal 27	제27조
(1) Penerima Fidusia memiliki hak yang didahulukan terhadap kreditor lainnya. (2) Hak yang didahulukan sebagaimana dimaksud dalam ayat (1) adalah hak Penerima Fidusia untuk mengambil pelunasan piutangnya atas hasil eksekusi Benda yang menjadi objek Jaminan Fidusia.	(1) 양도담보권자는 다른 채권자에 우선하는 권리를 갖는다. (2) 제(1)항의 우선하는 권리라 함은, 양도담보권자가 양도담보 목적물에 대해 (경매 등을) 실행하여 채권의 만족을 얻을 수 있는 권리를 말한다.
Pasal 33	제33조
Setiap janji yang memberi kewenangan kepada Pemberi Fidusia untuk memiliki Benda yang menjadi objek Jaminan Fidusia apabila debitor cidera janjim batal demi hukum	채무자가 채무를 불이행한 경우 양도담보설정자가 양도담보 목적물의 소유권을 (되)갖도록 하는 계약은 무효로 한다.

제1조에서 양도담보의 정의를 "목적물의 소유권을 신탁적으로 양도하는 것(Fidusia adalah pengalihan hak kepemilikan suatu benda atas dasar kepercayaan)"이라고 명시하였기 때문에, 양도담보권자는 목적물의 완전한 소유권을 취득하고 그 소유권을 행사함에 있어서 담보목적을 넘어서 행사하지 않을 채무를 부담할 뿐인 것으로 해석된다.[212)

Fiduciary의 사전적인 의미는 "신탁"이지만, 실제로 담보신탁과는 차이가 있다. 담보신탁은 예컨대, 대출을 받기 원하는 자가 신탁회사에게 담보제공을 목적으로 소유권을 이전하고 이에 대한 담보신탁증서를 발급받아 금융기관에 이를 담보로 제공하는 것을 말한다. 소유권이 채권자가 아니라 제3자에게 이전한다는 점에서 다르고, 이는 영어로는 Fiduciary가 아니라 Trust라고 한다.

4.3.3.2. 양도담보의 설정절차 및 효력

양도담보의 목적물이 인도네시아 국토 내에 있든지 밖에 있든지 상관없이, 양도담보계약서는 반드시 공증인이 인니어로 작성한 증서로 만들어져야하며, 양도담보등기소(Kantor Pendaftaran Fidusia)의 등기부등본(Buku Daftar Fidusia)에 작성되어야 한다. 양도담보등기소의 등기부등본에 작성되는 때가 효력발생시점이다. 등기하면 양도담보등기소에서 양도담보를 신청한 날짜가 적힌 양도담보확인서(Sertifikat Jaminan Fidusia)를 발급해준다.

입질을 하든 양도담보를 하든, 의결권은 여전히 담보제공자에게 있다(제60조 제4항). 무단으로 담보제공자가 주식을 소각·병합·분할하려고 할 때는, 양도담보권자는 양도담보법에 따라 보호받을 수 있다. 특히 양도담보권자가 별도로 법원의 판결을 받지 않고 Sertifikat만으로 즉시 임의처분하는 방식이 실무에서 널리 사용되고 있다.

다만, 양도담보 실행을 위해 채무자의 채무불이행이 존재하는지 채권

---

212) 이를 "신탁적소유권이전설"이라고 한다. 반면, 소유권은 여전히 채무자에게 있고 양도담보라는 제한물권취득에 불과하다고 보는 의견을 "담보물권설" 이라고 한다. 한국에서도 동산담보는 신탁적소유권이전설을, 부동산담보는 담보물권설을 취하고 있다.

자가 단독으로 판단하는 안 된다는 취지의 인도네시아 헌법재판소 결정 (Nomor 18/PUU−XVII/2019)이 있는 바, 이 같은 실무 방식도 변경될 것으로 사료된다.

4.3.3.3. 소요시간 및 비용

입질은 질권설정계약서에 서명하면 효력을 갖지만, 양도담보는 등기를 하여야 효력이 발생하고 등기하는데 약 한 달 정도 소요될 수 있다.

일반적인 담보등기비용은 담보로 보호받는 채권의 가치에 비례한다. 이 때 담보권자(즉, Loan을 준 채권자)는 대여해준 원금이나 자산의 실제가치 중 선택할 수 있다. 따라서 등기비용이 적지 않게 소요될 수 있다. 단, 양도담보의 등기비용은 정해진 금액을 내면된다. 질권설정 또는 양도담보와 관련한 공증인 비용은 공증인의 재량에 따라 차이가 있다.

4.4. 출자전환

4.4.1. 의 의

출자전환이란, 회사의 부채를 주식으로 전환하는 것을 말한다. 회사에 대출해준 돈을 회수하지 않고 그 회사의 주식과 맞바꾸므로 채권자는 주주로 전환된다. 채권자입장에서는 부실채권이 발생한 것을 막고 기업을 정상화한 뒤 다른 곳에 매각할 수 있고 회사측에서도 부채의 축소로 경영 정상화를 도모할 수 있다. 하지만, 부채규모만큼 주식을 넘겨주어야 하므로 경영권을 위협받을 수도 있고, 부실이 심한 회사의 경우 기업정상화에 끝내 실패하면 채권자였던 주주까지 덩달아 부실해질 위험이 있다.213)

---

213) 인도네시아 대규모 출자전환의 예로는 투자회사 Bakrie & Brothers가 2015년 Credit Suisse, Mitstubishi Corporation 및 Eurofa Capital Invest ment 를 상대로 지닌 총 7억달러의 부채를 자본으로 전환한 사례가 있다. Linda Silaen, "Indonesian invetor in $700M equity swap," Nikkei Asian Review,

4.4.2. 절 차

출자전환은 채권자가 주주로부터 기발행 주식을 이전받거나 회사로부터 신주를 발행받는 방식으로 진행할 수 있다. 주주의 기발행 지분 이전으로 출자전환할 경우, 그 주주는 자본으로 전환되는 회사채무의 보증인이 되어야 한다. 회사 채권자가 돈 대신 지분을 받으려면, 회사법 제35조의 "회사 채무의 보증인이 그 회사를 대신하여 회사의 채무를 지불한 경우"에 해당하여야 되기 때문이다. 본 경우에 해당되어야 채권자가 주주로부터 무상으로 지분을 받고 출자전환을 완료할 수 있다.

회사의 부채를 소거하기 위해서는 그 주주가 그 채권액만큼 지분을 이전하여야 한다. 이 경우, 회사·채권자·주주간에 "주주의 지분을 대가로 채권자의 채권이 전부 만족되었다"는 내용의 합의서가 작성되어야 한다. 채권자와 주주 간 지분이전은 앞서 설명한 지분이전의 절차에 따라 법무인권부에 등록되어야 한다.

4.4.3. 효 과

출자전환 뒤 회사채권자는 회사의 주주가 되며, 기존 채권은 전환한 만큼 지불된 것으로 보므로 더 이상 채권을 주장할 수 없다.

제5절 주식회사의 기관

5.1. 주주총회

주주총회는 주주로 구성된 회사의 필요상설기관으로서 회사법 또는 정관이 정한 회사운영의 기본적 사항에 관한 최고의 의사결정기관이다. 주

February 10, 2015. <http://asia.nikkei.com/Business/ Companies/Indo nesian－investor－in－700M－equity－swap>

주총회는 모든 주주의 서면 동의를 받은 경우에 한하여 주주 결의서로 주주총회를 가름할 수 있다(제91조).

5.1.1. 소집 및 개최

소집은 원칙적으로 이사회(제79조 제1항), 예외적으로 10% 이상 또는 정관에서 정한 비율의 소수주주(제79조 제2항), 감사위원회(제79조 제6항), 법원의 명령(제80조)에 의한다. 소집권한 없는 자가 소집한 주주총회 결의는 주주 전원이 추인하는 등의 특별한 사정이 없는 한 주주총회결의 무효·취소 또는 부존재 사유에 해당한다.[214] (인도네시아에서는 주주총회의 무효·취소·부존재 사유를 구별하지 않는다.)

소집통지, 기간 및 통지서 등과 관련한 소집절차에 대해서는 회사법 제79조 내지 제83조를 참고하라.[215] 소집절차 중에 알리지 않은 안건에 대해서 주주총회에서 정하고자 할 때에는 반드시 주주 전원의 참석과 동의를 얻어야 한다(659/Pdt. G/2008/PN.JKT.Sel).

주주총회는 정관에서 정한 인도네시아 영토 내 사업장 또는 주소지에서 개최할 수 있고, 모든 주주의 참석과 동의를 얻어 인도네시아 영토 내 다른 장소에서 개최할 수 있다(제76조). 동영상 또는 음성을 동시에 송·수신하는 통신수단에 의하여 개최할 수도 있다. 이때에는 인도네시아 영토 밖에서의 참석도 가능한 것은 물론이다(제77조). 따라서 외국에 있는 주주가 참석이 어려운 경우에는 전자적 방법을 사용하거나 이사, 감사,

---

214) 한국의 경우 소집권한없는 자의 소집은 주주총회 부존재 사유에 해당한다 (대판 2010.6.24, 2010다13541).
215) 10% 이상 주주가 이사회에 서면으로 특별주주총회를 청구할 수 있다(회사 법 제79조 제3항). 여기서 서면은 수령인이 수령사실과 수령일이 표시되어 있을 것이 요구되며(동법 제1조 13목), 감사위원회에도 사본이 송부되어야 한다(동법 제79조 제4항). 또한 회사의 이사회가 각 주주에게 안건을 정하여 회의일로부터 적어도 14일 전에는 회의 참석 요청서를 보내야 한다(동조 제5항 및 제8항, 제82조 제1항).

직원이 아닌 대리인을 통해(제85조) 의결할 수 있다.

총 의결권 지분의 10% 이상 소수주주가 특별주주총회를 소집하고자 할 때에는 이사회에게 요청하면 되는데, 이사회가 소집하지 아니하면 감사위원회가 소집하여야 한다. 따라서 소수주주를 대리하여 회사의 특별주주총회 소집을 요청하는 서면작성 시에는 이사회와 감사위원회 모두를 수령인으로 하면 좋다. 이사회와 감사위원회가 모두 주주총회를 소집하지 아니할 경우, 주주는 해당 회사가 위치한 관할법원에 요청할 수 있다.

• 상장회사에 대한 특칙

상장회사의 주주총회에는 OJK규정 No.32/POJK/04/2014("상장회사 주총규정")가 적용된다.[216] 상장회사의 경우에는 늦어도 주주총회일로부터 21일 전에는 주주에게 주주총회 소집통지서를 발행하여야 한다(상장회사 주총규정 제13조 제1항). 또, 주주총회 소집통지서 발행일로부터 늦어도 14일 전에 주주총회에 대하여 공시하여야 하고(상장회사 주총규정 제10조 제1항), 주주총회 공시 5 영업일전에는 OJK에 총회안건에 대해 통지하여야 한다(상장회사 주총규정 제8조 제1항). 주주총회 공시와 통지는 반드시 일간지·상장사 및 인도네시아 거래소의 웹사이트에 공지하여야 한다(상장회사 주총규정 제4조 제3항). 상장회사는 이러한 공지를 했음을 OJK에게 공지일로부터 2 영업일 내에 입증하여야 한다(상장회사 주총규정 제10조 제8항).

한편, Covid-19에 따라 상장회사 경우, 전자적인 방식으로 주주총회를 진행하는 방식이 2020년 도입되었다. 이에 대한 자세한 내용은 본서에서는 생략한다.

---

216) Financial Services Authority Regulation Number 32/POJK.04/2014 concerning Planning and Holding General Meetings of SHareholders of Public Limited Companies.

이를 도식화하면 아래와 같다.

도표 3-5 상장회사 주주총회 소집절차

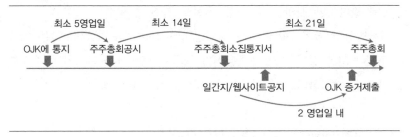

주주총회 공시는 다음의 사항을 반드시 포함하여야 한다(상장회사 주총 규정 제10조 제2항).

- 주주총회 참석할 주주의 적격성
- 주주총회 안건을 제안할 수 있는 주주의 적격성
- 주주총회일
- 주주총회 소집통지서 발행일

상장회사 의결권 주식의 1/20을 지닌 주주 또는 정관에서 정한 1/20 이하의 비율를 대표하는 1인 이상의 주주는, 소집통지서 발행일의 7일전에 단독 또는 공동으로 안건을 제안할 수 있다(상장회사 주총규정 제12조 제1항 및 제2항).

상장회사는 아무리 늦어도 주주총회일의 21일전까지는 주주들에게 아래의 내용을 포함한 소집통지를 해야 한다(상장회사 주총규정 제13조 제1항 및 제2항).

- 주주총회의 일시 및 장소
- 주주총회 참석할 주주의 적격성
- 주주총회 안건 요약
- 소집통지일부터 주주총회일까지 회사 사무소나 웹사이트를 통해서 주주총회 안건을 확인할 수 있다는 내용

5.1.2. 주주총회의 결의사항 및 결의방법

회사법상 주주총회는 만능의 권한을 갖는 것이 아니라, 이사회나 감사위원회의 권한으로 정하지 않은 사항 그리고 회사법 또는 정관에 정하는 사항에 관하여만 결의할 수 있는 권한을 가질 뿐이다.

회사법상의 결의사항에 따른 결의방법(의사정족수와 의결정족수)은 다음 [도표 3-6]과 같다. 1차 주주총회가 정족수 미달이 되면 2차 주주총회를 소집하여야 한다. 즉, 의무사항이다(회사법 제86조 제2항).

도표 3-6 회사법상의 결의사항에 따른 결의방법

보통결의사항		
결의사항	1차 주주총회	2차 주주총회
• 이사 및 감사의 임명 및 해고(제86조 제1항) • 이사회가 준비한 연간 보고서의 승인(제69조) • 배당선언(제71조)	• 출석주주 의결권의 과반수 동의 • 의결권 주식총수의 과반수 출석	• 의결권 주식총수의 1/3 이상 출석
특별결의사항		
결의사항	1차 주주총회	2차 주주총회
• 정관개정(제88조) -증자 및 감자 포함	• 출석주주 의결권의 2/3 이상 동의 • 의결권 주식총수의 2/3 이상 출석	• 출석주주 의결권의 3/5 이상 동의 • 의결권 주식총수의 2/3 이상 출석
• 인수·합병, 결합, 분할 (제144조) • 법인의 총 순자산의 50%를 초과하는 자산매각 또는 법인의 총 순자산의 50% 초과자산 담보로 제공(1회 혹은 연속적인	• 출석주주 의결권의 3/4 이상 동의 • 의결권 주식총수의 3/4 이상 출석	• 출석주주의 3/4 이상 동의 • 의결권 주식총수의 2/3 이상 출석

거래 포함, 각 거래의 연
관성과는 무관) (제102
조 제1항)
• 해산, 파산신청, 회사 존
속기간 연장(제89조)

따라서 일반적으로 50.1%의 주주가 정관변경이 필요하지 않은 대부분
의 안건에 대하여 컨트롤할 수 있고, 정관 개정 및 자본에 대해서는
66.67%, 인수·합병·해산 등 회사의 존립에 중요한 사안의 경우에는
75%의 허가를 필요로 한다. 물론, 소수주주의 보호를 보다 두텁게 하기
위하여 이와 다른 내용으로 정관에서 정할 수 있다.

주주총회 소집통지서에 기재된 안건에 대해서만 의결할 수 있고, "기
타 사항"으로 기재했다면 주주 전원이 추가 안건의 상정에 동의하고 총
회에 참석한 주주 전원의 동의를 얻어 의결할 수 있다(대법원 659/Pdt.
G/2008/PN.JKT.Sel.).

정족수의 하자 및 의결사항에 대한 통지 흠결로 주주총회 결의를 무효로 본 판례

PT. KODECO TIMBER V. PT. BINTANG BENGAWAN 사건 (659/Pdt. G/2008/PN.JKT.Sel.)

주주의 신주인수권을 무시하고 신주를 발행한 회사를 상대로 제소한 본
사건에서, 원고인 PT. KODECO TIMBER는 (i) 피고 PT. BINTANG
BENGAWAN이 주주총회 통지에는 결의사항으로써 채무재조정, 지분양
도, 회계보고서 "기타 등등(dan lain)"이라 기재하였으나, 정작 주주총회
에서는 이외에도 이사 및 감사변경, 신주발행 등에 대하여 결의한 점, 또
(ii) 66.66%가 아닌 60%로써 주주총회 정족수가 미달되었다는 점을 들어
해당 주주총회결의가 무효라 주장하였다. 법원은 "기타 등등"이라는 안건
은 다른 주주전원의 동의를 얻지 않는 한 결의사항이 될 수 없다고 하면
서 상기 주주총회를 무효로 보았다.

만일 이사회가 주주총회의 위임을 받음이 없이 주주총회의 결의사항에 속하는 사항에 대하여 결의하였다면 주주총회는 그러한 결의를 무효로 하거나 그와 반대되는 새로운 내용의 결의를 할 수 있다. 그러나 이러한 경우에도 회사법이 주주총회 결의사항으로 규정하는 사항은 이사회가 결의할 수 없다. 따라서 예컨대 정관에서 주총특별결의사항을 이사회결의 사항으로 한 뒤 각 주주를 대표하는 이사를 1명씩 두어 봐야, 궁극적으로 소수주주 보호 차원에서 큰 의미가 없다고 생각한다.

5.1.3. 의결권의 대리행사

주주는 대리인으로 하여금 그 의결권을 행사하게 할 수 있다(제85조). 이는 주주권행사에 대한 편의를 보장하고 의결 정족수 확보를 용이하게 하기 위함이다. 의결권의 대리행사 가능성은 주주고유의 권리이므로 정관으로도 제한할 수 없다는 점과 이사회에서는 의결권 대리행사가 불가능하다는 점에 주의를 요한다.

회사의 이사, 감사, 직원은 의결권을 대리행사 할 수 없다(제85조 제4항). 따라서 회사의 이사, 감사, 직원이 주주를 대리하여 총회에 참석 시, 의결권을 대리행사 할 수 없으므로 의결정족수에는 합산되지 않는다. 총 출석주주 인원수에도 합산이 되는 지는, 제4항의 "투표 시"를 "투표시만"으로 국한시켜서 해석해야 하는가에 달려있다고 사료된다.

한편, 인도네시아에서 통상 수권의 범위는 포괄위임금지, 개별위임 원칙을 따른다.

대리권을 행사할 시에는 대리권을 증명해야 한다. 대리인이 대리권 자격을 증명하지 못했다면 회사는 의결권의 행사를 거절할 수 있다. 일반적으로 주주의 의결권에 대한 위임장을 제시하는데, 위임사실이 이미 증명된 경우라면 위임장이 사본이라는 이유로 대리권 행사를 거절할 수 없다. 대리권 자격을 증명하였음에도 회사가 특별한 사정없이 거절했다면 부당거절로 주주총회결의에 하자가 발생하게 된다.

5.1.4. 주주총회가 가부동수인 경우(Deadlock)

Deadlock이란, 주주총회 등에서 회사경영과 관련한 중요한 이슈에 대하여 상이한 이견이 가부동수(예컨대 5:5 또는 1:1:1)로 교착상태에 이른 경우를 말한다. 인도네시아 합작회사에서도 이러한 교착상태는 빈번하게 문제가 되는 것으로 보인다.[217]

---

217) "The most common governance issue in Indonesian joint ventures relates to deadlock (either owing to board compositions, reserved matters or the higher quorum and voting requirements for certain corporate matters under Indonesian law). Typically, the contractual arrangements between the joint venture parties will include a framework for the resolution of such deadlock, including through referral of the issue to key management personnel, put or call options, casting votes or dispute resolution mechanisms such as independent experts." Hiswara Bunjamin & Tandjung, "Setting up and operating a joint venture in Indonesia," Lexology, August 8, 2019.

따라서 아래와 같은 Deadlock 조항들이 사용되기도 한다.

① 러시안 룰렛 조항: 교착상태에 이른 당사자 중 하나가 상대방에게 특정한 가격에 자신의 지분을 사거나 상대방의 지분을 팔라고 청약을 하면, 상대방이 이를 승낙하거나 거절할 수 있는 조항이다.

② Texas shoot-out 조항: 교착상태에 이른 당사자들이 서로 상대방의 지분전부를 매수하고자 하는 가격을 준비하고, 그 가격을 동시에 개봉하여 가장 높은 가격을 제시한 자가 다른 상대방의 지분을 매수하는 조항이다. 본 조항의 변형으로, 상대방 지분의 절반만 매수하는 가격을 준비하는 Mexican shoot-out 조항이 있다.

③ Multi-choice procedure 조항: 교착상태가 있을 것을 대비하여 미리 교착상태가 발생하면 반드시 상호 동의하기로 하는 조항이다. 본 조항의 단점으로는, 일방이 끝까지 해당 조항이행에 반대할 경우 결국 상사중재나 법원에서 해결해야 하는 점이다.

④ Cooling-off 조항: 교착상태에 이르면 양자가 지정한 제3자가 합리적으로 결정하면 이를 따르기로 하는 조항이다. 그러나 이 같은 조항이 계약서에 들어가면 막상 문제발생 시 시간만 지체하기가 쉽다. Deadlock의 발생 사실 자체가 이미 첨예한 이해갈등이나 합의하기 어려운 의견 차이가 있기 때문이므로, 이런 때에는 대통령을 중재인으로 선임하더라도 해결 못하는 경우가 많을 것이다.

⑤ Deadlock 억제 조항: Deadlock을 선언한 당사자에게 위약금을 물게 하는 등, Deadlock 자체가 발생하지 못하도록 차단하는 조항이다. 경영판단에 대한 합의 자체를 어렵게 할 수 있고 Deadlock이 발생하더라도 해결할 수 없다는 단점이 있다.

5.1.5. 주주총회 결의의 하자

주주총회의 결의는 다수의 이해관계인이 존재하므로 주주총회 결의의 하자가 있는 경우, 법적안정성을 기하기 위하여 획일적으로 처리하여야 할 필요성이 있다.

그러나 인도네시아 법률은 주주총회 결의하자의 경중에 따라 결의취소의 소·무효 확인의 소·결의 부존재 확인의 소·부당결의 취소/변경의 소 등을 구분하고 있지 않다. 이에 따라 실무에서는 주주총회와 관련한 하자를 주장하는 경우, 그 결의가 무효(batal demi hukum)임을 주장하는

경우가 많고 취소(dapat dibatakan demi hukum)나 부존재를 구하는 경우
는 상대적으로 적은 것으로 보인다.

정족수인 2/3의 지분을 지닌 주주들만 소집하고 만장일치로 결의를 한
경우, 사전에 통지받지 못한 주주들이 주주총회에 참석하였다 하더라도
주주총회 결의가 바뀌지는 않았을 것이다. 인도네시아 법률에 따르면 이
경우에도 여전히 절차적 흠결에 따라 결의가 무효라고 주장할 수 있게
된다. 단, 주주전원의 동의 또는 추인이 있을 경우에는 이 같은 흠결을
치유할 수 있는 것으로 보인다(659/Pdt. G/2008/PN.JKT.Sel).

주주총회의 효력을 다투는 소송에서는 반드시 주주전원이 참석하여야
한다.

**주주총회 무효확인 소송에서 주주전원을 피고로 하지 않았음을 근거로
기각한 사례(No: 247/Pdt.G/2012/PN.Jkt.Sel; No: 584/PDT/2013/
PT.DKI)**

본 사건에서 원고인 주주 김태식(20%지분보유 감사)은 피고 주식회사 PT.
AGB Mining의 이사 2인(케스또모 하산 및 선재호)은 JSK International
Co. Ltd 및 Montis Worldwide Co. Ltd 간의 지분매매를 승인하는 특별
주주총회가 주주동의서에 위반하는 위법이 있음을 근거로 해당 특별주주
총회 및 지분매매계약서의 무효를 주장하는 소송을 제기하였다. 남부자
카르타 법원은 해당 주식회사의 40%주주인 현대투자네트워크와 12%주
주인 현대상선이 소송당사자로 지정되어 있지 않음을 근거로 각하하였고,
이에 원고가 항소하였으나 항소법원에서 역시 각하하였다.

5.2. 이사회 및 이사

5.2.1. 이사회

이사회란, 회사의 업무집행에 관한 의사결정 및 이사의 직무집행을 감독
할 권한을 갖는 이사 전원으로 구성되는 주식회사의 필요·상설기관이다.

원칙적으로 이사회의 구성원은 1인 이상이면 충분하며(제92조 제3항),

예외적으로 공적자금의 추심 관련 업무를 담당하는 회사, 공중에 사채를 발행하는 회사, 공공기관의 회사의 이사회 구성원은 최소한 2인 이상이어야 한다(제92조 제4항). 이사회의 구성은 업종에 따른 예외가 있다.

이사회는 상시 소집되는 것이 아니라 필요에 따라서 소집된다. 소집절차는 정관에 정하는 바에 따른다. 이사회의 소집통지 시에 주주총회 소집통지의 경우와 달리 정관에 그와 다른 정함이 있지 않는 이상 회의의 목적사항을 함께 통지할 필요는 없다.

주주총회와는 달리 이사회를 전자적인 방식으로 진행해도 되는지 또는 외국에서 개최할 수 있는지 회사법에 명문규정이 없다. 이에 따라 통상 정관에 이사회가 어디에서든지 개최될 수 있다는 규정이 사용된다. 외국투자회사에 따라 일부는 이사회마다 인도네시아에 오는 경우도 있는 반면, 중대한 결의에만 인도네시아에 직접 와서 참석하는 경우도 있고, 외국인 이사들이 해외에 있으면서 서면으로 결의서를 만드는 곳이 있다.

이사회는 신의성실 및 충실의무 외에도 업무집행에 관한 의사결정, 즉 회사경영 의무(제97조) 및 회사와 관련한 각종 제반 사항에 대하여 책임질 의무가 있다.[218] 이사회의 책임은 이사의 책임과 완전히 분리해서 생각할 수 없으므로 「이사의 책임」 단원에서 후술한다.

이사회는 주주총회의 경우와는 달리 원칙적으로 이사 자신이 직접 출석하여 결의에 참가하여야 하며 대리인에 의한 출석은 인정되지 않고 따라서 이사가 타인에게 출석과 의결권을 위임할 수도 없다.

이사회의 회사법상 필수의결 사항으로는 연간보고서 승인(제67조 제1항)과 중간배당(제72조 제4항)이 있다. 회사가 중간배당을 하기 위해서는 감사위원회의 동의를 얻어 이사회가 결의를 하여야 한다.

---

218) (i) 주주명부, 특별명부, 주주총회 의사록, 이사회 의사록 및 회계장부의 작성; (ii) 감사위원회 의사록 등 모든 중요 기록의 관리; (iii) 회사자산의 양도 또는 순자산의 50% 이상에 해당하는 총 누적 담보 및 질권 설정 시 주주총회의 허가 획득 등

실무에서는 외국인 이사를 두고 있을 경우 회사법 외적인 문제가 발생할 수 있는데, 「이사의 국적」 단원에서 후술한다.

5.2.2. 이 사

이사란 이사회의 구성원으로서 회사의 업무집행에 관한 이사회의 의사결정과 이사의 업무집행을 감독하는 데 참여할 권한을 갖는 자를 말한다. 이사는 회사법 제1조 정의에 따라 주식회사의 기관이 아니라 이사회의 구성원에 불과하고, 따라서 인도네시아 회사법은 이사를 "이사"라 하지 않고 "이사회의 구성원"이라고 칭하고 있다.

5.2.3. 대표이사 및 사외이사

인도네시아 회사법은 대표이사 및 사외이사제도를 두고 있지 아니하다.

한편, 일반 비상장 회사에서 대표이사(Direktur Utama)를 선임하는 실무가 정착되어 있다. Direktur Utama는 국문으로 대표이사라고 의역해서 불릴 뿐, 직역하면 "최우선 이사"이다. 즉, 정관에서 달리 정하였다거나 회사의 유일한 이사가 Direktur Utama이지 않는 한, Direktur Utama가 단독으로 회사를 대표하는 권한을 가진 대표이사라고 볼 수는 없다. Direktur Utama를 선임하는 일반 인도네시아 실무에서도 통상 Direktur Utama에게만 회사의 대표권이 주어지는 것은 아니다. 따라서 이때에도 여전히 일반 이사가 회사를 대표하여 계약을 체결할 수 있으며,[219] Direktur Utama의 선임은 이사회가 아니라 여전히 주주총회의 결의사항으로 되어 있다. 다만, 정관에서 Direktur Utama에게만 대표권 수여하는 것은 가능하며(제98조 제2항) 이처럼 Direktur Utama에게만 대표권을 수여하는 방법도 적지 않게 사용된다.

상장회사의 경우, 「상장회사의 이사회 및 감사위원회에 관한 2014년

---

219) 회사법 제1조의 정의상, 회사의 기관도 아닌 일개 이사가 회사를 어떻게 대표하여 계약을 체결할 수 있는지에 대한 이론적인 논의를 찾아볼 수 없다.

제33호 OJK규정」에 따른다.[220] 단, 본 OJK규정에서 요구되었던 대표이사는 2018년 인도네시아 증권거래소 상장규정에 따라 폐지되었다.[221] 따라서, 2019년 현재 일반 상장회사에서 대표이사는 필수기관이 아니다. 단, 은행, 보험, 금융사 등 업종별로 대표이사 및 사외이사는 별도 규율된다.

5.2.4. 이사의 선임

인도네시아 회사법은 일반 이사회의 구성원과 대표이사를 구분하지 않으므로, 대표이사 선임에 대한 별도의 규정이 없다.

발기인이 설립증서에 의하여 최초의 이사를 선임하고, 설립 뒤에는 주주총회 보통결의에 의해 임기를 정하여 선임한다(제94조 제1항 내지 제3항).

선임자격으로, 선임일로부터 과거 5년 내 (i) 파산 선고된 적이 없고, (ii) 회사를 파산하게 이른 이사회나 감사위원회의 구성원인 적이 없으며, (iii) 금융관련범죄나 형법상 유죄로 판결된 적이 없을 것을 요구하며(제93조), 후보자는 이를 사전에 이사회에 서면으로 증빙하여야 한다. 이러한 요건을 만족시키지 않았음이 이사회 또는 감사위원회에 증명된 경우, 그 선임은 무효가 된다. 이 때, 그 선임무효를 신문을 통해 공고해야 하고 법무인권부에 통지하여야 한다.

다른 나라의 회사법과는 달리 인니 회사법은 이사의 경업 및 겸업금지의무를 법정하고 있지 않다. 다만, 금융회사 등 특별법상 겸직이 금지 또는 제한되고 "회사에 해가 되는 이해관계가 없을 것"이 요구(제99조 제1항 b목 및 제2항 b목)될 뿐이다. 따라서 회사법상 동종영업을 목적으로 하는

---

220) Financial Services Authority Regulation Number 33/Pojk.04/2014 Concerning the Board of Directors and the Board of Commissioners of Issuers or Public Companies

221) 2018년 12월 27일 시행 인니증권거래소 상장규정(No.Kep-00183/BEI/12-2018). 이처럼 OJK규정의 일부를 증권거래소 상장규정에서 폐지하는 등 서로 다른 기관 간 규정을 서로 폐지하거나 개정하는 것은 인도네시아에서 어렵지 않게 찾아볼 수 있다.

다른 회사의 무한책임사원이나 이사도 겸업 또는 경업 중인 사실만을 이유로 이사 선임자격이 박탈되지 않는다. 따라서 경업 및 겸업은, 제99조에 따라 이사가 회사와의 이해 상충을 피하는 한도 내에서 허락될 것으로 보인다. 단, 금융회사, 조림업, 건설업 등 특별법상 경업금지 또는 겸직금지 규정이 있다.

사견으로는, 천연자원의 채취나 수출 등을 업으로 하는 인도네시아 회사는 지역별 또는 프로젝트에 따라 별도의 설립을 요구하는 경우가 적지 않으므로,[222] 뛰어난 지식과 능력을 지니고 있는 이사가 회사가 다르다는 이유만으로 다른 지역에서 그 역량을 펼치지 못하는 것이 반드시 바람직하지는 않을 것으로 생각한다. 다만, 최근 몇 년 사이에 1차 산업에 있어서도 업종에 따라 장관령에서 겸업금지를 요구하는 조항 등이 상당히 신설되었는데, 실무에서의 용례를 보면 별다른 제재가 없다.

1주에 대하여 선임할 이사의 수와 동수의 의결권을 부여하고 각 주주가 그 의결권을 1인에게 집중적으로 행사할 수 있게 하는 이른바 집중투표제(cumulative voting)는 아직 인도네시아 회사법에 도입되어 있지 않다.

은행·보험·연금·신용보증 등 금융회사의 경우에는 이사선임 전에 OJK가 해당 후보에 대한 심사를 한다.

5.2.5. 이사의 국적

PMA는 외국인 이사를 선임할 수 있고, 이사가 반드시 인도네시아 내에 거주해야 한다는 조건은 없다. 순수 인도네시아 주식회사인 PMDN이라고 해서 이사까지 내국인이어야 한다는 제한은 없다.[223] 다만, PMA,

---

222) 예컨대 광업의 경우에는 지역마다 별도의 회사를 설립해야 하며, 해당 회사는 그 지역 내에 위치한 wilayah pertambangan의 특정한 범위 내 회사운영을 할 수 있도록 Wilaya Izin Usaha Pertambang을 받아야 한다. 그 회사는 다른 지역에서 사업을 영위할 수 없다.

223) 따라서 인도네시아 내 외국인 사업자 중 외국인지분율 제한을 우회하기 위하여로 지분을 신탁하고 자신이 임원으로 선임하는 경우가 적지 않다고 한

PMDN을 불문하고, 2012년 제40호 노동이주장관령[224])에 따라 외국인은 인사를 담당하는 이사 직책을 맡을 수 없다.

또 해당 장관령에서 정한 19개의 외국인 취임금지 직책 중 "Kepala Eksekutif Kantor"가 있어서 외국인 경영자에게 혼란을 주는 것으로 보인다. 그러나 문자 그대로의 의미와는 다르게 최고경영자 CEO의 의미가 아니다.

본 장관령을 이사 중 1인은 반드시 현지인으로 선임해야 하는 것으로 보는 보수적인 의견이 있는 반면, 실무에서는 외국인만으로 이사회를 구성하는 경우도 적지 않게 있는 것으로 보인다. 다만 이사회 전원이 외국인이면 실무적으로 Working Permit이나 비자, 기타 주거문제, 상임·비상임 문제, 이사 개인의 소득신고와 관련한 문제 등이 발생할 수 있다.

이와는 별도로, 외교부의 조직 및 업무절차에 관한 2016년 제2호 외교부 규정에 따라 인도네시아 외교부 산하의 국민 보호 및 인니 법인 담당 부서에서도 외국인 고용 및 관련 현지인 고용 조건을 담당한다.

외국인 노동자가 인도네시아에서 근무 및 거주를 개시하기 전에 노동부 및 이민국에서 일정한 수속이 되어야 한다.[225]) 인도네시아에서 근무를 희망하는 외국인에게 Working Permit 발급문제는 반드시 해결되어

다. 자세한 사항은 「3.10.2. 외국인 최대지분율 우회 방법의 법적 리스크」 단원을 참고하라.

224) 외국인 선임이 금지되는 직책에 관한 2012년 제40호 노동이주 장관령 (Keputusan Menteri Tenaga Kerja Dan Transmigrasi Republik Indonesia Nomor 40 Tahun 2012 Tentang Jabatan－Jabatan Tertentu Yang Dilarang Diduduki Tenaga Kerja Asing)

225) 이민국은 인도네시아에서 뇌물수수가 가장 빈번한 공공기관 중 하나이다. "외국인직원용 워킹비자(KITAS)를 받기 위하여 중앙이민국 및 지역이민국 수속에서 일반적으로 10~14번의 현금지급을 기대하며, 직업과 역할 등에 따라 600~5,000달러가 지급된다. 제3자 용역을 통해 보통 지급하는 본 금액은 관련 공무원들의 중요한 보충소득으로, 직원 간 서열에 따라 나눠 갖는다."(저자 역) Corene Crossin, Martin Brown, & Steve Norris, Anti－Corruption in Indonesia Control Risks, 2013.

야 한다. Working Permit(2003년 제13호 법 제43조) 위반 시 관련 사용자는 1~4년의 구금 또는 1억~4억 루피아의 벌금의 형사책임을 질 수 있다(2003년 제13호 법 제185조). 외국인 인력 사용절차에 관한 2015년 제16호 노동부 장관령 제37조(2015년 제35호 노동부 장관령으로 일부 개정)에 따르면, 이사가 반드시 국내에 거주해야 하는 것은 아니고 따라서 Working Permit이 해당 규정상 반드시 요구되는 것은 아니나 보수적으로 접근할 필요는 있다. 산업기술의 혁신 등 임시 Working Permit 발급이 필요한 요건이 2015년 제16호 노동부 장관령에 나열되어 있는데, 이중 "인도네시아 내 지사 또는 장과의 회의참석"이 있다.

외국인 이사 및 감사는 납세 및 소득신고 또한 주의하여야 한다. 세법의 일반조항에 관한 2007년 제20호 법률 제32조에는 납세기업은 "경영위원회"가 대표한다고 정하고 있으나, 해당 법률의 공식 해설서에 "경영위원회"에는 감사를 포함한다고 정하고 있다.

참고로 외국인이 인도네시아로 국적을 변경하기 위해서는 인도네시아 회사에 일정한 지분을 두거나 일정기간 회사의 등기이사일 것이 요구된다.[226] 법령에서 공식적으로 요구하고 있는 것은 아니나, 외국인의 국적 변경 허가는 대통령의 서명이 들어가는 만큼 내부적으로 정한 룰로서 시기에 따라 조정될 수는 있다. 최근 몇 년 간 엄격해지는 추세인 것으로 파악된다.

---

226) 2006년 제12호 국적법 제8조, 제9조 조건은 다음과 같다: (a) 18세 이상 또는 혼인한 자(의제성인); (b) 신청 시점에 인도네시아 내에서 최소 5년 또는 10년 계속하여 거주; (c) 심신이 건강할 것; (d) 인도네시아어로 대화 가능하며 빤짜실라 및 1945헌법을 이해할 것; (e) 구금 1년 이상에 해당하는 범죄에 유죄선고된 적이 없을 것; (f) 인도네시아 국적 취득에 의하여 본국과 이중국적이 되지 않을 것; (g) 직업과 꾸준한 소득이 있을 것; (h) 재무부에 시민권 취득에 관한 금액을 지급할 것. 그러나 실무에서는 KITAP 신청을 위해 이 이상의 요건들이 요구된다.

5.2.6. 이사의 종임

종임의 사유로는 정관소정자격의 상실 및 임기의 종료, 위임종료사유 발생(제94조 제4항), 주주총회의 해임결의(제94조 제5항, 제105조)등이 있다. 이 때 퇴임효력은 등기유무와 무관하게 원인된 사실의 발생 기준이다.

주주총회의 해임결의가 있기 까지는 다소 시간이 소요되므로, 감사위원회에 의해 즉시 이사로서의 자격을 중지시킬 수 있다. 이 때 해당 이사는 이러한 중지사실에 대해 서면으로 통보받아야 하며 중지된 후 30일 내에 이사해임 여부 결의를 위한 주주총회를 소집하여야 한다(제106조).

주주총회의 해임결의와 관련하여 해임이사에게 반대의 의사가 있는 한, 결의 전에 당해 이사가 서면으로 반대할 수 있는 기회가 주어져야 한다(제105조). 또, 선·해임 결정을 내린 주주총회에서 그 시기를 정하지 아니하였다면 그 주주총회가 종료되는 시점이 선·해임 효력발생시기이다. 주주총회일로부터 30일 내에 법무인권부에 이를 알려야 한다(제111조 제7항 및 제8항).

5.2.7. 이사의 권한

이사는 회사의 업무집행에 관한 의사결정과 다른 이사의 직무집행감독에 참여할 권한이 있다(제1조 제5항). 이사는 각각 법률과 정관에서 그와 반대되는 정함이 없는 한,[227] 제한이나 조건 없이 회사를 대표한다(제98조 제2항 및 제3항). 회사법상 대표이사를 회사의 기관으로 요구하지 않는다.

「대표이사 및 사외이사」에서 설명하였듯, 실무에서는 비상장회사들도 대표이사를 두는 경우가 많은데, 정관에서 달리 정하지 않는 한 이 때에도 일반이사가 대표이사와 동일한 권한을 갖는다. 권한은 달리함이 없이 높은 권위를 상징하는 의미에서 대표이사(Direktor Utama)를 정하기도 하고, 회사의 대표권을 1인의 이사에게 부여하면서 다른 이사들의 대표권

---

227) 법률에서 정함이란 제99조 이하 이해상충피지 의무, 충실의무 등을 말한다.

을 제한하는 방식도 사용되고 있다.

5.2.8. 이사의 의무

이사는 회사로부터 업무집행에 대한 위임을 받은 위임관계에 있으므로 회사에 대한 충실의무와 이해상충피지의무(제99조), 선량한 관리자의 주의를 다하여 회사의 업무를 집행하여야 한다(제97조 제2항). 또 해석상 이사회출석의무 및 감시의무를 진다.

인니 회사법은 한국 회사법과 달리 경업금지의무 및 겸직금지의무를 명문에서 정하지 않고 있다.[228] 금융회사 등 업종에 따라 특별법상 경업금지 또는 겸직금지 규정이 있을 뿐이다. 최근 몇 년 사이에 업종에 따라 장관령 등에서 겸업금지를 요구하는 조항 등이 상당히 신설되었는데,[229] 이 같은 겸업금지 조항으로 처벌되는 사례를 찾기가 어렵기 때문에 본서에서는 이에 대한 자세한 설명은 생략한다.

따라서 경업금지의무를 법정한 특별법 또는 장관령의 업종과 무관한 경우, 이사가 자기 또는 제3자의 계산으로 거래를 하거나 다른 회사의 이사를 겸직하여 분쟁이 발생 시에, 회사는 이사가 이해충돌의 가능성이 있는 거래를 하였음을 주장할 것이다. 반면 이사는 제99조의 의무를 해치지 않았다는 사실을 주장하여야 할 것이다. 인도네시아는 회사법 및 형사상 배임죄 내지 타인재산유용죄(Misappropriation)가 없으므로 이러한 경우 배임죄 적용이 없고, 회사에 대한 사기죄가 성립되는지 보아야 할

---

228) 한국에서 이사는 이사회의 승인이 없으면 자기 또는 제3자의 계산으로 회사의 영업부류에 속한 거래를 하거나 동종영업을 목적으로 하는 다른 회사의 무한책임사원이나 이사가 되지 못한다(한국상법 제397조 제1항). 경업금지위반은 경우에 따라 상법상의 특별배임죄를 구성할 수도 있다.

229) 예를 들어 건설업의 경우, 공공사업부 장관령에서 건설서비스 사업을 하는 PMA의 이사는 인도네시아 또는 다른 국가에 있는 건설 법인의 이사나 Commissioner를 겸직할 수 없도록 함. (2019년 폐지되었으나 입법 불비에 따라 본서 저작 시점에는 실무상 동일 적용 중.)

것이다.

상장회사의 경우에는 OJK Regulation No. 33/POJK.04/2014에서 이사회가 (i) 이사 및 감사의 직무·책임·권한, 근무시간, 회의규정, 보고사항과 책임, 법률상의 근거를 설시하고 실제로도 강제 가능한 가이드라인, (ii) 이사회 윤리규정을 준비하도록 요구하고 있다. 단, 본 규제 중 대표이사 요건은 2018년 12월에 폐지되었다.[230]

5.2.9. 이사의 책임
5.2.9.1. 제3자 및 회사에 대한 손해배상책임
이사가 법령 또는 정관에 위반한 행위를 하거나 그 임무를 해태한 때에는 그 이사는 회사 및 제3자에 대하여 연대하여 손해배상책임을 진다(제97조).

이사는 이사회의 구성원으로서 회사의 업무결정에 참여하므로, 차지하는 지위의 중요성과 행위가 미치는 영향이 지대하다. 따라서 이러한 의무를 다하지 못하여 회사나 제3자에게 손해를 끼친 경우, 이사의 개인재산을 회사의 책임재산으로 확대하여 회사의 이해관계인을 보호하기 위해 인정하는 것이다.

연대책임이라는 것은 실제로 위법행위를 하거나 임무를 게을리한 이사는 물론, 그 행위가 이사회의 결의에 기하여 이루어졌을 때에는 이사회에서 그 결의에 찬성한 이사도 연대하여 책임을 부담하는 것을 말한다. 직접 위법행위를 하지 않은 이사가 이러한 책임에서 벗어나기 위해 이사회에서 단순히 침묵한 것으로는 부족하고 당시 결의에 반드시 서면으로 반대의견을 표시하였어야 하는지에 대하여 인니판례의 입장이 불분명하다. 최소한 영업보고서와 관련하여는, 제67조 제3항의 해석상 이사회 결의에 참가한 이사가 서명을 하지 아니한 것만으로는 부족하고, 이의제기

---

230) 인도네시아 증권거래소 규정 No. Kep-00183/BEI/12-2018.

근거까지 서면으로 제출하지 않으면 그 이사는 해당 보고서를 승인한 것으로 추정한다. 원고 측에서는 "법률은 일관되고 통일되게 적용하여야 하므로, 영업보고서 외의 행위에 대해서도 서면으로 반대의견을 표시하여야 책임에서 벗어날 수 있다고 해석하여야 한다"는 취지로 주장을 할 수 있고 피고측에서는 "법정하지도 않은 요건을 구태여 더해서 책임을 과중하게 하는 것은 피고에게 가혹하다"는 취지로 주장을 할 수 있지 않을까 생각한다. 현재까지 인도네시아 법원의 입장은 불명확하다.

제97조 제5항은 손해발생을 미연에 방지하거나 계속되는 손해를 중지하기 위한 조치를 행해야 개인책임을 지지 않는다고 하고 있으므로, 사실상 손해방지에 필요한 조치를 취할 의무를 요구하고 있다.[231] 또, 인니 형법 제398조에서, 인도네시아 회사의 이사 감사가 정관에 위배되는 행동으로써 또는 그러한 행동을 허가함으로써 회사에 손해를 끼친 경우 형사처벌대상으로 하고 있다.

따라서, 이사가 (i) 감사위원회나 이사회에 보고하였다는 사실, (ii) 전문가의 조력을 얻었다는 사실, (iii) 법령과 정관에서 정한 절차를 밟았다는 사실 등을 입증해야 민형사상 책임을 면할 수 있을 것으로 보인다. 특히, 과감한 투자나 경영판단이 있을 때는 이러한 절차와 서류를 구비해 놓아야 이사는 개인 책임을 면할 수 있을 것으로 사료된다.

5.2.9.2. 책임발생원인

5.2.9.2.1. 이사가 법령 또는 정관에 위반한 행위를 했을 것

회사법상 정한 사항들, 예컨대 회사가 제37조 제1항에서 정한 상기 사항을 준수하지 않고 지분환매(Buyback)시 그 행사는 무효이며, 이로써 선의의 주주에게 발생한 손해에 대하여 이사회는 연대책임을 진다.

---

231) "Angota Direksi tidak dapat dipertanggungjawabkan atas kerugian […] apabila dapat membuktikan mengambil tindakan untuk mencegah timbul atau berlanjutnya kerugian tersebut."

이사가 법령 및 회사내규를 준수하였음을 이유로 제3자에 대한 손해배상 책임을 부인한 사례

Pe. A. Tjong v. Bank Persatuan Dagang Indonesia 사건(인니 대판 No. 367 K/Sip/1972): 본 사건에서 피고 은행의 이사인 Mak Kim Goan 가 Pe. A. Tjong씨에게 직접 수표를 발행하였는데, 해당 수표의 지급은 행은 다른 은행(Bank Negara Unit I)이었다. 그러나 그 수표가 계좌잔고 부족을 이유로 지급이 거절되자, 이에 Pe. A. Tjong씨는 수표서명과 발 행에 대하여 Mak Kim Goan씨에게 악의 또는 과실이 있었다면서, 그가 이사로 재직하는 은행을 상대로 수표액면액 및 이자를 구하는 소송을 제 기하였다. 이에 대하여 대법원은 "이사의 개인책임은 은행 내부절차 문제 (Tanggung jawab pribadi Direktur tersebut, merupakan prosedur intern bank)"라고 하면서 "회사(즉, 은행)의 법령 및 내부규정에 근거하 여 적법하게 수표를 발행하였는지"를 기준으로 책임여부를 판단하였다. 해당 은행이 내부규정 및 수표법을 준수하여 수표를 발행하였으므로 이 사 및 회사는 그에 대한 책임이 없다고 하였다.

이사가 내규 등 절차상 요건을 충족하지 아니하였음을 들어 이사의 책임 을 인정한 사례 2건

PT Greatstar Perdana Indonesia vs. PT Indosurya Mega Finance. PT Greatstar Perdana Indonesia 사건(No. 030 K/N/2000): PT Greatstar Perdana Indonesia의 이사인 Budi Handoko가 감사위원회의 허가를 얻지 아니하고 PT Indosurya Mega Finance에게 수표를 발행하였는데, 발행은행인 PT Greatstar Perdana Indonesia가 수표를 발행받은 PT Indosurya Mega Finance에게 수표상 지급일이 도과하도록 지급하지 아 니하였다. 그러자, PT Indosurya Mega Finance는 수표발행은행이 채무 를 이행하지 않는다는 이유로 PT Greatstar Perdana Indonesia의 파산 을 신청하였다. 대법원은 파산신청을 거절하면서, 해당 수표 지급 채무에 대하여 발행은행에게는 책임이 없고 감사위원회의 사전허가를 득하지 않 은 이사의 개인이 지급하여야 할 채무라고 하였다.

PT Pertamina (Persero)의 이사 등을 상대로 부정부패(Tipikior) 법원에 제기된 소송(No.24/Pid-Sus-TPK /2019/PT.DKI)에서, PT Pertamina (Persero)가 PT Pertamina Hulu Energi를 통해 2009년에 매입한 호주 회사 ROC Oil Company Ltd과 관련, 매입시 예상한 이익과 달리 인수 직후 5천억대 규모의 손실이 문제되었다. 본 건에서 해당 자산매매가 법

률에서 정한 엄격 타당성 조사(full feasibility study)를 이행하지 않은 등 투자에 대한 내규대로 절차를 이행하지 않았고, 매입 절차에서 감사위원회의 승인을 받지 않은 것이 문제가 되었다. 이에 따라 대표이사, 담당 책임자 등이 금고 8년형 및 10억 루피아의 벌금형이 선고되었다.

이러한 민사상 책임과는 별도로, 이사가 정관에 위배되는 행동을 하거나 그러한 행동을 허가함으로써 회사에 손해를 끼친 경우 인니 형법 제398조에 따라 최대 1년 4개월의 형이 적용된다.

5.2.9.2.2. 임무를 해태 하였을 것

5.2.9.2.2.1. 제3자에 손해를 끼쳤을 때

이사는 선량한 관리자의 주의를 다하여 회사의 업무를 집행하지 않음으로써(제97조 제2항) 제3자에게 발생한 손해에 대하여 책임을 진다. 단순히 채무이행을 지체하고 있는 사실만으로는 이사가 임무를 해태하고 있다고 볼 수는 없을 것이다.

인도네시아 판례의 경향은 제3자의 손해를 해석할 때 직접손해만으로 한정해서 판단하는 것으로 보인다. 따라서 임무해태와 제3자의 손해 사이에 직접적인 인과관계가 필요하다.

5.2.9.2.2.2. 회사에 손해를 끼쳤을 때

선량한 관리자의 주의를 다하여 업무를 집행하지 않아서 회사에 손해가 발생하거나, 회사에 대한 충실의무와 이해상충피지의무(제99조)를 해태한 경우에 회사에 대한 손해배상책임이 발생한다. 단, 인니 회사법은 경업금지의무 및 겸직금지의무를 성문화하지 않았으므로, 동종산업 내 겸직과 경업의 사실만으로는 즉시 임무해태로 볼 수는 없을 것이다. 또 해석상 이사회출석의무 및 감시의무를 어김으로써 발생한 손해에 대하여도 책임이 발생한다.

(i) 감사위원회나 이사회에 보고하였다는 사실, (ii) 전문가의 조력을 얻었다는 사실, (iii) 법령과 정관에서 정한 절차를 밟았다는 사실 등을

입증하면 제97조에 따라 상기의 개인책임을 면할 수 있을 것이다.

5.2.9.2.3. 회사와 이해갈등(Conflict of Interest)이 있는 경우

이사에게는 이해상충피지의무(제99조)가 있지만, 이사가 회사와 이해갈등이 있었다고 해서 그 즉시 이사가 법령 또는 정관에 위반했다거나 임무를 해태했다고 볼 수는 없다. 다만, 그 건에 있어서는 회사를 대리할 수 없을 뿐이다.

단, 상장회사에서는 OJK Regulation No.IX.E.1에 따라 대주주·이사·감사의 사적인 경제적 이익이 회사의 경제적 이익과 이해갈등이 있고 회사가 손해를 입을 수 있다면, 주주총회에 사전에 공개되고 허가를 득할 것을 요구한다. "회사가 손해를 입을 수 있다면"이 조건은 추상적인 조건이다. 기회비용은 법률상 손해로 볼 수도 없고 백번 양보해서 Conflict of interest라 본다고 하더라도 발생하지 않은 사실이기 때문에 손해와의 직접 인과관계를 증명하기 어려워서 손해배상 책임추궁도 어렵다. 또 본 규정에서는 Conflict of Interest의 정의를 "대주주·이사·감사의" "경제적 이익"에 마찰이 있을 경우로 국한하였다. 이 같은 정의에 따르면, 대주주·이사·감사의 지인의 경제적 이익 또는 대주주·이사·감사의 정치적 이익을 위한 판단이 회사의 발전을 위한 판단과 이해상충 관계에 있더라도 이 같은 이해상충이 위 규정의 Conflict of Interest에 포섭된다고 확신하기 어렵다.

5.2.9.3. 회사 파산 시 이사의 책임

회사가 채무초과로 파산에 이르게 되고 그 같은 파산이 이사의 고의·과실에 기인하였다면, 이사 각각이 채무전부에 대하여 연대책임을 진다(제104조 제2항). 연대책임을 지는 이사란 고의·과실이 있는 이사로 한정하여야 할 것인데, 이에 대한 회사법 관련 인니 대법원 판결이 현재까지 보이지 않으므로, "setiap anggota Direksi secara tanggung renteng bertanggung jawab atas seluruh kewajiban yang tidak terlunasi dari harta pailit tersebut"의 "setiap anggota Direksi"를 단순히"(고의·과실 여부와 무관한 모든) 이사회 구성원 각각"이 아니라 "(고의·과실행위를 한 그) 이사회 구성원 각각"으로 입법취지를 고려하여 합당하게 해석하도록 주장하여야 할 것이다.

파산과 채무연기 화의 의무에 관한 2004년 제37호 법률("파산법") 제3조 제1항은 파산선고 또는 다른 관련문제는 채무자를 관할하는 상사법원의 결정에 따르도록 하고 있는데, 본 조의 "다른 관련문제"란 회사파산시 임원의 책임추궁을 포함한다. 그러나 본법에서 이와 관련하여 별다른 내용을 규율하고 있지는 않다.

5.2.9.4. 세법상 이사의 책임

회사법과는 별도로, 세금 일반조항 및 절차에 관한 2009년 제16호 법률("세법") 상, 이사는 (i) 회사의 납세자 번호(NPWP) 취득 의무, (ii) 회사의 Notice Letter를 국세청에 올바르게 작성하고 제출할 의무[232] 및 (iii) 회사로 하여금 성실히 납세하게 할 의무가 있다. 회사가 납세의무를 성실히 이행하지 아니할 경우, 국세청은 그 회사의 이사를 상대로 해당 세액을 과세할 수 있다.[233]

회사의 세금체납이 발생하고 이사가 사임하였다면 어떻게 볼 것인가? 국세청의 이사 개인을 상대로 한 징수처분과 관련하여 제기된 인도네시아 행정법원 처분취소소송(No. 102/G/2010/PTUN-JKT)에서,[234] 법원은 "설사 세금 발생 시점에는 이사로써 재직하고 있었다 하더라도, 해당 이사가 국세청의 처분시점에 이미 해임해 있었다면 국세청은 그러한 이사

---

232) Article 1 section 13 Indonesian Tax Law "Notice Letter shall mean the letter used by the taxpayer to report its tax calculation and payment, tax object, and/or not tax object, and/or asset and liabilities in according to the prevailing tax regulation."

233) 인니 세법 제32조 제2항.

234) 한국은 부당 과세에 대하여 조세심판원이 결정하나 인도네시아는 행정법원이 결정한다.

에 대하여 체납한 세금을 지불하라고 할 수 없다"고 하였다.

5.2.9.5. 형법상 이사의 책임

2014년 검찰총장 규정[235]에 따르면, 회사의 이사는 직접 형사상의 범죄행위를 하는 경우외에도 범죄 발생의 위험을 인지하고 그러한 범죄 발생을 방지할 조치를 취할 권한을 갖고 있으면서도 그러한 권한을 이행하지 않아 발생한 범죄에 대한 책임을 진다. 해당 장관령 및 2016년 제13호 대법원 규정[236]에 따르면, 회사가 이러한 이사의 방조행위를 도왔거나 회사가 이익을 봤다면, 회사도 형사처벌의 대상이 될 수 있다.

한편, 인도네시아에서는 형사상 배임죄가 없다. 이러한 점에서 인도네시아 형법은, 회사 경영에 있어 배임죄를 신경써야 하는 한국과는 대조적이다.[237] 대신 인도네시아에서는 본 사기죄(형법 제378조)가 공적·사적·상업적 관계에서도 두루 적용되고, 공적·사적·상업적 관계에 대해 처벌범위가 크고 과감하게 적용되는 것으로 보인다. 실무에서는 문서위조죄(형법 제263조 제1항) 및 위조문서사용죄(형법 제263조 제2항)와 경합되는 경우가 있다.[238]

형법상 사기죄(형법 제378조) 외에도 이사의 사기죄(형법 제399조)가 별도로 있다. 본조는 "회사 기타 법인이 법원으로부터 법원의 판결 또는 파산선고를 받고 그러한 법인의 이사와 감사가 사기로써 그 법인채권자의 권리를 해한 경우, 최대 7년의 형에 처한다"고 법정하고 있다.

반면, 한국법상의 사기, 배임, 배임수재, 배임증재 등 전부를 인도네시

---

235) Peraturan Jaksa Agung Nomor Per－028/A/Ja/10/2014 Pedoman Penanganan Perkara Pidana Dengan Subjek Hukum Korporasi.
236) Supreme Court Regulation No. 13 of 2016.
237) 한국 상법 제622조 "특별 배임죄"와 형법 제356조 "업무상 배임" 및 특정경제범죄 가중처벌 등에 대한 법률 제3조 등이 적용된다.
238) 문서위조죄와 위조문서사용죄는 구속사유에 해당하는 범죄로, 형사소송법(UU No.8/1980) 제21조 제1항에 해당하는 이유가 있다고 경찰 수사관이 판단 시에 2회에 걸쳐 최장 60일간 경찰서 유치장에 구속될 수 있다.

아 사기죄로 완전히 동일하게 의율하기는 어려울 것으로 보인다. 이사의 사기죄의 경우에도 "법인에 대한 파산선고 또는 일정한 재판상 결정이 있다면"이라는 조건 및 동조 제1항 이하의 조건들이 있다.

예컨대, 기업의 대표이사가 다른 회사를 위하여 아무런 대가도 받지 않고 기업보증을 서주는 경우 한국에서는 여전히 배임죄의 대상이 된다. 설사 주주전원의 동의와 이사회의 동의를 받았더라도 배임죄 처벌대상이 되지 않는다고 보장할 길이 없다.[239] 그러나 인니 형법은 배임죄를 법정하지 않고 있으며 사기죄에서도 처벌조건이 상대적으로 명확하므로, 법원이 자의적으로 법률을 해석하지 않는 한, 한국의 배임죄 등을 모두 동일하게 의율하기는 어려울 것으로 보인다.

채권추심의 실무에서는 본조에 따라 채무자의 이사를 형사고소하는 것이 가장 효과적이라는 의견이 있다. 즉, 채무자가 이행을 해태하는 근거나 계약을 체결하는 과정에 있어서의 거짓(예컨대 차용자금의 사용목적에 대한 기망)이 포착되면 채무자 회사의 이사를 사기죄로 고소한 뒤, 채무이행을 조건으로 합의해주는 방법이 그것이다. 차용증(Surat Perjanjian Hutang Pihutan)이 아닌 현금보관증(Surat Penitipan Uang)을 근거로 금전을 대여시에는 약정기간을 도과해서 보관금을 받지 못할 경우 횡령죄(형법 제372조)에 해당하기도 한다.

인니 형법 제398조는, 인도네시아 회사의 이사 감사가 (i) 정관에 위배

---

239) "배임죄는 언제나 통한다! 학자들이 '배임죄는 걸면 걸리는 범죄'라는 것을 빗대한 말이다. 우리나라에서도 배임죄의 구성요건이 불분명 (중략) 배임죄의 본질은 배신이다. 배신은 윤리적 문제이며, 형사처벌보다는 민사적으로 해결하여야 할 사항이다. 하지만 현실적으로 단순히 비윤리적인 행위와 형사처벌을 해야할 행위를 구분하는 것이 모호하기 때문에 현실에서는 어떤 사안에서 배임죄가 성립될지 미리 파악하기는 어렵다. 그렇기 때문에 배임죄로 기소되더라도 무죄로 판결된 경우가 다른 범죄에 비해 5배나 많다. 개인적인 이익을 취한 바 없었더라도, 실제 손해가 없었더라도 '손해의 위험'만 있으면 배임죄는 성립한다. 배임죄의 구성요건이 포괄적이기 때문이다." 최준선, "배임죄에 경영판단원칙 도입해야", 국민일보 2012.12.26.

되는 행동으로써 또는 그러한 행동을 허가함으로써 회사에 손해를 끼친 경우, (ii) 회사의 파산 또는 재판상 합의를 피할 수 없음을 알면서 고의로 그러한 파산 또는 재판상 합의를 지연시키고 (외관상) 좋은 조건으로 돈을 대여하도록 허가를 한 경우, (iii) 상법 제6조 및 제27조의 의무를 위반한 경우 최대 1년 4개월의 형을 적용한다.

또, 업무상횡령죄는 인니 형법 제374조에 따르며, 친고죄가 아니기 때문에 고소인측과 합의 후 고소가 취하되더라도 수사기관의 판단으로 수사진행을 계속할 수 있으며 검찰에 송치할 수도 있다. 고소인측의 고소취하는 이때 수사기관 또는 사법기관의 심리에 참고만 될 뿐이다.240)

참 고
인도네시아에서 주식회사 이사의 책임은 다른 나라에 비하여 과중한가?

회사법·파산법·불법행위법 등 민사법의 문언과 집행에 있어서 이사에 대한 책임추궁의 정도는 주요 선진국들 가운데 미국이 가장 낮으며 영국이 가장 높다고 한다.241)

미국에서는 판단에 이르기까지 일정한 요식성을 갖추었다면 이사의 경영판단에 법원이 함부로 잣대를 들이밀지 않는 원칙 이른바 경영판단의 원칙(Business Judgment rule)이 발달하여, 수백억 원 대의 연봉을 받는 임원이 지극히 위험하거나 비상식적인 결정을 하더라도 면죄부를 받는 것이 문제로 지적되어 왔다. 이러한 비판은 특히 2008년 금융위기를 초래한 회사에서 아무도 처벌받은 고위임원이 없다는 데서 거세어졌다. 이 결과 Sarbane Oxley Act 개정으로, 회사법 위반으로 재무제표가 변경되

---

240) "그래서 가능하다면 경찰 수사단계에서 참고인(saksi)신분으로 피소환시 즉시 고소인측과 합의 후 고소취하를 받아내야하며 고소취하 후 경찰서로부터 SP3(수사종결지시서 = 일종의 무혐의 결정서)를 받아서 보관해야 만약 고소절차가 잘못 계속 진행되어 Tersangka(피의자)신분으로 전환되었더라도 그 SP3 서류로 방어할 수가 있습니다." 김종성, 형법(KUHP)상 일반적 고소(Laporan)와 친고죄 고소(Pengaduan)의 비교, 한인뉴스 Vol.249, 2017년 3월호, p.64.

241) See Oxford, the Anatomy of Corporate Law Sec ed., Reinier Kraakman, etc. pp.134~137.

어야 하는 경우, CEO 및 CFO는 회사로부터 받은 보너스, 스톡옵션과 같은 인센티브 수당은 물론, 재무제표 발행일로부터 12개월 이내에 회사 주식을 매각하여 발생한 차액까지도 전부 회사에 반납하도록 Clawback 조항이 신설되었다. 이외에도 급여위원회에 대한 조건을 Dodd Frank Act에 도입하는 등, 이사의 책임을 늘리고 보수를 줄이는 방향이 오늘날의 입법경향이다.

반면, 영국에서는 모든 회사의 파산 건에 일일이 주립 조사단이 각 배정되어 이사의 고의·과실행위를 면밀히 조사하면서 파면절차를 집행하는 과정이 엄정한 것으로 알려져 있다.

인도네시아는 이사의 근속연수는 평균 5년 정도로 사실상 1~2년에 불과한 선진국의 임원의 근속연수보다 길고, 회사수당이나 보너스를 반납하도록 하는 Clawback규정도 없으며, 이사의 고의·과실행위만을 치밀하고 객관적으로 조사하는 별도의 공적기관이 있지는 않는 것도 아니다. 그러나 인도네시아에서의 이사의 책임추궁 문제는 다른 데 있다. 부패와 향응의 근절이 아직 너무도 소원한 까닭에, 최선을 다해 경영하였으나 회사가 파산에 이른 경우라 할 지라도 법원에 뇌물을 주지 않으면 법원이 일방적으로 이사의 경영판단상 과실로 회사가 파산하였다고 판단할 가능성이 농후하다. 또, 성숙한 판례가 충분히 축적되지 않았고 이를 다시 체계적으로 분석해놓은 시스템이 정착되지 않았기 때문에, 고의·과실이 없고 심지어 다른 이사의 그른 경영판단에 대하여 반대했던 이사까지 제104조 제2항의 해석상 개인책임을 져야 한다고 보는 경우도 적지 않은 것으로 보인다. 법률의 오용을 합리적으로 제한하는 권위있는 판례 및 시스템도 아직 발달하지 않았다.

특히 형사 실무상 이사에 대한 비상식적인 책임추궁은 수사기관, 소추기관 그리고 집행기관의 수사권, 기소권 및 사법권 남용에 뿌리깊이 기인하고 있다. 동일한 사건의 동일한 죄목에서 검찰과의 뇌물수수 및 항소여부에 따라 이사에 대한 구금 또는 징역이 몇 십 년 이상 달라지는 일도 만연하다. 인도네시아는 외국인 투자기업에 대해서는 부정부패, 네거티브 리스트 위반, 독점거래에 대해서는 더욱 엄격하게 수사하고 판결을 내린다. 민형사상 인도네시아 판결의 경향은 이사에게 엄격한 감시의무를 요구하는 것으로 보인다. 사견으로, 이사의 감시의무를 인정한다고 하더라도, 이 같이 엄격한 감시의무를 일률적으로 모든 이사에게 요구하는 것은 불합리하다고 생각한다. 업무집행을 담당하지 않는 이사가 회사의 모든 업무집행에 관하여 적극적으로 상황을 파악하여 위법 또는 부당한지 여부에 대한 감시를 한다는 것은 불가능하거나 비현실적이기 때문이다.

나아가, 해외기업의 본사에서 보면 실질은 Senior Manager나 부장직급의 피고용인에 불과한 자가 인니 지사에서 형식상 인도네시아 법인의 대표이사로 등재되어 있는 경우도 적지 않다. 보수나 대우 등의 혜택은 일반 종업원에 불과하면서 민형사상 책임은 대표이사로써의 책임을 지도록 되어있는 구조는 정당하지는 않을 것이다. 다만, 이 점은 전 세계 각국 주재원들에게 공통적으로 해당되는 이야기이다.

5.2.10. 이사의 위법행위에 대한 주주의 감독

5.2.10.1. 사전적 구제수단: 위법행위유지청구권 및 회사조사청구권

한국에서 위법행위유지청구권이란, 이사가 법령 또는 정관에 위반한 행위를 하여 이로 인하여 회사에 회복할 수 없는 손해가 생길 염려가 있는 경우에 회사를 위하여 그 이사에 대하여 그 행위를 유지할 것을 청구할 수 있는 권리를 말한다. 인도네시아에서는 이러한 사전적 구제수단이 사실상 없는데, 이는 실무적으로 유효한 가처분을 기대하기 어렵기 때문이다.

인니 회사법에는 이를 대신하여 "회사조사청구권"이 있다. 회사조사청구권과 관련한 중요규정은 아래와 같다.

인니 회사법

제138조

제1항 회사 또는 회사의 주주에게 손해를 끼치는 불법행위가 있거나 의심이 있을 경우, 그 회사의 정보와 자료를 얻을 목적으로 조사를 할 수 있다.

제2항 제1항의 조사는 회사가 위치한 관할법원에 서면으로 청구하여야 한다.

제3항 제2항의 조사 청구는 a. 1/10 이상의 지분주주 또는 그 합이 1/10 이상이 되는 수 명의 주주[중략]가 제기할 수 있다.

제4항 제3항의 청구는 반드시 주주가 회사를 상대로 해당 정보 및 자료 제공을 요청한 뒤 거절당했을 때만 이행할 수 있다.

제5항 전 항의 청구는 반드시 선의로 정당한 이유를 근거로만 이행하여

야 한다.

제139조

제3항 상기 청구가 받아들여질 경우, 관할지방법원장은 조사명령을 내려야 하며 필요한 정보와 자료를 득하기 위한 조사를 수행하도록 최대 3인의 전문가를 선임하여야 한다.

제5항 전 3항의 전문가는 필요하다고 여겨지는 모든 회사의 자료와 자산을 조사할 수 있다.

제6항 회사의 모든 이사, 감사, 직원들은 조사에 필요한 모든 정보를 제공하여야 한다.

제140조

제1항 법원의 명령서에 작성된 기간은 전문가 선임일로부터 90일 이내여야 하며, 그 작성된 기간 내에 전문가는 제139조의 조사보고서를 관할지방법원에 제출하여야 한다.

제2항 관할지방법원장은 조사보고서의 사본을 신청인과 관련 회사에게 보고서 수령일로부터 14일 이내에 제공하여야 한다.

제141조

제1항 조사이행신청이 있는 경우 관할지방법원장은 조사와 관련한 최대 비용을 결정하여야 한다.

제2항 전 1항의 조사비용은 회사가 지불하여야 한다.

제3항 관할지방법원은 회사의 청구를 받아 전2항의 조사비용의 전부나 일부를 조사신청자, 이사회, 감사위원회에게 과금할 수 있다.

5.2.10.2. 사후적 구제수단: 주주대표소송

인니 회사법 제97조

제3항 이사는 회사에 대한 의무에 있어서 고의과실로 손해를 끼쳤다면 직접 책임을 져야 한다.

제4항 이사회가 2인 이상으로 구성된 경우, 제3항의 책임은 구성원 간 연대하여 진다.

제5항 아래의 사항이 입증될 경우, 이사는 전 3항의 책임에 대하여 책임을 지지 아니한다.

a. 그 손해가 그 이사의 고의 과실에 의한 것이 아닐 것;

b. 회사의 이익을 위하여 신의성실에 따라 회사를 경영했을 것;

c. 손해를 일으킨 경영판단과 관련하여 당해 이사에게 직접 또는 간접적인 이해상반의 사실이 없을 것; 그리고

d. 해당 손해를 피하기 위한 사전 조치가 있었을 것

제6항 회사를 대위하여 총 의결권 주식의 1/10 이상을 보유한 주주는 고의 과실로 회사에 손해를 끼친 이사를 상대로 하여 지방관할법원에 소를 제기할 수 있다.

민법 제1365조

불법행위로 제3자에게 손해를 발생시킨 경우에는, 행위 당사자가 그 손해를 배상하여야 한다.

주주소송이란, 경영상 과실·임무해태로 회사에 손해를 입힌 이사의 책임추궁을 위해 소수주주가 회사를 위하여 자기의 이름으로 제기하는 소송을 말한다.[242] 미국법의 대표당사자소송(Class action) 내지 대위소송 (Derivative suit)을 계수한 것으로, 회사 내부적으로 이사에게 책임을 추궁할 것이라 기대하기 어려우므로 소수주주가 회사를 위하여 소를 제기할 수 있도록 한 것이다.

5.2.10.2.1. 소송당사자 적격

원고는 소제기 시 의결권주식총수의 10%의 주식을 가진 주주(제97조 제6항)여야 한다.[243] 이 때 원고는 회사의 이익을 위하여 대표기관의 자

---

242) 주주소송(Gugatan Yang Diajukan Oleh Pemegang Saham Terhadap Anggota Direksi Yang Melakukan Kesalahan Atau Kelalaian Berdasarkan) 에 대한 요건 제97조 제6항.

243) 최소지분요건이 너무 낮으면 소를 남용할 가능성이 있고, 너무 높으면 이사의 전횡을 막을 수 없게 된다. 한국은 의결권 없는 주식을 포함하여 발행주식총수의 100분의 1이상 지분을 요구하고 있으므로, 인도네시아보다 낮은 지분을 요구하고 있다. 그러나 한국에서는 소제기를 위한 최소지분이 낮은 대신 6개월간 해당 지분을 소지할 것을 요구하고 있으므로 각각 남소를 막기 위한 장치가 되어 있다고 보인다. 미국에서는 단 1주를 소유한 주주도 대표소송을 제기할 수 있다. 소수의 주(Iowa, Massachusetts, Washington)는

격에서 제3자 소송담당으로써 소송을 수행하게 된다. 이사회나 감사위원회 역시 원고가 될 수 있는데, 감사위원회는 이사회와 함께 주장할 필요 없이 단독으로 소를 제기할 수 있고, 이러한 감사위원회의 소송권한은 이사회 전원이 이해상반관계에 있을 때만으로 한정되는 것은 아니다.

주주명부상의 주주라 하더라도 이미 주식매수청구권을 행사한 자는 더 이상 실질적으로는 주주로 볼 수 없으므로 대표소송을 제기할 수 없다고 본다. 주식매수선택권(stock option)을 가진 자는 선택권을 행사하기 전에는 아직 주주가 아니므로 원고적격이 부인된다고 생각된다.[244]

회사채권자도 주주와 마찬가지로 회사의 손실여부에 이해관계가 있으나 대표소송은 주주에게만 허용되므로 사채권자는 원고적격이 인정되지 않는다. 조문해석상 전환사채를 보유한 채권자의 원고적격은 인정되지 않는다고 사료된다.[245]

주주명의상 주주(record owner)만이 대표소송을 제기할 수 있다고 규정하지만, NYBCL§626(a)을 비롯한 대부분의 제정법과 판례(Rosenthal v. Burry Biscuit Corp., 60 A.2d 106 (Del. Ch. 1948)는 실질적이고 적법한 주주라는 사실만 증명하면 주주명부에 등재되어 있지 않더라도 소송을 제기할 수 있게 하고 있다. 단, 5% 이하의 경우 담보금을 법원에 제출할 것을 요구함으로써 남소를 막는 장치를 마련해 놓고 있다.

244) 미국도 동지. Simons v. Cogan, 549 A. 2d 300 (Del. 1988)
245) 미국의 경우에는 주식으로의 전환가능성을 이유로 이를 인정하는 판례도 있고 (Hoff v. Sprayregan, 52 F.R.D. 243 (S.D.N.Y., 1971)), 전환사채의 사채권자는 전환사채가 주식으로 전환되기 전에는 사채권자에 불과하고 주주가 아니라는 이유로 원고적격을 부인하는 판례도 있는데 (Kusner v. First Pennylvania Corp., 395 F.Supp. 276 (D.C. Pa. 1975). [후순위 전환사채보유자(Holder of convertible subordinate debenture)가 대표소송을 제기하였으나, 법원은 원고를 주주로 볼 수 없다는 이유로 피고의 소각하신청(motion to dismiss)을 받아들였다.] American Law Institute's Principles of Corporate Governance는 전환사채 보유자의 원고적격을 인정한다. ALI PCG §7.02 (and Reporter's Note), Lim Jai Yun, A comparative Stury on the Derivatibe Suit in the U.S. and in Korea - Focused on the Issues related with Civil Procedure, 인권과정의 Vol. 388, Dec 2008, p.112.

피고는 이사와 이사이었던 자(제97조 제6항) 및 감사와 감사였던 자(제114조 제6항)로 국한된다.[246] 제3자의 소송담당이므로 원고인 주주가 받는 판결의 효력은 회사에도 미치며, 다른 주주는 같은 주장을 할 수 없다(인니 민사소송법 제23.1조 이하).

논점	주주대표소송과 더불어 주주결의 무효 확인을 구하는 소송이 해당 회사의 모든 주주의 소송참가를 필요로 하는 고유필요적 공동소송인지 여부 (적극)
법원	1심 남부자카르타 지방법원, 2심 자카르타 고등법원
사건 번호	No: 247/Pdt.G/2012/PN.Jkt.Sel No: 584/PDT/2013/PT.DKI (The Appeal Revoked)
당사자	원고 (항소인): 김태식, PT. AGB Mining("회사")의 20% 주주이자 대표감사 피고 I (피항소인 I): Koestomo Hasan, 회사의 대표이사 피고 II (피항소인 II): 선재호, 회사의 이사

---

246) 미국에서 19세기 초까지의 대표소송과 같은 형태로, 이사의 회사에 대한 책임을 추궁하는 소송의 형태이다. 미국에서는 1855년 Dodge v. Woolsey사건을 계기로 회사가 제3자에게 책임을 추궁하는 대표소송의 형태가 등장하였다. Dodge v. Woolsey, 59 U.S. 331, 1855 WL 8235 (U.W., 1855). 은행이 위헌인 법률에 의하여 세금을 부과받고, 주주들이 위법한 세금의 징수를 다투는 절차를 은행에 요구하였으나 이사들이 거절하자 이를 다투기 위한 주주의 대표소송을 인정한 판결이다. 오늘날 미국 회사법상 대표소송이라 하면 인도네시아와 같은 i) 이사의 주의의무 위반 또는 충실의무 위반을 원인으로 손해배상청구를 하는 소송 이외에도, ii) 회사자산의 양수인을 상대로 매매의 취소(rescission)를 구하는 소송 (Bassett b. Battle, 253 A.D. 893, 1 N.Y.S.2d 869 (N.Y.A.D. 2 Dept. 1938)), iii) 회사의 제3자에 대한 손해배상청구소송 (Green v. Victor Talking Mach. Co., 24 F.2d 378 (ed Cir. 1928)), iv) 회사의 능력외이론(ultra vires doctrine)에 기한 소송, (Lee Moving & Storage, Inc. v. Bourgeois, 343 So.2d 1192 (La.App.1977) v) 회사와 제3자 간의 계약에 기한 소송 (Boothe v. Baker Industries, Inc., 262 F.Supp. 168 (D.C. Del. 1966)) 등이 있다.

	피고 Ⅲ (피항소인 Ⅲ): JSK International Co. Ltd, 회사의 22% 주주 피고 Ⅳ (피항소인 Ⅳ): Montis Worldwide Co. Ltd, 회사의 6% 주주 준피고 Ⅰ (준공동피항소인 Ⅰ): Suparman Hasyim, 부동산 증서 및 공증인 준피고 Ⅱ (준공동피항소인 Ⅱ): 법무인권부 및 법률행정국 국장
요약	원고는 회사를 대신하여 다음과 같이 주장하였다. (i) 피고 Ⅰ와 피고 Ⅱ를 비롯한 회사의 이사회가 고의/과실로 주주 계약서를 무시하고 일방적으로 특별주주총회를 열어 피고 Ⅲ에서 피 고 Ⅳ으로의 지분이전을 승인하여 회사의 이해에 해를 끼쳤으며, (ii) 피고 Ⅲ과 피고 Ⅳ 간에 서명한 지분매매계약서는 원고의 인식 없이 이루어졌고 회사의 정관에도 위배되는 바, 회사의 이해에 반하 여 무효이다. 남부자카르타 지방법원은 현대투자네트워크(Hyundai Investment Network PEF)가 회사의 40%지분을 소유하고 있으며 현대상선 (Hyundai Merchant Marine Co. Ltd)이 회사의 12% 지분을 소유하 고 있으므로, 두 주주의 소송참가를 요하는 고유필요적 공동소송으로 보았다. 원고는 항소하였으나 항소법원은 각하하였다.
평론	본 판결은 주주대표소송에서 반드시 모든 주주가 사건의 공동원고, 공동피고 또는 준피고의 자격으로 참가해야 한다고 읽혀서는 안 될 것이다. 본건에서 원고가 비록 회사의 이익을 위하여 이사의 책임을 주장하는 소송을 제기했다고는 하나, 원고의 소송제기 목적은 지분이 전의 무효를 주장하기 위한 것으로써 온전히 이사의 책임만을 추궁 하는 주주대표소송이라고 보기는 어렵다. 법원이 모든 주주로 하여금 본 소송에 참가할 것을 명한 것은 주주대표소송이기 때문이 아니라 원고가 주주계약서의 무효를 제기하였기 때문이다. 즉, 법원은 무효 를 주장하는 계약당사자 전원의 참가를 요구한 것이다. 한국에서는 공동원고인 주주들 간에 서로 기판력이 미친다고 보든 반사적 효력이 미치는 것으로 보든, 대표소송은 유사필수적 공동소송 으로 보고 있다(서울중앙지법 2007가합43745). 즉 주주대표소송은 주주들 모두가 필수적으로 공동원고가 되어야 하는 고유필수적 공동 소송은 아니고 단지 공동소송인이 된 원고들 사이에 그 승패를 일률 적으로 하여야 할 필요성이 있을 뿐이다.[247]

반면 인도네시아 주식회사법과 소송법에서는 주주대표소송의 소송참
가에 대해 구체적으로 정하고 있지 않다. 따라서 2007년 제40호 회사법
의 제97조 및 인니 민사소송법상 제3자의 소송담당에 대하여 수정할 필
요가 있다고 생각한다. 일본 회사법 또한 제849조 제1항에서 주주의 주
주대표소송 참가에 대해 명문으로 정하고 있다.

주주대표소송은 소수주주가 회사의 이익을 위하여 스스로 원고가 되고
이사등을 피고로 하는 소송을 제기하여 판결을 받을 수 있도록 인정되는
것이므로 제3자의 소송담당에 해당한다. 제3자의 소송담당은 민사소송법
에서 보다 구체적으로 정해야 할 문제이기도 하다(한국은 민소법 제218조
제3항).

5.2.10.2.2. 소송요건

소의 요건이 비교적 간결하다. 다른 나라에서는 대개 이 같은 소가 남
용되면 회사의 경영이 어려우므로 이를 막기 위하여 일정한 지분율을 요
구하는 것과는 별도로 (i) 먼저 회사에 대하여 서면으로 감사에게 시정
내지 정정을 요청할 것, (ii) 해당 요청 뒤에 예컨대 30일이 지나도록 적
절한 조치가 없을 것, (iii) 소송담보금을 제출할 것, (iv) 일정한 기간 지
분을 보유할 것 등의 요건들이 있는데, 인도네시아는 1/10 지분율 외에
는 별다른 요건이 설시되어 있지 않다. 즉, 별도의 담보금도 요구되지 않
고, 사내 감사인이나 이사가 주주소송할지 사전검토를 할 것이 요구되지
도 않는다.

의도한 입법인지는 알 수 없으나, 인도네시아의 현실에서는 주주소송
을 실효있게 하기 위해 타당한 안이라고 생각한다. 먼저, 감사의 실질적
인 독립이 보장되어 있지 않은 인도네시아의 현실에서는 사실상 감사가
회사를 상대로 소제기 여부를 결정할 재량권이 없으므로, 감사에 의한
사전 검토를 요구하지 않는 현재의 입법안이 옳다고 보기 때문이다. 미

---

247) 임재연, 회사소송, 2018, 박영사, p.268.

국에서는 이사회에서 소송을 제기하지 않기로 결의하면 주주는 이사들이 재량을 남용하였음을 입증하지 못하는 한 그 결정에 따라야 하는 주도 있다.[248] 주주소송은 그 목적이 소수주주의 보호인데 이 같은 소수주주의 권리보호를 원천적으로 차단한다는 점에서 이 같은 안은 인도네시아에서는 적합하지 않다고 생각한다.

법문에서 정하고 있지는 않으나 부정행위가 행해졌을 때 원고가 주식을 소유하고 있었어야 한다고 사료된다.[249] 이러한 요건을 갖추고자 부정행위 당시의 주주를 물색하여 제소하면 되므로 근본적인 장애가 되지는 않을 것이라고 생각한다. 문제는, 부정행위가 행해졌을 때의 주주가 소송을 제기하지 않은 상태에서 사망하고 해당 지분이 유증(warisan lewat surat wasiat), 무유언 상속(warisan tanpa surat wasiat) 등과 같이 법률에 의하여(karena hukum) 상속인(alis waris)이 주식을 취득될 경우에도 그 상속인에게 원고적격이 있는지 여부이다. 적당한 판례가 보이지 않는다. 인도네시아는 상속인의 사망 시에 그의 재산이 즉시 직계비속 및 배우자의 공동재산이 되므로, 외국인투자자가 최소 국내지분율때문에 소수지분으로 참여시킨 주주가 사망 시에 분쟁의 소지에 휘말릴 가능성이 있다. 예컨대 상속받은 자녀 및 배우자 등 중 일부가 회사 측에 지분재매입 등의 방법으로 금전을 요구했다가 거절당하면 외국인 투자자 측 임원을 상대로 주주소송을 남용할 수도 있는데, 이 때 원고적격이 있는지 확실하지 않으므로 피고회사의 각하신청 답변서(Eksepsi) 작성 시 난점이 있다고 사료된다.

주주소송요건은 아니지만, 주주소송에 사용될 증거취합을 위하여 소송 제기 전에 회사를 상대로 먼저 해당 정보 및 자료제공을 요청하는 것이 실무관행으로 보인다. 해당 자료제공이 거절되면 주주는 즉시 법원을 통

---

248) Ballantine, pp.348~349; Henn & Alexander, p.1070.
249) 미국 연방소송절차법에서도 동일. Federal Rules of Civil Procedure Rule 23.1

하여 조사청구권을 행사할 수 있기 때문이다.

5.2.10.2.3. 소송절차

1/10 이상의 지분을 갖고 있어서 주주소송을 진행할 수 있는 원고 입장에서는 회사 정보 수집이 곤란하므로, 주주소송을 제기하기 전 단계에서 회사를 상대로 관련 자료를 요청해야 한다. 이것이 거절될 경우에만 법원으로 하여금 제138조 이하의 회사조사청구권을 요청할 수 있기 때문이다. 회사조사청구권도 주주소송과 동일한 1/10 이상의 지분율을 요구하므로 어차피 주주소송을 위한 1/10 지분 이상의 지분을 갖고 있는 주주에게 지분율 요건은 문제되지 않는다.

회사조사청구권을 인정하면 법원은 제139조 제3항에 따라 최대 3인의 전문가를 선임하고 조사를 허가하는데, 대개 이해관계가 없고 독립적인 회계사를 선임하는 것으로 파악된다. 이 때 회계사 내지 전문가 선임 및 용역 비용은 반드시 안분하지는 않고 제141조 제2항 및 제3항에 따라 법원의 재량으로 분배한다. 회사로부터 다량의 자료를 제공받게 되면, 해당 자료 중 유리한 자료들을 근거로 하여 이사(제97조 제6항) 또는 감사(제114조 제6항)를 상대로 소송을 제기할 수 있게 된다.

경영상 과실·임무해태로 회사에 손해를 입힌 이사의 행위가 민법상 불법행위(민법 제1365조 및 제1366조)를 구성할 경우에는 청구권의 경합이 생긴다. 여기서 불법행위라 함은, 네덜란드 식민지 시대 1919년 1월 31일 판결 Hoge Raad 결정에 따라 "법률을 위반한 행위뿐만 아니라 타인의 권리, 행위자의 법적의 의무, 타인의 재산, 사회에서 인정되는 신뢰를 해하는 모든 행위들을 포함"한다. 식민지 시대 네덜란드사법부에 의한 결정이지만 오늘날까지 불법행위 판결에서 두루 적용되는 판결이다.

인도네시아 내 외국인 투자자의 경우에는 외국인 지분율제한 때문에 인니투자자와 같이 Joint Venture를 만드는 경우가 많은데, 해당 인니투자자와 마찰이 생기면서 외국인 주주 측 이사를 상대로 주주소송을 거는 것이 염려되는 경우가 적지 않다.

5.2.10.2.4. 경영판단의 원칙

회사법상 경영판단의 원칙이란 "회사의 이사나 임원이 경영적인 판단에 따라 임무를 수행한 경우 비록 그 판단이 후일 잘못된 것으로 밝혀지고 결과적으로 회사에 손해를 가져오게 되었다고 하더라도, 그 판단이 어느 정도 성실하고 합리적으로 또 그 원한 내에서 이루어졌다고 할 만한 일정한 조건이 충족된 때에는, 법원이 그 경영적인 판단의 당부에 대해 사후적으로 개입하여 이사의 성실의무 위반에 대한 책임 문제를 따지지 않는다는 법리"[250]이다.

이사의 경영판단을 존중할 필요가 있는 것은 어디까지나 회사에 대한 책임문제에서 있는 것이므로, 제3자와의 관계에서는 이사의 경영판단과 상관없이 이사가 책임을 부담한다.

위의 기본적인 정의자체는 다들 비슷하지만, 경영판단의 원칙의 어머니 격인 미국, 이를 도입한 한국, 그리고 인도네시아는 경영판단의 원칙을 적용하는 실무는 각각 근본적으로 다른 것으로 보인다.

미국에서는 꼭 Delaware주가 아니더라도 대부분의 주에서 경영상의 판단에 대한 전문적인 경험도 지식도 없는 판사가 이사의 경영판단을 사후적으로 잣대를 들이대서는 안 된다고 보며,[251] 경영에 대한 심사능력도 없는 판사가 경영판단을 사후판단하는 것은 종국에는 투자자의 이익에 반한다고 보아,[252] 아예 노골적으로 경영판단의 원칙은 사법적으로

---

250) 최준선, 회사법, 2018, 삼양사, p.498.
251) Mills v. Esmark, 544 F.Supp. 1275, 1282 n.3(N.D. Ill. 1982): Robert N. Leavall, Corporate Social−Reform, the Business Judgment Rule and Other Considerations, 20 Georgia Law Review 565, 603(1986); Henry G. Manne, Our Two Corporation System: Law and Economics, 53 Virginia Law Review 259, 270(1967).
252) In re Caremark International Inc. Derivative Litigation, 698 A.2d 959, 967(Del.Ch. 1996).

자제하라는 원칙이라고 규정한다.253) 이 추정(Presumption)은 극복하기 어려워서 아예 본안으로 가기 전에 Motion to dismiss로 각하될 수 있으며, 이를 극복하기 위해서는 Smith v. Gorkom254) 케이스 등에서 정한 기준(예컨대 사전 충분한 회의, 서면공개, 전문가와의 조언 등)을 통과해야 한다.

경영판단의 원칙으로도 방어할 수 없는 소수의 케이스들이 본안으로 가서 공정성 심사(Entire Fairness Test)를 받게 된다.

한국에서의 경영판단의 원칙은 경영판단의 내용까지도 심사의 대상으로 삼고 있다는 점에서 미국의 그것과는 근본적인 시각을 달리하고 있다. 우선, 이사를 상대로 소송을 했다하면 주주소송뿐 아니라 행위자를 가중처벌하려는 목적으로 상법상 특별배임죄 및 형사상 배임죄, 업무상 배임죄, 특정경제범죄 가중처벌 등에 관한 법률 등을 다 가져오므로 민형사를 나누어 구체적으로 살펴보면 아래와 같다.

한국에서는 민사건에서 "통상의 이사가 경영판단을 그 상황에서 **합당한 정보를 가지고 적합한 절차에 따라** 회사의 최대이익을 위하여 신의성실에 따라 … 한 것이라면 **그 의사결정과정에 현저한 불합리가 없는 한** 그 임원의 경영판단은 허용되는 재량의 범위 내의 것으로서 회사에 대한 선량한 관리자의 주의의무 내지 충실의무를 다한 것"255)으로 보아 의사결정이 합리적이면 경영판단의 내용에 관해서는 심사하지 않겠다는 대법

---

253) Minstar Acquiring Corp. v. AMF Inc. 621 F.Supp. 1252 (S.D.N.Y. 1985).
254) Smith v. Van Gorkom, 488 A.2d 858 (Del. 1985).
255) 대판 2006.7.6, 2004다8272. 대법원 민사판례상 경영판단의 원칙은 의사의 진료행위에 있어서의 선택적 재량을 인정하는 것과 유사한 표현을 사용하고 있다. 대법원은 의사의 주의의무와 관련하여 "의사는 진료를 행함에 있어 환자의 상황과 당시의 의료수준 그리고 자기의 지식경험에 따라 적절하다고 판단되는 진료방법을 선택할 상당한 범위의 재량을 가진다고 할 것이고, 그 것이 합리적인 범위를 벗어난 것이 아닌 한 진료의 결과를 놓고 그 중 어느 하나만이 정당하고 이와 다른 조치를 취한 것은 과실이 있다고 말할 수는 없다"고 판시하고 있다(대판 1992.5.12, 91다23707). 권재열, 대법원 판례상 경영판단의 원칙에 관한 소고, 한국증권법학회 제137회 정기세미나.

원 판결과 "통상의 합리적인 금융기관의 임원이 그 당시의 상황에서 적합한 절차에 따라 회사의 최대이익을 위하여 신의성실에 따라 직무를 수행하였고 그 **의사 결정과정 및 내용이 현저하게 불합리하지 않다면**, 그 임원의 행위는 경영판단의 허용되는 재량범위 내에 있다"[256]고 판시한 대법원 판결이 있다. 후자가 최근 판결이므로 대법원의 입장이 변경되었다고 해석된다.

형사건과 관련한 한국의 판례에서도 "기업의 경영에는 원천적으로 위험이 내재하여 있어서 경영자가 아무런 개인적 이익을 취할 의도 없이 선의에 기하여 가능한 범위 내에서 수집된 정보를 바탕으로 기업의 이익에 합치된다는 믿음을 가지고 신중하게 결정을 내렸다고 하더라도 그 예측이 빗나가 기업에 손해사 발생하는 경우가 있을 수 있는 바, 이러한 경우에까지 고의에 관한 해석기준을 완화하여 업무상배임죄의 형사책임을 묻고자 한다면, 이는 죄형법정주의 원칙에 위배되는 것은 물론이고 정책적 차원에서 볼 때에도 영업이익의 원천이 기업가 정신을 위축시키는 결과를 낳게 되어 당해 기업뿐만 아니라 사회적으로도 큰 손실이 될 것이므로, … 문제된 **경영상 판단에 이르게 된 경위와 동기, 판단 대상인 사업의 내용, 기업이 처한 경제적 상황, 손실발생의 개연성과 이익획득의 개연성 등 제반 사정에 비추어**, 자기 또는 제3자가 재산상 이익을 취득한다는 인식과 회사에게 손해를 가한다는 인식 (미필적 인식을 포함) 하의 의도적 행위임이 인정되는 경우에 한하여 배임죄의 고의를 인정하는 엄격한 해석기준은 유지되어야 할 것이고, 그러한 인식이 없는데 단순히 본인에게 손해가 발생하였다는 결과만으로 책임을 묻거나 주의의무를 소홀히 한 과실이 있다는 이유로 책임을 물을 수는 없다."라고 판시하였다.[257] 결국, 이사가 배임, 즉 재산의 보호나 관리를 위임한 주주의 신뢰를 배반하였는지를 결정코자, 절차적으로 합리적인 과정과 법률 및 내부

---

256) 대판 2007.7.26, 2006다33685.
257) 대판 2004.7.22, 2002도4229.

규율을 준수하였는지를 판단하는 것이 아니라 마치 판사 스스로가 이사인 것처럼 아예 경영판단 내용자체를 보고 결정하겠다고 한 판시라는 비판이 거세다.[258]

한편, 인도네시아에서는 이사의 경영판단과 관련하여 회사 내규를 지켰으면 문제가 없었고 내규를 안 지켰으면 결과적 불법을 책임을 지게 하는 경향이 있는 것으로 보인다(No. 367 K/Sip/1972; No. 030 K/N/2000; No.24/Pid-Sus-TPK /2019/PT.DKI). 회사는 형사상 책임까지 지는 상황에서도 그 회사의 이사는 아무도 민형사상 책임을 지지 않는 사건도 있다.[259] 나아가, 아래와 같이 법원이 청구인의 청구 취지를 무시하는 사건도 적지 않다.

Andreas v. PT. Rasico Industry 대법원 778 K/Pdt/2014

PT. Rasico Industry("RI")의 3,465주를 소유하던 Jacob이 유언으로 그의 모든 지분을 이미 200주를 소유하던 아들 Andreas에게 증여한 뒤 사망하는데, Jacob이 사망할 당시에 그는 RI의 등재이사였고, 그의 아들 Andreas는 RI의 대표감사로 재직 중이었다. Jacob과 Andreas가 재직하

---

258) "이와 같은 판례는 경영판단에 이르게 된 "절차"가 문제가 아니라, "경영상 판단에 이르게 된 경위와 동기, 판단대상인 사업의 내용, 기업이 처한 경제적 상황, 손실발생의 개연성과 이익획득의 개연성 등 제반 사정"까지 심사대상으로 하여 고의성 여부를 판단하여야 한다는 취지로서, 미국에서 말하는 경영판단의 원칙과는 다르다. 미국에서는 "내용"이 아니라 "절차"를 본다. 경영판단은 절차문제임을 명확히 인식하여야 하는데 우리 법원은 경영판단의 내용까지 합리적이어야 한다고 한다. 그야말로 판사들이 기업경영의 내용을 사후에 평가할 수 있다는 것으로, 판사가 super director인 셈이다." 최준선, 경영판단의 원칙과 배임죄에 대한 고찰, 상장협연구 제49호 2014/4, p.171.

259) PT Cakrawala Nusadimensi는 반부패법 Article 2 (1) jo. Article 18 jo. Article 20에 따라 IDR 700,000,000의 벌금을 냈으나, 해당 회사의 이사는 아무도 민형사상 책임을 지지 않고 다만 연루된 감사(commissioner) 1인만이 도주하여 현상광고가 난 사건으로 No. 65/Pid.Sus/TPK/2016/ PN. Bdg.

는 동안 RI는 순이익을 냈고 감사도 받았으나 배당을 하지 않았다.

Jacob이 사망하자, RI의 대표이사인 Roedy가 (i) 주주총회를 열지 아니하였고, (ii) Jacob 및 Andreas에게 배당금을 지급하지 아니하였으며, (iii) 회계감사를 하지 아니하였으며, (iv) 특별주주총회를 열어 Jacob과 Andreas를 각각 이사 및 대표감사 직위에서 해임시키고 새로운 이사로 Randy를, 대표감사로 Sanda를 선임하였고, (v) Jacob과 Andreads가 Roedy에게 배당금청구를 하고 일간지에도 이를 공개하였으나 Roedy는 이를 묵시하였다.

이에 Jacob과 Andreas는 RI의 이사회 전원 및 감사위원회 전원에게 회사법 제97조 제3항 및 제4항의 손해배상책임 및 민법 제1365조 불법행위 책임을 구하는 소송을 제기하였고, 이와 동시에 배당금 기타 손해배상액의 채권확보를 위하여 이사 및 감사 각 개인이 소유한 제3 회사지분, 부동산 등 재산의 압류를 청구하였다.

이에 피고의 답변서(본안 전의 각하 청구 및 본안에서 항변하는 Eksepsi 및 Jawaban)에서 (i) 배당금 청구의 소멸시효는 5년인데, 1994년~1997년 배당금 청구소송을 2010년에 제기하였으므로 소멸시효가 이미 도과하였다; (ii) Andreas의 상속재산인 지분은 회사정관의 개정 및 등록을 득하지 아니하였으므로 유효하다고 볼 수 없다; (iii) Andreas가 1994년에서 1997년에 배당되었어야 할 금액이 배당되지 않았다고 소송을 하였으므로, 당시에는 이사 및 감사가 아니었던 Wiharto와 Sanda는 책임이 없다. 도리어, 그 때에는 원고가 이사 및 감사직위에 있었으므로 원고 자신이 책임의 주체이다- 등의 항변을 하였다.

인니 대법원은 피고의 주장을 기각하고 Wiharto와 Sanda를 포함한 이사회 및 감사위원회 전원이 연대책임을 지라는 고등법원의 아래 결정을 확인하였다. 이 판결은 회사법과 관련하여 중요한 논점들을 자의적으로 무시하는 법원의 경향을 보여준다.

첫째, 판결문에서 "배당금 청구의 소멸시효는 5년인데, 1994년~1997년 배당금 청구소송을 2010년에 제기하였으므로 소멸시효가 이미 도과하였다"는 주장에 대해서는 아무런 언급을 하지 아니하였다. 즉, 법률이 정한 소멸시효를 임의로 검토하지 않았다. 사실관계를 살펴보건대 Roedy 등이 기존 주주와 임원을 임의로 무시한 것은 명확한 것으로 보인다. 그렇다고 법원이 적법하게 원고가 주장한 소멸시효를 무시할 수 있는 것은 아니므로, 법원이 소멸시효 주장을 무시한 데는 의문이 있다.

둘째, "Andreas가 1994년에서 1997년에 배당되었어야 할 금액이 배당되지 않았다고 소송을 하였으므로, 당시에는 이사 및 감사가 아니었던 Wiharto와 Sanda는 책임이 없다"는 주장에 대해서는 "Jawaban에 작성되었어야 하는 내용인데, 각하를 청구하는 Eksepsi에 작성하였다"고 하여 판단하지 않았다. 통상 Jawaban에 작성할 내용들까지도 Eksepsi에 모두 적는 인도네시아의 소송 관행이나 위 소멸시효 주장에 대해서는 무시한 점을 감안할 때, 지엽적인 문제로 중요한 판단을 회피한 것이 아닌지 형평성에 다소 의문이 있다.

결론적으로 법원은 "이사와 감사의 재직시기와 책임범위" 및 "경영상 회사를 위하여 유보할 수도 있는 배당에 대하여, 회사도 아닌 이사가, 그것도 무배당 결정으로부터 수년 뒤에서야 선임된 이사더러 개인책임을 지라고 할 수 있는 것인가"라는 중요한 주장들에 대해 판단을 하지 않았다.

5.2.10.3. 사후적 구제수단: 회사를 상대로 한 손해배상청구

인니 회사법 제61조

"이사회/감사위원회/주주총회로 말미암아 회사가 불합리하거나 불공정한 행위를 하여 주주가 손해를 입었다면, 그 주주는 회사를 상대로 하여 지방관할법원에 소를 제기할 권리를 갖는다."

조문 해설: "상기 소송을 제기 시, 주주는 회사를 상대로 해로운 행위를 멈추고 손해발생을 저지할 특정한 조치를 취하라는 청구를 같이 하여야 한다."

5.2.10.3.1. 위법한 대표행위의 효력

이사의 행위가 회사의 권리능력 범위 내에서 정관에서 정한 제한을 위반하지 않고 행해진 경우, 그 행위는 당연히 유효하다(No. 367 K/Sip/1972).

따라서 이사가 회사의 권리능력의 범위 밖의 행위, 대표권의 범위 밖의 행위 소정의 절차를 준수하지 않은 경우, 자기 또는 제3자의 이익을 위해서 행위한 경우에만 대표행위의 효력이 문제가 될 것이다.

5.2.10.3.2. 권한없는 자가 회사의 이름으로 체결한 계약에 대하여 회사가 책임을 져야 하는가?

주주총회나 이사회 결의 등 일정한 절차를 거쳐야 하는 것이 명백한 경우에는 단순히 대표이사가 한 행위라는 것만으로 상대방이 보호받지 못한다.

문제는 "권한없는 자가 회사를 대표할 권한이 있는 것으로 인정될 만한 명칭을 사용해서 계약을 체결하고 회사에게도 일부 귀책이 있다면, 회사는 이때에도 책임을 져야 할 것 인가"이다. 한국 등에서는, 회사나 회사 측 사람에게 귀책사유가 있다면 당연히 그 외관을 신뢰한 거래상대방을 보호하여야 할 것이다. 그러나 인도네시아는 이러한 권리외관이론이 널리 받아들여지지 않는 것으로 파악된다.[260]

단, 제95조 제3항은 다름과 같이 예외적인 표현이사 책임을 명문으로 규정하고 있다.

> "이사가 (i) 파산선고를 받거나 (ii) 회사의 파산을 일으키거나 (iii) 주정부 또는 금융분야에 손해를 일으킨 죄목으로 형사처벌을 받아 선임이 취소되거나 해임될 시, 회사는 그러한 선임취소 또는 해임사실을 신문을 통해 공고하고 법무인권부에 통지하여야 한다. 본 항은 신문을 통해 공고하고 법무인권부에 통지할 때까지는 회사의 대표로써 한 행위는 유효하다."

이는 이사선임 취소를 몰랐던 선의의 제3자를 보호하기 위함일 텐데,

---

260) "[…] the Indonesian Company Law and the articles of association of an Indonesian company normally stipulate certain requirements to obtain a corporate power (approval) from the organs of the company i.e. board of commissioners' approval and/or shareholders' approval. Lack of corporate approval would legally affect the validity of the corporate guarantee and cause the board of directors to be held liable against any loss in relation to such provision of corporate guarantee/security." Theodoor Bakker and Ayik Candrawulan Gunadi, Indonesia Lending & Secured Finance 2016, 2.3 Is lack of corporate power an issue?, ICLG, 18/04/2016.

선의의 제3자에 국한해서가 아니라 무조건 회사의 책임이 된다고 하고 있으므로 입법상 과실로 생각된다. 즉, 이사 선임취소를 몰랐던 선의의 제3자로 국한해서 보호하는 것이 옳았을 것으로 사료된다.

5.2.10.3.3. 선임이 취소된 대표이사가 한 대표행위

무효가 되기 전 이사의 대표행위는, 회사의 선임상 귀책사유가 있을 뿐 아니라 형식상 이사의 직위에서 한 행위이므로 표현대표이사의 행위로써 유효하다고 본다(제93조 제3항). 반면, 선임이 무효가 된 뒤의 대표행위는 당연 무효라고 본다.

다만, 인도네시아 법률실무에서는 강력한 형식주의에 따라 정관에서 정하지 않은 외관 신뢰에 대한 보호를 기대하는 것이 쉽지 않다.

5.3. 감사위원회

5.3.1. 의 의

감사위원회란 이사의 업무집행을 감사할 권한을 가진 주식회사의 필수적·상설기관이다(제108조). 감사는 감사위원회의 구성원일 뿐, 그 자체로는 주식회사의 기관이 되지 못한다. 따라서 인도네시아 법률에서는 "감사"라고는 부르지 않고 "감사위원회의 구성원"이라고 칭한다.

원칙적으로 감사위원회의 구성원은 1인 이상이면 족하다. 단, 공적자금의 운용 또는 추심과 관련한 회사, 공중에 채무 통지서를 발행하는 기관 및 상장회사는 최소한 두 명 이상으로 구성된 감사위원회를 설치하여야 한다(제108조 제5항).

감사위원회는 인도네시아 주식회사의 필수적 기관으로, 한국과 같이 감사를 필수적으로 선임해야 하는 자본금 총액 기준이 있지 않다.[261] 회사법상 상근여부에 대한 명문규정 또한 없다.[262]

---

261) 한국은 자본금의 총액이 10억원 미만인 회사의 경우 감사를 선임하지 않을 수 있다(상법 제409조 제4항).

상장회사의 경우, 본서 집필시점 기준 「상장회사의 이사회 및 감사위원회에 관한 2014년 제33호 OJK규정」 제20조 이하가 적용된다.[263]

5.3.2. 대표감사 및 독립감사

비상장회사에서 대표감사와 독립감사는 법정기관 또는 필수기관이 아니다. 다만, 실무에서는 권한은 달리 정하지 않으면서도 권위를 달리하기 위하여 종종 대표감사를 두는 경우가 적지 않다.

상장회사의 경우에는 다음의 「상장회사의 이사회 및 감사위원회에 관한 2014년 제33호 OJK규정」이 적용된다.

제20조

제1항 감사위원회에는 최소 2인의 감사를 두어야 한다.
제2항 감사위원회가 2인의 감사로 구성된 경우, 최소 1명은 독립감사여야 한다.
제3항 감사위원회가 2인의 감사를 초과하는 경우, 독립감사는 적어도 감사위원회의 30% 이상이 되어야 한다.
제4항 감사위원회 중 1인은 감사장(Chief Commissioner) 또는 대표감사(President Commissioner)여야 한다.

---

262) 한국은 2009년 상법 개정 전까지 감사의 상근여부에 대한 명문규정이 없어서 전체 주권상장법인 중 절반 가까운 회사가 비상근감사를 두고 있는 실정이었으며, 대개 대주주나 대표이사의 친인척이 감사로 선임되고 있었다(최준선, 회사법 제13판, 2018, 삼영사, 599면). 한국 2009년 개정상법은 이에 상근감사에 대한 조항 및 상근감사의 자격에 대한 요건을 도입하였다(제542조의 10 및 542조의 11).
263) 2018년 12월 27일 시행 인니증권거래소 상장규정(No.Kep – 00183/BEI/12 – 2018)에서 감사위원회에 대해서는 OJK규정을 따른다고 하였으나, 집필시점인 현재(2019)까지 추가 OJK규정이 나오지 않았으므로 기존의 「상장회사 또는 발행인에 대한 이사회 및 감사회와 관련한 OJK규정(Nomor 33/Pojk.04/2014. Tentang. Direksi Dan Dewan Komisaris Emiten atau Perusahaan Publik)」이 그대로 적용된다.

독립감사의 독립 요건에 대해서는 동 규정 제21조 제2항에 규정되어 있으나, 독립감사가 일반 감사와 다른 권한을 갖고 있지는 않다.

5.3.3. 감사의 선임 및 자격

감사위원회의 구성원, 즉 감사의 선임은 주주총회에 의한다(제111조). 자격제한요건으로, 선임 전 5년간 (i) 파산선고를 받지 아니하였을 것, (ii) 한 회사의 이사 또는 감사로써 그 회사가 파산선고를 받는데 기여한 적이 없을 것, (iii) 금융부문 또는 그와 관련한 경제적 손실을 발생시키는 범죄에 유죄 판결을 받은 적이 없을 것이 요구된다. 이에 대한 증빙자료는 회사가 서면으로 보관하고 있어야 한다. 한편, 감사의 독립성과 관련해서는 포괄적인 이해상충피지의무(제99조 제2항 b목)만이 법정되어 있다.

5.3.4. 감사의 임기 및 보수

감사의 임기에 대한 별도의 회사법상 명문규정은 없다. 감사의 급여 및 수당 등은 반드시 주주총회의 의결에 의하여야 한다.

단, 상장회사의 경우에는 「상장회사의 선임 및 보수협의회에 관한 OJK 규정 No. 34/POJK.04/2014」이 적용된다.

5.3.5. 감사의 권한 및 의무

감사의 권한 및 의무로는 회사운영에 대한 일반감사권(회사법 제114조 제1항 및 제2항), 연말결산보고승인권(제67조 제2항 및 제3항), 선량한 관리자의 의무(제114조 제2항), 감사록 작성의무(제116조), 이사 직무 중지 및 해임제안권(제106조 제1항), 주주총회에 대한 감사 의견진술 의무(제116조 c목)가 있다. 또, 정관에 정함이 있거나 주주총회 의결이 있는 경우 특정 사안에 대한 특정 기간 동안의 회사 업무를 집행할 수 있다(제118조). 회사 업무집행을 할 시에는 감사위원회에 이사회에 대한 규정이 준용된다.

감사위원회는 합리적인 이유로 이사의 직무를 중지시키고 이를 주주들에게 알릴 수 있다. 주주총회의 해임결의가 있기까지는 다소 시간이 소요되므로, 감사위원회는 즉시 이사로서의 자격을 중지시킬 수 있다. 이때 해당 이사는 이러한 중지사실에 대해 서면으로 통보받아야 하며 중지된 후 30일 내에 이사해임 여부 결의를 위한 주주총회를 소집하여야 한다(제106조). 30일 이내에 해당 이사의 영구 해임 또는 자격중지 철회를 결정하는 주주총회를 소집하지 않은 경우 자동으로 이사의 자격이 재개된다. 주주총회의 해임결의와 관련하여 해임이사에게 반대의 의사가 있는 한, 결의 전에 당해 이사가 서면으로 반대할 수 있는 기회가 주어져야 한다(제105조).

이러한 이유로 인도네시아에서는 주주 또는 명의대여인이 자신을 감사로 등재할 것을 요구하는 경우가 비교적 빈번하다.

또, 선·해임 결정을 내린 주주총회에서 그 시기를 정하지 아니하였다면 그 주주총회가 종료되는 시점이 선·해임 효력발생시기이다.

5.3.6. 감사의 책임

수임인으로서 임무를 해태 하였을 때에는 그 감사는 회사에 대하여 연대하여 손해배상의 책임을 진다(제114조 제3항 및 제4항). 또, 감사가 악의 또는 과실로 인하여 그 임무를 해태하고 그로 말미암아 제3자에게 손해를 입힌 경우에는 그 감사는 제3자에 대하여 직접 연대하여 손해배상책임을 진다. 단, (i) 회사의 설립 목적에 따라 신의성실로 직무를 수행한 경우, (ii) 손해를 가져온 이사회의 업무집행행위에 대하여 감사가 직접 또는 간접적인 이해관계가 없는 경우, (iii) 손해발생을 예방하기 위하여 또는 손해발생이 계속되는 것을 저지하기 위하여 이사회에게 조언을 한 경우에는 위 연대책임의 예외가 적용된다. 또, 감사의 업무집행 감독상 고의 및 과실로 회사가 파산에 이르면, 감사는 회사채무에 대하여 이사와 함께 연대하여 책임을 진다(제115조 제1항).

감사의 형법 제398조 및 제399조의 책임은 이사의 형사상 책임 조문과 동일하다.

감사에 대한 주주소송 관련, 이사에 대한 주주소송 요건과 같은 10분의 1 지분이 동일하게 요구된다(제114조 제6항).

5.3.7. 샤리아 감사위원회

이슬람국가인 인도네시아의 독특한 회사기관으로, 샤리아 감사위원회(Dewan Pengawas Syariah)라는 것이 있다. 이슬람법인 샤리아에 따르는 회사는 감사위원회와 별도로 이 샤리아 감사위원회를 두어야 한다. 샤리아란 본래 "물 마시는 곳으로 이끄는 길"이란 뜻으로, 코란·수나와 하디스·이즈마·퀴야스로 구성된 이슬람법의 법체계를 말한다.264) 샤리아 감사위원회는, 주주총회가 인도네시아 울레마 위원회의 추천을 얻어 선임한 한 명 이상의 샤리아 전문가로 구성된다. 샤리아 감독 위원회는 회사의 활동이 샤리아 원칙에 따르는지 이사회에 조언 및 제안을 한다.

5.3.8. 감사의 국적

순수 인도네시아 주식회사인 PMDN이라고 해서 감사까지 내국인이어야한다는 제한은 없다. 원칙적으로 감사위원회 전원을 외국인으로 구성하는 것도 가능하다. 다만, 감사가 외국인이면 실무적으로 Working Permit이나 비자, 기타 주거문제, 상임·비상임 문제, 감사 개인의 소득

---

264) (i) "코란"은 알라 신의 언어를, (ii) "수나" 및 "하디스"는 코란에서 언급되지 않은 문제를 다루는 예언자 무함마드의 언행과 전승을, (iii) "이즈마"는 다시 하디스에도 없는 문제에 대해 법학자 공동체가 합의한 사항을, (iv) "퀴야스"는 법의 적용을 유추하는 방법을 말한다. 10세기가 지나면서 법학자들은 새로운 합의나 유추를 하지 않게 되어 이러한 샤리아 법체계가 고정되었고 이슬람국가의 위정자에게는 샤리아의 시행 및 유지가 중요한 임무였다.

신고와 관련한 문제 등이 발생할 수 있고, 돌발적인 외국인 채용 기준 변경이 문제가 될 수 있다.

외국인 노동자가 인도네시아에서 근무 및 거주를 개시하기 전에 노동부 및 이민국에서 일정한 수속이 되어야 한다. 이민국 수속과 관련된 문제는 차치하더라도,[265] Working Permit 발급문제는 반드시 해결되어야 한다. Working Permit(2003년 제13호 법 제43조) 위반 시 관련 사용자는 1~4년의 구금 또는 1억~4억 루피아의 벌금의 형사책임을 질 수 있다(2003년 제13호 법 제185조). 외국인 인력 사용절차에 관한 2015년 제16호 노동부 장관령 제37조(2015년 제35호 노동부 장관령으로 일부 개정)에 따르면, 감사가 반드시 국내에 거주해야 하는 것은 아니고 따라서 Working Permit이 해당 규정상 반드시 요구되는 것은 아니다. 한편, 산업기술의 혁신 등 임시 Working Permit 발급이 필요한 요건이 2015년 제16호 노동부 장관령에 나열되어 있는데, 이중 "인도네시아 내 지사 또는 장과의 회의참석"이 있다.

외국인 감사는 납세 및 소득신고에 주의하여야 한다. 세법의 일반조항에 관한 2007년 제20호 법률 제32조에는 납세기업은 "경영위원회"가 대표한다고 정하고 있으나, 해당 법률의 공식 해설서에 "경영위원회"는 감사를 포함한다고 정하고 있다.

---

265) 이민국은 인도네시아에서 뇌물수수가 가장 빈번한 공공기관 중 하나이다. "외국인직원용 워킹비자(KITAS)를 받기 위하여 중앙이민국 및 지역이민국 수속에서 일반적으로 10~14번의 현금지급을 기대하며, 직업과 역할 등에 따라 600~5,000달러가 지급된다. 제3자 용역을 통해 보통 지급하는 본 금액은 관련 공무원들의 중요한 보충소득으로, 직원간 서열에 따라 나눠 갖는다."(저자 역) Corene Crossin, Martin Brown, & Steve Norris, Anti-Corruption in Indonesia Control Risks, 2013.

신주발행이란 회사가 성립한 후에 새로 주식을 발행하는 것이다. 유상증자의 경우에는 발행주식의 액면총액만큼 반드시 자본이 증가하며, 할인발행을 제외하고는 증가된 자본액만큼 또는 그 이상으로 회사재산이 증가한다. 무상증자 예컨대, 인니 회사법 제53조 제4항에서 정하는 전환주식 및 법에서 정하지 않은 전환사채의 전환에 의한 신주발행 등 특수한 신주발행 역시 인도네시아에서 가능하나 본 단원에서는 유상증자를 중심으로 설명한다.

순수 인도네시아 회사 PMDN가 처음으로 외국인에게 신주를 발행하여 PMA로 전환할 때에는 신주발행의 절차에 추가하여 「PMDN에서 PMA로의 전환」단원을 참조하라. 또, 회사인수목적으로 신주발행 시에는 「인수합병」단원을 참조하라.

6.1. 신주발행의 절차

6.1.1. 신주발행결의

신주발행은 수권범위 내에서 주주총회의 결의(제41조 제1항) 또는 주주총회가 권한을 위임한 감사위원회가 1년 이내 한 결의(동조 제2항)에 의한다. 주주총회 결의에 의할 시에는 총 의결권의 과반수의 출석과 출석한 주주의 과반수로 정한다. 주주총회는 1년 이내의 기간을 정하여 감사위원회에 결의권한을 위임할 수 있고 언제든지 이를 해지할 수 있다.

회사는 신주인수권자에게 신주인수권 행사 의사 여부, 즉 인수청약을 최고한 후 그로부터 14일이 경과하도록 신주인수권자가 신주인수권을 행사하지 않을 경우에 제3자에게 해당 지분의 인수청약을 최고할 수 있다(제43조 제1항 내지 제4항).

주주총회를 대신하여 주주결의서로 신주발행 결의를 하고자 할 경우, 주주 전원이 그 주주 결의서에 서명하여야 한다(제91조). 이 때 실무적으로 주주 간 신주인수권 실행여부 및 구체적인 내용을 정하고 결의서에 이를 같이 작성할 필요가 있다.

6.1.2. 납입 및 현물출자의 이행

신주인수인은 납입기일에 그 인수가액의 전액을 납입해야 하며 현물출자를 하는 자는 납입기일에 목적인 재산을 인도, 등기 등록 서류까지 교부하여야 한다. 다만 현물을 조사하기 위한 회사와 이해관계가 없는 독립검사인을 선임하여야 한다. 자세한 내용은 「현물출자」 단원을 참조하라.

6.1.3. 지분매매증서 및 변경정관 공증

신주 발행은 인수납입된 주식을 한도로 그 효력이 발생한다. 이론적으로 인수·납입되지 아니한 주식(실권주)은 미발행주식으로 남는다. 실무적으로도 지분매매증서 및 변경정관 공증단계에서 인수납입여부를 공증인이 확인하고 실권주를 제외하며 법무인권부 신고단계에서 약식 확인한다.

6.1.4. 투자허가 변경신청

PMDA가 외국인에게 신주를 발행함에 따라 PMA로 전환할 경우에는 「PMDN에서 PMA로의 전환」 단원을 참조하라. 전환의 경우가 아니라도 아래의 규정은 신주발행 시 여전히 적용된다.

6.1.5. 상장사 및 금융회사의 경우

은행 기타 금융사의 경우에는 OJK의 허가를 득하여야 한다.

공개회사의 경우에는 자본시장법 공시의무에 따라 주식매입으로 총 5%의 지분율에 달하게 될 경우에는 반드시 공시하여야 한다. 일단 공개회사의 5% 이상 지분을 소유하게 되면, 5% 이상의 지분을 유지하는 한 지분소유에 변경이 있을 때마다 OJK에 반드시 신고하여야 한다.

인도네시아 1999년 No.5 공정거래법 및 2010년 No.57 지분인수·회사합병법상 경우에 따라 경쟁감독위원회에 (i) 자발적 사전신고 또는 (ii) 필수적 사후신고가 요구된다. 「인수·합병」 단원에서 후술한다.

6.1.6. 비공개 주식회사의 일반적인 신주발행절차 간단 요약

도표 3-6 비공개 주식회사의 일반적인 신주발행절차

신주발행사항의 결정(회사법 제41조)

↓

신주인수권자에 대한 청약(회사법 제43조 제1항 및 제2항)

↓

승낙 또는 거절(회사법 제43조 제1항 및 제2항)

↓

신주배정

↓

지분매매계약 서명

↓

납입 및 현물출자의 이행

↓

지분매매증서 및 변경정관 공증

↓

신주발행에 대한 통지(회사법 제42조 제3항)
회사등기부(Draftar Perseroan)에 기재될 수 있도록 법무인권부에 통지하여야 한다.

↓

변경등기
(Peratugan No. M-01.HT.01.01 Tahun 2008 tentang daftar perseroan
제3조 제3항 d목, 제4조 b목 내지 d목, 제5조)

↓

신주의 효력발생

6.2. 신주발행의 효력발생

한국은 신주발행의 효력이 납입기일에 납입 또는 현물출자의 이행을 하면 그 날의 다음 날에 신주발행의 효력이 생기므로 주식인수인은 납입기일 다음날 주주가 된다.

반면, 인도네시아 회사법은 신주발행의 효력일이 언제인지 침묵하고 있다. 법이 요구하는 사항을 모두 다 이행하지 않으면 어떠한 효력조차 발생하지 않은 것처럼 여기는 인니공무원들의 관료주의에 따라, 실무에서는 안전하게 정관변경에 대한 법무인권부부 허가서(Surat Keputusan menteri: SK) 발급일을 신주발행 효력일로 보고 있다.

실제로 인도네시아 법률실무에서 일반적으로 사용되는 인도네시아 비공개주식회사의 지분투자계약서나 지분매매계약서에서는 지분인수대금을 지급하고도 30~60일 뒤 법무인권부의 허가서를 득하여 상대방에게 제공하는 방식으로 클로징데이트(Closing Date)를 정하고 있다. 일반적으로 "Closing Date"를 증권인수인의 대금납입일로 보는 선진국과는 대조적이다.[266]

그러나 업종에 따라 당국의 각종 인허가 발급이 지연되는 경우가 부지기수이다. "주금을 납입하는 Closing date까지 회사는 지분인수와 관련한 모든 당국의 유효한 인허가를 득하여야 한다"고 작성하면 안 되고, "60일내에 관련 인허가를 득하되 당국의 요구에 따라 연장될 수 있다"고 하는 것이 보다 안전하다.

인도네시아 회계실무에서도 지분인수금이 들어온 시점에 가수금 또는 주식증거금[267] 계정 등으로 회계처리했다가 SK가 나오면 Paid in capital

---

266) "Closing Date 명사 [···] 2. [금융] 증권 인수업자의 대금 납입일." 금성출판사, 그랜드영한사전. 2006.
267) 특히 해외주주 입장에서는 송금하는 목적이 주금납입이라는 증빙자료로 사용하기 위한 경우.

로 처리한다. 다음과 같은 방법이다.

현금지급일	Dr) Cash 110,000,000	Cr) Deposit (or Suspense receipt) 110,000,000
SK 발급일	Dr) Deposit 100,000,000 (or suspense receipt)	Cr) Common Stock (par value) 100,000,000 Paid in capital in excess of par 10,000,000

　회계처리방법과 법률상 권리발생시기는 물론 별개의 문제이나, 동일한
보수주의가 적용된 것이라고 생각된다.

　결론적으로, 주금을 납입하고 주권까지 받았으나 SK를 발행받지 못한
자가 주주인지 불분명하다. 주금납입일과 SK발행일 사이에 배당 시에는
배당권이 있는지 문제가 발생하고, 특별주주총회 시에는 중요한 의사결
정에 참여할 수 있는지 불확실한 문제가 발생한다.

6.3. 신주인수권

　신주인수권이란, 회사가 성립된 이후 신주를 발행할 시에 주주 또는 제
3자가 다른 사람에 우선하여 신주를 인수할 수 있는 권리를 말한다. 전자
는 주주의 신주인수권이라 하며, 후자는 제3자의 신주인수권이라 한다.

6.3.1. 주주의 신주인수권: Yang berhak membeli terlebih dahulu

제43조
제1항
자본을 늘리기 위하여 발행하는 모든 주식은 반드시 각 주주들에게 동일
한 종류의 주식 소유비율에 비례하여 청약되어야 한다.(의역)[268]

---

268) 한국에서는 회사가 신주인수권을 가진 주주에게 지분인수 청약을 최고하는

제2항

증자를 위해 발행하는 주식이 이전에 발행된 적이 없는 종류주식일 경우, 주주 전원은 소유지분의 비율에 따라 신주인수권을 갖는다.

6.3.1.1. 의 의

회사가 자금을 조달하기 위하여 신주를 발행할 시에 주식가치가 희석화될 우려가 있을 뿐 아니라 기존주주의 회사지배권이 상대적으로 약화될 수 있다. 이에 따라 신주발행 시 기존주주의 이익을 보호하고 회사의 자금조달 요구를 조화롭게 할 필요가 있다. 이를 위하여 만든 것이 주주의 신주인수권이다.

주주의 신주인수권이란, 주주가 종래 가지고 있던 주식의 수에 비례하여 우선적으로 신주를 배정받을 수 있는 권리이다.[269] 즉 회사가 증자를 하더라도 지분비율을 유지할 수 있도록 주는 권리이다. 한국은 회사가 주주에게 매입청약을 하라고 최고하여야 하는 반면에,[270] 인도네시아는 법문상 회사가 주주에게 지분을 매입하라고 바로 청약을 해야 하는 점이 다르다.

인도네시아를 비롯한 많은 국가에서는 정관에 규정이 없어도 주주의 신주인수권을 법률로써 인정하고 있지만, 미국 다수의 주는 정관에 규정이 없는 한 주주의 신주인수권을 인정하지 않는다.[271] 독일에서는 신주

것으로 보나, 인도네시아에서는 회사가 신주인수권자에게 그 권리의 실행을 청약하는 것으로 규정되어 있다.

269) 제43조 제2항의 "Yang berhak membeli terlebih dahulu"는 직역하면 "앞서 매수할 수 있는 권리"이다.

270) 한국 상법 제419조 (신주인수권자에 대한 최고) 제1항. 회사는 신주의 인수권을 가진 자에 대하여 그 인수권을 가지는 주식의 종류 및 수와 일정한 기일까지 주식인수의 청약을 하지 아니하면 그 권리를 잃는다는 뜻을 통지하여야 한다.

271) 정관에 특별한 규정이 없는 한 신주인수권을 인정하지 않는 미국의 대표적인 입법으로는 Revised Model Business Corporation Act §6.30(a)(1984), 신주인수권을 법률로써 인정하는 미국 소수주(州)의 입법예로는 N.Y. Business Corporation Law §622(b)-(c)(1986), 신주인수권을 인정하는 다른 나라의 입법예로는 한국 상법 제419조 제1항 및 영국 2006 회사법 §561 (1).

인수권을 법률로 강제하고, 영국은 당사자 간 정함이 없을 경우 신주인수권이 있는 것으로 보고(Statutory default), 일본·프랑스는 회사정관에 정했을 경우 이를 강제하고 있다.[272] 즉, 신주인수권이란 정책적인 필요에 따라 법률이 보장해주는 것이지, 어느 나라든지 회사의 주인이라면 반드시 누려야 하는 내재적인 권리 같은 것은 아니다.

6.3.1.2. 이사회 결의 전후의 신주인수권

신주를 발행한다는 회사의 결의가 없다는 것은, 언제 몇 주를 얼마나 발행할 지 정하지 않았다는 뜻이다. 추상적이기는 하지만 주주에게는 여전히 신주인수권이 있다. 위에서 언급했듯이 신주인수권은 그 나라의 법률이 주주를 위해서 주는 권리인데, 인도네시아 회사법이 신주인수권을 부여하기 위해 회사의 결의를 조건으로 한다고 정하지도 않았기 때문이다. 물론, 주식회사가 이사회 등을 통해서 준비금을 자본에 전입하거나 외부에서 투자를 받아서 신주를 발행한다고 결의를 하면, 그 때서야 몇 주를 언제 얼마에 살 수 있는지 권리가 구체적으로 발생한다. 한국에서는 이를 "구체적 신주인수권"이라고 부르는데 미국 회계에서는 Stock right이라고도 한다.[273]

문제는, 이렇게 구체적으로 정해지기 전의 신주인수권이다. 신주인수권이 있다고는 하지만, 이사회 결의도 없고 언제 몇 주를 얼마에 발행할

---

272) Reinier Kraakman, John Armour, Paul Davies, Luca Enriques, Henry Hansmann, Gerard Hertig, Klaus Hopt, Hideki Kanda and Edward Rock, The Anatomy of Corporate Law - A Comparative and Functional Approach, Oxford, p.195.

273) 미국에서는 신주인수권을 Preemptive right 내지 Subscription right 등으로 부르는데, 특히 회계에서는 그 가치를 구체적으로 측정하여 장부에 기록할 때 Stock right이라는 계정을 쓴다. 주가에는 신주인수권의 가치가 이미 반영되어 있는데, 이를 별도로 측정할 수 있게 되었을 때 비로소 주가와 분리하여 구체적으로 기록할 수 있다는 회계상의 가정이다. "Stock rights are commonly used if a preemptive right is granted to common share holders by some state corporation laws" Joanne M. Flood, Wiley GAAP 2015. 다만 실무에서는 각 용어를 굳이 분리하지 않고 혼용하고 있다.

지도 정해지지 않은 상태에서 이를 따로 떼어내어 독립적인 채권양도를 인정하는 것이 타당한가에 대한 의문이 있기 때문이다.[274]

인도네시아 법률과 판례는 "이사회의 신주발행 결의 이전에 주주가 지닌 추상적인 신주인수권을 주권에서 따로 떼어내어 양도할 수 있는가"에 대하여 침묵하고 있다. 아직 인도네시아 실무에서 신주발행에 대한 이사회 결의도 없는 상태에서 신주인수권만을 별도로 거래했다는 사실이 현재까지 목격되지는 않는다. 분명한 것은 인도네시아에서는 이사회 결의가 있든 없든, 추상적이든 구체적이든 신주인수권은 모두 hak membeli terlebih dahulu이라 한다는 것뿐이다. 인도네시아의 실무관습을 감안할 때, 이사회 결의를 얻은 구체적 신주인수권만 거래대상이 될 수 있다고 생각한다.

6.3.1.3. 주주의 신주인수권의 대상이 되는 주식

"증자를 위해 발행하는 주식이 이전에 발행된 적이 없는 종류주식일 경우, 주주 전원은 소유지분의 비율에 따라 신주인수권을 갖는다"(제43조 제2항)고 정하고 있으므로 제43조 제3항에서 특정한 경우와 신주인수권이 모든 주주로 미리 정해져 있는 경우 외에는 주주에게 신주인수권이 인정되는 점이 분명하다. 이 조항은 종전 1995년 회사법 제36조 제1항 "정관이 달리 정하지 않는 한, 새롭게 발행되는 모든 주식은 반드시 주주들이 소유하고 있는 동일한 종류주식의 지분율에 비례하여 청약되어야 한다"를 가져온 것이다.

그러나 2011년 고등법원 사건(No: 354/Pdt.G/2011/PN.Jkt.Sel)과 이에

---

274) 한국에서는 이미 판례가 추상적 신주인수권도 당연히 가능하다 보면서 지명채권의 일반원칙(즉, 통지·승낙의 대항요건)에 따른다고 하였다(대판 2010.2.25, 2008다96963·96970). 그 전까지 추상적 신주인수권을 따로 분리해서 사고 파는 거래를 인정할 수 없다는 학설은, 신주인수권증서 발행은 이사회의 정함이 필요하다는 법률해석을 근거로 하고 있었다. 인도네시아 회사법은 이사회의 정함을 필요로 하고 있지도 않으므로 통용되지 않는 학설이다.

대한 2015년 대법원 사건(No: 1102K/Pdt/2015)에서 법문의 명시적 규정에 정면으로 배치되는 결정을 하였다. 2007년 회사법이 시행되기 전인 2006년 제1피고 회사(PT.TH INDO PLANTATIONS)의 일반주 10% 주주였던 원고의 신주인수권이 무시된 본 사건에서 고등법원은 "1995년 회사법 제36조 제1항 및 2007년 회사법 제43조 제1항이 적용되어야 한다"고 하면서 증자로 발행한 우선주가 기존과 동일한 종류주식이 아니라는 이유로 원고의 신주인수권 해당이 없다고 보았고 대법원은 고등법원의 판결이 위법하지 아니하다 하였다. 원고는 제43조 제2항도 같이 제기하였고 본 건에서는 제43조 제2항을 반드시 같이 적용해야 할 사안인데도 불구하고 위와 같은 판결을 내렸다는 것이 이해되지 않는다. 심각한 인도네시아 사법부의 오판이었다고 생각한다.

주주총회에 참석하지 않은 주주의 신주인수권을 무시하고 신주발행을 결의하고 이행한 사안에서 주주총회를 무효로 본 고등법원 및 대법원 판례[659/Pdt.G/2008/PN.JKT.Sel; 334K/Pdt/2015 (2016)]가 있다. 그러나 본 사건에서 법원은 주주총회 정족수 부족이 직접적인 무효사유였다 밝혔고, 신주인수권 침해에 대해서는 언급하지 아니하였다.

6.3.1.4. 주주의 신주인수권의 대상이 되지 않는 주식

주주는 일반적으로 장래에 발행될 모든 신주에 대하여 신주를 인수받을 권리를 갖고 있다. 그러나 신주인수인으로 될 자가 미리 특정되어 있어 일반주주의 신주인수권이 문제가 되지 않는 경우가 있다. 예컨대 (i) 전환증권에 의한 신주발행(주주총회의 동의를 얻어 발행한 전환주식 또는 전환사채를 전환하여 발행한 신주 또는 신주인수권부사채권자의 신주인수권 행사에 의한 신주발행) (제43조 제3항 b목), (ii) 우리사주제도(제43조 제3항 a목), (iii) 흡수합병으로 인하여 존속회사가 소멸회사의 주주에게 배정하기 위한 신주발행 또는 이와 유사한 회사조직개편에 따른 발행(제43조 제3항 c목) 등이 이에 해당한다. 단, 「현물출자」 단원에서 설명하는 바와 같이, 현물출자에 대해서는 신주인수권이 반드시 특정 주주에게 정해져있다고 볼 수 만은 어려운 점이 있고 인니 대법원 판례의 입장도 불분명하다.

제43조 제3항에 써져 있지는 않으나 신주인수권이 모든 주주로 미리 정해져 있는 경우에는 청약과 배정이 없기 때문에 당연히 주주의 신주인 수권이 문제되지 않는다. 예컨대, 주식병합이나 주식배당에 의하여 신주 를 발행하는 경우, 또는 준비금의 자본전입에 의하여 신주를 발행하는 경우 등이 그러하다.

상장회사의 경우에도 신주인수권 문제없이 사모발행(Private placement) 이 가능하다. 사모발행이란, 회사가 기관투자자나 특정 개인에게 개별적 으로 접촉하여 자금을 모집하는 방식을 말한다. 주주의 신주인수권 문제 를 사전에 해결하면서, 시간·비용의 절약 및 투자자에게 유리한 조건으 로 증권을 발행시킬 수 있는 등의 장점이 있다. 이 같은 사모발행을 위해 서는 회사정관에 정함이 있고 총 신주 발행가가 2년 내 회사자본의 10% 를 초과하지 않아야 한다는 조건을 충족해야 한다. 대개 일반주주총회의 결의가 요구된다.

6.3.1.5. 주주의 신주인수권의 양도

신주인수권은 권리양도증서(Akta Pemindahan Hak)에 의해 양도 가능 하다(제56조). 이사회는 이러한 양도를 주주명부에 기록하고 30일 내에 법무인권부에 통지하여야 한다. 인도네시아에서 신주인수권을 주식과 독 립하여 양도할 때 주의해야 할 점이 있다. 한국에서는 신주발행에 관한 이사회 결의가 있으면 주식과 독립하여 양도 처분이 가능하며, 그와 같 은 이사회 결의가 아직 없는 경우에도 회사가 그와 같은 양도를 승낙하 였다면 회사에 대하여 효력이 있다.[275] 인도네시아는 이와 달리 법률이

---

275) 한국에서는 이사회 결의 전 신주인수권을 추상적 신주인수권이라 하며, 이 사회 결의 후 신주인수권을 구체적 신주인수권이라 한다. 원칙적으로 전자 는 주식과 분리하여 양도 처분이 불가능하고, 후자는 주식과 독립하여 양도 처분이 가능하다. 우리 판례는 추상적 신주인수권의 경우 회사가 정관이나 이사회의 결의로 신주인수권의 양도에 관한 사항을 결정하지 아니하였다

기간 내 적절한 법무인권부에 통지를 하지 않으면 법무인권부가 해당 양도에 대한 승인요청 또는 통지에 대하여 거절"하여야 한다"고 정하고 있고, 이 때의 양도는 유증, 합병, 인수 등에 의한 포괄양도의 경우를 포함한다. 따라서, 법률의 해석상 인도네시아에서 신주인수권의 양도는 신주발행에 대한 이사회 결의 및 법무인권부에의 시의적절한 통지 모두를 요한다고 보아야 할 것이다.[276]

6.3.1.6. 공개회사 신주인수권에 대한 특별법

공개회사에서 주주의 신주인수권에 대해서는 「신주인수권을 통한 공개회사의 증자에 관한 OJK 규정 No.32/POJK.04/2015, 일부개정 규정 No.14/POJK.04/2019)」이 적용된다.

공개회사는 신주인수권 실행을 요하지 않는 증자 시에 주주총회에서 다수결의를 득하여야 한다. 또, 일정한 기준하에 재무상 불안하지 않은 회사는 그 주주가 당해 공개회사의 관련주주(당해 공개회사의 관련사, 공개회사의 이사 및 감사 등)와 그렇지 않은 주주(이하 "독립주주")로부터 다음과 같은 정족수를 만족할 것을 요구한다.

첫째 총회		둘째 총회		셋째 총회	
의사정족수	의결정족수	의사정족수	의결정족수	의사정족수	의결정족수
의결권을 가진 독립주주로부터 총 발행주식의 50% 이상	의결권을 가진 독립주주로부터 총 발행주식의 50% 이상	의결권을 가진 독립주주로부터 총 발행주식의 50% 이상	주주총회 참석한 의결권 독립주주의 50% 이상	OJK 결정	주주총회 참석한 의결권 독립주주의 50% 이상

하여 신주인수권의 양도가 전혀 허용되지 아니하는 것은 아니고, 회사가 그와 같은 양도를 승낙한 경우에는 회사에 대하여도 그 효력이 있다고 하여 민법상 지명채권양도의 일반원칙을 따르도록 하고 있다.

276) 제56조 제4항.

6.3.2. 제3자의 신주인수권

주주 이외의 제3자가 우선적으로 신주를 배정받을 수 있는 권리를 말한다. 외부 경영권 침탈에 맞서 제3자에게 신주를 우선 배정시키는 백기사 전략 등의 경영권 방어에 사용되는 경우가 많으나, 인도네시아에서는 아직 자본시장에서 적대적 인수합병의 예가 없고[277] 비상장기업 중에서도 결코 흔한 일은 아니다. 「주주 간 약정 및 정관에 의한 주식양도 제한」 단원 및 「인수·합병」 단원에서 설명하기로 한다.

6.3.3. 신주인수권의 침해에 대한 구제

인도네시아에서는 신주인수권의 침해에 대한 구제방법이 다양하지 아니하다. 신주발행유지청구권, 신주발행금지가처분이 불가능하므로 사후적으로 신주발행무효 또는 주주총회결의무효의 소 및 이사 및 회사에 대한 손해배상청구권을 주장할 수 있을 뿐이다. 기존 주주결의서 등에 신주인수권에 대해서도 기재되어있다면 채무불이행책임도 같이 주장할 수 있다.

PT. KODECO TIMBER V. PT. BINTANG BENGAWAN 사건 (659/Pdt. G/2008/PN.JKT.Sel.)

주주의 신주인수권을 무시하고 신주를 발행한 회사를 상대로 제소한 본 사건에서, 원고인 PT. KODECO TIMBER는 (i) 피고 PT. BINTANG BENGAWAN이 주주총회 통지에는 결의사항으로써 채무재조정, 지분양도, 회계보고서 "기타 등등(dan lain)"이라 기재하였으나, 정작 주주총회에서는 이외에도 이사 및 감사변경, 신주발행 등에 대하여 결의한 점, 또

---

277) 합병이 우호적인지 적대적인지 여부는 당사자 간 합의와 매수인의 행위가 기준인데, 예컨대 매수인이 회사경영자의 의지와 무관하게 특정 주주에게 직접 지분을 매입하려는 hostile tender offer이나 금융시장에서 상장된 주식들을 매입하려는 경우가 적대적이라 할 것이다. 인도네시아에서는 이러한 적대적 인수합병은 흔치 않다. Theodoor Bakker and Herry N. Kurniawan, Indonesia Mergers & Acquisitions 2016, ICLG.

(ii) 66.66%가 아닌 60%로써 주주총회 정족수가 미달되었다는 점을 들어 해당 주주총회결의가 무효라 주장하였다. 법원은 "기타 등등"이라는 안건은 다른 주주전원의 동의를 얻지 않는 한 결의사항이 될 수 없다고 하면서 상기 주주총회를 무효로 보았다. 법원은 신주인수권 침해에 대해서는 판단하지 아니하였다.

6.4. 현물출자

6.4.1. 의 의

현물출자란 금전 이외의 재산권을 목적으로 하는 출자이다. 현물출자 재산이 과대평가되는 경우 회사에 현실적 재산이 확보되지 않고 자본충실을 해하여 다른 주주나 채권자를 해할 수 있으므로 이를 올바르게 평가되었는지를 검사인이 평가하도록 규제함(제34조 제2항)으로써 현물출자의 공정을 기하고 있다.

상장회사의 경우에는 회사법과는 "신주인수권을 동반한 상장회사의 증자에 대한 인도네시아 규정 No. 32/POJK.04/2015"[278]이 별도로 보다 상세하게 규율한다.

6.4.2. 현물출자의 주체

현물출자자의 자격에는 제한이 없다. 즉, 발기인만으로 현물출자의 자격이 제한되지 않는다.

6.4.3. 현물출자의 목적물

현물출자의 목적인 "금전 이외의 재산(bentuk lainnya)"은 금전적 가치가 계상될 수 있으면 현물출자의 목적이 될 수 있다(제34조 제1항). 따라서 본 항의 해석상 현물출자자의 목적은 동산·부동산, 채권(債權)과 어음·

---

278) Peraturan Otoritas Jasa Keuangan Nomor 32 /Pojk.04/2015 Tentang Enambahan Modal Perusahaan Terbuka Dengan Memberikan.

채권(債券) 등 유가증권은 물론이고 상장회사의 경우 외상 매출금도 전년도 회계감사에서 공개되었다면 현물출자의 목적이 될 수 있다.

제34조의 제1항의 반대해석상, 금전적 가치가 극히 희소한 경우나 사실상 없는 경우는 제외된다. 예컨대 자산규모의 과대평가에 따라 발행된 의제주식(watered stock)이나 대금조차 납입하지 않고 인수한 주식 등이 그러하다.

그러나 통상 비상장 회사의 실무에서 특허권, 실용신안권, 의장권 등 무체재산권, 영업권, 상호권, 계약상의 권리, 회사를 위하여 제공된 노무, 미래에 제공하기로 한 노무 등은 통상 가치평가가 어렵고 재산적 가치가 불분명 하다고 보아 제34조 제2항에 따라 현물출자로 인정되지 않는 경우가 적지 않은 것으로 보인다.[279) 노무 등의 재산적 가치가 불분명하다고 보는 경우에는 직접 현물출자로 인정받지 않고, 용역 계약 등을 맺은 뒤 해당 용역비를 자본으로 전환하는 방법도 가능하다.

출자하는 현물이 각종 기계설비라면, 해당 현물을 출자하는 투자자 입장에서는 이를 설치하고 사용법을 전수하는 노무 및 기술력 등도 지분으로 인정받고자 할 수 있다. 기술력은 가치평가가 어려워 현물출자의 대상이 되기가 쉽지 않지만, 기계설비 설치에 필요한 노무의 경우에는 다시 별도로 계약서를 기초로 세액 공제여부 등을 확인하여 정확한 금액을 계산해서 현물출자로 인정받는 경우도 있다.

---

279) 이와 달리 한국에서 노무, 신용은 물적회사인 주식회사의 성질에 비추어 출자의 목적이 될 수 없다고 하므로 주의를 요한다. 이러한 점은 같은 대륙법 성문법인 한국법보다 오히려 주식발행대가(Consideration for issuance)로 사실상 대부분의 형태를 인정하는 미국의 주식회사법과 유사하다. 한국의 회사법은 회사를 인적(人的)회사와 물적(物的)회사로 분류하여, 주식회사와 같은 물적회사는 자본과 같은 물적 조건에 의하여 결합된 회사로 그 본질을 이해하기 때문이다. 인도네시아의 회사법은 본래 유한회사법에서 발전하였고, 미국의 주식회사법은 금지하는 사항 빼고 대부분을 인정하는 네거티브 형식을 취하는 데서 오는 차이라고 생각된다.

6.4.4. 현물출자의 효력 발생일

현물출자에 따른 지분인수 효력 발생일은 불분명하다. 인도네시아 회사법 및 투자법이 지분 인수의 효력발생일이 언제인지 침묵하고 있기 때문이다. 실무에서는 통상 현실적으로 회사가 해당 현물을 모두 인도받고 법무인권부로부터도 관련 정관개정에 대한 확인서를 발급받는 시점이라고 본다.

6.4.5. 현물출자 시 신주인수권이 미치는지 여부

비공개회사에서는 현물출자의 형태로 출자를 받는 경우, 출자자산의 공정평가 외에는 현물출자만을 위한 법률상의 요건과 절차가 구체적으로 규정되어 있지 않다. 정관규정이나 주주총회특별결의가 필요한 것도 아니고, 현물출자자에 대한 자격제한이 있는 것도 아니다. 따라서 현물출자에 대하여 발행하는 신주에 대하여는 일반주주의 신주인수권이 미치지 않는다고 볼 여지가 있다고 생각된다.[280] 인도네시아에서는 이와 관련하여 모범적인 판결이 아직 발견되지 않는다.

다만, 신주가 다른 종류주식(우선주)라는 이유만으로 10% 주주의 신주인수권을 부정한 판례가 있다(인니 대법원 1102k/Pdt/2015). 「신주인수권」단원에서 설명하듯, 본 판결은 피고가 인용한 회사법 제43조 제2항에 정면으로 배치되는 판결로써 대표적인 오판(誤判)이라 생각한다. 본 판례대로라면 현물출자하면서 우선주를 발행할 시 기존 주주의 신주인수권이 무시되는 결론에 이른다. 생각건대, 현물출자와 현금출자를 동시에 할 때 현물출자를 차별할 이유가 없고, 우선주를 발행한다고 보통주 주주의 신주인수권을 무시하면 회사법 제43조 제2항에 정면으로 반하게 된다.

반면, 공개회사의 경우 공개회사에 대한 2015년 규정에서 명시적으로 대주주가 현물출자에 앞서 신주인수권을 행사할지 또는 제3자에게 양도

---

280) 한국의 판례 또한 이사회 결정만으로 현물출자자의 자격 결정이 가능하다는 견해를 취하고 있다(대판 1989.3.14, 88누889).

할지 선언할 것을 요구하며, 지분매수의향인(standby buyer), 대주주, 신주인수권양수의향인(prospective assignee of preemptive rights) 간 진작에 당사자 합의를 하여 이 같은 문제를 미연에 방지하고 있다.

현물출자에는 신주인수권이 미치지 않는다고 하는 입장에서는, 인니법률상 주주총회의 결의가 요구되지도 않으며 비공개회사의 현물출자의 요건 및 절차가 법률에 정해지지 않았다는 점을 근거로 한다. 또, 현물출자의 성질상 대부분 당사자가 사전에 특정되어 있다는 점을 근거로 든다. 인니 회사법에서 같은 취지로 (i) 전환증권에 의한 신주발행(주주총회의 동의를 얻어 발행한 전환주식 또는 전환사채를 전환하여 발행한 신주 또는 신주인수권부사채권자의 신주인수권 행사에 의한 신주발행) (제43조 제3항 b목), (ii) 우리사주제도(제43조 제3항 a목), (iii) 흡수합병으로 인하여 존속회사가 소멸회사의 주주에게 배정하기 위한 신주발행 또는 이와 유사한 회사조직개편에 따른 발행(제43조 제3항 c목)의 경우 신주인수권이 미치지 않는다고 하고 있다.

한국에서는 "현물출자 방식의 신주발행에 대해서는 주주의 신주인수권이 미치지 않는다(대판 1989.3.14, 88누889)"는 판시가 있었으나, 해당 판결은 회사의 주주1인이 현물출자를 하면서 신주전부를 인수할 당시 나머지 주주들이 신주인수권을 포기한 것이 실질적으로 현물출자를 한 주주에게 신주를 증여한 것으로 간주하여 증여세를 부과할 수 있는지에 관한 사안으로서 경영권 방어를 위한 신주발행으로 의심되는 사건에서 인용하기에는 부적절한 판결이라는 점 및 현물출자방식의 신주발행에 주주의 신주인수권이 미치지 않아 상법 제418조 제2항에서 정하는 주주의 신주인수권 배제를 위한 정당화 요건이 적용되지 않는다고 한다면 회사의 경영진이 경영권 방어를 위한 수단으로 현물출자를 악용할 가능성이 높다는 점을 들어 주주의 신주인수권을 침해한다고 보는 취지의 판결(대판 2009.1.30, 2008다0776 및 청주지판 2014가합1994)이 비교적 최근에 등장하고 있다. 인도네시아에서도 동일한 판결을 얻어낼 수 있을지는 미지수이다. 적어도 신주전부를 인수하는 현물출자자를 상대로 신주를 증여한 것으로 간주하여 증여세를 부과하지는 않는 것으로 파악된다.

(i) 제43조 제3항의 세 가지 경우에는 주주가 특정 당사자가 일정한 지분을 특정한 기간에 취득할 것을 사전에 합리적으로 예상할 수 있지만, 현물출자의 경우에는 그렇지 않다는 점(즉, 경영권 분쟁이 발생 시 제3자 배정 현물출자를 통하여 최대주주를 변경함으로써 기존 주주의 이익을 극단적으로 침해할 수 있는 점), (ii) 제43조 제3항이 신주인수권의 예외에서 현물출자를 배제한 점, (iii) 공개회사 규정과의 통일적인 법해석 등을 생각할 때, 비공개회사라고 해서 이사회 결의만으로 주주의 신주인수권을 제한할 수 있다고 해석하면 불공정하다고 본다.

6.4.6. 부당평가의 문제

주식인수대가로 지불하는 반대급부에 대하여 정당한 시장가치가 없는 경우, 회사와 이해관계가 없는 검사인으로부터 현물출자의 가치평가를 받아야 한다(제34조 제2항). 이 때 부당평가의 문제가 발생할 수 있다.

이를 방지하기 위해 회사법은 현물출자에 대해서 주주명부에 작성토록 하고(제50조 제1항), 전문검사인이 회사와 이해관계가 없도록 규정을 두고 있다. 회사와 이해관계가 없는 전문검사인은 아래의 조건을 충족해야 한다(penjelasan 제34조 제2항).

    ⅰ. 회사의 직원, 이사, 감사, 혹은 주주 중 누구와도 2촌 이하의 직계 존속 또는 비속 관계에 있지 아니할 것
    ⅱ. 이사나 감사와 관계가 없을 것
    ⅲ. 회사에 대하여 영향력을 이용하여 업무집행을 할 수 있는 자가 아닐 것[281]

---

281) 한국에서는 이처럼 회사의 경영을 사실상 맡고 있으나 이사의 지위에 있지 아니하는 자를 사실상의 이사라고 한다. 구체적으로는 회사에 대해 자신의 영향력을 이용하여 이사에게 업무집행을 지시한 자로써 법률상의 이사가

iv. 20% 이상의 지분소유자가 아닐 것

현물가치에 대한 객관적 검사 및 평가를 전문적으로 담당하는 인도네시아 회사들이 있다.[282]

특히 부동산을 현물출자하는 경우, 회사 설립증서의 서명일 또는 해당 현물출자에 대한 주주총회 결정일의 14일 이내에 1개 이상의 신문을 통하여 공고하여야 한다(제34조 제3항). 이는 공중에 알림으로써 해당 부동산이 사실은 그 지분인수인의 것이 아니었던 경우, 이해관계자로 하여금 즉시 반대하게 하여 미연에 혼란을 방지하기 위함이다. 제1조 제14항에서 신문을 "인도네시아어로 유포하는 일간지"라고 정의하고 있으므로 전자신문도 가름할 수 있을 것으로 생각하나 통상 종이 신문이 널리 사용된다.

6.4.7. 현물출자 실무상 고려할 점

현물출자에 앞서 (i) 현물출자를 할 지, (ii) 재산매각 뒤 그 금액으로 신주를 매수하는 방식을 따를 지,[283] 각각의 세제상 차이를 검토하는 것이 바람직하다. 특히 해외재산일 경우에는 나라와 출자 목적물의 종류에 따라 세액에 상당한 차이가 있을 수 있고, 현물출자 과정에서 해당 국가에서 면세되더라도 인도네시아에서 다시 과세될 수 있다. 인도네시아와 외국 각 세금전문가의 조언이 필요하다.

아닌 자, 본인이 직접 명목상의 명의로 업무집행을 하는 자, 이사가 아니면서 회사의 업무를 집행할 권한이 있는 것으로 인정될 만한 명칭을 사용하여 회사의 업무를 집행하는 자 등을 말한다. 인도네시아에서도 법문의 해석상 이를 모두 포함하는 것으로 보는 것이 타당하다.

282) 인도네시아에서는 SGS 및 SUCOFINDO 등이 상기와 같은 객관적인 가치평가로 유명한 것으로 파악된다. SUCOFINDO의 웹페이지 <http://www.sucofindo.co.id/> SGS의 웹페이지 <http://www.sgs.co.id/>

283) 재산매각의 대가로 전환사채나 주식증거금으로 받은 뒤 적절한 시기에 주식으로 전환하는 방식도 생각해볼 수 있다.

한편, 외국인이 현물을 출자해 지분참여 하는 경우, 적지 않은 시간이 걸린다는 현실적인 문제가 출자자의 불편으로 지적된다. 통상 현실적으로 회사가 해당 현물을 모두 인도받고 법무인권부로부터도 관련 정관개정에 대한 확인서를 발급받아야 현물출자로 인한 주식인수의 효력이 발생된다고 보기 때문에, 현물을 출자해 지분을 참여하는 외국인은 그 시간동안 법률상 불안한 지위에 놓이게 된다.

6.5. PMDN에서 PMA로의 전환

PMDN 및 PMA의 변경은 BKPM Reg. 13/2017 제10조 제1항 이하가 적용된다.[284]

PMDN이 외국인에게 신주를 발행하거나 PMDN의 내국인주주로부터 외국인이 지분을 매입할 경우에는 PMDN이 PMA로 전환하게 된다. 이 때, "해당 산업에서 가능한 외국인의 최대지분은 얼마인가?"보다 중요한 질문은 "그 회사에게 자회사 내지 손자회사가 있는가?"이다. 그 회사의 자회사들도 PMA로 전환되면서 Negative List 적용을 받게 되기 때문이다. 외국인 지분소유율을 피하고자 인도네시아 현지 주주에게 차명으로 지분을 매입하게 한 경우, 그 효력이 부인된다.

6.5.1. PMA 전환 시 제출서류 및 프레젠테이션

PMA으로 전환 시, 해외 주주회사에서 BKPM의 인가를 얻기 위해 준비해야 하는 서류는 PMA설립 서류와 동일하다. Joint venture agreement 나 Share subscription agreement 등은 제출할 필요가 없으므로, 특별한 사정이 없으면 BKPM 인가절차와 계약서 작성 및 검토를 동시에 진

---

284) 현재(2020) 본 규정의 전부 수정안이 도입 예정에 있다. 본서를 집필하는 동안에만 BKPM Reg.5/2013, BKPM Reg.14/2015 제9조 및 제19조, BKPM Reg.6/2016의 제25조 수정조항 등, 빈번하게 변경되어 왔다.

행해도 무방하다.

PMA 전환절차에 대한 순서는 다음과 같다.

PMA 전환절차 순서

해외주주의 주금납입을 BKPM 투자승인의 조건으로 규정하고 있지는 않으므로, 이론적으로 주금납입이 먼저 이행될 수도 있다. 그러나 BKPM 승인이 지연/연장되어 납입금이 불필요하게 묶여있게 될 가능성, BKPM 투자승인서를 해외에서 주금송금시 해외투자관련 입증서류의 일환으로 제출할 경우 등을 고려하면, BKPM의 투자승인 뒤에 투자를 하는 것이 안전한 것으로 생각된다.

PMA 전환시점은 법무인권부로부터 승인을 받는 날이지만, 해외주주의 지분인수 효력발생일은 불분명하다. 인도네시아 회사법 및 투자법이 이에 대하여 침묵하고 있기 때문이다. 법이 요구하는 사항을 모두 다 이행하지 않으면 어떠한 효력조차 발생하지 않은 것처럼 여기는 인니공무원들의 관료주의(Red-tapism)에 따라, 실무에서는 안전하게 정관변경에 대한 법무인권부부 허가서(Surat Keputusan menteri: SK) 발급일을 신주발

행 및 지분인수의 효력 발생일로 보는 것으로 파악된다.[285]

따라서 지분인수계약서 작성 시 "주금을 납입하는 Closing date까지 회사는 지분인수와 관련한 모든 당국의 유효한 인허가를 득하여야 한다" 같은 문구보다는 "60일내에 관련 인허가를 득하되 당국의 요구에 따라 연장될 수 있다"는 문구가 보다 일반적으로 사용되는 것으로 보인다.[286]

6.5.2. 최소투자요건

PMA 전환의 경우에도 100억 루피아 초과의 최소투자요건이 적용되며, PMA 전환시점에는 이 중 25%의 납입만 증명하면 된다. 이는 부동산 및 동산을 제외한 순수 현금투자필요 금액이다(BKPM Reg. 13/2017 제10조 및 제12조).

6.5.3. 실무상 고려 사항

PMDN에서 PMA로 변경하더라도 은행계좌는 유효하게 존속하며, 상호를 변경하더라도 은행계좌명의의 상호를 바꾸는 것 역시 어려운 일은 아니다. 한국에서 주금액을 인도네시아로 송금시 외환거래를 입증하여야 하는데, PMDN일 때는 X라는 상호로, PMA일 때는 Y라는 상호로 되어 있다면 은행에 설명하여야 한다. 일반적으로 JV설립계약서나 지분인수계약서 등에 주금을 납입할 계좌정보가 작성되어 있으므로 이를 들어 설명하면 된다.

---

285) 예컨대 지분인수금이 일단 들어오면 가수금 또는 주식증거금(특히 해외주주가 인도네시아로 송금목적이 주금납입이라는 증빙자료로 사용하기 위한 경우) 계정 등으로 회계처리했다가 SK가 나오면 Paid in capital로 처리하는 식이다(물론 회계처리방법과 법률상 권리발생시기는 별개의 문제이다).
286) 계약으로 달리 정하더라도 적어도 법률상으로는 주금을 납입하고 주권까지 받았으나 SK를 발행받지 못한 자가 주주인지는 여전히 불분명한 문제가 있다. 주금납입일과 SK발행일 사이에 배당이 있으면 배당권이 있는지의 문제가 발생하고, 특별주주총회가 있으면 중요한 의사결정에 참여할 수 있는지의 문제가 발생한다.

한국투자신고 절차는 PMA설립 시 요구되는 것과 동일하다. PMDN이 PMA로 전환하는 과정에서 상호나 자본금 변경이 있으면 사업계획서 상의 현지법인현황 작성과 관련하여 은행에서 작성법에 대해 문의하여야 한다.

제7절 사 채

7.1. 서 설

외국인이 의결권 행사를 하고자 인도네시아 대리인을 이용하기로 하는 합의는 무효로 보는 반면,[287] 외국인 주주에 대한 이익분배에 대해서는 일반적으로 큰 제재가 없다. 특수사채 등에 대해서도 별도의 제한을 두고 있지는 않다.

특히 회사에 자본을 대여해주는 신용공여는, 심하게 규제하는 분야가 아니므로 역외로부터의 자본융통 방법으로 흔하게 사용된다. 전환사채나 교환사채도 전환권이나 교환권을 실행하기 전까지는 부채 또는 채무로 보기 때문에, 인도네시아의 높은 규제 리스크와 Negative List 이슈를 모두 피할 수 있다는 장점이 있다. 이에 따라 인도네시아에서는 해외투자자에게 제한되는 분야나 비상장회사에서 전환사채 구조는 흔한 편이다.

---

287) 상장회사에 대한 외국인 소유 관련 법률의 적용은 회색영역이라고 한다. 2008년 Quatar Telecommunication의 Indosat 인수 때 까지는 일반적으로 상장회사에는 해당 법률 적용이 미치지 않는다고 여겨졌으나, 현재는 상장회사에도 해당 법률을 적용하되, 자본시장을 통한 포트폴리오 투자의 경우에는 면제가 있다고 여겨진다. 놀랍지 않게도, 법령에 포트폴리오 투자에 대한 정의가 없다.

7.2. 신중한 역외차입(Offshore loan)의 원칙

민간부문의 역외차입 증가에 따라 인도네시아 중앙은행은 비은행 기업의 민간 역외 차입활동에서 발생할 수 있는 유동성 및 레버리지 리스크를 최소화하기 위하여 「비은행 기업의 신중한 해외부채관리 원칙 시행규정 No.16/21/PBI/2014」288)("역외차입에 관한 중앙은행 규정")을 도입하였다. 역외차입에 관한 중앙은행 규정에서 비은행 기업이라 함은, 은행을 제외한 모든 형태의 사업을 말한다(제1조 제3항). 이후, 역외차입에 관한 중앙은행 규정 중 멀티파이낸스 회사가 역외차입을 위해 준수하여야 했던 신용평가 요건 등이 2016년에 일부개정(중앙은행 규정 No.18/4/PBI/2016)되었다.

반면, 은행의 경우에는 「역외 은행부채와 외화로 표시된 다른 은행 부채에 관한 중앙은행규정 No. 21/1/PBI/2019」289)이 적용된다.

역외차입에 관한 중앙은행 규정의 주요한 부분은 다음과 같다.

7.2.1. 헤징 비율

역외차입에 관한 중앙은행 규정 제3조 제1항에 따르면,290) 역외(Offshore/ Luar Negeri) 외화차입을 하는 비은행권 회사는 일정한 외화부채와291) 보유 외화자산 간 negative balance의 최소 25%를 헤징하여야

---

288) Peraturan Bank Indonesia No. 16/21/PBI/2014 tanggal 29 Desember 2014 tentang Penerapan Prinsip Kehati−hatian Dalam Pengelolaan Utang Luar Negeri Korporasi Nonbank.

289) Peraturan Bank Indonesia Nomor 21/1/PBI/2019 Tentang Utang Luar Negeri Bank Dan Kewajiban Bank Lainnya Dalam Valuta Asing.

290) Peraturan Bank Indonesia Nomor 18/4/Pbi/2016 Tentang Perubahan Atas Peraturan Bank Indonesia Nomor 16/21/Pbi/2014 Tentang Penerapan Prinsip Kehati−Hatian Dalam Pengelolaan Utang Luar Negeri Korporasi Nonbank 제3조 제1항(본 규정의 일부개정안은 BI 규정No.18/4/PBI/2016).

한다. 헤징은 선도, 스왑, 옵션형 파생상품 거래를 통해서 가능하며, 반드시 인도네시아 중앙은행(BI)로부터 승인을 득하지 않으면 헤징비율조건을 충족하지 않은 것으로 간주하며, 해당 거래에서 얻은 채권 또한 외화자산으로 보지 않는다(동 규정 제3조 제3항 내지 제5항).

외화자산이란 현금, 당좌예금, 적립예금, 정기예금, 채권, 재고자산, 매도가능증권, 선도·스왑·옵션에서 발생한 채권 등을 말하며, 외화부채란 선도·스왑·옵션에서 발생한 외화부채를 포함하여 거주자나 비거주자로부터 발행한 모든 외화부채를 말한다.[292]

7.2.2. 유동성 비율

비은행 기업의 역외 외화차입은 유동성 비율이 최소 70% 이상일 것이 요구된다. 해당 유동성 요건은 외화자산 보유요건을 만족함으로써 충족시켜야 된다. 자세한 내용은 역외차입에 관한 중앙은행 규정을 참조하라.

7.2.3. 신용평가

비은행 기업의 역외대출은 인도네시아 중앙은행이 인정하는 신용평가기관으로부터[293] 최소 BB-의 신용평가를 받아야 한다. 비은행 기업은 역외대출의 종류와 상환기일에 따라 기업신용평가(발행인평가) 또는 사채형 증권의 신용평가(발행인 평가)를 사용할 수 있고, 해당 신용평가의 유

---

291) 3개월내 만기도래 부채 및 분기말로부터 3~6개월 사이에 만기가 도래하는 부채.
292) Surat Edaran Bank Indonesia Nomor 16/24/DKEM tanggal 30 Desember 2014 tentang Penerapan Prinsip Kehati-hatian Dalam Pengelolaan Utang Luar Negeri Korporasi Nonbank("Surat Edaran Bank Indonesia Nomor 16/24/DKEM").
293) Moody's Investors Service, Standard & Poor's, Fitch Ratings, PT Pemeringkat Efek Indonesia (PEFINDO Peraturan. Bank. Indonesia. Nomor 16/21/PBI/2014 tentang Penerapan Prinsip Kehati-hatian Dalam, Surat Edaran Bank Indonesia Nomor 16/24/DKEM.

효기간은 2년을 넘길 수 없다.

신용평가가 면제되는 경우는 다음과 같다.

  (1) 원본채무를 늘리지 않는 범위 내의 refinance 형태의 역외대출
  (2) 인프라 건설을 위한 양국 또는 다자간 국제기관으로부터의 역외대출[294]
  (3) 중앙 또는 지방정보의 인프라 건설을 위한 역외대출
  (4) 양국 또는 다자간 국제기관으로부터 보증을 받은 역외대출
  (5) Trade credit 형태의 역외 대출
  (6) 멀티파이낸스 회사 및 인도네시아 수출입은행의 역외대출[295]

7.2.4. 보고의무

비금융 기업은 외화거래를 인도네시아 중앙은행에 보고하여야 하며, 보고의무에는 역외 차입계획과 실행 현황, 신중한 해외부채관리 원칙 준수현황 등이 포함된다.

7.2.5. 위반시 제재

역외차입에 관한 중앙은행 규정 위반 시 중앙은행으로부터 경고장을 받을 수 있고, 중앙은행은 해당 사실을 관련 해외 채권자, 국유기업, 재무부 산하의 세무처장, OJK, 증권거래소 등에 알릴 수 있다.[296] 또, 보고의무를 위반한 회사는 벌금형을 받을 수 있다.

---

294) 역외차입에 관한 중앙은행 규정에서 양국 또는 다자간 국제기관으로 인정받는 기구는 다음과 같다. Internatinal Finance Corporation, the Japan International Cooperation Agency, the Asian Development Bank, the United States Agency for International Development, the European Bank for Reconstruction and Development and UK Export Finance.
295) Peraturan BI. No.18/4/PBI/2016.
296) 역외차입에 관한 중앙은행 규정 제12조.

7.3. 전환사채

7.3.1. 의 의

전환사채는 주주의 청구에 의해 주식으로 전환이 인정되는 사채이다. 회사의 영업성적이 부진한 때에는 확정이자를 받되 영업성적이 좋으면 이익배당을 받는 주식으로 전환할 수 있는 사채이므로, 사채모집이 용이하게 되어 편리한 자금조달방법이 될 수 있다. 전환사채는 전환권의 행사에 의하여 장차 주식으로 전환될 수 있어 이를 발행하는 것은 사실상 신주발행으로서의 의미를 가진다.

전환사채는 그 발행 후 전환권을 행사하기 전까지는 채권적 유가증권이나, 전환권 행사 후에는 사원권적 유가증권이라 할 수 있다.

7.3.2. 발 행

인니 회사법은 전환사채의 발행요건은 물론,[297] 일반 사채의 발행요건에 대하여도 규정하고 있지 않다. 따라서 전환사채의 발행에 관한 구체적인 사항을 정관에서 정하지 않거나 주주총회에서 결정하기로 하지 아니 한 경우에는 이사회에서 이를 결정할 수 있다. 다만, 하나 이상의 관련 사업절차로 발행하는 사채의 총액이 회사의 순자산 50%를 초과하는 경우 이사회는 반드시 주주총회의 허가를 얻어야 한다.[298]

전환사채 발행에 대한 이사회 결정과 관련하여 인니 회사법에 구체적 법정사항이 없으므로, (i) 전환사채의 총액, (ii) 전환의 조건, (iii) 전환으로 인해 발행할 주식의 내용, (iv) 전환청구 기간, (v) 주주에게 전환사채의 인수권을 준다는 뜻과 인수권의 목적인 전환 사채의 액, (vi) 주주 이외의 자에게 전환사채를 발행하는 것과 이에 대하여 발행할 전환사채의 액, (vi) 주주 이외의 전환사채를 발행하는 것과 이에 대하여 발행할 전

---

297) 한국 상법은 제513조에서 전환사채의 발행요건을 정하고 있다.
298) 제102조 제1항.

환사채의 액 등은 전환사채 인수인과의 계약에서 정한 뒤 이를 이사회에서 승인하는 방식으로 정해도 무방할 것이다.

전환으로 인한 주식의 발행은 발행예정주식총수의 범위 내에서 가능한 것이므로 새로 발행할 주식의 수만큼 전환청구기간 중에는 그 발행을 유보하여야 할 것이다.[299]

전환사채는 사실상 신주발행과 같은 의미를 가짐에도 불구하고, 구체적인 판례와 법률규정이 없으므로 주주에게 전환사채를 발행하는 경우 신주발행에 관한 규정이 준용되는지 불확실하다. 주주가 보유주식 수에 따라 전환사채를 배정받을 권리가 생기는지도 불분명하다. 따라서 회사와 인수인 간에 전환사채의 액, 전환조건, 전환으로 인하여 발행할 주식의 내용과 전환청구 기간 자세한 내용을 사전에 구체적으로 정하고 이를 이사회가 승인하는 방식으로 진행하는 것이 안전할 것이다. 다만 이 같은 결의를 위한 소집통지와 공고에 의안의 요령을 기재할 필요는 없다.

전환사채의 사채청약서 기재사항에 대해서 역시 법정하고 있지 않으나, 실무상 상기 전환사채와 관련된 구체적 사항을 작성하고 채권 및 사채원부에도 기재하는 것이 안전할 것이다. 사채의 모집이 완료되면 이사는 지체없이 납입하고, 사채금액이 납입되면 회사는 지체 없이 채권을 발행하여야 할 것이다.

7.3.3. 제3자에 대한 발행의 경우

주주 외의 자에게 주식형 사채를 발행하는 경우, 사채권자가 전환권을 행사하면 신주가 발행되는 것과 동일한 결과를 낳으므로 주주의 신주인수권이 침해될 위험이 있다. 또, 지배주주가 경영권의 방어를 위하여 자신의 측근에게만 사모형식으로 전환사채를 발행하게 되면 다른 주주의 지배권이 상대적으로 약화되어 회사지배의 불공정이 발생할 우려가 있

---

299) Registry에 등록한 정관 상의 발행예정주식 총수를 초과하는 발행은 원칙적으로 금지되기 때문이다.

다. 나아가 지배주주가 편법증여의 목적으로 저가로 사채를 발행한 뒤 주식으로 전환하게 되면 기존 주주의 1주당 순자산가치가 감소하므로 주식가치의 희석화 문제를 가져오게 된다.

주주총회의 동의를 얻고 발행한 전환사채의 경우, 전환권 행사 시 주주의 신주인수권이 미치지 않는다.[300] 반대해석상 주주총회의 동의 없이 발행한 경우에는 전환권 행사 시 주주에게 신주인수권이 발생하므로, 회사는 제3자 발행 시에 주주에게 이러한 사항 및 발행가액 등을 반드시 사전에 설명해야 추후 발생할 수 있는 분쟁을 방지할 수 있을 것이다.

7.3.4. 전환의 청구

전환의 청구는 전환기간 중 언제든지 할 수 있다. 제43조 제3항의 주주총회 사전동의를 얻지 아니한 경우 회사는 전환사채 소지자의 전환청구 시 주주에게 이러한 사항을 즉시 알려야 할 것이다.

7.3.5. 전환의 효력

사채권자가 주주가 됨으로써 새로 주식이 발행되면, 일반적으로 전환사채의 발행가액 총액은 발행할 주식의 발행가액 총액과 일치시킨다. 이 경우 전환청구에 기하여 회사는 사채의 발행가액총액을 전환가액으로 나눈 수의 주식을 전환사채권자에게 교부하여야 한다. 신주의 발행으로 신주의 액면총액만큼 자본이 증가하고 사채가 감소한다.

사채 발행 후에 주가가 전환가액 이하로 하락하는 경우에는 전환이 의미가 없다. 이때는 전환이 사실상 대출금의 출자전환이 되어 버린다.[301]

---

300) 회사법 제43조 제3항 제b호.
301) 전환사채로 출자전환 하는 방법과 대출금의 출자전환은 다르다. 전환사채의 전환권은 옵션으로써 발생시에 그 가격, 전환시기, 전환조건이 결정되거나 대출금 출자전환은 사전에 정해놓지 않는다. 오히려 정해놓지 않았음에도 전환하는 것을 허락해주는 만큼, 대출금의 출자전환은 기업이 곤경에 처해 있을 때 발생한다. 반면, 전환사채의 주식전환은 기업의 가치가 증대할 때

전환사채 또는 신주인수권부사채를 발행한 후 회사가 저가의 신주발행, 준비금의 자본전입, 주식배당 등을 하는 경우에도 주식의 가치가 희석되어 주식의 시가가 하락한다. 따라서 이 때 사채권자가 당초의 전환가액(행사가액)으로 주식으로 전환하면 시가보다 고액의 주식을 인정하는 결과가 되어 불합리하다. 인니 회사법에서는 전환가액(행사가액)의 조정이나 주식가치의 희석에 대한 규정을 두고 있지 않지만, 실무에서는 통상 전환가액 조정에 관한 사항을 사채발행관련 계약서에서 별도로 정한다. 따라서 회사가 사채발행 후 전환가액을 하회하는 발행가액으로 유상증자, 주식배당, 준비금의 자본전입 등을 하는 경우에는 소정의 산식에 따라 동 전환가액을 조정(인하)하는 경우가 적지 않다.

7.3.6. 전환사채 발행계약에 포함되는 일반적인 의무사항(Covenant)

전환사채도 사채의 일종이기 때문에 아래에 사용되는 일반적인 Debt Covenant가 계약에 주로 포함된다. 사채권자 입장에서는 Covenant가 지켜지고 있는지 지속적으로 모니터링이 필요할 수 있다.

7.3.6.1. 작위의무(Positive covenant)

사채를 발행하여 투자금을 받는 조건으로 채무자인 회사가 반드시 이행해야 하는 사항들이 있을 수 있다. 다음은 이러한 작위의무의 예시이다.

   i. 매년 감사받은 재무제표 제공
   ii. 특정한 재무비율을 유지할 것
   iii. 회사의 운명을 바꿀 수 있는 중요한 인물에 대한 생명보험 가입

7.3.6.2. 부작위의무(Negative covenant)

사채를 발행하여 투자금을 받는 조건으로 채무자인 회사가 사채권자의 허락없이 해서는 안 되는 사항들을 정할 수 있다. 다음은 이러한 부작위

발생한다. 나아가 대출금의 출자전환은 회사가 어려울 때 해주는 만큼, 전환사채와는 달리 기업의 미래정상화 여부에 의존하므로 그 이익이 불확실하다.

의무의 예시이다.

   i. 특정 영업자산의 판매
   ii. 추가 채무의 발생
   iii. 배당지급
   iv. 중요임원에 대한 보상금

제8절 자본금의 감소

제47조

(1) 인수납입자본의 감소에 관한 주주총회결의는 주식의 상환 또는 주식의 액면액의 감소에 의한 방법으로 하여야 한다.
(2) 전 1항의 주식의 상환이란, 주식을 회사가 재매수하거나 상환주식의 상환을 포함한다.
(3) 주식을 재매수함이 없이 주식 액면액을 감소할 경우에는 모든 종류 주식에 비례하여 해야한다.
(4) 전 3항의 비례에 대한 예외를 적용하기 위해서는 반드시 모든 주주가 액면가 감소에 대해 동의하여야 한다.
(5) 둘 이상의 종류주식이 있는 경우, 자본금 감소에 대한 주주총회의 결정은 해당 주주총회의 감자결정에 의해 권리가 감소하는 모든 종류주주 주주의 사전 동의를 득해서만 이루어질 수 있다.

8.1. 서 설

인도네시아 실무진 및 전문가에 대한 질의결과, 외국인의 PMA 투자자본 회수를 위한 감자에 대해서는 실무경험이 아래와 같이 상이한 것으로 보인다.

   a. 불능설: 분명한 규정 또는 이유는 없으나, BKPM에서 감자를 승인해주는 것을 좀처럼 보지 못했다는 의견
   b. 가능설: PMA라고 해서 감자승인을 제한할 수 있는 법률상의 근거가

없다는 의견 및 직접 감자진행을 수차례 해본 결과 실제로 큰 제한이
없었다는 의견

   c. 제한적 가능설: 사업축소 또는 자금회수 등 인도네시아 국부에 부정적
이라고 판단하는 경우에는 제한적으로 승인해주지 않는다고 하는 의견

경우에 따라 법률상의 근거가 없을지라도 실무에서는 외국인의 투자자
본 회수에 대한 반감에 기인하여 감자진행을 더디게 또는 어렵게 하는
것으로 보인다. 예컨대, 가능설의 입장에서도 "감자를 신청하면 법무인권
부에서 아무런 검토없이 의도적으로 두 달은 방치한다고 안내받았다"는
실례를 든 의견도 있다. 반면, 외국자본이 적지 않게 회수되었던 2017년
에 많은 PMA들이 감자를 진행했다는 회계사의 의견도 있다. 어느 의견
이든 상관없이 감자에 대한 승인이 나지 않는 경우에는 본 단원에서 설
명한 내용의 적용이 없을 것이다.

8.2. 의 의

자본감소란 회사가 보유할 재산액의 기준이 되는 자본을 감소하는 행
위를 말한다. 회사재산이 손실에 의하여 자본액을 밑돌 경우 결손을 전
보하고 장래의 이익배당을 위해 사용되기도 한다. 감자를 하고 회생을
위한 노력을 하더라도 장기적인 부진으로 인한 기업의 내재가치를 감자
만으로는 우량기업으로 만들 수 없기 때문에 출자전환 등 다른 수단과
함께 사용되기도 하며, 감자 후 유상증자를 통해 자본금 확충에 집중하
는 경우도 적지 않다.

회사의 순재산의 감소를 가져오는가의 여부에 따라, 실질상 감소를 가
져오면 유상감자라 하며, 실질적으로 순재산의 감소는 없으나 회계의 계
산상 자본감소가 있는 경우에는 명목상의 자본감소, 명의상 자본감사 또
는 이른바 무상감자라고 한다. 실질상이든 계산상이든 구분하지 아니하

고 주주총회의 결의, 정관변경, 회사채권자 보호절차를 거쳐야 한다.

물적회사인 주식회사에 있어서의 자본은 주주 외에도 회사 채권자의 이해와도 밀접한 관계가 있으므로, 추후 설명하는 엄격한 요건과 절차를 충족하여야 한다. 단, 그 요건과 절차는 한국 회사법과는 차이가 있으므로 주의하여야 한다.

한국에서 자본은 동기에 의하여 공시될 뿐, 정관의 절대적 기재사항이 아니므로 회사법상 자본의 감소가 정관변경을 가져오는 것은 아니므로 상법상 자본의 감소는 정관의 변경을 가져오는 것은 아니다. 반면, 인니 회사법에서 자본의 감소는 정관변경을 위한 정족수를 요구하고 있으며,302) 정관의 변경과 법무부의 승인을 요구하고 있다.303)

또, 자본감소의 방법에 대해서도 한국법률과 인니법률이 허용하는 방법은 후술하는 것과 같은 차이가 있다.

8.3. 자본감소의 방법

자본감소의 방법은 제47조에서 정한 지분상환(penarikan kembali saham)과 주금액의 감소(penurunan nilai nominal saham)에 의한 방법이 허용된다. 뒤에서 설명하듯, 전자는 입법상의 과실이다.

8.3.1. 지분상환

주식을 회사에 상환했다고 주식의 수가 줄어드는 것도 아니고 자본이 줄어드는 것도 아니다. 회사가 자기 주식을 갖게 될 뿐이다. 즉, 주주가

---

302) 제44조 제1항 "Keputusan RUPS untuk pengurangan modal Perseroan adalah sah apabila dilakukan dengan [⋯] jumlah suara setuju untuk perubahan anggaran dasar sesuai ketentuan dalam Undang－Undang ini dan/atau anggaran dasar."
303) 제46조.

회사에 주식을 상환하면 회사는 그 주식을 갖게 된다. 주주가 지분을 회사에 상환하면 회사 밖에서 소유 중인 지분이 줄어들기 때문에 지분 수가 줄어든다고 입법자가 착각한 것이 아닐까 생각된다. 제47조 제2항에서는 "주식의 상환이란 주식을 회사가 재매수하거나 상환주식의 상환을 포함한다"고 하였으므로, 어떻게 해석하더라도 kembali를 주식의 소각으로 볼 수는 없다. 이는 심각한 오류이다. 제36조 제2항에 따라 회사는 예외적으로 자기주식을 가질 수 있고 이 때는 구태여 회사에 지분을 상환하지 않더라도 해당 지분을 소각함으로써 자본을 줄일 수 있으므로, 본조는 단순한 실수로 보인다.

회사는 자기주식을 소각하면 주주들의 주식을 줄이지 않고 감자를 할 수 있으나, 이 조항대로 해석하면 주주가 주식을 상환(Kembali)해서 회사가 주금을 환급시켜야만 감자를 할 수 있는 것이 된다. 원래 자사주를 소각할 경우 주주의 지분 비율이 늘어나는 점을 이용해 감자는 주주가 경영권을 방어하기 위한 수단으로 이용할 수도 있는데, 입법자의 실수로 이런 방법을 원천적으로 차단하게 된 것으로 보인다.

본조대로 주주가 주식을 회사에 상환한다해서 즉시 자본이 줄어드는 것은 아니므로, 회사는 주식을 상환받은 뒤 소각을 해야 자본을 감소시킬 수 있다. 주식의 소각 시 그만큼 주식의 수가 줄어드는 동시에 주식액면총액이 감소한다. 주식을 소각하면, 먼저 유통주식수가 줄어들어 주당순이익(earning per share: EPS)이 증가하고 배당금이 높아질 뿐 아니라, 주식시장에서 주가의 움직임이 소각 이전보다 가벼워지는 효과가 있어 가업들이 주가 관리수단으로도 이용된다. 즉, 이는 유상증자 물량이 늘어나 주식시장을 압박하기 때문에 기업 스스로 증자 물량을 거두어 들여 없애버리는 것인데, 기업의 자본금이 감소하면 상대적으로 부채비율이 증가하는 부정적인 면도 있다.

한편, Penarikan kembali saham이 강제소각이나 무상소각도 포함하는 것인지 알 수가 없다. 문자 그대로 해석하면 주식의 병합은 제외되는 것 같으나, 실무에서는 주식병합도 흔히 이루어진다고 한다.

적어도, 유상소각은 주주에게 대가를 지급하고 매입하여 소각하는 것이므로 포함된다. 제약회사로 잘 알려진 PT Kalbe Farma Tbk가 2013년 총 발행주식 46,879,027,060주 중 3,904,950주를 매입한 뒤 소각한 것이 그러한 예이다.

무상으로 주식을 소각하는 것도 지분상환(Penarikan kembali saham)의 의미에 포함한다고 보아야 할 것이나, 이에 반대하는 의견도 있다. 무상소각의 대가가 주주에게 지급되지 않으므로 회사의 재산이 감소되지 않고, 따라서 채권자 보호절차를 거칠 필요가 없으므로 채권자보호절차를 거치는 것은 부당하기 때문이다. 이는 소수의견으로 보인다.

임의소각이란 주식회사가 주주와의 사이의 자유로운 개별적 계약에 의하여 자기의 주식을 취득한 후 이를 실효시키는 것을 말한다. 임의소각도 Penarikan kembali saham에 포함된다.

강제소각이란 주주의 의사에 상관없이 주주평등의 원칙에 입각하여 안분비례·추첨 등의 방법으로 회사가 일방적으로 특정한 주식을 소멸시키는 것을 말하는데, Penarikan kembali saham에 포함될 지는 의문이다. 적어도 이러한 강제소각을 보았다는 전문가는 발견하지 못했다.

8.3.2. 주금액의 감소

회사재산의 결손 때문에 주주에게 현실적으로 반환할 것이 없는 경우에 주주가 납입주금액의 일부를 포기하여 주주의 손실에서 주금액을 감소시킬 수 있다. 따라서 형식상의 감자 또는 무상감자라고 한다.[304] 제47조 제3항이 여기에 적용된다.

회사의 자본이 과대한 경우, 주금액의 일부를 주주에게 현실적으로 반

---

304) 강학상 "절기"라고도 한다.

환하고 그 남은 금액으로만 주금액을 감소시킬 수 있다. 따라서 이를 실질상의 감자 또는 유상감자라고 한다.[305] Matahari그룹의 PT Matahari Putra Prima Tbk가 2012년 11월 26일 주당 가치를 500루피아에서 50루피아로 줄이면서 주주에게 현실적으로 그 차액을 반환한 감자가 그러한 예이다.

어떤 방법에 의하더라도 주금액은 균일하여야 한다. 단, 감자대상의 주식 소유자 전원의 동의를 얻어 그와 달리 정할 수 있다(제47조 제4항). 따라서 한국 회사법 제329조 제3항 제4항의 주금균일의 원칙과 다르다는 점에 주의하여야 할 것이다.

8.4. 자본감소의 절차

8.4.1. 감자결의

정관에서 정한 정족수를 만족하여 주주총회의 특별결의를 거쳐야 한다(제44조 제1항). 회사법상 감자 결의를 위한 별도의 의결 정족수가 요구되지는 않는다.

8.4.2. 채권자보호절차

자본감소의 결의일로부터 7일 내에 하나 이상의 신문에 공고함으로써 모든 채권자에게 그러한 결의 사실을 알려야 한다(제45조). 신문공고로 족하며, 알고 있는 각 채권자에 대하여 따로따로 최고하여야 할 필요는 없다.[306]

이의가 있는 채권자는 60일 이내에 이유를 표명하여 서면으로 감자결

---

305) 강학상 "환급"이라고 한다.
306) 채권자에게 직접 통지하는 것을 Actual Notice라고 하고 공고하는 것을 Constructive Notice라고 한다. 후자만 요구하는 인도네시아 법률은 현대 회사법을 사용하는 입법례에서 예외적인 것으로 생각된다.

의반대를 회사와 법무인권부에 각 제출하여야 한다. 신문을 "인도네시아어로 유포하는 일간지"라고 정의하고 있으므로 전자신문도 이를 가름할 수 있을 것으로 생각하나 통상 종이 신문이 사용된다. 회사는 감자결의 반대에 대하여 30일 이내에 서면으로 답변하여야 한다. 이로부터 다시 30일 이내에 해당 채권자 및 회사가 합의에 이르지 못하거나, 회사가 이에 감자결의반대가 있은 날로부터 60일내에 답변하지 아니한 경우, 채권자는 그 회사주소지의 관할법원에 소송을 제기할 수 있다.

이의를 제출한 회사채권자에 대하여 회사가 변제 또는 상당한 담보를 제공할 회사법상 의무가 없으며 이를 목적으로 하여 상당한 재산을 신탁회사에 신탁할 의무 또한 없다. 또, 사채권자가 이의를 제출하기 위하여 사채권자집회의 결의를 거쳐야 할 회사법상의 의무 또한 없다.

8.4.3. 정관변경

인도네시아 회사법상 감자 시 법무인권부의 승인을 득하여 정관을 변경하여야 한다(제46조).

채권자로부터 기간 내 감자결의반대 서면이 없거나, 반대채권자 및 회사간 합의에 도달하였거나, 법원에 의하여 채권자 소송이 각하 또는 기각되었다면, 법무인권부는 감자를 위한 정관변경을 승인하여야 한다.

제9절 회사의 회계

9.1. 서 설

주식회사는 영리단체이며 자본단체이므로 회사의 손익계산관계나 재산의 처리방법에 관하여는 분명하고 정확하게 할 필요가 있다.

인도네시아는 인도네시아 별도 회계기준인 Pernyataan Standar Akutansi (PSAK)을 따른다. 외국회사와 합작회사를 설립하는 경우 국제회계기준인 IFRS를 따를 수는 있으나, 이에 따라 비용이 더 들 수 있다는 점은 주의하여야 할 것이다.

주식회사의 계산에 관하여는 법인세법 등 세법에서도 규정하고 있다. 세법의 계산규정은 소득의 계산을 주목적으로 하므로 기업회계기준과는 차이가 있다. 조세에 관한 한 기업은 세법의 규정에 따라 계산을 하여 납세하여야 한다.

9.2. 회계 보고서

9.2.1. 재무제표

인니 회사법상 재무제표는 주식회사의 결산을 위하여 이사회가 통상 매 결산기별로 작성토록 하고 감사위원회의 검토를 얻은 뒤 주주총회의 승인을 받아 확정되는 회계서류를 말한다. 인니 회사법 제66조 제2항에 따라 재무제표는 재무상태표, 손익계산서, 현금흐름표 및 자본변동표를 포함하여야 한다.

재무상태표(Balance sheet: Neraca)는 일정시점에서 기업의 자산과 부채 및 자본을 일정한 분류기준에 따라서 기재하여 기업의 재무상태를 명시한 것으로서 통상 기말 현재시점의 기업 재산상황 및 경영상태를 보여준다.

손익계산서(Profit or loss statement: Laporan laba rugi)는 일정기간 동안에 발생한 수입과 그에 대응한 비용을 기재하고 그 기간 중의 순손익을 표시한 것으로서, 통상 매 결산기별 기업경영성과를 보여준다.

현금흐름표(Statement of cash flows: Laporan arus kas)란 일정기간 동안에 자금이 어떻게 조달·활용되었는가를 표시하는 보고서로, 회계기간에 속하는 현금의 유입과 유출내용을 적정하게 표시하는 서류이다. 여기서 현금이란 현금과 예금 및 현금등가물을 말한다.

자본변동표(Stockholder's equity: Laporan perubahan ekuitas)는 자본의 크기와 그 변동에 관한 정보를 제공하는 재무보고서로, 자본을 구성하고 있는 자본금, 자본잉여금, 자본조정, 기타포괄손익누계액, 이익잉여금 또는 결손금의 변동액에 대한 포괄적인 정보를 제공한다.

이익잉여금처분계산서(surplus statement), 결손금처리계산서(deficit reconciliation statement)는 회사법에서 요구하는 재무제표 포함 사항은 아니다. 각각은 기업의 이월잉여금 내지 결손금의 수정사항과 당기순손익, 그리고 잉여금 및 결손금의 처분사항(예컨대 준비금의 적립, 이익의 배당, 기타 이익처분 또는 결손처리 등)을 명확하게 보고하기 위하여 작성하는 보고서이다.

9.2.2. 영업보고서

영업보고서는 당해 영업연도에 해당하는 회사의 영업상황을 설명하기 위해 결산기마다 이사회와 감사위원회의 승인을 거쳐 주주총회에 제출하는 보고서이다.

영업보고서는 다음의 사항을 반드시 기재하여야 한다.[307]

① 회계기준을 준수한 재무제표
② 회사 영업활동
③ 사회적 책임 및 친환경 이행 보고서
④ 당해 회계연도 중 회사의 영업에 영향을 끼친 주요 이슈들의 상세사항
⑤ 당해 회계연도 중 감사위원회가 수행한 감사업무 보고서
⑥ 이사 및 감사 성명
⑦ 이사 및 감사의 임금 및 기타 보상

영업보고서에 서명하지 않은 이사 또는 감사가 있는 경우, 그 이유를 서면으로 첨부하여야 한다.

---

307) 제66조 제2항.

9.2.3. 제출·승인 및 승인효과

9.2.3.1. 영업보고서의 승인

영업보고서는 이사회 및 감사위원회 전원의 서명을 득한 뒤 주주총회 통지일에 회사 사무소에 비치하여 주주들이 열람할 수 있도록 해야 한다 (제67조 제1항). 서명을 결한 이사 또는 감사는 그 이유를 서면으로 작성하여 영업보고서에 붙이며, 이 같은 서면작성이 없으면 그 이사와 감사는 해당 영업보고서를 승인한 것으로 본다.

재무제표 및 감사보고서 최종 승인은 주주총회에서 득하고 그 사실을 정관에 기재하여야 한다.

9.2.3.2. 회계감사

제68조 제1항에 해당하는 아래의 경우에 이사회는 반드시 영업보고서를 회계사에게 제출하여 회계감사를 받아야 한다.

① 회사활동이 지역기금을 운영하는 경우
② 회사가 공개회사 또는 자본시장법에서 정한 납입자본 및 주주 수를 만족시키는 경우
③ 주(州)정부가 소유한 회사인 경우
④ 회사의 자산 또는 사업가치가 오백억(50,000,000,000)루피아 이상인 경우
⑤ 다른 법률에서 정함이 있는 경우

제68조 제1항에 해당되지 않는 소규모 폐쇄회사의 경우 회계감사 보고서는 그 이해관계자가 주주와 회사채권자 등으로 한정되어 있는 경우가 많기 때문에, 실무에서는 이해관계자간 별다른 문제가 없다면 작성되지 않는 경우도 적지 않은 것으로 보인다.308)

이사회는 상기 회계감사를 받은 보고서를 주주총회에 제출하여야 하며, 본 주주총회에서 승인받은 영업보고서 내 재무상태표 및 손익계산서

---

308) 이와 관련 다음 참조. Keputusan Menteri Perdagangan 121/2001, Ref. Peraturan Pemerintah 64/1999, Ketentuan Penyampaian Laporan Keuangan Tahunan Perusahan.

를 주주총회일로부터 7일 이내에 신문에 공고하여야 한다. 신문을 "인도네시아어로 유포하는 일간지"라고 정의하고 있으므로 전자신문도 가름할 수 있을 것으로 생각한다.

9.2.3.3. 회계감사와 관련한 변호사 및 회계사의 알력 다툼

사내변호사 또는 외부법무법인에게 담당회사의 진행 중인 모든 소송에 대하여 외부감사인에게 모든 상세사항을 일일이 설명할 법률상의 의무는 없다. 반대로 Confidentiality가 생명이므로 가능한 공개를 하지 않는 것이 현명할 수 있다.

그러나 확정채무로 전환될 가능성이 높은 불확정 우발채무까지 공시하여야 하는 의무는 회계사가 아니라 담당회사에게 지워진 것으로써, 공시를 부적절하게 하거나 아예 하지 아니한 경우 그 회사의 감사의견이 한정의견(Qualified), 부적정의견(Adverse), 최악의 경우에는 의견거절(Disclaimer)까지 나올 수 있다. 때문에 결국에는 사내변호사와 외부법무법인에게도 필요한 선에서 협조가 필요하다.

미국계 대형 회계법인을 중심으로 미국의 감사 Practice가 어느 정도 인도네시아 실무에도 도입된 것으로 보인다.[309] 상장회사 및 금융회사의 경우 공시책임이 엄격하므로 더욱 그러하다. 이에 따라 감사인의 감사실무 일환으로 사내변호사 또는 법무법인에게도 이른바 Corroborate evidence를 요청할 수 있다. 이는 회사가 채택한 우발채무 관련 내부정책, 절차 및 자료 등과 대조하는데 사용된다.

---

309) 구체적으로는 AU337. "Auditor should question management about the existence of contingent liabilities. The client should send a letter to its attorneys describing all of the contingent liabilities (litigation, claims and assessments), including unasserted claims. The letter should request that the attorney confirm the correctness for the client's understanding regarding these claims (reflected in the leter of audit inquiry). The letter should also ask for confirmation that the attorney will advise the client when unasserted claims require disclosure."

회사에 중요한 소송이나 다수의 분쟁이 진행 중이라면 이를 어느 수준에서 공개해야할지, 공시하지 않겠다고 하는 결정에 대한 책임을 누가 질지, 회사·회계법인·법무법인 간 알력 다툼이 있다.

회계사는 우발채무와 관련하여 (i) 분쟁의 성격 및 분쟁이 발생한 회계연도 (ii) 소송진행단계 및 경영진의 의도 (끝까지 싸울지 화해나 합의로 마무리할 지), (iii) 원치 않는 결과가 발생할 가능성, (iv) 잠재적 손실액 등을 공시하기 위하여, 사내변호사 또는 외부법무법인에게 (a) 진행 중인 소송 (b) 제기되지 않은 소송 (c) 기타 변호사가 고객에게 주어야 하는 의견 (d) 답변할 수 없다면 그 이유 등을 물을 수 있다. 실무에서는 대개 우표까지 붙인 회신용 봉투까지 동봉하여 회사의 이름으로 송부하기도 한다. 굳이 사내변호사나 외부법무법인에게 묻는 것은, 회계감사에 있어서 다른 부서 또는 외부에서 받은 증거를 보다 신뢰있는 증거로 보는 원칙 때문이다.

법무법인으로부터의 지급청구서(invoice)와 사내회의록, 각종 계약서, 은행지급보증여부 등까지 같이 확인하므로 거짓답변은 금방 드러나게 된다. 문제가 될 것이라 생각하면 아예 답변을 하지 않는 것이 상책이다.

제한적인 답변에는 전형적인 두 가지가 있다. 첫째는 이른바 "Substantial attention limitation"라고 하는 것으로, 쉽게 말하면 "대수롭지 않다"는 것이다. 물론 이때는 무엇이 대수로운지 그 기준에 대하여 회계법인 측에서 협의하고자 할 수 있다. 따라서 보다 많이 쓰이는 답변 유형은 "Confidential information"으로, "지금은 답변할 수 없다"는 것이다. 소송과 분쟁의 성격에 따라 회계연도 마감시점에서 공개 시에 진행 중인 사건에 악영향을 끼칠 가능성이 있고, 당장에는 공개하지 않는 것이 현명할 수 있기 때문이다. 회계사 입장에서는 재무제표 공시할 때 "변호사가 Confidentiality를 근거로 정보를 제공하지 않았기 때문"이라고 쓸 수도 없는 노릇이기 때문에 알력 다툼으로 사용되는 것으로 보인다.

9.2.3.4. 승인의 효과

정기총회에서 일단 재무제표를 승인하게 되면 그 직접적인 효과로서 재무제표가 확정되고, 이에 따라 이익 또는 손실의 처분이 결정된다.

재무제표 기재가 잘못되어 손해를 입은 상대로 이사 및 감사 전원이 연대하여 책임을 지며, 이사 또는 감사가 본인의 해당 기재오류에 대해 죄책(kesalahan)이 없음을 입증하여야 책임을 면할 수 있다.

이사 또는 감사의 죄책이라 함은, 예컨대 회사의 이사가 회사를 상대로 시가의 2배가 넘는 가격으로 토지를 매도한 경우, 영업 외의 주식투기를 한 경우, 승인요구 과정에서 허위설명이나 강박에 의한 승인을 요구한 경우 등이다. 죄책이 없음을 입증하기 위해서는 이 같은 사정에 기여하지 않았고, 승인 시에 이를 알 수 없었음을 입증하여야 할 것으로 생각된다.

9.3. 상장회사 공시규정

자본시장에 있어서 정보는 회사의 경영성과를 판단하고 주가를 예측하기 위한 핵심요소이다. 따라서 주요정보공개는 증권규제의 생명이다. 그러나 모든 정보가 동일하게 투자판단에 적절하다고 할 수는 없다. 회사 대표이사의 보수는 투자자에게 중요하지만, 개인시간에 싱가포르 센토사에 즐겨간다는 정보는 중요하지 않다. 이런 정보가 잘못됐다고 손실을 입은 투자자가 IDX나 법원에 제소해서 승소할 것을 통상적으로 기대하지는 않을 것이다.

정보의 중대성은 따라서 정보공개규제의 핵심적인 기준이다. 자본시장법상 중대한 정보는 공개하여야 하고, 공개되면 반드시 진실되고 관련 정보의 중요한 일부를 생략해서는 안 된다. 예컨대, OJK 규정 No.IX.K.1에 따라 주가에 영향을 줄 수 있는 중대한 정보는 늦어도 해당 정보가 이용가능해진(available) 시점으로부터 2 영업일 안에 공중에 알려야 한다. 이 때 중대한 정보라 함은 아래와 같다.

- 인수 합병 및 합작회사 설립
- 주식배당 또는 주식분할
- 배당에 따른 특별이익
- 중요계약의 체결 또는 손실
- 중요한 신규제품 또는 개발
- 경영상의 중요한 변경 또는 영향력의 변화
- 채무증권를 지불 또는 환매한다는 통지
- 추가 증권의 매매
- 자산매매에서 발생한 중대한 손실
- 중요한 노무문제
- 이사·감사 또는 회사를 상대로 한 중요한 소송
- 자사의 증권을 매입하겠다는 청약
- 담당 회계법인 또는 회계사의 교체
- 피신탁인의 교체
- 회사 회계년도의 변경

상기 정보에 더하여 상장회사는 정기적으로 인도네시아증권거래소(IDX), OJK 그리고 공중에 정기적인 공시의무가 있다. 일단 정보가 공개되면 거기에는 항상 진실되어야 하고 관련정보 전부를 진실되게 밝혀야 한다. 단, 해당 공시가 확실하게 허위·과장이라거나, 해당 정보나 왜곡된 사실이 중요하다는 입증책임은 OJK나 소송의 원고에게 있다. 만약 정보를 공개조차 안 하면 중대성에 대한 질문에 도달하지도 않는다. 법률에서 정한 사실 외에는 자발적으로 일일이 정보를 공개하라는 법은 없기 때문이다. 즉, 침묵은 금이다. 만에 하나, 침묵을 깨고 공개한 내용이 사실과 달랐다고 하더라도 변론방법은 다양하다.[310]

---

310) Bespeaks Caution Doctrine은 도날드 트럼프 카지노 케이스 [In re Donald J. Trump Casino Sec. Litig., 7 F.3d 357, 371-73 (3d Cir. 1993), cert. denied, 510 U.S. 1178 (1994)]에서 발전했다. 본 사건에서 법원은 공시에서 미래를 예측하거나 전망하는 말(Forward-looking statement)에

9.4. 준비금

준비금(Reserve funds: cadangan)이란 자본액을 초과하는 회사의 재산액을 일정한 목적을 위하여 회사에 적립하여 두는 계산상의 수액이며 한국에서는 적립금이라고도 한다. 준비금은 실질적으로 회사의 이익을 유보하는 유보금이며 형식적으로는 재무상태표의 부채의 부에 기재되어 이익산출을 함에 있어서 순자산액으로부터 자본과 함께 공제되는 공제항목이다. 어떠한 형태로든 회사에 보유되면 되고, 특별한 기금 따위의 형식으로 보관할 필요는 없다.

본래 주식회사가 자본액을 초과하는 재산을 전부 배당한다면, 장래에 그 회사가 손실을 보게 되는 경우에는 회사뿐만 아니라 주주 및 회사채권자에게도 곤란하게 되므로, 회사의 건전한 발전을 도모하고 회사채권자를 보호하기 위하여 자본액을 초과하는 재산의 일부를 회사에 적립하게 한 것이다.

준비금에는 법률의 규정에 의하여 그 적립이 강제되는 법정준비금(legal reserve)과 회사가 자치적으로 정관이나 주주총회의 결의에 의하여 적립하는 임의준비금(voluntary reserve)이 있다. 관행되고 있는 감가상각계산액, 대손충당금,[311] 가격변동준비금과 같은 유사준비금이나 비밀준비금은 이른바 부진정준비금으로, 본래의 의미의 준비금이 아니다.

인도네시아 회사법은 이익준비금과 자본준비금을 구분하지 않고 일괄하여 준비금으로써 이익을 적립하도록 요구하고 있다(제70조 제1항). 회사

불과하고 충분한 주의를 주었다면, 책임이 없다고 하였다. 인도네시아 자본시장 규제가 미국의 그것을 닮아가는 추세를 지켜볼 때 인도네시아에서도 유사한 판례를 얻을 수 있을 것이라고 생각한다.

311) 대손충당금(Cadangan piutang ragu‒ragu)관련, 채권소송에서 패소시에 해당 채권을 대손으로 인식해야 하는지, 대손충당금을 적립해야 하는지 분명한 기준이 없다. 따라서 적립필요여부는 통상 항소심 또는 상고심의 승소가능성에 따른다.

는 이익이 발생한 한도에서 회사 자본의 20% 금액에 달할 때까지 준비금을 적립하여야 한다(제70조).

원래 이익준비금은 회사의 영업거래에서 생긴 이익을 적립하는 준비금이며, 자본준비금은 회사의 자본거래에서 생긴 이익을 적립하는 준비금이다. 이익준비금은 본래 주주에게 배당할 것이지만 장래의 손실에 대비해서 회사의 재산적 기초를 견실하게 하기 위하여 적립하는 것인데, 적립한계를 초과한 금액은 임의준비금이 된다. 자본준비금은 주주의 출자의 일부 기타 자본에 준할 성질의 금액으로써, 그 성질상 이익배당에 충당하는 것이 부적당하므로 그대로 적립하는 것이다. 따라서 적립한도도 있을 수 없다.

인도네시아 회계사에 따르면 본조의 준비금을 전액 이익준비금으로 해석하는 것이 현재의 실무라고 한다. 이는 제70조 제4항에서 준비금은 손실의 전보를 위해서만 사용할 수 있으며 제71조에서 주주총회 결의를 통해서만 사용할 수 있다고 정하고 있기 때문으로 보인다. 본 해석상 자본준비금의 적립은 당연 요구되지 않는다고 볼 것이다.

9.5. 배 당

9.5.1. 이익배당

이익배당이란 회사가 영업연도의 영업활동으로 얻은 당기 순 이익을 주주에게 배당하는 것을 말한다.

배당의 요건은 아래와 같다.
  ① 정관의 규정(잉여금의 사용 및 이익배당절차는 설립정관의 절대적 기재사항이므로)
  ② 일반주주총회 또는 특별주주총회의 승인결의(제71조 제1항)[312]

---

312) 한국에는 상법상 주주총회가 아닌 이사회의 결의로 승인할 수 있는 특칙이 있으나, 인도네시아 회사법에는 그러한 특칙이 없다.

③ 배당가능이익의 존재(제71조 제3항)

이익배당은 주주평등의 원칙에 따라 각 주주가 가진 주식수에 따라 지급하며, 우선배당주 등 회사가 정관의 규정에 따라 이익배당에 관하여 내용이 다른 수종의 주식을 발행한 경우 수종의 주식 사이에 차등배당이 가능하다.

회사는 대차대조표 상 직전 영업연도에서 이월된 누적손실을 차감한 당해 영업연도의 총 순재산액에서 제70조 제1항의 준비금을 공제한 금액을 배당할 수 있다(제71조).

배당금을 지급받을 주주란 결산기에 있어서 주주명부상의 주주를 말한다.

배당지급시기는 재무제표의 승인결의가 있은 날로부터 1월 이내에 하되, 중간배당의 경우는 후술하는 바와 같다.

이익배당청구권과 관련하여, 주주는 주주총회의 재무제표 승인결의가 있은 후 회사에 대하여 배당금지급청구를 할 수 있다(제71조 제2항).[313] 특히 배당우선주의 경우 당기순이익이 발생하는 한 이익의 한도 내에서 결산기의 경과와 함께 자동적으로 이익배당청구권이 발생한다. 이는 독립된 채권적 권리이므로 독립하여 양도 가능하다고 사료된다.

반면 재무제표승인 결의가 없다면 이익배당금의 지급청구도 할 수 없다 할 것이며, 제3자에게 이러한 권리를 독립하여 양도할 수 없음은 물론이다.

재무제표 승인결의가 있은 후로부터도 지급을 지연할 시에는 과태료의 제재, 손해배상책임, 지연손해금 배상청구 등을 고려할 수 있다. 이익배당은 주주에게 중요한 사항이므로, 이익이 있음에도 특별한 사정없이 배당하지 않는 것은 주주의 권리를 침해할 수 있기 때문이다.

인도네시아 회사법 제73조는 5년이 경과한 장기무배당에 대해서는 특

---

313) 인도네시아 기업회계에서도 배당청구권과 금액이 확정되는 시점에 배당수익을 인식하는 점은 동일하다.

별준비금으로써 적립하고 주주총회에서 별도의 배당청구절차를 정할 것을 요구한다. 특별준비금에 적립되고도 10년 간 배당청구권이 행사되지 않은 금액은 회사의 자산이 된다(제73조).

9.5.2. 중간배당

중간배당이란, 연 1회의 결산기를 정한 회사가 정관의 규정에 의하여 영업연도 중 1회에 한하여 이사회의 결의로 일정한 날을 정하여 그 날의 주주에 대하여 금전으로 하는 이익배당을 말한다(제72조). Yahya Harahap 독트린에 의하면, 중간배당이란 "주주총회의 영업영도 이익에 대한 승인 결의가 있기 전에 결정되고 지불되는 일시적 배당"을 말한다. 이를 인정하는 것은, 시세차익을 얻으려는 주주로 인해 불건전한 주식시장을 초래할 수 있으므로 배당수익을 추구하는 건전한 투자관행을 촉진시키기 위함이다. 나아가 회사의 일시적인 자금압박을 덜어주고 일반대중의 주식투자에 대한 관심을 제고하는 기능을 한다.

중간배당의 요건은 아래와 같다.

(i) 정관상 중간배당에 대한 규정이 있을 것(제72조 제1항)[314]
(ii) 납입자본금[315] 및 준비금 이하로 회사자산을 감소시키지 않을 것 (동조 제2항)
(iii) 회사 채권자의 권리를 해함이 없을 것(동조 제3항)
(iv) 감사위원회의 허가를 얻은 후 이사회의 결의에 따를 것(동조 제4항)

중간배당이 직전결산기의 순재산액에 기초한 것인가[316] 당해결산기의 순재산액에 기초한 것인가[317] 견해는 나뉠 수 있으나, 실무상 직전 결산기의 대차대조표 상 이익도 현존해야 하며 당해 결산기에 배당가능이익 또한 예상되어야 할 것이라고 보수적으로 해석하는 편이 안전하다고 사

---

314) 한국은 "정관상 그에 반하는 규정이 없을 것"이므로 차이가 있다.
315) 자본금이란 발행주식의 액면총액을 의미한다.
316) 전기이익후급설.
317) 이익배당선급설.

료된다. 회사법 동조 제5항에서도 회계연도를 경과하고 보니 회사에 손실이 났다면, 해당 회계연도에 분배한 중간배당금을 회사에 환급하여야 한다고 하고 있다. 이는 인도네시아 회사법도 직전 결산기의 재무제표상 이익이 없거나 당해 결산기에 이익이 예상되지 않음에도 불구하고 한 중간배당은 당연무효라고 보기 때문인 것으로 보인다. 회계상 배당액 중 이익잉여금을 초과한 부분은 납입자본의 환급으로 보는 점은 물론이다. 결국 이 같은 중간배당은 무효이며, 이사는 차액배상책임과 회사 및 제3자에 대한손해배상책임을 진다(동조 제6항), 이 경우 회사는 물론 회사채권자 또한 본 조항에 터잡아 부당이득반환청구가 가능할 것이다.

9.5.3. 장기무배당과 주주보호

지배주주가 당기순이익이 발생하였음에도 불구하고, 개인의 이익을 위해 주주총회의 결의를 통해 당기순이익 전액을 사내유보시킨 경우, 소액주주들의 이익배당청구권이 침해되는데 이를 보호하기 위한 수단으로 무엇이 있는지가 문제된다.

재무제표의 승인결의가 있어야 주주는 회사에 대해 구제적인 이익배당청구권이 발생하는데 장기무배당의 경우에는 재무제표의 승인결의가 있기 전이므로 소액주주의 보호와 관련하여 배당강제소송을 할 수 있는지 여부가 이슈이다.

안타깝게도 현재까지 인도네시아에서는 승인결의 전의 소액주주의 이익배당청구권에 대해서는 판례가 보이지 않는다. 본서 집필시 문의한 대부분의 인도네시아 실무진은 승인결의 이전의 이익배당청구권에 대해서 부정적으로 보았다. 사견으로, 해당 지분을 처분하면 된다는 점, 회사법상 정하지 아니한 점, 엄격한 형식성을 요구하는 인니내 legal practice 등을 미루어 인니내 승인결의 전 이익배당청구권이 인정되기는 쉽지 않을 것으로 본다.

9.5.4. 배당세

회사법상의 배당에 비하여 세법상 말하는 이익배당은 훨씬 넓은 개념을 포괄한다. 회사법상의 배당 이외에도 구체적으로 세법상 이익배당은 아래와 같이 이른바 "위장배당(disguised dividends)"들을 모두 포함한다 (1983년 제7호 소득세법에 대한 일부개정법, 2000년 제17호법 제4조 제1항 g목).

① 형식이나 이름에 관계없이 이익의 직간접적인 분배
② 회사의 청산에 따른 분배 금액이 납입자본을 초과하는 경우 그 초과분
③ 대금을 납입하지 않고 얻은 보너스 주식
④ 주식 형태의 이익분배
⑤ 납입 없이 지분이 증가한 경우 그 증가분
⑥ 주식대금납입 시 납입하지 않은 분만큼의 지분
⑦ 감자에 의한 경우를 제외하고 납입자본의 전부나 일부를 돌려받은 경우 해당 금액
⑧ 이익 또는 채무면제 등의 표시로 받은 금액
⑨ 사채와 관련하여 받은 이익
⑩ 피보험자가 받은 이익
⑪ 협동조합 구성원이 받은 이익의 분배
⑫ 주주개인의 목적을 위해 사용된 회사의 비용

이 같은 위장배당의 흔한 예로, 주주의 대금납입을 핑계 삼아 회사에게 초 고금리 신용공여를 하는 경우가 있다. 이 경우 시장이자율과 주주와 회사 간의 이자율 차이가 배당으로 취급된다. 배당으로 취급된 이자는 손금불산입 비용(Disallowed deductions)이므로 회사에게 비용 처리되지 않는다.

법인세법상 이익배당금은 손금불산입 비용에 해당한다. 손금불산입이란, 법인이 기업회계기준 등 결산조정에 의하여 손금으로 계산하였으나, 법인의 각 사업연도 소득을 계산함에 있어 정책상의 이유로 법인세법에서는 손금에 해당되지 않아 이를 세무조정을 통해서 손금에서 제외하는 것을 말한다.

단, 위 ③의 보너스 주식에 대하여는 예외가 있다. 주주가 액면가를 초

과한 가격으로 주식을 매입하였다면, (i) 보너스 주식을 배당 받은 후 주식의 총 액면가가 납입자본금을 초과하지 않고, (ii) 자본금이 고정자산의 재평가액을 초과하는 한, 그 보너스 주식은 세법상 배당으로 보지 않는다.

일반적으로, 위 세법상 배당의 정의에 해당하는 모든 형태의 이익배당은 과세대상이다. 그러나 소득세법은 제4조 제3항 제f호에서 예외를 정하고 있다.

배당에 대한 원천징수세액은 아래와 같다.

(1) 거주자인 수익자

인도네시아 회사로부터 수취하는 배당금을 받는 자가 인도네시아 주식회사(PT), 협동조합 또는 정부소유기업이며 다음의 조건을 모두 충족하는 경우 세금이 면제된다(2000년 개정 소득세법 제4조 제3항 제f호).

① 배당이 이익잉여금 처분에 의한 것일 것
② 배당을 수취하는 회사가 배당을 지급하는 회사 지분의 최소 25% 이상을 보유할 것

위 조건을 충족하지 못하는 경우, 회사의 다른 소득과 함께 일반세율을 적용하여 과세된다. 배당은 소득세법에 따라 15%의 원천징수세가 적용되며(제23조),[318] 원천납부세액은 기납부세액을 구성한다.

재단 및 그 유사조직으로부터 받는 배당금은 소득세법에 따른 원천세가 적용되므로 개인거주자가 수취하는 배당금은 최대 10%의 최종분리과세가 적용된다.

(2) 비거주자인 수익자

비거주자인 투자자는 투자법 제3조 제3항상 자유롭게 배당금을 외화로써 이전하거나 본국으로 송금할 수 있다. 비거주자에게 지급하는 배당

---

318) 제23조(거주자간 거래이익에 대한 소득세): http://www.pajak.net/info/
PPh23.htm

금은 20%의 최종분리과세가 적용된다(소득세법 제26조).[319] 그러나, 1988년 체결된 한국과 인도네시아 사이의 소득에 대한 조세의 이중과세회피와 탈세방지를 위한 협약에 따라, 인도네시아에 진출한 한국거주자는 전체 과세소득에서 인도네시아 원천소득이 차지하는 비율에 따라 환산한 세무액의 범위 내에서 인도네시아에 납부한 세무액을 한국에서 공제받을 수 있다. 동 조세협약에 따라 25% 이상의 지분소유자는 10%의 원천징수세율이, 25% 미만의 지분소유자는 15%의 원천징수세율이 적용된다.

세금을 고려하여 싱가포르, 홍콩, 네덜란드에 주주 법인을 두는 경우가 많고, 이러한 주주 법인이 'portforlio' 또는 'substantial' holding여부에 따라서 과세가 달라질 수 있다.[320]

9.6. 회계감사 및 회계자문계약

회계감사 업무에 있어서 회계사의 고객사에 대한 책임범위는 한정적이다. 심지어 분식회계 등이 문제가 된 경우에도 해당 회사는 재무자료들을 작성 및 제공한 1차적 책임소재로부터 자유로울 수 없고, 특히 자잘한 금액이 아닌 중대한 재무제표 왜곡에 대한 책임 소재는 회사 경영자의 결단에 있다고 보기 때문이다.

기중 Planning 시점에서 내부 감사인 구성·내부 감사인의 감독범위 및 내부 회계지침의 잦은 변경이 발견되는 등 부정가능성이 발견될 가능성이 높았다 하더라도, 감사인은 기말테스트를 엄격하게 해야 할 책임이 있을 뿐이다. 이때에도 부정이 발견되지 않았다면 전달받은 내부서류들

---

319) 비거주자가 얻는 소득에 대한 세금.
320) 여담으로 인도네시아 회사의 해외주주가 싱가포르 등 Common law의 지배를 받는 경우, 해당 주주는 원천징수세 납부를 본국 국세청에 증명하기 위해서 회사로부터 Dividend Voucher 또는 Tax Certificate 등으로 불리는 납세증명서를 회사에 청구하는 경우가 있다. 이 같은 증명서는 일반 인도네시아 회사에서 전형적으로 발급하는 서류 양식은 아닌 것으로 보인다.

이 전부이며 추가의 거짓사항이 없다는 확인서를 경영자와 실무진들로부터 받기 때문에, 고의범 내지 계획범이 아닌 한 회계감사인의 고객회사에 대한 책임은 거의 성립하기가 힘들다.

또, 종종 있는 실무상의 오해와는 달리, 재무제표 작성이나 주석까지 회계감사인에게 모두 작성을 요청해서는 안 된다. 원칙적으로 주석은 회사가 작성하는 감사의 대상이지, 감사인의 작성사항이 아니다.

따라서 Engagement Letter등 회계감사 및 회계자문계약서도 일반적으로 '필요한 제서류의 제출과 요구', '지체상금', '대금지급 및 계약/차액보증금', '감사대상 및 시기' 등을 정할 뿐, 별도로 감사인 책임에 대하여 기술하지 않는다. 반대로 '재무제표는 경영진의 책임이다(Laporan-laporan keuangan adalah pertanggungjawaban manajemen perusahaan.)'라거나 '감사는 합리적인 수준이면 충분하고 완전할 것을 요구하는 것은 아니며, 중요하지 않은 재무제표 상의 계상오류나 사기 또는 횡령들까지 다 잡을 의무는 있지 아니하다(Standar tersebut mewajibkan agar kami mencapai secara layak, daripada kemutlakan, jaminan bahwa laporan-laporan keuangan bebas dari kesalahan laporan yang penting [⋯] suatu audit tidak didesain untuk mendeteksi kesalahan atau kecurangan yang tidak penting bagi laporan keuangan; oleh karena itu, audit tidak perlu mendeteksi kesalahan laporan yang kurang dari tingkat kepentingan ini yang mungkin ada karena kesalahan, kecurangan pelaporan keuangan atau penyalahgunaan aset-aset)' 등의 면피성 내지 경고성 문구가 첨부되는 경우도 있다. 이런 문구가 있다고 어차피 고의불법행위책임 내지 중과실책임에서 회계감사인이 자유로워지는 것도 아니므로, 구태여 수정할 필요는 없을 것이라 생각한다.

9.7. 주주의 회사조사청구권

제1항 회사 또는 회사의 주주에게 손해를 끼치는 불법행위가 있거나 의심이 있을 경우, 그 회사의 정보와 자료를 얻을 목적으로 조사를 할 수 있다.

제2항 제1항의 조사는 회사가 위치한 관할법원에 서면으로 청구하여야 한다.

제3항 제2항의 조사 청구는 1/10 이상의 지분주주 [중략] 등이 제기할 수 있다.

제4항 제3항의 청구는 반드시 주주가 회사를 상대로 해당 정보 및 자료 제공을 요청한 뒤 거절당했을 때만 이행할 수 있다.

제5항 전 항의 청구는 반드시 선의로 정당한 이유를 근거로만 이행하여야 한다.

회사가 불법행위를 한다는 의심이 있을 때의 해당 회사에 대한 조사절차를 회사법 제138조 내지 제141조에 두고 있다. 소송법상 증거조사절차 규정 등에서 다루면 될 것을 구태여 회사법에 둔 것이다. 창의적인 입법이다.

여기서 불법행위라 함은, 네덜란드 식민지 시대 1919년 1월 31일 Hoge Raad 판결에 따라 "법률을 위반한 행위뿐만 아니라 타인의 권리, 행위자의 법적 의무, 타인의 재산, 사회에서 인정되는 신뢰를 해하는 모든 행위들을 포함"한다. 식민지 시대 네덜란드사법부에 의한 결정이지만 오늘날까지 일반 불법행위 판결에서 두루 적용되는 판결이다.

9.7.1. 청구 및 조사절차

청구권자는 1/10 이상의 지분을 가진 주주, 법률·회사 정관·계약 등에서 정한 조사청구권자, 검찰이다.

청구권자는 회사, 이사 또는 감사가 주주나 제3자의 권리를 해할 수 있는 불법행위를 했다는 합리적인 의심이 들면, 우선 회사에 주주총회를 통하여 관련 자료제공 및 해명할 것을 요청할 수 있다. 이것이 거절된 경우에는 해당 청구권자는 법원에 서면으로 회사에 대한 조사를 청구할 수 있다. 이 청구가 받아들여지면 법원은 조사명령을 내리고 이를 위해 최대 3명의 독립전문가를 선임한다. 선임된 전문가들은 회사의 모든 자료와 자산들을 조사할 수 있고 회사는 요청받은 모든 정보를 공개하여야 한다. 전문가들은 선임일로부터 90일내에 법원에 해당 조사내용을 보고하며, 법원은 이를 수령하고 14일 내에 해당 회사에게 송부한다.

조사에 드는 비용은 회사가 내며, 법원의 판단에 따라 청구권자, 이사, 감사가 배상하게 할 수도 있다.

9.7.2. 실무에서의 문제

회사조사청구권이 소수주주의 정당한 권익을 보호하기 위해서라면 좋은 장치가 될 수도 있다.

그러나 「소수주주권」 단원에서 설명하였듯이, 인도네시아 내 해당 사업을 영위하는데 필요한 최소지분율을 위하여 인도네시아 국적자 또는 PMDN을 소수주주로 참여시켰다가, 변심한 소수주주 또는 그의 상속인이 이런 소수주주권을 악용 내지 남용하면서 일정한 보상을 요구하는 경우가 적지 않은 것으로 보인다. 이때 소수주주가 쓸 수 있는 방법이 회사조사청구권이다. (i) 불법행위에 대한 증거없이 단순한 의심에 기초하여 법원이 조사청구를 받아들일 수 있고, (ii) 정직하고 성실하게 사업을 하는 회사라도 예상하지 못한 소소한 것들이 문제의 소지가 될 수 있는데다, (iii) 불법행위가 의심되어 조사를 받고 있다는 사실 자체가 회사에 대한 부정적인 여론을 형성하므로, 해당 회사나 대주주 입장에서는 성가신 문제가 될 수 있다.

판례 번호	대법원 No: 2989 K/Pdt/2013
당사자	원고(피항소인 상고인): PT. Perusahaan Dagang Tato("본건 회사")의 감사이자 소수주주 피고 Ⅰ (항소인 피상고인): 본건 회사의 이사이자 소수주주 피고 Ⅱ (항소인 피상고인): 본건 회사의 감사이자 소수주주 준피고 Ⅰ: 회사의 소수주주 준피고 Ⅱ: 제삼 사건관련자 준피고 Ⅲ: 법무인권부
요약	2010년 초, 피고 Ⅰ, 피고 Ⅱ 및 준피고 Ⅰ은 원고에게 사전통지하지 않고 주주총회를 열어 피고 Ⅰ 및 피고 Ⅱ를 이사로 선임하는 결정을 하였다. 이후 원고는 피고 Ⅰ과 피고 Ⅱ에게 2010년 본건 회사의 장부를 요청하였으나, 피고 Ⅰ과 피고 Ⅱ는 답변하지 아니하였다. 원고는 피고 Ⅰ과 피고 Ⅱ가 원고의 2007년 제40호 회사법 제138조 조사권을 무시하였다고 주장하면서 피고를 상대로 회사법 제92조 제97조 제100조 및 본건 회사 정관에 터잡아 일정한 벌금액에 대한 연대책임 및 조사청구권을 주장하였다. 남부자카르타 지방법원은 원고 승소판결을 내린 반면, 자카르타 고등법원은 회사법 제80조에 따라 주주총회를 개회하도록 지방법원에 청구했어야 한다면서 원심판결을 뒤집었다. 대법원은 고등법원의 판결을 뒤집고 원고의 권리가 침해되었다고 판결하였다.
평론	원칙적으로 의결권이 있는 모든 주주에게 통지를 하지 아니한 경우, 해당 주주총회의 무효 또는 취소사유에 해당한다(인도네시아는 주주총회 무효, 부존재, 취소사유를 구분하지 않는다). 단, 통지를 받지 않은 주주가 서면으로 이에 대한 취소사유를 면제해주거나, 반대하지 않고 주주총회에 직접 참석한 경우에는 취소사유가 치유된다. 본건에서는 원고는 해당 주주총회가 무효 또는 취소임을 주장하지 않았다. 주주총회의 부당결의 또는 취소를 주장할 수 있는 본건에서

원고는 단순히 10%의 주주로써 조사청구권을 주장하고 정관상의 벌금을 청구했을 뿐이다.

이처럼, 조사청구권은 인도네시아의 소수주주가 목적을 달성하기 위한 전형적인 전략이다. 사소한 행정문제도 인도네시아의 불분명한 법률에 따라 큰 문제로 커질 소지가 많고, 조사청구권의 실행 자체가 회사에게는 큰 부담이며, 불법행위에 기반한 조사청구권의 수행은 그 결과와 무관하게 회사에 대한 여론을 악화시킬 수 있다.

나라를 불문하고 차명을 쓰는 일은 흔하고, 이 때 이름을 빌려주었던 자가 나중에 변심하여 일정한 요구를 하는 것 또한 흔하다. 인도네시아에서 조사청구권은 이처럼 이름을 빌려주었던 소수주주가 일정한 보상을 받기 위해 사용하는 경우가 있다.

제10절 주식회사의 정관변경

주식회사 정관의 변경에는 두 가지가 있다.

하나는 법무인권부로부터의 승인을 요구하는 정관변경사항으로, 법무인권부의 승인일로부터 효력을 갖는다. 아래와 같다.

① 상호
② 본점 소재지
③ 목적
④ 존립기간
⑤ 자본금의 총액
⑥ 인수주식과 납입 자본금의 감소
⑦ 주식회사에서 유한회사로, 혹은 유한회사에서 주식회사로 형태변경

다른 하나는 법무인권부에 통지하여야 하는 정관변경사항이다. 위 승인이 필요한 사항 이외의 일로 정관을 변경한 경우로, 법무인권부가 통지받은 날에 효력을 갖는다.

정관을 변경하든 안 하든 무관하게 아래사항이 발생·변경된 경우에는 법무인권부에게 통지해야 한다.321)

① 주주 및 총 주식수의 변경
② 이사회 및 감사위원회 구성원의 변경
③ 회사 주소의 변경
④ 회사의 해산
⑤ 인수·합병·분할에 의한 법인격 소멸
⑥ 청산절차의 종료

정관변경은 반드시 공정증서에 인도네시아어로 작성되고 등록(Daftar Perseroan)되어야 한다. 주주총회에서 정관변경을 요하는 결의가 있었다면, 이 같은 결의사항은 당해 주주총회나 결의로부터 늦어도 30일 내에 공정증서로 작성되어야 한다. 기간경과 시 위 정관변경은 법무인권부에 제출할 수 없다. 정관변경을 요하지 않는 사항이 일정한 기관으로부터의 승인을 필요로 하는 경우에는 그 승인이 있은 지 14일 내에 법무인권부에게 이 같은 사항을 통지하여야 한다.

정관변경에 대한 승인증서 내지 통보수령확인증을 발급하기 위해서는, 법무인권부는 결정일이나 통지수령일로부터 14일 이내에 인도네시아 주(州) 관보 TBN RI에 관련 공고를 띄워야 한다.322) 본 공고를 회사에 보관 또는 비치하고 있어야 할 의무는 없으나, 적지 않은 회사들이 정관변경을 유효하게 완료하였다는 증빙서류의 일환으로써 회사에 보관하여 추후 발생할 수 있는 불편한 빌미나 트집을 방지하는 것으로 보인다.

등기와 관련해서는 회사법이 아닌 별도의 회사등록법(Undang-undang

---

321) Peraturan Menteri Nomor M−01. HT.01−10 Tahun 2007 tentang Tata Cara Pengajuan Permohonan Pengesahan Badan Hukum Dan Pe rsetujuan Perubahan Anggaran Dasar, Penyampaian Pemberitahun Perubahan Anggaran Dasar Dan Perubahan Data Perseroan.

322) 본 공고와 관련한 사항 및 규제는 Peraturan Menteri Nomor M.02.HT. 01.10 Tahun 2007를 참고.

Nomor 3 Tahun 1982 tentang Wajib Daftar Perusahaan: "UU-WDP")이 규정하고 있다.323) 역으로 회사등록법은 회사법에서 정하고 있는 법무인권부의 법인격 수여, 정관변경에 대한 통지수령 및 승인과는 관련이 없다. 회사등기법상 회사의 의무는 그 부속 법률인 회사등기운영과 관련한 인도네시아 무역통상부규칙(Peraturan Menteri Perdagangan Republik Indonesia Nomor 37/M-DAG/PER/9/2007 tentang Penylenggaraan Pendaftaran Perusahaan)에 구체적으로 설명되어 있다. 본 규칙은 회사가 법무인권부에 통지한 사항을 변경하고자 할 경우의 보고의무를 명시하고 있다.

증자와 감자 시 일일이 정관변경을 위한 법무인권부의 허가를 받아야 하고, 이사변경 시 법무인권부에 통지해야 하는 등의 번문욕례가 회사의 일반행정업무를 불필요하게 비효율적으로 만들고 있다. 일반적으로 사용되는 인도네시아 비공개주식회사의 지분투자계약서나 지분매매계약서에서는 지분인수대금을 지급하고도 30~60일 뒤 법무인권부의 허가서를 득

---

323) 옛날에는 회사등록법상 규정된 등기사항을 시/군 상무국에 등기하지 않은 일이 잦았던 탓에 1995년 상위의 법률인 회사법이 직접 규정하도록 개정하였다가, 시/군 상무국에의 등기가 비교적 안정화되자 2007년 다시 회사등록법이 규정하도록 개정하였다. 회사등록부가 정하는 등기사항은 아래와 같다.
- 상호, 주소, 회사 설립 목적 및 업종 및 회사 존속 기간
- 인도네시아 영토 내 현주소
- 설립 정관의 번호, 일자 및 법무부 장관의 법인 인정서의 번호 및 일자
- 필수 기본 사항에 관한 개정 정관의 번호, 일자 및 법무부 장관의 승인서 번호 및 일자
- 필수 기타 사항에 관한 개정 정관의 번호, 일자 및 법무부 장관의 통보 수령 확인서 번호 및 일자
- 설립정관 작성 공증인의 성명 및 법적 소재지와 개정 정관을 작성한 공증인의 성명 및 법적 소재지
- 주주, 이사회원 및 감사회원의 성명 및 주소
- 회사 해산 정관 번호 및 일자와 인권법무부에 통보한 법원의 해산 결정문 번호 및 일자
- 법인 자격 상실에 관한 사항
- 재무제표

하여 상대방에게 제공하는 방식으로 클로징 일(Closing Date)을 정하고 있다. 통상 Closing Date는 지분 인수대금 납입일로 보는 선진국과는 차이가 있다.

이처럼 비공개주식회사의 경우 신주발행을 하거나 지분을 매각할 경우, 지분인수대금 지급일의 익일이 아니라 정관변경에 대한 법무인권부의 허가가 발급될 때까지 주주로서의 지위를 인정하지 않는 것은 큰 문제이다. 신주를 인수한 자는 해당 기간동안 대금을 납입하고도 의결권과 자익권을 인정받지 못하는 문제가 발생하기 때문이다.

제11절 인수·합병

11.1. 합병의 의의

일반적인 비즈니스상의 용어 사용이 반드시 법문, 세금, 회계상의 정의와 일치하지는 않는다. 오히려 잘못 사용되거나 전문용어와 다른 용어를 사용하는 경우가 더 많다고 보는 것이 옳을 것이다. 인수·합병과 관련하여 인도네시아에서는 공식 영문번역서에서 인수·흡수합병·신설합병을 각각 Acquisition·Consolidation·Merger로 사용하고 있다. 따라서 인수·합병이라는 단어를 딱히 구분하지 않고 사용하는 비즈니스 실무에서 보나, 합병을 모두 "Merger"로 표현하는 용어사용에서 보나, 인도네시아 법문상 용어와는 차이가 있다.

인도네시아 회사법 제1조상 인수·합병 용어의 정의는 다음과 같다.

(1) Pengambilalihan(인수 Acquisition): 법인이나 사람이 회사의 지분을 인수하여 회사의 지배권을 이전 받는 법적 행위
(2) Penggabungan(흡수합병 Merger): 하나 이상의 회사가 현존하는 다른 회사로 합병하기 위하여 자산 및 권리의무를 합병회사로 이전하

고 법인격이 소멸되는 것

(3) Peleburan(신설합병 Consolidation): 하나 이상의 회사가 회사로 합병되기 위하여 자산 및 권리 의무를 신설회사에 이전한 뒤 법인격이 소멸되는 것

위 정의에서는 물론, 제122조 이하 인수·합병에 대한 조항에서 지분 인수의 대가로 반드시 현금으로 지급할 것을 요구하고 있지 않으므로 인수·합병대가는 사채나 주식 등 증권 및 그 밖의 재산도 포함되는 것으로 해석된다. 다만 인도네시아 비즈니스 실무상 거래의 규모와 상관없이 현금거래(cash for stock)가 주를 이룬다.

중대한 회사의 영업 재산들을 통째로 매매하는 등 외관상 회사를 매각하여 인수한 것처럼 보이지만 법률상 인수·합병으로 볼 수 없는 경우에 대해서는 후술한다.

상장사와 관련해서는, Bapepam-LK[324]의 규정인 2011년 규정 개정안 Bapepam 규정 IX.H.1가 합병을 "직·간접적으로 회사의 지배력(Control)에 변경을 일으키는 행위"라 정의하고 있다. 여기선 "행위"란 공매(voluntary public bid)를 포함하나, 인도네시아에는 이에 대해 아직 판례가 없으므로 실무상 주식인수에 따른 지배력 이전으로 이해되고 있다. "지배력"에 대해서는 2011년 개정법에서 50% 이상의 지분을 요구하고 있다. 2008년 개정 시 "인수자가 지배력이 없음을 증명한 경우에는 그렇지 않다"는 단서규정을 삭제했으므로, 투자자는 지배력을 지닌 자가 관련 규제를 받지 않기 위해 자신이 지배권자가 아니라는 입증책임을 질 필요가 없다.

금융사와 관련해서는 나아가 OJK규정도 함께 읽어야 한다. 자본시장 규제감독기구를 산하에 둔 OJK에서는 인수합병 시 관계사 여부 및 고객

---

324) Bapapam-LK(Badan pengawas pasar modal and lembaga keuangan: 금융자본시장 규제기구)의 모든 기능, 의무, 규제 및 감독권한은 2012년 12월 31일 부로 OJK로 이전되었으나, OJK가 개정하지 않은 기존 규정들은 현재에도 유효하다.

사가 관계사(Pihak terkait 내지 Kelompok Debitur)인지 여부를 판별하기 위하여 지배력 유무를 확인한다. 이 지배력에 대한 정의가 모호하다.325)

해외기업과의 합병과 관련하여서는, 해외합병이란 (i) 하나 이상의 인도네시아에서 운영하는 법인의 합병 참여; (ii) 인도네시아에서 운영 중인 해외법인 및 인도네시아 법인과의 합병; (iii) 인도네시아 법인 및 인도네시아 내 운영하지 않는 해외법인간의 합병; (iv) 해외요소가 관여한 다른 형태의 합병이라 정의하고 있다. 마지막 "해외요소가 관여한 다른 형태의 합병"이 지나치게 모호하여 사실상 (i)에서 (iii)까지의 규정이 단순한 예시규정이나 다름없이 된 것으로 보인다.

21세기 현대 회사법에는 위와 같은 인수·합병 시 지분매매에 대한 주주총회의 의결권을 회피할 수 있는 방안 중 하나로 이른바 약식합병이나 소규모합병·간이합병이 있다.326) 그러나, 인도네시아에서는 이러한 합병 방법이 아직 도입되지 않았으므로, B회사가 아무리 규모가 작은 회사라도 여전히 주주총회를 거쳐 합병해야 한다. 즉, 합병 후 존속회사가 발행

---

325) 지배력의 정의에서 다시 지배력을 쓰는 등, 구체성이 떨어진다.

Pasal 39. 2. a: Badan usaha yang merupakan Pengendali Perusahaan Pembiayaan. Pengendali (Pasal 1. 21. a. 2): badan hukum yang memiliki saham kurang dari 25% dari jumlah saham yang dikeluarkan dan mempunyai hak suara namun yang bersangkutan dapat dibu ktikan telah melakukan pengendalian perusahaan baik secara langsung maupun tidak langsung.

따라서 금융실무에서 애매한 때가 있다면 규제기관으로부터의 제재 가능성을 감안하여 되도록 지배력이 있다고 해석하는 것이 안전하다. "법률상 지배력에 대한 정의 불명확" "의결권 희석으로 인한 지배권 약화" "경영권/의결권 행사부재사실"등의 항변이 반드시 통용되는 것은 아니기 때문이다.

326) 한국에도 간이합병 및 소규모합병이라는 이름으로 도입하였다. 이에 따라 합병 후 존속회사가 발행하는 신주가 주식총수의 10%가 안 되거나 소멸회사 주식총수의 90% 이상을 존속회사가 소유하더라도 이사회 승인만으로 주주총회의 승인을 갈음할 수 있다. 미국의 short-form merger를 도입한 것이다. Section 253 of the Del. Gen. Corp. L.; Section 11.04 ABA Rev. Model Bus. Corp. Act (1999 rev.)

하는 신주가 주식총수의 10%가 안 되거나 소멸회사 주식총수의 90% 이상을 존속회사가 소유하더라도 여전히 이사회 승인만으로 주주총회를 생략할 수 없고 제87조, 제89조, 제127조의 주주총회 요건을 충족시켜야 한다.[327]

11.2. 주식회사 인수합병 관련 법규

주식회사의 인수합병을 규제하는 일반 법규들은 아래와 같다.
- 회사법 및 주식회사 인수합병에 대한 1998년 제27호 행정부령
- 2007년 제25호 투자법 및 2014년 제39호 대통령령(네거티브 리스트)
- 투자허가에 대한 절차 및 가이드라인에 대한 BKPM 2017년 규정
- 독점 및 불공정 경쟁금지에 대한 1999년 제5호 법률 및 그 시행령
  ◦ 독점 및 불공정경쟁 초래가능 인수합병에 관한 행정부령[328]
  ◦ KPPU 규정[329]

이에 더하여 업종별로 인수 합병을 규율하는 별도 규정들이 있다.[330]

---

327) 마찬가지로 이른바 20% rule도 도입되지 않았다. 20% Rule이란, 만약 합병 회사 측 주주의 권리나 주식의 가치가 합병에 의하여 희석되지 않았다면 그 주주가 의결권을 행사할 수 없다는 규정으로, 본 규정을 적용하려면 회사는 새로운 주주들에게 20%를 초과하는 주식을 발행할 수 없다. 즉, 위 도표에서 원래의 A 회사 주주들은 최소한 A사의 83%(5/6)를 지니고 있어야 한다. Section 251(f) Del. Gen. Corp. L. 인도네시아에는 본 규정 및 유사규정을 도입하지 않았으므로 주주총회를 피할 수 없다.

328) Peraturan Pemerintah No. 57 tahun 2010 tentang Merger dan Akuisisi.

329) Peraturan KPPU Nomor 3 Tahun 2019 tentang Penilaian Terhadap Penggabungan atau Peleburan Badan Usaha, atau Pengambilalihan Saham Perusahaan yang Dapat Mengakibatkan Terjadinya Praktik Monopoli dan/atau Persaingan Usaha Tidak Sehat.

330) 예를 들어 은행의 경우 은행 간 인수 합병에 관한 OJK 규정 41/POJK. 03/2019, 시중 은행의 소유에 관한 OJK규정 No.56/POJK.03/2016, 인도네시아 은행의 단일 소유에 관한 OJK 규정 No.39/POJK.03/2018. 보험의 경우 외국인의 보험회사 소유 제한에 관한 2018년 제14호 행정부령 등.

또한, 공개회사의 경우에는 1995년 제8호 자본시장법 및 Bapepam-LK이 발행한 규정들이 있다. Bapepam-LK담당기능은 OJK로 이전되었으나, 기존 Bapepam-LK규정들은 OJK가 신규 규정을 도입할 때까지 유효한 것으로 남아있다.[331]

합병 또는 인수하려는 회사는 불공정거래 가능성을 심사받기 위해 KPPU에 인수합병에 대한 정보를 제공하여야 한다. 공개회사가 의무적 공개매입을 진행할 경우 청약안 및 부속자료들을 OJK에 제출하여야 하며 청약가격에 대해서는 상기 규정을 따라야 한다. 자세한 사항은 후술한다.

11.3. 인도네시아에서 인수 · 합병 시 고려할 사항

11.3.1. 긍정적 요인

과거 1997년 아시아 금융위기가 닥쳤을 때 인도네시아는 GDP 성장률이 13.5 퍼센트나 곤두박질 치면서 아시아뿐 아니라 전 세계에서 가장 급격한 경제적 후퇴를 겪은 나라 중 하나가 되었고, 해외투자자의 발길은 중국 등으로 옮겨졌다. 그러나 과거 몇 년 동안 인도네시아의 GDP 성장률은 연 약 5~6 퍼센트를 기록하였고[332] 신흥 성장국을 가리키는 VISTA, BRICS, MINTs, MIKT 등이 모두 인도네시아를 지목하였다.

현재까지 인도네시아는 주로 싱가포르, 한국, 일본, 태국, 말레이시아 등 아시아 국가들로부터 투자를 받고 있다. 인수합병과 관련해서는, 채광 및 금융산업의 규제변화와 보험산업에서의 가치평가 차이로 인해 다소

---

331) BAPEPAM−LK령 No. Kep−263/BL/2011의 부속규정, 자발적 공개매입에 대한 Rule Number IX.F.1; BAPEPAM−LK령 No. Kep−52/PM/1997의 부속규정, 공개회사의 인수합병에 관한 Rule Number IX.G.1; BAPEPAM− LK No. Kep−264/BL/2011의 부속규정, 공개회사인수에 대한 Rule IX.H.1.
332) 2010년 6.2%, 2011년 6.5%, 2012년 6.3%, 2013년 5.8%, World Bank.

속도가 더디기는 하나, 천연자원, 은행 및 보험산업에서 가장 높은 활동률을 보이고 있다. 인도네시아의 GDP가 성장하고 중간층이 두터워지면서 내수 소비가 급격히 증가함에 따라, 해외투자자는 회사를 인수·합병하기보다 직접 설립에 의한 투자에 적극적으로 나서는 경향을 보이고 있다.333)

그럼에도 이러한 경향이 지속되면 근 10년 내에 인도네시아의 인수·합병 활동은 ASEAN 국가 중 절정을 찍으며 해외투자제한을 완화시킬 것으로 기대된다. ASEAN 경제공동체가 실시되면서 시장경쟁을 가속화시킬 것이라는 전망으로 태국 등 이미 인수·합병 활동에 보다 적극적으로 나선 상황이다. 세계에서 네 번째로 많은 인구를 가진 점에서 소비재 분야 등에서의 진출 성장가능성도 주목된다.

11.3.2. 부정적 요인

11.3.2.1. 부정부패

세계은행 Transparency International 기구에 따르면 2018년 부패인식지수(Corruption Perception Index) 상 인도네시아는 180 국가 중 89위이다.

인도네시아 법률은 애매한 경우가 많고 결국 그 법률의 해석범위 내에서 해당 규제당국의 재량에 따라야 하는 경우가 적지 않다. 규제해석에 대한 재량권을 가진 담당자와 해당 규제를 받아야 하는 자와 해석상 차이가 생기면, 담당자는 규제 받는 자의 변호사를 만나서 법률해석에 대해 논의를 나누기보다, 규제 받는 회사와 직접 거래를 하려 하는 경우가 적지 않다. 나아가 법률대로 시행하는데도 시간이 지체되는 경우가 많기 때문에 시간소요를 넉넉잡아 예상해야 한다. 협의 중간에 담당자가 변경되면 이미 투입된 시간과 비용에도 불구하고 다시 처음부터 협의를 진행

---

333) Passport to Indonesia – Inbound investment trends and tips, Baker & McKenzie, 2013.

해야 한다.

예컨대 특정 산업에서 영업을 영위할 수 있도록 각종 사업허가를 받아야 하므로 해당 허가의 획득을 지분매매의 효력조건 중 하나로 정하는 것은 흔한 일이다. 그러나 입법의 지연이나 인도네시아 당국의 무능력으로 허가발급이 지연되는 경우가 부지기수이다. 그러다가 계약서에서 정한 기간이 도과해 버리면 지분매수인이나 매도인이 지분매매를 기하는 일도 있다. 이때를 대비하여 지분매매계약서에 뒤에서 설명하는 지분매매 관련 안전장치들을 마련하여야 한다.

회사의 법률대리인으로서 규제당국에 항의하는 것은 오히려 회사에 대한 법률 서비스를 제대로 못하는 것이라는 지적도 있다. 담당자의 임의 규제(이른바 unwritten policy)를 완화시키는 방향으로 접근해야 하며, 부패방지법의 처벌은 엄정하므로 당국이나 정부 관계자와의 관계는 더욱 주의를 요한다.

인도네시아에서 사업을 하고자 한다면 이러한 시간지체나 법률해석문제를 해결하기 위한 커미션 문화 및 인적 네트워크가 갖는 실무적 중요성을 무시하기 어렵다. 인도네시아에서는 "되는 것도 없고 안 되는 것도 없다"는 말이 유명하다. 인도네시아 현지인들 사이에서는 "모든 것이 aturable하다"라는 표현도 종종 사용된다. Aturable은 정돈/통제라는 뜻의 atur와 영어의 able이 합친 속어로, "모든 것이 협상가능(Negotiable)하며 거래 가능하다" 정도로 의역할 수 있을 것으로 보인다.

11.3.2.2. 갑작스러운 외국인지분율 또는 국내지분율의 변동

어느 날 갑자기 인도네시아 당국이 특정 산업의 최소국내지분율을 요구 또는 증가시키거나 극단적인 경우가 있다. 극단적인 경우에는 갑자기 외국인의 최대지분율이 대주주 지분율에서 소수주주 지분율로 변경되거나 0%로 되는 경우도 있다.[334]

---

334) 예컨대 광물자원부의 2017년 제9호 규정에 따른 석탄회사에 대한 외국인 지분 규정(5년에 걸쳐 지분을 현지인에 매도하여 외국인 지분을 최대 49%

지분을 매수해 줄 인니로컬회사를 급하게 찾아서 지분을 인도해야 하는 과정은 비용, 시간, 절차 등 모든 면에서 힘든 일이다. 인도네시아 사업에 직접 투자한 외국인 입장에서는 봉사하는 마음으로 지분을 인수해 주면서 각종 프리미엄, 수익분배조차 요구하지 않는 인니로컬회사를 찾았다 하더라도 넘어야 할 산은 아직 아득하기만 하다.

외국인 투자자는 인니 매수인에게 지분매매에 쓰일 금액을 거의 무상으로 대여해주어야 할 수 있다.[335] 또, 우호적인 현지파트너(이른바 백기사 또는 white knight)를 구했다 하더라도 외국 투자자는 여전히 단독으로 현지 회사의 경영을 계속하고자 할 수 있는데, 이렇게 되면 원래 국내최소지분율 우회 관련 문제가 발생할 수 있다. 이외에도 관련해서 발생하는 문제가 적지 않다.[336]

이러한 인도네시아의 법률상 불확실한 문제를 해결하기 위해 역외(offshore) 전략을 구성하는 경우가 적지 않다. 역외 전략은 종류주식을 사용한 자본구조를 만들고 법률이 발달한 관할에 회사를 설립하는 것이 일반적이다. 그러나 이러한 역외전략이 인도네시아의 법률상 리스크를 전부 제거하지 못하는 점을 유념해야 한다. 예컨대, 담보물이 인도네시아 지역 내 재산이라면, 외국 투자자는 필연적으로 인도네시아 내 법률적용 리스크를 안게 된다.

인도네시아 실무에서 이용되는 전략에 대해서는 「3.10.2. 외국인 최대

로 줄일 것을 요구), 2014년 종자 산업에 대한 외국인 최대 지분율 변경(대주주 지위에서 소수주주로 변경) 등.

335) 매도인 국가의 중앙은행이 정하는 최소 해외대여 이자율을 적용하여 지분매매대금을 대여해주되 추후 배당금을 지급함으로써, 지분매매금을 사실상 무상으로 대여해줄 수 있을 것이다.

336) 다른 주주가 동의없이 제3자에게 지분을 매각하는 경우, 회사의 가치가 급변하는 경우, 지분매매금이나 사용대차금에 쓰일 현금이동과 관련한 외국 중앙은행에서의 절차와 BKPM에서의 절차가 지연되면서 규제 발효일이 지나도록 BKPM 절차가 완료되지 않아 과징금을 물게 되는 경우 등 다양한 사례가 있다.

지분율 우회 방법의 법적 리스크」단원을 참조하라.

11.3.2.3. 노 무

인도네시아 인수합병에서 특히 큰 비용은 채권자와의 합의비용, 공증인 비용, 퇴직하려는 직원들에게 지불하는 퇴직금(severance package)이라고 알려져 있다. 그 중에서도 퇴직금은 특히 큰 이슈이다. 회사의 인수, 합병 또는 소유자가 변경될 경우, 대상회사의 직원은 그 회사의 직원으로 계속 남을지 또는 퇴직금 패키지를 받고 퇴직할 지를 선택할 수 있기 때문이다(노동법 제163조 제1항). 본 조에서 소유자라 함은 통상 지분의 50% 초과하는 대주주라고 이해되지만, 이에 대한 정확한 요건이 명시되지 않았기 때문에 이른바 "a change of control"로 이해되고 있다. 퇴직하고자 하는 종업원이 많을수록 과다 비용이 발생하므로, 통상 사전에 노조대표가 협의해서 퇴직 종업원과 총 금액을 정한다.

미국의 경우에는 합병대상회사의 임원이 자기 회사의 인수합병을 찬성시켜주고는 황금낙하산을 챙기는 것이 문제인데,[337] 아직 인도네시아에서는 황금낙하산이 큰 문제로 지적되지는 않고 있다. 임원의 황금낙화산보다는 일반 직원에 대한 퇴직금이 훨씬 더 큰 문제이다. 현재(2020) 일반 직원의 퇴직금을 최대 32개월분에서 19개월 분으로 감액하는 옴니버스 법안이 국회의 승인을 기다리고 있다.[338]

회사를 합병·분할하거나 지분을 팔아 합작회사를 만들더라도 막상 그 회사 직원들의 업무, 급여, 대우 및 전망에는 실질적으로 달라지는 것이

---

337) 법률에서 경영권 이전에 대한 프리미엄을 금지하자 Advisory fee 등의 명목이 사용되었다. 임기가 다 끝나가는 Classified Director들이 인수합병과정에서 고액의 경영권 프리미엄을 받은 사안에서, 새로운 이사를 선임할 의결권이 있는 바 의결권만 별도로 팔지 않는 한 위법이 없다고 한 판시로 Essex Universal Corp. v. Yates, 305 F.2d 572 (2d Cir. 1962).

338) Maikel Jefriando, Government targets sensitive cuts in severance pay in new bill, The Jakarta Post, Feb. 11, 2020 기사; 자카르타 경제신문, '옴니버스 법', 퇴직금 32개월→19개월 분으로 감액되나, 2020.02.19 기사.

없거나 오히려 좋아지는 경우가 적지 않다. 그러나 이러한 때에도 위 법률에 따라 인도네시아 직원들이 퇴직을 신청하여 퇴직금을 받을 수 있고 실제로 이를 기대하기 때문에 경영자 입장에서는 곤혹스러울 수 있다. 특히 노동법상 인도네시아 피고용인에 대한 보호가 강력하므로 외국회사는 필연적으로 진출 후 처음 적응하는데 다소 어려움을 겪게 된다.

또, 비상장회사의 손모회사만이 변경될 경우에는 구태여 직원들에게 이를 구태여 알리지 않음으로써 이 같은 불측의 비용지출을 방지하기도 한다. 다만, 손모회사가 변경되면서 주요 경영진 및 내부정책들이 급작스럽게 변경되면, 직원들이 이를 알게 되어 문제 삼는 일도 있다.

자세한 인사 및 노무에 대해서는 시중에 우수한 책들이 있으므로 참고하는 것이 좋다.[339)]

11.4. 주식회사 인수 합병의 절차

11.4.1. 서 설

모든 인수합병은 중요한 이슈들을 나열한 체크리스트, 분석자료, 중요가치에 대한 거래조건 등을 두고 복잡한 협상과정을 거치게 된다. 본서에서는 인수합병 협상 프로세스의 기본적인 소개와 중요 참여자만을 소개한다.

인수·합병에 대한 회사 간 내부 논의가 어느 정도 발전하고 이야기도 어느 정도 오가면, 통상 양사의 책임자 급이 만나 상호 협상할 것이라는 점에 동의하며 향후 협상 중 알게 될 회사정보에 대하여 기밀을 준수한다는 비밀보안계약서를 작성한다.[340)] 인도네시아에서는 회사에 대한 회

---

339) 예컨대 방치영, 인도네시아 인사노무 바이블, 재인니한인상공회의소; 백민우, 2015년 인도네시아 노무관리 Q&A, 노사발전재단.

340) 영업비밀보안계약서 및 인도네시아 영업비밀에 대해서는 「영업기밀보호」 단원에서 후술. 타깃회사가 상장회사인 경우에는 Bapepam-LK rule이라

계 및 경영상황에 대한 공적 정보가 없는 경우가 대부분이기 때문에, 매도인의 정보에 의지하게 된다.

해당 협상이 잘 진행되면 의향서(A non-binding letter of intent, term sheet, MOUs, heads of agreement 등 다양한 형식)를 나누게 된다. 이 과정에서 CEO는 외부적으로는 회계사나 컨설턴트 등으로부터의 조언을 받게 되며, 내부적으로는 대개 인수 서류의 세부사항 작성 및 협상을 담당하는 법률대리인과 가치평가 및 재무조언을 담당할 회계사를 보유하고 있으므로 이들의 조력을 받게 된다. 인도네시아에서는 아직 투자은행이나 경영컨설팅펌의 조언을 찾는 경우는 상대적으로 많지는 않은 것으로 보인다.

이후 매도인은 일반적으로 매수인에게 실사를 할 수 있도록 특정기간 동안 전속적인 협상권을 주고 인수합병 동의서에 작성될 자세한 세부사항에 대하여 협상을 시작한다. 매수인은 매도인의 영업에 대하여 실사를 수행한다.341) 변호사와 회계사는 상대방의 기록과 장부를 숙독하면서 사

불리는 인니 자본시장법상 내부자거래금지의 예외조항을 적용하여 작성한다. 비밀보안계약서 작성 시 통상 들어가는 예비적 금지명령(injunction 등 preliminary interlocutory relief)은 말하자면, 비밀보안이 심각하게 우려될 경우에 법원으로부터 "우리의 영업비밀 침해행위를 하(려)는 저 자가 우리 비밀을 부정취득·사용·공개하지 못하도록 금지해주시오" 하는 사전적인 방지책인데, 인도네시아 법률실무에서도 이 같은 취지의 Putusan provisi가 요청되는 것으로 보인다. 한국에서는 영업비밀침해에 대한 금지 또는 예방청구권의 성질을 방해배제청구권이고, 소유권의 경우라면 소유권의 완전성이 침해되었을 때에 이를 배제하는 권리로 보고 있다. 이 금지명령은 법원이 특정인에 대하여 특정한 행위를 하는 것을 금지하는 것으로 부작위의무로서 영미법상 형평법(Equity)에서 발달되었다. 이 금지된 명령에 반하여 금지된 행위를 하면 법정모독죄로서 처벌되었다. 표호건 "특허소송에서의 영업비밀의 보호. "지식재산21(특허청) 통권 제55호 (1999.7.) p.81. 인도네시아에서는 식민지시대인 1941년 제정된 민사소송법 HIR 제185조에서 규정하고 있는데, 놀랍게도 이 법률이 현재까지도 적용되고 있다.
341) 공개회사라면, Due diligence 수행을 위해 인도네시아 자본시장법상 내부거래위반에 대한 Bapepam-LK 규제의 예외가 적용 가능하다.

실을 제대로 반영하고 있는지 정확성을 검토하고 문제사항들을 조사한다. 경우에 따라 부동산 전문가, 환경 엔지니어 등 다른 전문가들의 조력을 수반하게 되며 이후 서면 보고서를 작성한다.

사전 협의 후 변호사들은 가격 세부사항, Deal structure, 합의사항 문서화 등의 인수합병 준비절차에 들어가게 된다. 또, 매수인 측 변호사가 계약을 클로징 할 때까지 채권자 보호절차와 합병결의 반대 주주의 주식매수청구권 등 각종 수행작업, 단계별 기간 설정, 해당 수행작업의 책임이전 등이 작성된 Time and Responsibility Schedule(T&R List)을 준비한다.

이 T&R List는 최종 합의안 동의 및 승인 뒤에도 작성 가능하지만, 인도네시아 법률상 주주총회 30일 전 신문에 공고하고 채권자를 보호하는 절차 등을 정비해야 하므로 사전에 하는 것이 편의에 좋다. 신문을 "인도네시아어로 유포하는 일간지"라고 정의하고 있으므로 전자신문도 가름할 수 있을 것으로 보이나 통상 종이 신문이 사용된다.

인도네시아 회사는 각 이사 각각이 회사를 대표할 권한을 갖지만(제98조 제2항 및 제3항), 대표권을 보유한 대표이사를 별도로 선임한 경우라면 일단 양사 대표가 최종 가격과 최종 합의안에의 동의가 필요하다. 그 동의안이 이사회에 제시되면 이사회는 해당 동의안에 대하여 승인할 것인지 투표한다. 이사회에서 승인받은 해당 동의서에는 회사 대표가 서명한다.

당사자들은 클로징에 전달되어야 할 서류리스트인 클로징 아젠다(또는 Closing checklist, Closing memorandum등으로 불린다)를 작성한다. 실사 작업은 클로징 시점에 매도인이 계약 조건을 완수했는지 확인하기 위하여 이사회 승인 이후에도 클로징이 있을 때까지 계속된다.

인수합병 회사의 주주 동의를 위하여 변호사가 주주총회 공시자료 등을 작성하고 회사가 특별주주총회(또는 인수합병이 안건임을 사전에 주주에게 통지한 일반주주총회)를 개최한다. 늦어도 위 주주총회 소집 30일 전에 피고용인에게 서면으로 알리고 1개 이상의 신문에 공고하는 등의 작업이 필요하다.

주주총회에서 본 인수합병을 승인받으면 인수합병 계약서에 작성한 일에 클로징을 위하여 쌍방의 대표와 변호사가 만난다. (다만, 최근에는 직접 만나지 않고 진행하는 것이 보다 일반적인 것으로 보인다.) 클로징에서는 일단 당사자가 계약서에 작성된 조건들이 모두 성사되었는지 확인하고, 현금이나 지분 기타 자산 등의 합병대가를 교환한다. 클로징 확인서(Closing Statement)에 쌍방이 서명하면 클로징이 종료된다.

이후 적절한 등기와 등록절차를 따르며 30일 내에 1개 이상의 신문에 사후 공고를 한다. 뒤에서 설명하는 공정거래법상 요건에 해당되는 경우 30일 내에 경쟁감독위원회에 신고한다.

상장사의 경우에는 KPPU에 대한 신고 기타 자본시장법 규정이 추가적으로 적용된다. 본서에서는 상장사 규정은 생략한다.

11.4.2. 지분매수 희망자를 위한 위약금 약정

지분매각주간사들은 어차피 성공보수를 약정하는 경우가 많으므로 거래가 성사되지 않을 경우 지분매도인 측의 비용지출은 많지가 않다. 문제는, 지분매수희망자 입장에서 타깃회사를 살지 말지 결정하기 위하여 검토하는 데 들어가는 각종 비용이다. 지분매수 희망자가 대상회사에 대한 재무실사, 법무실사, 자금조달준비, 관련규제 리서치 등 각종 탐색비용을 부담하게 되기 때문이다.

반면, 지분매도인은 보다 높은 가격에 팔고 싶으므로 다른 지분매수 희망자를 모색하면서 이른바 경주마 경쟁(Horse race)을 시킬 수 있고, 몇몇 지분매수 희망자를 선정해서 개별협상을 진행할 수도 있다. 안 그래도 탐색비용부담을 지는 매수희망자 입장에서는 이 같은 불확실한 상황까지 더불어 감수하는 것은 큰 부담이므로, 일정기간 배타적 협상권을 요구하여 우선협상대상자와 같은 지위를 누리려고 할 수 있다. 또는, 아예 이행보증금을 요구하면서 공식적인 우선협상대상자 선정절차를 밟고자 할 수도 있다.

지분 매도인 입장에서도 잠재적 투자자를 협상테이블로 유인할 방법이 필요하므로, 매수자가 인수에 실패할 경우 매수인이 부담한 탐색비용을 보전해주는 이른바 "Lockup"[342]을 약속할 수도 있다.[343] 또는, 이른바 Topping fee를 약정할 수도 있다. Topping fee라 함은, 보다 높은 가격을 제시한 경쟁자에게 지분을 팔 경우에, 경쟁자에게 파는 가액과 매수희망자가 제시한 최초제시가액의 차액을 지분매도인의 이익(Premium)으로 간주하여 이 이익의 일정한 비율을 매수희망자에게 위약금으로 지급하는 방법이다. 예컨대 제3자의 경쟁자에게 보다 높은 가액으로 팔아서 얻게 되는 이익의 90% 이상을 매수희망자에게 지급해야 한다면, 사실상 매도인 입장에서 떨어지는 이익도 크지는 않으므로 사실상 새로운 경쟁자를 없애는 거래보호장치, 즉 Lockup효과를 가져오게 된다.

이 같은 조항들을 사용할 때는 해당 조항이 가져오는 경제적 효과를 고려하여 작성하는 것이 올바르다.[344]

---

342) 미국에서 lockup 약정이라 함은, 통상 지분매도인이 제3자에게 더 좋은 조건으로 지분을 팔거나 중도에 지분매각계획을 갑자기 변경하는 등 지분인수희망자가 만일의 경우를 대비하여 (i) 위약금 내지 해지보상금(Termination Fee)를 받도록 약정하거나, (ii) 유리한 조건으로 타겟회사의 미발행주식 내지 자기주식을 매수할 옵션을 받거나, (iii) 타겟회사의 중요자산을 매수할 옵션(Crown jewel option)을 부여받는 약정을 의미한다. 장외에서 타겟회사가 아니라 지배주주가 회사의 운영을 위해 외부에서 투자를 받거나, 아예 회사 지분전부를 타인에게 파는 경우가 많으므로, 구태여 대주주가 지배지분의 일부를 거래보전용으로 제공할 가능성은 희박하다. 따라서 lockup약정은 인수가 실패한 경우 잠재적 투자자에게 위약금형태의 해지보상금을 지불하도록 약정하는 것이 현실적이라고 생각한다.

343) Aryes, Analyzing Stock Lock-ups: Do Target Treasury Sales Fore close or Facilitate Takeover Auctions?, 90 Colum L R 682 (1990), 698; Kahan & Klausner 1547.

11.4.3. 기업가치평가(Valuation)

인수합병 협상의 꽃은 기업가치평가이다. 타겟 회사를 인수 또는 합병 시 회사가치만으로는 얼마인지(stand-alone 또는 as-is value), 인수 및 합병 뒤 이른바 시너지라 불리는 가치 증가를 얼마나 얻어낼지 등을 계산해야 하며, 이 같은 기업가치평가는 이후 반대주주의 주식매수청구권 행사관련 소송 및 이사를 상대로 한 주주소송 등의 소송에서도 중요한 이슈가 된다.

상장회사의 경우, 타깃 회사의 시가총액에 매수인이 타깃 회사와 무엇을 할 수 있는지 등을 기준으로 평균 25%에 해당하는 프리미엄을 더하는 것에서 계산을 시작한다. 반면 시장가치가 형성이 안 된 비공개회사의 경우 당연히 그 계산이 어렵다. 대개 매수인은 타깃 회사의 수입 흐름에 관심이 있고 현재까지의 손익 계산서로부터 어느 정도 미래 활동을 예상할 수 있다고 가정하므로, 기업가치평가는 회사의 역사적 수입에 적절한 계수를 곱하는 것으로 계산한다. 손익 계산서상의 이익은 세전 이익, 세후 이익, 이자비용·법인세 공제하기 전의 이익 (EBIT), 이자비용·법인세·감가상각비를 공제하기 이전의 이익 (EBITDA) 등이 있으며, 비공식 회담에서는 회사 현금흐름을 가장 "덜 부정확하게" 반영하는 EBITA 가 가장 널리 사용된다. 그러나 인도네시아의 경우, 회계 기타 중요한 회사정보에 대하여 공개되는 일이 사실상 없기 때문에, 매도인의 정보에 일방적으로 의지할 수밖에 없는 문제가 크다.

만에 하나 객관적이고 사실적인 정보를 얻었다 하더라도, 여전히 기업가치평가는 부정확할 수밖에 없다. 이는 인도네시아이기 때문이 아니다. 전문가라도 의견이 저마다 다르고, 최상의 전문가라도 전문용어와 각종 수식으로 포장해서 범위만을 포괄적으로 이야기할 수 있기 때문이다. 따라서 최종 기업가치평가는 실무상 협상에 달렸다고 보아도 과언이 아니

---

344) 이중기, 지배주식양도방식의 M&A 거래와 거래보호약정: 협상과정을 구속하는 계약의 정당화와 그 한계, 2012, 홍익법학 13권 4호, pp.1-39.

며, 과학이라기 보단 예술이라고도 한다.

11.4.4. 인도네시아 법무실사(Legal Due Diligence) 체크리스트

공통적인 부분들에 대한 법무실사 체크리스트는 비교적 표준화 되어 있어서 담당변호사는 매뉴얼을 중심으로 서류들을 검토한다. 단시간에 한정된 인원으로 많은 서류들을 철저히 검토해야 하기 때문에 Quality control을 위하여 만들어진 것이다. 법무실사를 이론적 순서에 의하여 진행시켜 절차의 중복이나 누락을 방지하고, 필요한 인원 및 자원을 효율적으로 배분하기 위한 포맷이다. 업무를 분장했으므로 책임소재를 명확히 구분할 수도 있고, 실사하는 인원의 효과와 능률을 판정하는 수단이 되기도 한다.

다만, 회사에 따라 라이선스나 계약 및 진행 중인 소송 등 검토내용이 상당히 불어나기도 한다. 다음은 기초적인 인도네시아 법무실사 체크리스트이다.

(1) 회사 서류 및 기록

회사서류 및 기록과 관련해서 봐야 할 서류는 다음과 같다.

① 설립증서, 법무인권부의 설립승인 및 허가, 주보(State Gazette), 납세 사업자 증명
② 연도별 회사 정관, 법무인권부로부터의 정관변경 허가서 또는 통지수령서, 주보(State Gazette), 납세 사업자 증명
③ 주주총회 및 이사회 감사위원회 의사록
④ 현재 유효한 제3자 위임 증명서
⑤ 회계 및 실사 보고서

위 서류와 관련하여 아래의 사항들이 검토된다.

ⅰ. 상호 및 주소
ⅱ. 목적
ⅲ. 회사 기간

ⅳ. 설립이래 발행 주식, 미발행 주식, 납입 주식, 미납입 주식 변경내역

ⅴ. 설립이래 종류주식과 그 수 변경 내역

ⅵ. 설립이래 이사회 및 감사위원회 구성변화

ⅶ. 이사회 및 감사위원회 구성원의 선임 및 해임 절차

ⅷ. 이익배당 및 잔여재산 분배 절차

ⅸ. 위 ①~④ 사항이 법무인권부에게 허가를 받았는지 여부

ⅹ. 그 외 사항이 법무인권부에 통지되었는지 여부 등

상기 서류의 역할은 본서 회사 단원의 회사설립 및 정관개정 파트를 참조하라. 주보(State Gazette)는 법무인권부가 회사설립 및 정관개정의 허가일로부터 14일 내에 발행하는 것으로써, 회사가 반드시 소지하고 있을 의무는 없다. 중요한 것은 법무인권부의 허가서이다.

한편, 인도네시아의 주식회사실체증빙서류로는 법무인권부 홈페이지에서 발급하는 회사 프로필이 있다.345)

(2) 회사 자본 및 주주 사항

회사 자본 및 주주사항과 관련해서 일반적인 검토할 서류는 아래와 같다.

① 주주명부, 주주명부가 없는 경우 주주 리스트

② 설립이래 회사 주식이전 내역 및 지분매매계약서 · 주주허가서 등 지분 이전 관련 서류

③ 회사 및 주주 간 계약서

④ 질권계약서 등 주식입질 관련 서류

⑤ 모든 담보설정 관련 서류(Lembaga Fiducia 등록여부)

위 서류와 관련하여 아래의 사항들이 검토된다.

ⅰ. 회사의 자본 구조

ⅱ. 주주별 지분율

ⅲ. 주주 성명과 주소

---

345) 법무인권부 산하 Ditjen AHU 홈페이지 http://ahu.go.id에서 Pencarian 클릭 후 검색가능. 회사 프로필 전부 인쇄는 Rp.500,000 지급 필요.

iv. 회사 및 주주 간 계약서 및 이행내역에서 특이 사항

v. 질권자의 성명과 주소

vi. 질권계약서 및 이행 내역에서 특이사항

(3) 회사 이사회 및 감사위원회 관련 사항

회사 자본 및 주주사항과 관련해서 검토할 서류는 아래와 같다.

① 현재 이사회 및 감사위원회 리스트 및 선·해임 주주총회 의사록

② 과거 이사회 및 감사위원회 리스트 및 선·해임 주주총회 의사록

③ 이사 위임장

④ 현재 이사회 및 감사위원회 구성원의 ID 사본

위 서류와 관련하여 아래의 사항들이 검토된다.

i. 현 이사회 및 감사위원회 구성원

ii. 이사회 및 감사위원회의 주요 권한

iii. 지분 인수, 자산 처분, 기업 활동 등에 대한 이사회 정족수

iv. 회사를 대표할 만한 명칭 또는 이사권한 등의 외관을 수여하였는지 여부

(4) 정부 인허가 관련 사항

정부 인허가와 관련해서 검토할 통상적인 서류는 아래와 같다.

① 사업자 고유번호(Nomor Induk Berusaha)[346]

② 사업자 등록 확인서(Tanda Daftar Perusahaan)[347]

③ 주소 등록 확인서(Surat Keterangan Domisili Perusahaan: SKDP)[348]

---

346) 2018년 OSS 시스템의 도입으로 기존의 SIUP, TDP, API 등을 대체하였다. 관련 규정은 다음과 같다. *Nomor 24* Tahun *2018.* Tentang. Pelayanan Perizinan Berusaha Terintegrasi Secara Elektronik; Peraturan Menteri Agraria Dan Tata Ruang/ Kepala Badan Pertanahan Nasional Republik Indonesia *Nomor 14* Tahun *2018.*; Peraturan Menteri *Agraria* Dan Tata Ruang/ Kepala Badan Pertanahan Nasional Republik Indonesia *Nomor 15* Tahun *2018.* Pertimbangan Teknis Pertanahan.

347) 2018년 OSS 시스템의 도입으로 폐지되었으나, 그 전에 받은 확인서들은 인허가의 유무효와 관련되므로 여전히 실사대상이다.

④ 세금 등록번호(Surat Keterangan Terdaftar: SKT)
⑤ 민원 예방 허가(HO) 등 회사 운영에 필요한 각종 인허가
⑥ 납세자 번호(Nomor Pokok Wajib Pajak: NPWP)
⑦ 납세 사업자 증명(Pengusaha Kena Pajak: PKP)
⑧ 영업 허가(Surat Ijin Tempat Usaha: SITU)
⑨ 해외자본투자 허가(Surat Persetujuan Penanaman Modal Asing)
⑩ 2017년 이전 발급된 투자허가서(Izin Prinsip Penanaman Modal) 또
는 2017년 이후의 자본투자등록
⑪ BKPM으로부터의 영업허가(Izin Usaha)
⑫ 자본투자활동 보고서(Laporan Kegiatan Penanaman Modal: LKPM)
⑬ 기타 회사 업종 별 영업에 필요한 허가들

(5) 회사 계약서들

주주 간 계약, 주요 고객과의 계약, 채용 계약 또는 표준 약관 등 표준
화된 계약서에서의 주요 사항들 확인

(6) 회사 자산

회사 자산과 관련하여 검토할 서류는 아래와 같다.
① 각종 비품리스트 및 소유권 증명
② 토지 소유권을 입증할 수 있는 certificates 및 deeds
③ 유동자산 소유권 증명
④ 담보, 질권설정, 지역권 등 소유와 사용에 방해되는 내용이 있는 모든
자료
⑤ 지적재산권 리스트
⑥ 기타 모든 자산과 관련한 리스트와 증빙서류

(7) 보 험

자산과 관련한 보험 서류 및 보증금 지불 등 일체의 보험관련 자료

---

348) 2019년 5월 2일 폐지.

(8) 인사노무

검토할 서류는 아래와 같다.

① 피고용인 등록번호, 직업, 직책 및 고용상태
② 노동부 보고(Wajib Lapor Ketenagakerjaan: WLTK)
③ 안전보험(Jaminan Sosial Tenaga Kerja: Jamsostek) 및 보험료 지불 증명
④ 고용계약서
⑤ 최소 임금지급(Upah Minimum Regional: UMR)
⑥ 외국인 고용 계획(Rencana Penggunaan Tenaga Kerja Asing: RPTKA), 외국인 노동허가(Izin Memperkerjakan Tenaga Kerja Asing: IMTA), 단기체재 비자(Visa Tinggal Terbatas: VITAS 및 Kartu Izin Tinggal Terbatas: KITAS)
⑦ 기타 노동과 관련한 각종 허가(인사내규 등)

(9) 분 쟁

검토할 서류는 아래와 같다.

① 모든 중재, 소송, 합의, 화해 기타 진행 중인 법률절차 리스트
② 각종 분쟁이 있을 수 있는 모든 관련 서류[349]

다음의 내용은 분쟁과 관련하여 재무실사에서 통상 확인하는 사항으로, 법무실사의 표준 확인 사항은 아니나, 참고할 수는 있을 것으로 사료된다.

i. 사건의 내용 및 발생일

---

[349] 투자를 유치하고자 하는 회사의 입장에서는 일반적으로 진행 중인 분쟁을 공개하기를 꺼려한다. 따라서 분쟁이 있는 것 같은데 딱히 잡히는 증거가 없다면, "있지 않냐"고 따질 일이 아니다. 통상 "이외에는 없습니까?"하고 묻고, 없다고 할 경우 "알고 있는 모든 소송 기타 각종 분쟁에 대하여 모두 제공하였다"는 서면에 확인을 요구한다. 그럼에도 불구하고 공개되지 않은 중요한 분쟁 내지 사건이 진행 중이라고 생각될 때에는, 지급수수료 내역을 확인해보면 변호사 내지 법무법인 수수료 내역이 잡힐 수 있다. 해당 수수료 내역에 대하여 그 내용이 무엇인지 담당자에게 질문을 하면 된다. 다만, 이 같은 방식은 법무실사보다는 재무실사에서 사용되는 방식으로 보인다.

ii. 사건진행단계 및 경영진의 의도(즉, 화해로 끝낼 것인지 끝까지 싸울
　　것인지)
iii. 원치 않는 결과를 얻어낼 가능성
iv. 잠재적 손해 추정액

　세무서와 소재지 법원 등에서 분쟁여부를 조회하기 위해 해당 회사의
최종 이사회 구성원을 나열한 정관 원본 또는 사본에 회사 이사의 서명
과 직인을 찍어올 것을 요구하는 경우가 있다.

　소송 등의 분쟁이 있다면, 회사를 상대로 얻은 증거와 담당 변호사에게
서면을 송부하여 얻은 증거를 대조하기도 한다.[350] 다만, 본 업무는 재무
실사와 중복되고 법무실사에서 전형적인 업무는 아닌 것으로 보인다.

　사내 변호사든 외부 변호사든, 자기 회사 또는 고객이 분쟁 중인 것을
구태여 외부에 자세하게 답변해주고 싶지 않은 경향이 있다. 따라서 일
반적으로 공개해야 하는 기준인 "중요성(Materiality)"에 대하여 일방적으
로 정의할 수도 있고, 기밀·내부정책 기타 모호한 이유로 답하지 않을
수도 있다. 전자와 관련해서는 어느 정도 금액 이상을 중요한 사항으로
볼 것인지 등을 미리 정해서 요청할 수도 있지만, 후자는 사실상 분쟁을
공개하고자 하는 실사 수행인과 공개하지 않고자 하는 자 간의 알력 다
툼으로 보인다.

　마지막으로, 담당회사가 BANI 또는 SIAC 등 상사중재를 앞둔 경우,
계약서에서 별도로 정하지 않았다면 중재절차에서 예상보다 더 많은 법
률비용이 지출될 수 있다. BANI 및 SIAC의 중재규칙에 따르면 피신청인
은 최종 판정일까지 선납금 또는 예납금을 납입하지 않을 수 있으므로

---

350) 본 서면에 포함되는 사항은 다음과 같다: (i) 회사 및 실사일 (ii) 진행 중인
　　소송 및 기타 분쟁 (iii) 제기되지 않았으나 제기될 수 있는 주장 (iv) 이 외
　　에 고객에게 줄 수 있는 의견 (v) 답변을 줄 수 없을 경우 그 이유. 담당회
　　사 이름으로 외부 법무법인에게 분쟁에 대하여 묻는 서면을 작성하고, 회사
　　담당자 서명을 받은 뒤 우표를 붙인 회신봉투까지 동봉하여 송부하면 비교
　　적 답신을 얻기에 좋다.

신청인이 중재비용 전액(요금, 경비, 수당 등)을 중재신청서를 접수하는 시점에 예납하게 된다. 또, 사무국이 일방적으로 중재비용을 결정한다. 경우에 따라 이러한 부분까지 충분히 실사보고서를 통해 고지하는 것이 바람직할 수 있다.

(10) 검토가 불필요한 서류

큰 문제가 없는 서류나 정보임에도 일일이 제공받지 못했다는 식으로 보고서가 만들어지면, 해외 투자자 입장에서는 불안감을 느끼게 되고 타깃 회사의 신용에 대한 오해를 갖게 된다. 인도네시아 법무실사 관련, 이같은 불필요한 서류에 대한 예시는 다음과 같다.

- 회사설립이나 정관개정 시 법무인권부가 재개하는 관보(State Gazette): 회사에 없어도 문제되지 않는다. 회사 입장에서는 가장 중요한 법무인권부의 허가를 보관하는 것으로 족하다. 관보는 법무인권부가 발행해야 하는 것이며 회사에게 보관의무가 있는 것도 아니기 때문에, 본 서류가 없다고 큰 문제 삼을 필요는 없다.
- 제50조 제2항의 특별주주명부: 특별주주명부 파트에서 설명한 바와 같은 문제의 조항으로, 실익이 없는 단순 형식서류이다. 특별주주명부 미비로 인한 직접손해발생이 발생되기도 힘들고, 인과관계 입증도 어려우며, 특별주주명부 사실대조도 사실상 확인이 어렵다. 특별주주명부를 근거로 한 제52조의 이사회 책임이 현실화된 역사도 없다.
- 이사 및 감사 적격성에 대한 편지: 실익이 없는 단순 형식서류이다. 이런 편지가 있든 없든 회사는 여전히 해당 이사나 감사의 적격성 상실 시점부터 정식해임시기까지의 행위에 대하여 책임을 진다. 다만, OJK의 적격성 테스트(fit and proper test)가 요구되는 회사라면 적격성 확인이 필요하다.

11.4.5. 합병절차 단계별 세부사항

11.4.5.1. 인수합병 계획

합병의 경우에는 타깃회사의 이사회가 합병계획을 준비하고 감사위원회가 이를 허가하여야 한다. 특정 주주로부터 직접 지분을 매입하는 회사인수의 경우에는 이 같은 계획이 요구되지 않는다.

11.4.5.2. 합병계약

11.4.5.2.1. 법정기재사항

합병계약은 합병결의를 정지조건으로 하는 요식계약으로써 다음의 법정사항을 기재한 합병계약서 작성이 반드시 필요하다(제123조).

① 각 회사의 상호 및 주소
② 합병 추진 이유 및 합병 조건
③ 합병 전 회사의 주식 가액에 대한 합병 후 회사(신설합병 시에는 신설회사·흡수합병 시에는 흡수회사)의 주식 가액 산정방법
④ 합병 후 회사의 정관 개정안
⑤ 합병회사 및 피합병회사의 지난 3년간 재무보고서
⑥ 합병회사 및 피합병회사의 사업 계속 혹은 중단 계획서
⑦ 인도네시아 기업회계기준에 의하여 작성된 합병 후 회사의 견적대차대조표
⑧ 합병회사의 이사, 감사 및 근로자의 신분, 권리 및 의무 확정 방법
⑨ 합병회사의 제삼자에 대한 권리 및 의무 확정 방법
⑩ 합병결의에 반대하는 주주의 권리 확정 방법
⑪ 합병 후 회사의 이사 및 감사의 성명, 급여 및 수당
⑫ 합병에 소요되는 기간
⑬ 합병회사 및 피합병회사의 현황, 발전상황 및 실적
⑭ 합병회사 및 피합병회사의 주 활동 및 합병 회계연도 내 변화
⑮ 합병 회계연도 기간 내 합병회사 및 피합병회사의 활동에 영향을 미치는 문제점에 대한 설명

11.4.5.2.2. 계약서 작성 시 고려사항

흡수합병의 경우 합병 희망인은 합병 계약서 작성과 관련하여 다음과 같은 사항을 고려할 수 있다.

먼저, 인도네시아 회사의 정관변경은 공증인이 작성하고 법무인권부에 대한 통지 또는 승인이라는 요식성을 갖추어야 한다. 예컨대, 소멸회사의 사업을 승계하면서 상호 또는 사업목적을 변경하게 되면 정관을 변경하여야 하고, 이를 사전에 합병계약서에 기재하여 승인을 하더라도 별도의

정관변경작업이 필요하다.

수권자본의 증가도 이와 마찬가지다. 소멸회사의 주주에게 존속회사의 신주를 발행하여야 하므로, 존속회사의 발행예정주식총수 또는 수권자본 (Authorized capital)에 여분이 없으면 미리 적정하게 늘려주어야 한다. 물론 소멸회사 주주가 합병을 반대하거나 지분매수청구권을 행사할 경우에 소멸회사 주주에게 신주를 배정할 필요가 없다. 한국에서는 합병계약서에서 규정하고 합병승인을 위한 주총에서 이를 승인하면 정관변경절차를 거칠 필요가 없으나, 인도네시아에서는 반드시 공증인이 인도네시아어로 정관을 변경해야 한다.

둘째로, 인도네시아 회사법상 주요 선진국의 회사법과 다른 점에는 주의가 필요하다. 다음은 그러한 예이다.

① 한국과 달리 합병승인결의를 위한 주주총회 기일이 인도네시아에서는 필수적 기재사항은 아니다. (단, 일반적으로 적절한 기일을 설정하는 것이 좋다.)

② 합병으로 인한 이익배당 또는 중간배당할 경우의 한도액 또한 필수적 기재사항이 아니다. 그러나 당초에 정한 합병비율이 변동될 수 있으므로, 합병진행 중 이익배당이 있을 경우 합병계약에 명시하는 것이 바람직하다.

③ 합병의 효력발생은 법무인권부 결정서 내지 허가서(Surat Keputusan) 발행일이므로, 이 날을 기준으로 합병재무제표를 작성 및 확정하여야 한다. 이 날로부터 소멸회사의 재산이 존속회사에 완전히 승계되고 존속회사의 주식이 소멸회사의 주주에게 배정되어 실질적으로 합병당사 회사가 하나가 되는 날이기 때문이다.

셋째, 자본배정과 관련하여 다음과 같은 점들에는 주의가 필요하다.

존속회사가 합병으로 인하여 증가시키는 자본은 합병비율에 따라 소멸회사의 주주들에게 합병 후 발행하는 신주의 액면총액이다. 이러한 신주의 액면총액은 소멸회사로부터의 승계재산을 근거로 발행하므로 승계하는 소멸회사의 순재산액을 초과하면 안 되는 것이 원칙이다. 인니 회사법상 한국 상법 제459조[351])와 같은 조항은 없고, 실무에서는 신주의 액면총액을 초과하는 소멸회사의 순재산액을 합병차익으로 하여 준비금을 계상하는 경우가 적지 않은 것으로 보인다.

존속회사가 소멸회사의 주주에게 발행하는 합병신주 및 배정은 합병비율 및 기업평가를 반영하여 결정한다. 보통 회사의 자산 및 수익성 평가 및 주당 가치 산정을 토대로 합병신주 및 배정이 결정된다.[352]) 본 결정 과정에 심각한 불공정이 있을 경우, 합병무효 또는 취소의 소가 제기될 수 있다.

합병 후 발행사는 신주의 배정비율을 조정하기 위하여, 또는 합병기일 이후에 소멸회사의 결산기가 도래할 경우 해당회계연도에 회사가 소멸하기 전까지 발생한 이익을 배당하기 위하여 존속회사가 소멸회사 주주에게 합병교부금을 지급할 수 있다. 그러나 실무에서 이 같은 경우는 드물다.

또, 불필요하게 다양한 종류주식을 쓰는 것은 권하지 않는다. 다양한

---

351) 제459조(자본준비금) ① 회사는 자본거래에서 발생한 잉여금을 대통령령으로 정하는 바에 따라 자본준비금으로 적립하여야 한다.

352) 존속회사가 기존에 갖고 있던 자회사의 지분만큼 합병 후 자기 자신에게 지분을 배정할 수 있는가 즉, 자기주식취득금지 원칙의 예외로서 자기자신에게 합병신주를 교부할 수 있는가가 문제된다. 원칙적으로 제36조 제1항에 따라 자기주식취득(dimiliki sendiri) 및 상호주취득(dimiliki oleh perseroan lain)이 금지되나 제36조 제2항에서 승계취득(kepemilikan saham habah wasiat)을 허용하고 있다. 문제는 본 승계취득이 합병에 따른 승계취득을 포함하는지 문언해석상 불분명한 점이다. 더욱이 한국의 법인세법 제16조 제1항 제5호 및 시행령 같은 법 제11조 제9호와 같은 별도 조항이 없다. 인도네시아 M&A 전문가 중에는 합병 시 지분재매수(repurchase)를 허락한다는 근거로 자기주식취득이 가능하다고 보는 의견이 있는데, 이는 잘못된 접근법이라고 생각한다. 이미 있었던 지분을 매수할 수 있느냐의 문제만이 아니라, 이를 근거로 해서 자기자신에게 합병 뒤 회사의 신주를 발행할 수 있는가의 문제이기 때문이다. 정확한 판례나 신규입법 및 개정이 없는한 "인니 내 적법한 합병신주교부 방법은 불확실하다"고 보는 것이 옳다고 생각하며, 그만큼 향후 이를 근거로 합병무효 및 취소의 소를 주장할 수 없도록 주주계약서를 작성하는 것이 중요할 것이다.

종류주식을 사용하는 것은 가능하고 실무에서도 적지 않게 사용되나, BKPM, 법무인권부, OJK, 법원 등이 다양한 종류주식에 익숙하지 않은 만큼 리스크와 비효율의 문제가 있다. 다소 복잡한 자본구조를 짜야 하는 경우에는 역외회사를 이용하는 방식이 선호되는 것으로 보인다.

11.4.5.3. 합병 전 공시 및 피고용인에 대한 통지

인도네시아에서는 피고용인이나 연금신탁이 인수합병에서 중요한 역할을 하지는 않지만, 피고용인이 인수합병을 근거로 사직할 권리를 갖고 있다는 점은 중요하다. 회사법 제127조 제2항에 따르면 회사는 피고용인들에게 늦어도 주주총회 30일전까지는 회사의 소유변동에 대해서 통지하여야 한다. 회사의 대주주가 변경된 뒤 다수의 피고용인들이나 중요한 피고용인이 사직하면, 인수합병이 회사의 이익과 발전에 해가 되기 때문에 만들어진 조항인 것으로 해석된다. 또한, 인수하는 회사가 인수합병 뒤에도 고용관계를 계속한다고 보증하거나 확약하는 서면에 서명하는 관습이 있다.

또, 1개 이상의 신문에 사전 공시하여야 한다(제127조 제2항 및 제3항). 이해관계인의 절차적 권리를 보호하려는 취지이다. 신문을 "인도네시아어로 유포하는 일간지"라고 정의하고 있으므로 전자신문도 가름할 수 있을 것으로 생각하나 통상 종이 신문이 널리 사용된다.

11.4.5.4. 채권자 보호절차

채권자가 사전공시로부터 14일 이내에 이의제출 하지 아니하면 합병승인이 의제된다(제127조 제4항 및 제5항). 채권자 이의제기 시 회사는 변제하거나, 상당한 담보를 제공하거나, 상당한 재산을 신탁회사에 신탁할 수 있다.

11.4.5.5. 합병결의와 결의반대주주의 주식매수청구권

결의 반대 주주의 주식매수 청구권과 관련한 요건은 아래와 같다.

① 주주총회결의(출석주주 의결권의 3/4 이상 동의, 의결권 주식총수의 3/4 이상 출석) (제89조)
② 반대주주의 주식매수청구권(제126조 제2항)

11.4.5.6. 상장회사 특례: 공개매수

의무공개매수제도라 함은, "매입 또는 다른 증권과의 교환에 의하여 지분증권을 인수하고자 매스미디어를 통해서 하는 청약"을 말한다.[353] 대주주가 아닌 제3자가 법정 지분율 이상의 상장기업주식을 인수할 때 적용된다.

의무공개매수제도는 영국에서 기원하여 EU, 싱가포르 기타 여러 나라들에 널리 사용되는 반면 미국에서는 포이즌필 등 다양한 방어전략들이 있으므로 굳이 도입되지 않았다. 한국에서는 외환위기 이후 폐지되었다. 이후 한국에 재도입되지 아니한 것은 재벌 그룹사를 중심으로 한 순환출자식 구조 등 경영권 방어방법들이 갖추어져 있으므로 경영권 공격방법과 방어방법 간의 형평성을 위한 입법조치로 보인다.[354]

인도네시아 상장사를 사실상 지배하는 자(즉, 총 발행주식의 50% 이상을 소유하거나 직간접적으로 방법을 불문하고 회사의 경영과 정책을 결정할 수 있는 자)에 대해 변경이 있는 경우에는 반드시 공개매수(Mandatory Tender Offer)를 해야 한다.[355] 비상장회사에는 해당이 없다. 상장회사의 공개매

---

353) Bapepam Regulation No. IX.F.1 art. 1(d) (2002)

354) 최근에는 강력한 자본력을 지닌 외국인수자들이 있으므로 재벌그룹사도 M&A 시장에서 더 이상 안전한 경영권방어를 담보할 수 없고, 무엇보다 중소기업을 위하여 경영권방어제도는 필요하다는 점이 지적되고 있다. Soonpeel Chang, Korea's Unique Resistance against the Control Defense, 2012, Directed Research Dissertation, New York University School of Law; Stephen J. Choi, the Future Direction of Takeover law in Korea, 2007, Journal of Korean Law, Vol. 7.; 권종호, 적대적 M&A 방어수단의 도입필요성 −2008년 경영권 방어법제 개선위원회의 입법초안을 중심으로, 상사판례연구 제22집 제4권, 2009.12.31; 최준선, 개정이 시급한 (회사법) 규정에 개한 연구, 2012, 기업법 연구, 통권 48호.

355) 본 규제는 특정한 목표를 위해 결집·계획 및 협력하는 모든 당사자를 대상으로 하므로, 50% 이상의 사실상 지배권자를 판단 시 모든 그룹 회사의 주주를 고려하게 된다. 예컨대, 50% 미만의 지분을 지닌 투자자가 이사선임권을 갖고 다른 주주들이 해당 투자자에 우호적인 이사 선임하도록 주주동의서를 작성해놓은 경우가 그러하다.

수에 대한 OJK규정이 적용된다.[356]

아래 지분에 대해서는 공개매수가 면제된다.[357]

① 새로운 지배주주와의 인수합병 계약을 맺은 주주의 지분
② 새로운 지배주주와 동일한 조건으로 청약을 얻은 자의 지분
③ 동일한 시점에 동일한 상장 회사의 지분에 대하여 공개매수를 한 자
④ Ultimate 주주에 의해 소유한 지분
⑤ 그 상장사의 다른 지배자(즉, 총 발행주식의 50% 이상을 소유하거나 직간접적으로 방법을 불문하고 회사의 경영과 정책을 결정할 수 있는 자)가 소유하고 있는 지분

또 다음의 경우에는 공개매수를 반드시 할 필요가 없다.

① 혼인이나 상속에 의한 합병
② 기존에 해당 상장사 지분을 소유하지 않은 자에 의한 합병이면서, 매 12월내 마다 그 회사의 총 의결권 주식 중 10%를 넘지 않은 매입 또는 인수에 의한 합병
③ 정부·주 또는 담당기관의 법률상 의무 이행을 위한 합병
④ 위 ③항의 목적을 위하여 정부·주 및 담당기관의 직접 매수에 의한 합병
⑤ 법원의 결정에 의한 합병
⑥ 주주의 청산, 신설합병, 분할, 흡수합병에 의한 합병
⑦ 형식을 불문하고 보상에 대한 어떠한 합의도 얻지 아니한 주식의 증여에 의한 합병
⑧ 소비임대차 계약상의 채무보증 또는 정부·주 또는 담당기관이 상장 회사 규제를 위하여 채무를 보증한 경우 그 채무보증에 의한 합병
⑨ 지분인수에 의한 합병
⑩ 공개매수의 강제가 법률에 저촉되는 경우
⑪ 자발적 공개매수에 따른 합병

강제적이지 않은 자발적 공개매수(Voluntary tender offers)와 관련해서

---

356) 과거 Peraturan Bapepam No. IX.H.1 (3)(a)(2) (2011), 현재에는 Peraturan Otoritas Jasa Keuangan Nomor *9/POJK.04/2018* tentang Pengam bilalihan Perusahaan Terbuka.
357) 위와 동일.

적대적 인수합병에 대한 타깃 회사의 이사회 및 감사위원회의 방어방법 관련 규정이 있지만, 인도네시아 자본시장에서 공개매수를 통해 적대적 인수를 한 예가 없기 때문에 본서에서는 생략한다.358)

11.4.5.7. 투자허가등록

오랫동안 외국인의 사업 투자를 허가하는 절차(과거의 izin prinsip 또는 capital investment registration)들이 있어왔다. 이러한 투자 허가와 관련한 절차는 본서 집필 중에도 수차례 변경되었고 현재 2020년 전부 개정 시행 예정인바, 본서에서는 자세한 내용을 생략한다.

11.4.5.8. 합병등기 및 합병효력발생

합병등기만으로는 효력이 발생되지 않는다. 제133조 및 그 해설에 따라 효력발생요건은 아래와 같다.

　ⅰ. 법무인권부의 합병을 위한 정관개정 승인 허가(Surat Keputusan) 발급일
　ⅱ. 법무인권부의 합병을 위한 정관개정 통보 수령일(정관변경이 없거나 제21조 제3항을 따르는 경우)
　ⅲ. 법무인권부의 설립증서 추인일

11.4.5.9. 합병 후 공시

늦어도 합병 효력발생 30일 내에 1개 이상의 신문에 공시하여야 한다 (제133조). 효력발생일이라 함은 위에서 언급한 요건이 성립되는 날이다.

11.4.5.10. 합병 후 신고

인도네시아 1999년 No.5 공정거래법 및 2010년 No.57 지분인수·회사합병법상 다음의 조건을 만족하는 경우, 경쟁감독위원회에 (i) 자발적 사전신고 또는 (ii) 필수적 사후신고가 요구된다.

---

358) "[…] in practice, there have been no instances of hostile takeovers in the Indonesian market.", Yozua Makes, p.163, Chapter 13 Indonesia, The International Capital Markets Review, thrd edt, Nov. 2013, Law Business Research.

① "인수" 요건에 해당(의결권 또는 주식의 50% 이상 보유 또는 이사회 멤버의 대다수를 선임하거나 이사회 또는 주총의 주요 결정에 veto권을 행사하는 등 일정한 영향력을 행사할 수 있는 경우 인수 요건에 해당하며, 개별 사안에 따라 판단 필요)
② 합병 후의 자산가치가 IDR 2.5조(은행의 경우 IDR 20조) 또는 매출 규모가 IDR 50억 초과
③ 비계열사 간 합병/인수

세 가지 요건을 만족 시, 매수인은 인도네시아 행정당국에 인수관련 신고를 거래 종결 후 30일 내에 하여야 하며, 이를 이행하지 않을 경우, 일당 IDR 10억(최대 IDR 2백50억)의 과태료를 지불하여야 한다.

11.4.6. 합병 관련 중요서류

합병 관련 중요서류들을 종합하면 아래와 같다.
① 지분매매계약서
② 신문을 통해 인수계획 요약 공시
③ 피고용인에 대한 서면통지
④ 주주총회 회의록 및 결의서. 결의로부터 30일 내에 공증증서에 작성되어야 함.
⑤ Rule IX.G.1에 따르면 주주총회결의로 합병 허가를 득하여야 하며, 단 Rule IX.H.1의 인수에 해당할 시에는 반드시 허가를 득할 필요는 없음.
⑥ PMA일 경우 BKPM 허가서
⑦ 인수합병 공증증서
⑧ 법무인권부의 허가 또는 통지수령서
⑨ 신문을 통해 인수합병 결과 통지
⑩ 인수합병 결과를 반영해 업데이트한 주주명부
⑪ 인수합병 결과를 반영해 업데이트한 주권
⑫ 업데이트한 회사등록번호(종래는 Tanda Daftar Perseroan or TDP, 현재는 NIB)

11.4.7. 필수로 받아야 할 동의

① 주주총회 동의
② PMA의 경우 BKPM의 허가
③ 은행 및 금융회사의 경우 OJK의 허가
④ 채권자의 허가
⑤ 법무인권부의 통지수령 또는 허가

11.5. 세제 우대

기업의 인수·합병에 따른 자산의 이전은 일반적으로 시장가격을 기준으로 한다. 사업구조변경에 따른 이익은 과세대상이며, 손실은 과세소득에서 공제된다.

그러나 장부가액을 기준으로 자산을 이전하는 경우에는 국세청의 승인을 받아 비과세 혜택을 받을 수 있다. 이러한 승인을 얻기 위해서는 "합병 또는 결합계획"이 "사업목적테스트"를 통과하여야 한다. 과세액을 줄이기 위한 합병은 금지되므로, 위 결합계획상 조세에 영향을 미치는 조건은 금지된다. 또, 피합병회사의 세무상 이월결손금은 합병 후 회사로 이전되지 않는다.

인도네시아 인수합병과 관련한 주요 규정은 다음과 같다.

- 인수, 합병, 분할 관련 자산이전 장부가치 적용에 관한 2008년 재무부 장관령 No.43/PMK.03/2008
- 2008년 소득세법(undang undang no.36 tahun 2008) 제17조
- 10% VAT 관련, 사치품에 대한 매매세 및 부가가치세에 관한 2009년 법(undang undang No.42 tahun 2009) 제4조 제1항 및 제7조 제1항
- 2.5% 부동산 이전세 관련, 2016년 제41호 행정부령

11.6. 인수·합병의 방법

인수·합병에 관한 법률 및 판례의 첨단을 이끌고 있는 미국 델라웨어

주는 삼각합병(Triangular merger) · 역삼각합병(Reverse triangular merger) · 교부금합병(Cash-our merger 또는 Squeeze-out merger) · Reverse asset sale 등 다양한 기법에 대한 법률적 해석 및 판례가 발달하였고 한국에서도 이 중 2012년 개정상법으로 합병유연화를 위하여 삼각합병 및 교부금합병이 도입되었다.

인도네시아의 회사법은 위와 같은 다양한 합병 방법들을 아직 정하지 않았으며, 회사법이 정하지 않은 인수합병에 대한 사항은 특별법에 따른다고 하였으나 이 특별법이 현재까지 미비되어 있다. 법문에 없는 인수 · 합병 방법을 쓰고자 하는 경우에는, 실무상 민법(Kitab Undang — Undang Hukum Perdata) 상 계약의 일반원칙에 따라 계약서상의 당사자 간 의사를 좇아 이행하는 것만이 유일한 방법이므로 계약서 작성이 중요하다. 따라서 적지 않은 회사들이 인수합병 시 싱가포르 등 Common law를 준거법으로 하면서 해당국가를 관할로 하고 있고, 수종의 종류주식을 발행해야 하는 경우에는 더욱 그러하다.

그럼에도 인니법을 준거법으로 해야 하는 경우가 있다. 이 때, 회사법 제1조의 정의에서 및 제122조 이하 인수 · 합병 조항에서 합병대가를 제한하고 있지 않으므로 현금은 물론, 사채나 주식 등 증권 및 그 밖의 재산도 포함하는 것으로 해석된다. 그러나 실무에서는 대형 합병의 경우 대부분 주주에게 현금을 주고 지분을 사는 방식(cash for stock)을 사용하는 것으로 보인다.[359]

미국에서 흔한 M&A방식은 합병이나 공개매수인 반면, 한국에서 가장 흔한 M&A방식은, 대주주가 장외에서 특정한 상대방에 대해 지배주식을 매각하는 방식이라고 한다.[360] 인도네시아에서도 후자의 방식이 더 널리

---

[359] 2012년 6월에서 2013년 6월까지의 인도네시아 내 최대 규모의 인수 · 합병 10건이 모두 현금 매수였다. Passport to Indonesia—Inbound investment trends and tips, Baker & McKenzie. 최근(2019—2020)에도 큰 변화가 없는 것으로 보인다.

[360] 이중기, 지배주식양도방식의 M&A거래와 거래보호약정: 협상과정을 구속하

쓰이는 것으로 보인다. 또, 인도네시아 자본시장에서는 타깃 회사의 의지에 정면으로 반하는 적대적 인수도 현재까지 보고된 바가 없다.[361] 설사 비상장 회사 사이에서 있다 하더라도 인도네시아의 특수성을 감안할 때 법률적인 전략을 짜는 어프로치보다 규제기관 담당자와의 네트워크를 구축하는 것이 효과적이라는 의견도 있다.

본 파트에서는 인도네시아에서 회사를 매수하는 기본적인 방법들과 인수합병에 따른 규제를 우회할 수 있는 방법을 설명한다.

11.6.1. 현금을 주고 타깃 회사의 영업 또는 중요자산을 양수하는 방법

도표 3-8 현금으로 영업을 양수하는 과정 도식화

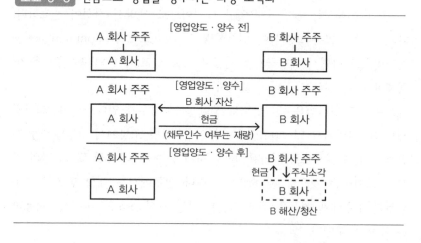

인니 회사법상 영업양도 또는 중요자산양도라는 말을 사용하는 규정은 없다. 자금을 대여하는 대신 회사자산의 50% 이상을 담보로 제공하는 경우만을 규제하고 있을 뿐이다. 그러나 구분실익이 있으므로 본서에서

는 계약의 정당화와 그 한계, 홍익대학교, p.1.

361) "[…] in practice, there have been no instances of hostile takeovers in the Indonesian market.", Yozua Makes, p.163, Chapter 13 Indonesia, The International Capital Markets Review, thrd edt, Nov. 2013, Law Business Research.

는 자산을 매각함으로써 사실상 회사를 양도하는 것과 유사한 효과를 가져오는 회사의 자산양도계약을 "영업양도"라고 한다.

합병과 영업양도는 아래와 같은 차이가 있다.

합 병	영업양도
회사법상의 절차와 효력에 의하여 규율되는 단체법상의 제도	개인법적 채권계약
모든 권리의무의 당연이전, 포괄적 승계	개별 재산에 대한 별개의 물권적 처분 필요, 일부 재산을 양도재산에서 제외가능
흡수 합병 시 회사해산·사원흡수	불해산·사원변동 없음
채권자보호절차 필요	채권자보호절차 불요
회사에 한정	회사에 한정되지 않음
재산이전대가로 사원권 취득	재산이전대가로 사원권 취득하지 않음

자산을 인수하는 회사 입장에서 영업양도를 택하는 장점으로, 인수·합병에 따른 각종 규제들이 적용되지 않는다는 점이 있다. 예컨대, 자동적으로 채권채무도 인수된다는 등 합병에 대한 조항이 적용될 수 없다. 또, 인도네시아에서 회사의 영업양도 또는 중요자산매각 시 자동적으로 기존의 고용관계도 이전된다는 규정이 없다.[362] 기존 고용관계가 존속되는 것처럼 간주할지 여부는 피고용인과 회사의 영업/자산을 매수하는 회사 간의 계약서에 따르며, 임금채무 등이 자동 인수되지 않는다. 매도회사 입장에서는, 매입회사와의 별도 합의를 해두지 않으면, 영업양도 후 고용

---

362) 이러한 점은 한국과 분명하게 다르다. 한국 판례는 종업원 전원을 해고하고 단순히 물적 재산의 일체만을 양도한 경우 영업의 동일성이 상실되어 영업양도가 아니라고 판시(대판 1991.8.9, 91다15225)하면서 영업양도 이전에 성립된 퇴직금 채무 등의 임금채무도 양수인에게 이전된다고 판시하였다 (대판 2005.2.25, 2004다34790).

관계 청산 시 계약 또는 법률상 요구되는 해고보상금 지불 등의 의무가 여전히 남는다는 점에 주의하여야 한다. 매입회사가 매각회사와 관계회사 또는 계열사 간이라 하더라도 예외가 아니다.

단, 영업양도의 단점은, 자산 매매 리스트에 비품·양도받을 재산 등을 일일이 작성을 해야 하는 불경제제363) 및 복잡한 계약상의 권리 의무를 일일이 정리해서 양도해야 한다는 점이다. 무엇보다 가장 큰 문제는 정부에서 받은 영업 허가권 기타 라이선스를 새로 발급받아야 하는 점이다. 또, 인수·합병에 따른 각종 규제들이 적용되지 않으므로 장부가액을 기준으로 자산을 이전하는 경우 인니국세청의 승인을 받아 누릴 수 있는 비과세 혜택도 받을 수 없다.

따라서 특단의 사정이 없다면, 회사를 사고 팔 때는 일반적인 인수합병 방식을 사용하는 것이 상대적으로 편리하고 안전한 것으로 보인다.

물론 특단의 사정으로 인수희망자가 영업을 양수하려는 경우도 적지 않다. 예컨대, 외국에서 영업을 하다가 인도네시아로 그 영업의 전부나 일부를 이전하여 현지에서 영업을 영위하고자 하는 경우가 있다. 이때는 인수희망자는 PMA를 설립한 뒤 영업을 양수·양도할 수 있다. 실무에서는 Negative List 또는 경영상 필요에 의하여 인수희망자가 인도네시아 내 로컬 협력자를 찾는 경우가 적지 않은데, 해당 협력자가 지속적으로 현지 마케팅, 컨설팅 또는 행정업무 등을 담당하는 조건 등으로 회사에 지분을 두는 경우도 적지 않다. 이 경우에는 일단 인도네시아 내에 순수 현지 PT를 설립한 후, 아래에서 설명하듯이 해당 PT가 이전하는 사업을 대가로 외국인에게 신주를 발행하는 방식의 PMA전환도 가능하다.

인니 회사법 제102조에 따라 회사가 순자산의 50% 이상을 양도 시 주

---

363) 모든 재산을 일일이 열거하는 것은 사실상 어려우므로 실무에서는 "해당 주소에 있는 물건 전부"라는 식으로 작성하는 경우가 적지 않다. 인도네시아 변호사에 따르면, 설사 추후에 분쟁이 생겨 소송을 통해 집행하게 되는 경우에 이러한 표현만으로 집행관이 집행하는 데 큰 문제가 없다고 한다.

주총회의 특별결의가 필요하다. 회사의 핵심기술이나 시스템과 같이 중대한 자산이어서 그 자산의 매각이 사실상 회사 영업의 폐지 또는 중단을 초래하는 행위라 하더라도, 그 가치가 순자산의 50%에 달하지 않고 별도의 정관상 정함만 없으면 회사는 주주총회의 결의 없이도 이를 매각할 수 있다. 현재까지 이에 반대되는 판례가 발견되지 않는다. 설사 매각자산의 가치가 회사 순자산의 50%를 넘는다 하더라도, 그러한 사실이나 주주총회의 허가가 없었다는 것을 알지 못한 선의의 제3자에게 매각되었다면 회사는 그러한 선의의 제3자에게 대항할 수 없는 것으로 보인다.

상장회사의 경우에는 OJK Regulation IX.E.2에 따라 회사자본의 총 20% 가치에 해당하는 규모로 아래의 행위를 할 경우 중요거래로 분류된다.

- 특정한 영업, 프로젝트, 단체의 인수
- 영업 또는 자산의 교환, 양도 및 매매
- 자산의 임대
- 금전소비임대차
- 자산을 담보로 제공하는 행위
- 기업보증을 제공하는 행위

위 행위가 부당하다고 판단되거나 회사자본의 50%규모를 초과할 때는, 상장회사는 반드시 주주총회의 동의를 득하여야 한다.

11.6.2. 주식을 주고 타깃 회사의 영업 또는 중요자산을 양수하는 방법

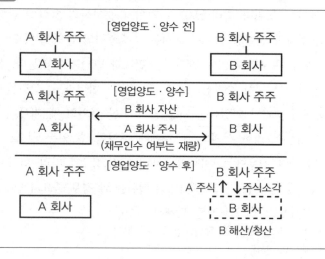

도표 3-9 주식으로 영업을 양수하는 과정 도식화

이처럼 B회사 영업양도의 대가로 현금이 아니라 A의 주식을 새로 발행하여 B회사에게 주면 B회사의 주주가 A지분 인수절차 완료 후 A의 주주가 된다.

이 같은 영업양도가 결론적으로 "사실상 인수합병(De facto merger)"이라 할지라도, 형식이 영업재산 양수 뒤 회사소멸인 이상 이를 두고 주식 매매에 의한 합병방식이라 주장할 수는 없다.[364] 따라서 자동적으로 채권채무도 인수된다는 등 합병에 대한 조항이 적용될 수 없다. 노동관계 역시 자동적으로 인수되지 않는다.

따라서 인수희망자가 위와 같은 방법으로 회사를 인수하고자 한다면, "(1) 현금을 주고 타깃 회사의 영업 또는 중요자산을 양수하는 방법"에

---

364) 위와 같은 영업양도를 사실상 회사합병(De facto merger)이라 보고 합병관련 규정들을 유추 적용해 주는 것은 미국에서도 인수합병 판례가 발달한 델라웨어 등의 소수 주에서만 인정된다. Drug, Inc. v. Hunt, 35 Del. 339, 168 A/ 87.

서 언급한 내용과 동일한 사항을 고려할 수 있다.

한편, B회사의 주주가 외국인이기 때문에 A회사가 PMA로 전환해야 할 수도 있다. 이 경우에는 일반 지분매매나 동일하게 BKPM의 최소투자금 규정 및 회사법상 수권자본금 납입 규정, 현물출자 평가 및 자본납입과 관련한 재무계산을 해야 하고, 납세액을 줄일 수 있는지도 확인해야 한다. 자산매각으로 할 경우 얻게 되는 불이익까지 감안하면, 인수희망자에게는 자산매각으로 진행할 실익이 미미할 수 있다.

위 인수절차가 완료된 후에야 A 회사의 영업양수를 반대하는 소수주주가 이로 인한 손해배상을 주장한다면, A 회사 측의 반대주주 보호절차를 제대로 이행하지 않았다는 사실 입증은 차치하고, 영업양수와 증자로 인해 원고측 주주의 지분 가치가 정확히 얼마나 감소하였는지에 대한 인과관계 및 간접손해액을 입증하는 것이 쉽지 않다.

11.6.3. 현금으로 지분을 매수하는 방법(Cash for stock)

 도표 3-10 현금으로 지분을 매수하는 과정 도식화

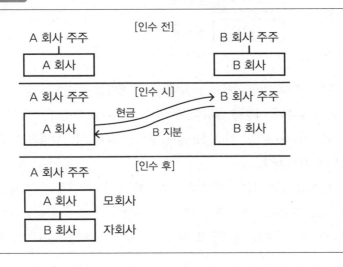

인도네시아에서는 위와 같은 현금으로 지분 매수하는 방법이 가장 널리 사용된다. 가장 명확하고 간단한 방법이기 때문인 것으로 보인다. 지분 인수 뒤 A 회사는 모회사가 되어 자회사인 B의 지분을 취득하게 된다. 이사회 결의와 무관하게 주식을 매매할 수 있다.

11.6.4. 주식으로 주식을 매수하는 방법(Stock swap)

도표 3-11 주식으로 주식을 매수하는 과정 도식화

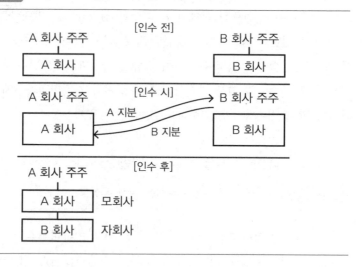

피인수회사 B의 이사회가 해당 주식 매매를 승인하지 않는 경우에도 B 회사 주주가 지분을 매각할 수 있다. 이 때 B 회사가 상대적으로 아무리 규모가 작더라도 인니법률에서 정하지 않은 약식합병으로 진행할 수 없음에 유의한다.

단, 지분으로 지분을 매수하기 위해서는 각 회사의 공정가치를 산정하여 상호 공정하고 합리적인 대가로써 지분교환이 이뤄져야 하기 때문에 실무에서는 절차도 번거롭고 시간도 상당히 지체되는 것으로 보인다.

12.1. 회사분할의 의의

회사분할이란, "회사가 영업을 분할하여 (i) 그 회사의 적극재산과 소극재산의 전부를 둘 이상의 회사에게 승계하거나, (ii) 그 회사의 적극재산과 소극재산의 일부를 하나 이상의 회사에게 법률적으로 승계하는 법률행위"(제1조 제12항)이다.

인니 회사법은 전자(즉, 소멸/완전분할)를 순수분할(pemisahan murni)로, 후자(즉, 존속/불완전분할)를 비순수 분할(pemisahan tidak murni)로 부른다(제135조).

도표 3-12 기존회사의 존속여부에 따른 회사분할 유형

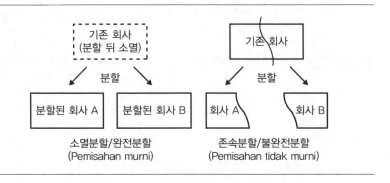

12.2. 회사분할의 기능

회사분할은 유망 사업부문을 분리하거나, 부실 또는 도산상태의 회사가 회생 가능한 사업부문만을 분리함으로써 회사의 회생수단으로 사용하거나, 계열분리 방안, 경영권방어, 사업확장을 위한 자금원 확보, 내부분쟁 해결, 제3자와의 합작회사, 분할합병 등을 통한 규모확대 등을 위하여

사용한다.

12.3. 회사분할의 유형

기업분할의 유형 구별방법에는 제153조에서 분류하듯 기존회사의 존
속 여부에 따라 순수/비순수 분할로 구분할 수 있다. 순수분할은 한국에
서는 분할되는 기존 법인이 소멸하므로 소멸분할 또는 완전분할이라고
한다. 비순수분할은 기존 법인이 존속하므로 존속분할 또는 불완전분할
이라고 한다. 본서에서는 소멸분할과 존속분할이라 한다.

회사법에서 별도의 제한 규정을 두고 있지 않으며, 제136조에서 "회사
분할에 대해서는 행정부령(Peraturan Pemerintah)을 따른다"고 하고 있음
에도 회사분할에 대한 별도의 행정부령을 아직 제정하지 않았기 때문
에[365] 그 회사에 대한 채권자의 권리를 침해하지 않는 한, 아래와 같은
분할구분도 당연히 가능하다.

도표 3-13 기존주주가 신규회사의 직접 주주가 되는지 여부에 따른 회사분
할 유형

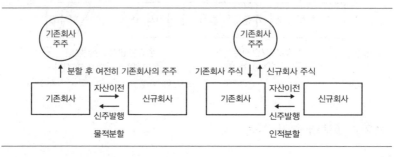

---

365) 제정 작업이 오랫동안 준비 중이지만 번번히 연기되는 것으로 보인다. 법무
인권부 홈페이지 내 관련 정보: <http://www.djpp.kemenkumham.go.id/
component/content/article/63-rancangan-peraturan-pemerintah/28
99-rancangan-peraturan-pemerintah-tentang-penggabungan-pe
leburan-pengambilalihan-dan-pemisahan-pers.html>

먼저, 기존회사가 승계회사에게 자기재산을 포괄승계하여 양도하고 그 대가로 받는 승계회사의 분할신주를 기존회사의 주주에게 배정받는 형태의 기업분할을 "인적분할"이라고 하며, 그 대가로서 받는 승계회사의 주식을 분할회사 자신이 부여받아 보유하는 형태의 기업분할을 "물적분할"이라고 한다. 따라서 인적분할 시에는 기존회사와 신규회사 간 주주가 달라질 수 있다.

또, 분할에 의한 회사 신설여부를 기준으로 신설분할, 흡수분할, 혼합분할(신설분할과 흡수분할 동시진행)로 구분할 수 있다.

분할에 의하여 1개 또는 수개의 존립중인 법인과 합병하는 것을 분할합병이라고 한다. 분할합병은 분할된 부분이 다른 회사에 흡수되는 흡수분할합병과 분할된 부분이 다른 회사의 분할부분과 합쳐져 회사를 신설하는 신설분할합병으로 다시 나눌 수 있다. 또는 분할합병을 분할되는 법인의 존속여부에 따라 존속분할합병과 소멸분할합병으로 구분하기도 한다.

도표 3-14 분할합병의 예

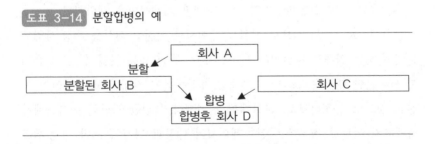

전문용어기도 한 "Spin – off"와 "Split – off"는 인도네시아 변호사 사이에서도 널리 쓰이나, 미국 SEC 규제에서의 정의와는 다르고 단순히 회사분할이라는 말을 대체해서 쓰이는 경우가 적지 않다. 인니법문상의 용어는 아니므로 상세한 설명은 생략한다.

12.4. 사실상의 회사분할

회사분할과 동일한 경제적 효과를 가져오기 위하여 우회적인 방법을 사용할 경우, 어느 범위에서 회사분할 관련 규정을 적용 또는 유추적용할 수 있는가 하는 문제가 있다. 예컨대, 기존회사가 영업 또는 현물을 출자하여 회사를 새로이 설립하거나, 영업을 양도하여 회사를 신설하는 경우가 그것이다. 인도네시아 법원의 판례가 분명하지 않고 회사분할 법제가 아직까지도 제정준비 작업 중이므로 구체적인 논의를 할 길이 없다. 사견으로는 엄격한 형식성을 요구하는 인도네시아의 법률실무를 감안할 때, 우회적인 방법을 사용 시 법률상의 회사분할 규정을 적용하지 않을 가능성이 적지 않다고 생각한다.

12.5. 회사분할의 절차

12.5.1. 분할계획서 또는 분할합병계약서 작성
분할계획서 및 분할합병계약서의 자세한 기재사항은 생략한다.

분할계획서는 일반적으로 신설 승계회사로 이전될 재산을 특정 사업부문에 속하는 일체의 자산이라고 하면서 구체적으로는 분할 후 신설 승계회사의 분할 대차대조표 및 승계대상 재산목록에 기재된 모든 재산이 이전될 것으로 규정하므로, 분할계획서 기재상 특정한 자산의 귀속관계가 명백하지 아니할 경우에는 분할계획서의 내용과 당시의 제반 사정들(공시된 분할 신고서, 주주총회에서의 보고 및 결의 등)을 종합적으로 고려하여 분할계획서의 본래 취지를 파악하는 방향으로 해석하고 작성·변경하는 것이 바람직하다.366)

또, 분할계획서 작성일 또는 주주총회 결의일로부터 최종 분할기일 전

---

366) 김현태, 법적관점에서 본 회사분할의 실무, 법무법인 광장, 2007.10.20, p.23.

까지 분할하고자 하는 영업부문에서 발생한 통상적인 재산의 증감사항을 분할대차대조표나 승계대상목록에서 가감할 수 있어야 한다.

아무리 변경이 사소하더라도 일단 주주총회에서 승인된 분할계획서를 변경하고자 하면, 다시 주주총회의 승인을 받아야 하고 그렇지 않으면 분할무효의 사유가 되므로 주의하여야 한다.

12.5.2. 금융감독위원회의 등록

상장법인이 비상장법인과 분할합병을 하는 경우에는 아무런 규정이 없으나 OJK는 이 경우에도 비상장법인에 대한 등록이 필요하다고 한다.367)

또, 기업공개 계획의 일환으로 실행되는 기업분할 절차도 국세청장 (Director General of Tax: DGT)의 특별승인이 필요한데, 해당 회사는 1년 내에 국세청의 승인을 전제로 IPO를 위한 등록절차를 마무리하여야 한다. 기업이 통제하기 어려운 복잡한 상황에 직면 시에는 최대 4년까지 연장할 수 있다.

12.5.3. 이사회 결의 및 분할계획 공시

인도네시아는 모든 주식회사는 분할계획에 대하여 이사회가 주주총회 통지를 하기 30일 전에 신문에 사전 공고를 하는 것만으로 공시의 형식을 충족한다(제127조 제2항).368)

반대 채권자 입장에서는 위 공고를 놓치면 회사가 어떤 채무를 면책적

---

367) 관련 권한이 기존 금융감독위원회(Badan Pengawas Pasar Modal−Lembaga Keuangan: BAPEPAM−LK)에 있을 때와 동일한 실무로 보인다.

368) 채권자가 보호받을 수 있는 방법이라고는 분할계획에 대한 신문공시를 읽거나 운 좋게 알게 되어 14일 이내 이의를 제기하는 것뿐이라고 생각하면, 직접 통지가 아닌 단순 공시는 보호조항으로서 효과적인 방법은 아니라고 보인다. 한국에서는 이사회에서 분할계획서의 구체적인 내용을 결정하고 주주총회 회일의 2주전부터 대차대조표 및 계약서 등을 본점에 비치하고 나아가 주주와 채권자에게 공개하여야 한다.

또는 중첩적으로 신설회사 또는 승계회사로 이전할 것인지 일방적으로 정할 우려가 있다. 특히 분할 후 신설회사에 그 분할회사를 매각하고자 하는 경우 연대책임문제로 인해 그 처분에 상당한 제약이 생기므로 회사가 사전에 임의로 채무의 이전방식을 결정할 수 있다.

이와 관련하여 채권자가 인도네시아 민법 제13장의 사해행위 취소 및 원상회복 제기가 가능한지 분명하지 않다. 채권자와 회사 간 별도의 정함이 있는 등 특별한 사정이 없다면, 회사가 주 채권자에게 별도 통지없이 무명 일간지에 공고하였다 하더라도 법정한 절차에 따라 공시를 한 채무자에게 사해의사가 있다고 보기는 쉽지 않을 것으로 보인다.

12.5.4. 채권자보호절차

회사분할은 법인격을 통하여 회사의 책임재산을 나누므로 분할회사의 채권자를 어떻게 보호할 것인지 문제된다. 분할회사의 입장에서 보면 (i) 자신의 채권이 어느 회사로 배정되든 책임재산의 감소를 피할 수 있고 (ii) 분할회사가 부실부분을 우량부문으로부터 분리할 목적으로 분할하는 경우, 부실부분을 담당하게 된 회사의 채권자가 될 우려가 있고, (iii) 영업의 다각화를 통한 도산위험의 감소효과가 사라지는 등의 문제가 있기 때문이다.

인도네시아의 회사법은 채권자에 대한 분할회사 간의 연대책임에 대해서는 침묵하면서, 채권자의 계획 및 이의제기 절차에 대해서만 다음과 같이 정하고 있다.369)

---

369) 한국의 경우, 주총 분할결의 뒤 공고와는 별도로 채권자에 대하여 따로따로 최고하여야 하며, 이의가 있는 채권자에게는 변제기 도래 시 변제를, 변제기 미도래 시 상당한 담보를 제공하거나 신탁회사에 상당한 재산을 신탁하여야 한다. 나아가 제530조의9에 따라 분할로 인하여 설립되는 회사 또는 존속되는 회사는 분할 또는 분할합병 전의 회사의 채무에 대하여 연대하여 변제할 책임을 정한다. 단순분할 및 물적분할에 있어 승계회사가 연대책임을 지지 아니하는 경우에는 반드시 이의제출권 등 채권자 보호절차를 이행

- 제127조 제3항: 인수·합병·분할계획을 얻을 수 있음을 공시하여야 한다. (i) 채권액 또는 채권의 성질이 서로 다른 채권자가 각각 해산계획을 만들어 회사에 청구 시의 해결방법, 내지 (ii) 채권자의 계획을 묵시하고 진행한 회사분할의 효력에 대해서는 회사법이 침묵하고 있다.
- 제127조 제4항 내지 제7항: 회사 채권자는 분할계획 공시로부터 14일 내에 이의를 제기할 수 있고, 채권자로부터 이의가 제기되지 않으면 동의한 것으로 본다. 이사회와 채권자가 합의에 이르지 못할 경우, 이사회와 채권자는 주주총회에 안건을 제안하여 합의한다. 주주총회를 통해서도 합의에 이르지 못하면, 회사는 분할할 수 없다. 따라서 해석상 채권자의 이의를 무시하고 진행한 분할은 무효라고 보아야 할 것이다.

실무에서는 채권자보호절차의 번거로움 및 이의제기신청을 고려하여 연대책임을 부담하는 방향으로 분할을 진행하는 경우도 적지 않다.

채권자는 기간 내 이의를 제기하고, 변제기가 도래한 채권자는 변제를 구하고, 변제기가 도래하지 않은 채권자는 상당한 담보를 제공받고 분할회사가 연대해서 책임을 지도록 하는 방향으로 협의하는 것이 바람직할 것으로 보인다.

12.5.5. 주주총회의 분할승인

주주총회 특별결의절차(제89조)를 따라 출석주주 의결권의 3/4 이상의 동의 및 의결권 주식총수의 3/4 이상의 출석(2차 주주총회 시 출석주주 3/4 동의 및 의결권 주식총수의 2/3 출석)으로 승인한다.[370]

법정하고 있지는 않으나, 이 때 연대책임을 배제하고 싶은 회사 입장에서는 분할계획서 또는 분할합병계약서에 분할회사로부터 승계한 채무에 대해서만 승계회사가 책임을 진다는 뜻을 기재하여 분할승인 주주총회의 결의를 거치는 것이 안전할 것이다. 한국처럼 이 같은 취지가 채권

해야 한다.

370) 한국의 경우 주주총회에서 특별결의 승인을 받은 뒤(단순분할 또는 신설분할 합병 시에는 불요) 상장/등록법인의 경우에만 분할승인 이사회 결의를 공시한다.

자 이의제출의 공고와 개별최고에 기재되어야 할 회사법 상의 요청이 있는 것도 아니므로, 회사가 갖는 회사분할 시의 부담이 훨씬 낮을 것으로 사료된다.

12.5.6. 주식병합(분할) 및 자본감소

분할회사가 자본감소 기타의 사유로 주식병합 또는 주식분할을 하는 경우에는 관련절차를 밟아야 한다.

한국이든 인도네시아든, 분할 뒤 존속회사가 반드시 자본감소를 할 필요는 없다. 분할로 인해 존속회사의 자산가치가 감소되었다고는 하더라도 반드시 자본감소를 수반하여야 한다는 법적인 근거도 없고, 주식회사가 자본잠식상태에 빠지더라도 법률상 그 회사가 반드시 잠식액만큼의 자본을 감소해야 한다는 의무를 법정하고 있지도 않기 때문이다. 결국 분할로 인해 존속회사의 자산가치가 감소되는 경우 그에 따른 자본감소절차를 밟을 의사가 없다면 분할계획서 또는 분할합병계약서에 자본감소절차를 밟지 않는다는 취지의 기재를 하는 것으로 족하다.

그러나 분할회사가 분할에 의하여 소멸하지 아니하고 분할 결과 순자산액이 자본에 미달하는 경우 등 자본감소절차를 밟아야 하는지는 문제가 될 수 있다. 따라서 이에 관한 사항은 분할계획서나 분할합병계약서에 상세하게 기재되어야 할 것이다. 자본감소절차를 밟는 경우, 단순분할 또는 물적분할이라도 제27조 및 제44조 내지 제46조에 따라 채권자이의절차를 거쳐야 할 수 있다. 인도네시아 법무인권부 및 법원의 유권해석은 그때그때 다른 경향이 있으므로 채권자이의절차를 밟아 놓는 것이 안전할 것이다.

12.5.7. 분할합병 반대주주의 주식매수청구권

합병에 반대하는 주주는 주식매수청구권을 행사할 수 있다(제126조 제2

항). 해석상 물적분할의 경우에는 반대주주의 주식매수청구권이 인정되지 않는다고 보아야 할 것이다.

12.5.8. 보고회의 또는 창립총회

인도네시아 회사법은 발기설립과 모집설립을 구별해서 규율하지도 않으며, 발기인 또는 이사의 청구로 검사를 선임하여 창립총회나 법원에 보고하는 절차가 규정되어 있지도 아니하다.[371]

12.5.9. 회사분할등기

인도네시아는 비상장회사의 분할에도 등록 및 공시규정(제29조 및 제30조)을 준용하므로 법무인권부 산하 Registry에 등기 뒤 주보(State Gazette)를 통해서 공시하여야 한다. 전환사채나 신주인수권부사채를 승계한 때에는 사채의 등기도 별도로 하여야 한다.

12.5.10. 개별 영업관련 인허가

분할등기가 종료된 후 신설회사 또는 승계회사는 승계 받은 영업을 운영하기 위하여 필요한 사업인허가(izin usaha), 수입인허가(API umum), 생산자 수입 인허가(API Produsen), 제한수입 인허가(API Terbatas) 및 각 개별법에 따른 각종 업종별 허가와 신고 등을 투자조정청(BKPM) 또는 지역투자조정청(BKPMD)에서 종결하여야 한다. 실무상 영업을 구성하는 인적·물적 요소가 동일성을 유지하면서 단지 그 운영주체만 변경되는 경우에는 그에 관한 증빙서류를 관할관청에 제출하면 큰 어려움이 없이

---

371) 한국은 발기설립 시에는 이사의 청구로 검사를 선임하여 법원에 보고하며, 모집설립 시에는 발기인의 청구로 선임된 검사가 창립총회에 그 조사 결과를 제출하도록 각기 달리 규정하고 있다. 이에 따라 (i) 물적분할의 경우 분할회사의 입장에서 보고총회를, (ii) 신설분할합병의 경우 창립총회를, (iii) 흡수분할합병의 경우 기존 승계회사가 보고총회를 해야 한다.

변경·승계되는 것으로 보인다. 다만, 특정영업과 관련하여 그 허가가 대인적 요소가 강한 경우, 즉 일신전속적 성격이 강한 경우라면 그 성질상 이전이 제한되므로 당해 영업에 관한 인허가를 새로이 받아야 할 것이다. 만약 이러한 인허가가 있는 경우라면 사전에 미리 관할관청과 협의하여 분할을 진행하는 것이 바람직하다.

12.6. 회사분할의 효과

12.6.1. 법인격에 관한 효과

샤리아 원칙을 따르는 은행의 경우, 회사분할 뒤에도 여전히 하나의 법인격으로 보아야 하는 샤리아 원칙에도 불구하고, 별도의 법인격을 주장하는 실무가 횡행하다.[372]

12.6.2. 권리와 의무의 이전

분할계획서 또는 분할합병계획서에서 정한 바에 따라 신설회사의 책임을 출자범위 내로 제한할 수도 있고, 제127조의 절차진행이 완료되고 다른 인니특별법(예컨대 상장회사의 경우 유가증권상장규정 요건 및 지주회사의 경우 독점규제 및 공정거래에 관한 법률 등)의 적용이 없는 한 분할회사를 기존회사의 채무로부터 면책시킬 수도 있다. 이처럼 기존회사의 적극 소극 재산이 분할회사에 포괄적으로 또는 부분적으로 승계된다.

연대책임이 배제되는 경우, 각 승계회사는 분할회사로부터 자신에게 이전된 채무에 대하여만 책임을 지고 분할회사의 잔존채무라든가 분할회사로부터 다른 승계회사에 이전된 채무에 대하여 책임을 지지 아니한다. 분할회사 역시 자신이 존속하더라도 각 승계회사에 이전시킨 채무에 대하여는 더 이상 책임을 지지 아니한다.

---

372) M. Saiful Ruky, Menilai Penyertaan Dalam Perseroan (Jakarta: Gramedia Pustaka Utama, 1999), p.68.

12.6.3. 자산이전

기업분할로 인한 자산이전은 일반적으로 시장가격을 기준으로 한다.

세법상 회사의 분할(Pemisahan)은 확장(Pemekara)이라는 표현을 쓴다. "인수합병 또는 영업확장의 체제 내 자산이전 장부가 사용에 대한 2008년 법률"에 따르면, 영업확장(Pemekaran Usaha)이란 소멸/완전분할 및 존속/불완전분할도 의미한다. 따라서 본 규정은 영업분할에 의한 자산이전에도 적용된다.

고정자산재평가와 관련하여, 원칙적으로는 비유동 유형자산에 대한 재평가[373] 후 1, 2 분류에 포함되는 자산은 각각의 내용연수가 종료할 때까지는 처분 또는 양도돼서는 안 되며, 토지 · 건물 및 3, 4분류에 해당되는 자산은 최소한 재평가일로부터 10년 동안은 처분 또는 양도되지 않아야 한다. 만약, 해당 기간 내 처분 또는 양도 시에는 최초 재평가차액에 추가로 15% 세율이 적용되어 분리 과세된다. 그러나 사업분할에 따른 자산양도의 경우에는 이 같은 고정자산의 내용연수 내 처분 및 양도금지 원칙의 예외에 해당한다.

회사분할에 의한 토지 및 건물의 취득은 합당한 부동산 명의이전에 해당한다. 과세대상 인수가치(nilai perolehan objek pajak: NPOP)를 기초로 하며, 대개 실제양도가액 또는 부동산과세적용가액(nilai jual objek pajak: NJOP) 중 높은 가액을 선택한다. 부동산 취득세는 취득가액이 6천만 루피아 초과인 경우에만 과세되고, 이 금액 이하의 경우에는 면세된다. 토지건물을 상속하여 취득한 경우의 면세가액은 3억 루피아 이하의 범위에

---

373) 루피아로 장부기장을 하는 회사의 경우, 원칙적으로 국세청장의 승인을 얻었다면 5년마다 세무 목적의 비유동 유형자산에 대한 재평가를 할 수 있다. 이 때 인니 내 회사가 소유하고 있는 모든 사업 관련자산이 포함되어야 하며 건물, 토지 등의 부동산은 제외 가능하다. 재평가는 시장가격 또는 공정가격을 기준으로 이루어져야 하며, 시장가격은 정부가 승인한 평가법인에 의해 산정되어야 한다. DGT는 해당금액이 자산의 시장가격 또는 공정가격을 반영하고 있지 않다고 판단 시 해당가격을 조정할 수 있다.

서 각 지방정부에 따라 결정된다.

회사분할·합병에 따른 이익은 과세대상에 해당되며, 손실은 일반적으로 과세소득에서 공제된다. 그러나 국세청은 당해 납세자의 요청에 의거, 장부가액에 의한 기업분할의 경우, 비과세 분할합병을 할 수 있다. 승인을 받기 위해서는, 해당 계획이 사업목적테스트를 통과하여야 한다. 조세에 영향을 미치는 조건은 금지되며 흡수분할합병회사의 세무상 이월결손금은 합병회사로 이전되지 않는다.

공증인은 부동산 취득관련 의무사항이 이행되기 이전에는 권리이전증서에 공증서명을 하지 못하도록 되어 있다.

분할에 따른 자산이전은 재화의 공급으로 보지 않으므로 과세표준, 즉 거래 당사자 간 합의한 거래가격이 적용되는 과세대상 사건이 아니며, 부가가치세 과세 대상이 아니다.

12.6.4. 주식의 귀속

존속회사가 자기주식을 가지고 있는 경우 분할신주를 배정할 수 있다. 이렇게 분할신주를 배정함으로써 분할과 동시에 신설회사를 존속회사의 자회사로 만들 수 있다. 경우에 따라 공개매수 및 현물출자에 의한 지분확보도 가능하다.

존속분할합병에 있어서 존속분할합병법인이 분할·흡수되는 상대회사의 주식을 가지고 있는 경우 자신에게 분할합병신주를 배정할 수 있느냐에 관하여 흡수합병에서와 마찬가지로 배정이 금지한다는 조항은 없으므로 된다고 볼 것이다.

12.6.5. 피고용인의 지위374)

인니 2003년 근로기준법 제163조에 따라 회사가 사원의 고용을 지속하고자 하지 않을 경우 또는 사원이 회사분할을 이유로 더 이상 근무를 희망하지 않을 경우 근로관계를 해지할 수 있다. 이 때 근속보상금과 해고보상금에 대한 세부내용은 제156조를 따른다.375)

12.6.6. 분할의 무효

제127조 제4항 내지 제7항의 채권자 보호절차 위반의 효과로 회사분할이 즉시 무효가 되는 것인지 취소 가능한 상태로 되는 것인지 불분명하다. 공고일로부터 14일이 경과하면 채권자의 이의제기권은 소멸하는데 (제127조 제4항), 이의제기권의 소멸로 인해 해당 채권자가 회사분할의 무효 또는 취소을 주장할 수 없는 것인지도 불명확하다. 사견으로 조문의 문리해석상 분할무효로 보아야 할 것이며 민법상 원상회복을 구할 수 있다고 생각한다. 그러나 이 같은 법률상 해석이 경제적으로는 바람직하지 않을 수 있다고 본다. 분할 뒤 존속한 회사의 경제적 조건이 더 좋아지고 그로써 채권자를 만족시킬 수 있는 재무능력이 더 나아졌다면, 이처럼 일률적으로 무효로 하는 것은 부당하기 때문이다.

분할이 유효하다고 할 경우에는 소멸된 회사의 이사 및 감사를 상대로 불법행위에 기한 손해배상을 구할 수 있을 것이지만, 존속회사에 충분한 경제력이 있음에도 변제자력이 현저하게 적은 개인을 상대로 채권소송을 하는 것 또한 부당할 것이다.

---

374) Umar Kasim, Status Karyawan Perusahaan yang "Sping Off", Hukum Online.Com, 21 May 2010. <http://www.hukumonline.com/klinik/detail/cl3149/status-karyawan-spin-off>

375) 회사분할의 경우에도 M&A와 같은 회사조직변경으로 함께 다루므로, 자세한 내용을 국문으로 확인하고자 하는 경우 다음 서적의—M&A에 따른 근로관계해지—를 참조하는 것이 좋다. 방치영 저, 인도네시아 인사·노무바이블, 재인도네시아 한인상공회의소, p.93.

그 외에도 분할계획서 및 분할합병계약서의 중요한 기재흠결, 분할·
분할합병승인총회의결의의 무효·부존재, 채권자보호절차의 위법, 사회상
규에 위반되는 현저히 불공정한 합병비율 등도 분할 무효의 원인이다.

소제기 시 당사자는 주주·이사·감사·청산인·파산관재인, 분할·분
할합병을 승인하지 아니한 채권자이며, 피고는 회사이다. 민사소송법상
전속관할인지 여부는 명확하지 않으나 본점 소재지 지방법원에 제기되면
충분할 것이다.

무효판결 시에 직접 승소한 원고가 법무인권부에서 존속회사의 변경등
기, 소멸회사를 다시 회복시키는 등기, 설립회사를 해산하는 등기를 진행
하여야 한다. 무효판결 시 분할합병 등기 후 부담채무는 연대변제하여야
하며, 취득재산은 공동소유가 된다. 법률상 명시하지 않았더라도 법률관
계의 합일확정 및 법적안정을 위하여 판결은 대세적 장래효를 갖는다고
생각한다.

제13절 주식회사의 해산과 청산

13.1. 해 산

13.1.1. 의 의

회사가 해산 시 회사 목적인 영업을 수행할 수 없어서 회사는 사업을
계속할 수 없다. 그러나 회사가 해산한다고 하여 바로 법인격이 소멸되
는 것은 아니고, 회사의 법인격을 소멸시키는 법률요건을 충족시킬 뿐이
다. 회사는 해산으로 영업능력을 상실하더라도, 대내외적으로 이해관계
인들이 있어서 이들과의 법률관계를 정리하기 위하여 해산하더라도 청산
의 목적범위 내에서 권리능력이 존속한다.376)

---

376) "청산이 완료되고 청산인의 보고서가 법원 또는 주주총회의 승락을 얻을

회사가 합병 분할 또는 파산 이외의 사유로 해산되면 청산절차가 개시되고, 이러한 청산절차가 사실상 종료되면 법인격이 소멸된다. 그러나 회사가 합병을 하거나 청산의 방법으로 영업을 양도하는 경우에는 법인격은 즉시 소멸된다.

13.1.2. 주식회사의 해산사유

주식회사의 해산사유(회사법 제142조)는 아래와 같다.

- a. 주주총회의 특별결의
- b. 주식회사 존립기간의 만료
- c. 회사의 해산명령에 의한 경우
- d. 파산비용이 회사의 재산(harta pailit Perseroan)을 초과하여 상사법원이 파산결정을 취소하는 경우
- e. 파산 및 채무상환연기에 관한 법률에 의하여 회사의 파산조건이 만족되는 것으로 확정되는 경우
- f. 회사의 영업허가 취소에 의하여 회사가 법률에 의하여 해산하여야 하는 경우

"a. 주주총회 특별결의"에 의한 해산의 경우는 다음과 같다. 먼저, 이사회, 감사위원회 또는 총 의결권의 1/10 지분을 지닌 주주(들)가 주주총회에 해산에 대한 안건을 제출할 수 있다(회사법 제144조). 이에 따라 주주총회의 특별결의로 회사를 해산하기 위해서는 의결권의 3/4 이상 동의 의결권 주식총수의 3/4 이상 출석이 필요하다. 해당 주주총회의 정족수 미달에 의하여 개최하는 2차 주주총회는 출석주주의 3/4 이상의 동의 및 의결권 주식총수의 2/3 이상의 출석을 요한다. 요컨대, 지분율 75%의 동의가 필요하다. 회사의 해산시점은 주주총회 결의일이다.

"b. 정관에 의한 해산"의 경우, 존립기간의 만료일의 도과로써 해산의 효력이 발생한다. 존립 "기간"을 정한 경우 외에도 기타 정관으로 정한

때까지 회사의 해산이 회사의 법인격을 상실케하지는 않는다." (회사법 제143조 제1항)

"사유"가 발생한 경우에도 본 조에 따라 해산가능하다고 생각한다.

"c. 회사의 해산명령에 의한 경우"란, (a) 회사의 공익 또는 법규위반을 이유로 검찰이 요청을 하거나 (b) 회사설립정관의 결함을 이유로 일정한 자가 요청서를 제출하거나 (c) 주주, 이사회, 감사회가 회사경영의 불가능을 이유로 법원에 신청하여 법원의 결정에 의하여 해산하는 경우이다(회사법 제146조 제1항). "회사설립정관의 결함을 이유로 일정한 자가 요청서를 제출"하는 경우란, 이른바 설립무효확인의 소 또는 설립취소의 소에 해당하는 것으로 생각된다. 이론적으로는 설립정관의 결함이 너무도 중대하여 회사가 설립조차 되지 않았다고 볼 만한 경우에는 설립무효를 주장하고, 그 정도의 결함은 아니라하더라도 회사가 계속되기에는 무시할 만한 결함은 아니라서 일단 설립이 되었으나 취소시켜야 할 경우에는 설립취소를 주장해야 한다. 그러나 인도네시아 실무는 양자를 구분하고 있지 아니하다.

따라서 설립무효 또는 취소를 주장하는 자에게는 대법원의 회사해산결정까지의 장기간 시간이 소요되는 동안 회사가 계속 활동하는 것이 문제된다. 이때에는 회사의 영업활동을 금지하는 가집행(uitvoerbaar bij voorraad) 및 회사계좌 동결(conservatoir beslag)을 구해야 할 것이다.

"d. 파산비용이 회사의 재산(harta pailit Perseroan)을 초과하여 상사법원이 파산결정을 취소하는 경우"란, 파산결정을 받고 보니 파산에 드는 비용이 더 커서 차라리 일반 해산 및 청산절차를 거치는 것이 경제적으로 나은 경우를 말한다. 이때는 상사법원이 파산관재인의 해임을 결정한다(회사법 제142조 제4항). 반대로 해산 중에 회사의 재산이 채무액을 현저하게 초과하면 청산인은 파산을 신청해야 한다(회사법 제149조 제2항).

13.1.3. 해산의 효과

회사의 해산이 결정되면 청산절차가 개시된다(회사법 제142조 제2항 제a호). 회사는 해산된 뒤에도 청산법인으로 되어 청산의 목적범위 내에서 존속한다(회사법 제142조 제2항 제b호).

해산이 결정되면, 회사가 외부에 보내는 서면에는 반드시 회사명 뒤에 "청산 중(Dalam likuidasi)"이라는 말을 붙여야 한다.

정관에 의한 해산의 경우, 해산시점부터 이사회는 회사를 대표하여 새로운 법률행위를 할 수 없다(회사법 제145조 제3항).

회사 해산으로부터 30일 내에 청산인은 (i) 회사법 제147조에서 정한 사항을 준수하여 인도네시아 관보 및 신문을 통해 모든 채권자에게 해산에 대한 공시를 하여야 하고 (ii) 법무인권부에 등기하여야 한다. 개별 채권자에게 각각 통지하는 것이 아니라 단순히 관보 및 신문공시만으로 이해관계자의 충분한 보호가 쉽지 않다. 그러나 해산의 경우에는 경우가 다르다. 왜냐하면, 해산의 경우는 이 기간에 채권자가 설사 채권상환을 제기하지 않아서 주주에게 잔여재산 분배가 이루어졌다 해도, 2년 내에 채권자가 법원에 주장하여 주주에게 이미 분배한 재산 내지 환가가치를 반환시켜서 채권만족을 얻을 수 있기 때문이다.

따라서 추후에 주주가 이 같은 문제를 겪지 않으려면 단순히 주보·신문 공시 및 법무인권부 등기만으로 모든 채권자에 대한 통지를 완료했다고 안심할 수 없다. 일반채권자뿐만 아니라, 변제기에 이르지 않은 채권, 조건부채권, 존속기간이 불확정한 채권, 기타 가액이 불확정한 채권을 지닌 모든 권리자와의 사전조율이 필요하다. 이 같은 채권에 대한 회사법상 특칙도 없고, 법원이 선임한 감정인의 평가액을 변제하여야 한다는 등의 규정 또한 없기 때문에 더욱 그러하다.

13.2. 청 산

13.2.1. 청산인

청산회사의 업무집행기관으로서 청산사무를 담당하는 자를 청산인 (likuidator)이라 한다.

주주총회의 결의, 정관에서 정한 존립기간의 만료 또는 상사법원의 파산취소로 인하여 청산을 하는 경우, 주주총회에서 청산인을 정하지 아니하였다면 해산 전의 이사회가 청산기관이 된다(회사법 제142조 제3항). 기타 청산인의 위임, 연기, 해고, 권한, 의무, 책임 및 감독 등에 대해서는 이사회에 관한 규정이 준용된다.

따라서 청산인의 선·해임 또한 이사의 선·해임에 준한 등기 사항이다. 정관에서 정한 회사 존속기간의 도과 또는 해산사유발생 시 그 날로부터 30일 뒤 주주총회에서 청산인을 선임하여야 한다(제145조 제2항). 청산인의 임기에 관하여는 제한이 없으므로 청산의 종결 시까지로 본다.

이사회에서 대표이사에 대한 규정이 없듯이, 청산인회 결의의 집행과 청산에 관한 상무의 결정·집행을 담당할 대표청산인을 정할 필요는 없다. 별도 제한이 없으므로 임의로 수인의 청산인을 선임하고 대표청산인 또는 공동대표청산인을 선임하는 것도 무방하다고 생각한다.

청산인은 선량한 관리자의 주의의무로 청산사무를 집행하여야 한다. 인도네시아에서는 유독 다른 나라에 비하여 청산인으로 위임을 받아 청산사무를 진행해주는 용역이 비싼데, 이는 청산인으로서의 책임에 대하여 유독 부담스러워하는 풍토에 기인하는 것으로 파악된다.

13.2.2. 청산절차

청산인은 주된 청산사무로서 (i) 해산당시의 미결사무를 정리하고 (ii) 채권추심 및 채무변제, (iii) 재산의 환가처분, (iv) 잔여재산의 분배를 하여야 한다. 채권 추심은 변제의 수령뿐만 아니라 대물변제의 수령, 채권 양도, 상계, 화해 등도 포함한다. 또한 채무의 변제를 위하여 청산인은 회사 해산으로부터 30일 내에 신문공시를 통해 공시일로부터 60일 내에 채권을 신고하지 않으면 청산에서 제외된다는 뜻을 채권자에게 알려야 한다. 청산인이 알고 있는 채권자에 대하여 각별로 그 채권의 신고를 최고하여야 한다는 규정이 없음에 주의한다.

해당 60일 내에 채권자는 재산분배 계획에 반대하는 뜻을 제출하여야 하며, 청산인이 그 반대의견을 무시하거나 거절한 경우, 그 날로부터 다시 60일 내에 법원에 이의를 제기할 수 있다.

위 (ii) 채권 추심 및 채무 변제와 관련한 문제로, 회사법상 변제기에 이르지 않은 채권, 조건부채권, 존속기간이 불확정한 채권, 기타 가액이 불확정한 채권에 대하여 특칙이 없다. 변제기를 기다리다가 청산의 종결이 늦어질 수도 있는데, 변제기에 이르지 아니한 회사채무도 변제할 수 있다거나 특정한 이자부채권에 관하여는 중간이자를 공제한 액을 변제하면 된다는 등의 규정이 없다. 또, 조건부채권, 존속기간이 불확정한 채권 기타 가액이 불확정한 채권에 관하여 법원이 선임한 감정인의 평가액을 변제하여야 한다는 등의 규정 또한 없다.

앞서 설명하였듯 회사법 제150조 제2항 내지 제5항이 문제이다. 채권 주장을 하지 않은 채권자가 회사의 해산이 공시된 시점부터 2년 내에 법원에 대하여 채권주장을 하면, 법원은 이미 주주에게 분배한 재산을 다시 반환하여 채권만족에 쓰라고 명령하여야 한다.

따라서 모든 청산완료 전에 일반채권자 및 잠재적 채권자와의 사전조율이 있어야 주주가 추후 불의의 지출을 당하지 않을 수 있다. 또, 인도네시아에서 자동청산제도는 없으므로, 법에서 명시한 절차에 따라 청산을 완료하여야 한다.

13.3. 기타 유의사항

13.3.1. 세금 문제

사업철수를 결정한 회사는 빌린 돈을 갚을 여유가 없는 경우가 적지 않다. 회사에게 미납한 세금이 있는 경우, 회사가 모든 세금을 납부하기 전에는 청산인이 채권자나 주주에게 회사의 자산을 배분하지 못한다.[377] 세무당국 또한 법인의 NPWP를 취소하기 전에 법인에 대한 세무 감사를 진행하므로 법인에 대한 세금 관련 소송, 조사 등이 있을 경우 법인의 청산절차가 지연될 수 있다.

그렇다고 해당채무를 단순히 면제받으면, 과세목적상 채무면제 이익으로 잡혀서 청산 뒤 채권자에게 상환할 금액이 더 줄어들 수도 있다. 주주가 채권자라면, 그 채권을 지분으로 전환(출자전환)한 뒤에 해산하여 출자금을 상환하는 것이 더 유리할 수도 있다. 따라서 회사를 청산한다고 안심하지 말고 세금 전문가와 상의해보는 것이 좋다.

13.3.2. 노무 문제

모든 근로자가 최우선채권자로 인정받으며, (i) 2년간 지속적으로 회사에 손해가 발생으로 인한 해산 및 (ii) 효율성 재고에 따른 해산 등에 따른 각 상여금 근속수당 등의 산정방법이 상이하므로[378] 전문가의 조언을 구하는 것이 바람직하다.

회사는 해고 전 통지기간 및 임금계산을 미리 계산하는 것이 바람직하다. 충분한 통지기간을 준수하지 못하고 짧은 시간 안에 청산하여야 하거나 임금지급에 필요한 금액이 부족한 경우, 합의서를 만들어 해결할

---

377) 1983년 제6호 세법(Undang-Undang Nomor 6 Tahun1983 tentang Ketentuan Umum dan Tata Cara Perpajakan) 제21조 3(a).
378) 2003년 제13호 노동법(Undang-Undang Nomor 13 Tahun 2003 tentang Ketenagakerjaan) 제164조.

수 있는지도 알아보아야 곤란한 문제를 사전에 방지할 수 있다.

13.3.3. 기타 행정업무 문제

인허가서 발급 관공서에 해산을 보고하고 인허가서를 반납하여야 하며, 관할 세무서에 폐업 결산보고서를 제출하고 납세의무자 등록증 말소를 신청하여야 한다. 또, 세무서 실사를 거쳐 확정서도 받아야 한다.

사업철수 시에 이 같은 행정잡무에 일일이 신경 쓸 여유가 없을 수 있다. 그러나 해당 주주 및 이사가 계속적으로 인도네시아에 체류한다거나, 모기업이 외국에서 정상적인 사업을 운영하고 있다면, 청산을 적법하게 완료하기 위해 이 같은 행정업무까지 깔끔히 마무리하는 것이 바람직하다.

13.3.4. 연결재무제표의 문제

인도네시아에서뿐만 아니라 어느 나라에서든 회사가 영업부진 등을 이유로 해당 국가에서 사업을 영구적으로 접고자 하는 경우, 완전히 회사의 법인격을 소멸시킬 필요가 없다고 보는 경우가 적지 않다. 이는 사업을 전부 종료하고 시장에서 철수하는 국면에는 통상 해산·청산에 드는 법률비용이나 인력 관련 비용까지 전부 부담할 여유가 없기 때문이다. 따라서 임의로 임직원의 해고절차를 진행한 뒤, 회사재산을 처분, 사무소 임차권 등 채권채무관계를 정리하고 철수하는 경우가 있다. 통상 회계장부나 관련 자료들을 모두 처분하는 과정에서 대부분의 자료가 분실된다.

철수하는 인도네시아 회사의 모기업이 외국회사라면, 외국 모회사는 연결재무제표의 문제를 생각할 필요가 있다. 오늘날 대부분 주요 선진국에서는 주식회사에게 임의청산이 허용되지 않기 때문에, 채권자보호절차를 거쳐서 임의로 회사재산을 청산하였다고 하더라도 자회사의 법인격은 잔존하게 된다. 이처럼 잔존하고 있는 자회사의 재무자료가 분실되면 모기업의 연결재무제표 작성에 문제가 발생할 수 있다.

13.3.5. 청산 순서의 문제

프로젝트성 회사들을 해당 프로젝트가 종료된 이후에 모두 정리할 경우에는, 특별한 사정이 없으면 손자회사부터, 즉 아래에서 위로 정리하는 것이 수월하다. 자회사들부터 정리하면 한꺼번에 복수의 회사를 동시에 정리할 수 있기 때문이며, 모회사부터 정리하려면 그 전에 소유지분을 일일이 매각해야 해서 시간이 더 오래 걸리기 때문이다.

인도네시아법

제4장 담보

제 4 장 담 보

제1절 서 설

회사의 중요자산을 담보로 제공하거나 회사의 이름으로 채무보증을 서는 행위는 회사의 명운을 달리할 수 있는 중요한 행위이다. 이론적으로 회사는 주주의 것이지만, 실제로는 그 회사의 채권자과 종업원, 그들의 수입에 생계가 달린 가족 등 다양한 사람들의 이해가 얽혀있기 때문에, 잘못되면 경영자도 이사로써의 개인책임을 추궁받을 수 있다. 따라서 기업보증을 하거나 회사 중요자산을 담보로 제공할 때에는 신중해야 한다.

상장회사의 경우에는 OJK Regulation IX.E.2에 따라 회사자본의 총 20% 가치에 해당하는 규모로 기업보증을 서거나 자산을 담보로 제공할 경우 중요거래로 분류된다. 이 행위가 부당하다고 판단되거나 회사자본의 50%규모를 초과할 때는, 상장회사는 반드시 주주총회의 동의를 득하여야 한다.

인도네시아 기업의 Syndicated Loan도 점차 늘어나는 추세이고 대규모 장기대출이 아니라 하더라도 인니 시장경제에서 해외로부터의 융자는 비교적 빈번하게 이루어진다. 부동산 저당을 잡았든 회사지분에 질권 또는 양도담보를 설정하였든, 결국 인도네시아 내에서 실행될 가능성을 감안하여 인니법률을 준거법으로 하는 일이 적지 않다. 인도네시아 법률실무의 일정한 부분들은 선진국에서의 공통된 법률실무와 상당한 차이가 있으므로 이를 알고 진행하는 것이 불측의 손해를 방지하는 길이다. 특히, 인도네시아 법률실무에서는 담보의 기본성질조차 쉽게 인정되지 않는 경우가 적지 않다.

아래에서는 인도네시아에서 일반적인 담보 실무와 관련된 문제점을 설명한다.

> 인도네시아 법률실무에서는 (이론과 달리) 주 계약의 채권자가 변경된 경우 기존에 제공한 담보가 새로운 채권자를 위해서 자동으로 이전되기가 어렵다.

한국에서는 담보물권의 기본성질로 부종성(附從性)·불가분성(不可分性)·수반성(隨伴性)·물상대위성(物上代位性)이 있다.

부종성은 쉽게 말하면, 주 채무를 다 갚으면 담보책임도 없어진다는 것이다. 불가분성이란 예컨대 빌린 돈 중 1/5를 갚았다고 담보로 잡은 5층짜리 건물 중 1층에만 담보가 없어지지 않는다는 뜻(빌린 돈과 이자를 전부 갚을 때까지 담보로 잡은 물건 전부에 대해서 담보가 살아있다는 뜻)이다.

인도네시아에서도 부종성·불가분성은 문제없이 인정된다. 예컨대 양도담보법 제25조 제1항 제a호는 "양도담보권에 의하여 담보된 채무가 소멸되는 경우 양도담보권이 소멸한다"고 하여 양도담보의 부종성을 명시한다. 인도네시아의 토지등저당권(Hak Tanggungan)에는 종속성(accesoir)의 특징이 있고, 이 종속성은 우리법제에서의 부종성을 포함하는 의미로 사용되는 것이 일반적이다.[1]

---

1) 이대호, "인니법 인도네시아 법령소개서" 2018, 유로, p.88.

문제는 수반성과 물상대위성이다. 먼저 수반성이란, 돈을 빌려준 사람이 다른 사람한테 그 채권을 줘서 채권자가 바뀌었다면, (별도로 보증계약서나 저당계약서에 그러한 내용을 적지도 않았고 새로 계약을 맺지 않아도) 당연히 새로운 채권자한테 그 담보권도 이전된다는 것이다.

인도네시아 법률실무에서는 문서주의 내지 형식주의가 심하여 피담보채무가 이전하더라도, 토지등저당권도 함께 이전하였다는 서류가 만들어지지 않으면 토지등저당권이 자동으로 함께 이전되었다는 논리가 좀처럼 받아들여지지 않는 것으로 보인다.

인도네시아에서 수반성이 인정되지 않는다고 하는 일부 현지 변호사들은 아래의 조문들을 근거로 제시하였다.

- 민법 제1151조: 주 채권채무에 대한 합의를 증명하는데 사용된 것과 같은 방법으로 질권에 대한 합의도 증명되어야 한다.
- 민법 제1413조 제3항: 채무의 갱신은 다음의 경우에 발생한다. […] 새로운 계약에 따라 새로운 채권자가 기존의 채권자를 대신하는 경우로, 그 채무자가 계약에서부터 자유로워지는 경우
- 민법 제1415조: 채무의 갱신은 추정되지 않는다. 그러한 의도는 반드시 증서로 증명되어야 한다.
- 민법 제1421조: 구 채무에 대한 담보와 권리는 채권자가 명백하게 작성하지 않은 한 대체될 수 없다.
- 민법 제1423조: 채권자와 연대채무자 중 1인 간에 채무를 갱신하는 경우, 새로운 채권채무계약은 유효하지만 기존의 담보와 권리는 효력을 상실한다.
- 민법 제1424조: 채권자와 연대채무자 중 1인 간에 채무를 갱신하는 경우, 다른 연대채무자는 채무에서 자유로워진다. 연대채무자에 대한 채무를 갱신하면 그 연대채무자에 대한 보증인은 보증채무에서 자유로워진다.
- 민법 제1821조: 어떠한 보증도 유효한 주 계약없이 만들어질 수 없다.
- 민법 제1824조: 보증은 명시적으로 만들어지지 않는 한 묵시적으로 만들어질 수 없으며 주 채권계약의 조건을 초과할 수 없다.

필자는 위 조문이 수반성을 부정한다는 의견에 반대하지만,[2] 어디까지

나 외국 변호사로써의 소수의견으로 보인다. 실무에서는 주채권자만이 변경됐을 뿐이라도 기존의 담보계약도 서면으로 새로이 작성하지 않으면 그 담보는 없어진다고 판단하는 경우가 적지 않은 것으로 파악된다.

> **인도네시아 법률실무에서는 당사자 간 별도의 정함이 없는 한, 저당이나 담보로 제공한 물건이 멸실·훼손된 경우에 담보권자의 담보제공자에 대한 보험금 또는 손해배상금 직접청구가 받아들여지기가 어렵다.**

물상대위성이란, 목적물이 멸실, 훼손되거나 또는 공용징수로 인하여 그에 갈음하는 금전 기타의 물건이 소유자에게 귀속하게 된 경우에 담보물권이나 그 금전 기타의 물건에 존속하는 것을 말한다. 예컨대 저당잡은 건물이 무너져서 담보 제공자가 보험금이나 손해배상금에 대한 권리가 생기면, 담보 제공자에게 돈을 빌려준 채권자에게 그 보험금이나 손해배상금을 청구할 수 있는 권리가 인정되는 원칙이다.

이 같은 물상대위성은 양도담보법에서는 찾아볼 수 있다. 예컨대 양도담보의 목적물이 보험의 대상인 경우 그 보험금에 대한 권리 역시 양도담보권의 범위에 포섭되므로(양도담보법 제10조 제b호), 목적물이 소멸하더라도 보험금에 대한 청구권까지 소멸되는 것은 아니다(양도담보법 제25조 제2항).

그러나 법률실무에 있어서 양도담보 외의 담보약정의 경우에는 물상대위성을 일반적으로 기대하기 어렵다.[3] 당사자 간 계약상 명시적으로 정하지 않는 한, 담보물 멸실 또는 훼손 시 담보권자의 우선변제권이 인정되지 않는다. 이에 따라 실무상 널리 쓰이는 여신계약서나 대출약정서, 담보계약서, 담보권설정증서에 물상대위권 행사를 가능하게 하는 구체적

---

2) 같은 의견. 전게서. p.88.
3) 담보법 제11조 제2항 제1호는 당사자 간 물상대위로 손해보험금 등에 청구권을 행사하기 위해서는 계약서에 이를 기재할 것을 요구한다.

인 조항들이 기입되는 것으로 파악된다.

> 보증회사가 파산하는 경우에는 보증채권자는 법원의 동의 없이 보증계약
> 의 이행을 구할 수 없다. 회사가 물적담보를 제공한 경우 담보권자는 파
> 산결정일로부터 최장 90일 내에는 담보를 실행할 수 없다(파산법 제56
> 조 제1항 내지 제3항).

법인이 파산하는 경우, 상사법원은 채권자 또는 채무자의 청원을 받아서 파산법인으로 하여금 지불을 일시적으로 금지(Moratorium)시킨다. 이 기간 동안에는 보증채무자는 채무를 이행하지 않아도 되므로, 보증채권자는 법원의 동의없이 보증계약의 이행을 구할 수 없다(파산법 제56조 제1항). 담보·질권·양도담보 기타 물건에 대한 담보권을 지닌 채권자 또한 파산일로부터 최장 90일 동안 담보를 실행할 수 없다(파산법 제56조 제1항). 파산절차가 조기종료 된 경우에는 해당 기간도 같이 종료된다. 해당 기간이 경과되면, 담보집행을 희망하는 담보권자는 2개월 이내에 관련 담보를 집행해야 한다(파산법 제59조 제1항). 담보권자가 해당 2개월 이내에 담보를 집행하지 아니할 경우, 파산관재인에게 집행권한이 이전된다.

이 때 실무상 곤란한 점은, 법률상 파산채권의 우선순위가 불분명하여 별제권 (파산재단에 속하는 재산 상에 설정되어 있는 유치권, 질권, 저당권) 행사에 따른 채권회수가 보장되는지 여부가 불분명한 점이다. 자세한 내용은 「채권회수」 단원에서 설명한다.

담보권자 간의 배당순위가 불분명하다.

일반적으로 담보자산이 매각된 경우 채권자 간 우선순위가 불분명하고 파산 시 파산채권에 대해서는 더욱 불분명하다.[4] 자세한 내용에 대해서

---

4) Daniel Fitzpatrickin, Choices in Bankruptcy: International Perspective

는「채권회수」단원에서 후술한다.

제2절 기업보증

경우에 따라 기업보증은 무효가 될 수 있다.

인적담보로서의 보증은 보증인의 변제자력이 충분하지 못한 경우 채권 전액을 회수할 수 없기 때문에 채권자의 채권만족을 위한 확실성을 제공 하지는 못한다. 그러나 기업보증의 경우에는 일반적으로 기업의 현존하 는 자산과 미래현금유입을 기대할 수 있는 사업이 있기 때문에, 인도네 시아에서도 널리 쓰이고 있다. 문제는, 담보제공으로 회사가 얻는 이익이 보증책임에 비하여 상대적으로 작은 경우에 이 같은 기업보증의 효력 및 이사의 책임이다. 예컨대 그룹사나 관계사를 위하여 회사가 보증을 서거 나 회사의 중요자산을 담보로 제공한 경우, 해당 보증 또는 담보계약이 유효하다고 할 수 있는지, 이사는 회사에 대한 책임을 저버리는 것인지 가 문제된다.

인니 법률과 판례에서는 회사가 제3자를 위하여 담보를 제공하는 행위 가 유효한지 직접적으로 밝히고 있지는 않다. 대신, 인니 판례가 확립한 "Ultra Vires 독트린"이 계약의 무효와 해제·해지 가능 여부를 결정한다.

Ultra vires 독트린에 따르면 "회사의 법률행위가 유효한가"는 (i) "그 계약이 회사의 목적을 추구하는 것인지"에 달려있으며, (ii) 오직 회사의 기관인 주주, 이사, 감사, 청산인만이 다툴 수 있다.[5] 즉, 회사의 담보제

---

and Practical Realities, A Paper submitted for the National Conference on Bankruptcy on October 29, 2008 for the Indonesian Anti−Corruption and Commercial Court Enhancement Project, p.19.
5) 자세한 내용은 Ari Wahyudi Hertanto, Peluang Pemulihan Tindakan Ultra

공에 대해 이사, 감사, 주주 전원이 서면으로 제3자 기업보증이나 담보제
공에 동의를 받지 않았거나, 보증 또는 물적인 담보를 제공하고 얻는 이
익이 심히 적은 경우라면, 그 보증 또는 담보제공은 무효가 될 수 있다.
따라서 기업보증을 받을 때는 보증 회사 이사, 감사, 주주 전원의 서면
동의를 받고, 서면 동의에는 예컨대 다음과 같은 문구를 첨부하는 것이
안전할 것이다.

> "본 계약은 이른바 계속기업의 원칙(Going concern) 아래 장기적인 관
> 점에서 회사의 이익에 직접 또는 간접적으로 도움이 된다는 판단 하에
> 체결하는 것으로, 이러한 판단을 위하여 본인은 최선을 다하여 사전검토
> 를 하였다. 따라서 추후에 미처 알지 못한 사정이 있었다거나 판단이 부
> 족했다는 이유로는 본 계약에 대하여 다툴 수 없다. 이 판단은 리스크나
> 각종 불확실성 등을 고려한 경영상의 판단이기 때문에, 사후에 본 계약에
> 의하여 얻는 직접적인 이익과 손해의 비례관계를 형량하여 유무효를 판
> 단하지 아니한다."

실제 보증계약을 체결한 이사나 이사를 사칭한 자가 계약체결 권한이
없었을 지라도, 회사가 권한이 있는 것처럼 보이는 외관을 형성하는데
조금이라도 기여하였고 계약한 당사자도 그 외관을 정당하게 신뢰하였다
면 그 계약을 유효하다고 볼 수 있을 것인가? 안타깝게도 인도네시아에
서는 이 같은 권리외관이론이 받아들여지지 않는 것으로 보인다.[6] 회사
내 해당 계약체결권한이 없을 경우 기업보증 계약서 역시 무효가 되며,
이사가 직접 해당 회사보증채무를 지는 것으로 파악된다.[7]

보증액과 관련하여 회사법에서 이사는 하나 이상의 거래에서 회사 순

Vires Direksi Suatu Perseroan Terbatas, Jurnal Hukum dan Pembangunan
Tahun Ke-37 No.1 2007, pp.22-49.
6) 앞 주석 Theodoor Bakker and Ayik Candrawulan Gunadi, 2016. "권한없
는 자가 회사의 이름으로 체결한 계약에 대하여 회사가 책임을 져야 하는가?"
단원을 참조하라.
7) 앞 주석 Theodoor Bakker and Ayik Candrawulan Gunadi, 2016.

자산의 50%를 초과하는 가치를 갖는 회사자산을 담보로 제공하는 행위는 반드시 주주의 동의를 얻도록 하고 있다는 점에 주의하여야 한다. 기업보증을 본 조에 해당한다고 볼 만한 여지를 충분히 남긴다고 사료된다.

개인보증서 또는 기업보증서가 유효할지라도 그 집행은 지지부진하다.

보증인을 상대로 보증채무를 이행받기 위해서는 법원에 청구하여야 한다. 고의로 트집을 잡아 3심까지 항소하고 나아가 재심신청까지 하여 수년간 시간을 버는 경우도 흔하다.

법인이 파산하는 경우, 억울한 피해를 입었다고 생각하는 채권자들이 서로 불신하여 각종 불만을 제기하는 경우가 많고 첨예한 갈등이 벌어지기가 쉽다. 따라서 상사법원은 채권자 또는 채무자의 청원을 받아서 파산법인으로 하여금 지불을 일시적으로 금지(Moratorium)시키고, 파산재산을 관리할 파산관재인 및 담당판사를 선임한다. 이 기간 동안에는 채무자는 채무를 이행하지 않아도 되므로, 채권자는 법원의 동의없이 보증계약을 강제할 수 없게 된다.

기업이 보증채무를 다하지 못하면 파산할 수 있다.

2004년 제37호 파산 및 화의에 대한 법률 및 민법에서 기업보증인 또는 개인보증인의 파산을 금지하지 않으며, 보증인을 주채무자와 함께 파산선고하는 사례도 적지 않다. 이와 관련한 자세한 내용은 「채권회수」 단원에서 후술한다.

제3절 토지등저당권(Hak Tanggungan)[8]

3.1. 서 설

인도네시아에서 물적담보로는 부동산 등에 설정하는 저당권, 물건에 설정하고 등기까지 해야 하는 양도담보, 물건에 대하여 약정만으로 성립하는 질권이 널리 사용된다.

참고로 인도네시아 단어인 "Gadai"는 광의로 담보(Taruh)를, 협의로는 질권을 의미한다. 부동산에 대하여 Gadai를 설정했다고 하면 통상 담보(토지등저당권: Hak tanggungan)를 설정했다는 뜻이지, 질권을 설정했다는 뜻이 아니다.

이론적으로 인도네시아 저당권은 민법 제1162조 내지 제1232조의 저당권(Hak Hipotek)에서 규정되어있으나, 오늘날 실무에서는 사실상 1996년 제4호 토지등저당권법(UU No.4 Tahun 1996 tentang Hak Tanggungan)에 따른 토지등저당권만이 사용되어 민법상의 저당권은 거의 사용되지 않는 것으로 보인다.[9]

최근에는 중소기업의 대출 시 제공하는 토지등저당권의 유효기간에 관한 2017년 제22호 국토부/BPN 규정[10]이 도입되어 대출금액 및 대출인 유형 등에 따라 조건에 차등을 두었고, 토지등저당권의 등기, 이전등기, 변경등기 및 소멸등기 등에 대해서는 2019년 제9호 국토부/BPN 규정[11]

---

8) "토지등저당권"는 이대호 변호사가 저서 '인니법'에서 민법 제1164조의 저당권과 1996년 제4호 Hak Tanggungan법의 저당권을 구분하고자 사용한 단어인데, 본서에서는 이를 존중하여 동일한 단어를 차용한다.

9) 동지. 위의 책. p.78.

10) Peraturan Menteri Agraria Dan Tata Ruang/ Kepala Badan Pertanahan Nasional Nomor 22 Tahun 2017 tentang Penetapan Batas Waktu Penggunaan Surat Kuasa Membebankan Hak Tanggungan untuk Menjamin Pelunasan Kredit Tertentu.

11) Peraturan Menteri Agraria Dan Tata Ruang/ Kepala Badan Pertanahan

이 도입되면서 관련 등기 시스템을 전산화하였다. 본서에서는 토지등저당권만을 살펴본다.

토지등저당권의 설정은 토지증서작성자(Pejabat Pembuat Akta Tanah: PPAT)가 정해진 서식을 갖추어 인도네시아어 증서(Akta Pemberian Hak Tanggungan: APHT)의 형태로 만들어 서명한 후,[12] 관할토지청(BPN)의 토지등저당권부에 반드시 등기하여야 한다.[13][14] 저당권은 등기된 날에 효력이 발생한다. 관할 토지청은 이를 증명서(Sertifikat)의 형태로 발급하여야 한다.[15]

3.2. 토지등 저당권의 목적물

토지등저당권의 목적물은 다음과 같다.[16]

3.2.1. 소유권(Hak Milik) · 경작권(Hak Guna Usaha: "HGU") · 건물 사용권(Hak Guna Bangunan)[17]

1996년 제3호 농업부장관령,[18] 토지소유권 경작권 건물사용권에 대한

Nasional Nomor 9 Tahun 2019 tentang Pelayanan Hak Tanggungan Terintegrasi secara Elektronik.

12) 토지등저당권법 제4조 및 제27조; 1998년 제37호 토지증서작성자에 대한 행정부령 (Peraturan Pemerintah No.37 Tahun 1998 tentang Peraturan Jabatan Pejabat Pembuat Akta Tanah) 제2조 제2항 g목.

13) 토지청(Badan Pertanahan Nasional: BPN)은 Kantor pertanahan라고도 한다. 토지등저당권부는 Buku Tanahan Tanggungan라고 한다.

14) 토지등저당권법 제13조 제5항.

15) 토지등저당권법 제14조 제1항.

16) 토지등저당권법 제4조 및 제27조.

17) 국문으로 직역하면 소유권 · 경작권 · 건물사용권 · 사용권이며 한인사회에서도 이와 같이 빈번하게 번역되어 사용된다. 단, 건물사용권은 건축권이라고도 널리 불린다. 사견으로는, 단순번역은 오해의 소지가 높아서 인도네시아 단어를 고유명사처럼 그대로 사용하는 것이 도리어 바람직하다고 본다.

18) Peraturan Menteri Negara Agraria No.3 Th. 1996.

1996년 제40호 국가토지청 규정에 따르면[19] 각각은 아래와 같다(단, HGU에 저당권을 설정하는 경우는 많지는 않으므로 생략한다).

a. 소유권(Hak Milik)의 기간에는 제한이 없다. Hak Milik을 근거로 건물을 소유하기 위해서는 그 건물이 세워진 토지에도 Hak Milik을 가지고 있어야 한다.

b. 건물사용권(Hak Gunan Bangunan)은 건축권이라고도 종종 번역되며 HGB라고 널리 불린다. 건물사용권은 (i) 국유지, (ii) 관리권(Hak Pengelolaan)을 부여받은 토지, (iii) Hak Milik에 의해 소유 중인 사유지 상의 건물에 설정 가능하다(경작권, 건축권, 사용권에 관한 행정부령 PP 40/1996). 처음에는 우선 30년을 부여받을 수 있고 최장 20년을 연장받을 수 있으며(농지기본법 제35조 제2항 및 PP 40/1996 제25조 제1항), 해당 기간이 모두 만료되면 건축권을 갱신받을 수 있다(PP 40/1996 제25조 제2항). 전문가들 사이에서는 사실상 무기한 건축권을 가질 수 있다고 보는 경우도 적지 않다. 이 같은 조항은 추후 개정되기도 쉽고 나중에 시기가 무르익어서 문제가 발생하면 어떤 방식으로든 안정적으로 지속 가능하도록 정리할 것이라고 보는 견해다.

3.2.2. 국유지에 대한 사용권(Hak Pakai)

국유지에 대한 사용권에 토지등저당권을 설정하기 위해서는 해당 권리가 법률규정에 따라 등기되어 있고 이전가능하여야 한다.

Hak Pakai는 (i) 국유지, (ii) 법정기관이 Hak Pengelolaan을 부여받은 토지, (iii) Hak Milik에 의해 소유 중인 사유지 상의 건물에 설정 가능하다. 인도네시아인의 경우, (i)과 (ii)에 대한 건물소유기간은 최초 25년, 연장 20년 가능하며, (iii)의 경우 최초 설정기간은 최장 25년이다.[20] 토지등저당권법상 국유지에 대한 사용권이란 (i)을 의미한다.

법률에서 국유지에 대한 사용권은 "사용권(Hak Pakai)"이라고 하고, 사유지에 대한 사용권은 "토지소유권에 근거한 사용권(Hak Pakai di atas

---

19) Peraturan Badan Pertanahan Nasional No.40 Th. 1996 tentang Hak Guna Usaha, Hak Guna Banggunan dan Hak Pakai Atas Tanah.

20) 외국인의 경우, 신법 및 특별법 우선의 법칙에 따라 외국인 주택소유 규정이 적용된다.

Hak Milik)"이라고 구분한다. 반면, 통상 실무에서는 둘을 구분하지 않고 사용권(Hak Pakai)이라고 부른다.

3.2.3. 집합주택(Rumah Susun)과 개별집합주택(Satuan Rumah Susun) 에 대한 Hak Milik

집합주택 및 개별집합주택은 2011년 제20호 집합주택법(UU 20/2011 Tentang Rumah Susun)이 규율하며, 외국인의 주택취득과 관련해서는 「인도네시아 내 거주 외국인의 주택 소유권 승인, 포기 및 이전에 관한 2016년 제29호 국토부 규정」("외국인 주택소유 규정")[21]이 규율한다.

3.2.4. 장래에 존재할 건축물 등

채권자가 "장래에 존재할 건축물"을 저당잡기 위해서는 현재 완성된 건축물이 없더라도, 실무상 최소한 국유지, 법정기관이 Hak Pengelolaan 을 부여받은 토지, 또는 Hak Milik에 의해 소유 중인 사유지를 근거로 건축권 증서가 발급 중이거나 발급된 상태일 것이 요구된다.

건축권 증서가 이미 발급된 상태라면, 건축자가 토지증서작성 공무원이 작성한 매매증서(Akta Jual Beli: AJB)를 구비해두고 채무자와 함께 서명하여 채권자에게 양도하여야 한다. 그러나 아직 건축권이 발급되지 않은 상태에서 토지등저당권을 설정하는 경우에는, 건축권 증서가 없으므로 이를 대신하여 아래와 같은 증서 및 서류들을 받아야 한다.

- 채무자와 건축자 사이의 매매예약(Perjanjian Pengikatian Jual Beli: PPJB)
- 채무자가 향후 PPJB를 근거로 부동산매매증서(AJB)에 서명하는 즉시

---

21) Peraturan Menteri Agraria Dan Tata Ruang / Kepala Badan Pertanahan Nomor 29 Tahun 2016 tentang Tata Cara Pemberian, Pelepasan, atau Pengalihan Hak Atas Pemilikan Rumah Tempat Tinggal atau Hunian oleh Orang Asing Yang Berkedudukan di Indonesia. 기존의 2015년 제103호 행정부령을 이듬해 국토부가 폐지하여 발행된 규정이다.

토지등저당권 설정 위임장 및 토지등저당권 설정증서에 서명할 것임을
확약하는 서면(Surat Pernyataan)

3.3. 선순위 저당권 및 타인의 권리 확인

선순위 저당권 설정여부 기타 해당 토지등에 대한 타인의 권리를 미리
확인하려면 다음의 방법이 사용될 수 있다.

- 소유자로부터 등기사항증명서(Sertipikat)를 받아서 저당권 기타 타인
  이 권리(Dikenakan hak lain hak tanggungan)가 써져있는지 확인
- 토지청(BPN)에서 저당(Hak tanggungan), 유증(Hibah), 기타 권리
  (Hak lain)가 이미 있는지 확인
- 동사무소·군청·읍사무소에 해당하는 Kecamatan / Keluruhan에서도
  채무승계(Peralihan), 상속(Waris), 유증(Hibah)에 대한 확인

3.4. 토지등저당권의 설정

채권자가 토지를 담보로 유효하게 제공받을 때는 해당 지역까지 직접
가야하는 불편함이 따른다. (얼마나 불편한지는 인도네시아의 도서산간 교통과
지형을 생각해보라.) 관할토지청이 지역에 있는 것은 물론이고, 공증인에게
위임장(surat kuasa)을 주어 해당 토지청에서 직접 진행하게 하기 위해서
는 결국 공증인까지 지역에서 선정해야 하기 때문이다. 이론적으로는 타
인에게 위임할 수도 있으나, 공증인 또는 토지증서작성자(PPAT) 앞에서
1996년 제3호 농업부장관령 및 1996년 제4호 저당권법 제15조 제1항에
서 요구하는 형식요건을 구비하여 성립된 저당권설정위임장을 만들고 진
행해야 하므로 결국 해당 지역에 가야하는 불편함이 있다.

부동산등에 저당권을 설정할 때 저당권설정증서(APHT)의 내용 확인이
중요하다. 1996 UUHT 제11조 제1항에 기재된 필수적 기재사항이 전부
있는지, 그 내용이 실제와 일치하는지 반드시 확인하여야 한다. 필수적

기재사항은 다음과 같다.

- 저당권 설정자와 저당권자의 신분과 성명
- 당사자들의 주소지, 다만, 인도네시아 국외에 주소지를 둔 경우에는 인도네시아 내의 주소지를 선택해서 기재하여야 하고, 만약, 인도네시아 내의 주소지가 기재되지 않은 경우에는, 토지등저당권 설정증서를 작성한 토지증서 작성 공무원의 사무소가 주소지로 간주된다.
- 담보되는 채무에 관한 상세 내용과 설명
- 담보물의 가액
- 저당권 목적물에 관한 상세한 설명

저당권설정증서를 작성하는 토지증서작성자(PPAT)가 증서를 제대로 못 만드는 경우도 적지 않고, 채무자와 모의해서 피담보채무를 실제 채무보다 적게 교묘히 작성하는 경우도 보도된다. 아래는 교묘하게 피담보 금액이 줄여서 작성된 실제 저당권설정증서(APHT)의 기재 내용이다(일부 편집).

Bahwa untuk menjamin pelunasan utang Debitor sejumlah Rp. 17.000.000.000,− (tujuh belas milyar rupiah)/sejumlah uang yang dapat ditentukan dikemudian hari berdasarkan perjanjian utang−piutang tersebut di atas dan penambahan, perubahan, perpanjangan serta pembaruannya (selanjutnya disebut perjanjian utang−piutang) sampai sejumlah Nilai Tangguan sebesar Rp.l7.000.000,00 (serratus Sembilan puluh lima juta rupiah) oleh Pihak Pertama diberikan dengan akta ini kepada dan untuk kepentingan Pihak Kedua, yang dengan ini menyatakan menerimanya, Hat Tanggungan yang diatur dalam Undang−undang Hak Tanggungan dan peraturan−peraturan pelaksaannya atas Obyet/Obyek−obyet berupa satu ha katas tanah/Hak Milik atas Satuan Rumah Susun yang diuraikan di bawah ini: [···]

이 같은 경우에 관련 증거가 없으면 피해자가 해당 토지증서작성자 (PPAT)를 상대로 사기죄로 고소하거나 손해배상을 요구하기가 어렵다.

특히 등기사항증명서(Sertipikat)의 오타나 잘못은 토지청(BPN)에 소정의 수수료를 내고 수정이 가능하지만, 저당권설정증서(APHT)에 오류가 있으면 수정할 수가 없다. 따라서 저당권 설정시 저당권자는 모든 절차와 문서들을 하나하나 꼼꼼히 진행하는 것이 중요하다.

설정증서에 서명하면, 토지증서작성자(PPAT)는 토지청(BPN)에 해당 저당권설정 증서와 기타 필요한 다른 증빙서류를 서명일로부터 7일 이내에 송달하여야 한다(토지등저당권법 제13조 제2항).

3.5. 토지등저당권의 실행

토지등저당권의 실행은 통상 공경매 또는 사경매[22]를 통한다. 외국인이 담보권자일 경우에도 실무상 유의미한 차이가 없다.

채무자가 채무를 불이행하는 경우, 최우선순위의 토지등저당권자는 재무부 산하 경매원(Kantor Pelayanan Kekayaan Negara dan Lelang: KPKNL)에 임시경매를 신청하여 토지등저당물을 처분한 후 그 환가물로써 채권의 일부 또는 전부를 회수할 수 있다(토지등저당권법 제6조 및 제20조 제1항).

---

22) 인도네시아에서 담보물의 실행에 있어 사경매, 사적매매, 임의경매, 임의매 각에 대한 구분이 없다. 민법상 담보물의 실행에 관하여 공중에 대한 경매와 사적으로 처분하는 방식(제1155조 및 제1156조)으로 나뉘며, 본서에서는 후자를 사경매와 임의경매 등 혼용하여 표현한다.

경매절차는 다음과 같다.[23] [24]

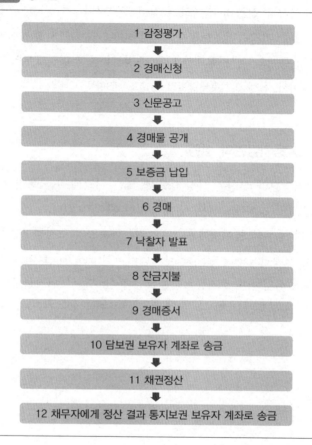

도표 4-1 경매절차

1 감정평가

2 경매신청

3 신문공고

4 경매물 공개

5 보증금 납입

6 경매

7 낙찰자 발표

8 잔금지불

9 경매증서

10 담보권 보유자 계좌로 송금

11 채권정산

12 채무자에게 정산 결과 통지보권 보유자 계좌로 송금

이론적으로는 법원의 판결이나 명령없이 임의경매를 진행하는 것이 간편하고 빠른데, 실무에서는 법원의 명령을 통해 강제경매를 해야 할 경

---

23) 자카르타 인근에서 감정평가를 업으로 하는 인도네시아 회사로는 다음의 회사 등이 있다. SUCOFINDO 홈페이지: http://www.sucofindo.co.id/; SGS 홈페이지: http://www.sgs.co.id/
24) 공경매 홈페이지: https://lelang.go.id/

우가 적지 않다.

예컨대 접근로가 없다는 등의 이유로 감정평가기관(Kantor Jasa Penilai Publik: KJPP)이 평가를 할 수 없다고 하는 경우도 있다. 이는 미개발지역과 울창한 숲이 많은 인도네시아의 특수한 점이다. 이 때 토지등저당권자는 법원에 사정을 소명하고 강제경매를 청구할 수 있다. 이 때 지방법원은 감정평가기관에게 최소한 형식상의 요건을 갖추어 감정평가를 완료하라고 명령하기도 한다.

경매원(KPKNL)이 담보계약서를 면밀하게 검토하여 담보물이 불충분하게 특정되어있다거나, 각종 형식요건이 엄격하게 지켜지지 않았다면서 경매진행을 거절하는 경우도 적지 않다. 법원의 명령없이 KPKNL에서 공경매를 진행했다가 추후 어떤 문제가 있다고 제기될 시 책임을 지는 것을 부담스러워하기 때문이다.

담보제공자가 동의하고 더 높은 금액을 받을 수 있다면 사경매를 진행할 수 있다. 그래서 담보계약서에 사경매에도 동의한다는 조항이 삽입되는 경우가 적지 않다. 단, 토지등저당권 및 양도담보의 경우에는 다음의 두 조건을 만족해야만 사경매를 진행할 수 있다.

   ㄱ. 사경매에 반대하는 제3자가 없을 것
   ㄴ. 다음 2개의 날짜 중 더 뒤에 오는 날짜로부터 한 달이 경과할 것
     ⅰ. 이해관계자에게 경매를 진행한다고 서면으로 통지한 날
     ⅱ. 담보자산이 위치한 지역에서 발행하는 적어도 두 종류의 신문에 공지한 날

제4절 양도담보

4.1. 개 관

양도담보란, 다른 채권자에 우선하여 특정 채무의 상환받을 수 있는 담보로써 동산 및 토지등저당권이 설정되어 있지 않은 부동산에 대하여 갖는 권리로써(1999년 제24호 양도담보법 제1조 제2항), 소유권을 이미 양도한 특정목적물이 여전히 종전 소유권자의 지배하에 있다는 특약을 하고 그 목적물의 소유권을 신탁적으로 양도하는 것을 말한다(동법 제1조 제1항). 채무자가 채무를 불이행한 경우 양도담보 설정자가 양도담보 목적물의 소유권을 되갖도록 하는 계약은 무효이다(동법 제33조).

동법 제1조에서 양도담보의 정의를 "목적물의 소유권을 신탁적으로 양도하는 것(Fidusia adalah pengalihan hak kepemilikan suatu benda atas dasar kepercayaan)"이라고 명시하였기 때문에, 양도담보권자는 목적물의 완전한 소유권을 취득하고 그 소유권을 행사함에 있어서 담보목적을 넘어서 행사하지 않을 채무를 부담할 뿐인 것으로 보인다.[25] Fiduciary의 사전적인 의미는 "신탁"이지만, 실제로 담보신탁과는 차이가 있다. 담보신탁은 예컨대, 대출을 받기 원하는 자가 신탁회사에게 담보제공을 목적으로 소유권을 이전하고 이에 대한 담보신탁증서를 발급받아 금융기관에 이를 담보로 제공하는 것을 말한다. 소유권이 채권자가 아니라 제3자에게 이전한다는 점에서 다르고, 이는 영어로는 Fiduciary가 아니라 Trust라고 한다.

결국, 인도네시아에서 양도담보란 소유권을 채권자에게 이전하고 일정

---

25) 한국에서는 이를 "신탁적 소유권이전설"이라고 한다. 반면, 소유권은 여전히 채무자에게 있고 양도담보라는 제한물권취득에 불과한다고 보는 의견을 "담보물권설"이라고 한다. 한국에서도 동산담보는 신탁적 소유권이전설을, 부동산담보는 담보물권설을 취하고 있다.

한 기간 내에 채무자가 변제하지 않으면 채권자는 그 목적물로부터 우선 변제를 받게 되지만, 변제하면 그 소유권을 다시 채무자에게 반환하는 담보제도이다. 외부적으로만 양도담보권자에게 이전되는 것이지, 실제로는 담보권의 실행에 이르러 해당 목적물을 환가(換價) 및 정산(精算)하여 채권의 만족을 얻고 남은 금액이 있으면 양도담보 설정자에게 지급하는 것이다. 따라서 양도담보권자는 그 이전에 해당 목적물을 임의로 처분할 수 없다. 인도네시아 법률실무에서 이 같은 불완전한 소유권을 계약서에서 종종 "Exekutorial title"이라 표현하기도 한다.

양도담보로 보호받는 채권은 현존하는 채권, 미래에 확정적으로 발생할 채권, 계약서에서 정한 시점에 확정 가능한 채권이다.

인도네시아에서 양도담보는 엄격한 요식성을 요구한다.

한국에서는 부동산의 경우 가등기담보법이, 동산에 대해서는 별도의 법률이 없이 판례에 의하여 인정받고 있는 반면에, 인도네시아에서는 양도담보는 동산·부동산 모두 1999년 제24호 양도담보법(이하 "양도담보법")에 의하고[26] 부동산의 경우 양도담보 외의 토지등저당권에 대해서는 1996년 제4호 토지등저당권에 대한 법률이 적용된다.[27]

후술하듯이 양도담보는 공증인이 양도담보법 제6조에서 정한 내용을 포함하여 양도담보증서를 만든 후, 이를 양도담보 기관에 등기하여야 효력을 갖는다. 양도담보는 시간과 비용이 적지 않게 들지만, 채권자에게는 일반 담보보다는 안전성이 높다.

---

26) Undang−undang Republik Indonesia Nomor 42 Tahun 1999 tentang Jaminan Fidusia.
27) Undang−undang Republik Indonesia Nomor 4 Tahun 1996 tentang Hak Tanggungan atas Tanah Beserta Benda−Benda Yang Berkai tandengan Tanah.

4.2. 양도담보의 목적물

양도담보설정자는 이미 (양도담보로써) 등기한 목적물을 다시 양도담보로 제공할 수 없다(양도담보법 제17조). 이미 목적물의 소유권이 양도담보권자에게 이전되었기 때문이다(조문해설 제17조). 양도담보법 제28조는 "동일한 담보목적물에 대하여 하나 이상의 양도담보권이 설정된 경우 양도담보기관에 등기를 마친 순서에 따라 우선권을 부여한다"고 하나 위 제17조 때문에 이중양도담보는 금지되어 사실상 사문화된 것이나 다름없다. 설사 이중양도담보 되었다 한들, 앞서 양도담보를 받은 담보권자가 우선하는 것은 분명하다.[28]

유·무형을 불문한 동산 및 부동산 등의 물건(제1조 제4호), 예컨대 회사의 재고자산 등이 양도담보의 목적물이 될 수 있다. 단, 토지등저당권이 설정된 부동산은 양도담보로 제공할 수 없다. 또, 인도네시아에서는 주식을 동산(민법 제511조 제4항 및 회사법 제60조 제1항)으로 보므로, 주식에도 양도담보를 설정할 수 있다.[29]

또, 담보설정당시 존재하는 채권 및 장래 채권(제9조 제1항)도 양도담보의 목적물이 될 수 있다. 외상매출채권(Piutang)에 대해서도 양도담보를 설정할 수 있으므로 은행 등 금융회사와 외상매출채권 양도계약서를 맺는 일이 실무에서는 적지 않다. 외상매출채권 양도계약서는 보통 (i) 은

---

28) 한국에서도 이는 동일하다. 동산에 대하여 점유개정의 방법으로 이중양도담보를 설정한 경우 원래의 양도담보권자는 뒤의 양도담보권자에 대하여 배타적으로 자기의 담보권을 주장할 수 있으므로 뒤의 양도담보권자가 목적물을 처분함으로써 원래의 양도담보권자로 하여금 양도담보권을 실행할 수 없도록 하는 행위는 이중양도담보설정행위가 횡령죄나 배임죄를 구성하는지 여부나 뒤의 양도담보권자가 이중양도담보설정행위에 적극적으로 가담하였는지 여부와 관계없이 원래의 양도담보권자의 양도담보권을 침해하는 위법한 행위라고 할 것이다(대판 2000.6.23, 99다65066).

29) 주식에 대한 양도담보는 졸서 Indonesian Company Law (2018, Routledge)의 50쪽 이하 4.3. Fiduciary security (Jaminan Fidusia) 단원을 참조하라.

행의 여신거래약정, (ii) 판매기업과 구매기업 간 물품 또는 용역계약서와 같이 하나의 세트로 준비한다.

한편, 은행계좌에 대해서는 양도담보등기소가 양도담보를 설정할 수 없다고 보고 있다.

반면 양도담보의 목적물로 얻어지는 과실(제10조 제a호), 예컨대 양도담보의 목적물이 보험의 대상이 된 경우 그 보험금에 대한 권리도 당해 양도담보권에 포섭된다(제10조 제b호).

4.3. 양도담보의 설정과 등기

양도담보의 목적물이 인도네시아 국토 내에 있든지 밖에 있든지, 양도담보계약서는 반드시 공증인이 인니어로 작성한 증서로 만들어져야 하며(제5조 제1항), 양도담보등기소(Kantor Pendaftaran Fidusia)의 등기부등본(Buku Daftar Fidusia)에 작성되어야 한다(제11조 제1항 내지 제2항 및 제14조 제3항). 양도담보등기소의 등기부등본에 작성되는 때가 효력발생시점이다(제14조 제3항).

등기하면 양도담보등기소에서 양도담보를 신청한 날짜가 적힌 양도담보확인서를 발급해준다. 무단으로 담보제공자가 담보목적물을 변경 또는 훼손하려고 할 때는, 담보권자는 양도담보법에 따라 보호받을 수 있으며 별도로 법원의 판결을 받지 않고 본 확인서만으로 즉시 집행 가능하다.

질권은 계약서에 서명하면 당사자 간에 효력을 갖지만, 양도담보는 등기하는데 길게는 약 한 달 정도 소요된다.

일반적으로 토지등저당권의 공증인 비용과 등기는 거래규모(대여해준 원금 및 담보자산의 가치 등)에 비례하는 반면에, 양도담보의 등기비용은 일정한 금액을 내면 된다. 다만, 공증인 비용은 공증인의 재량에 따라 차이는 있다.

특히 양도담보를 받은 대출금의 리볼빙(Revolving)과 관련하여, 담보대출금을 리볼빙할 때에는 매번 양도담보 설정도 다시 해야 하지만,30) 실무에서는 이와 다른 견해를 가진 채권자(은행)들도 적지 않은 것으로 보인다. 따라서 담보대출계약서 체결 시점에 담보 채권자는 리볼빙의 경우에도 담보설정 역시 자동으로 연장된다는 취지로 계약서를 명확하게 작성할 필요가 있어 보인다. 물론, 인도네시아 법원의 예측불가능성을 감안할 때, 이 경우에도 인도네시아 법원이 이와 관련한 양도담보를 확정적으로 인정할지에 대해서는 여전히 의문이 남는다.

4.4. 양도담보권의 우선변제권

채무자가 계약을 위반하는 경우, 양도담보권자는 자신을 위하여 양도담보 목적물을 매각할 수 있는 권리를 갖는다(양도담보법 제15조 제3항). 이에 따라 실무에서는 양도담보권자가 양도담보확인서(Sertifikat Jaminan Fidusia)를 기초로 담보물을 임의로 매각하는 방식이 널리 사용되고 있다. 그러나 양도담보권자가 채무자가 계약을 위반했는지 여부를 단독 또는 임의로 결정해서는 안 된다는 취지에서 헌법재판소가 본 조항에 대하여 위헌결정(Nomor 18/PUU−XVII/2019)을 내린 바, 이 같은 실무 방식에도 변화가 생길 것으로 생각된다.

양도담보권자는 다른 채권자에 우선하는 권리를 갖는다(제27조 제1항). 우선하는 권리라 함은, 양도담보권자가 양도담보 목적물에 대해 (경매 등을) 실행하여 채권의 만족을 얻을 수 있는 권리를 말한다(제27조 제2항).

---

30) "If it is a revolving credit facility and the initial loan has been repaid, the security needs to be re−created every time the facility is given." Theodoor Bakker and Ayik Candrawulan Gunadi, Indonesia Lending & Secured Finance 2016, 2.3 Is lack of corporate power an issue?, ICLG, 18/04/2016.

양도담보권 설정자가 파산 또는 청산 절차에 있을지라도 우선변제권은
소멸하지 아니한다(제27조 제3항).

4.5. 양도담보의 이전 · 변경 및 소멸

양도담보의 이전 시에는 양도담보법 제19조 제2항에 따라 이전등기를
하여야 하고, 소멸 시에는 동법 제26조 제1항에 따라 말소등기를 하여야
한다.

> **양도담보기관에 등기된 권리관계와 법무인권부 · 투자조달청에서 허가
> 및 등록된 권리관계가 다를 수 있는데, 무엇이 우선하는지 불명확하다.**

양도담보의 이전 · 변경 및 소멸과 관련하여, 당사자가 양도담보등기기
관에 이전등기, 변경등기, 말소등기를 안 하는 경우가 적지 않다는 문제
가 있다. 따라서 실제법률관계 내지 법무인권부에 등기되어 있는 권리관
계와 양도담보기관에 등기되어 있는 권리관계가 서로 다른 경우 또한 적
지 않다.

외국계 회사에서 양도담보로 제공한 주식이 양도담보 설정자로부터 전
전매매 된 경우가 종종 있다. 인도네시아의 양도담보 관련한 요식성에
대한 이해가 없는 가운데[31] 전문가의 자문 없이 진행된 건들에서 특히
이러한 건들이 발견된다. 앞서 설명하였듯이 원칙적으로 양도담보로 제
공한 물건을 담보권자나 담보제공자가 임의로 제3자에게 매각 · 임대 · 증
여 · 이전 · 담보제공하는 것은 금지된다. 그럼에도 불구하고 양도담보로
제공된 주식이 선의의 제3자에게 전전매매되거나 담보로 제공되고 이에
따라 법무인권부와 투자조달청에서도 허가와 등록 · 등기가 끝났다면, 어

---

31) 양도담보 자체에 대한 이해가 없는 경우가 오히려 더 많은 것으로 보인다.

느 기관의 등기가 우선하는가에 대한 문제가 발생한다.

이는 선의의 제3자와 양도담보 채권자 중에 누구를 더 두텁게 보호해야 하는가의 문제이기도 하지만(이에 대해서는 전문가 간에도 의견이 나뉘는 것으로 보인다), 법무인권부와 양도담보기관 두 국가기관이 서로 상이한 허가와 등기를 하고 있다는 시스템의 문제이기도 하다.[32]

이와 관련한 비근한 예는 등기의 말소이다. 채무자가 채무를 모두 상환했으면 양도담보로 제공했던 물건을 돌려받고 등기를 말소하고(양도담보법 제26조 제1항), 양도담보 말소를 증명하는 증명서를 발급받는다(동법 제26조 제2항). 그런데, 양도담보법 제25조 제1항 제a호에 따르면 담보된 채무가 소멸되는 경우에 양도담보권이 소멸한다고 하였기 때문에, 구태여 시간과 비용을 들여 말소등기를 하지 않아도 해당 양도담보권은 소멸한 것이 된다. 실제로 말소등기를 하지 않는 사례도 적지 않다.

4.6. 양도담보의 공증비용

일반적으로 담보와 관련한 공증비용은 담보자산의 가치에 비례한다. 특히 양도담보 이전과 관련해서는 법률상 공증비용의 제한이 있다.[33] 양도담보 이전과 관련한 공증비용의 상한은 다음과 같다.
- 담보가치가 1억 루피아 이하인 경우, 최대 담보가치의 2.5%
- 담보가치가 1억 루피아 초과 10억 루피아 미만인 경우, 최대 담보가치의 1.5%
- 담보가치가 10억 루피아 이상인 경우, 최대 담보가치의 1%

---

32) 이는, 국가기관을 구조적으로 신뢰하기 어려운 부분이기도 하고, 일정한 서식과 수속을 요구하는 번문욕례는 많으면서 정작 실용성은 없는 사례이기도 하다.
33) Peraturan Pemerintah Republik Indonesia Nomor 21 Tahun 2015 tentang Tata Cara Pendaftaran Jaminan Fidusia dan Biaya Pembuatan Akta Jaminan Fidusia.

5.1. 서 설

질권이라 함은, 주 채무자의 채무담보의 목적으로 채권자에게 어떠한 동산을 제공하여 그 채권자가 다른 채권자들에 우선하여 질물로부터 변제를 받을 수 있게 하는 권리이다(민법 제1150조). 질물의 인도비용, 처분 및 소유와 관련한 판결집행 비용은 해당 질물 매각비용에서 정산한다(동조 단서).

변제에 갈음하여 질권자가 질물의 소유권을 취득하는 약정, 즉 유질계약은 금지된다(민법 제1154조). 단, 변제기 이후 채무변제를 받기 위한 경매는 절차도 복잡하고 비용도 적지 않게 소요되므로, 법원에 간이변제충당을 요청할 수 있다(민법 제1156조 전문). 즉, 동산질권자는 정당한 사유가 있는 경우 감정인의 평가에 따라 질물로써 직접 변제에 충당할 것을 법원에 청구할 수 있다. 따라서 법원의 허가가 있으면 질권자는 평가액과 채권액과의 차이를 정산하고 질물의 소유자로 된다.

질물이 담보권자의 과실로 손상 또는 멸실된 것이 아닌 한, 질권설정자는 자기의 비용으로 그 질물을 유지 및 보존해야 한다(민법 제1157조).

질권에 대한 근거법령으로는, 인도네시아 민법 제20편 질권(민법 제1150조 내지 제1160조), 행정부령인 PP 1970/07 및 PP 1969/07이 있다.

5.2. 질권설정의 목적물

인도네시아에서 유체동산 및 무체동산을 불문하고 질권의 목적물이 될 수 있다. 해석상 법률에 의하여 압류가 금지된 동산, 양도할 수 없는 물건에는 질권을 설정할 수 없다.

법률상 정기예금채권, 외상매출채권, 대출채권과 같은 지명채권은 그 이자를 포함하여 질권의 목적물이 된다(민법 제1158조).

계약서상 은행계좌에 질권설정을 하는 경우가 있는데, 법원에서 은행계좌에 대하여 질권설정을 유효하다고 보지 않을 위험이 지적된다. 적어도 자카르타 양도담보사무소에서는 은행계좌가 담보의 목적물이 될 수 없다고 보며, 은행계좌에 대한 질권의 유·무효를 법원에서 결정한 바가 없기 때문이다.[34]

장래 취득할 주식에 대한 질권설정계약의 효력에 대해서는 의견의 대립이 있다. 법률상 장래취득할 물건에 대하여 담보설정을 허락하는 명시적인 규정이 없으므로 무효라는 설과, 당사자간 채권적 효력은 있다고 보는 설이 그것이다. 후자의견의 근거로는, 실무상 장래 취득할 재산에 대하여 질권을 설정하는 예가 매우 많다는 점, 사적자치·계약자유의 원칙 등을 근거로 한다.

> 인도네시아에서 비상장회사의 주식을 담보로 제공 시 교환가치만을 담보로 목적으로 보는지, 이익배당청구권, 주식배당청구권 또는 신주인수권 등까지도 기존주식의 변형물 또는 과실에 준하는 것으로 보는지 불확실하므로 계약서에 명확하게 작성하여야 한다.

주식에 질권설정을 하더라도 의결권은 여전히 담보제공자에게 있다(2007년 회사법 제60조 제4항). 주식의 소각·병합·분할 또는 전환 시 물상대위가 적용되는지 인니회사법은 침묵하고 있다.

---

34) "The fiduciary registration office has expressed the view that a bank account cannot be the subject of an Indonesian security interest and the enforceability of a pledge over a bank account is yet to be tested in court. Although its enforceability is doubtful, it is common practice to secure cash deposits with a pledge over a bank account." Theodoor Bakker, Lending & Secured Finance 2018, International Comparative Legal Guides, 2018.

인도네시아 회사법이 주식자체의 교환가치만을 담보의 목적으로 보는
지, 아니면 이익배당청구권, 주식배당청구권 또는 신주인수권 등 까지도
기존주식의 변형물 또는 과실에 준하는 것으로 보는지는 분명치 않다.

당사자의 의사, 인도네시아 실무, 거래안전보호, 공시적 기능 불충분
등을 보건대, 교환가치만을 담보의 목적으로 볼 가능성이 있다. 실무상으
로도 담보가치 희석화 문제는 별개의 담보요구로 해결하면 되지, 입질주
식의 담보가치 계산에 이것저것 집어넣으면 효율적이지 못하다. 증자 시
모든 "주주"에게 지분율만큼 처음으로 인수할 권리가 주어진다는 제43조
제1항과 제2항에 따라, 적어도 신주인수권에 대해서는 주식의 입질이 미
치지 않는 것으로 보인다. 어느 쪽이든 질권자는 명확한 계약서 작성으
로 이를 해결할 수 있다.

상장회사의 경우 인니 자본시장 Kustodian Sentral Efek Indonesia
규정35) 제2.2.5조가 그 유사규정으로, 다른 정함이 없는 한 이익배당청
구권(dividen tunai), 주식배당청구권(dividen saham), 신주인수권(saham
bonus) 기타 권리 역시 질권의 효력이 미치지 않으며, 정함이 없이 질권
의 효력을 주장하면 주주에게 추가담보를 강요하는 결과가 될 것이다.

5.3. 질권설정 방법

동산질은 채무자나 물상보증인이 동산을 직접 채권자에게 점유를 이전
하여야 하며(민법 제1152조), 동산을 직접 채권자에게 인도해야 하는 불편
함 때문에 그 효용이 저하되는 측면이 있다.

권리질은 채무자나 물상보증인의 권리에 설정하는 것이다. 민법 제
1153조의 "지시채권과 무기명 채권을 제외한 무체동산에 대한 입질"이
란, 결국 채권자의 특정된 지명채권에 대한 입질로써 이러한 권리질을

---

35) Kustodian Sentral Efek Indonesia (KSEI) No: KEP−0013/DIR/KSEI/
0612, June 2012.

의미하는 것으로 보인다. 지명채권에 대한 입질은 서면통보나 질권설정으로 부담을 받는 제3채무자에게 승낙을 요구하는 방법에 따른다(제1153조 후문).

주식에 질권을 설정하는 경우, 인도네시아에서는 주식을 동산으로 보므로(민법 제511조 제4항 및 회사법 제60조 제1항) 질권설정자는 민법상 동산질권설정의 방법과 회사법상의 질권설정 방법을 모두 만족시켜야 한다. 즉 (i) 질권설정의 합의(계약 또는 공증증서), (ii) 회사에 대한 통지, (iii) 질권자의 성명과 주소를 주주명부에 기재할 것이 요구된다(회사법 제50조 제1항 d목, 제60조 제3항).

인도네시아에서 약식질(질권설정의 합의와 질권자에 대한 주권의 교부만으로 성립하는 질권설정)은 없고, 등록질(주주명부에 기재까지 필요)만 인정이 된다. 등록질의 회사에 대한 대항요건은 주주명부에의 기재(회사법 제50조 제1항 d목 제60조 제3항)이다.

등록질권자는 주권을 계속 점유할 필요는 없다.[36] 정관이나 주주계약상 특별한 사정이 없으면, 등록질권자가 질권을 실행함으로써 주식을 취득한 제3취득자는 회사를 상대로 주주확인의 소를 제기할 수 있을 것으로 생각된다.

앞서 설명하였듯 법률이 불분명하므로, 주식의 담보가치가 교환가치로 제한되는지, 배당청구권이나 신주인수권등에도 해당되는지 분명하게 질권계약서에 명시하여야 한다. 이때 지분처분에 대한 위임장을 만드는 것이 질권자에게 유리하다. 해당 위임장에 대해서는 민법 제16장 제1792조 이하 조문이 적용된다.

한편, 취득한 질권의 효력을 거래상대방 외의 제3자에게 주장하기 위해서는 어떤 요건(즉 대항요건)을 만족시켜야 하는지가 문제된다.

지명채권에 대한 질권의 설정은 "질권의 부담을 받을 자에게 입질의

---

36) Dwipo, Lubis & Partners, Newsletter —Pledge of Shares under Indonesian Law <http://dlplawoffices.com/upload/files/news7.pdf>

사실을 **통지**하여야 성립"(민법 제1153조 전문)하고, 질권의 부담을 받는 제3
채무자는 "위 통지를 서면증서로 할 것을 요구하거나 질권 설정자로 하여
금 제3채무자 자신에게 **승낙**을 받도록 요구할 수 있다"(민법 제1153 후문).

문제는 지명채권에 설정한 질권을 제3자에게 양도할 때 발생한다. 질
권자가 질권을 제3자에게 민법대로 양도할 때에도 질권설정의 대항력을
취득할 수 있는지 실무상 확신할 수 없는 문제가 심각하다. 이 같은 통지·
승낙은 지명채권 양도의 대항요건이기도 한데, 통지·승낙이라는 대항요
건을 대법원에서 독특하게 해석하거니와, 동일한 사안에 대한 각 판례의
입장이 일치하지 않는다.

과거에는 인도네시아에서도 일반 선진국처럼 지명채권은 양도가능하
되 채무자에게 통지를 함으로써 대항력을 갖는다는 원칙이 확립되어 있
었다. 그러다 돌연 2009년 인니 대법관 회의에서 채권양도 통지를 구태
여 법원의 집행관을 통해서 하라는 결의를 채택하여 이것을 법원칙
(yurisprudensi)으로 삼게 하였다.[37]

한데, 위 대법관 회의결의를 따르는 법관이 있고 따르지 않는 법관이
있어 실무에서의 혼란이 가중되었다.[38] 따라서 집행관을 통하지 아니하
고 통지를 할 경우, 적법한 통지로 인정받을 수 있는지 여부가 불분명하
게 되었다.

---

37) Hasil Rapat Kerja Nasional Mahkamah Agung tanggal 8 Oktober 2009,
menyatakan pada intinya sebagai berikut: "Bahwa pemberitahuan
kepada cessus untuk berlakunya akta cessie harus melalui exploit juru
sita sebab meskipun sudah selesai dan hak tagih beralhi dengan
dibuatnya akta menurut Pasal 613 ayat (3) KUH Perdata hal itu baru
mengikat cessus apabila kepadanya sudah diberitahukan melalui
exploit jurusita atau telah diakui/disetujuioleh cessus (debitur) tersebut."
38) 문맥에는 다소 차이가 있으나, 법원을 통해 채무자에게 채권양도를 통지하더
라도, "파산신청시점까지 채무자에게 채권양수도 통지를 하지 않고 (파산신청
뒤) 파산절차의 일환으로 법원에서 채무자에게 채권양수사실을 통지하면 이
같은 통지는 부적법하다"는 대법원 판결(19K/Pdt.Sus-Pailit/2015)도 있다.

결국 지명채권 질권설정의 통지에 대해 분쟁이 있을 때, 이와 같은 문제를 안전하게 사전차단할 수 있을지 강한 의문이 있다.

5.4. 질권설정 계약서 작성에 대한 조언

통상 질권설정 계약서와 더불어 직접 매각을 진행할 수 있는 위임장을 같이 만들어 첨부하는 계약서 세트가 사용된다.

또, 질권설정 계약시 의결권은 여전히 담보제공자에게 있다는 내용까지는 작성이 쉬운데, 배당청구권이나 신주인수권에 대해서는 명확하게 작성을 하지 않는 경우가 적지 않은 것으로 보인다. 인도네시아 회사법상 질권이 배당청구권이나 신주인수권에도 미치는지 여부가 분명하지 않으므로, 주식자체의 교환가치만을 담보의 목적으로 하는지, 다른 권리도 담보의 목적물이 되는지 분명하게 조항을 넣는 것이 바람직하다.

"주식회사의 지분에 질권을 설정한 경우에도 인도네시아법을 준거법으로 하고 인니어로 작성되어야 계약한 대로 집행할 수 있다"는 의견이 있다.[39] 싱가포르상사중재원에서는 인도네시아에서 판정집행에 성공한 최근의 예들을 어필하지만, 인도네시아 집행실무를 감안하면 인니법원을 준거법으로 한 인니어 계약서를 준비하는 것이 더욱 안전할 수도 있다.

양도담보 단원에서 설명하였듯, 담보대출 약정 시 해당 대출을 리볼빙(revolving)할 가능성이 있으면 리볼빙할 때에도 질권설정 역시 자동으로 연장된다는 취지로 계약서를 명확하게 작성해야 한다. 그렇지 않으면 대출을 리볼빙할 때마다 일일이 질권설정을 다시 해야할 수도 있다.

---

39) "Can such security validly be granted under a New York or English law governed document? […] A pledge of Indonesian shares can be enforced provided the governing law is Indonesian law." Theodoor Bakker and Ayik Candrawulan Gunadi, Indonesia Lending & Secured Finance 2016, 2.3 Is lack of corporate power an issue?, ICLG, 18/04/ 2016.

5.5. 질권의 효력

질권자는 피담보채권의 전부를 변제받을 때까지 질물을 유치할 수 있다(민법 1150조). 또한, 집행관이 질권의 목적인 유체동산에 강제집행을 하기 위해서 이를 점유하고 있는 질권자의 협조가 필수다. 그러나 질권자는 자신보다 우선권이 있는 채권자에게는 대항하지 못한다.

질권자는 선순위 질권자나 질물에 관하여 우선특권을 갖는 채권자가 없는 한, 다른 채권자에 우선하여 채권을 변제받을 수 있는 우선변제적 효력이 인정된다(동법 동조). 이러한 우선변제권은 채무자가 기한 안에 변제를 하지 못한 경우에 매각하여 그 경락대금으로부터 피담보채권을 변제받는 것을 내용으로 한다(민법 제1155조).

5.6. 질권의 실행

채무자가 변제기에 이르러 채무이행을 하지 않을 경우, 질권자는 유치하고 있는 질물을 법정한 방법으로 처분하여 그 환가물을 채무의 원본, 이자 그리고 비용에 충당할 수 있다(민법 제1155조).

단, 변제기 이후 채무변제를 받기 위한 경매는 절차도 복잡하고 비용도 적지 않게 소요되므로, 법원에 간이변제충당을 요청할 수 있다(인도네시아 민법 제1156조 전문). 즉, 동산질권자는 정당한 사유가 있는 경우 감정인의 평가에 따라 질물로써 직접 변제에 충당할 것을 법원에 청구할 수 있다. 따라서 법원의 허가가 있으면 질권자는 평가액과 채권액과의 차이를 정산하고 질물의 소유자로 된다. 단, 어떤 경우에든 이 같은 처분과 처분에 대한 신청은 사전에 그 의사를 통지하여야 한다(제1156조 후문).

원칙적으로 질권을 집행 시에는 공경매에 의하여야 하며, 후술하는 판례상 임의경매 또는 사경매로 매각하기 위해서는 반드시 계약서 명문에 이를 작성하여야 한다. 인도네시아에서 질권실무상 질권자가 매각 및 처분에 대한 위임장을 미리 받아놓는 경우가 적지 않다. 처분권을 위임받아 놓았다면, 이 위임장만으로 법원명령없이 진행할 수 있다.

아래에서는 사경매로 매각하기 위한 조건을 명시한 판례들을 소개한다.

담보권자인 도이치 방크가 주식을 질물로 제공받은 질권설정계약서(Share Pledge Agreement) 상 해당 주식의 전부를 사경매 또는 공경매가 아닌 (non-public) 매매로 팔 수 있는 권리가 있다고 명문으로 작성되었던 사안에서 법원은 사경매가 유효하다고 판결하였다[1심법원판결 No.334/ Pdt.P/2001/PN.Jak.Sel에 대한 도이치 방크(Deutsche Bank Aktiengesellschaft)]의 항소로 이루어진 2심법원의 결정 No. 332/Pdt.P/2001/PN Jak.Sel. 이와 유사한 판결로는 No.PTJ.KPT.01.2005 to setting No.PTJ. KPT.04. 2005 jo. Decision no. 33 / Pdt.P / 2002 / PN. Jaksel to setting No. 36 / Pdt.P / 2002.PN.Jaksel]. 반면, 당사자 간 임의경매 또는 사경매로 매각할 수 있다는 사실관계가 없었던 사안[사건번호 517/PDT.G / 2003 / PN.JKT.PST에 대한 종국판결(MARI 115PK / PDT / 2007)]에서 인니 대법원은 민법 제1155조의 "당사자가 달리 정하지 아니하였다면, 질물의 매각은 반드시 공경매 또는 법원이 구체적으로 명한 방법에 의하여야 한다"의 단서에 의하여 "이러한 계약이 없을 경우에는 사경매로 매각할 수 없다"고 정하였다. 본 판결을 두고 질권을 설정한 주식을 사경매 또는 임의경매로 매각하기 위해서는 반드시 주주결의서까지 작성해야 한다는 견해가 있다.[40]

주식에 대한 질권설정계약 집행은 회사 경영권의 이전과 관계되므로 2007년 회사법, 주식회사 인수합병에 관한 1998년 제27호 행정부령 및 OJK Rule No. IX. H.1.규정이 추가로 적용된다.

---

40) Megarita, "Legal Protection for the Debtor and Credit or Pledge of Shares on Credit Banking in Indonesia," International Journal of Humanities and Social Science, Vol.4, No.12, October 2014. p.285.
설사 계약서에 임의경매를 할 수 있다고 기재하더라도 임의경매 진행 시 상대방이 법원에 효력을 다투려는 경향이 있어서, 질권실행 시 법원에 공경매를 통한 질권실행을 진행하는 것이 더 효율적이라는 의견도 있다.

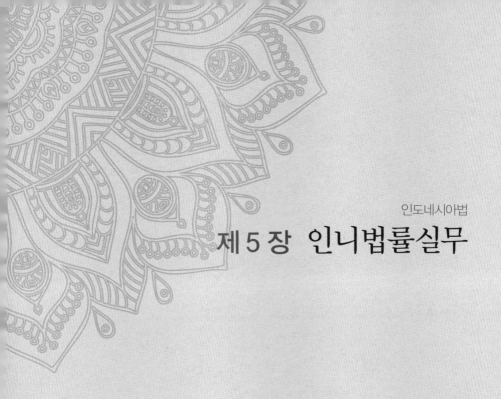

인도네시아법

제5장 인니법률실무

제 5 장 인니법률실무

제1절 계약 및 법률서류

1.1. 서명, 날인 및 인지(Materai)

- **인도네시아에서 계약 체결 시 전자서명이나 도장이 아닌 친필서명을 받으라.**

인도네시아에서는 일반적으로 법원 및 관공서에서는 도장으로 된 서명을 유효한 서명으로 인정하지 않는다.[1] 한국에서는 법인인감 외에도 이사의 서명을 도장으로 하는 경우가 있는데, 인도네시아에서는 친필로 서명을 받아야 한다. 상황이 바뀌고 친필서명을 받으려면 안 되는 경우가 많으므로 계약체결 시점에 미리 주의하여야 한다.

전자서명 계약서와 구두계약의 효력에 대해서도 불분명한 부분이 있어, 친필서명을 받는 것이 가장 명확하고 안전하다.

---

1) 대한상공회의소·법무부·대한상사중재원·인도네시아 코참 주최, 해외진출기업 법률지원 현지설명회, 2018.10.18, 발표자료. pp.1–3.

전자서명이란 "인증 및 검증으로 사용되는 전자적 정보와 관련하여 전자적 정보로 구성된 서명"(전자기술 및 정보에 관한 2008년 제11호 법률 제1조 제12항)으로, 전자인증기관이 인증한 서명과 인증하지 않은 서명을 모두 포함한다(행정부령 No.82/2012의 제54조 제1항). 안전하고 기밀이 보장된 방법으로 만들고, 서명한 자의 통제하에 해당 서명한 데이터를 보관하는 등 행정부령 제55조 제3항의 조건들을 준수하면 해당 전자서명은 유효하고, 그 서명한 계약의 인쇄본은 유효한 법적증거가 된다(2008년 제11호 법률 제11조 제1항, 행정부령 82/2012 제53조 제2항). 그러나 법원 및 관공서에서는 일반적으로 확장자가 PDF, JPG 등의 파일에 한 전자서명을 유효한 서명으로 보지 않는다.2)

또, 일반적으로 법원은 서명된 계약서가 없으면 정황만으로 유효한 계약의 존재를 인정하지 않는다.3) 이론적으로는 구두로도 유효한 계약을 체결할 수 있지만, 대부분의 경우에는 상사법원의 판단 및 일반상사 법률실무상 이메일이나 기타 서류만으로 계약의 존재를 추정하지 않는다.

계약 채무불이행에 이르러 당사자 본인이 서명을 하지 않았다거나 회사를 대표할 권한이 없다고 주장하는 경우도 인도네시아에서는 적지 않으므로, 서명 시 당사자 신분증 복사본 및 이사 자격을 증빙하는 정관 사본까지 받아놓는 것이 좋다. 계약서의 공인(legalisasi)은 효력요건도 아니고 필수사항도 아니나, 실무에서는 계약서의 증명력을 높이기 위해 적지 않게 사용되는 것으로 보인다.

- 일반적으로 계약서의 서명란에 날인이 반드시 필요하지 않다. 단, 관공서 제출서류에는 법인 날인이 요구될 수 있다.

일반적으로 계약서나 회사서류의 효력요건으로 날인 내지 법인인감을

---

2) 앞의 자료.
3) 앞의 자료.

요구하지 않는다(민법 제1869조, 회사법 제9조). 회사의 날인이 널리 사용되기는 하나, 인도네시아에서는 일반적으로 한국에서의 법인인감과 같이 행정청 또는 은행 등에 제출해 두는 도장의 인영을 사용하지 않는다.

단, 관공서 제출서류에는 법인의 날인이 필수적으로 요구될 수 있다. 법무인권부 등록 시에 관련 서식의 서명란에 법인이 날인(Cap/Stempel Perusahaan)을 하게 되어 있고(1982년 제3호 회사등록법 시행규정인 2007년 제37호 상업부 규정), 사업자등록신청서(Surat permohonan surat izin usaha perdagangan)에도 서명란에 법인인감(Cap perusahaan)을 하게 되어 있다 (2007년 제36호 상업부 규정 36/M−DAG/Per/9/2007 서식). BKPM회사 각종 보고자료의 서명란에도 찍어야 한다(2017년 제14호 BKPM규정, Format Laporan Realisasi Import 서명란).

- 인지(Materai)는 계약서 및 각종 증서의 원본에 항상 붙이는 것이 안전하나, 미비된 경우에는 사후 보완이 가능하다.

인지의 유무가 계약서의 효력을 결정하지는 않는다. 즉, 인지 위에 서명하지 않는다고 당사자 간에 계약서가 무효 또는 취소가능하게 되는 것은 아니다. 사법원칙인 의사주의상 당연한 결론이다.

그럼에도 인지를 붙이는 이유는, 1985년 제13호 인지법상 법원에서 증거로 채택하는 서면, 공증인의 공증, 관공서 제출서류, 1백만(1.000.000) 루피아를 초과하는 금액과 관련한 서면·어음·각종 증서 등에 인지를 붙일 것을 요구하기 때문이다. 반대해석상, 인지가 없으면 관련 수속을 할 수가 없고 법원에서 증거로 채택하기도 어렵다.

반면 오늘날 실무에서는 인지를 붙이는 주된 이유는 세금을 걷기 위함으로 인식하고 있으며, 세금만 내면 일반적으로 큰 문제가 없다. 인지가 붙여지지 않은 계약서는 추후라도 해당 60,000루피아 세금에 더하여 행정벌금(해당 세금의 2배)까지 총 180,000루피아를 우체국 또는 법원 서기관에게 납입하면 되기 때문이다(2014년 제70호 사후 인지보완절차에 관한 재무부령[4] 제4조 b목, 제5조 제1항 c목 제2항 c목, 제7조 제2항 및 제5항, 제9조 제2항 및 제4항, 제10조 제2항 및 제5항). 이처럼 추후에 인지를 보완하는 절차를 이른바 Nazegelen(또는 pemateraian kemudian)라고 한다. 행정벌금이 세금의 2배이기 때문에, 실무에서는 이처럼 인지를 보완한 서류에는 인지를 두 개 더 붙여서 총 세장의 인지가 붙게 된다.

실제로 인도네시아 대형 로펌들에서도 공통적으로 다수당사자 간 계약서 서명 시에 다수 원본 중 한 부에만 인지를 붙이고 있다. 이와 같은 실무상의 관습은 인도네시아 기업들에도 널리 퍼져 있는 것으로 파악된다.

외국법을 따르고 외국법원 내지 외국의 상사중재기구를 관할로 한다면 물론 효력여부를 두고 다투지는 않게 될 것이나, 인도네시아에서 해당 계약서를 각종 회계, 물권변동 등록기구 등에 제출해야 하므로 인지가 필요한 경우가 적지 않다.

• 약식서명(Parap)이 계약서의 효력을 결정하지는 않는다.

계약서를 둘러싼 저열한 수준의 사기나 거짓이 적지 않다. 상황이 불리해졌을 때 계약이행의무를 회피하기 위해 "내가 서명하지 않았다", "서명권이 없다", "이러한 내용에 동의하지 않았다"고 주장하는 것이 대표적인 예이다. 따라서 각 페이지에 약식서명도 받고, 서명한 자의 권한을 증명하는 서류 및 신분증 사본 등을 철저하게 받는 것이 바람직하다.

---

4) Peraturan Menteri Keuangan Republik Indonesia Nomor 70/Pmk.03/2014 tentang Tata Cara Pemeteraian Kemudian.

> • 해외에서 계약서나 위임장 등의 서류에 서명을 해야 한다면, 행정절차
> 가 번거롭고 시간도 오래 소요된다.

해당 외국인의 국적에 따라 다르지만, 최악의 경우 (i) 공증인 사무소
에서 서명을 공증한 후, (ii) 법원에서 해당 공증인의 등록 및 허가여부
입증서류를 득한 뒤, (iii) 법무부에서 다시 서명을 득하여 (iv) 외교부에
서 법원, 법무부 및 공증인이 서명 및 확인을 득하고, (v) 해당 나라의
인도네시아 대사관 서명을 마침내 득해야 한다.[5] [6]

이 같은 번문욕례 때문에 급박한 시간 내에 법원 또는 기타 공공기관
에 제출해야 하는 서류 준비가 어려워질 수 있음에 주의하자. 특히 항소
를 해야 하는 등 시간이 급박한 때는 큰 문제이다. 가장 쉬운 해결책은
직접 인도네시아에 와서 공증인 앞에서 서명을 하는 것이다.[7] 한국에서
준비할 경우 2주정도 소요되는 것으로 보인다.

1.2. 공증 및 공정증서

> • 회사정관과 양도담보증서 등 반드시 공증인이 작성해야 하는 서류들이
> 있다.

---

5) 한국에서는 통상 공증인의 공증과 인도네시아 대사관에서의 영사인증 정도만
   요구된다. 단, 공증을 위하여 회사의 실체증빙용으로 법무인권부 Ditjen AHU
   홈페이지에서 회사 프로필 및 서명권자의 서명권 입증서류(통상 정관 및 법무
   인권부 확인서)가 요구될 수 있다.
6) 한국회사의 대표권을 인도네시아에서 인정받으려면, 법인등기부등본의 공증번
   역 및 대사관 인증이 필요하다.
7) 소송대리위임장은 통상 법인대표의 수기(手記) 서명 후 법인인감날인을 함께
   하여 공증인이 법인인감증명을 확인하여 공증하며, 이후 공증서류, 사업자등
   록증사본, 대표이사여권사본, Request letter를 동봉하여 영사확인을 받는다.
   인도네시아에서도 외국 당사자의 법인인감(official stamp)을 인정하나, 상대
   방의 불필요한 주장을 막기 위해 수기 서명이 권고된다.

일정한 자격을 갖춘 공증인이 특정한 사실 또는 법률관계의 존부를 공식적으로 증명해주는 공증업무는 인도네시아에서 통상 중요하게 여겨진다. 계약상 채무나 일정한 의무사항을 부인하는 자가 "내가 계약서에 서명하지 않았다" 내지 "서명한 이사에게 본건 서명권이 없었다"와 같은 기초적인 사실을 부인하는 경우도 적지 않아, 이러한 사태를 미연에 방지하고 사서증서의 공적인 증명력을 높이기 위하여 사서증서(계약서, 확약서, 주주결의서, 진술서, 차용증 등)의 인증 차 공증을 하는 일도 적지 않다. 같은 이유로 사서증서를 공인(legalisasi)하는 절차도 적지 않게 사용된다.

공증 내지 공정증서의 작성을 필수요건으로 하는 법률행위들이 많고, 공증인이 일정한 역할을 이행해야만 되는 절차들이 있다.

예를 들어, 신규·추가·변경 투자허가를 위한 효력검사는 반드시 공증인이 이행해야 하며(투자허가의 절차 및 지침에 관한 투자조정청 2017년 규정), 회사정관변경(2007년 법무인권부 규정),[8] 동산양도담보증서(1999년 제42호 양도담보법 제5조 제1항) 등은 반드시 자격을 갖춘 공증인이 공정증서를 작성하여야 한다.

인도네시아에서는 「공증인의 업무에 관한 법률 제2004년 제30호」[9] 및 이를 일부개정한 「공증인의 업무에 관한 법률 제2014년 제2호」가[10] 공증인과 관련한 사항을 규정하고 있으며, 기타 법률에서 공증인이 작성해야 하는 서류들을 정하고 있다.

---

8) 정관변경은 반드시 공정증서에 인도네시아어로 작성되고 등록(Daftar Perseroan)되어야 한다. 주주총회로 정관변경을 요하는 결정이 있었다면, 당해 주주총회나 결의로부터 늦어도 30일 내에 공정증서로 작성되어야 한다. (Peraturan Menteri Nomor M−01. HT.01−10 Tahun 2007 tentang Tata Cara Pengajuan Permohonan Pengesahan Badan Hukum Dan Persetujuan Perubahan Anggaran Dasar, Penyampaian Pemberitahun Perubahan Anggaran Dasar Dan Perubahan Data Perseroan)

9) Undang Undang Nomor 30 Tahun 2004 tentang Jabatan Notaris.

10) Undang Undang Nomor 2 Tahun 2014 tentang Jabatan Notaris.

　인도네시아에서 토지증서작성자(PPAT)라 함은 토지에 관한 권리의 설정, 이전, 담보 등에 대한 증서를 작성할 수 있는 권한을 가진 자이다. "공무원"이라고 흔히 번역되는 "쁘자밧(Pejabat)"이라는 단어 때문에 "토지증서작성공무원"이라고 번역되기도 한다.[11] 여기서 쁘자밧(Pejabat)이란, 일반적으로 한국에서 말하는 국가와 지방자치단체의 사무를 맡아보는 사람이라는 뜻의 "쁘가와이 느그리(Pegawai Negeri)"와는 다른 뜻이다. 토지증서작성자는 토지증서 작성이라는 공적인 업무를 수행하는 자(Pejabat)로써 국가가 선임한 기관에서 연수를 받지만, 국가기관 또는 지방기관의 소속이 아닌 토지증서작성자협회(Ikatan Pejabat Pembuat Akta Tanah: IPPAT)의 소속으로써 고객에게 수수료를 받는 자일뿐이다. 봉급을 나라에서 주는 것이 아니므로, 공무원이라고 번역 시 국가공무원 내지 지방공무원으로 오해를 받을 소지가 있어 본서에서는 PPAT를 토지증서작성자로 번역한다.

　실무에 있어서는 공증인(Notaris) 자격과 토지증서작성자(PPAT) 자격을 동시에 취득하여 "Notaris & PPAT"라는 이름을 걸고 사무를 보는 자들이 적지 않다. 물론 공증인 자격만 갖춘 자들도 적지는 않다. PPAT 시험은 난이도가 높지는 않으나 정기적으로 열리지 않고(3년에 한 번 개최하기도 한다) 족자카르타에서 연수를 받아야 하는 것이 부담스러울 뿐만 아니라, 대도시의 공증인들은 이미 경제적으로 여유가 있기 때문으로 생각된다.

　토지증서작성자는 1998년 제37호 행정부령[12] 및 이를 일부개정한 2016년 제24호 행정부령이[13] 규정하고 있으며, 기타 법률에서 토지증서

---

11) 이대호, 인니법, 유로, p.94.
12) Peraturan Pemerintah Nomor 37 Tahun 1998 tentang Peraturan Jabatan Pejabat Pembuat Akta Tanah.

작성자가 작성해야 하는 서류들을 정하고 있다.

예컨대, 부동산담보증서(1996년 제4호 토지등저당권 법 제10조 제2항),14) 건축권(Hak Guna Bangunan), 경작권(Hak Guna Usaha), 사용권(Hak Pakai), 소유권이 있는 토지 상의 사용권(Hak Pakai atas Tanah dengan Hak Milik) 등 각종 토지관련 권리의 등기, 합의 및 매매(경매제외), 교환, 출자, 증여 등에 관한 증서는 반드시 토지증서작성공무원이 작성하여야 한다(PP 40/1996 제16조 제4항, 제29조 제2항, 제34조 제4항, 제44조 제1항, 제49조 제2항, 제54조 제5항).

상기 증서에 서명한 날로부터 법정한 기간 내에 국가토지청에 송달하면, 토지청(BPN)이 등기 후에 관련 등기사항증명서(Sertipikat)를 발급한다.

등기사항증명서와 관련하여 주의할 것이 있다. 인도네시아 표준어상 각종 증서, 증명서, 자격증, 졸업장 등은 "F"를 써서 Sertifikat이라 하며 (2012−2019 인도네시아 대사전, 교육 문화부) 평상시 일반대화에서도 Sertifikat 이라고 말하는 것이 보통이다. 그러나, 토지등기에 법률용어는 이와 구분하여 "P"를 써서 Sertipikat이라고 부른다(토지등기법 UU 24/1997 제1조 제20항).

또, 인니 한인사회에서 "Sertipikat"은 대개 증명서, 증서 또는 등기부 등본 등으로 번역되나, 대한민국 법률(부동산등기법, 동산·채권등의 담보에 관한 법률, 등기예규 등)상 이들을 "등기사항증명서"라 하므로 본서에서는 이를 차용한다. 상세한 내용은 단원을 달리하여 후술한다.

---

13) Peraturan Pemerintah Nomor 24 Tahun 2016 tentang Peraturan Jabatan Pejabat Pembuat Akta Tanah.

14) Undang Undant Nomor 4 Tahun 1996 tentang Hak Tanggungan atas Tanah beserta Benda−Benda yang Berkaitan dengan Tanah.

1.3. 위임장

> • 위임장의 효력을 인정받지 못하면 해당 위임장을 근거로 진행한 모든 법률행위들이 무효가 될 수 있다.

판결의 선고일 또는 판결문 송달일(항소인이 선고일 미출석 시)로부터 14일 내에 항소장을 제출하지 않으면 확정판결이 되는데(1927년 제227호 소송법 Rechtreglement voor de Buitengewesten 제199조), 위에서 설명한 각종 행정절차로 항소기간을 도과해버리면 항소를 할 수 없게 되므로 주의하여야 한다. 당사자가 인도네시아에 직접 와서 서명을 하는 것이 가장 간단하다.

상고역시 판결송달일로부터 14일 내에 상고장을 제출하고, 해당 상고장 제출일로부터 14일 내에 상고이유서를 제출하여야 하므로(대법원 법 1985년 제14호 법 제46조), 위 주의사항이 동일 적용된다.

> • 의결권 대리행사를 위한 위임장의 경우, 주주총회 별로 수여되어야 하고 안건들도 구체적으로 작성되어야 한다.

의결권의 대리행사와 관련하여 대리인은 대리권을 증명하는 서면을 제출하여야 한다. 보통은 위임장(Surat Kuasa)을 제시하며 이 때 대리권을 증명하는 서면은 원본이어야 하며, 팩스본 위임장으로는 대리권을 증명할 수 없다(이는 한국에서도 동일하다. 대판 2004.4.27, 2003다29616).

그러나 한국과는 달리, 인도네시아에서는 대리권은 총회별로 수여되어야 하고 나아가 해당 안건들도 구체적으로 증명되어야 한다. 수개의 총회에 걸친 포괄적인 수권 내지 모든 추상적인 의안에 걸친 포괄적인 수권이 불가능하므로 주의하자. 한국에서는 현실적인 필요성을 근거로 일정한 기간에 걸친 포괄적인 위임장의 제출이 가능하다.[15] 인도네시아에

---

15) 수임자는 위임자나 그 회사 재산에 불리한 영향을 미칠 사항에 관하여도 그

서는 포괄적 의결권 수여는 결국 의결권만 제3자에게 양도하는 것과 같다는 점, 이 같은 포괄적 수여가 다른 주주의 이익을 침해할 수도 있다는 점 등을 근거로 포괄적인 수권을 허락하지 않는다.

위법한 대리행사의 효과로, 대리인이 대리권의 자격을 증명하지 못한 경우에 회사는 의결권의 행사를 거절할 수 있다. 또, 대리인이 대리권 자격을 증명하였으나 회사가 특별한 사정없이 거절한 경우에는 부당거절로 주주총회결의 무효 원인이 된다. 인도네시아에서는 주주총회결의의 하자·무효·취소를 구분하지 않는다.

1.4. 관 할

> • 인도네시아 상대방과 인도네시아 내 상사행위를 하는 계약이라면, 대한민국 법원등 외국법원을 관할로 작성하지 않을 것을 권고한다.

한국 법원에서 승소를 하더라도 해당 판결은 인도네시아에서는 한낱 종잇조각일 뿐이다.

인도네시아의 법원 판결도 한국에서 승인 및 집행되기 어렵고,16) 한국 법원을 포함한 외국법원의 확정판결이 인도네시아에서 승인 및 집행된

주주권을 행사할 수 있다(대판 1969.7.8, 69다688. 다만 이 판례의 사안은 1회의 총회에서의 상이한 수개의 의안에 대해 주주가 의결권을 포괄적으로 위임한 경우이므로 판례가 긍정설을 취한다고 단정할 수 없다는 견해가 있다.) 회사의 지배권 분배와 관련하여 혹은 은행 등에 의하여 관리받고 있는 회사의 경우에는 포괄적인 위임장에 의하여 대리행사시킬 실제상의 필요가 있다.

16) 국내에서 외국판결을 집행하기 위해서는 확정된 외국판결이 민사소송법 제217조의 요건을 구비해야 하며(민사집행법 제26조 및 제27조 제2항), 이 중 하나로 제시된 상호보증(한국 법원이 외국판결을 승인 및 집행하는 것과 마찬가지로 당해 외국도 한국 판결을 승인 및 집행하는 것) 만족이 어렵다. 실무적으로 인도네시아에서 한국 법원의 판결을 포함하여 외국 법원의 판결이 승인 및 집행된 예는 없는 것으로 보인다.

예 또한 보이지 않는다. 이는 인도네시아 민사소송법 제436(1)조[17]에서 다른 법률상의 정함이 없는 한 원칙적으로 외국법원의 판결을 집행할 수 없다고 정하고 있기 때문이다.

어느 국내 금융기관이 인도네시아 발리에서 시행되는 리조트 개발사업에 수백억원 대의 프로젝트 파이낸싱을 하였다가 금융위기로 그 프로젝트가 중간에 중단되어 대출채권을 회수하여야 했던 사건이 있다.[18] 해당 대출약정에서 분쟁해결이 대한민국 법원에서 전속적으로 해결하기로 되어 있어, 승소를 했으나 집행을 할 수 없어서 수백억원 짜리 법원 판결이 종잇조각이 되었다.[19] 인니법원에 다시 소송을 제기해보아야 인도네시아 법원은 관할도 없고 중복소송의 문제가 발생한다.

> • 규모가 큰 상사거래에 있어서는 인도네시아 법원을 관할로 하지 않을 것을 권장한다.[20]

인도네시아 법원은 부패가 심하며[21] 승소 후에도 집행 관련 리스크가 있고,[22] 인도네시아 법률이 불분명할 뿐만 아니라 선진국의 그것과 상이

---

17) Reglement op de burgerlijke rechtvordering.
18) 법무부 법무실 국제법무과, 중소기업의 신흥시장 개척을 위한 법률가이드, 2017, pp.23 − 24.
19) 위와 동일.
20) 업계 일반론으로 보인다. "분쟁해결방식을 선택하는데 있어서 현지 법원보다는 중재기관을 선택하며 중재기관은 검증된 기관 즉 KCAB, ICC, SIAC, HKIAC, LCIA 중에서 선택할 것을 추천함." KOTRA 법무부, 해외진출기업 법률지원 현지설명회, 2017.05.17 발표자료.
21) 한국인들이 많이 주거하는 남부자카르타에서도 법관 2명, 서기관 1명, 관련 변호사 1명이 2018년 11월 27일 뇌물수수혐의로 체포되었다. Adi Suhendi, Menilik Rumah Dinas Hakim Irawan, Hakim Pegadilan Negeri Jakarta Selatan yang Ditangkap KPK, Tribunenews, 3 Desember 2018.
22) 집행관이 뇌물을 받고 집행을 연기하는 경우도 회자된다. 그럴듯한 이유를 붙여 집행이 불가능하다고 법원에 보고하는 방식이다. 이때는 실무적으로 법원을 통하여 집행관이 집행을 하도록 압박하여야 한다.

하다. 앞서 설명한 바와 같이 인도네시아 법원에서의 판결은 한국에서 승인 및 집행도 어려울 것으로 보인다.[23]

싱가포르상사중재원("SIAC")을 관할로 하면 중재인을 인니인으로 선임하지 않아도 되며, SIAC 중재결정이 인도네시아에서 성공적으로 집행된 사례들도 많아지고 있는 추세이다.[24] 부동산거래등과 같이 반드시 인도네시아 지방법원을 관할로 선정해야 하는 경우가 아니면,[25] SIAC는 더욱 매혹적인 선택지이다. 특히 지분투자나 거래의 경우에, 지분은 계약서에 작성된 직접 재산이기 때문에 집행단계에서 채권회수와 같이 인니채무자의 계좌정보까지 알아야 할 필요가 없다. 외국상사중재판정을 인도네시아 내 승인 및 집행된 사례 또한 근년 들어서 급증하는 추세다.[26]

---

23) 인도네시아 법원에서의 판결이 한국에서 집행되지 않는다면 경우에 따라 계약을 체결하는 한국인 입장에서는 바라는 바일 수 있으나, 인도네시아 당사자가 이에 동의하지 않을 확률이 높다.

24) Julia Ji−Yeon Yu (Counsel and Head of North East Asia desk at Singapore International Arbitration Centre), 제18회 한−인니 상생협력포럼, "상사분쟁 해결 및 법무상담지원", 2015.3.16 발표자료. Official statistics as to enforcement of international awards in Indonesia are not available. Unofficial surveys indicate that only a limited number of enforcement attempts have been made (with one recent survey suggesting a total of 57 applications to enforce international awards between 2000 and 2012). Ashurst Singapore, Enforcement of foreign arbitral awards in Indonesia, September 2014. <https://www.ashurst.com/en/news−and−insights/legal−updates/enforcement−of−foreign−arbitral−awards−in−indonesia/>

25) 실무에서는 인도네시아 회사 지분에 질권을 설정하는 질권설정계약서에서 SIAC를 관할로 하는 경우가 적지 않다. 그러나 "주식회사의 지분에 질권을 설정한 경우에도 인도네시아법을 준거법으로 하고 인니어로 작성되어야 계약한 대로 집행할 수 있다"는 의견이 있다. "Can such security validly be granted under a New York or English law governed document? […] A pledge of Indonesian shares can be enforced provided the governing law is Indonesian law." Theodoor Bakker and Ayik Candrawulan Gunadi, Indonesia Lending & Secured Finance 2016, 2.3 Is lack of corporate power an issue?, ICLG, 18/04/2016.

중소기업이나 개인사업자에게 국제상사중재는 썩 내키지 않는 옵션이다. 인도네시아에서 상사중재판정의 집행을 얻어내는 데에도 막대한 노력과 비용이 든다는 점을 생각하면 더욱 그러하다. 하지만 안타깝게도 법률비용의 문제는 법원을 관할로 한다고 해결되는 문제는 아니다.

위 필자 의견에 대한 반대의견으로는 SIAC 중재판정이 인도네시아에서 집행되지 않을 가능성을 지적한다. 실제로 인도네시아 대법원에서 집행을 거절한 사례들이 있다.[27]

인도네시아 내 중재절차와 외국상사중재판정의 승인 및 집행에 대해서는 단원을 달리하여 설명한다.

1.5. 외국어 계약서의 효력

- 인니어가 익숙하지 않은 외국인은 계약서에 영어와 인니어를 병행하되 "해석상 분쟁이 있을 시에는 영문 계약서가 우선한다"고 정하는 방식이 안전하다.

근로계약서와 같이 특별법이 반드시 인도네시아어로 계약서를 작성하도록 요구하는 경우가 있다. 이 때는 반드시 인도네시아어로 계약서를 작성하여야 한다는 점에 의문이 없다. 문제는 일반계약서도 반드시 인니어로 작성되어야 하는지 여부이다.

먼저, 첫 논쟁의 발단이 된 "국기, 언어, 국가상징 및 국가에 대한 2009년 제24호 법 제31조"는 다음과 같다.

---

26) 법원 내부 정책에 따라 집행절차가 법원마다 다른 문제를 개선하기 위하여, 2019년 대법원은 1심법원의 집행에 대한 가이드라인(No 40/DJU/SK/HM. 02.3./1/2019)을 도입하여 집행의 유형에 따라 세부절차를 두었다. 이 같은 가이드라인의 시행이 실제로 실무에서 바람직한 이행을 이끌어 낼 수 있을지는 지켜볼 문제인 듯하다.

27) SIAC 사건번호 ARB 062/08/JL, 인도네시아 사건번호 01K/Pdt.Sus/2010, No.877/K/Pdt.Sus/ 2012.

(1) 인도네시아 정부기관, 법인 그리고/또는 개인이 양해각서 또는 계약의 당사자일 경우에는 반드시 인도네시아어를 사용하여야 한다.

(2) 제(1)항에 기재된 양해각서 또는 계약서의 당사자가 외국인 또는 외국법인을 포함하는 경우에는 해당 양해각서 또는 계약서는 해당 국가의 외국어 또는 영어로 계약을 체결할 수 있다.

이를 두고 논쟁에 불이 붙자, 2009년 12월 인도네시아 법무인권부는 공식서면(M.HH.UM.01.01－35)을 통해 동법은 형식적 요건에 불과할 뿐 계약의 효력을 좌우하는 요건이 아니며, 영어로만 작성된 계약 또는 영어와 인도네시아를 병행하고 영문계약서를 우선하는 계약서도 유효하고 적법하다고 확인하였다.

그러나, 인도네시아 대법원은 이 같은 법무부의 확인에 상반되는 판결을 내렸다. 서부 자카르타 지방법원은 인도네시아 법인 PT Bangun Karya Pratama Lestari이 미국법인 Nine AM Ltd로부터 USD 4,422,000을 차용하는 내용을 영문으로 작성한 대출약정서가 2009년 제24호 법 제31조를 위반하였다는 이유로 무효라고 판시(No.451/Pdt.G/2012/PN.Jkt. Bar)하였다. 서부 자카르타 지방법원은 대출약정이 무효이므로 PT Bangun Karya Pratama Lestari에게 대여금 전액을 원상회복하라 판시하였고, 자카르타 고등법원에서 본 결정을 확인(No.43/Pdt/2014/PT.DKI), 대법원에서도 해당 판결의 적법성을 확인(No.601/K/PDT/2015)하였다.[28]

그럼에도 불구하고 법률 실무에서는 외국인이 당사자에 포함될 경우, 영문 계약서만 준비하면서 인도네시아어로 곧 번역한다는 취지의 조항이 사용되었고 일부 유명 법무법인도 이러한 방식을 권고하고 사용했다.[29]

---

28) 이와 유사한 판결로, No. 48/PDT/2014/PT.DKI, dated 7 May 2014; No. 1572 K/Pdt/2015, dated 23 October 2015.

29) 이는 Baker McKenzie가 사용했던 방식으로, 인도네시아법을 준거법으로 하더라도 "양 당사자는 2009년 제24호 법 제31조를 근거로 본 영문계약서의 무효를 주장할 수 없고, 본 영문계약서 체결 즉후 인도네시아어로 번역하여 서명하되 해석상 분쟁이 있을 시에는 영문계약서가 우선한다"는 조항을 추

영문 계약서를 변호사가 일일이 인도네시아어로 번역하는 데 따른 비용을 절약하는 취지였던 것으로 보인다.

이후 도입된 2019년 인도네시아어 사용에 관한 대통령령[30]은 인도네시아어 사용을 강제하고 예외적인 경우를 구분하였다. 그런데, "외국인 당사자의 개입"이라는 표현을 비롯해 문구상 불명확함이 문제가 되자, 법률실무에서는 기존에 사용되던 실무를 폐기하고 인도네시아어 버전을 반드시 병행하는 보수적인 어프로치가 보다 보편적인 방식이 되었다.[31]

2020년 현재 인도네시아 실무에서는, 외국회사가 당사자인 계약서에서는 외국법을 준거법으로 하고 신용도가 높은 국제상사중재원을 관할로 하는 경우가 적지 않다(단, 부동산계약 또는 근로계약서 등 제외). 따라서 SIAC 등 국제상사중재원을 관할로 하면 영문으로만 해도 된다는 의견이 있다. 실제로도 외국법을 준거법으로 하고 영문으로 작성된 계약서를 근거로 한 사건에서 SIAC의 중재판정을 받아 인도네시아에서 집행된 사례들도 있다.[32] 한편, 이에 반대하는 의견으로는 승소 판정 이후 인도네시

가하는 방식이었다. 한편, 이 같은 방법이 인도네시아 번역비용을 줄일 수는 있을지언정, 영문계약서를 유효로 만든다는 확정적인 근거가 없다는 점을 들어 Makarim & Taira. S. 및 Dentons HPRP 등 다른 로펌에서는 반대 의견을 들었다. 즉, 로펌마다 선호하는 실무가 상이했다.

30) Peraturan Presiden Nomor 16 Tahun 2010 tentang Penggunaan Bahasa Indonesia.

31) Baker McKenzie도 해당 대통령령이 시행된 직후에는 기존에 사용되던 실무 방식을 계속 사용할 수 있는 것처럼 설명하였으나 ("Where foreign parties are involved, in which case our view is that... agreements would need to... have Foreign Language version and/or English language version prepared at the time of execution... PR 63 expressly confirms that parties... are given the flexibility to agree..." 2019.10.21일자 Lexology 공문), 가능한 계약 시점에 인니어 버전을 병행하는 방식으로 방침을 수정한 것으로 보인다. (https://www.bakermckenzie.com/en/insight/publications/2019/10/implementing-regulations-indonesian-language)

32) Official statistics as to enforcement of international awards in Indonesia are not available. Unofficial surveys indicate that only a limited number

아 내 집행단계에서 어려움이 있을 것이라는 근거를 대는 것으로 보인다.

1.6. 공인번역(Sworn translation)

외국어로 된 증서 기타 각종 공문서(법원·법무인권부 기타 관공서 제출서류)의 법적효력이 인정되기 위해서는, 일반적으로 인도네시아 국가공인자격을 갖춘 번역가가 인도네시아 국문으로 번역하여야 한다. 대한민국의 번역공증은 번역이 원문과 상위없음을 인증을 해주는 것이지만(공증서식의 사용 등에 대한 규칙 제33조), 인도네시아의 공식번역이란 "국가공인 공증인의 위임, 보고 및 해임에 대한 절차 및 조건에 대한 2016년 제29호 법무인권부규정"에 따라서 공인되고 등록된 번역가가 직접 번역을 하는 것을 말한다(동 규정 제1조, 제4조, 제20조). 해당 요건 중 하나가 인도네시아 국적이다.

한-인 공인번역의 경우 2019년 현재 인도네시아 국적을 취득하고 국가공인을 받은 한-인 번역가가 없기 때문에 불가능하다.

현재 인도네시아 국적취득 및 국가공인을 받은 한-인 번역가가 없기 때문에, (i) 한-영 번역공증을 받은 후 영-인 공식번역(sworn translation)을 받는 방법과 (ii) 통·번역 대학원 졸업 번역가가 번역을 한 한-인 문서를 대사관이 공증하는 방법이 쓰이고 있다. 반면, 영-인 공인번역의 경우에는 다수의 개인 공인번역가들이 활동하고 있으며, 대법무법인에서는 대개 사내에 실력 있는 공인번역가를 두고 있다.

한편, 법정에서의 한-인 증인통역의 경우 법원에서 흔히 통역번역 대

---

of enforcement attempts have been made (with one recent survey suggesting a total of 57 applications to enforce international awards between 2000 and 2012). Ashurst Singapore, Enforcement of foreign arbitral awards in Indonesia, September 2104. <https://www.ashurst. com/en/news-and-insights/legal-updates/enforcement-of-foreign-arbitral-awards-in-indonesia/>

학원 졸업장을 재량으로 요구한다.

제2절 채권회수

채권 추심은 변제의 수령뿐만 아니라 대물변제의 수령, 채권양도, 상계, 화해 등도 포함한다. 본 단원에서는 변제 또는 대물변제의 수령에 따른 일부 또는 전부의 채권회수에 대해 설명한다.

모든 채권회수 사안에 있어 일률적으로 방법을 단정하기는 어렵다. 채무자 회사의 규모나 채권자 구성과 채권 비중 등을 고려하여야 하고, 채권자가 집행을 구하기 어려운 경우도 적지 않다.

여러 금융기관에 영향을 미칠 수 있는 규모가 큰 채무자 회사의 부실 상황에서는 대부분 주채권은행의 주관으로 자율협약이나 채권금융기관의 공동관리절차 진행을 우선적으로 고려한다. 이때에는 물상담보에 대한 채권행사 유예 등의 조치가 취해질 수도 있고, 당사자가 절차를 주도할 수 없기 때문에 채무자 회사의 채무재조정 절차가 어떠한 방식으로 진행될지 기다려보는 수밖에 없는 경우도 있다.

따라서 본 단원에서 설명하는 채권회수의 방법은 일반 중소규모의 채권회수와 관련하여 필자가 상의한 20여 명의 실무자 의견에 불과하다는 점을 밝히며, 독자에게는 참조용으로 읽을 것을 권고한다(20여 명은 표본이 너무 작다). 본 단원은 일반 중소규모의 인도네시아 채권회수를 논의한 인니변호사들과 인니 금융기관의 채권추심 담당자 분들의 의견을 수렴한 뒤 검토한 내용이다.

사안에 따라 우선순위는 다르나, 본 주제를 위해 문의한 관련 업계 실무자 또는 전문가의 의견은 대체로 다음과 같은 것으로 보인다.

1) 거래관계에서 사기 기타 형사상 죄목으로 볼 정황이 있으면, 경찰을

대동한 형사진행이 가장 효과적이고,
  2) 제3의 채권자를 찾아서 파산을 진행하는 것이 차선이고,
  3) 그 다음이 민사소송이다.

각각을 진행하는 자세한 방법과 관련 문제는 아래와 같다.

2.1. 형사소송

2.1.1. 채무자가 주식회사일 경우

인니 채권회수 실무에서는 본조에 따라 채무자를 형사고소하는 것이 가장 효과적이라는 전문가 의견이 적지 않아 보인다. 즉, 채무자가 이행을 해태하는 근거나 계약을 체결하는 과정에 있어서의 거짓(예컨대 차용자금의 사용목적에 대한 기망)이 포착되면 사기죄로 고소한 뒤, 채무이행을 조건으로 합의해주는 방법이다. 차용증(Surat Perjanjian Hutang Pihutan)이 아닌 현금보관증(Surat Penitipan Uang)을 근거로 금전을 대여 시에는 약정기간을 도과해서 보관금을 받지 못할 경우 횡령죄(형법 제372조)에 해당하기도 한다.

다만 배임죄 형사소추는 불가능하다. 한국에서는 기업인이 경영을 하다가 배임죄로 처벌받는 것은 어제 오늘의 일이 아니나,[33] 인도네시아에서는 형사상 배임죄가 없다. 따라서 인니 형법 제378조의 일반 사기죄와 제399조의 이사의 사기죄가 이를 대신하여 적지 않게 사용된다. 본조는 "회사 기타 법인이 법원으로부터 법원의 판결 또는 파산선고를 받고 그러한 법인의 이사와 감사가 사기로써 그 법인채권자의 권리를 해한 경우, 최대 7년의 형에 처한다"고 법정하고 있다. 특히 일반 사기죄는 공적·사적·상업적 관계에서도 두루 적용되고, 공적·사적·상업적 관계에 대해

---

33) 한국 상법 제622조 "특별 배임죄"와 형법 제356조 "업무상 배임" 및 특정경제범죄 가중처벌 등에 대한 법률 제3조 등이 적용된다.

처벌범위가 크고 과감하게 적용되는 것으로 보인다. 실무에서는 문서위
조죄(형법 제263조 제1항) 및 위조문서사용죄(형법 제263조 제2항)와 경합되
는 경우도 적지 않다.

단, 한국법상의 사기, 배임, 배임수재, 배임증재, 뇌물공여, 뇌물수수
등 전부를 인도네시아 제378조 및 제399조의 사기죄로 동일하게 의율하
기는 어려울 것으로 보인다. 먼저, 이사의 사기죄의 경우 "법인에 대한
파산선고 또는 일정한 재판상 결정이 있다면"이라는 조건 및 동조 제1항
이하의 조건들이 있기 때문이다. 예컨대, 기업의 대표이사가 다른 회사를
위하여 아무런 대가도 받지 않고 기업보증을 서주는 경우 한국에서는 여
전히 배임죄의 대상이 된다. 설사 주주전원의 동의와 이사회의 동의를
받았더라도 배임죄 처벌대상이 되지 않는다고 보장할 길이 없다.[34] 그러
나 인니 형법은 배임죄를 법정하지 않고 있으며 사기죄에서도 처벌조건
이 상대적으로 명확하므로, 법원이 자의적으로 법률을 해석하지 않는 한,
한국의 배임죄 등을 모두 동일하게 의율하기는 어려울 것으로 보인다.

인도네시아 회사의 이사 감사가 (i) 정관에 위배되는 행동으로써 또는
그러한 행동을 허가함으로써 회사에 손해를 끼친 경우, (ii) 회사의 파산
또는 재판상 합의를 피할 수 없음을 알면서 고의로 그러한 파산 또는 재
판상 합의를 지연시키고 (외관상) 좋은 조건으로 돈을 대여하도록 허가를
한 경우, (iii) 상법 제6조 및 제27조의 의무를 위반한 경우 최대 1년 4개

---

34) "배임죄는 언제나 통한다! 학자들이 '배임죄는 걸면 걸리는 범죄'라는 것을
빗대한 말이다. 우리나라에서도 배임죄의 구성요건이 불분명 (중략) 배임죄
의 본질은 배신이다. 배신은 윤리적 문제이며, 형사처벌보다는 민사적으로
해결하여야 할 사항이다. 하지만 현실적으로 단순히 비윤리적인 행위와 형사
처벌을 해야 할 행위를 구분하는 것이 모호하기 때문에 현실에서는 어떤 사
안에서 배임죄가 성립될지 미리 파악하기는 어렵다. 그렇기 때문에 배임죄로
기소되더라도 무죄로 판결된 경우가 다른 범죄에 비해 5배나 많다. 개인적인
이익을 취한 바 없었더라도, 실제 손해가 없었더라도 '손해의 위험'만 있으면
배임죄는 성립한다. 배임죄의 구성요건이 포괄적이기 때문이다." 최준선,
"배임죄에 경영판단원칙 도입해야", 국민일보 2012.12.26.

월의 형을 적용한다(인니 형법 제398조).

또, 업무상횡령죄는 형법 제374조에 따르며, 친고죄가 아니기 때문에 고소인 측과 합의 후 고소가 취하되더라도 수사기관의 판단으로 수사진행을 계속할 수 있으며 검찰에 송치할 수도 있다. 고소인 측의 고소취하는 이때 수사기관 또는 사법기관의 심리에 참고만 될 뿐이다.[35]

경우에 따라 문서위조죄(형법 제263조 내지 제264조)가 적용될 수도 있다. 문서위조죄는 최고 6년·8년의 형이 적용된다. 공증인이 개입한 서류의 경우에는 해당 공증인에게 해당 증서의 복사본을 요청한 후 해당 증서에 개입한 관련자를 문서 위조죄의 피고소인으로 지정하여 경찰에 고소를 진행하고, 고소장에 해당 자료를 증거로 기재하면 된다. 문서위조죄의 공소시효는 12년이다.

어느 죄가 되었든 절차상 채무자에게 경고장을 먼저 보내는데, 이를 기점으로 양측이 협상을 개시하는 경우가 적지 않은 것으로 보인다.

2.1.2. 채무자가 익명조합(CV) 또는 합명회사(Firma)일 경우

「익명조합」단원 및 「합명회사」단원에서 설명한다.

2.1.3. 고소절차

경찰본부(Mabes Polri), 지방경찰청(Polda), 경찰서(Polres), 경찰지서(Polek)에 고소할 수 있으며, 고소장이 접수되면 수사가 진행된다.[36]

---

35) "그래서 가능하다면 경찰 수사단계에서 참고인(saksi)신분으로 피소환시 즉시 고소인 측과 합의 후 고소취하를 받아내야 하며 고소취하 후 경찰서로부터 SP3(수사종결지시서=일종의 무혐의 결정서)를 받아서 보관해야 만약 고소절차가 잘못 계속 진행되어 Tersangka(피의자)신분으로 전환되었더라도 그 SP3 서류로 방어할 수가 있습니다." 김종성, 형법(KUHP)상 일반적 고소(Laporan)와 친고죄 고소(Pengaduan)의 비교, 한인뉴스 Vol.249, 2017년 3월호, p.64.

36) 경제 및 특수범죄 관련 부서의 이메일 주소: polri@polri.go.id이다.

형사소송의 과정에서는 경찰이 제출한 보고서에도 불구하고 법정에 서기 전 원만한 해결을 할 수 있는 여지가 있다. 경찰 보고서에 따라 수색 및 압수가 있고 반대심문절차가 진행되는 데 이 과정에서 합의협상이 이루어질 수 있고, 기소검사 임명 후에도 합의협상이 가능하다.

징역 최장 5년 이상의 범죄의 혐의가 있거나, 증거인멸의 우려가 있거나, 도주의 우려가 있거나, 재범의 우려가 있는 경우에는 수사관, 검찰 또는 법원명령에 따라 피의자를 유치장에 최장 20일(연장 시 동의 없이 최장 60일) 구속할 수 있다(KUHP 제21조 제4항, 제25조 내지 제27조). 외국인일 경우 도주의 우려가 있으므로 구속대상이 될 수 있다.

2.2. 파산선고

2.2.1. 파산에 대한 일반론

부도 위기에 몰린 기업을 파산시키는 것보다 살려내는 것이 바람직할 경우에는 화의신청을 할 수 있는데, 채권자 입장에서는 불이익을 감수해야 하는 부분이 적지 않아 본 단원에서는 생략한다.

파산의 결과로 회사가 해산하거나 사업에 물의를 빚거나 명성에 해가 가면 곤란하므로, 일반적으로 채무자에게는 파산진행은 적지 않은 압박을 준다. 파산은 2004년 제37호 파산 및 화의 내지 채무상환연장 절차(Penundaan Kewajiban Pembayaran Utang: PKPU)에 관한 법률("파산법")이 규율한다.

일반적으로 파산 선고를 위해서는 최소한 2명의 채권자가 있어야 하며, 이 중 적어도 한 채무가 만기에 도달해 있어야 한다(파산법 제2조).[37]

---

37) 파산선고 청구권자는 아래와 같다(파산법 제2조).
  ㄱ. 채권자
  ㄴ. 검찰: 채무자가 타인의 재산을 횡령하거나 다수의 모금액을 사용하는 등 검찰이 공익을 해친다고 판단하는 경우

따라서 제3의 채권자를 찾는 것이 중요하다.

채권자가 금융기관인 경우에는 중앙은행이 제공하는 통합 시스템의 금융거래내역을 조회하여 제3 금융회사 채권자를 찾는 것이 가능하지만, 채권자가 비금융기관인 경우에게는 이러한 방식이 해당되지 않는다. 금융기관 외에는 해당 시스템에 접속하는 것이 금지된다.

파산법 제2조의 채무는 체불임금, 체납세금, 연체차입금, 연체임차료, 외상매입금, 용역비, 공사비 등 모두 해당되므로, 채무자에게 체납된 납세내역이 있다면 세무서와 함께 진행할 수도 있다.

채무자가 해외에 있을 경우에도 파산선고를 할 수 있어서, 외국인경영자가 해외로 도주한 경우 인도네시아 회사에 파산을 요청하는 경우가 있다.

파산재판소요기간은 상업법원은 최장 60일 이내, 대법원은 최장 60일 이내이다(파산법 제8조 제5항 및 제13조 제3항).

파산선고가 내려지면, 채무자의 재산이 동결되고 파산관재인이 관리하게 된다. 파산선고 후 보증채권자는 법원의 동의 없이 보증계약의 이행을 구할 수 없고(파산법 제56조 제1항), 파산선고일로부터 최장 90일간 담보권자는 파산한 채무자를 상대로 담보권을 집행할 수 없다(파산법 제56조 제1항). 해당 기간이 경과되면, 담보집행을 희망하는 담보권자는 2개월 이내에 관련 담보를 집행해야 한다(파산법 제59조 제1항). 파산절차가 조기 종료 된 경우에는 해당 기간도 같이 종료된다. 담보권자가 해당 2개월 이내에 담보를 집행하지 아니할 경우, 파산관재인에게 집행권한이 이전된다.

ㄷ. 중앙은행: 채무자가 은행인 경우
ㄹ. 증권시장감독원: 채무자가 증권시장회사, 증권회사, 추심 및 보증기관인 경우
ㅁ. 재무부장관: 채무자가 보험회사, 재보험회사, 연금관리기관, 공익사업 업종의 국영기업체인 경우

2.2.2. 실무상 문제

• 법률상 파산채권의 배당순위가 불분명하다

일반적으로 담보자산이 매각된 경우 채권자간 우선순위가 불분명하며, 파산절차에서 담보자산이 매각된 경우의 우선순위는 더욱 불분명하다.[38] 1847년의 민법 제1131조 내지 제1149조는 채권자의 구분을 묘사하고 는 있으나 파산절차나 파산채무(utang utang harta paili)에 대해서는 침묵하고 있다. 본 민법 조문들은 현대의 기업파산에서 발생하는 수요를 만족하기는 어렵다고 평가된다.[39]

2004년 제13호 노동법 제95조 및 조문해설서는, 주식회사가 파산 또는 청산 시, 직원의 임금채권이 다른 채권에 최우선한다고 정하고 있다. 여담으로, 한국과 같이[40] 사업주가 도산하거나 확정판결을 받은 경우 국가가 사업주를 대신하여 미지급 임금, 이른바 체당금을 지급해주지는 않는다.

반면, 1983년 제6호 세법 제32조 제1항에서 파산관재인이 미납세금 지불의 책임을 정하고 할 뿐 아니라, 제21조에서 국가는 조세징수 목적으로 세금체납자 소유자산에 대한 최우선적인 권리를 갖는다고 정하고 있다. 또, 조세 체납자가 파산 시, 동법에서 조세 파산관재인은 체납자의 자산을 납세채무 만족을 위하여 사용하기 전에 다른 주주나 채권자에게 체납자의 자산을 분할배당하는 것을 금지하고 있다.[41] 조세당국은 납세

---

38) Daniel Fitzpatrickin, p.19.
39) Daniel Fitzpatrickin, Choices in Bankruptcy: International Perspective and Practical Realities, A Paper submitted for the National Conference on Bankruptcy on October 29, 2008 for the Indonesian Anti－Corruption and Commercial Court Enhancement Project, p.18.
40) 임금채권보장법 제7조 제2항 고용노동부장관이 사업주를 대신하여 지급하는 임금을 "체당금(替當金)"이라 함.
41) 1983년 제6호 세법의 일부 개정법인 2007년 제28호 법(Undang－Undang

자의 자산이 특정 채무의 담보로 제공된 경우에도 그 자산을 압류하거나 매각할 수 있다.[42)

파산법상 파산채권의 배당순위가 정해져 있지도 않다. 언급할 만한 조항들도 파산법 내에 여기저기 흩어져있다. 파산법 제60조 제1항의 조문해설은 우선채권자(kreditor yang diistimewakan)를 민법 제1139조 및 제1149조의 채권자라고 정하고 있다. 그러나 민법은 세금체납자나 임직원의 임금채권에 대해 정하고 있지 않다.

이처럼 파산채권의 우선순위가 분명하게 정해져 있지 않다보니, 당사자 간 해결이 미뤄질 뿐만 아니라 불필요한 소송비용이 더 나가게 된다.[43)

이러한 상황에서 인도네시아 변호사들은 파산채권에 순위를 매기지는 않고, 조세채권, 파산관재인 선임비용, 상사법원 및 파산관련 비용, 체당금, 담보권자의 피담보채권 등이 최우선 채권을 갖는다고 대개 설명하는 것으로 보인다.[44)

> • "파산을 진행하기 위해서 채권의 일부를 제3자에게 양도할 수 있는지"에 대해 법원마다 결론이 상이하다. 또, 양도할 수 있다고 보는 경우에도 "채권을 양도받은 자가 채무자에게 자신이 채권자라는 사실을 주장하기 위해 구비해야 하는 요건(이른바 지명채권양도의 대항요건)"이 무엇인지 법원마다 결론이 상이하다.

Republik Indonesia Nomor 28 Tahun 2007 Tentang Perubahan Ketiga Atas Undang−Undang Nomor 6 Tahun 1983 Tentang Ketentuan Umum Dan Tata Cara Perpajakan)

42) 1997년 제19호 강제영장에 의한 세금징수에 대한 법(Undang−Undang Republik Indonesia 19 Tahun 1997 Tentang Penagihan Pajak Dengan Surat Paksa) 개정 제14조.

43) Daniel Fitzpatrickin, p.19.

44) Theodoor Bakker and Herry N. Kuniawan, Indonesia: Corporate Recovery & Insolvency 2019, 2019, ICLG; Practical Law, Order of Creditor and Contributory Ranking on a Debtor's Insolvency, 2019, Thomson Reuters.

제3의 채권자를 찾기가 어려우면 채권의 일부를 양도하는 방법을 생각해볼 수 있다. 문제는, 이게 되는 것인지 안 되는 것인지 누구도 함부로 말할 수 없는 점이다. 구체적으로는, 인도네시아에서는 채권양도에 대한 기본적인 법리도 제대로 확립되어 있지 않고 대법원에서도 입장이 지나치게 왔다갔다 한다.

첫째, 지명채권양도의 대항요건이 분명치가 않다. 대항요건이란 이미 성립된 권리관계를 타인에 대하여 주장하기 위해서 구비해야 하는 요건을 말한다. 실무에서는 오랫동안 지명채권은 양도 가능하되 채무자에게 통지를 함으로써 대항력을 갖는 방식을 원칙으로 취했었는데, 돌연 인니 대법관회의에서 채권양도 통지를 구태여 법원의 집달관을 통해서 하라는 결의를 채택하여 이것을 이른바 법원칙(yurisprudensi)으로 삼게 하였다.45)

한데, 위 대법관회의의 결의를 따르는 법관이 있고 따르지 않는 법관이 있다. 따라서 집달관을 통하지 아니하고 채권양도 통지를 할 경우, 적법한 채권양도로 인정받을 수 있는 지 여부가 불분명하게 되었다.

법원을 통해 통지를 하더라도, 파산신청시점까지 채무자에게 채권양수도 통지를 하지 않고 파산신청 뒤 파산절차의 일환으로 법원에서 채무자에게 통지하면 이 같은 통지는 부적법하다는 대법원 판결이 있다. 채권자가 채권을 제3자에게 양도하면서 해당 채권양수도에 대해 채무자에게 통지하지 않았고 해당 채권을 근거로 파산을 신청한 사안(19K/Pdt.Sus-Pailit/2015)에서, 대법원은 "채무자에게 해당 채권양도에 대해 통지가 없었고 파산절차의 일환으로 통지가 이루어진 본 사안에서, […] 본 사건은

---

45) Hasil Rapat Kerja Nasional Mahkamah Agung tanggal 8 Oktober 2009, menyatakan pada intinya sebagai berikut: "Bahwa pemberitahuan kepada cessus untuk berlakunya akta cessie harus melalui exploit juru sita sebab meskipun sudah selesai dan hak tagih beralhi dengan dibuatnya akta menurut Pasal 613 ayat (3) KUH Perdata hal itu baru mengikat cessus apabila kepadanya sudah diberitahukan melalui exploit jurusita atau telah diakui/disetujuioleh cessus (debitur) tersebut."

증명이 어렵고 복잡하게 되어 있어 파산법 제8조 제4항에 위배되어 부적법하다"고 판결했다.

둘째, 설사 대법관회의 결의대로 법원을 통해 채권양도를 통지했다 하더라도, 어떤 법관은 이 경우에 채권자를 2명으로 인정해주고 어떤 법관은 인정해주지 않는다. 구체적으로는 다음과 같다.

인니 대법원에 따르면, "파산법 제1조 제1항의 파산청구 조건은 파산법 제6조 제3항의 "증거는 간결하고 단순(sederhana/sumir)해야 한다"는 절차상 조건을 준수해야 한다."[46]

이에 따라 파산신청을 받은 채무자는 "증거는 단순/간결해야 한다"는 지극히 주관적이고 불분명한 조항에 터잡아 "채권자의 파산신청의 근거자료가 단순/간결하지 않다"고 항변한다. 대법원이 이를 기각하는 경우도 있고 그렇지 않은 경우가 있다. 나아가 대법원의 파산결정 이후에 당사자가 재심(peninjauan kembali)을 신청하여, 대법원이 "파산을 위한 증거는 간결해야 한다는 파산법의 원칙을 어겼다"면서 스스로의 결정을 파기하기도 한다(125 PK/Pdt.Sus-Pailit/2015 및 No 013 PK/Pdt.Sus/2007).[47]

---

46) "Bahwa persyaratan untuk dapat dinyatakan pailit selain tercantum dalam Pasal 1 ayat (1) Undang-Undang Kepailitan, masih juga harus dihubungkan dengan syarat procedural, yaitu bahwa pembuktiannya dapat dilakukan secara sederhana/sumir (vide Pasal 6 ayat (3) Undang-Undang Kepailitan." Yurisprudensi Mahkamah Agung Republik Indonesia No.03K/N/200, 24 Januari 2000 antara Bernard Ibnu Hardjojo melawan Hashim Djojohadikusumo 판결.

47) "Dengan demikian permohonan pailit a quo tidak memenuhi syarata pembuktian yang sederhana sebagaimana dimaksud dalam ketentuan Pasal 8 ayat (4) Undang Undang Nomor 37 Tahun 2004 tentang Kepailitan dan Penundaan Kewajiban Pembayaran Utang [···] Menimban, bahwa berdasarkan pertimabang di atas, Mahkamah Agung berpendapat, terdapat cukup alasan untuk mengabulkan permohonan permeriksaan peninjauan kembali [···] dan membatalkan Putusan Mahkamah Agung Nomor 19K/Pdt.Sus-Pailit/2015 [···]" (125 PK/Pdt.Sus-Pailit/2015)

셋째, 파산선고를 요청했는데 화의 또는 채무연장절차(PKPU)를 명령할 수도 있다. 법관의 재량권 남용이 심각한 것으로 파악된다.

넷째, 비법률적인 방식을 사용해서 훼방을 놓는 경우도 적지 않다. 인도네시아에서 정부에 진정서를 내거나 언론을 동원하고 정치적 압력을 사용하는 등의 경우도 있는 것으로 보인다.[48]

2.3. 민사소송

채권추심 목적 외에도, 회수불능이 된 불량채권에 대한 채권상각(Write-off) 및 절세 목적으로 제소 가능하다. 법원의 판결이 채권을 상각하기 위해 제출해야 하는 증빙서류로 필요하기 때문이다.

- **인도네시아의 보전처분은 비효율적이며 신속하지 않다.**

보전처분이란 강제집행이 개시되기까지 채무자의 재산이나 계쟁 목적물의 현상을 동결시켜서 나중에 확정 판결을 얻었을 때 그 판결의 집행을 용이하게 하고 그 때까지 채권자가 입게 될지 모르는 손해를 예방하는 수단을 말한다.

---

48) 대기업인 채권자가 제3자에게 채권의 일부를 양도한 뒤 수라바야 상업법원에서 파산선고를 받자, 당해 채무자가 제3자에게 이에 불복하여 대법원에 Kasasi를 낸 사건에서, 당해 채무자가 청와대에 진정서를 내고 외부압력을 동원하여 이미 제출한 Kontra Memori Kasasi를 취하시킨 뒤 대법원으로부터 파산선고 취하판결을 받은 예가 있다. 또, 한국기업 채권자 S가 채무자 K에 대해 가지고 있는 채권의 일부를 S사의 인도네시아 지사장인 Y에게 양도하고자 한국에서 공증을 받아 채권양도증서를 작성한 뒤, 채무자인 K에게 채권양도를 통지하고 Y와 함께 2명의 채권자 명의로 상업법원에 파산선고를 청구한 사건에서, 채무자 K는 위 채권양도증서가 허위기재라고 주장하며 경찰에 고소했다. 채권인수대금을 Y 계좌에서 S사의 계좌로 송금한 증빙을 제출하면서 사건은 무혐의로 처리되었으나, Y는 경찰조사를 받으며 심한 스트레스를 받아야 했던 경우도 있다.

인도네시아의 가처분(Putusan provisionil)은 비효율적이라서 가처분을 구하는 본연의 목적을 달성하기가 쉽지 않다. 1848년 제16호 소송절차법 Herzien Inlandsch Reglement("HIR")의 구시대적인 가처분 요건과 절차 가 21세기까지 크게 개선되지 않고 적용되고 있기 때문이다. 증거서류 요건부터가 우선 번거롭다. 공증인이 작성한 증거서류(HIR 제180조 제1항, 185조 제1항), 또는 공증하지 않았더라도 당사자 간 금지명령에 따른 부 담을 수인하기로 합의하거나 승인한 증거서류(HIR 제180조 제1항, 제185조 제1항), 또는 더 이상 상소가 불가능하게 된 기속력 있는 인도네시아 법 원의 결정(HIR 제180조 제1항 및 제185조 제1항)이 그것이다.

가처분 결정 절차도 번거롭다. 지방법원이 가처분 결정을 위해 서면으 로 의견과 기록을 고등법원에 송부해서 승인을 반드시 득하여야 한다(대 법원 2000년 제3호 중간판결 및 가처분에 대한 회람문서 제1조 제d호 및 제6조 49)). 이런 일련의 절차가 다 끝나있을 때 즈음에는 이미 가처분을 구하려 는 재산이 처분되고 소비되었을 수도 있다.

미국에서는 법관에게 즉시 회복불가능한 해가 발생한다는 확신을 주어 즉시 받을 수 있는 임시제한명령(Temptorary Restraining Orders)이라는 것 이 있는데, 인도네시아에서는 이처럼 신속한 명령을 받는 것은 아직 소 원한 일로 보인다.

한편, 가압류는 민사소송법 제227조의 해석상 지방법원의 전속관할로, 1심 소송 진행 중 가압류 명령(Putusan Selah) 또는 판결문 주문을 통해 명령할 수 있다. 이러한 절차를 통한 가압류 진행도 다른 비교국가에 대 비하여 결코 효율적이거나 빈도가 높지 않은 것으로 파악된다.

- 토지등저당권이 이미 설정되어있는 채무자의 부동산에 후순위의 제3채 권자가 압류처분 및 강제경매 신청을 할 수 있다.

---

49) Surat Edaran Mahkamah Agung No.3/2000 tentang Putusan Serta Merta (Uitvoerbaar Bij Vooraad) dan Provisionil).

채무자의 재산 중 제3자의 이해관계가 있는 물건에 대해서도 압류할 수 있으며(HIR 제197조 제8항), 해석상 이해관계 있는 제3자는 선순위 저당권자를 포함한다.

후순위 채권자가 압류 및 경매처분을 신청하면, 법원은 처분할 재산의 순위를 정한다. 법관은 압류동산에서 먼저 우선순위를 설정하고 그 처분으로도 채무변제가 불충분할 경우에는 부동산 경매를 통한 처분을 한다(HIR 제197조 제1항 및 제200조 제1항). 가치평가로 받은 평가가치의 유효기간 내에 경매처분을 받지 않았다면 다시 비용을 들여 가치평가를 받아야 하니 유의하여야 한다.

- **만기 후 이자율이 불분명할 시에는 6%의 법정이자 적용**

채권계약서상 만기 후의 이자율이 불분명한 경우에 법원은 일반적으로 6%의 법정이자를 명한다(Staatsblaad 1848 no.22, 민법 제1767조).[50]

제3절 채권양도(Cessie) 및 변제자대위(Subrogasi)

3.1. 채권양도

채권양도(Cessie)란 채권이 귀속하는 주체를 직접 변경시키는 계약이다. 채권의 동일성을 유지하면서 제3자 양수인에게 채권을 이전하는 처

---

50) 식민지 시대부터 1980년까지의 비은행권의 이자율에 대한 주요 판례들과 규정의 변화를 압축적으로 정리한 유일한 연구로 Riduan Syahrani, Masalah Bunga dan Perubahan Nilai Mata Uang, Hukum dan Pembangunan, Juli 1981. 약 40년이 지난 현재까지 유사한 수준의 연구가 나오지 않은 것으로 파악된다.

분행위이다(민법 제613조 내지 제624조).

한편, 채무자까지 직접 서면으로 동의를 받아 채권자를 변경하는 것은 경개(Novation)라 한다(민법 제1413조 내지 제1424조). 채권자의 변경에 의한 경개는 구채권자·신채권자·채무자의 3면계약에 의하여야 한다. 실제로는 채무자로부터 채권자 변경에 동의를 받기 어려워서 경개계약서를 체결하기 어려운 경우가 적지 않다.

물론 채권양도에 있어서도 실무에서는 담보권 이전을 위해 담보 채무자의 동의가 필요하거나,51) 미확정 채권에 대한 부동산 담보의 이전 문제52) 등으로, 결국 채무자의 동의가 필요한 경우가 발생한다.

---

51) 실무에서는 번문욕례가 심하여 피담보채무가 이전하더라도, 서류가 만들어지지 않으면 토지등저당권이 자동으로 함께 이전되었다는 논리가 받아들여지지 않는 등 물권담보의 수반성이 인정되지 않는 경우가 적지 않다. 물권담보의 수반성이 인정되지 않는다고 하는 현지변호사들은 아래의 조문들을 근거로 한다.
   • 민법 제1151조: 주 채권채무에 대한 합의를 증명하는데 사용된 것과 같은 방법으로 질권에 대한 합의도 증명되어야 한다.
   • 민법 제1413조 제3항: 채무의 갱신은 다음의 경우에 발생한다. [⋯] 새로운 계약에 따라 새로운 채권자가 기존의 채권자를 대신하는 경우로, 그 채무자가 계약에서부터 자유로워지는 경우
   • 민법 제1415조: 채무의 갱신은 추정되지 않는다. 그러한 의도는 반드시 증서로 증명되어야 한다.
   • 민법 제1421조: 구 채무에 대한 담보와 권리는 채권자가 명백하게 작성하지 않은 한 대체될 수 없다.
   • 민법 제1423조: 채권자와 연대채무자 중 1인 간에 채무를 갱신하는 경우, 새로운 채권채무계약은 유효하지만 기존의 담보와 권리는 효력을 상실한다.
   • 민법 제1424조: 채권자와 연대채무자 중 1인 간에 채무를 갱신하는 경우, 다른 연대채무자는 채무에서 자유로워진다. 연대채무자에 대한 채무를 갱신하면 그 연대채무자에 대한 보증인은 보증채무에서 자유로워진다.
   • 민법 제1821조: 어떠한 보증도 유효한 주 계약없이 만들어질 수 없다.
   • 민법 제1824조: 보증은 명시적으로 만들어지지 않는 한 묵시적으로 만들어질 수 없으며 주 채권계약의 조건을 초과할 수 없다.
52) 부동산 담보에는 피담보채권액을 정확히 명기해야 한다. 양도하려는 채권이 유동적인 경우에 피담보채권을 확정할 수 없어 담보채권을 양도받는 사람에

반면, 제3자가 채무자를 대신하여 변제한 경우(대위변제)에 계약[민법 제1401(임의대위)] 또는 법률[제1402조(법정대위)]에 따라 주채무자 또는 보증채무자를 상대로 구상권을 취득하는 것은 변제자대위라고 한다(제1403조 전문).

채권의 내용이나 목적까지 변경하는 경우(이른바 Executory accord)라면 완전히 수정계약서를 새로이 체결해야 하는 문제이다.

「채권회수」 단원에서 설명하였듯이 꼭 채무자를 파산으로 압박하고자 채권을 양도하는 것만은 아니다. 회사 경영자 입장에서는 부실채권정리 시에 채권을 정리하는 차원에서 다른 그룹사 법인에 양도하기도 한다.[53] 부실채권비율(대손충당금을 차감한 순부실채권비율 기준)이 개선되어 재무건전성을 향상시킬 수 있고, 미련을 두고 상각하지 못한 채권상환에 인력 및 임금을 소비하기보다 본연의 업무에 집중하는 수익체제로 전환할 수 있기 때문이다.

금융회사의 주요 채권양도는 공시사항이며[54] OJK의 감사대상이기도 하다. 실무에서는 주 채무자 또는 담보채무자의 동의를 얻기 어려워 발생하는 문제 등으로 인해 다소 복잡한 방법이 사용되는데, 해당 방법을 사용하여 채권양도를 해도 될지 통상 OJK의 사전확인이 필요하다.

한국의 경우에는 채권총칙의 "제4절 채권의 양도(제449조~제452조)"와 "제5절 채무의 이전(제453조~459조)"에서 채권과 채무의 이전에 관한 조문을 두고 있다. 이외에도 채권총칙의 "제7절 지시채권양도"와 "제8절 무기명채권양도"에 관해서도 규율하고 있으나, 이러한 채권들은 주로 상법의 규율을 받기 때문에 민법이 적용되는 경우는 거의 없다.

반면 인도네시아 민법에서는 이처럼 체계적이고 상세한 조문을 두고

게 불이익이 있을 수 있다.

53) 예컨대 2015년 10월 22일 PT Bank JTrust Indonesia Tbk의 자회사 간 대출채권 양도. <https://www.jt-corp.co.jp/kor/2015/10/23/8053/?t=ki>

54) 채권양도의 배경, 양도자 개요, 양도대상 채권의 내용, 양수자 개요, 후순위 채권 인수자 개요, 당기 실적에 미치는 영향 등.

있지 않다보니 발생하는 문제가 있다.

첫째, 지명채권양도의 대항요건이 분명치가 않다. 실무에서는 오랫동안 지명채권은 양도 가능하되 채무자에게 통지를 함으로써 대항력을 갖는 방식을 원칙으로 취했었는데, 돌연 인니 대법관회의에서 채권양도 통지를 구태여 법원을 통해서 하라는 결의를 채택하여 이것을 이른바 법원칙(yurisprudensi)으로 삼게 하였다.55)

둘째, 위 대법관회의의 결의를 따르는 법관이 있고 따르지 않는 법관이 있다. 따라서 법원을 통하지 아니하고 제3자에게 채권을 양도하는 방법을 쓸 경우, 적법한 채권양도로 인정받을 수 있는 지 여부가 불분명하게 되었다.

결국 현재 지명채권의 대항력을 취득하는 가장 보수적인 방법은 지방법원을 통하여 채무자에게 통지하는 것이다.

3.2. 변제자대위(Subrogasi)

3.2.1. 민법상 변제자대위(Subrogasi): 법리와 실무의 괴리

변제자대위란 제삼자가 채무자를 대신하여 변제한 경우에 계약(민법 제1401조) 또는 법률(제1402조)에 따라 주채무자 또는 보증채무자를 상대로 구상권을 취득하는 것을 말한다(제1400조).

계약에 따른 변제자대위는 임의대위라고 한다. 임의대위의 경우에 채무를 변제하는 시점에 변제자대위계약이 이루어져야 하며(제1401조 제1

---

55) Hasil Rapat Kerja Nasional Mahkamah Agung tanggal 8 Oktober 2009, menyatakan pada intinya sebagai berikut: "Bahwa pemberitahuan kepada cessus untuk berlakunya akta cessie harus melalui exploit juru sita sebab meskipun sudah selesai dan hak tagih beralhi dengan dibuatnya akta menurut Pasal 613 ayat (3) KUH Perdata hal itu baru mengikat cessus apabila kepadanya sudah diberitahukan melalui exploit jurusita atau telah diakui/disetujuioleh cessus (debitur) tersebut."

항), 금전소비임대차계약상의 채무자가 채무를 상환하기 위해 제삼자에게 또다시 자금을 융통하는 경우에도 새로운 채권자인 제3자는 변제자대위를 할 수 있다(제1401조 제2항). 이때에는, (i) 제삼자가 대신하여 변제를 한 지불증명 및 (ii) 변제자대위 계약서를 일정한 증서로 만들어야 한다(제1401조 제2항).

적어도 인도네시아 법리상 채무자는 단순히 통지를 받는 수동적 지위에 있어서 채무자가 반드시 해당 계약서에 당사자로 참가해야 하는 것은 아니다.[56] 그럼에도 실무에서는 면피 내지 보신주의로 인해 채무자를 계약의 당사자로 반드시 요한다고 해석하는 경우가 적지 않다.

법률에 따른 변제자대위는 법정대위라 한다. 법정대위는 다음과 같은 때 발생한다(민법 제1402조).

① 채권자가 (채무자를 대신하여) 우선순위의 제3채권자를 위하여 변제하는 경우
② 부동산의 매수인이 그 부동산 매입대금을 (자기의 제3)채권자에게 지급하고 그 채권자가 해당 부동산에 저당권을 설정하는 경우
③ 제3자와 공동으로 또는 제3자를 위하여 채무를 지게 된 경우
④ 수증자가 (유언에 의하여) 유증을 받는 조건으로써 상속채무를 자기의 자력으로 상환하는 경우

단, 법정대위의 경우에 제삼자가 일부의 채무에 대해서만 채무자를 대신하여 변제한 경우에는 그 제3 변제자는 기존 채권자의 채권을 감소시킬 수 없다(제1403조 전단 단서) 이 때에는 그 제3 변제자는 변제를 한 일부금액에 대해서만 권리를 행사할 수 있고, 자기가 채무자를 대신해서 일부 변제해준 금액에 대하여만 권리를 행사할 수 있다(제1403조 후단).

생각건대 본조는 변제를 한 제삼자 또는 공동채무자의 구상권의 실현을 확보하는 것을 목적으로 하는 제도이므로, 제삼자가 일부만 변제했을

---

56) 법문에서 채무자가 반드시 계약당사자로 있어야 한다고 요구하고 있지도 않다. Jaringan Dokumentasi & Informasi Hukum, Cessie dan Subrogasi, 2011 <http://jdih.bpk.go.id/>

때에도 일부변제액에 대해서만 변제자대위를 인정한 취지였을 것이다. 또, 명시적으로 제한하고 있지 않은 만큼, 원칙적으로는 대물변제·공탁 기타 자기의 출재(出財)로 채무자의 채무를 면하게 한 경우에도 대위변제 가 성립한다고 해석해야 마땅하다고 사료된다.

그러나 인도네시아 실무는 그렇지 않다. "주채무자가 채무액의 일부를 상환한 상황에서 제삼자가 잔여채무 전부를 대신 변제하고 변제자대위를 할 수 있을 것인가?"라는 질문에 "변제자대위를 할 수 없다"고 보는 해석 이 팽배하다. 심지어 OJK로부터도 "제삼자가 잔여채무를 전부 대신하여 갚은 경우에는 일부만 대신 상환하였기 때문에 주채무자 및 보증채무자 를 상대로 채권자의 지위를 영위할 수 없다"는 질의답변이 나오는 것이 현실이다. 제1403조 전문단서 "일부의 채무"에 대한 왜곡된 해석의 문제 가 있다고 사료된다. "잔여채무의 전부라 하더라도 계약서에 적힌 전체 채권금액의 일부이므로, 변제자 대위를 할 수 없다"고 하는 의견이 그것 이다.

이는 본질적으로 첫째 본 조항이 명료하게 가다듬어져 있지 않고, 둘째 이를 명료하게 가다듬어 그 의미를 분명히 해야 할 법학이 발전하지 않았 고, 셋째 법원 판결문상의 법조문 해석을 다른 법원이나 법률실무가 존중 하지 않고, 넷째 이를 터잡아 보신주의가 팽배하기 때문이라 사료된다.

결국 일정한 목적을 달성하기 위해서 서로 내용이 다른 복수의 계약서 를 체결하거나 변칙적인 계약내용을 작성해야 하는 것으로 보인다.

3.2.2. 보험업에서의 변제자대위(Subrogasi)

변제자대위를 인정하지 않으면 보험업 자체가 존속하기 어렵다.[57] 재

---

57) 이론적으로는 보험업은 보험가입자로부터 받아들이는 보험료 총액과 장래 회사가 가입자에게 지급할 보험금총액이 서로 같게 되어 있다는 '수지상등 (收支相等)의 원칙'을 기초로 하기 때문에 위의 경우에 반드시 변제자대위를 통해 상환받아야 하는 것은 아니다. 그러나 이 같은 변제자대위를 인정하지

산 또는 생명이나 신체에 불확정한 사고가 발생한 경우에 보험사는 보험가입자에게 보험계약에 따라 일정한 보험금이나 그 밖의 급여를 지급하고, 해당 사고의 귀책이 있는 자에게 보험가입자를 대신하여 채권을 주장해서 상환받아야 할 필요가 있다.

보험에 대한 변제자대위는 민법 제1400조가 아닌 상법 제284조에 따른다.

> **상법 제284조 (보험자의 변제자대위)**
>
> 보험의 대상인 물건에 기한 손해를 배상해주는 보험자는 피보험자가 해당 손해에 대하여 제3자에 갖는 모든 권리를 취득하고, 그 피보험자는 보험자가 그 제3자에게 갖는 권리에 대하여 발생가능한 손해에 대한 모든 책임을 진다.

> **상법 제287조 (보험금)**
>
> 동일한 보험계약상 다수의 보험자에 의하여 (피보험자에게 발생한 손해의) 실제 가치를 상회하는 보험금을 받는 경우에도, 해당 당사자(즉 보험자)들은 실제 피보험 가치에 대하여만 책임을 지며 계약서에 서명한 금액에 대하여 공동으로 비례해서 책임을 져야 한다. (괄호 안은 역자 삽입)

제4절 영업기밀보호

4.1. 비밀정보유지계약서

중요한 사업이나 프로젝트를 공동으로 할지 서로 검토하기 전에 첫 단추를 맞추기 위해 통상 비밀정보유지계약서(Non-disclosure agreement, Confidential agreement, Proprietary information agreement 등)가 체결된다.

않으면 보험료의 과다산정에 따른 가입자의 감소, 재보험료의 고비용 등에 따라 보험업의 운영과 존속이 지나치게 위태로워진다.

어떤 계약서 안이 좋은가에 대해서는 전문가들 사이에서도 적지 않은 의견 차이가 있는 것으로 보인다. 예컨대, 실무에서는 "이것은 기밀입니다"라는 표시를 해야지만 기밀이 된다고 하는 안이 널리 쓰인다. 이처럼 "기밀"이라는 표시를 하면 어느 자료가 기밀인지 분명하게 특정할 뿐 아니라, 실무자에게도 재차 상기시키는 주의적인 기능을 한다고 하는 의견이 있다.58) 그러나 이에 반대하는 의견으로, 다수의 관련자가 수십 번 수백 번 의견을 나누는데 일일이 기밀이라고 표시하기도 번거롭고 비현실적이라는 견해도 있다.

이런 주장이 이해가 안 되는 것은 아니다. 한국의 경우에는 형사소송법 제254조 제4항에 따라 영업비밀 보유자가 영업비밀 침해금지 청구 등을 하기 위해서는 침해받은 영업비밀과 침해한 자의 침해행위를 특정하여 이를 주장·입증할 의무를 갖게 되고, 침해되는 영업비밀이 무엇인지 특정되지 않은 경우 상대방이 이를 다툴 필요도 없이 청구는 기각되기 때문이다. 그러나 이런 특정을 위해서 "기밀"이라는 표시를 반드시 일일이 해야 할 필요는 없다.59) 인도네시아에서도 "기밀"이라는 표시를 하지 않았다고 정보가 특정이 안 되었음을 이유로 청구를 기각한 예를 찾을 수 없다.

영업비밀에 대한 각국의 법률을 보면 특정한 정보가 영업비밀임을 입

---

58) 배수영, 기업의 영업비밀 보호정책의 한계, 2014, 서울지방변호사회, p.200.
59) "영업비밀로서의 요건을 갖추었는지와 영업비밀로서 특정이 되었는지 등을 판단함에 있어서 […] 여러 사정을 종합적으로 고려해야한다"는 대결 2003. 7.16 자 2002마4380, "공소를 제기함에 있어 공소사실을 특정하여 기재할 것을 요구하는 형사소송법 제254조 제4항의 취지는 […] 영업비밀이라고 주장된 정보가 상세하게 기재되어 있지 않다고 하더라도, 다른 정보와 구별할 수 있고 그와 함께 적시된 다른 사항들에 의하여 어떤 내용에 관한 정보인지 알 수 있으며, 피고인의 방어권 행사에도 지장이 없다면 그 공소제기의 효력에 영향이 없다."고 한 대판 2009.7.9, 2006도7916. 동지 대판 2008. 7.10, 2006도8278, 대판 2004.9.23, 2002다60610, 서울고등법원 2002.11.12, 2002라313, 서울고등법원 1996.2.29, 95나14420.

증하기 위해서 "기밀로써 지켰다는 노력"을 보여야 하는데,[60] "이것은 기밀입니다"라는 표시를 함으로써 이러한 노력을 쉽게 입증할 수 있기는 하다. 그러나 이러한 노력이라는 것은 굳이 "기밀"이라는 표시가 없어도, 예컨대 외부로 불필요하게 누출시키지 않고, 해당 정보를 회사 중요서류함에만 안전하게 보관하면서 영업담당자만 볼 수 있게 한 것만으로도 충분하다.

물론 일일이 표시하면 이론적으로야 좋겠지만, 안 그래도 정보누출됐다고 손해배상받기도 어려운 판에 굳이 이런 조건들을 더 붙이게 해야겠는가. 따라서 "기밀"이라는 표시를 한 것만 영업비밀이라고 정의하는 것은 적어도 정보제공자 입장에서는 바람직하지 않다고 생각한다.

또, 결과적 손해(Consequential Damanages)를 배상범위에서 제외하는 경우가 종종 있는데, 이에 반대하는 측에서는 비밀정보유지계약서를 위반함으로 발생하는 손해는 항상 결과적 손해라는 점을 강조한다.[61]

그 외에도 여러 고려사항이 있으나, 결국에는 최상의 계약서 작성이란 결국 그때그때 다를 수밖에 없다. 예컨대, 상대방이 계약서에 서명 안 하면 일을 안 준다고 하는데 보호할 정보도 없는 처지에 일일이 따질 여유가 있을 리가 만무하다. 또, 영업비밀법에 의해 충분히 보호받을 수 있는 경우라면, 정보보호기간을 굳이 5년이니 6년이니 언쟁할 실익도 낮을 것

---

60) 미국의 적지 않은 주들이 도입한 모델법 Uniform Trade Secrets Act나 최근에 아예 연방단위로 제정한 Defend Trade Secrets Act of 2016는 "the subject of efforts that are reasonable under the circumstances to maintain its secrecy"를 요구하며, 인도네시아에서도 UU RI No.30 Th. 2000 tentang Rahasia Dagang 제1조 제1항에 따라 "dijaga kerahasiaannya oleh pemilik Rahasia Dagang"임을 보여야 하고, 한국의 "부정경쟁방지 및 영업비밀보호에 관한 법률"에서도 "상당한 노력에 의하여 비밀로 유지된" 것임을 보여야 한다.

61) Ken Adams, Excluding Consequential Damages in a Confidentiality Agreement?, 2011, Ken Adams, Excluding Consequential Damages Is a Bad Idea, 2010, http://www.adamsdrafting.com/

이다. 결국 건마다 갑을관계(Bargaining power)나 프로젝트의 성격, 민감
도, 다음 본 계약서가 이루어지는 시기 등을 종합적으로 감안하고, 타협
할 일과 타협하지 않을 일을 나누어 계약서 안을 마련해야 할 것이다.

4.2. 인도네시아 영업비밀법(UU No.30 Th. 2000 tentang Rahasia Dagang)

인도네시아 2000년 영업비밀보호법은 WTO의 Agreement on Trade
Related Aspects of Intellectual Property Rights를 1994년에 도입하여
이를 개정한 것이다. 총 19조로 구성된 본 법률은 한국의 부정경쟁방지
및 영업비밀보호에 관한 법률이나, 미국의 Uniform Trade Secrets Act
및 Defend Trade Secrets Act of 2016 등과 비교하여 포괄적이고 일반
적인 내용을 다루고 있다.

본 법에서 영업비밀이라 함은 "영업 또는 테크놀로지 분야에서 일반에
알려지지 않은 정보로써, 영업비밀소유주가 비밀로써 보호하며 영업활동
에 사용함으로써 경제적 가치를 갖는 정보"를 말한다(동법 제1조 제1항).[62]
즉, 영업비밀임을 입증해야 하는 측에서는 "그 비밀이 일반적으로 알 수
있는 상태에 있는 것이 아니었고 공공연하게 알려져있는 것이 아니었다"
는 비공지성, "해당 정보를 사용하여 경제적인 이득을 취할 수 있었다거
나, 그러한 정보의 개발이나 취득을 위하여 상당한 비용이나 노력이 들
어야 했다"는 경제적 유용성, "영업비밀이라는 것을 정보접근권자에게
주지시켰거나, 그 정보를 접근할 수 있는 권한을 일부에게만 제한했다거
나, 접근을 물리적으로 제한했다거나 하는 등 정보를 비밀로 보호하고자

---

62) Informasi yang tidak diketahui oleh umum di bidang teknologi
dan/atau bisnis, mempunyai nilai ekonomi karena berguna dalam
kegiatan usaha, dan dijaga kerahasiaannya oleh pemilik Rahasia
Dagang.

하였다"는 비밀관리성을 입증하여야 한다.

그 보호범위는 생산방법·가공 및 처리방법·판매방법·기타 경제적 가치가 있고 일반사회에 알려지지 않은 테크놀로지 및 비즈니스 정보이다(동법 제2조).

영업비밀 소유자는 그 비밀을 혼자서 사용할 권리, 그 비밀을 사용하여 라이센스를 득할 권리, 타인으로 하여금 그 비밀을 사용하지 못하게 할 권리를 갖는다(동법 제4항).

고의로 동의 없이 타인의 영업비밀을 들춰내거나 영업비밀을 지킨다는 구두 또는 서면합의를 어기거나(동법 제13항), 동법과 상반되는 방법으로 영업비밀을 얻거나 소지하는 자는 타인의 영업비밀권을 침해하는 것으로 본다(동법 제14조). 이처럼 타인의 영업비밀권을 침해하는 자는 최대 2년의 징역 또는 3억 루피아의 벌금에 처한다.

4.3. 영업비밀 침해 시 구제수단

아래의 영업비밀 침해 시 구제수단은 상표와 특허 등 지적재산권을 침해받은 경우의 구제수단과 거의 동일하다.

4.3.1. 형사대응

영업비밀 침해 시 형사상 책임은 경찰, 즉 국가경찰본부 또는 관할 주경찰(POLDA)·현경찰(POLRES)·도시경찰(POLWIL)과 지적재산권 형사범죄를 전담하는 공무원수사관(Penyidik Pengawai Negeri Sipil)을 통해 제기할 수 있다. 경찰에 구체적 사실관계 및 인적사항을 작성한 피해신고서, 입수증거, 위임장을 제출하여 고소할 수 있다.

영업비밀을 침해한 외부자는 절도죄가 추가로 성립할 가능성이 있고, 내부자에게는 횡령죄가 추가로 성립할 수 있다. 단, 인도네시아 형법상 배임죄는 없다. 영업비밀 침해죄와 함께 같이 진행하는 것이 좋을 것이다.

주의할 것은, 저작권을 제외하고 인도네시아 지적재산권은 친고죄이기 때문에 신고를 해야 수사가 시작되고, 경찰에 신고를 하더라도 경찰은 수사비가 항상 부족하기 때문에 고소인이 직접 경찰과 수사관을 상대로 사건진행상황을 꾸준히 관리하지 않으면 움직이지 않는다는 점이다. 지적재산권 공무원 수사관은 사건조사를 위해서 항상 경찰과 함께 업무를 수행해야 되기 때문에 더욱 그러하다. 공식적인 비용이 들어가지는 않지만, 수사명령서, 증인취조보고서 등이 만들어지기까지 피해자가 직접 경찰 및 수사관을 상대로 정보, 비용, 교통 등을 챙겨주거나 수사에 대한 사례가 필요하다. 이런 피해자의 노력을 기반으로 수사관과 경찰의 압수·단속·대면조사·관찰·감시 등이 이루어지며, 이러한 증거자료를 바탕으로 조사결과보고서가 작성된다.

조사 및 심문 이후 증거가 충분하다고 인정되면 경찰이 조사결과보고서를 검찰에 제출하고 검찰이 기소한다. 성격은 형사사건이지만 지적재산권 침해 소송이므로 상사법원이 심리한다. 기소 전에 합의하여 신고를 철회하는 경우가 적지 않다.

4.3.2. 민사소송

상사법원에 손해배상 및 침해금지가처분을 요구하는 소송 제기가 가능하다.

가처분심사절차에 관한 2002년 법률 제79조에 따라, 충분한 증거가 있으면 피해자는 상업법원에 침해금지 가처분 소송을 제기할 수 있다. 상업법원의 심의에 따라 가처분 명령이 내려지면, 피의자에 대한 가처분 명령 통지를 발송한다.[63]

영업비밀법에 따라 고의 또는 과실에 의한 영업비밀 침해행위로 영업

---

63) 단, 실질적인 효용이나 현실적인 실용성은 극히 낮다는 전문가 의견이 있다.

비밀 보유자의 영업상 이익을 침해하여 손해를 가한 자는 그 손해를 배상할 책임이 있으므로 상사법원에 제기 가능하다.

또 "타인에게 손해를 발생시키는 불법행위를 한 자는 그 손해를 보상해야 할 의무가 있다"고 한 민법 제1365조에 근거하여 일반불법행위에 따른 손해배상으로도 제소가능하다. 이때는 상사법원이 아니라 일반 관할법원에 제소한다. 이 때 권리자가 실제로 권리를 갖고 있는지, 침해자가 불법적으로 그 권리를 침해하였는지 입증하여야 한다.

제5절 상사중재

5.1. 국제상사중재에 대한 일반론

국제상사중재는 관련 전문성을 가진 변호사가 필요할 수 있다. 분쟁의 내용 자체와는 무관하게 다양한 전략들이 있고 경우의 수도 많기 때문이다.

법원의 판결에 수긍할 수 없어서 상사중재원을 찾는 경우도 있고,[64] 반대로 중재판정이 맘에 들지 않아 법원에 중재판정의 취소를 구하는 경우도 적지 않다.[65] 계약서 작성 및 검토상의 과실도 큰 몫을 한다. 복수의 법률을 적용하도록 작성되어 있거나,[66] 관할은 A국의 중재원인데 준

---

64) 상사중재원을 관할로 정한 계약조항을 무시하고 법원에서 다투었다가 패소한 당사자가, 패소판결에 불복하기 위해 계약서를 근거로 상사중재원에서 다시 다투려고 한 사건, Menorah Insurance Co., Ltd. V. INX Reinsurance Corp. United States Court of Appeals, First Circuit, 1995.72 F.3d 218.

65) "해당 법원이 중재판정심사시에 중재인이 적용한 판단기준을 재적용해야 하는지 법원이 아예 자체적인 새로운 판단기준을 적용해야 하는지"에 대해서도 관할에 따라 의견이 나뉜다. First Options of Chicago, INC. v. Kaplan, Et Ux. and Mk Investments, Inc, United Sates supreme Court, 1995, 514 U.S. 938.

66) Pepsico Inc. v. Oficina Central de Asesoria Y Ayuda Tecnica, C.A.

거법은 B국의 법률로 되어 있다거나,[67] 모호하게 써져 있는 경우들도 있다.[68] 당사자 간 서로 정치적인 적대 국가에 위치하면 관할에 대해 더 깊이 고민할 수도 있다.[69]

중재판정을 받은 후에는 이에 불복하고자 다양한 방법을 쓸 수도 있다. 예컨대 국가가 제정한 법이 아니라 단순한 법의 일반원칙을 사용해서 내린 판정이라는 이유로 중재판정을 파기한 예도 있고,[70] 구체적인 법률을 적용하였으나 그 근거를 자세하게 설시하지 않은 판정을 파기한 예도 있다.[71] 이 같은 법률적용에 있어서의 마찰이 대륙법(Civil law)과

United States District Court, Southern District of New York, 1996. 945 F. Supp. 69.

67) 준거법은 인도법, 절차법은 인도중재법을 정하고 있으나 중재 관할은 영국 런던으로 정한 사건에서, "당사자들이 이처럼 불만족스러운 절차에 동의했다고 보기 힘들다"면서 영국법을 선택한 예("For the reasons given, it seems to me that by their agreement the parties have chosen English law as the law to govern their arbitration proceedings..."): Union of India v. McDonnell Douglas Corporation, Queen's Bench Division (Commercial Court), 22 December 1992. [1993] 2 Lloyd's Law Rep. 48.

68) 계약서의 "The arbitration will take place in Switzerland, the law applicable is that known in England."라는 조항에서 "the law applicable is that known in England"이라는 표현이 문제가 된 사건. Claimant: Buyer (Mozambique) v. Defendant: Seller (The Netherlands) Preliminary Award in ICC case no.5505 of 1987. Place of Arbitration: Lausanne, Switzerland 13 Yearbk. Comm. Arb'n 110 (1988).

69) 예컨대 이스라엘과 이란: National Iranian Oil Co. V. State of Israel, Tibor Varady, John J. Barcelo III and Arthur T. Von Mehren, International Commercial Arbitration - A Transnational Perspective Fourth Edition, West, pp.405 – 407.

70) Norsolor S.A. (France) v. Pabalk Ticaret Sirketi S.A. (Turkey): Tribunal de grande instance of Paris, March 4 1981 (1983 Revue de l'arbitrage 465); Cour d'appel of Paris, December 15, 1981 and November 19, 1982. (1983 Revue de l'arbitrage 465); Cour de cassation, October 9, 1984 (24 Int'l Legal Materials 360 (1985).

71) 2001 Revue de l'arbitrage 136 – 137; Societe Eurovia et autres v. SARL Grenobloise d'investissements, Cour d'appel de Grenoble (Ch. Com.,

영미법(Common law) 간의 차이에서 오는 경우도 있다.[72]

중재인의 신뢰에 의심이 가는 사실이 있거나[73] 중재인에게 경제적 이익이 있었거나[74] 중재인이 다른 법률전문가로 하여금 대리중재를 시킨 등의 이유로[75] 상대측 중재판정을 파기하고자 할 수 있다. 물론, 상대방 입장에서는 이 같은 중재인에 대한 공격으로부터 방어해서 승소할 수도 있다.[76]

이렇다보니, 중재판정에서 패한 다수 당사자가 각각의 모국에서 외국 상사중재판정의 취소를 구하는 소송을 제기하는 경우도 있다.[77]

즉, 국제중재판정과 그 승인 및 집행에 있어서는 너무도 다양한 변수들과 예측불가능한 요소들이 있다. 심지어 한 나라의 법원 간에도 국제중재판정을 바라보는 의견과 결정이 다를 수 있다.[78]

Dec. 15, 1999)
72) Sigval Bergesen v. Joseph uller Corporation; United States Court of Appeals, Second Circuit, 1983. 710 F.2d 928.
73) 중재인이 중재신청인에게 두차례 조언했던 경력을 상대방에게 사전 보고하지 않아서 중재판정이 파기된 사례. The Swedish Supreme Court, Judgment Case No & 2448 – 06, issued on Stockholm on 19 November 2007.
74) Applied Industrial Materials Corp. v. Ovalar Makine Ticaret Ve Sanayi, A.S. Docket No.06 – 3297 – cv. United States Court of Appeals, Second Circuit. Decided: July 9, 2007.
75) Sacheri (Italy) v. Robotto (Italy) Italy Corte di Cassazione [Supreme Court], 7 June 1989. 16 Yearbk. Comm. Arb'n 156 (1991).
76) 일방 당사자의 경쟁사 이사가 중재인으로 선임된 사건에서 해당 중재인 선임이 문제되지 않는다고 한 판결 AT & T Corportaion and Another v. Saudi Cable Co. Court of Appeal, Mar.20, 21, 22; May 15, 2000; May 15, 2000. [2000] 2 Lloyd's Rep. 127.
77) Oil & Natural Gas Commission v. Western Co. of North America; India, Supreme Court of India, 1986. 74 All India Rep. S.C. 674 (1987).
78) 국제중재판정이 28 U.S.C. §1782의 "foreign or international tribunal"에 해당한다고 보는 예: National Broadcasting Company, Inc. and NBC Europe, Inc., Appellants, v. Bear Stearns & Co., Inc; Merrill Lynch & Company; Salomon Brothers, Inc.; SBC Warburg, Inc.; Violy Byorum & Partners; and TV Azteca S.A. De C.V., Appellees, United States Court

따라서 일반 상사 계약서 내에 관할과 준거법 및 절차법에 대해서 효과적이고 명료하게 작성할 필요가 있다.

5.2. 인도네시아 국립중재위원회(Badan Arbitrase Nasional Indonesia: BANI)[79]

인도네시아 상공회의소(Kanar Dagang Industri Indonesia)가 1977.12.3에 설립한 인도네시아 국립중재위원회(Badan Arbitrase Nasional Indonesia: "BANI")가 인도네시아 상설중재기관 중 가장 오래되었으며, 인도네시아 내에서 가장 널리 사용되는 중재기관이다.

2016년에 BANI의 중재판정인이었던 Anita Kolopaking 등이 설립한 혁신국립중재위원회(BANI Pembaharuan)와 구분하기 위해서 최근에는 BANI를 BANI Mampang이라고도 부른다. BANI가 남부 자카르타 Jalan Mampang Perapatan에 위치해 있기 때문이다. BANI Pembaharuan은 설립된 이래 그 이름과 권위 때문에 BANI와의 분쟁이 계속되고 있다.[80] 일반 기업 간 상사분쟁 실무에서는 여전히 1977년에 설립된 BANI를 중재기관으로써 선호하고 그 권위도 더 인정하는 경향이 있기 때문에, 본서에서는 BANI에 대해서만 설명한다.

---

of Appeals for the Second Circuit. 165 F. 3d 184; 1999. July 13, 1998 Argued; January 26, 1999, Decided; 국제중재판정이 28 U.S.C. §1782의 "foreign or international tribunal"에 해당하지 않는다고 보는 예: In re Roz Trading Ltd, United States District Court, N.D. Georgia 469 F. Supp. 2d 1221 Dec. 19, 2006.

79) BANI 중재규칙상 중재절차의 구조에 대해서는 2014년 김영주의 논문이 쉽고 상세하게 설명하니 참조하라(김영주, 인도네시아 국립중재위원회(BANI) 중재규칙상 중재절차의 구조, 2014, 중재연구 제24권 제4호 pp.99-125). 본서에서는 간단한 내용만 설명한다.

80) 자세한 내용은, Wolters Kluwer, Reconsiling the Concilators: the BANI Split in Indonesia, 2018 <http://arbitrationblog.kluwerarbitration.com/2018/02/06/reconciling-conciliators-bani-split-indonesia/>

외국계 기업에게는 특히 BANI 이용도가 사뭇 증가하는 편이다.[81] BANI에 대한 신뢰가 높아서가 아니라 인도네시아 법원에 대한 불신이 높기 때문이다. 인니법원의 전문성이 낮을 뿐만 아니라, 일반 현지인들 사이에서 법원판결은 사고파는 것으로 인식될 정도이다. 종종 인도네시아는 빤짜실라에서 정하듯 상호합의(Musyawarah)로 해결하는 나라라는 점을 자랑스러워 한다. 그러나 상호합의로 분쟁을 해결하는 것은 법률과 법원을 믿을 수 없기 때문이기도 하다. 지역에서는 더더욱 현대의 법률원칙과 거리가 먼 지역관습법(Hukum Adat)들이 인정받다 보니 법률로 해결하기보다 당사자 상호간 합의하는 것이 차라리 낫다고 보는 것이 현실이다.

실무에서는 BANI를 관할로 할 때, UNCITRAL모델법을 관할 중재규칙으로 하는 경우는 드물고, 명시적으로 BANI중재규칙을 중재규칙을 택하는 경우가 보다 일반적이다. 인도네시아에서 중재에 관련한 기본 법률은 1999년 8월 12일 제정된「중재와 대체적 분쟁해결에 관한 1999년 제30호 법」이 있다.

BANI의 중재규칙은 인도네시아 중재법에 기초를 둔 것으로, 자신의 중재인 명부에 없는 중재인의 선임을 금지하지는 않는다. 그러나 BANI

---

81) [BANI의 연도별중재사건수]* 김영주, p.105.

	총 건수	국내중재	국제중재
2008년	19건	14%	5%
2009년	44건	37%	7%
2010년	41건	34%	7%
2011년	58건	50%	8%
2012년	64건	53%	11%
2013년	59건	47%	12%

인식의 결여, 중재찬정의 종국성을 오히려 부담으로 인식하는 점, 검증된 중재인의 부족, 고비용구조, 중재에 대한 인도네시아법원의 왜곡된 시각, 중재를 지원할 특별법원의 부재 등을 이유로 인도네시아 내 중재이용도가 낮다고 지적하는 의견도 있다. 김선정, 인도네시아 상사중재법 소고, 2018, 국내기업의 해외진출시 법적문제와 법률가의 역할, 한국경영법률학회 2018. 07.05 하계국제학술대회 발표자료, 한국경영법률학회, pp.9 – 26.

중재에 따라 해결하기를 합의한 분쟁당사자는 대부분 BANI의 중재인 명부에서 중재인을 선임하며, 그 대부분은 변호사 또는 은퇴한 법관이다. BANI중재규칙은 당사자가 아닌 BANI위원장에게 중재인 선정의 최종권한을 부여하고 있어서 독소조항이라고 볼 수 있다는 의견도 있는데,[82] 빈번하게 남용되는 조항은 아닌 것으로 파악된다. 중재인의 행위를 통제하기 위한 윤리준칙등을 통해 간접적으로 남용을 방지하고 있다.

중재를 신청하는 측에서는 최종 판정이 나올 때까지 중재비용 전액을 선납 또는 예납해야 하므로 다소 억울할 수 있다. 그러나 이 점은 대한상사중재원이나 SIAC의 중재와도 큰 차이는 없다. 중재비용은 사무국이 결정한다. 중요한 차이로는 담보를 허용하지 않는 점이다. 인도네시아 중재법은 담보요구를 하지 않는다(인니중재법 제32조 제1항). UNCITRAL 모범법에서는 중재판정부가 임시적 처분을 신청하는 당사자에게 적절한 담보를 제공하도록 요구할 수 있다고 규정하고 있다(제17조의 E 제1항).

중재판정의 승인집행의 거절에 관하여 인도네시아중재법에는 특별한 규정이 없다. 뉴욕협약 제V조와 UNICITRAL모범법 제36조가 승인 및 집행의 거부사유를 일일이 열거하고 있는 것과는 대조된다.

그러나 실무에서 중재판정 집행을 얻어내는 것은 또 다른 장벽이다. 상대방이 중재절차상 흠결을 트집잡아서 또는 중재판정이 강행규정에 위배된다면서 중재판정 취소의 소를 제기하는 방법으로 불복할 수 있다. 법관이 서기인 Panitera를 통해 뇌물을 수수하거나, 집행을 담당하는 집달관이 여기에 공모할 가능성을 배제할 수 없다. 절차상 지나친 시간허비도 문제다.

따라서 중재집행 법원이 지정되는 즉시 당해 법원의 집달관이 집행을 잘 할 수 있도록 관리를 해야 한다. 집달관을 직접 만나서 요청하는 것이 아니라, 해당 법원에 지속적으로 확인하고 요청하는 것이다.

---

82) 김영주, p.122.

BANI에서 채무이행판정을 받은 불량채무자가 채권자에게 "우리가 제시하는 분할상환에 동의하지 않으면 법원에 중재판정 취소의 소를 제기해서 적어도 x년 이상 시간을 끌겠다"고 강권하는 경우도 있다.[83]

한국의 KCAB국제중재규칙과 BANI의 중재규칙을 비교하면 아래와 같다.[84]

	KCAB 국제중재규칙	BANI 중재규칙
중재의 개시	중재신청서를 KCAB 사무국에 제출	중재신청을 BANI에 제출 및 등록
답변서	중재신청서 수령 후, 30일 이내	중재요청서 수령 후, 30일 이내
반대신청	답변서와 동시에	최초 심리기일 전까지
중재인 수	단독중재가 원칙	BANI 위원장이 결정
중재인 자격요건	특별히 없음	총 여섯 가지의 자격제한 사유 BANI 중재규칙상 분쟁 실체의 준거법이 인도네시아법으로 지정된 경우, 인도네시아법을 숙지하고 인도네시아에 거주하고 있는 중재인 최소 1인을 선정
중재인 선임절차	당사자들의 합의가 없는 경우에만 KCAB 사무국이 선임	당사자등의 합의가 있는 경우라도 BANI 위원장에 의해 거부 가능
중재인 기피절차	15일 이내에 제기	14일 이내에 제기

---

83) 이 때에는 상환 기간별로 어음을 받아 놓는 것도 방법이지만, 인도네시아의 어음수표는 한국의 그것과 상이하여 부도를 내더라도 범죄가 되지 않는다는 점을 이해해야 한다. 부도수표 발급금지에 관한 1964년 법률 제17호에서는 수표부도는 범죄로 규정하였으나, 1964년 법률 제19호 폐기에 관한 정부령 1971년 제1호에 따라 범죄가 아닌 계약위반으로 바뀌었다.

84) 김영주, p.123.

중재언어	당사자의 합의가 없는 경우, 중재판정부가 결정	당사자의 합의가 없는 경우, 인도네시아어가 원칙
중재판정의 형식심사	없음	없음
중재판정의 시기	최종서면 제출일과 심리 종결일 중 나중의 날짜로부터 45일 이내	중재판정부 구성일로부터 180일 이내 · 최후 심리기일로부터 30일 이내
중재판정의 정정 · 추가판정	중재판정일로부터 30일 이내에 요청	중재판정일로부터 14일 이내에 요청
	정정기한은 요청일로부터 30일 이내, 추가판정기한은 청일로부터 60일 이내	정정기한 및 추가판정기한에 관한 규정 없음
중재판정의 등록	없음	있음
신속절차	있음	없음
긴급중재인제도	없음	없음

　긴급중재인 제도가 없으므로 청구인이 중재 개시 후 중재판정부 구성 전에 긴급한 필요에 따른 임시적 처분을 구하여야 할 경우 이를 구할 대상이 없다. 이론적으로 중재당사자들은 중재 개시 전 또는 진행 중에 법원에 보전처분을 구할 수 있으나 실무상 용이하지 않아 구제받기가 어렵다. 실무상 결국 인도네시아의 일반 보전처분 자체의 비효율성이 커서[85] BANI 청구에 따른 보전처분 절차상의 불편이나 문제는 미미한 수준이다.

---

85) 1848년 제16호 소송절차법 Herzien Inlandsch Reglement ("HIR")의 구시대적인 가처분 요건과 절차가 21세기까지 크게 개선되지 않고 적용되고 있기 때문이다. 공증인 작성 서류 준비, 당사자 간 금지명령에 따른 부담을 수인하기로 합의하거나 승인한 증거서류 등(HIR 제180조 제1항, 제185조 제1항)이 필요할 뿐만 아니라, 지방법원이 서면으로 의견과 기록을 고등법원에 송부해서 보전처분에 대한 승인을 득해야 한다(대법원 2000년 제3호 중간판결 및 가처분에 대한 회람문서 제1조 제d호 및 제6조). 나아가 실무에서 처분 또는 보전처분을 구하는 청구인이 법원에 이를 청구 시 채무자의 현금이 예치 되어있는 은행명과 계좌번호까지 제공해야 채무자의 은행 예금에 대한 처분 또는 보전처분이 가능하다.

한편, BANI가 소개하는 BANI 중재 관련 주요 통계는 아래와 같다.

그림 5-1 BANI 중재 관련 주요 통계

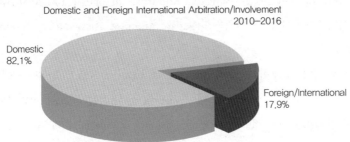

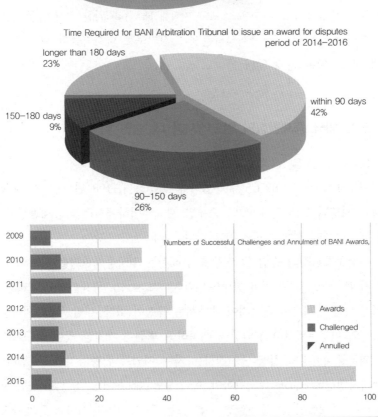

출처: BANI 공식 안내서

5.3. 기 타

BANI 외에도 2014년 신설한 인도네시아 건설분쟁 조정센터(Badan Arbitrase dan Alternatif Penyelesaian Sengketa Konstruksi Indonesia: BADAPSKI)와 인도네시아 자본시장 중재위원회(Badan Arbitrase Pasar Model Indonesia: BAPMI)가 있다.

인도네시아 종교학자 조직 Indonesia Council of Ulemas가 설립을 주도하여 샤리아 원칙에 기초해 중재판정을 내리는 인도네시아 샤리아 중재위원회(Badan Arbitrase Shariah Nasional Indonesia: BASYARNS), 기타 소규모 특정목적(보험, 고용, 스포츠, 지적재산분쟁)을 위한 기관이 존재한다.

그러나 일반적으로 국제상사분쟁 조정기구로 당사자들이 위 기관들을 채택하는 일은 많지 않다.

5.4. 외국 중재판정의 인도네시아 내 승인 및 집행

5.4.1. 승인 및 집행을 위한 절차

인도네시아는 1982.1.5 뉴욕협약에 비준하여, 1981년 제34호 대통령령이 시행되고 있고, 1990년 중재법 제6조 이하에서 외국중재판정의 승인 및 집행에 관하여 규정하고 있다.

외국중재판정의 승인 및 집행을 위해서는 외국중재판정을 자카르타 중앙지방법원에 등록하여야 한다(중재법 제67조 제1항). 중재판정이 내려진 후 며칠 내에 등록해야 하는지에 대해서는 규정이 없다. 다만, 해당 외국중재판정의 판정부로부터 위임장을 취득하여 법원에 제출할 것이 요구된다.

외국중재판정의 집행을 신청하는 자는 자카르타 중앙지법으로부터 집행허가명령(exequatur)을 받아야 한다(동법 제66조(d)). 집행허가명령신청 시에는 중재합의 및 중재판정 원본 또는 등본, 인도네시아와 중재판정이

내려진 국가 간 외국중재판정의 승인 집행에 관한 조약의 체약국임을 증명하는 서류를 제출하여야 한다(동법 제67조 제2항). 중재당사자일방이 인도네시아 정부 또는 정부기관인 때에는 인도네시아 대법원의 집행허가명령을 받아야 한다(동법 제66조(e)).

법원 내부 정책에 따라 집행절차가 법원마다 다른 문제를 개선하기 위하여, 2019년 대법원은 1심법원의 집행에 대한 가이드라인(No 40/DJU/SK/HM.02.3./1/2019)을 도입하여 집행의 유형에 따라 세부절차를 두었다. 이 같은 가이드라인의 시행이 실제로 실무에서 바람직한 이행을 이끌어 낼 수 있을지는 지켜볼 문제인 듯하다.

5.4.2. 실무에서 극복해야 할 점

인도네시아는 1982.1.5 뉴욕협약에 비준하여, 1981년 제34호 대통령령이 시행되고 있고, 1990년 중재법 제6조가 외국중재판정의 승인 및 집행에 관하여 규정한다. 그러나 인도네시아는 외국중재판정의 승인 및 집행을 잘 하지 않으려는 경향이 있다.

뉴욕협약의 체결 비준 후 약 10여년은 외국중재판정의 집행을 보장하는 구체적 규정이 없다는 입법적 불비를 근거로 집행을 하지 않았다.[86] 1990년 중재법이 제정되자, 그 뒤로는 다른 이유로 외국중재판정이 국내에 집행이 되지 않았다.

그 중 한 가지 유형은 중재판정의 승인집행의 거절에 관하여 인도네시아중재법에 특별한 규정이 없다보니 재량으로 거절하는 것이다. 외국의 중재판정을 오인 또는 왜곡한 뒤에 이를 근거로 승인 및 집행을 거절하는 방법이 한 예이다.[87]

---

86) Bulgare(Bulgaria) v. Nizwar(Indonesia) 사건(대법원 결정 No.2944 K/Pdt/1983)에서 인도네시아 대법원이 1981년 대통령령 제34호의 적용을 위한 구체적 규정이 없다는 이유로 외국중재판정의 승인을 거절했다.

87) 이는 중재법이 도입되기 전에도 사용했던 유형으로 보인다. "Trading Corpo

또, 외국중재판정을 인도네시아 국내에서 취소하는 유형이 있다. 인도네시아 중재법 제도상 외국중재판정의 경우라 하더라도 인도네시아 내에서 직접적인 판정의 취소가 이루어질 수 있도록 하고 있다. 즉, 국내중재판정이든 외국중재판정이든 불문하고 중재판정이 취소될 수 있는 사유를 정하고 있다. 우선 ① 중재판정이 이루어진 후, 제출된 서류에 오류 또는 위조 사실이 인정되는 경우, ② 중재판정이 이루어진 후, 중요한 증거들이 일방 당사자에 의해 은폐 사실이 판명되는 경우, ③ 중재판정상 일방 당사자의 사기가 있었던 경우로 정하고 있다(동법 제70조).

그러나 근년 들어 외국상사중재판정이 인도네시아에서 승인 및 집행되는 예가 급증하고 있다. 상사중재의 비밀유지 원칙에 따라 당사자들과 그 내용이 공개되지 않으나, SIAC 집행사례 누계치는 증가하고 있는 것으로 보인다.[88]

다만, 중소기업이나 개인사업자 입장에서는 비용이 적지 않게 드는 국제상사중재가 썩 매력적이지 않을 수 있다. 그러나 고액의 법률비용의 문제는 설사 법원을 관할로 하더라도 해결되는 것이 아니다.

---

ration of Pakistan(Pakistan) v. Bakrie & Brothers(Indonesia) 사건(대법원 결정 no.42312 K/Pdt/1986)에서는 법원이 당사자 국 사이에 1981년 대통령령 제34호의 호혜 유보가 없다는 이유, 중재판정부가 피신청인을 청문하지 않은 점을 들어 중재판정부가 인도네시아의 정의와 도덕성에 반한다는 이유를 들어 집행을 거부한 적이 있는데 법원은 이 사건 중재판정이 영국에서 내려진 사실을 간과한 것이다." 김선정, p.16.

88) Official statistics as to enforcement of international awards in Indonesia are not available. Unofficial surveys indicate that only a limited number of enforcement attempts have been made (with one recent survey suggesting a total of 57 applications to enforce international awards between 2000 and 2012). Ashurst Singapore, Enforcement of foreign arbitral awards in Indonesia, September 2104. <https://www.ashurst.com/en/news-and-insights/legal-updates/enforcement-of-foreign-arbitral-awards-in-indonesia/>

	SIAC[89]	인도네시아 법원
비 용	평균 USD 80,337	미확정. 인지대 소가에 비례.
시 간	평균 13.8개월	6-12개월
변호사 비용	평균 인도네시아 대비 고액	평균 싱가포르 대비 경제적
집행비용	인도네시아 집행비용에서 판정문의 인니어 공증번역, 집행불가 risk 비용 등이 추가	-

5.4.3. SIAC 중재판정의 인도네시아 내 집행을 거절한 사례

싱가포르 법률을 준거법으로 하고 SIAC를 분쟁관할로 한 합작회사 계약서를 근거로 SIAC가 내린 중재판정을 인도네시아 법원이 집행거절한 사례가 실제로 있다(SIAC 사건번호 ARB 062/08/JL, 인도네시아 사건번호 01K/Pdt.Sus/2010, No.877/K/Pdt.Sus/2012).

2005년 말레이시아 방송사인 Astro Group(본건에서는 Astro Nusantara International BV 등)과 인도네시아 Lippo Group(본건 PT First Media TBK 등)이 인도네시아에서 합작으로 위성TV 사업을 영위하고자, Astro가 51%, Lippo가 49%의 지분을 갖는 합작계약서 및 주주계약서 등을 체결하였다. 해당 계약서에서는 2006년까지 각 당사자가 일정한 의무사항들을 수행하기로 하였다. 이 의무사항 중 하나로, 계약당사자는 아니나 특정한 Astro 그룹사가 본 합작사업을 위하여 Direct Vision에 대해 펀딩과 서비스를 수행한다는 것이었다.

2005년 인도네시아 정부는 매스미디어 회사들이 방송법에 따라 사업허가를 취득하는 규제를 만들었고, 이에 따르면 외국회사는 최대 20%의 주식만을 소유할 수 있게 되었다. 이에 따라 합작계약서 및 주주계약서를 클로징을 할 수 없게 되었고, 그럼에도 Astro 그룹사는 2007년까지 Direct Vision에 대한 펀딩과 서비스를 계속하였다.

---

89) SIAC Releases Costs and Duration Study, 2016, <http://www.siac.org.sg/69-siac-news/499-siac-releases-costs-and-duration-study>

Lippo는 상기 계약서가 더 이상 적용될 수 없다는 통지를 하였고 2008년 남부 자카르타 지방법원에 Astro의 합작계약서 불이행을 근거로 Astro에게 20억 달러의 손해배상을 주장하는 소송을 제기하였다. 뒤이어 같은 해 계약서의 분쟁조항에 터잡아 Astro그룹은 SIAC에서 중재를 신청하였다. SIAC는 본 사건의 관할은 SIAC이므로 2009년 인도네시아는 남부 자카르타 지방법원에서 진행 중인 소송을 즉시 중지해야 한다는 판정을 내렸다.[90]

Astro는 SIAC 판정을 중부 자카르타 법원에 제출하였으나, 해당 법원은 이 같은 SIAC의 인도네시아 국가를 상대로 한 소송절차 진행금지 명령 ("Mr. Ralph Marshall order command Republic of Indonesia to immediately discontinue the judicial process in Indonesia... take no further step...")은 인도네시아의 주권을 침해하며 어떤 외국의 권력과 권한도 소송절차를 방

---

90) SIAC Award no. 062/2008 판정은 다음과 같다. (I) reject the respondents' objections to tribunal jurisdiction. SIAC has the authority to examine and settle all disputes as detailed under article 17.4, in the amendment and novenmal agreement. the commencement and pursuit of the Indonesian proceeding case No. 1100/Pdt.G/2008/PN.JKT.SEL in the South Jakarta District Court was a breach of clause 17.6 of the SSA as amended and novated insofar as those proceedings made claim against the sixth to eight claimants and **Mr. Ralph Marshall.**
(II) **Command Republic of Indonesia to**:
i. **immediately discontinue the judicial process in Indonesia** (case no. 100/Pdt.G/2008/PN.JKT.SEL) related to C.6, C.7, 8 and Mr.Marshall;
ii. **take no further steps in the judicial process in Indonesia** except to terminate the inspection as set forth in (i) insofar as it relates to C.6, C.7, C.8 and Mr. Marshall
iii. **be prohibited to bring further judicial proceedings** against C.6, C.7, C. 8 and Mr. Marshall insofar as they relate to a joint venture relationship except through arbitration under section 17.4 of the SSA, until further orders are made.
(III). the order stating that the applicant candidate shall be incorporated in this arbitration proceeding. (emphasis added)

해할 수 없다는 이유 및 공서양속 위반 등을 이유로로 Astro의 청구를 배척하였다. 또, 제소 자체를 금지하는 판정(the anti-suit injunction) 역시 집행불가(non-exequatur)를 근거로 배척하였다.

2010년 Astro는 이에 불복하여 인도네시아 대법원에 항소하였다. 인니 대법원은 이 같은 고등법원의 판결을 확인하였다.

SIAC중재판정의 인도네시아 내 집행을 거절한 대법원 판례(No.877/K/Pdt.Sus/2012)

"본 사건의 청구대상이 된 2009년 5월 7일 SIAC 중재판정은, Grup Lippo와 Grup Astro가 2005년 3월 11일 서명하고 2006년 4월 28일에 이르기 까지 수회에 걸쳐 수정한 Subscription Shareholders Agreement 제17.4조 및 제17.6조 중재조항에 기초하고 있고 [...] 제17.4조 및 제17.6조를 근거로 한 2009년 5월 7일 SIAC 중재판정이 비록 당사자 간 합의 (즉, 제17.4조 및 제17.6조)에 기초하고 있으나 인도네시아 계약법이 다스리는 권리를 침해하였고 [···] 제17.4조 및 제17.6조를 근거로 한 2009년 5월 7일 SIAC 중재판정은 인도네시아에서의 제소권을 침해하고 인도네시아 공화국 법률의 주권과 국가의 주권을 침해하는 점을 고려 [···]."

제6절 부동산 실무

6.1. 외국인 부동산 투자

6.1.1. 일 반[91]

인도네시아 부동산 시장에서 외국인 투자자가 활동하는 영역을 크게

---

91) Adam Emmerih and Robin Panovka, the Real Estate M&A and Private Equity Review —Second Edition, 2017, the Law Reviews, pp.120−122 및 Oene Marseille, et al, the Real Estate M&A and Private Equity Review—Edition 3, 2018, the Law Reviews을 참조하여 2020년에 맞게 수정, 편집하였다.

나누면 다음과 같다.

- Public real estate companies
- Real Estate Investment Trusts (REITS) or Dana Investasi Real Estat (DIRE)[92]
- Sovereign wealth funds
- priave equity

외국투자자는 주식회사를 통해서 인도네시아 부동산에 투자할 수 있다. 인도네시아 증권거래소에는 약 60여 부동산 전문 회사들이 상장되어있으며, 이 중 다수에 외국인 투자자들이 참여해있으며, Agung Poromoro, Ciputra, Summarecon, Lippo 및 BSD 등이 유명하다. 이들은 전통적으로 부동산 개발업으로 성장하였으나, 근년에는 리츠(REITS)를 통한 수입 다변화 전략을 사용하고 있다.

외국 투자자들이 인도네시아에 투자하는 부동산은 크게 네 가지 유형으로 나뉜다.

- 호텔, 리테일, 사무실 등 상업용 건물
- 주거용 건물
- 병원 및 헬스케어
- 개발용 토지

인도네시아 부동산 투자는 통상 장기투자용이며, 상업용이나 주거용 건물에 대한 투자는 개발의 일환으로 이루어지기도 한다. 금융회사, 보험회사 등 부동산사업이 주축이 아닌 외국 그룹사들이 인도네시아 내 사업과 주재원의 거주 등을 위해서 매입하기도 한다.

투자구조는 통상 직접 부동산 매매(plain vanila sales and purchase) 형태가 주로 사용되며, 로컬 부동산 회사의 지분을 주주나 회사로부터 직접 매입하거나 증권거래소를 통해서 매입하는 방식도 사용된다. 인도네

---

92) 인도네시아 REITS 법령에 대한 한국어 설명으로는 이대호, 인니법, 2018, 유로, pp.281-314.

시아 내 외국인투자지분제한에 따라 로컬회사와 합작회사를 설립하기도
한다.

근년에 특히 외국 부동산 전문회사와 인도네시아 부동산 전문회사 간
합작사업의 형태로 신규 대규모 프로젝트들이 개시되었다.[93] 반면, 인도
네시아 부동산 시장에서 Private equity활동은 비교적 제한적인 편이
다.[94]

6.1.2. 투자조건

외국인 투자의 로컬 부동산 회사의 지분매입 시 인도네시아투자지분제
한에 대한 BKPM규정이 적용된다. 집필시점(2020) 기준으로 표준사업분
류(kelasifikasi baru lapangan usaha Indonesia: KBLI) 「68110 - 부동산업」은
주거용 또는 비주거용 건물의 부동산의 매매, 임대, 운영을 영위할 수 있
고, 외국인 투자가 100% 가능하다. 한편, 「81100 - 일반 인테리어, 청소,
유지보수, 쓰레기 처리, 보안, 리셉션, 세탁 기타 서비스 등 종합건물운영」,
「81290 - 건물 청소용역」, 「81300 - 정원 유지보수」등은 외국인지분투자
의 제한을 받는다.

만약 부동산 회사가 해당업 외에 건설업 등 다른 영업을 영위하려면
별도의 투자지분제한이 적용된다. 그러나 외국인투자제한이 걸리지 않아
도, 인도네시아 주식회사는 최소 2인 이상의 주주가 필요하기도 하고 기
타 실무상 필요에 의하여 인도네시아 로컬 파트너를 두는 경우가 적지
않다.

2017년 이전 izin prinsip, 2017년 이후 자본투자등록은 2020년 현재

---

93) 대규모 인도네시아 부동산시장 투자 프로젝트들에 대해서는 다음의 자료를
   참조하라. Oene Marseille, et al, the Real Estate M&A and Private Equity
   Review - Edition 3, 2018, the Law Review <https://thelawreviews.co.
   uk/edition/the - real - estate - m - a - and - private - equity - review - e
   dition - 3/1173370/indonesia >
94) 위의 자료.

요구되지 않으며, 이 또한 2020년 예정된 규정 도입 후 변경될 것으로 보인다.

인니증권거래소를 통해서 부동산 회사의 지분을 매입할 때에는 외국인 지분투자제한이 적용되지 않는다. BKPM 규정 No.13/2017는 증권거래소를 통한 포트폴리오 투자 또는 간접투자는 외국인 투자에 열려있다고 정하고 있다. 또, 외국인 지분투자제한은 벤처캐피탈 회사에게도 적용되지 않는다. 즉, 외국인이 투자한 벤처캐피탈 회사가 인도네시아 부동산 회사에 투자하여도 해당 지분투자에는 외국인 지분투자제한이 적용되지 않는다. 벤처캐피탈 회사는 주식회사나 CV형태로 설립이 가능하지만, 외국인이 투자하기 위해서는 주식회사 형태만 가능하며 이 때 외국인지분은 85%까지 가능하다.

6.2. 부동산 매입 시 주의사항

부동산 매입 시 확인해야 할 서류는 다음과 같다.
- 부동산 등기사항 증명서(Sertipikat)
- 건축허가서(Izin Mendirikan Bangunan)
- 재산세 납부고지서(surat setoran pajak pajak bumi dan bangunan: SPT PBB) 및 납부영수증(surat tanda terima setoran PBB: STTS PBB)

부동산 매입 시 확인할 사항은 다음과 같다.
- 건물사용권(Hak Guna Bangunan)의 잔여기간
- 토지청(BPN)에서 해당 부동산에 대한 저당, 유증, 기타 권리의 유무 및 부동산 등기사항증명서 진위 여부 확인
- 동사무소 군청 읍사무소(Kecamatan/Kelurahan)에서 채무승계, 상속, 유증 유무
- 매도인이 개인일 경우 매도인 배우자의 동의서(민법 제140조)
- 매도인이 회사일 경우 회사설립정관 및 수정정관상 요구하는 사전승인

- 목적 부동산에 저당권이 설정되어있는 경우 저당권설정증서(APHT)상 담보액 및 특약 등 관련 서류
- 목적 부동산에 임차인이 있는 경우 임대차계약서(1~2년의 임차료를 임차인이 입주 전에 선불로 지급하는 경우가 많고, 임차인이 중간해지 시에 임대인이 잔여임대차기간의 임차료를 임차인에게 상환하지 않는 다는 조항이 널리 사용되므로 확인.)
- 재산세 납부고지서(SPT PBB)상의 명의 및 등기상의 명의가 다른 경 우, 왜 명의가 상이한지 여부

토지와 건물 등 부동산 소유권 및 분쟁 여부에 대한 실사 시 통상 인 도네시아 변호사 또는 PPAT가 BPN에 방문하여 등기를 발급받고 "위 사 항은 BPN에 등록된 사실과 다름이 없음을 확인합니다"라는 취지의 확인 서를 받는다. 이후 해당 확인서의 내용 및 기타 자료 등을 토대로 이를 토대로 인도네시아 변호사가 목적 토지와 관련된 권리 관계를 분석한다.

부동산 거래로 발생하는 세금은 다음과 같다.
- 매도인에게 세율 2.5%의 부동산 양도세 부과
- 신규 부동산 거래 시 부가가치세 10%
- 시가 200억 루피아 이상 고급 주택 매매는 세율 20%의 특별소비세
- 시가 100억 루피아 이상 고급 아파트 매매는 세율 20%의 특별 소비세
- 매입자에게는 세율 5%의 취득세 납부의무
- 부동산 임대차 시 발생하는 세금은 세율 10%의 부동산 임대소득세 발생

부동산 중개사와 관련해서는 다음과 같은 주의사항이 있다.
- 외국인은 부동산 중개업을 할 수 없다. (단, 중개업을 영위하고 있는 한인중개사들이 있고, 대개 서비스 면에서는 현지 중개사보다 훨씬 나은 것으로 평가받는다.)
- 부동산중개사 자격증 보유자로서 부동산중개사협회(AREBI)만이 부동산 중개업을 할 수 있다. (단, 미보유자도 많이 영위하고 있다.)
- 부동산 중개비는 인도네시아의 오랜 관습상 임대인이나 매도인이 부담한다. 이에 따라 중개사가 임차인이나 매수인보다 임대인이나 매도인의 이익을 더 보호하려는 경우도 있다. (단, 미국계 및 호주계 등 외국계 부동산 중개회사는 양측에서 중개비를 받기도 한다.)

- 현행 부동산 중개비는 매매의 경우 거래액의 2.5%, 임대의 경우 임대비의 5%에서 지급된다.[95]

6.3. 토지증서작성자(Pejabat Pembuat Akta Tanah: PPAT)

인도네시아에서 토지증서작성자(PPAT)라 함은 토지에 관한 권리의 설정, 이전, 담보 등에 대한 증서를 작성할 수 있는 권한을 가진 자이다. "공무원"이라고 흔히 번역되는 "쁘자밧(Pejabat)"이라는 단어 때문에 "토지증서작성공무원"이라고 번역되기도 한다.[96] 여기서 쁘자밧(Pejabat)이란, 일반적으로 한국에서 말하는 국가와 지방자치단체의 사무를 맡아보는 사람이라는 뜻의 "쁘가와이 느그리(Pegawai Negeri)"와는 다른 뜻이다. 토지증서작성자는 토지증서 작성이라는 공적인 업무를 수행하는 자(Pejabat)로써 국가가 선임한 기관에서 연수를 받지만, 국가기관 또는 지방기관의 소속이 아닌 토지증서작성자협회(Ikatan Pejabat Pembuat Akta Tanah: IPPAT)의 소속으로써 고객에게 수수료를 받는 자일뿐이다. 봉급을 나라에서 주는 것이 아니므로, 공무원이라고 번역 시 국가공무원 내지 지방공무원으로 오해를 받을 소지가 있어 본서에서는 PPAT를 토지증서작성자로 번역한다.

실무에 있어서는 공증인(Notaris) 자격과 토지증서작성자(PPAT) 자격을 동시에 취득하여 "Notaris & PPAT"라는 이름을 걸고 사무를 보는 자들이 적지 않다. 반면 공증인 자격만 갖춘 자들도 적지는 않다. PPAT 시험은 난이도가 높지는 않으나 정기적으로 열리지 않고(3년에 한 번 개최하기도 한다) 족자카르타에서 연수를 받아야 하는 것이 부담스러울 뿐만 아니라, 대도시의 공증인들은 이미 경제적으로 여유가 있기 때문으로 생각된다.

토지증서작성자는 1998년 제37호 행정부령[97] 및 이를 일부 개정한 2016

---

95) 이승민, 한인뉴스 2019년 6월호, p.54.
96) 이대호, 인니법, 유로, p.94.

년 제24호 행정부령이[98] 규정하고 있으며, 기타 법률에서 토지증서작성자가 작성해야 하는 서류들을 정하고 있다.

예컨대, 부동산담보증서(1996년 제4호 토지등저당권법 제10조 제2항),[99] 건축권(Hak Guna Bangunan), 경작권(Hak Guna Usaha), 사용권(Hak Pakai), 소유권이 있는 토지상의 사용권(Hak Pakai atas Tanah dengan Hak Milik) 등 각종 토지관련 권리의 등기, 합의 및 매매(경매제외), 교환, 출자, 증여 등에 관한 증서는 반드시 토지증서작성공무원이 작성하여야 한다(PP 40/1996 제16조 제4항, 제29조 제2항, 제34조 제4항, 제44조 제1항, 제49조 제2항, 제54조 제5항).

상기 증서에 서명한 날로부터 법정한 기간 내에 국가토지청에 송달하면, 토지청(BPN)이 등기후에 관련 등기사항증명서(Sertipikat)를 발급한다.

등기사항증명서와 관련하여 주의할 것이 있다. 인도네시아 표준어상 각종 증서, 증명서, 자격증, 졸업장 등은 "F"를 써서 Sertifikat이라 하며 (2012-2019 인도네시아 대사전, 교육 문화부) 평상시 일반대화에서도 Sertifikat 이라고 말하는 것이 보통이다. 그러나 토지등기에 법률용어는 이와 구분하여 "P"를 써서 Sertipikat이라고 부른다(토지등기법 UU 24/1997 제1조 제20항).

또, 인니 한인사회에서 "Sertipikat"은 대개 증명서, 증서 또는 등기부 등본 등으로 번역되나, 대한민국 법률(부동산등기법, 동산·채권등의 담보에 관한 법률, 등기예규 등)상 이들을 "등기사항증명서"라 하므로 본서에서는 이를 차용한다. 상세한 내용은 아래의 「부동산 등기사항증명서(SERTIPIKAT)」 단원에서 후술한다.

---

97) Peraturan Pemerintah Nomor 37 Tahun 1998 tentang Peraturan Jabatan Pejabat Pembuat Akta Tanah.
98) Peraturan Pemerintah Nomor 24 Tahun 2016 tentang Peraturan Jabatan Pejabat Pembuat Akta Tanah.
99) Undang Undant Nomor 4 Tahun 1996 tentang Hak Tanggungan atas Tanah beserta Benda-Benda yang Berkaitan dengan Tanah.

6.4. 부동산 등기사항증명서(SERTIPIKAT)

• 등기사항증명서의 내용과 형식

등기사항증명서의 목적물, 내용 및 발급시기에 따라서 발급기관, 서식, 표지색상 등이 다르다.

소유권 등기사항증명서의 구성은 아래와 같다.

ㄱ. 표지: 토지국; 가루다 빤짜실라 국장; 토지소유권 등기사항증명서(권리증명서); 발행 토지국 책임자명

ㄴ. 1면: 토지국; 가루다 빤짜실라 국장; 등기번호 및 관할행정구역 (Propinsi, Kabupaten, Kecamatan, Desa/Keluruhan); 등기일

ㄷ. 2면: 당해 토지의 등기번호, 지번, 등기일, 측량일 및 면적, 소유권자 성명 및 생년월일, 등기일과 발행일, 발행 토지국의 서명

ㄹ. 3면: 소유권 변경관계 및 기타 권리관계(Peralihan hak, pembebanan dan pencatatan lainnya)

ㅁ. 첨부: 토지 측정 관련 사항(Surat Ukur) 토지 지도

ㅂ. 토지청 등기사항증명서 발행 책임자의 이름과 서명

토지소유권 등기사항증명서의 표지는 녹색이며 집합건물 등기사항증명서의 표지는 분홍색이다.

그림 5-2 등기사항증명서 예시

| 토지소유권 등기사항증명서의 예 | 집합건물 소유권 등기사항증명서의 예 |

참고로 공장건물에 관해서는 반드시 지방정부의 통합민원국(Pelayanan Terpada Satu Pintu 또는 PTSP)에서 발급한 건축허가서(Izin Mendirikan Bangunan 또는 IMB)를 같이 보아야 한다. 과거에는 도시계획국(Dinas Tata Ruang)이 발급하였다. 건축허가서상의 층수, 면적 등이 실제와 다르면 벌금을 내야하거나 증축 시에 문제가 발생할 수 있으므로 주의하라.

토지등저당권 등기사항증명서의 구성은 아래와 같다.

ㄱ. 표지: 토지국; 가루다 빤짜실라 국장; "유일하고 전능하신 신으로부터 비롯된 정의를 위하여"(토지등저당권법 제14조 제2항 요건); 토지등저당권 등기사항증명서(Sertipikat hak tanggungan); 발행 토지국 책임자명

ㄴ. 1면: 토지국; 가루다 빤짜실라 국장; 토지등기부(Buku−Tanah); 토지등저당권; 등기번호; 관할행정구역(Propinsi, Kabupaten); 발행 토지국 책임자명

ㄷ. 2면: 당해 토지등저당권의 등기번호, 우선순위, 저당권자, 피담보채무액, 토지등저당권 목적물에 관한 상세설명; 등기일 및 발행일; 발행 토지국의 서명

ㄹ. 3면: 등기이전(Pendaftaran Perubahan)

ㅁ. 첨부: 토지등저당권 설정증서(Akta Pemberian Hak Tanggungan)

• 부동산 등기사항증명서는 증명수단일 뿐, 권리발생의 효력요건은 아니다.

1960년 제5호 농지기본법[100] 제19조에 등기제도를 마련하고 있고, 토지청(BPN)이 등기 후 발급하는 등기사항증명서(Sertipikat)는 토지에 대한 권리의 발생, 이전, 변경, 소멸에 대한 효력요건이 아니라 강력한 증명수단(동법 제19조 제2항 c목, 1996년 제4호 토지등저당권법 제13조 제5항 및 제14조 제1항)이다. 등기사항증명서 표지를 보면 "SERTIPIKAT" 아래 "권리증명서(Tanda Bukti Hak)"라고 쓰여 있다.

---

100) Undang Undang No.5/1960 tentang Peraturan Dasar Pokok−Pokok Agraria는 농지기본법 또는 토지기본법이라고 번역하는 경우가 적지 않다. 예컨대 이대호, p.35.

농지기본법 제16조 제1항에서 토지에 관한 권리로 소유권(Hak Milik), 경작권(Hak Guna Usaha), 건축권(Hak Guna Bangunan), 사용권(Hak Pakai), 임대권(Hak Sewa), 개간권(Hak Membuka Tanah), 임산물 채취권(Hak Memungut Hasil Hutan), 농지기본법 제53조 및 기타 법률에서 정한 다른 권리를 열거하고 있다. 이 중 소유권·경작권·건축권·사용권은 국가토지청에서 발행하는 등기설정증명서(Sertipikat)에 의하여 증명할 수 있다.

- **부동산 등기사항증명서가 없는 부동산도 매입가능하다.**

인도네시아에는 미등기부동산이 등기부동산보다 더 많다.[101] 고급아파트를 등기사항증명서도 없이 개발사와 매입자 간 체결한 매매약정서(PPJB)만 갖고 거래를 하는 경우가 적지 않고, 주택단지의 가옥도 등기사항증명서 없이 거래되는 경우가 더러 있다. 등기사항증명서가 없는 경우에는 왜 미등기인지 반드시 매도자에게 자세한 설명을 요구하고 확실하게 이해를 한 후에 매입을 결정하여야 한다.

미등기인 경우에는 등기수속 중이라서 아직 발급되지 않았거나 관습법상 인정받는 부동산이라서 등기를 하지 않은 경우가 적지 않다. 각각의 경우 확인할 사항은 다음과 같다.[102]

- 등기를 신청해서 수속 중인 경우:
  - 등기 신청 접수증 확인
  - 누구 명의로 신청했는지 확인
  - 등기가 나올 수 있는지 여부를 토지사무소에 문의
  - 주택단지나 아파트는 처음에 회사명의로 모등기(Sertifikat Induk)가 나오고 그 뒤에 매입자 명의로 분할하여 등기함.
- 관습법상 인정받는 부동산(tanah hak miliki adat)인 경우:
  - 토지세납부증명서(Girik, Kikitir). 토지세 지불사실만 증명할 뿐, 토지소유권을 증명하지는 않음.
  - 동사무소 비치 대장확인

---

101) 이승민, 한인뉴스 2019년 6월호, p.54.
102) 위의 자료.

◦ 매도자 명의와 토지세납부증명서(Girik)상의 명의가 동일한지 확인
◦ 토지세납부증명서(Girik) 보유 명의자가 사망 시에는 상속권자 전체의 동의서가 있어야 함.
◦ 토지세납부증명서(Girik)의 토지 거래를 PPAT 또는 Camat을 통해서 거래하지 않고 당사자끼리만 거래된 적이 있는 부동산은 관련 내용을 더욱 자세하게 확인하여야 함.

- 속칭 GIRIK 또는 KIKITIR은 토지세 지불사실만 증명할 뿐, 오늘날에는 토지소유권을 증명하지 않는다.

도서·산간지역이나 기타 농어촌 지역에서 등기를 하지 않는 경우가 아직도 적지 않고, 속칭 Girik 또는 Kikitir라 불리는 토지세납부증명서(Petuk Pajak Bumi)로 소유권을 증명한다고 믿는 경우 또한 적지 않다. 즉, 토지를 매각 또는 담보로 제공하려는 현지인이 토지소유권을 등기하지 않아 등기사항증명서조차 갖추지 않은 경우가 흔하다. 이 때 해당 현지인은 대개 토지세증명서를 보여주며 소유권이 있다고 주장하기도 하지만, 오늘날 인도네시아 법원은 토지세증명서에는 소유권에 대한 증거능력이 없다고 본다(대법원 결정: Putusan Mahkamah Agung RI. No.34K/Sip/1960;[103] No.624K/Sip/1970;[104] No.565K/Sip/1971;[105] No. 84K/TUN/2008;[106])

---

103) 1960년대에는 법원이 양도소득세증명서에 대해서 증거능력이 약하기는 해도 토지소유권을 증명할 수는 있다고 보았다. "Petuk Pajak Bumi (girik) adalah bukan merupakan suatu bukti mutlak bahwa tanah adalah milik yang namanya tercantum dalam petuk pajak bumi tersebut, akan tetapi petuk itu hanya merupakan tanda siapakah yang harus membayar pajak." 등기를 하는 문화가 국가전역에 정착되지 않았기 때문인 것으로 추정된다.

104) "Catatan dalam Letter C tidak merupakan bukti mutlak tentang hak milik, maka tentang hal itu masih diperlukan buktibukti lain lagi."

105) 1970년대 들어 Girik이 사실상 토지소유권을 증명할 수 없고 세금을 냈다는 증거에 불과하다는 판결이 나오기 시작했다. "Surat kikitir hanyalah tanda pembayaran pajak dan tidak membuktikan bahwa nama orang yang tercantum didalamnya adalah pemilik tanah."

106) 소유권에 대한 Girik의 증명력을 인정하지 않는 경향은 오늘날 거의 굳어졌

No.181/G/2014/PTUN－DKI[107])).

6.5. 부동산 분쟁

인도네시아에서의 부동산과 관련한 분쟁은 도시든 지역이든 어려운 문제다. 부정확하고 비합리적인 법률, 공적 시스템의 비효율, 이해관계자들의 보복, 상황을 왜곡한 언론보도, 복잡한 인도네시아의 사회체계, 정치적 문제 등이 종합적으로 문제를 야기해서 만사형통의 공식으로 접근할수 없다.

• 알고 보니 부동산을 매각하거나 담보로 제공한 자에게 소유권이 없거나 불확실한 경우가 적지 않다.

부동산을 매입하거나 담보로 받았는데 알고 보니 소유권이 불확실하다거나 아예 없는 경우도 적지 않다.

소유권이 불확실한 경우는 대개 등기가 안 되어있기 때문이다. 앞서 설명하였듯이 이 경우 현지주민들 사이에서는 속칭 Girik 또는 Kikitir라 불리는 토지세납부증명서(Petuk Pajak Bumi)로 소유권을 증명한다고 믿는 경우가 적지 않다. 하지만 오늘날 인도네시아 법원은 이러한 토지세납부증명서는 토지소유권을 증명할 수 없다고 본다(대법원 결정: Putusan Mahkamah Agung RI. No.34K/Sip/1960; No.624K/Sip/1970; No.565K/Sip/1971; No. 84K/

다. "[K]ikitir adalah bukti pembayaran pajak bukan alat bukti hak kepemilikan atas tanah." 등기문화의 정착이 영향을 준 것으로 사료된다.

107) "[I]stilah girik/Petuk D/Kikitir (Letter C) dan istilah yang sejenisnya yang pernah berlaku pada dasarnya hanyalah berfungsi sebagai surat keterangan dan pembayaran pajak bukan berfungsi sebagai tanda bukti kepemilikan tanah, hal ini sesuai dengan Surat Edaran Menteri Keuangan Republik Indonesia No. SE. 18/Pj.7/1989, tanggal 2 Maret 1989, perihal status girik/Petuk D/Kikitir (Letter C) sebagai salinan Kohir pajak bumi."

TUN/2008; No.181/G/2014/PTUN‑DKI).

소유권이 없다고 판명된 경우, 설사 부동산매매계약이 무효가 돼서 매매대금 반환결정을 받더라도 인도네시아에서는 청구권자가 채무자의 은행계좌를 모르면 집행이 안 된다. 또, 인도네시아의 보전처분은 효율적이지 않아서 법원결정서를 받았을 때는 이미 채무자가 대금을 탕진해버리고 무자력이 되어있을 수 있다. 형사상 사기죄로 고소한 뒤 합의금을 받을 수도 있겠지만, 그러려면 어디까지나 부동산 매도인 또는 부동산 담보제공자에게 소유권이 없다는 사실이 확실해야 한다. 결국 부동산 매도인(또는 담보제공자)과 제3자간의 소유권 분쟁이 먼저 끝나기를 기다려야 할 수도 있다.

• 소유권을 기초로 한 불법주거민의 강제철거는 지극히 어렵다.

소유권이 확실하다고 안심할 수 없다. 먼저, 토지소유권자가 자기소유의 토지에 주거하고 있는 주민들을 일시에 강제철거시키거나 추방시키는 것은 인도네시아에서 통상적인 방법은 아니다. 경찰을 동원한 추방명령의 집행확보가 어렵기도 하지만, 보복의 위험을 감수해야 할 수도 있기 때문이다.[108] 성향이 험한 종족의 보복도 두렵고 주민들의 강경대응과 언론 플레이는 당사자에게 부담스러운 일이다. 소수의 주민대표와 협상을 하는 것이 답이라고 알려져 있으나, 주민대표로 인정받은 자가 한 명으로 확립되지 않은 경우도 있고 보상 중에 사망하는 경우도 있다.

• 소유권 확인, 대금지급, 보상, 계약, 등기 기타 모든 절차를 완료했어도 안심할 수 없다.

토지매수인이 토지매도인의 소유권을 철저하게 확인하고 기존 소유권자에게 토지매매대금을 지급하면서 관련 주민들에게 보상도 하고 각종

---

108) 인도네시아에서 분쟁이 격화되면 활·톱 등으로 인체에 해를 가하거나, 무당을 불러 저주를 하는 등의 경우가 적지 않다.

증서와 등기까지 모두 갖추었다고 안심할 수가 없다. 동일 토지에 대해 다른 등기사항 증명자가 나타나서 토지불법점유 및 사용에 대한 손해배상청구와 토지매매계약취소를 구하는 경우도 있다. 부동산 소유권자가 이중으로 등기되거나 등기면적이 인근 부동산 등기면적과 겹치는 경우가 있는 것이다. 또, 가짜 등기사항증명서를 이용한 사기(등기사항증명서의 형식은 구비하고 있으나 토지국 등기부에 정식으로 해당 소유권이 등기되어 있지 않은 경우), 등기사항증명서에 써져 있는 토지가 실제로 없는 유형의 사기도 있다.

이 같은 사기는 사기죄 외에 형사상 공정증서 및 사문서 위조죄(형법 제263조, 제264조, 제266조 및 제385조)에 해당될 수 있고, 사기를 당한 자는 당사자를 상대로 민사상 불법행위에 기한 손해배상(제1365조)을 구할 수 있다.

- 토착지역에서의 소송은 법원에서만 다툴 것이 아니라 주민대표, 원고의 이웃, 토착지역장(demang/damang), 지역의 유지 내지 권력가 등 이해관계자들을 움직여야 하는 종합예술이다.

인도네시아 자카르타와 같은 대도시를 벗어나 농어촌 인근에서의 소송은 한국인에게 있어서는 "신세계"다. "촌구석에서의 분쟁은 돈으로 해결하면 되는 것 아닌가"라고 치부하는 분들도 있는데, 완전히 틀린 말은 아니겠지만 맞는 말도 아니다. 돈에 대한 개념이 없어서 말도 안 되는 천문학적인 금액을 요구하기도 하고, 돈으로 해결했다가는 인근 주민들이 벌떼처럼 몰려들 수도 있기 때문에, 돈에 의한 해결책은 자칫 화를 부를 수 있다.

특히 인도네시아에서는 플랜테이션 등 천연자원을 업으로 하는 회사를 상대로 인근주민이 토지나 과실에 대한 권리를 주장하는 경우가 빈번하다. 2016년 관계 법률[109)]이 사실상 "지역사회 분쟁은 지역사회에서 알아서 해결하라"고 말한 바와 진배없어서,[110] 이제는 지역분쟁을 해결하는 방법이 더욱 복잡해졌다.

가끔은 법률자체가 불합리하다. 예를 들어서 1999년 제41호 삼림법 상 산업용 삼림조림 사업허가(IUPHHK – HT)가 부여되는 토지는 국유삼림지로 하며, 국유삼림이란 "타인의 권리로 인해 방해받지 않는 토지 위에 존재하는 삼림"을 말한다(동법 제1조 제4항). 따라서 조림사업을 하고 싶으면 정부로부터 "특정한 국유삼림지에서 조림사업을 해도 된다"는 허가를 받아야 한다. 한데, 허가서에 일반적으로 "해당 국유삼림에 타인의 권리가 있을 경우에는 허가를 득한 자가 그러한 권리에 기한 손해의 일체를 배상해야 한다"는 면피조항이 붙어 있다.

상식적으로는 국가의 귀책사유로 허가발급에 문제가 있어서 허가를 받은 자가 손해를 입었다면 그 귀책이 있는 국가가 그 손해를 배상하는 것이 옳다. 그러나 상기 허가서상의 문구에서 알 수 있듯이, 인도네시아 부동산 실무에서는 이처럼 국가가 국유지 판단을 잘못하거나 허가를 잘못 발급하여 손해가 발생하더라도 통상 국가는 그 손해를 배상하지 않는다. 국익이 우선한다는 인도네시아 헌법 조항을 아전인수 격으로 끌어오기도 하고, 토지를 운영하여 수익을 누리는 자가 손해를 배상하는 것은 일종의 수익자부담원칙이라는 궤변을 대기도 한다.

결국 허가받은 자가 부당허가의 책임을 다 져야 하는 구조 속에서, 사업자는 '지역사회분쟁은 지역사회의 법률을 준수하여 지역의 쟁의기관에서 해결해야 한다'는 2016년 법률에 따라 지역법 내지 관습법을 찾아야 한다. 한데, 지역관습법이라는 것이 성문으로조차 써져 있지 않고 지역의

---

109) 2016년 일부 토착사회, 지역 관습법 그리고 토지 권리 결정을 위한 절차법: Tata Cara Penetapan Hak Komunal Atas Tanah Hukum Adat dan Masyarakat Yang Berada Dalam Kawasan Tertentu

110) 정확히 직역하면 "지역사회분쟁은 지역사회의 법률을 준수하여 지역의 쟁의기관에서 해결해야 한다."

유지에게 판단을 보류했을 뿐이라서 비합리적인 경우가 적지 않은 것으로 보인다.[111]

과실수취권에 기한 손해배상을 주장하면서 인근의 친족 내지 이웃에게 유리한 증언을 구하기도 한다. 지방법원에서는 "작고하신 내 할아버지가 생전에 말씀하시기를, 1970년대에 아무개 숲에서 뭐시기 강까지 위치한 몇 헥타르의 토지에서 원고의 할아버지가 사구를 채취하셨다고 했다"는 믿기 힘든 증언도 아무런 문제없이 증거로 채택하기도 한다.

따라서 억울해도 지역에서 사업허가를 받은 회사나 사람이 직접 발로 뛰어다니면서 주변 사람들을 설득하고 문제를 해결해야 한다. 보통은 촌장(Lurah)과 군수(Bupati)를 설득해야 하는데, 경우에 따라서 더 많은 사람들을 설득해야 하기도 한다. 설득이 되면 즉시 서면으로 증거자료를 일일이 다 만들어두어야 한다. 지방법원의 법관과 서기관도 그 마을의 주민이라는 점을 짚을 필요가 있다. 결국 합의를 하든 승소를 하든, "촌구석에서의 분쟁"이라고 치부할 수 없을 만큼 상당한 노력과 시간이 소요된다.

제7절 기 타

7.1. 어음수표의 부도

수표를 받아 은행에 가져간 후 위변조/잔고불충분/지불금지명령/계좌폐쇄 등을 이유로 지급이 거절된 경우에, 채무자를 상대로 형사책임을

---

111) 이러한 비합리성을 구체적으로 고발하는 연구가 축적되어 있다. 독일 Leipzig University의 Martin Ramstedt 교수가 이 분야에서 특히 적지 않은 논문을 냈다. <https://www.multiple-secularities.de/team/pd-dr-martin-ramstedt/>

물을 수 있는지가 문제된다.

- 인도네시아에서 부도수표는 그 자체로 형사상 범죄를 구성하지 않으며 민사상 계약위반이다.

부도수표 발급금지에 관한 1964년 법률 제17호에서는 수표부도는 범죄로 규정하였으나, 1964년 법률 제19호 폐기에 관한 정부령 1971년 제1호에 따라 범죄가 아닌 단순 계약위반으로 바뀌었다.

그럼에도 부도수표를 형법 제378조상의 사기로 보고 형사처벌한 대법원 판례들이 있다(No. 1036/K/Pid/1989, No. 133 K/Kr/1973). 보기 드문 판례로 오늘날 같은 판결을 얻기는 어려울 것으로 보인다.

- 단, 고의로 수표를 부도낸 경우에는 사기죄에 해당한다.

고의로 수표를 부도낸 경우에는 아래의 형법 제378조 사기죄에 해당된다.

형법 제378조: 타인의 권리를 침해하여 자기의 이익을 위하여 거짓 명의, 거짓 발언, 거짓 계략 또는 거짓으로 작성된 것으로써 물건을 이전시키거나 채권을 만들어내거나 없애기 위하여 타인을 설득하는 자는 누구든지 사기죄로 4년의 징역 또는 금고형에 처한다.[112]

그러나 본 사기죄와 관련된 조항은 cek tunai에만 적용가능(조건부수표 및 신용장에는 적용불가)하며, 위 법률적용을 위해서는 2명 이상의 증인과 증거가 있어야 한다.

---

112) Pasal 378 Kitab Undang−Undang Hukum Pidana (KUHP): "Barang siapa dengan maksud hendak menguntungkan diri sendiri atau orang lain dengan melawan hak, baik dengan memakai nama palsu, baik dengan akal dan tipu muslihat, maupun dengan karangan pern yataan−pernyataan bohong, membujuk orang supaya memberikan suatu barang, membuat utang atau menghapuskan piutang, dihukum karena penipuan, dengan hukuman penjara selama−lamanya 4 tahun.

인도네시아에는 별도의 부정수표단속법은 없으나, 유가증권위변조죄는 아래 형법 제263조의 위변조죄에 해당한다.

형법 제263조: 본인이 사용할 목적으로 또는 타인으로 하여금 사용하게 할 목적으로 거짓 또는 위조로써 계약, 증서, 또는 채무면제서류 등의 어떠한 권리를 표상하는 서면을 작성하여 그것이 진실한 것과 같이 속여 손해를 끼치는 경우 위조죄로 6년의 징역 또는 금고형에 처한다.[113]

7.2. 명예훼손죄

명예훼손죄는 인도네시아어로 Pencemaran Nama Baik, Penghinaan, Fitnah 등으로 불린다.

형법 제310조 명예훼손죄의 구성요건은 다음과 같다.

i) 타인의 명예 및 신용을 훼손할 것
ii) 타인의 명예를 실추시킬 목적이 분명할 것
iii) 공연한 방법으로 공중에 알릴 것

명예훼손죄에 해당 시, 1년 4개월 이하의 징역 또는 10억 루피아 이하의 벌금이 부과될 수 있다.

명예훼손죄는 "타인의 명예를 실추시키려는 목적이 분명할 것"이라는 요건이 있으므로 특정 신체부위를 언급하여 모욕하거나 수치스러운 표현

---

113) Pasal 263 ayat (1) Kitab Undang-Undang Hukum Pidana: "Barang siapa membuat surat palsu atau memalsukan surat, yang dapat menerbitkan sesuatu hak, sesuatu perjanjian (kewajiban) atau sesuatu pembebasan utang, atau yang boleh dipergunakan sebagai keteran gan bagi sesuatu perbuatan, dengan maksud akan menggunakan atau menyuruh orang lain menggunakan surat－surat itu seolah－olah surat itu asli dan tidak dipalsukan, maka kalau mempergunakannya dapat mendatangkan sesuatu kerugian dihukum karena pemalsuan surat, dengan hukuman penjara selama－lamanya 6 tahun.

으로 모욕한 경우 명예를 실추하려는 목적이 분명한 것으로 보아 명예훼손죄에 해당한다. 반면, 변론 또는 공익을 위한 경우 해당되지 않는다 (018/PID.B/2009/PN.PALU).

"모욕이나 명예훼손을 담은 전자정보나 전자서류를 권리없이 고의로 배포, 전송 또는 접근케 하는 모든 사람"(전자적 거래 및 정보에 대한 2008년 제11호 법(UU ITE) 제27조 제3항)은 최대 10억 루피아의 벌금 또는 최대 6년 이하의 구금에 처한다(동법 제45조 제1항). 또, 해당 죄로 타인에게 해를 가했을 경우에는 최대 12년 구금 또는 최대 120억 루피아의 벌금에 처한다(동법 제51조 제2항).

이와 더불어 혐오발언죄(형법 제315조), 타인이 형사상 죄를 저질렀다는 허위사실을 유포하여 사람의 명예를 훼손한 죄(형법 제317조), 거짓혐의를 유포하여 사람의 명예를 훼손한 죄(형법 제318조)가 있다.

7.3. 영업방해죄 업무방해죄

인도네시아에는 영업방해, 업무방해와 관련된 형법상 별도 조항이 없다. 단순히 업무 또는 비즈니스를 방해하는 것만으로 성립하는 별도의 범죄가 있지는 않다.

7.4. 근로계약 등

인도네시아 회사에는 자체적인 노무관리 능력이 절실하게 필요하다. 일반적으로 노동법을 바르게 이해하고 노조 및 근로자와의 관계를 정성들여 철저하게 관리할 수 있는 법대출신 내지 변호사 직원이 필요하다.

자세한 인사 및 노무는 그 내용이 방대하며 시중에 우수한 책들이 있으므로 참고하는 것이 좋다.[114] 다만, 현재(2020) 각종 노동법을 전면 개정 및 통합하는 옴니버스 법의 도입이 준비되고 있으므로, 근로계약, 정규직과 비정규직, 아웃소싱에 대한 기본적인 내용만 소개한다.

7.4.1. 근로계약

인도네시아에서 근로관계란 "업무, 급여, 지시사항 등 근로계약에 따른 사용자와 근로자와의 관계"를 말한다(2003년 제13호 노동법 제1조 제15호). 근로계약이란 "근로자와 사용자간의 계약으로 근로조건 및 쌍방간의 권리, 의무관련 사항을 포함하는 계약"을 말하며(동법 제1조 제14호) 민법 제1601a조의 노동협약과 사실상 동일한 것으로 받아들여지고 있다.[115]

근로계약은 구두로 체결하는 것도 가능하지만(동법 제51조 제1항), 정규직은 결국 채용확정서의 발급이 요구되며(동법 제63조) 실무상 근로계약을 서면으로 작성하는 경우가 일반적이므로 구두계약에 대해서는 생략한다.

서면상 근로계약에 작성해야 할 필수 사항은 아래와 같다(동법 제52조 제1항).

① 회사명, 주소 및 업종
② 근로자 성명, 성별, 나이 및 주소
③ 직책 및 직무
④ 작업장
⑤ 급여액 및 지급방법
⑥ 사용자 및 근로자의 권리의무를 포함한 근로조건
⑦ 근로계약의 효력발생 시점 및 기간
⑧ 근로계약 체결장소와 일자
⑨ 근로계약 체결 당사자의 서명

7.4.2. 정규직과 비정규직

한국의 정규직과 비정규직에 해당하는 무기한부 고용계약(PKWTT)과

---

114) 방치영, 인도네시아 인사노무 바이블, 재인니한인상공회의소; 백민우, 2015년 인도네시아 노무관리 Q&A, 노사발전재단.
115) 백민우, 위의 책, p.20.

기한부 고용계약(PKWT)이 있다.

	무기한부 고용 계약(PKWTT)	기한부 고용 계약(PKWT)
근 거	2003년 제13호 노동법 제60조	2003년 제13호 노동법 제50조~제63조
기 간	고용 기간 없음. 최장 3개월 수습 기간 허용	최장 5년 가능(2년 - 1년 - 2년) 수습 기간 없음
업 무	제한 없음	프로젝트성, 계절적 성격, 일시성 성격 등의 업무
퇴직금	지급 의무 있음	지급 의무 없음(단, 합의한 고용 기간 전에 사용자가 근로자를 해고하려면, 고용 계약 잔존 기간에 대한 급여 전액 지급 의무 있음)
고용 관계 종료	해고가 상당히 어려움	계약 기간 만료에 따른 고용 관계 종료

한데, 실무에서는 1년씩 연장하면서 매년 퇴직금조로 14번째 월급을 지급하는 방법도 사용된다. 정규직인지 비정규직인지 애매하게 만드는 방식으로, 인도네시아에서 노동부의 자문을 받아 사용되는 방법으로도 알려져있다. 노동자와의 분쟁은 퇴직금을 충분히 주었는지로 귀결되는 경우가 적지 않은데, 위 방식에 의하면 적어도 퇴직금을 주었다는 증빙이 확실해진다.

인도네시아 대부분의 기업 그룹은 복수의 주식회사를 갖고 있으므로, 고용회사를 변경하는 방법으로 기한부 고용제한을 극복하기도 한다.

7.4.3. 아웃소싱업체

경제적이고 합법적인 인력사용을 위해 인력파견업체와의 계약이 흔히 사용된다. 회사경비원, 청소담당자, 엘리베이터담당자 등이 특히 여기에 해당한다. 아웃소싱은 아래의 법률이 규정한다.

(ㄱ) 민법 제1604조 내지 1616조,
(ㄴ) 2003년 제13호 노동법 제35조, 제64조~제66조
(ㄷ) 2012년 제19호 노동부 규정(2014년 제27호, 2019년 제11호로 개정).116)

아웃소싱은 아웃소싱 근로자를 사용하는 회사와 해당 근로자 간에 직접적인 고용관계가 없다. 따라서 자사직원을 쓰면 부담해야 하는 일체(예컨대 법정 최저임금, 출근수당, 직책수당, 산재보험, 식사 혹은 식대 및 교통비, 휴가, 종교상여금, 퇴직금, 노조가입, 고용계약서, 사규, 단체근로계약서 등)로부터 자유로워진다. 나아가, 인건비 부담도 적고 인력관리가 용이하며 생산성이 낮은 근로자는 아웃소싱업체에 요구하면 즉시 교체할 수도 있다.

단, 아웃소싱 인력은 회사의 주된 업무에는 투입할 수 없고(2004년 제13호 노동법 제66조 제1항), 청소나 음식조달(catering), 경비, 근로자 출퇴근지원 등 부수업무에 한한다. 아웃소싱 근로자가 주된 업무에 투입되면 별도의 계약서가 없어도 해당 회사의 정직원으로 신분이 자동변경된다. 현실적으로 노동법에서 금지하고 있는 생산공정 기타 주요 업무에 불법으로 투입되는 경우가 적지 않고, 부당한 처우에 대항하는 노동분쟁이 일어나는 경우도 적지 않다.

이 같은 아웃소싱은 크게 두 가지가 있다. 타사의 근로자를 공급받아서 자사의 업무에 사용하는 인력공급계약(Penyediaan Jasa Pekerja/Buruh)

---

116) Pasal 64-66 Undang-Undang No.13 Tahun 2003 tentang Ketenaga kerjaan; serta Peraturan Menteri Tenaga Kerja Dan Transmigrasi Re publik Indonesia No. 19 Tahun 2012 Tentang Syarat-Syarat Penye rahan Sebagian Pelaksanaan Pekerjaan Kepada Perusahaan Lain.

과 회사업무 중 특정분야 또는 공정을 타사에게 위탁하는 실적도급제 (Perjanjian Pemborongan/Pekerjaan)이다. 전자에서 후자 또는 후자에서 전자로 변경할 수도 있다.

아웃소싱 업체의 업무범위에 대한 개정안이 현재(2020) 국회의 심의 중이며, 연내 도입여부가 불투명한 상황이다.

찾아보기

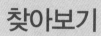

저자소개

장순필
자 격 뉴욕주 변호사

학력
인도네시아 PANCASILA UNIVERSITY(S.H., 2016~2020)
미국 NEW YORK UNIVERSITY(LL.M, 2013)
싱가포르 NATIONAL UNIVERSITY OF SINGAPORE(LL.M, 2013)
성균관대학교 법과대학(2011)

경력
법무법인(유한) 태평양(2019~)
UNIVERSITY OF INDONESIA 법대, Lecturer(2019)
KORINDO GROUP(2014~2019)
RAJAH & TANN LLP(2013)

저서 · 논문
- INDONESIAN COMPANY LAW, 2018, Routledge(London and New York)
- 금융기술법연구회(공저자), P2P금융과 법, 2019, 박영사, pp.245 – 272.
- LEGAL STATUS OF VIRTUAL CURRENCY IN INDONESIA AND LEGAL ANALYSIS OF THE BUSINESS ACTIVITIES IN TERMS OF CRYPTOCURRENCY, Brawijaya Law Journal Vol.6 No.1, April 2019. pp.76 – 93.
- LEGAL STATUS OF VIRTUAL CURRENCY IN INDONESIA IN THE ABSENCE OF SPECIFIC REGULATIONS, University of Indonesia, Indonesia Law Review, Vol.8 No.3, Nov. 2018, pp.328 – 348
- HAS INDONESIA'S UNIQUE PROGRESSIVISM IN MANDATING CORPORATE SOCIAL RESPONSIBILITY ACHIEVED ITS ENDS?, Sriwijaya Law Review, Vol.2 Issue 2, July 2018, pp.131 – 151.
- REGULATION OF CROWDFUNDING IN INDONESIA, Universitas Pelita Harapan Law Review, Vol. XVIII, No.1, July 2018, pp.41 – 71.
- 인도네시아의 크라우드펀딩 규제, 한국상사판례학회, 상사판례연구 제31권 제2호, 2018년 6월, pp.309 – 345.

서울대학교 아시아태평양법 총서 2
인도네시아법

초판발행   2020년 8월 30일

지은이   장순필
펴낸이   안종만·안상준

편 집   장유나
기획/마케팅   조성호
표지디자인   박현정
제 작   우인도·고철민

펴낸곳   (주) **박영사**
             서울특별시 종로구 새문안로3길 36, 1601
             등록 1959. 3. 11. 제300-1959-1호(倫)
전 화   02)733-6771
f a x   02)736-4818
e-mail   pys@pybook.co.kr
homepage   www.pybook.co.kr
ISBN   979-11-303-3053-2   93360

copyright©장순필, 2020, Printed in Korea

정 가   32,000원